The 1914 Star
to the
Royal Navy & Royal Marines

by

W.H.Fevyer & J.W.Wilson

The Naval & Military Press

© 1993 Fevyer & Wilson

Published 1995 by

NAVAL & MILITARY PRESS

1 OLD BOND STREET

LONDON

W1X 3TD

Set by J. W. Wilson

NAMING ON THE 1914 STAR

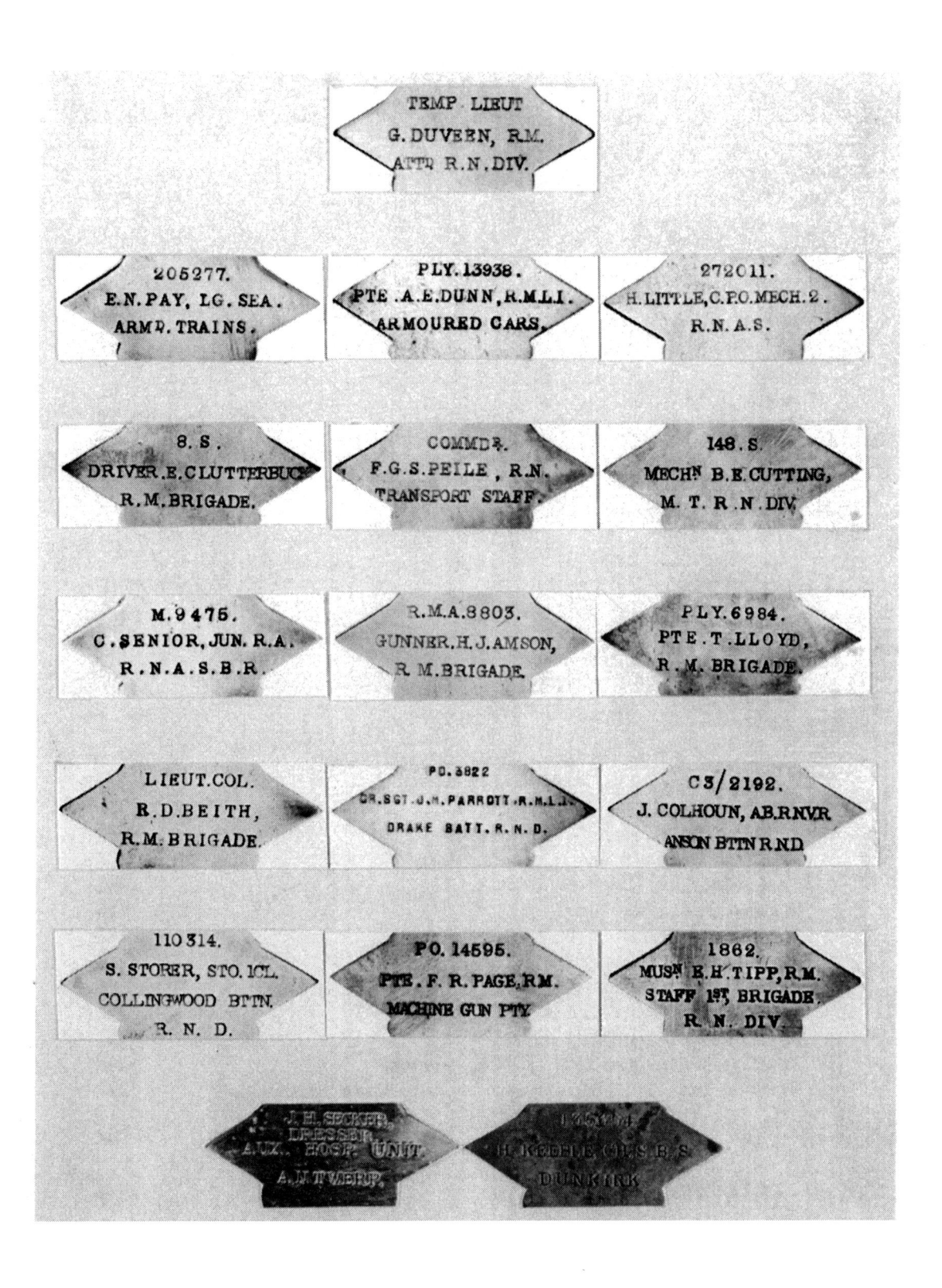

TEMP. LIEUT
G. DUVEEN, R.M.
ATT? R.N. DIV.

205277.
E.N. PAY, LG. SEA.
ARM?. TRAINS.

PLY. 13938.
PTE. A.E. DUNN, R.M.L.I.
ARMOURED CARS

272011.
H. LITTLE, C.P.O. MECH. 2.
R.N.A.S.

8.S.
DRIVER. E. CLUTTERBUCK
R.M. BRIGADE.

COMMD?.
F.G.S. PEILE, R.N.
TRANSPORT STAFF.

148. S.
MECH? B.E. CUTTING,
M.T. R.N. DIV.

M. 9475.
C. SENIOR, JUN. R.A.
R.N.A.S.B.R.

R.M.A. 8803.
GUNNER. H.J. AMSON,
R.M. BRIGADE.

PLY. 6984.
PTE. T. LLOYD,
R.M. BRIGADE.

LIEUT. COL.
R.D. BEITH,
R.M. BRIGADE.

PO. 3822
CR. SGT. J.H. PARROTT, R.M.L.I.
DRAKE BATT. R.N.D.

C3/2192.
J. COLHOUN, AB.R.NVR
ANSON BTTN R.N.D

110 314.
S. STORER, STO. 1CL.
COLLINGWOOD BTTN.
R.N.D.

PO. 14595.
PTE. F.R. PAGE, R.M.
MACHINE GUN PTY

1862.
MUS? E.H. TIPP, R.M.
STAFF 1ST BRIGADE
R.N. DIV.

J.H. SECKER
DRESSER
AUX. HOSP. UNIT
ANTWERP.

H. KEEBLE, CH. S.B.S
DUNKIRK

CONTENTS

PREFACE	1
INTRODUCTION	2
ANALYSIS OF MEDALS AND CLASPS	4
NAMING ON STARS	6
MEDAL ROLLS	
Abbreviations	8

Royal Naval Battalions

Anson Battalion	9
Benbow	21
Collingwood	33
Drake	47
Hawke	58
Hood	70
Howe	86
Nelson	100

Royal Marine Battalions

Chatham RMLI	113
Deal RMLI	132
Plymouth RMLI	135
Portsmouth RMLI	147
Royal Marine Artillery	163

Other Units

Ambulance Hospital 65, Bunyear - Belgian Red Cross	179
Armoured Car Section (Attached R.N.A.S.)	180
Armoured Trains	181
Brigade & Divisional Staff	183
First British Field Hospital in Belgium	185
Machine Gun Parties	186
Miscellaneous Service	187
Motor Owner Drivers	188
Motor Transport Section	189
Mrs Stobart's Hospital Unit	192
Royal Naval Air Service	193
Royal Naval Sick Berth Staff - *H.M.S. Pembroke*	201
Transport Staff	203

PRISONERS OF WAR	206
ADM1/8506/269 - CREATION OF A STAR	215
FLEET ORDERS	253

This Book is dedicated to the late Captain K.J.Douglas Morris R.N. who over lunch at the Public Record Office started it all off.

PREFACE

This, the latest in our series of Naval medal rolls will, hopefully, be of use to the increasing number of medal collectors and historians interested in the First World War.

Incorporated in the book are additional sections which will add interest to the medal rolls, which have been extracted from sources at the Public Record Office. As well as an analysis of medals and clasps issued, relevant extracts from the P.R.O records have been included to demonstrate how the 1914 Star came to be awarded to the Royal Navy and Royal Marines. We have also listed the names of Prisoners of War which have been extracted from a number of sources other than the P.R.O.

Acknowledgement is due to the ever helpful staff of Exeter Central Library for their assistance in obtaining references to 'The Times' and for obtaining books through the Inter Library Loan service.

We have been most fortunate in being able to examine examples of almost all of the available varieties of 1914 Stars issued to the Royal Navy. We are particularly indebted to Captain K.J.Douglas-Morris R.N. for his encouragement in this direction and for allowing us to photograph the 1914 Stars in his collection.

We would also like to acknowledge with our grateful thanks, Dr.A.L.Lloyd O.B.E., Lieutenant Commander A.V.Hall R.D., R.N.R. and A.G.Sabel who similarly allowed us to photograph Stars in their collections and to R.J.Scarlett, for undertaking the photography.

Finally, we would like to acknowledge the assistance given to us by Mr A.J.Francis of the Ministry of Defence (Naval Historical Library); his help with research both with this book and our previous books is very much appreciated.

INTRODUCTION

The 1914 Star to the Royal Navy was almost exclusively awarded to the Royal Naval Division (R.N.D.). So, before describing how the award evolved it is useful to give some brief historical notes on the R.N.D. itself.

The institution of the Royal Naval Division stems from decisions made more than a decade earlier, forced upon the Navy which had increased its size dramatically between 1890 and 1900. For instance, its technological advances required an ever increasing number of boilers which in turn led to the need for more stokers. In 1875 there was a peace time fleet requirement for 4,200 stokers, which had increased to 8,900 by 1890 and reached 21,400 by 1901.

Not only did this mean a need to improve normal recruiting for the Service, but an increased requirement for "Reserves" to meet mobilisation in time of war. The Admiralty put forward a plan which was simple, practical and economical and which was far too successful! By the two Naval Reserve Acts of 1900 and 1903 the Royal Fleet Reserve (RFR) was formed, whereby men could join the service for less than the usual term of 12 years, by signing on for five or seven years in the R.N. and then continuing as Reservists (RFR) for seven or five years. Other Reservists were available from the Royal Naval Reserve (RNR) since 1859, the Royal Naval Volunteer Reserve (RNVR) since 1903 and the Royal Naval Auxiliary Sick Berth Reserve (RNASBR) since 1902.

By August 1914 there were no sea-going billets for approximately 30,000 Naval Reservists, made up of 1,300 RNR, 3,400 RNVR, 25,000 RFR and 100 RNASBR. On 16th August 1914, Winston Churchill stated, "In order to make the best possible use of the surplus naval reservists of different classes, it is proposed to constitute permanent cadres of one Marine and two Naval Brigades".

In total there were to be eight Naval Battalions, named ANSON, BENBOW, COLLINGWOOD, DRAKE, HAWKE, HOOD, HOWE and NELSON each consisting of two double companies totalling approximately 880 men per Battalion. The Royal Marine Brigade was to consist of four Battalions each containing two companies. The Brigade consisted of three R.M.L.I. Battalions from their Depots at Chatham, Portsmouth and Plymouth, and the Royal Marine Battalion from their Depot at Eastney. In addition, there was a small contingent of the R.M.L.I. from the Depot at Deal.

The idea that there should be recognition of the Royal Navy's contribution to the war effort in France and Flanders in 1914, came about quite by accident.

The King had originally raised the matter of the award of a medal for the early battles in France and Flanders when, in early 1917, he had requested the Army Council to consider such an award for the "Old Contemptibles". The Army Council showed some reluctance in accepting the suggestion that such an award was necessary, but after further "persuasion" by the King, the Army Council agreed to:-

> "the award of a distinctive decoration and riband to all the Officers and Men belonging to the establishment of the British Expeditionary Force, including the Indian contingent, in France between 2nd August and 22nd/23rd November 1914".

This was the basis of the statement to be released to the press, and it can be seen that this was essentially an "Army only" award. However, it was at this stage that fate took a hand.

Lord Derby, Secretary of State for War, who was about to travel abroad, instructed Sir Reginald Brade (Secretary of the War Office), to issue the press notice in his (Lord Derby's) absence. Brade, being unaware of the Army Council's desire to keep strictly to the conditions of the announcement (i.e. British Expeditionary Force only), decided not to have the announcement made immediately. He reasoned that a publication date of the following Monday was more propitious "for such an important statement".

In the meantime, he communicated with the King's Private Secretary (Lord Stamfordham), the Secretary of State for India (Mr E.S. Montague), and the First Lord of the Admiralty (Sir Eric Geddes), sending them copies of the press release that he (Brade) had drafted. In this, Brade had on his own initiative changed the original Army Council's resolution (as it did not seem to him entirely appropriate), by redefining the British

Expeditionary Force to include the Indian Expeditionary Force and the Royal Naval Division.

Both Lord Stamfordham and Mr Montague agreed but as Sir Eric Geddes was absent and the matter urgent, Sir Oswyn Murray, the Secretary of the Admiralty (who had no knowledge whatsoever of the War Cabinet decision), not only agreed with Brade's statement, but **added** the words:-

> "..... and other Naval and Marine Units, including Machine Gun Crews and Armoured Car Squadrons".

These words were then added to Brade's press release of Sunday 9th September 1917, and published in the newspapers the following day.

The die had been cast and the first hint of trouble came just the following day, when a letter in the press asked why just the Navy on shore were to be granted an award; what about those at sea who bombarded the German advance?

The Admiralty were able to side-step this particular issue, by deciding that such seaborne actions would be represented by clasps to the War Medal (a scheme which was subsequently abandoned on grounds of cost.)

However, the Admiralty were determined to rectify the position and Lord Jellicoe asked Admiral Everett to speak with Lord Derby to resolve the matter. The Admiralty's views were strongly in favour of the award being confined to the Army only. Part of a letter from Everett to Brade stated:-

> ".....presume that it is for the honour of the Old Army which bore England's sacrifice of those early days that the medal is struck, and the inclusion of those amateurs who, disguised as sailors, did their best during a few days to relieve an impossible situation, may easily detract from the dignity of the decoration in the eyes of the Old Army's posterity".

It can safely be concluded that the Admiralty did not want the R.N.D. included. In fact, they were equally anxious to prevent the wider section of all the Navy being included; one suspects that the costs of producing such a large number of medals were not to their Lordships' liking.

The Admiralty subsequently undertook a thorough review of the documentation to determine if there were any grounds for disqualifying the Naval contingent from receiving the award.

Typical was the question, "were the R.N.D. under Army or Navy command ?". If under the Navy then they could not qualify but this argument was defeated because for the last two days ashore they had most definitely been under the command of Sir John French, the Commander in Chief of the Army.

Eventually, common sense prevailed. The press notice had long been released, the King was anxious that there should be no subsequent changes, and the Admiralty reluctantly came to the conclusion that the status quo should remain. The men of the R.N.D. and the various other parties who landed for service on shore would get their medal. The corresponding Fleet Order was issued on the 3rd January 1918.

This whole event has fortunately been preserved in the records of the Admiralty. In this book the reader will find in the section, 'ADM1/8509/269 - Creation of a Star' a selection of transcribed documents contained in the Admiralty file on this subject, which now reside in the Public Record Office.

ANALYSIS OF MEDALS AND CLASPS

MEDALS

Total

This is the total number of names which appear on the roll and thus is the maximum number of potential recipients.

Returned - Mar 1934

These are the total number of medals which are noted as being returned on this date to the Royal Mint. They were returned for the following main reasons. They, or their next-of-kin, had not claimed their medals. Their medals were returned because they could not be found. They had deserted ('Ran') and their entitlement to the medals was forfeited. (Note, in some cases men were noted as 'Ran', but their medals were sent to them; presumably their entitlement had been restored).

Not issued/entitled

There are a few examples where, either a notation has been made indicating that the men were not entitled to the medal, or the comments section is blank, probably indicating that no medal was prepared.

Issued

This is the number of medals which were issued. This number is obtained by subtracting the returned and not issued/entitled medals from the total.

CLASPS

Entitled

On most of the medal rolls there is an indication as to whether each medal recipient was entitled to a clasp. (See Table of Abbreviations). These have been added up to achieve a total entitlement.

Issued

On each roll the issuance of a clasp is indicated by a date or by an '*' in the appropriate column. (See Table of Abbreviations).

One would expect that the number of clasps issued would be equal or less than the total clasp entitlement. Unfortunately, this is not always the case as there are a number of rolls where more clasps have been issued than the apparent maximum entitlement. When one examines the rolls in detail, there are a number of instances where no entitlement to a clasp is indicated, but nevertheless a clasp issued date has been entered. One is led to the inevitable conclusion that the clasp entitlement notations are not completely accurate and that separate, unrecorded approval of clasp entitlement has occurred. Examination of the recipient's service records, where this is possible, can sometimes confirm the true situation.

The table which follows on the next page is an analysis of the medals and clasps which has been constructed in accordance with the above defined parameters.

Unit	Medals				Bars	
	Total	Returned - March 1934	Not issued/ entitled	Issued	Entitled	Issued
Anson	480	42	0	438	11	123
Benbow	734	24	2	708	659	553
Collingwood	913	22	2	889	873	747
Drake	669	16	2	651	10	204
Hawke	757	18	1	738	653	557
Hood	1035	26	1	1008	19	314
Howe	885	34	0	851	18	218
Nelson	855	43	0	812	13	231
Chatham RMLI	1256	33	1	1222	1017	792
Deal RMLI	196	7	0	189	120	99
Plymouth RMLI	790	34	0	756	425	323
Portsmouth RMLI	1037	18	0	1019	678	564
RMA	1026	26	1	999	12	62
Ambulance 65 Hosp.	1	0	0	1	0	0
Armoured Cars	53	2	0	51	52	33
Armoured Trains	82	5	0	77	81	81
Brigade & Div Staff	66	1	3	62	12	40
1/Brit.Field Hosp.	47	9	6	32	0	1
Machine Gun Parties	32	0	0	32	31	22
Misc. Service	36	3	0	33	0	3
Motor Owner Dvrs.	59	11	6	42	1	16
Motor Transport	167	4	0	163	3	56
Mrs Stobart's Unit	26	2	0	24	0	0
RNAS	482	42	5	435	247	195
RN Sick Berth Res.	85	3	0	82	2	41
Transport Staff	177	4	0	173	0	0
TOTALS	11,946	429	30	11,487	4,937	5,275

NAMING ON 1914 STAR

The frontispiece illustrates medals awarded to almost all of the units who qualified for the 1914 Star to the Royal Navy.

The naming on the 1914 Star follows a general pattern. For NCOs and other ranks the first line is the Official Number, below which is the name and rank/rating (or vice versa), and below this the unit in which the man served.

Officers medals are similarly named, but there is no official number. These medals are indented with rank, below which is the name and below this the unit.

The civilian recipients would seem to have had their medals indented with name, below which is their 'rank' and below this the unit in which they served.

There are 26 separate medal rolls and it could be expected that there would be 26 different units identified on the Stars. This, however, is not the case.

The eight Royal Naval battalions of the Royal Naval Division (RND) are all represented and examples of the Drake, Anson and Collingwood battalions are found in the frontispiece. Although they follow the general pattern described above, there are some interesting features which deserve comment.

Colour Sergeant Parrott was one of the few Royal Marine Instructors who were appointed to each of the Naval battalions. The size of the naming on his medal is smaller than those on other Naval battalion Stars; whether there is any significance in this is as yet unknown.

Stoker 1st Class S.Storer has his official number recorded on the medal as 110314, instead of the correct SS110314. This is almost certainly as a result of the commonly found error on the medal rolls where the clerks responsible for entering the data frequently, and quite randomly, omitted the 'SS' from the official number.

The next large group to consider is the Royal Marine Brigade. This consisted of three battalions of RMLI from Chatham, Portsmouth, Plymouth, the RMA battalion from Eastney and a detachment of Royal Marines from the Depot at Deal. Strangely, the medals are not named to the parent battalions (as were the RN battalions), but simply to R.M. Brigade.

The official number is a good guide to the man's battalion, but for officers, who have no official number, their battalion can only be ascertained from other sources. (ie Lieutenant Colonel R.D.Beith commanded the Deal detachment).

An interesting medal is the one illustrated to Driver E.Clutterbuck. His official number has no Divisional prefix and one may imagine from his rank of Driver that he was part of the Motor Transport unit. In fact, he is found on the roll of the RMA. They had a need for drivers for the large tractors which towed their seige guns; Driver Clutterbuck was one of these men.

Having considered the two main groups, ie the RN and RM battalions, we should now consider the remaining units.

The Motor Owner Drivers were 'gentlemen' car owners who volunteered to take their cars to the war zone and drive them under military command. They were all given Temporary commissions in the Royal Marines.

The Royal Naval Auxiliary Sick Berth Staff (RNASBS) were all born on the books of *HMS Pembroke* and indeed that establishment appears in the title of the medal roll. However, it can be seen from the illustration (and from other medals examined), that the unit is named as RNASBS only.

Three further 'medical units have also been photographed and there are some surprises!

The medals issued to recipients on the roll for Mrs Stobart's Hospital are interesting as they do not appear to be named to this unit. The medal to Dr Helen Hansen has been examined and official records show her to have been assigned to "Stobart's Hospital, British Field Hospital - Belgium". Similarly, the medal to Miss C.Wilkins also on Mrs Stobart's Hospital medal roll is also known. In fact, both medals are named to 'Aux. Hosp. Unit, Belgium'

It would seem, therefore, that those who were entered on the medal roll of 'First British Field Hospital in Belgium' are likely to have their medals similarly indented. In fact, this has been confirmed by examining the medal of J.H.Secker (See frontispiece). In addition the medal to Miss E.K.Dickinson has also been sighted and this, too, is named to 'Aux. Hosp. Unit, Belgium.

Another 'medical' Star is that named to H.Keeble. Chief Sick Berth Steward H.Keeble is found on the 'Miscellaneous' medal roll. This roll is divided into sub-sections, one of which is headed 'Hospital Belle Vue, Nolo-les-Bains, Dunkirk. As will be seen in the illustration, Keeble's medal records his unit only as 'Dunkirk'.

One final roll remains - that to 'Ambulance 65 Hospital Burnyear - Belgian Red Cross'. There is only one name on this medal roll and the medal has not been sighted. Should any reader be fortunate enough to do so, we would be very pleased to hear from them.

THE MEDAL ROLLS

ABBREVIATIONS

The following abbreviations have been used in the medal rolls.

Where Served and Clasp Issued.

*	-	Service at Antwerp, Douai or Ypres; entitled to clasp.
♦	-	Service with H.M. Airship No.3, Ostend 28th - 31st August 1914.
A	-	Clasp issued.
B	-	Service with Balloon Observation Detachment, Dunkirk October 1914. "Entitled to clasp vide Commander Maitland's List."
C	-	Not defined on P.R.O. medal roll.
Ch	-	His Majesty's Armoured Train *Churchill*.
D	-	Service at Dunkirk and Dunkirk Air Stations (R.N.A.S.); not entitled to clasp.
Deg	-	His Majesty's Armoured Train *Deguise*.
F	-	Landed for Friedrickshaven Raid.
H	-	Landed at Neiuport from *HMS Humber* (Machine Gun Party).
I	-	Interned in Holland for the duration of the War.
Jel	-	His Majesty's Armoured Train *Jellicoe*.
K	-	Service with Kite Balloon Sections.
M	-	Landed at Neiuport from *HMS Mersey* (Machine Gun Party).
O	-	Service at Ostend; not entitled to clasp.
P	-	Prisoners of War.
R	-	Application for clasp refused.
S	-	Landed at Neiuport from *HMS Severn* (Machine Gun Party).
Z	-	The P.R.O. medal roll does not define this abbreviation.
1	-	Service with No.1 Squadron R.N.A.S.
3	-	Service with No.3 Squadron R.N.A.S.
5	-	Service with No.5 Squadron R.N.A.S.

Medal Sent - Comments

DD	-	Discharged dead.
Dup	-	Duplicate

ANSON BATTALION

Name	Rank or Rating	Official Number	Where Served	Clasp Issued	Medal Sent - Comments
Adamson, D.A.	AB RNVR	M6/38			Party 30 Jan 1920.
Adamson, J.A.	AB RNVR	C1/2609		29 Dec 1920	Party 18 Jun 1919.
Allan, A.	AB RNVR	C1/2616			HQ RNVR Clyde 17 Jul 1919.
Allcock, M.	Sea RNR	A/2249			Party 17 Oct 1921.
Allen, A.	PO	186740		28 Mar 1923	Party 17 Mar 1919.
Allen, C.	Sea RNR	A5696			Party 14 Nov 1919.
Anderson, C.C.	Lieut RNVR				Father Mr D.Anderson 6 Nov 1920.
Anderson, J.	AB RNVR	C3/1807			DD 3 Oct 1918. Father Mr M.Anderson 26 Jan 1920.
Anderson, J.	AB RNVR	C2/2702			DD 4 Nov 1917. Mr W.Anderson 30 Jul 1919.
Armour, W.	AB RNVR	C1/2105			DD 13 Jan 1915. Mother Mrs J.Armour 13 Jul 1920.
Ashford, J.	AB RNVR	M6/162			HQ RNVR Liverpool 19 May 1919.
Ashley, J.	L/Sea RNR	A3942		9 Jul 1920	Party 16 Oct 1919.
Asquith, A.M.	Sub Lieut RNVR				Party 19 Jan 1920. Dup to Party 8 Jan 1937.
Austin, H.	PO	234300			Party 19 Feb 1919.
Baillie, H.	AB RNVR	C3/1808			Party 25 Feb 1919.
Baillie, J.	AB RNVR	C1/2567			Party 16 Jul 1919.
Baldwin, D.	Sea RNR	A4955			Party 25 Apr 1921.
Baldwin, F.W.	Sea RNR	A5624			Party 26 Jan 1920.
Balfour, J.A.	AB RNVR	C1/2553			Party 10 Apr 1919.
Banks, R.	AB RNVR	C2/1722			DD 6 Jun 1915. Father Mr J.Banks 8 Aug 1919.
Bannatyne, J.	AB RNVR	C4/2082			Party 19 Feb 1919.
Barber, A.H.	Sea RNR	B4922		15 Dec 1933	Party 19 Feb 1919.
Barclay, J.	PO RNVR	C1/819			Party 14 Aug 1919.
Barclay, R.	AB RNVR	C2/2448			DD 6 Nov 1918. Father Mr A.Barclay 25 Nov 1919.
Barclay, W.	AB RNVR	C4/1819			DD 2 May 1915. Mother Mrs J.Barclay 26 Mar 1919.
Barnes, A.H.	PO2	179316		14 Jun 1920	Party 22 Jul 1919.
Barnetson, W.	Sea RNR	A4893			Party 22 Apr 1919.
Barry, J.	Sea RNR	A5673			Party 13 Nov 1919.
Bartholomew, E.	Sto1	K9841			Retd to R.Mint Mar 1934.
Bartley, J.E.	CPO	157057			Retd to R.Mint Mar 1934.
Bashford, W.H.	L/Sto	312508			DD 20 Feb 1919. Widow Mrs A.A.Bashford 8 May 1920.
Bates, G.	PO	121407			HM Coast Guard Bristol 7 Feb 1919.
Beaton, W.	Sto2	K15079			DD 25 Sep 1915 (Army). Run, Star forfeited see correspondence. Retd to R.Mint Mar 1934.
Beddow, D.	Col/Sergt	RMA3456			DD 7 Aug 1915. Widow Mrs E.J.Beddow 12 May 1921.
Bell, W.H.	Sto RNR	S2780			Party 14 Nov 1919.
Bennett, H.A.	AB RNVR	M6/56			HQ RNVR Liverpool 19 May 1919.
Bennett, J.	PO2	124165		23 Jul 1920	Party 28 Jan 1919.
Bennett, J.	Sto RNR	S2929			Party 14 Nov 1919.
Bew, H.F.	AB RNVR	M6/155			Party 23 Apr 1919.
Bew, V.	CPO	167694		6 Jul 1920	DD 6 May 1915. Mother Mrs A.E.Bew 28 Feb 1919.
Birkenhead, T.A.	Sea RNR	A2616			DD 25 Jan 1917. Mother 30 Nov 1923.
Black, H.	AB RNVR	C4/1791			Party 30 Oct 1919.
Black, P.	Sto RNR	S2633			Run 4 May 1915. Retd to R.Mint Mar 1934.
Black, T.F.	AB RNVR	C1/2135	A*	26 Apr 1923	Party 26 Apr 1923.
Blampey, J.	Sto	K1712		29 Mar 1921	HMS Tiger 16 May 1919. Dup Star & 2 roses sent to HMS Vivid 21 Nov 1922. Dup clasp sent to HMS Hawkins 13 Mar 1924.
Borrowman, J.	AB RNVR	C5/2407		27 Jun 1923	Party 12 May 1919.
Bowie, W.N.	AB RNVR	C1/2279			Party 28 Mar 1919.
Boyce, J.	AB RNVR	C1/2223			Party 31 Mar 1919.
Boyd, W.J.	AB RNVR	M6/138		12 Jan 1921	Party 12 Mar 1919.
Boyd, W.S.P.	AB RNVR	C2/2694			Party 30 May 1919.
Brand, A.	Sto RNR	T2477			HMS Arab 1 May 1919.
Brand, J.	AB RNVR	C3/2572			Party 16 Jul 1919.
Brasted, F.T.	L/Sea RNR	B1890			Party 28 May 1919.
Brennan, T.	PO	180472			HMS Impregnable 10 Mar 1919.
Brien, O.	Sea RNR	A5511			Party 29 Apr 1919.
Brien, P.	Sto1 RNR	S2145			Party 13 Nov 1919.
Brock, H.A.	Act/L/Sea RNR	C3240			Party 3 Feb 1920.
Brodie, J.H.	AB RNVR	C2/2377			Party 26 Feb 1919.
Brooke, R.	Sub Lieut RNVR			6 Dec 1920	Mother Mrs M.R.Brooke 6 Dec 1920.
Brown, A.	Sto RNR	U813		9 Jul 1921	Party 19 Apr 1920.
Brown, E.	AB RNVR	C1/2662			Party 24 Jul 1919.

ANSON BATTALION

Brown, E.	L/Sea	239874		DD 6 May 1915. Legatee Mr T.Crowley 13 Jan 1921.
Brown, J.	AB RNVR	C2/2717	25 Aug 1920	Party 12 Mar 1919.
Brown, J.G.	AB RNVR	C5/2391		HQ RNVR Clyde 17 Jul 1919.
Brown, W.	AB RNVR	C1/2167		DD 4 Jun 1915. Father Mr W.Brown 11 Sep 1919.
Brown, W.F.	Sub Lieut RNVR		7 Feb 1921	DD 4 Jun 1915. Father Mr J.Brown 19 Apr 1919.
Browne, R.	Sea RNR	A5227		Retd to R.Mint Mar 1934.
Browne, W.C.D.	Sub Lieut RNVR			DD 4 Jun 1915. Mrs E.Murphy 26 Jun 1919.
Buchan, E.	AB RNVR	C1/2624		DD 4 Jun 1915. Mother Mrs Buchan 16 Sep 1919.
Buchan, S.	AB RNVR	C4/2325	7 Jun 1920	*HMS Dido* 29 Jan 1919.
Buchanan, W.W.	AB RNVR	C5/2425		DD 4 Jun 1915. Mother Mrs E.Buchanan 28 Jan 1919.
Bully, T.	Sea RNR	B4488	29 Apr 1921	Widow Mrs A.W.Bully 29 Apr 1921.
Burge, D.E.	AB RNVR	C1/2086		DD 4 Jun 1915. Father Mr D.Burge 16 Sep 1919.
Burgess, T.	AB RNVR	C3/1907	17 Jun 1920	Party 13 May 1919.
Burke, N.	Sea RNR	A4857		Party 13 Nov 1919.
Burke, P.	Sea RNR	A5164		Party 24 Apr 1924.
Burns, J.	Sea RNR	B3636		DD 25 Jan 1917. Widow Mrs E.Burns 1 May 1919.
Burns, J.	Sto RNR	S2048	25 Sep 1920	Run 22 Apr 1916. Medal & clasp recalled from Party and scrapped 21 Jul 1926.
Burrows, W.	AB RNVR	C1/2597		Party 15 Mar 1920.
Butt, G.	Arm	167644		Party 26 Jan 1920.
Bye, V.	Sto	K6151		*HMS Tiger* 2 Jul 1919.
Byrne, D.	Sea RNR	A4844		Party 26 Nov 1919.
Byrne, T.	Sto RNR	U2027		Retd to R.Mint Mar 1934.
Byrne, W.	Sea RNR	A4840		Party 13 Nov 1919.
Cahalane, D.	Sea RNR	A5310		Admiralty Office Queenstown 3 May 1919. DD Hospital Cork before receipt of medal. Presented by C-in-C to sister.
Calder, A.	AB RNVR	C2/2704		*HMS Galatea* 15 Jul 1919.
Calder, W.	AB RNVR	C1/2669		Party 22 Jul 1920.
Caldwell, R.	AB RNVR	C3/1905		Party 25 Jan 1919. Dup to Party 19 Sep 1923.
Callen, J.A.	AB RNVR	C1/2189	24 Jun 1920	Party 11 Mar 1919.
Calloway, F.	Sea RNR	A4117	17 Jun 1920	Party 26 May 1919.
Calow, W.H.H.	AB	239737	18 Feb 1921	*HMS Vivid* 27 Jan 1919.
Campbell, A.	AB RNVR	C3/2140		HQ RNVR Clyde 17 Jul 1919.
Campbell, J.	AB RNVR	C2/2682		DD 4 Jun 1915. Retd to R.Mint Mar 1934.
Campbell, L.	L/Sea RNR	C3731		Party 28 Jun 1921.
Campbell, N.	AB RNVR	C1/1938		*HMS Colossus* 29 Jan 1919.
Care, C.	Sea RNR	C1798	27 Apr 1923	Party 21 May 1919.
Carroll, J.	AB RNVR	C4/2550		HQ RNVR Clyde 17 Jul 1919.
Carroll, J.	Sea RNR	A5311		Party 20 Dec 1919.
Carroll, T.	Sea RNR	A3280		Party 20 Dec 1919.
Carruthers, R.	L/Sea RNR	T1971		*HMS Concord* 28 Jan 1919.
Carson, J.	AB RNVR	C1/2477		Party 15 Apr 1919.
Carter, S.E.	AB RNVR	M5/156	6 Apr 1921	Party 5 Apr 1919.
Cassidy, T.	Sto1 RNR	S1731		Party 7 Feb 1923.
Castree, W.	AB RNVR	M5/119		Run 28 Feb 1915. Retd to R.Mint Mar 1934.
Chapple, C.W.H.	Sea RNR	A2619		Party 16 Sep 1924.
Christie, A.E.	Lieut RNVR		1 Jul 1920	Party 1 Jul 1920.
Christie, J.	L/Sea RNR	C1/2187		DD 6 May 1915. Mother Mrs Christie 22 Oct 1919.
Chugg, G.	AB RNVR	C5/2368		HQ RNVR Clyde 17 Jul 1919.
Church, W.	AB RNVR	C1/2072		Party 19 Feb 1919.
Clark, J.	AB RNVR	C2/2703	20 Sep 1920	HQ RNVR Clyde 17 Jul 1919.
Clarke, R.	AB	220424		Party 13 Jan 1922.
Clarke, R.W.	CPO	138476		Party 28 Feb 1919.
Clarke, S.J.	AB RNVR	C1/2583		HQ RNVR Clyde 17 Jul 1919.
Cleary, N.	Sto RNR	S1654		*HMS Dublin* 5 Feb 1919.
Clements, J.	AB RNVR	C2/2181		HQ RNVR Clyde 17 Jul 1919.
Coghlan, C.	Sea RNR	A4086		Party 18 Nov 1919.
Cole, J.	AB RNVR	C2/2720	4 Sep 1920	Party 25 Jan 1919.
Cole, J.	AB RNVR	M6/173	3 Dec 1921	Party 18 Jul 1919.
Colhoun, J.	AB RNVR	C3/2192		Party 28 Jan 1920.
Coll, J.	Sto RNR	U799		*HMS Ambrose* 24 Jan 1919.
Collett, W.H.	Sea RNR	D1335		Retd to R.Mint Mar 1934.
Collins, D.	PO RNVR	M6/95		Party 8 Mar 1919.
Collins, J.B.	AB RNVR	M6/85		HQ RNVR Liverpool 21 Nov 1919.
Collins, T.	Sto RNR	S2284		Party 8 Jul 1919.
Conneeley, P.	Sea RNR	A5040		DD 25 Jan 1917. Father's widow Mrs B.Conneely 11 Aug 1925.
Connolly, J.	Sto2 RNR	T2604		*HMS Dublin* 5 Feb 1919.

ANSON BATTALION

Name	Rank	Number		Date	Notes
Connor, P.S.	AB RNVR	C2/2110			HMS Turquoise 24 Jan 1919.
Conway, J.	Sto RNR	T2471			DD 6 May 1915. Widow Mrs B.Conway 20 Aug 1919.
Cooper, R.	Sto RNR	S1670			Party 23 Apr 1919.
Corker, H.	AB RNVR	C2/1900			DD 13 Jan 1915. Father Mr H.Corker 14 Aug 1919.
Cornwallis-West, G.	Lieut/Col RM			6 Jul 1920	Scots Guards 6 Jul 1920.
Coughlan, D.	Sea RNR	A5113			DD 25 Jan 1917. Mother Mrs N.Coughlan 28 Nov 1919.
Couldrey, A.	AB RNVR	M6/177	A*		Party 9 Sep 1919.
Coulter, J.	AB RNVR	C2/1122		8 Apr 1922	Party 19 Mar 1919.
Coulter, S.	AB RNVR	C2/1653		1 Jun 1922	Party 1 Apr 1919.
Coulter, W.A.	AB RNVR	C4/2093			DD 16 Nov 1916. Father Mr W.Coulter 14 Aug 1919.
Cowell, W.	Sto1	SS110918			HMS Dublin 5 Feb 1919.
Cowie, J.C.	Sea RNR	A2432			Party 29 Mar 1920.
Cox, J.	PO RNVR	C2/1770			DD 25 May 1915. Father Mr J.T.Cox 11 Sep 1919.
Cranham, G.C.	Sea RNR	B5215			Party 11 Nov 1919.
Craze, F.H.	Sea RNR	A5493			RNR St.Ives 28 Feb 1919.
Crehan, M.	Sea RNR	A5379			Party 18 Nov 1919.
Crisp, F.	Sto RNR	S2681			HMS London 25 Jan 1919.
Crockford, F.	Sea RNR	A3236			Party 21 May 1919.
Crombie, W.M.	AB RNVR	C3/1313			Party 14 Aug 1919.
Cross, R.	PO RNVR	M5/55			Party 8 Mar 1919.
Crowe, P.	Sea RNR	B2384			Party 13 Nov 1919.
Cullen, M.	Sto RNR	S2847			DD 4 May 1917. Father Mr T.Cullen 29 Apr 1920.
Cunningham, W.	AB RNVR	C1/2451			Party 7 May 1919.
Curley, J.	L/Sea RNR	B5014			Party 2 Jan 1920.
Curreen, J.	Sea RNR	A5286			Party 31 May 1919.
Curtis, F.	L/Sea RNR	C1899			Widow Mrs M.E.Curtis 29 Jan 1919.
Dalgleish, W.	AB RNVR	C1/2591			Party 16 Jun 1919.
Dalton, S.	Sto RNR	V2067	A*		Party 14 Apr 1920.
Daly, J.	Sea RNR	A5530			Party 3 Dec 1919.
Daly, J.	Sea RNR	A2536			Party 1 Sep 1919.
Davey, A.	CPO	148512			DD 4 Jun 1915. Widow Mrs E.A.Davey 12 May 1920.
Davidson, G.S.	Sub Lieut RNVR				Party 28 Jan 1919.
Davidson, R.S.	AB RNVR	C2/2706		18 Nov 1938	Party 29 Jan 1919.
Davies, J.	Sto RNR	V1931			Party 14 Nov 1919.
Davies, J.D.	Sto RNR	S1908			HMS Resolution 5 Feb 1919.
Davies, R.	AB RNVR	M5/128			Party 28 Mar 1919.
Davies, R.	Sto RNR	T2522			DD 11 Apr 1916. Widow Mrs F.E.Davies 21 Sep 1920.
Deasy, J.	Sea RNR	A5226			HMS Europa 19 Apr 1919.
Denholm, J.C.	Sub Lieut RNVR			25 Jun 1920	Party 25 Jun 1920.
Dennis, J.	Sea RNR	A5133			Party 26 Nov 1919.
Dennison, S.	Sto	SS115113			Party 6 May 1919.
Dervine, J.	Sto RNR	T1654			Party 13 Nov 1919.
Dibben, S.	Sea RNR	A2415			Party 1 Jan 1920.
Dick, A.L.	AB RNVR	C1/2600		25 Aug 1920	Party 26 May 1919.
Dickson, A.	L/Sea RNR	C1/2637			Party 20 Jun 1922.
Dobinson, C.	Sto RNR	S2743			Party 9 Apr 1919.
Docherty, C.	AB RNVR	C2/1711			Party 19 Feb 1919.
Doherty, J.	Sto RNR	S2750			Party 27 Nov 1930.
Donn, G.S.	AB RNVR	C4/1985			DD 4 Jun 1915. Mother Mrs Donn 10 Dec 1919.
Donnelly, E.J.	AB RNVR	M6/180			DD 5 Jul 1915. Mother Mrs A.Donnelly 17 Jul 1919.
Donnelly, H.	PO	177795			Party 18 Aug 1925.
Dowall, J.	AB RNVR	C1/2457			Party 12 Mar 1919.
Dowdles, J.	L/Sea RNVR	C4/2258			Party 1 Feb 1919.
Doyle, D.	Sto RNR	T2764			Party 19 Jun 1919.
Doyle, J.	Sto RNR	S2508			Retd to R.Mint Mar 1934.
Doyle, J.	Sto RNR	T2473			HMS Ajax 28 Jan 1919.
Doyle, J.	Sto RNR	T2630			HMS Pactolus 25 Sep 1919.
Doyle, M.	Sto RNR	T2421			Party 15 Apr 1919.
Doyle, P.	Sea RNR	A2841			Party 2 Jan 1920.
Draper, J.D.	AB RNVR	M6/68			P.S. Kennilworth 28 Jan 1919.
Driscoll, P.	Sea RNR	A3004			Party 24 Jun 1922.
Dryden, R.	Sea RNR	A5114			Party 5 Dec 1919.
Duff, G.	AB RNVR	C4/1936			HMS Barham 27 Jan 1919.
Duffy, J.C.	AB RNVR	C1/1890			DD 13 Jan 1915. Mother Mrs Duffy 9 Dec 1919.
Duffy, T.	AB RNVR	C2/1762			DD 4 Jun 1915. Father Mr A.Duffy 4 Aug 1920.
Duggan, M.	AB	220784			Party 12 Apr 1920.
Duggan, P.	Sto RNR	T2561			Party 13 Nov 1919.

ANSON BATTALION

Name	Rank	Number	Date	Notes
Dukinfield, W.G.	Sub Lieut RNVR			Party 5 Jun 1919.
Dummigan, J.G.	Sto RNR	S1667		Party 11 Nov 1919.
Duncan, R.	Sub Lieut RNVR		17 Mar 1921	DD 8 May 1915. Sister Mrs J.Lapthorne 17 Mar 1921.
Duncan, W.	AB RNVR	C2/2444		DD 15 Sep 1915. Mother Mrs M.Duncan 12 May 1919.
Dunn, J.	Sto RNR	S1250		Party 18 Aug 1925.
Dyer, H.	Sea RNR	B3945		DD 25 Jan 1917. Widow Mrs M.Dyer 19 Jan 1920.
Edgley, T.	AB RNVR	M6/185		Party 22 Apr 1919.
Elligott, W.	Sea RNR	A3587		DD 7 Apr 1916. Brother Mr W.Elligott 24 Feb 1920.
Ellis, W.T.	AB RNVR	M6/158	28 Oct 1921	Party 21 May 1919.
Evans, J.	AB RNVR	C3/2229		Party 27 Feb 1919.
Evans, J.	Sto1	K8450		HMS Centaur 10 Sep 1919.
Fairweather, J.C.	AB RNVR	C2/227		DD 20 Feb 1918. Mrs J.C.Fairweather 24 Jul 1919.
Farrell, E.	Sea RNR	B4597	17 Jun 1920	Party 5 May 1919.
Feeney, J.	Sea RNR	B4591		Party 26 May 1919.
Fenlon, J.	Sea RNR	B4481		Party 26 Nov 1919.
Ferguson, J.	AB RNVR	C2/2207	17 Feb 1928	Party 16 Jul 1919.
Fiddes, W.	AB RNVR	C1/2670		Party 19 Feb 1919.
Finnigan, J.	Sto RNR	S1924		Party 19 May 1919.
Fisher, S.G.	L/Sea	170979	15 Dec 1921	HMS Duncan 29 May 1919.
Fitzgerald, J.	AB RNVR	C1/2317		Party 23 Apr 1920.
Fitzgerald, P.	Sea RNR	A5697		DD 2 Sep 1915. Mother Mrs B.Fitzgerald 24 Nov 1919.
Fitzgerald, W.	Sea RNR	C2465		DD 25 Jan 1917. Mother Mrs C.Fitzgerald 26 Nov 1919.
Fleming, J.	Sea RNR	A2320		DD 25 Jan 1917. Father Mr J.Fleming 27 Nov 1919.
Fleming, S.	AB RNVR	C1/2127	1 Feb 1923	Party 20 Mar 1919.
Forbes, P.	L/Sea RNVR	C3/1851	– –	Party 3 May 1920.
Forrester, R.	AB RNVR	C1/2593	25 Aug 1922	HMS Colossus 30 Nov 1919.
Forsyth, F.	AB RNVR	C1/1708		Party 28 Jan 1919.
Foster, H.C.	Chaplain RN			Party 28 Feb 1919.
Fotheringham, A.B.	L/Sea RNVR	C2/2693		DD 6 May 1915. Mother Mrs M.A.Fotheringham 17 May 1919.
Foulkes, W.	AB RNVR	M5/146		Party 24 Mar 1920.
Fox, J.	AB RNVR	C1/2660		Party 28 Jan 1919.
Fox, J.	AB RNR	T2484		DD 21 Mar 1917. Brother Mr M.Fox 19 Jun 1920.
Franklin, R.	AB RNVR	C3/2201		DD 3 Sep 1917. Mother Mrs A.E.Franklin 7 Feb 1919.
Fraser, M.	Sto RNR	S2764		Party 14 Nov 1919.
Friery, L.	PO	169794	7 Aug 1920	Party 30 Oct 1919.
Frooms, T.	AB RNVR	C2/2508		Party 17 Jul 1919.
Fry, R.H.	AB RNVR	C2/2509		Party 28 Jan 1919.
Gallent, A.J.	Sto1	K17375	16 Jun 1920	Party 8 Mar 1919.
Galtress, T.	AB RNVR	M6/167	13 Jul 1920	Party 25 Jun 1919.
Gartland, W.E.	Sto2	SS114829		Father 22 Aug 1923.
Gerrard, F.	AB RNVR	C3/2294		HQ RNVR Clyde 17 Jul 1919.
Getty, A.	AB RNVR	C1/2172	28 May 1925	Party 21 Mar 1919.
Gibb, R.	AB RNVR	C2/2184		Party 20 May 1919.
Gibson, A.W.	PO RNVR	C2/2575	1 Jul 1920	Party 26 May 1919.
Gilfillan, G.	PO RNVR	C1/498		HQ RNVR Clyde 17 Jul 1919.
Gillam, J.T.	AB RNVR	M6/144		Party 19 Apr 1919.
Gillespie, T.W.	AB RNVR	C2/2441		Party 12 Mar 1919.
Glacken, J.	AB RNVR	C1/2598		Party 13 May 1919.
Glass, J.	L/Sea RNVR	C1/1018		Party 5 Jun 1919.
Goff, J.	Sea RNR	A2754		Party 5 Jun 1919.
Goldsmith, W.	L/Sea	166708		DD 30 May 1915. Widow Mrs L.A.Ireson 13 Apr 1920.
Goodisson, J.	Sea RNR	S2516		Party 8 Jul 1919.
Gore, E.	Sto RNR	T3094		Party 22 Apr 1919.
Gorham, M.	Sea RNR	B4825		Party 28 Nov 1919.
Gosling, A.	Sea RNR	B4405		Party 18 Nov 1919.
Gould, F.	Sto1	K10888		HMS Dartmouth 1 Jul 1920.
Gourlay, S.	AB RNVR	C3/2177		DD 13 Jan 1915. Father Mr J.Gourlay 8 Jul 1919.
Gow, J.S.	AB RNVR	C2/2696		DD 13 Jan 1915. Father Mr W.M.Gow 1 Jul 1919.
Graham, A.	AB RNVR	C3/1565		Party 29 Jan 1919.
Graham, D.	Sea RNR	B4900		Party 31 Dec 1919.
Graham, F.A.	AB RNVR	C1/2175		Party 12 May 1919.
Gray, A.	AB RNVR	C1/2631		DD 4 Jun 1915. Mother Mrs A.Gray 4 Oct 1919.
Green, J.	Sea RNR	A4558		Party 17 Dec 1919.
Gregson, J.H.	AB	198703	30 Aug 1920	HMS Revenge 30 Aug 1920.
Gribben, H.	Sto RNR	S1920		HMS Ajax 28 Jan 1919.
Grier, J.	L/Sea RNVR	C3/1560		DD 8 May 1915. Father Mr T.Grier 8 Jul 1919.
Griffin, C.M.	Sto2	K20985		HMS Cairo 30 Mar 1920.

ANSON BATTALION

Name	Rank	Number	Date	Notes
Grimes, P.	Sea RNR	A3597		Party 15 Aug 1923.
Grindley, R.	AB RNVR	C4/1922		Party 29 Jan 1919.
Guyan, W.C.	Sto2	K20553		Run 7 Jan 1915. Retd to R.Mint Mar 1934.
Hagan, J.	Sea RNR	A4276		DD 25 Jan 1917. Father Mr E.Hagan 5 Mar 1920.
Hamilton, A.	Sto2	K21644		DD 19 May 1915. Sister Mrs M.McVicker 26 Feb 1919.
Hamilton, C.	AB RNVR	C1/2652		DD 6 Jun 1915. Father Mr P.Hamilton 17 May 1919.
Hamilton, W.	AB RNVR	C4/1790		Party 5 Aug 1924.
Hanley, M.J.	Sto2	SS114336		*HMS Ambrose* 24 Jan 1919.
Hanpur, P.	L/Sea RNR	B3555		Party 20 Nov 1919.
Hanton, P.	Sto RNR	S2440		DD 2 Jan 1916. Father Mr T.Hanton 27 Nov 1919.
Harding, J.	AB RNVR	M6/150		Party 15 Aug 1923.
Hardy, D.	Sto RNR	C3501		Party 26 Nov 1919.
Harper, D.	AB RNVR	C2/2679	21 Dec 1920	Party 2 Apr 1919.
Harrington, M.	Sea RNR	A5140 A*		Party 18 Nov 1919.
Harte, J.	Sea RNR	A5720		Party 17 Dec 1919.
Harvey, A.	Sea RNR	B4703		Party 17 Dec 1919.
Harvey, C.	Sea RNR	C2364		Party 5 Dec 1919.
Harvey, T.J.	CPO	148440	16 Jun 1920	Party 22 May 1919.
Harwood, F.J.	Sto RNR	S2100		Party 30 May 1919.
Hayden, T.	Sto RNR	S2531		Party 19 Nov 1919.
Hayes, M.	Sto2	K22280		DD 7 May 1915. Father Mr J.Hayes 27 Apr 1920.
Heaney, J.	Sea RNR	A4997		DD 25 Jan 1917. Widow Mrs K.Donnelly 28 Nov 1919.
Hedgley, W.T.	L/Sea RNR	A2876		Party 28 Nov 1919.
Heggie, R.G.	AB RNVR	C5/2386		DD 4 Jun 1915. Sister Miss M.A.Heggie 18 Aug 1920.
Henry, A.	AB RNVR	C1/1785		Party 12 May 1919.
Henry, W.J.	Sub Lieut RNVR			DD 4 Jun 1915. Mother Mrs E.M.Henry 29 Jul 1920.
Hepburn, J.	Sto2	SS114672		DD 3 May 1915. Mother Mrs A.Hepburn 27 Apr 1920.
Herd, J.	AB RNVR	C1/2634		HQ RNVR Clyde 17 Jul 1919.
Hewitt, J.	Sto RNR	S1590	31 Jul 1929	Party 29 Jan 1919.
Higgins, J.	Sto2	K21646		Run 12 Aug 1920. Retd to Mint Mar 1934.
Higgins, P.	PO	169090	29 Nov 1920	*HMS Imperieuse* 5 Feb 1919.
Hill, R.	Sea RNR	C2107		DD 25 Jan 1917. Widow Mrs F.E.Hill 24 Nov 1919.
Hill, W.C.	AB RNVR	M6/70		Party 6 Jun 1919.
Hoban, M.	Sto2	SS114290		*HMS Grafton* 14 Apr 1919.
Hogan, J.	AB RNVR	C1/2148		Party 8 May 1919.
Hogan, M.	Sto RNR	S2488		Party 18 Nov 1919.
Hogan, M.	Sto RNR	S1496		Party 18 Nov 1919.
Holland, J.	Sea RNR	C2166		DD 2 Feb 1919. Mother Mrs Holland 26 Nov 1919.
Holroyd, C.	AB	J4757		DD 13 May 1915. Father Mr T.Holroyd 23 Apr 1920.
Hopkins, C.	Sea RNR	A5176		Party 2 Apr 1919.
Hopkins, I.	Sea RNR	A5001		DD 17 Jun 1917. Widow Mrs E.Hopkins 23 Apr 1920.
Hopkins, R.	AB RNVR	C1/2015		DD 6 May 1915. Father Mr W.Hopkins 12 May 1919.
Hopkins, W.	AB RNVR	C2/2576		DD 19 Feb 1918. Father Mr W.Hopkins 20 Jul 1919.
Howieson, T.S.	PO RNVR	C2/2697	25 Jun 1920	Party 31 May 1919.
Hughes, H.	L/Sea RNVR	M5/2		HQ RNVR Liverpool 19 May 1919.
Hughes, J.R.	AB RNVR	M5/153		Party 1 May 1919.
Hughes, L.	Sea RNR	B5024		DD 26 Oct 1916. Father Mr J.Hughes 2 Mar 1920.
Hunter, J.	CPO RNVR	C3/1612	8 Oct 1920	Party 29 Jan 1919.
Hunter, R.	AB RNVR	C2/2179		DD 4 Jun 1915. Brother Mr A.Hunter 17 May 1919.
Hunter, R.J.	AB RNVR	C2/2424		Party 24 Jul 1919.
Hush, R.	Sto RNR	T2954		Run 29 Aug 1915 & 12 Dec 1916. Retd to R.Mint Mar 1934.
Hutchinson, A.	Sto RNR	S1367		Party 8 Mar 1919.
Ingham, R.E.	Sea RNR	A2105		DD 25 Jan 1917. Widow Mrs M.F.Ingham 24 Nov 1919.
Inglis, R.	AB RNVR	C1/2657		Party 1 May 1919.
Innes, J.	PO RNVR	C1/2630		Party 16 Jul 1919.
Iredale, P.	PO RNR	C2096		DD 28 May 1915. Widow Mrs C.Iredale 29 Jan 1925.
Irvine, J.	Sea RNR	C3375		Party 23 Apr 1920.
James, T.	Sto1	K18063		DD 4 Jun 1915. Father Mr J.James 28 Jun 1919.
Jameson, J.	L/Sea RNR	A4340		Party 14 Nov 1919.
Jeffrey, D.C.	PO RNVR	C1/1649	13 Oct 1920	Party 16 Apr 1919.
Jenkins, S.J.	CPO	145268		Party 14 Jul 1921.
Johnston, A.	AB RNVR	C8/2678		DD 4 Feb 1917. Mrs A.J.Johnston 16 Jul 1919.
Johnston, F.	AB RNVR	C3/2063	7 Sep 1923	*PC 44* 11 Jul 1919.
Johnston, T.	L/Sea	225480		Party 24 Mar 1920.
Johnstone, G.A.	AB RNVR	C1/2478		*HMS Queen Elizabeth* 27 Jan 1919.
Jones, A.	AB RNVR	M5/164		Party 20 Apr 1920.
Jones, A.	AB RNVR	C1/2300	8 Jun 1921	Party 31 Mar 1919.

ANSON BATTALION

Name	Rank	Number		Date	Notes
Jones, J.	AB RNVR	M6/181	A*		Party 13 Mar 1919.
Jones, S.G.	Sub Lieut RNVR				DD 25 Aug 1918. Brother Mr P.C.Jones 23 Mar 1921.
Jordain, S.	Sea RNR	C2296			DD 25 Jan 1917. Widow 18 Nov 1919.
Jordan, R.	PO	130198			*HMS Shikari* 20 Jan 1919.
Kane, R.	CPO	183641			RAF Sheffield 13 Jun 1919.
Kavanagh, W.	Sea RNR	A4991			Party 26 Nov 1919.
Kay, E.	Sto1 RNR	S1169			Party 1 Jun 1922.
Kay-Movat, J.R.	Surgeon RNVR			5 Jul 1920	Party 5 Jul 1920.
Keane, T.	Sea RNR	A5086			Party 26 Nov 1919.
Kelcey, S.H.	AB RNVR	C1/2620		25 Sep 1920	DAMS Cardiff 19 Apr 1919.
Kelly, J.	Sto RNR	S2425			Run 14 Jun 1918. Retd to R.Mint Mar 1934.
Kelly, J.	Sea RNR	A3421			Party 18 Nov 1919.
Kennedy, R.T.	AB RNVR	C4/2504			DD 26 Apr 1915. Eldest Brother Mr Kennedy 19 Nov 1920.
Kenny, J.	Sea RNR	A4996			Father Mr J.Kenny 5 Dec 1919.
Kenny, J.A.	Sto2	SS115001			*HMS Temeraire* 15 May 1919.
Kinslow, J.	Sto RNR	S2671			Retd to R.Mint Mar 1934.
Knowles, D.A.	Sub Lieut RNVR				Party 24 Jul 1919. Dup to Party 13 Dec 1922.
Knowles, E.	Sto1	K9259			*HMS Resolution* 11 Jun 1919.
Knowles, W.	Sea RNR	B4785			Party 23 Nov 1919.
Lacey, G.	Sto RNR	T3104		22 Mar 1928	Party 23 May 1919. Dup clasp to Party 3 Mar 1933.
Lacey, J.	Sto RNR	S1615			Run 13 Apr 1916. Retd to R.Mint Mar 1934.
Lally, J.T.	Sea RNR	A5032			*HMS Canning* 31 Jan 1919.
Lambert, T.	Sea RNR	A2273			Party 24 Nov 1919.
Lambie, R.H.	AB RNVR	C1/2501			Party 28 Jan 1919.
Lamey, G.	Sea RNR	A4829		9 Jul 1920	Party 9 Sep 1919.
Lancaster, F.C.	L/Sea RNVR	M5/125			DD 6 May 1915. Father Mr F.W.Lancaster 22 Sep 1919.
Larkin, R.	Sea RNR	B4841	A*		*HMS Ganges II* 28 Mar 1919.
Laurance, R.E.	Sto RNR	T2218			Party 18 Mar 1920.
Lavers, B.	CPO	144548			*HMS Pomone* 7 Feb 1919.
Layne, R.	Sto RNR	T2498			Party 18 Nov 1919.
Layne, R.	Sea RNR	U1571			Retd to R.Mint Mar 1934.
Learmouth, G.W.	PO RNVR	C2/2711		20 Sep 1920	63/Divisional Training Reserves Farnham 19 Feb 1919.
Leary, J.	Sto2	SS114841			Party 24 Mar 1920.
Leavey, D.	AB RNVR	C2/2319			DD 13 Jan 1915. Mother Mrs C.Leavey 28 Mar 1919.
Legros, A.E.	Sto	K11284		30 Nov 1920	*HMS Tuberose* 12 May 1919.
Lenehan, J.D.	AB RNVR	C5/2516			Party 23 Jun 1919.
Levack, W.	AB RNVR	C2/2685		6 Apr 1921	Party 2 Apr 1919.
Levett, H.	PO RNVR	C3/1885			DD 1 Jun 1916. Father 30 Jan 1919.
Lewis, E.	Sea RNR	A4348			Party 7 Oct 1922.
Lewis, T.A.	AB RNVR	M5/114			Party 17 May 1919.
Lloyd, W.	AB RNVR	C1/2185	A*		Party 12 May 1919.
Long, P.	Sea RNR	B3353			*HMS Forth* 5 Feb 1919.
Lothian, H.	AB RNVR	C2/2705			RND Aldershot 28 Jan 1919.
Loughray, A.	AB RNVR	C1/2456			Party 24 Jul 1919.
Lyall, A.	AB RNVR	C3/1889			Party 19 Apr 1919.
Lynch, C.	Sto1	K19648			Party 31 Mar 1919.
Lynch, M.	Sea RNR	A5860			DD 25 Jan 1917. Father Mr R.Lynch 22 Jul 1920.
Mackay, C.	AB RNVR	C1/2222			Party 25 Feb 1919.
Mackay, D.	AB RNVR	C3/2247			DD 6 Jun 1915. Mother Mrs F.A.Mackay 28 Jan 1919.
Mackay, H.	AB RNVR	C4/2053			DD 4 Jun 1915. Daughter Mrs McDonald 8 Jan 1923.
Mackie, R.	AB RNVR	C1/2636			Run 5 Oct 1915. Retd to R.Mint Mar 1934.
Mahan, S.	AB RNVR	C1/1866			Party 25 Apr 1919.
Mahoney, D.	Sto RNR	S2618			Party 25 Mar 1920.
Mahoney, J.	Sto RNR	S2379			Party 29 Jul 1927.
Mahoney, P.	Sea RNR	C2531			DD 25 Jan 1917. Widow Mrs H.Mahoney 3 Dec 1919.
Malone, T.	L/Sea	228233		29 Nov 1922	*HMS Resolution* 25 Sep 1922. Dup clasp issued.
Maloney, F.	Sea RNR	A2757			M27 24 Jan 1919.
Maloney, S.	Sea RNR	B4558			Party 19 Mar 1919.
Manley, H.	L/Sea RNVR	M5/66		12 Oct 1920	*HMS Resolution* 5 Feb 1919.
Mannion, T.	Sea RNR	A3272			Party 28 Nov 1919. 1914/15 Star also issued in error.
Manson, A.	AB RNVR	C1/2648			Retd to R.Mint Mar 1934.
Marshall, R.	Sto RNR	T2553			Party 2 Dec 1919.
Martin, J.H.	AB RNVR	M6/184			Party 24 Jun 1919.
Martin, W.	AB RNVR	C1/1958			Party 28 Jan 1919.
Mather, A.	AB RNVR	C3/2275			DD 6 May 1915. Mr J.Mather 3 Jan 1922.
Mathie, W.	AB RNVR	M5/129			HQ RNVR Liverpool 19 May 1919.
Mathieson, M.	AB RNVR	M6/160			Party 23 May 1919.

ANSON BATTALION

Name	Rank	Number		Date	Notes
Maxwell, R.	AB RNVR	C1/2617		27 Apr 1937	Party 28 Jan 1919.
May, F.C.	PO	184567		1 Jul 1920	Party 9 Dec 1919.
McAlister, D.	AB RNVR	C2/2446			Party 24 May 1919.
McAllister, W.	Sto RNR	S2392		7 Feb 1921	Party 27 Jan 1921.
McAlpine, D.	AB RNVR	C1/2453		8 Jun 1921	Party 24 Mar 1919.
McArthur, G.	Sea RNR	A3353			Party 27 Feb 1920.
McArthur, H.	AB RNVR	C2/1904			Party 19 Feb 1919.
McAskill, J.	Sea RNR	A5455	A*P	27 Jan 1922	Party 27 Jan 1922.
McAuley, D.	Sea RNR	C3060			DD 24 Aug 1916. Father Mr N.McAuley 31 Dec 1919.
McAuliffe, D.J.	AB RNVR	C1/2299			Retd to R.Mint Mar 1934.
McBride, D.	AB RNVR	C3/2257			*HMS Tarlair* 22 Jan 1919.
McCabe, P.	AB	J1881			Run 2 Oct 1919. Retd to R.Mint Mar 1934.
McCallum, H.	AB RNVR	C2/2173			Party 23 Apr 1919.
McCallum, H.B.	PO RNVR	C5/1771			Party 28 Feb 1919.
McCarthy, F.	Sea RNR	A5100			Party 30 Jan 1924.
McCarthy, J.	Sea RNR	A2259			Party 28 Feb 1923.
McCarthy, M.	Sea RNR	A4322			DD. Mrs M.McCarthy 18 Oct 1921.
McCarthy, R.	Sea RNR	A2301			Party 19 Nov 1920.
McCarthy, T.	Sea RNR	A4400			Party 23 Apr 1920.
McCarthy, W.	Sea RNR	A5076			Party 24 Mar 1920.
McCausland, W.	AB RNVR	C3/2164			Retd to R.Mint Mar 1934.
McConnell, J.	Sto RNR	S2828			DD 1 May 1915. Father Mr G.McConnell 2 Dec 1919.
McConnell, R.	Sto2	K19712			*HMS Vivid* 28 Feb 1919.
McCorkindale, D.	AB RNVR	C1/2459			Party 19 Feb 1919.
McCormack, T.	Sto RNR	S1576			DD 3 Jul 1915. Mrs E.Bishop 8 Mar 1922.
McCornish, P.	Sto RNR	S2748			*HMS Ajax* 28 Jan 1919.
McCorquodale, R.	PO RNVR	C2/1854			Party 24 Jul 1919.
McCowat, R.	Sea RNR	A5068			DD 9 Oct 1917. Father Mr J.Cowat 23 Sep 1920.
McCready, J.	AB RNVR	C1/1463			Party 28 Nov 1919.
McCulla, A.	AB RNVR	C3/2165			Party 28 Jan 1921.
McCulla, P.	AB RNVR	C1/2276			Party 15 May 1923.
McCullum, J.	AB RNVR	M6/175		6 Mar 1928	Party 28 Mar 1919.
McDonagh, M.	Sea RNR	A3874		20 Dec 1920	Party 20 Dec 1920.
McDonald, A.	Sea RNR	A2516			Party 3 Dec 1919.
McDonald, A.	Sea RNR	A2888			Party 5 Dec 1919.
McDonald, D.	Sea RNR	A2264			R.G.S.S. 4 Jun 1920.
McDonald, D.	Sea RNR	A3287			Party 8 Jan 1920.
McDonald, E.	L/Sea RNVR	M5/73			DD 6 Jun 1915. Retd to R.Mint Mar 1934.
McDonald, J.	AB RNVR	C3/1816			Port Edgar 28 Mar 1919.
McDonald, J.	Sea RNR	A3322	A*		DD 24 Aug 1916. Mother Mrs M.McDonald 5 Dec 1919.
McDonald, K.	Sea RNR	A2922			Party 2 Jul 1923.
McDonald, M.	Sea RNR	B4819			Party 13 Oct 1925.
McDonald, M.	Sea RNR	B5314			Party 5 Dec 1919.
McDougall, A.	AB RNVR	C5/2428			DD 2 Jun 1915. Father Mr W.McDougall 17 Jun 1919.
McDougall, J.	AB RNVR	C2/2582			Party 29 Jan 1919.
McElwee, J.	AB RNVR	C1/2455			HQ RNVR Clyde 17 Jul 1919.
McElwee, J.	AB RNVR	C1/2126			HQ RNVR Clyde 17 Jul 1919.
McFadyen, D.	L/Sea RNVR	C2/1833		25 Jun 1920	Party 12 Mar 1919.
McGarry, C.	L/Sea RNVR	C2/1418			DD 26 Apr 1915. Widow Mrs A.McGarry 15 Apr 1919.
McGee, J.	Sto RNR	S1780			DD 14 Jul 1916. Mother Mrs M.McGee 3 Dec 1919.
McGill, J.	L/Sea RNVR	C1/1903			Party 28 Jan 1919.
McGlinchy, D.	AB RNVR	C2/1929		22 Jun 1922	*HMS Tarlair* 22 Jan 1919.
McGrath, H.	L/Sea RNR	C2517			Party 24 Nov 1919.
McGuiness, D.	Sto RNR	S895			Party 27 Nov 1919.
McGuiness, J.	Sto RNR	S2141			*HMS Ganges* 7 Feb 1919.
McIlroy, W.	AB RNVR	C1/2106			HQ RNVR Clyde 17 Jul 1919.
McIntyre, J.M.	AB RNVR	C5/2412			Party 31 Mar 1919.
McIntyre, R.	AB RNVR	C3/1683		15 Feb 1921	Party 28 Mar 1919.
McIver, J.	Sea RNR	A3406			Party 26 Nov 1919.
McKay, G.	AB RNVR	M6/111			Party 10 Apr 1919.
McKay, J.	Sea RNR	A2969			Party 8 Jan 1920.
McKenzie, A.	Sea RNR	A5401			Party 30 Jan 1920.
McKenzie, C.	Sto2	K17000		4 Apr 1944	*HMS Victory* 27 Feb 1920.
McKenzie, J.	AB RNVR	C2/2183			DD 13 Jan 1915. Father Mr J.McKenzie 17 Jun 1919.
McKenzie, J.	Sea RNR	A2310			DD 1 Jan 1919. Father Mr A.McKenzie 17 Mar 1920.
McKenzie, J.M.	Sea RNR	A2015			Party 31 Dec 1919.
McKenzie, N.G.	Sea RNR	A2295		29 Aug 1922	Party 3 Dec 1919.

ANSON BATTALION

Name	Rank	Number	Date	Notes
McKirdy, J.F.	AB RNVR	C2/2338		DD 18 May 1917. Mrs M.McKirdy 17 Jul 1919.
McKirdy, P.	Lieut RNVR		2 Jun 1922	DD 25 Apr 1915. Miss K.M.MacKay 1 Sep 1919.
McLaren, D.	AB RNVR	C1/2614	19 Oct 1920	Party 28 Jan 1919.
McLaughlin, N.	AB RNVR	C2/2180	23 Dec 1924	Party 7 Jul 1919.
McLean, D.	Sea RNR	A3402		Party 23 May 1919.
McLean, D.M.	AB RNVR	C2/2318		Party 17 Mar 1919.
McLean, J.	Sea RNR	B5278		DD 25 Jan 1917. Retd to R.Mint Mar 1934.
McLelland, D.M.	PO RNVR	C2/331	28 Jul 1922	Party 27 May 1919.
McLeod, A.	AB RNVR	C1/2008		Party 13 Mar 1919.
McLeod, A.	Sea RNR	A4661		DD 1 Jan 1919. Brother Mr D.McLeod 16 Dec 1919.
McLeod, D.	Sea RNR	A3885		Party 26 Nov 1919.
McLeod, J.	Sea RNR	A4515		Party 19 Jan 1920.
McLeod, M.	Sea RNR	A4154		Party 3 Dec 1919.
McLeod, M.	Sea RNR	A3766		Retd to R.Mint Mar 1934.
McLeod, M.	Sea RNR	C2315		Party 20 Mar 1925.
McLoughlin, J.J.	Sto RNR	S1249		Party 26 Nov 1919.
McMillan, R.	Sto2	SS114228	7 Aug 1920	Party 28 Jan 1919.
McNamara, J.	Sea RNR	A5009		Party 18 Oct 1924.
McNicol, A.	AB RNVR	C3/887		DD 13 Nov 1916. Father Mr A.McNicol 29 Apr 1921.
McQueen, J.M.	AB RNVR	C1/2142		Party 26 Mar 1920.
McQuilken, W.	AB RNVR	C1/2340		Party 25 Apr 1919.
McRitchie, M.	Sea RNR	A3453		Party 10 Dec 1919.
McVitie, J.	AB RNVR	C4/2116		Party 22 Apr 1919.
McWalter, J.	AB RNVR	C5/2358		DD 4 Jun 1915. Father Mr J.S.McWalter 12 Mar 1919.
Meehan, C.A.	Sto2	K21707		Retd to R.Mint Mar 1934.
Meehan, J.	Sto RNR	S2901		Party 9 Jul 1919.
Melican, P.	Sea RNR	B4275		Party 21 Jan 1924.
Meyler, P.	Sto2	SS114590		Run 10 Apr 1916. Retd to R.Mint Mar 1934.
Middleton, W.	Sea RNR	A5173	22 Apr 1922	Party 18 Nov 1919.
Miller, J.	AB RNVR	C3/2154		Party 19 Apr 1919.
Miller, T.	AB RNVR	KP859		Party 29 Jul 1919. Roll notes: "Served at Antwerp".
Milligan, R.	AB RNVR	C3/1865	13 Feb 1923	Party 26 Feb 1919.
Millroy, A.J.	Sto2	SS114678	9 Jul 1921	Party 6 Mar 1919.
Mills, D.	AB RNVR	C2/2442		Party 27 May 1919.
Milne, J.	AB RNVR	C1/2146		Party 2 Apr 1919.
Minihane, J.A.	Sea RNR	A5223		Party 19 Nov 1923.
Mitchell, A.W.	AB RNVR	C1/2623		DD 16 Jun 1915. Widow Mrs J.Mitchell 2 Sep 1919.
Mitchell, S.	AB RNVR	C2/2176		DD 13 Jan 1915. Father Mr W.J.Mitchell 19 Mar 1919.
Molloy, P.	Sea RNR	A3243		DD 1 Sep 1915. Father Mr M.Molloy 24 Nov 1919.
Montgomery, A.	AB RNVR	C1/1757		HQ RNVR Clyde 17 Jul 1919.
Moore, F.	AB RNVR	M6/149		*HMS Caesar* 7 Apr 1919.
Moran, T.	Sto RNR	S1751		Widow Mrs Moran 21 Nov 1919.
Morgan, W.	AB RNVR	M6/168	19 Mar 1928	Party 24 Mar 1920.
Morris, J.	Sto1	SS109759		*HMS Blenheim* 11 Apr 1919.
Morris, M.	Sto RNR	S1451		Party 18 Nov 1919.
Morrison, A.	Sea RNR	B2782		DD 20 Jan 1918. Widow Mrs K.Morrison 10 Dec 1919.
Morrison, J.	Sea RNR	A5110		Party 27 Nov 1919.
Morrison, M.	Sea RNR	A3814		DD 28 Feb 1919. Father Mr W.J.Morrison 20 Sep 1920.
Moyster, J.	Sto RNR	S1988	15 Oct 1920	Alias Gaffrey. Party 29 Jan 1919. Dup clasp to Party 22 Feb 1923.
Muirhead, D.	AB RNVR	C2/1710		DD 29 Apr 1917. Mother Mrs E.Muirhead 28 Jan 1919.
Mullen, J.J.	Sea RNR	A3545		Party 23 Mar 1923.
Munn, S.	L/Sea RNVR	C2/649		DD 3 Sep 1917. Sister Mrs M.Gow 20 Oct 1919.
Murphy, J.	Sto RNR	T2953		Party 18 Nov 1919.
Murphy, J.	Sto RNR	S1973		Party 15 Apr 1919.
Murphy, M.	Sto RNR	S2246		Party 3 Dec 1919.
Murphy, R.	Sto RNR	T2650		*HMS Dreel Castle* 8 Feb 1919.
Murphy, W.	Sea RNR	B4997		Party 24 Nov 1919.
Murray, D.K.	AB RNVR	M5/161		Party 1 Jul 1919.
Murray, J.	Sea RNR	A3992		Party 8 Nov 1923.
Neagle, M.	Sto RNR	T2608		*HMS Resolution* 5 Feb 1919.
Neil, J.	Sea RNR	A4374		Party 16 Jan 1920.
Neil, T.	Sea RNR	B5157		Party 26 Nov 1919.
Neil, T.	Sea RNR	C1983	21 Mar 1922	Party 22 Nov 1919.
Neill, M.	Sea RNR	A3910		Party 24 Nov 1919.
Niblock, W.	Sto RNR	V2546		*HMS Erin* 29 Jan 1919.
Nicholson, D.	Sea RNR	A5305		DD 25 Jan 1917. Father Mr M.Nicholson 3 Dec 1919.
Nicholson, D.	Sea RNR	A1261		Retd to R.Mint Mar 1934.

ANSON BATTALION

Nicholson, R.	AB RNVR	C1/2285		Party 8 May 1919.
Nicoll, R.	AB RNVR	C1/219		Party 17 Jun 1919.
Ninnes, C.	Sea RNR	C3626		*HMS Research* 28 Jan 1919.
Nolan, P.	Sto RNR	S2844		Party 18 Nov 1919.
Nurman, W.	Sea RNR	C3219		Party 26 Nov 1919.
Nutting, E.L.	PO	190334	14 Jul 1920	Party 29 Aug 1919.
O'Brien, J.	Sea RNR	A2438		DD 25 Jan 1917. Widow Mrs C.O'Brien 7 May 1919.
O'Brien, M.	Sto RNR	S2845		Run 12 Nov 1918. Retd to R.Mint Mar 1934.
O'Connell, D.	Sea RNR	A3222		Party 24 Apr 1922.
O'Connell, M.	Sea RNR	B5170		DD 25 Jan 1917. Father Mr J.O'Connell 26 Nov 1919.
O'Connor, J.	Sto/PO RNR	T2559		Party 28 Nov 1919.
O'Connor, J.	Sea RNR	A5739		Party 13 Jan 1921.
O'Dea, P.	Sea RNR	A5010		Run 6 Sep 1917. Retd to R.Mint Mar 1934.
O'Donnell, J.	L/Sea RNR	B5264		Party 3 Dec 1919.
O'Hara, P.	Sto RNR	S2776		*HMS Carnarvon* 24 Jan 1919.
O'Neill, J.	CPO	144696		Party 29 Jan 1919.
O'Rielly, D.	Sea RNR	A5099		Party 12 Jan 1920.
O'Rourke, J.	Sea RNR	A5559		Mother Mrs O'Rourke 28 Nov 1919.
O'Sullivan, J.	Sea RNR	A5738		Party 3 Feb 1925.
Oakley, H.	AB RNVR	C2/2147		*HMS Nymphe* 20 Mar 1919.
Oliver, H.J.	PO1	157172	17 Aug 1925	Training Establishment Shotley 11 Apr 1919.
Oliver, J.	Sea RNR	A2269		DD 25 Jan 1917. Father Mr P.Oliver 26 Nov 1919.
Ollsen, T.J.	Sto2	SS115465		*HMS Forth* 5 Feb 1919.
Orme, J.W.	AB RNVR	M6/154		Party 9 Apr 1919.
Orr, D.K.	AB RNVR	C3/2141		HQ RNVR Clyde 17 Jul 1919.
Owens, J.	AB RNVR	M5/142	29 Dec 1920	Party 30 May 1919.
Oxford, S.J.	AB RNVR	M6/196		HQ RNVR Liverpool 19 May 1919.
Page, H.	Col/Sergt	Ch9242		Party 13 Jun 1922.
Palin, E.	AB RNVR	M6/179		Party 25 Jun 1919.
Paris, A.C.M.	Captain RM		11 Nov 1921	War Office 11 Nov 1921.
Parkhill, T.	Ord RNVR	C1/1763 A*		Party 31 May 1919. Roll notes, "Served in Antwerp."
Parkins, F.H.	Sea RNR	B2513		Party 26 Nov 1919.
Parnell, R.F.	Sea RNR	A4394		APO Portland 2 Jun 1919.
Paterson, J.	AB RNVR	C3/2078		Party 28 Feb 1919.
Patrick, G.	AB RNVR	C3/1896		DD 13 Jan 1915. Father Mr C.Patrick 12 Jun 1919.
Paul, W.H.	Sto2	K21645	19 Jul 1920	*HMS Forth* 5 Feb 1919.
Payne *DSM*, J.	CPO	118844	24 Mar 1922	Party 7 Feb 1919.
Penston, N.	Sea RNR	A5766		Party 19 Apr 1919.
Perring, W.H.	CPO	136899		RND Perham Down 31 Jan 1919.
Phenna, E.	L/Sto RNR	U1504		DD 21 Aug 1917. Widow Mrs E.Phenna 4 Oct 1919.
Philp, E.	Sea RNR	A4879		Party 26 Nov 1919.
Philp, W.H.	Sto2	K21493		*HMS Blenheim* 17 Mar 1919.
Pinch, N.	Sto2	K22015	13 Aug 1920	*HMS Orion* 19 Jan 1920.
Pitt, T.	Sea RNR	B4609		Party 20 Nov 1923.
Pocock, W.J.	Sea RNR	A4347		Party 18 Nov 1919.
Porteous, J.	AB RNVR	C1/2639		Party 26 Mar 1920. Roll notes, "14 Star returned by Chief Constable of Edinburgh 6 Apr 1936".
Portious, T.	AB RNVR	C1/2646		Party 28 Jan 1919.
Potts, R.	PO RNVR	M6/174		HQ RNVR Liverpool 19 May 1919.
Power, A.F.	AB RNVR	M5/120		Party 29 Apr 1920.
Power, T.	Sea RNR	A5342		Party 7 May 1919.
Price, F.C.	AB RNVR	M5/157		Party 15 Mar 1920.
Purves, J.	AB RNVR	C1/2642	11 Dec 1924	*HMS President III* 19 Feb 1919.
Pym, F.	Sea RNR	A4655		DD 25 Jan 1917. Father Mr J.Pym 2 Dec 1919.
Quinlan, T.	Sea RNR	C2466		DD 25 Jan 1917. Father Mr N.Quinlan 3 Dec 1919.
Quinn, W.	Sto RNR	S1945		DD 1 May 1915. Widow Mrs Quinn 26 Nov 1919.
Ralston, G.	AB RNVR	C1/2016		Party 26 May 1919.
Rattray, A.	AB RNVR	C4/1516		Party 23 Jan 1919.
Redmond, J.	Sto RNR	T2629		Run 27 Dec 1916. Retd to R.Mint Mar 1934.
Reeves, H.J.	Sea RNR	B5172		DD 25 Jan 1917. Father Mr H.J.Reeves 19 Mar 1919.
Reid, R.	AB RNVR	C3/2169		DD 19 May 1915. Mother Mrs J.Reid 29 Aug 1919.
Rellie, W.	Sub Lieut RNVR		28 Jun 1920	Party 28 Jun 1920.
Rennie, G.	AB RNVR	C2/2288		Party 17 Jul 1919.
Reseigh, J.	Sea RNR	B2705	28 Nov 1924	Party 19 Nov 1919.
Richards, B.	Sea RNR	A2961		Party 5 Dec 1919.
Roach, H.A.	Sto RNR	A2706		Party 19 Nov 1919.
Roberts, R.	Sto RNR	U1459		Party 8 Jul 1919.

ANSON BATTALION

Roberts, T.H.	AB RNVR	M5/124		HQ RNVR Liverpool 19 May 1919.
Robertson, A.	AB RNVR	C1/2475		HQ RNVR Clyde 17 Jul 1919.
Robertson, J.	PO RNVR	C2/2109		DD 8 Nov 1916. Father Mr A.Robertson 24 Jul 1919.
Robinson, E.H.	Sto1	SS109567		DD 1 Jun 1915. Father Mr E.Robinson 9 Apr 1919.
Rogers, T.	AB RNVR	C /1917		Retd to R.Mint Mar 1934.
Rogerson, J.	Sto RNR	S2698		*HMS Vivid* 6 Mar 1919. Dup issued 12 Apr 1940.
Ross, J.	AB RNVR	C1/2655		HQ RNVR Clyde 17 Jul 1919.
Ross, J.C.	AB RNVR	C2/2709		Party 19 Feb 1919.
Ross, T.	AB RNVR	C1/2178		Party 7 Oct 1921.
Routledge, E.	AB RNVR	C1/1961		*HMS Adventure* 24 Mar 1919.
Rowe, G.H.	Sea RNR	A2779		Party 28 Apr 1920.
Royce, W.	Sto RNR	S2613		Party 18 Nov 1919.
Rudd, A.E.E.H.	AB RNVR	C3/2190		DD 3 Jan 1916. Widow Mrs A.Rudd 4 Jul 1919.
Rudram, A.G.	Sea RNR	B5234		Party 19 Nov 1919.
Rundle, H.E.	Sto	K7543		*HMS Vivid* 3 Feb 1920.
Rushton, W.J.	AB RNVR	M5/63	18 Aug 1920	Party 8 Mar 1919.
Ryan, H.	Sea RNR	B5101		Party 24 Nov 1919.
Sadler, G.	AB RNVR	C1/2627		Party 25 Feb 1919.
Santry, J.	Sea RNR	A4407		Retd to R.Mint Mar 1934.
Sargent, H.	AB RNVR	C4/1989		HQ RNVR Clyde 17 Jul 1919.
Scallan, N.	Sea RNR	A4783		Party 26 Nov 1919.
Scoular, J.	L/Sea RNVR	C1/2605		Retd to R.Mint Mar 1934.
Scroggs, W.J.	L/Sea	220043		DD 6 Apr 1915. Mother Mrs Scroggs 13 Nov 1919.
Scrymgeour, W.S.	AB RNVR	C1/2622		Party 5 Apr 1919.
Senner, C.G.	Sto2	K1385		*HMS Royal Oak* 24 Jul 1919.
Shacklady, R.	Sto1	SS114083		*HMS Pelorus* 20 Mar 1919.
Shannon, E.	Sea RNR	A5287		DD 16 Jun 1918. Mother 28 Nov 1923.
Sharkey, R.C.	Sto1	SS109614	30 Aug 1920	*HMS Adventure* 24 Mar 1919.
Sheenan, W.	Sea RNR	B4674		Party 21 Mar 1923.
Shiehan, E.	Sea RNR	A3899		Party 18 Mar 1922.
Short, H.	AB RNVR	C1/565	14 Mar 1921	DD 6 Jun 1915. Mother Mrs A.A.Short 9 Jul 1919.
Sinclair, N.M.	AB RNVR	C3/457		DD 13 Jan 1915. Brother Mr F.Sinclair 19 Aug 1919.
Singleton, M.C.T.	Sea RNR	T2494		*HMS Mars* 3 Apr 1919.
Sinnister, J.	Sto1	K12412		Run. *HMS Laburnam* 27 Apr 1922.
Sinnott, J.	Sea RNR	B4585		Party 26 Nov 1919.
Sinnott, W.	Sea RNR	B5093		*HMS President III* 29 Jan 1919.
Sinnott, W.	Sea RNR	A2479		DD 20 Jan 1918. Father Mr R.Sinnott 28 Nov 1919.
Slater, T.	L/Sea RNR	C3723		*HMS President III* 4 Feb 1919.
Smallwood, A.T.	Lieut/Comdr RNVR			Party 11 Mar 1919.
Smedley, J.J.	AB RNVR	C2/2691		Party 13 Apr 1920.
Smith, F.R.	CPO	149629		Party 30 Oct 1919.
Smith, H.	AB RNVR	C1/2659		Run 7 Jan 1916. Retd to R.Mint Mar 1934.
Smith, J.	Sto2	SS114609		Party 8 Nov 1921.
Smith, J.J.S.	AB RNVR	C2/2683		Run 11 Jan 1915. Retd to R.Mint Mar 1934.
Smith, J.L.	CPO RNVR	M5/3		HQ RNVR Liverpool 19 May 1919.
Smith, N.	Sea RNR	B4601		Party 10 Dec 1919.
Smith, T.	Sea RNR	A4391		Run 10 Sep 1918. Retd to R.Mint Mar 1934.
Smith, W.	AB RNVR	C3/1658		DD 13 Jan 1915. Father Mr J.W.H.Smith 13 Oct 1919.
Smith, W.G.	AB RNVR	C1/2608		DD 3 May 1915. Mother Mrs M.Smith 21 Nov 1919.
Smith, W.L.	AB RNVR	C1/1993		DD 21 Jul 1915. Father Mr T.Smith 9 Jul 1919.
Smythe, C.	AB RNVR	C5/2344		HQ RNVR Clyde 17 Jul 1919.
South, W.H.	Sto RNR	T3085		DD 4 Jun 1915. Widow Mrs D.R.Smith 9 Dec 1919.
Speight, T.C.	AB RNVR	C2/2698		HQ RNVR Clyde 17 Jul 1919.
Spicer, G.G.	AB RNVR	C5/2369	6 Sep 1938	Party 24 Jul 1919.
Sprott, D.	Sto RNR	S1710		Party 21 May 1924.
Stapleton, J.	L/Sea RNR	B3630		Party 3 Feb 1920.
Steele, J.	AB RNVR	C4/1972		DD 18 Mar 1917. Father Mr R.T.Steele 24 Jul 1919.
Steer, F.W.	CPO	173071	14 Jul 1920	Party 14 Jul 1920.
Stewart, D.	AB RNVR	C1/2674		Party 11 Jun 1919.
Stewart, M.	Sea RNR	A3451	17 Sep 1920	*HMS Valiant* 27 Mar 1919.
Stoddart, A.	L/Sea RNVR	C1/2618		DD 8 Apr 1918. Widow Mrs Stoddart 20 Oct 1919.
Stott, W.	AB RNVR	M5/141		Widow Mrs Stoll 1 Feb 1923.
Strachan, A.	AB RNVR	C2/2712	7 Oct 1920	Party 1 Apr 1919.
Stratton, J.H.	PO	129116		*HMS President III* 5 Mar 1919.
Sturrock, F.	AB RNVR	C2/2415		Party 12 Mar 1919.
Summers, C.	AB RNVR	C2/228		*HMS President III* 19 Mar 1919.
Sunderland, J.	Sto RNR	T2793		DD 31 May 1916. Widow Mrs E.Sunderland 28 Nov 1919.

ANSON BATTALION

Name	Rank	Number	Date	Notes
Sutherland, D.L.	AB RNVR	C1/2611		Died 19 Jan 1919. Widow Mrs I.Sutherland 20 Jun 1922.
Sutton, M.	Sto RNR	S2542		DD 7 May 1915. Mother Mrs M.Sutton 3 Dec 1919.
Sutton, T.	Sto RNR	S2452		Party 22 Nov 1919.
Sweeney, D.	AB RNVR	C1/2132		Party 24 Jul 1919.
Sweeney, J.	L/Sea RNVR	C3/509		DD. Retd to R.Mint Mar 1934.
Symes, J.	PO	119206		DD 10 Jun 1918. Widow Mrs Symes 26 Mar 1920.
Taylor, A.P.	AB RNVR	J1268	23 Jul 1920	HMS Watchman 23 Jul 1920.
Taylor, E.L.	L/Sea RNVR	M6/17	30 Nov 1920	1 Officers Cadet Battn. 28 Jan 1919.
Taylor, J.	AB RNVR	C4/2551		DD 4 Jun 1915. Father Mr J.Taylor 19 Feb 1919.
Templeman, D.	AB RNVR	C1/2088		Party 4 Jun 1919.
Thomas, J.H.	Sto	K2236		Party 19 Feb 1919.
Thompson, D.	Sto RNR	S1558		HMS Sviatogor 28 Mar 1919.
Thompson, W.J.	L/Sea RNVR	M6/136		DD 10 May 1915. Brother Mr J.Thompson 29 Mar 1920.
Thomson, M.	PO RNVR	C4/1784	8 Apr 1922	Party 29 Apr 1919.
Tisdale, A.W.	Sub Lieut RNVR		14 Nov 1921	DD 8 May 1915. Father Rev.D.St.Clair Tisdale 28 Jan 1919.
Tobin, J.	Sea RNR	A2752		Party 31 Jul 1919.
Towneley, A.	AB RNVR	M5/121		Party 19 Apr 1919.
Trainer, J.	AB RNVR	C2/532		DD 15 May 1915. Mrs M.A.Trainer 1 Sep 1920.
Traynor, J.	L/Sto RNR	T2447		Party 10 Apr 1919.
Trent, C.H.	AB RNVR	C5/2395		DD 4 Jun 1915. Father Mr H.W.Trent 24 Jul 1919.
Tulloch, C.	L/Sea RNVR	C1/2628	11 Mar 1921	Party 16 Oct 1919.
Turner, C.R.	Sea RNR	A5087		Party 31 Dec 1919.
Turner, J.	AB RNVR	C4/2264	21 Aug 1923	Party 28 Jan 1919.
Tyrer, C.	Sto RNR	S1661	25 Jun 1920	Party 20 Mar 1919.
Tyrrell, T.	Sea RNR	A5693		HMS Vivid 15 May 1919.
Veitch, E.	AB RNVR	C1/2654		Party 18 Jul 1919.
Walker, J.	AB RNVR	C1/2661	1 Oct 1923	Party 24 Mar 1920.
Walls, J.	AB RNVR	C2/2686		Party 24 Jul 1919.
Walsh, J.	Sto RNR	S2518		Party 20 Dec 1919.
Walsh, J.	Sto2	K22021		DD 2 May 1915. Brother AB M.Walsh HMS Julius 16 Oct 1920.
Walsh, J.	Sto RNR	S2443		Party 22 Nov 1919.
Walsh, J.	CPO	206948		RND Aldershot 1 Feb 1919.
Walsh, P.	Sea RNR	C3694		HMS President III 8 Feb 1919.
Walters, H.	AB RNVR	C2/2715		Retd to R.Mint Mar 1934.
Walton, J.	Sto RNR	S1696		Party 16 Sep 1919.
Wanless, P.	Sea RNR	A5235		DD 11 May 1916. Father Mr P.Wanless 27 Nov 1919.
Ward, E.C.	Sto2	K21342		DD 4 Jun 1915. Father Mr E.W.Ward 12 May 1920.
Warren, W.	Sto2	K20529		Run 23 Nov 1918, 23 Apr & 11 Nov 1919. Retd to R.Mint Mar 1934.
Warwick, J.C.S.	Sub Lieut RNVR		13 Sep 1921	DD 4 Jun 1915. Mrs Bryant 13 Sep 1921.
Waterson, A.	AB RNVR	C1/696		HQ RNVR Clyde 17 Jul 1919.
Watt, A.	L/Sea RNVR	C3/1069		Party 26 Mar 1919.
Watt, J.	AB RNVR	C1/2603	18 Jan 1939	Party 29 Jan 1919.
Webster, G.T.	L/Sea RNVR	A3594	16 Jun 1920	Party 19 Feb 1919.
Weedon, A.	Sto2	SS113221		Party 15 Jul 1921.
Weedon, W.	Sto RNR	S988		Party 12 Mar 1919.
Weir, J.	Sub Lieut RNVR		28 Jun 1920	Party 28 Jun 1920.
Wellington, W.	Sto2	K21248		DD 5 Feb 1916. Father Mr H.Wellington 5 May 1920.
Wells, A.	Sto1	K13568	16 Jun 1920	Party 7 Jul 1919.
Westwood, H.	AB RNVR	C1/2594	1 Sep 1922	Party 18 Jul 1919.
Whelan, J.	Sto RNR	T2222		Retd to R.Mint Mar 1934.
White, A.	AB RNVR	C2/2718		HQ RNVR Clyde 17 Jul 1919.
White, S.	Sto RNR	S2395		Party 24 Nov 1919.
Whitehead, J.	PO RNVR	C1/1853		DD 25 Apr 1915. Father Mr R.Whitehead 4 Jun 1919.
Whiteside, J.	AB RNVR	C3/1062		DD 4 Jun 1915. Widow Mrs J.F.Whiteside 8 Jan 1920.
Wicksted, G.	AB RNVR	C1/2599		DD 3 May 1915. Mother Mrs Wicksted 12 Sep 1919.
Wignall, R.	Sto RNR	S1987		Party 9 Jul 1919.
Wilcock, M.	Sea RNR	A3978		Party 22 Nov 1919.
Willcocks, E.	Sea RNR	C2546		Party 26 Nov 1923.
Williams, D.	L/Sto RNR	U1955		Son D.Williams 5 Dec 1919.
Williams, M.	Sto RNR	T2545		Party 29 Sep 1919.
Williamson, G.	AB RNVR	C2/1186		Party 24 Jul 1919.
Willock, J.D.	AB RNVR	CZ1879		Party 5 May 1920.
Wills, W.J.	AB RNVR	C2/2168		DD 5 Jun 1916. Father Mr W.W.Wills 16 Jun 1919.
Willy, F.	CPO	221814		Party 25 Mar 1920.
Wilson, A.F.	AB RNVR	C1/2479		HMS Ardrose 24 Jan 1919.
Wilson, G.	AB RNVR	C2/2404		DD. Father Mr J.Wilson 9 Dec 1919.
Wilson, P.	L/Sea RNVR	C1/1191	18 Jul 1929	Party 28 Jan 1919.

ANSON BATTALION

Wittstock, F.	PO RNR	B4376	1 Jul 1920	Party 30 Jan 1919.
Wolley, R.	AB RNVR	M6/102		Party 10 Apr 1919.
Wooding, R.	Sto2	SS114645		DD 4 Jun 1915. Father Mr R.Wooding 17 May 1919.
Woods, J.	Sea RNR	A2737		DD 25 Jan 1917. Sister Miss E. Woods 6 Oct 1919.
Woolaham, W.	Sea RNR	A4992		Party 2 Mar 1920.
Woolahan, J.	Sea RNR	A4281		Party 2 Mar 1920. Dup (No.3446) issued.
Wrighton, F.	PO	SS3550	6 Jul 1920	Party 8 Mar 1919.
Yates, E.A.	Sto RNR	S2345	20 May 1921	Party 20 May 1921.
Yates, F.	Sea RNR	A3212		Ran 12 Jan 1915. Retd to R.Mint Mar 1934.
Young, A.	Sto2	SS114816		Party 10 Dec 1919.
Young, A.E.	AB RNVR	M6/130		Party 20 Jun 1919.
Young, C.J.	AB RNVR	C3/2202		*HMS Boadicea II* 24 Jan 1919.

BENBOW BATTALION

Name	Rank or Rating	Official Number	Where Served	Clasp Issued	Medal Sent - Comments
Adams, C.	Act/AB RNVR	L1/3315		R	Party 13 May 1919.
Adams, J.E.W.	AB RNVR	T5/164	AI	29 Dec 1920	HQ Tyne RNVR 28 May 1919.
Adams, R.	Sea RNR	B3751	AI	29 Sep 1920	Party 27 May 1919.
Agnew, J.C.	Act/AB RNVR	L7/3168	AP	13 Dec 1920	HQ London RNVR 17 Jun 1919.
Aird, J.C.	Sig RNVR	L1/3204	AI	6 Jul 1920	Party 27 May 1919.
Allen, J.	Sto1	SS104703	AP	1 Oct 1920	Party 24 Feb 1920.
Allison, J.	Sea RNR	A5844	AI	16 Sep 1920	Party 17 Apr 1919.
Allott, J.	Sto1	281904	AI	23 Dec 1920	Commandant Woodside Red Cross Hosp., Darlington 29 Mar 1919.
Allshorn, S.G.	Act/AB RNVR	L7/2846	AI	18 Aug 1920	Party 12 May 1919.
Anderson, J.W.	Sea RNR	A4141	AI	29 Nov 1920	Party 6 Jun 1919.
Anderson, M.	Sea RNR	A4294	AI		Party 19 Nov 1919.
Angel, E.W.	AB RNVR	L8/3579	AI	29 Sep 1920	Party 4 Apr 1919.
Angel, L.	AB RNVR	L8/3538	AI	23 Dec 1920	HQ London Div RNVR 17 Jun 1919.
Apcock, F.J.	Sea RNR	A3629	AI		Retd to R.Mint Mar 1934.
Armstrong, J.G.	Sto1	K22335		5 Aug 1920	*HMS Flinders* 9 Apr 1920.
Arthur, F.	Act/AB RNVR	B2/299	AI	13 Jan 1921	HQ Bristol RNVR 12 Jun 1919.
Ashby, C.T.	Ord RNVR	LZ/92			Party 30 Jun 1921.
Ashcroft, J.T.	CPO	124467	AI	22 Dec 1920	Party 22 Dec 1919.
Ashurst, G.F.	L/Sea RNVR	L8/1634	AI	23 Dec 1920	HQ London Div RNVR 17 Jun 1919.
Astley, E.	Act/AB RNVR	T5/179	AI	22 Jun 1920	Party 25 Apr 1919.
Aston, W.	Act/AB RNVR	L7/2890	AI	28 Jun 1920	Party 28 Jun 1920.
Atherton, G.L.	Act/AB RNVR	L7/3338	AI	22 Jun 1920	HQ London RNVR 17 Jun 1919.
Atkins, J.	PO1	122323	AI	30 Aug 1920	Party 27 Feb 1920.
Aveling, A.F.	Sub Lieut RNVR		AI	23 Aug 1920	Party 23 Aug 1920.
Bailey, C.J.	Act/AB RNVR	L6/3246	A	16 Sep 1920	Party 19 Feb 1919.
Bailey, P.	AB RNVR	B2/1258	AI		Party 28 Nov 1919.
Bailey, P.	Ord RNVR	KW820	AI	1 Oct 1920	Party 27 Feb 1920.
Bain, J.	Sea RNR	B4297	AI	21 Dec 1920	Party 21 Dec 1920.
Bain, J.G.	Sea RNR	B4397	AP	4 Oct 1920	Party 8 Oct 1919.
Baker, P.E.	AB RNVR	L8/2483	AI	7 Nov 1921	Party 17 Feb 1919.
Bakewell, F.	Ord RNVR	KW255	A*		DD 30 Sep 1918. Mother Mrs M.Bakewell 20 May 1920.
Baldry, J.	CPO	152178	AI	21 Dec 1920	Sub Depot Sheerness 26 May 1919.
Banks, W.	AB RNVR	L3371	A	21 Dec 1920	HQ London RNVR 17 Jun 1919.
Bannerman, D.	Sea RNR	A3025	AI	1 Oct 1920	Party 27 Sep 1919.
Barclay, W.B.	AB RNVR	L /3323	A*	5 Nov 1920	Party 29 Jan 1919.
Barker, C.	Sto1	SS105208	AI	22 Sep 1920	Party 10 Apr 1919.
Barlow, F.	Sto1	SS100278	AI	4 Oct 1920	Party 27 Feb 1920.
Barnard, C.D.	Act/AB RNVR	L7/2575	AI		HQ London RNVR 17 Jun 1919.
Barnes, D.	Act/AB RNVR	L8/3456	AI	21 Nov 1920	HQ London RNVR 17 Jun 1919.
Barnett, W.H.	Ord RNVR	KW94	AI	30 Sep 1920	Party 25 Jun 1919.
Baron, E.V.	AB RNVR	L6/2676	AI	11 Mar 1921	HQ London RNVR 17 Jun 1919.
Barr, J.	Sto1	SS111308	AI	21 Dec 1920	Party 21 Dec 1920.
Barrell, J.H.	AB RNVR	T4/211	AI	17 Sep 1920	Party 25 Apr 1919.
Barrett, A.H.	AB RNVR	L1/3365	A*	9 Aug 1920	GHQ BSF 26 Feb 1919.
Barrett, R.T.	Sub Lieut RNVR		AI	25 Jun 1920	Party 25 Jun 1920.
Barrett, T.L.	Sto1	SS107871	AI	18 Mar 1925	Party 18 Mar 1925.
Barrow, H.S.	Act/AB RNVR	L7/3350	AI	5 Sep 1920	Party 23 May 1919. Dup sent to Party 30 Nov 1920.
Bayliss, A.	Ord RNVR	B2/1267	A*		DD 11 Aug 1915. Mother Mrs A.Bayliss 8 May 1920.
Beacroft, W.	Sto1	SS106351	A*		*HMS Renown* 29 Jan 1919.
Beasley, W.	AB RNVR	L8/3573	AI		HQ London RNVR 17 Jun 1919.
Beaumont, R.	Ord RNVR	KW57	AP	30 Sep 1920	Party 30 Mar 1920.
Beaver, G.F.	L/Sea RNVR	L1/3255	A		Party 23 Apr 1919.
Beavers, F.	Sea RNR	A4028	AI	29 Sep 1920	Party 14 Aug 1919.
Bedwell, T.G.	Sub Lieut RNVR		AI	25 Jun 1920	Party 25 Jun 1920.
Bennett, R.W.	AB RNVR	L1/3508	A*		HQ London RNVR 17 Jun 1919.
Benson, H.	Sea RNR	A2000	AI	5 Oct 1920	Party 18 Nov 1919.
Bentham, J.H.	AB RNVR	L3348	A		Party 26 Feb 1919.
Benwell, S.	Act/AB RNVR	L7/3563	AI	18 Oct 1924	Party 11 Feb 1919.
Benwell, W.	Act/AB RNVR	L7/3551	AI	20 Sep 1920	Party 11 Feb 1919.
Berry, F.	AB RNVR	L3560	A*		Party 31 Jul 1919.
Berry, W.	AB RNVR	T4/91	AI	21 Dec 1920	HQ Tyne RNVR 28 May 1919.
Bevan, W.	Sig RNVR	L10/2552	A*		Party 14 Aug 1919.
Bewick, L.	AB RNVR	J1/162	AI		HQ Tyne RNVR 28 May 1919.

BENBOW BATTALION

Bird, J.	AB	238362	A		Run 17 Feb 1919. Retd to R.Mint Mar 1934.
Black, L.	AB RNVR	LZ3203	A*		DD 3 Dec 1916. Mother Mrs C.Black 19 May 1919.
Blackmore, G.	AB RNVR	L1/2395	A	6 Oct 1921	Party 6 Oct 1921.
Bland, W.	Jun/RA	M18785	A*	22 Jun 1920	63/RND Alnwick 9 Sep 1919.
Bloom, S.G.	Sto1	286863	AP	25 Sep 1920	Party 27 May 1919.
Boddy, E.F.	Sto1	295971	A*		Party 28 Feb 1919.
Bonney, E.	PO1 RNVR	L8/2028	AP	21 Dec 1920	HQ London RNVR 17 Jun 1919.
Boot, A.D.	Sub Lieut RNVR			23 Jul 1920	*HMS Courageous* 20 Jan 1919.
Boulton, H.	Ord RNVR	KW59	AI	25 Sep 1920	Party 26 May 1919.
Bowdon, H.J.	Sto1	SS103619	AI	1 Oct 1920	Party 12 Jun 1919.
Bowhill, F.	PO RNVR	L1/3226	AP	31 Dec 1920	HQ London RNVR 17 Jun 1919.
Bradbury, J.A.	Sto1	SS100208	AI	16 Sep 1920	Party 14 Apr 1919.
Branfield, G.E.	AB RNVR	B1268	A*		Woolwich 27 Jan 1919.
Bratt, F.	Sto1	SS103919	AI	1 Oct 1920	Party 27 Feb 1920.
Bratton, S.	Sto1	22920	AI	25 Sep 1920	Party 26 Feb 1919.
Brear, T.	Ord RNVR	KW68	AI		Party 23 May 1919.
Briggs, J.S.	Sto1	277517	AI	16 Sep 1920	Party 26 Feb 1919.
Bromhead, H.G.	AB RNVR	L8/3614	AI	17 Sep 1920	Party 26 Feb 1919.
Brooker, G.C.	Sto1	SS103904	AI	18 Aug 1920	Party 4 Jun 1919.
Brooks, J.	AB RNVR	L1/3617	AI	30 Sep 1920	Party 29 Apr 1919.
Brown, A.	Act AB/RNVR	B2/1190	AI	13 Dec 1920	HQ Bristol RNVR 16 Jun 1919.
Brown, A.H.	AB RNVR	L10/3058	A*		Party 26 Feb 1919.
Brown, B.C.	Ord	SS101827	A*	22 Jun 1920	*HMS Alecto* 13 May 1919.
Brown, D.	Sea RNR	A4706	AI	1 Oct 1920	Party 24 Nov 1919.
Brown, E.J.	AB RNVR	B2/938	AI	30 Sep 1920	Party 21 May 1919.
Brown, K.B.	L/Sea RNVR	L1/3216	AI	20 Jul 1920	Party 20 Jul 1920.
Brown, P.	Sea RNR	B5147	AI	4 Oct 1920	Party 19 Nov 1919.
Brown, T.W.	AB RNVR	L1/3537	AI	23 Sep 1920	Party 21 Feb 1919.
Browne, W.H.W.	Sea RNR	A4174	AI	14 Dec 1920	Party 19 Aug 1919.
Brundred, W.	Ord RNVR	KW74	AI	6 Dec 1920	DD 23 Jan 1920. Father Mr W.J.Brundred 6 Dec 1920.
Bryce, C.A.	Major RM		AI		Retd to R.Mint.
Brydon, J.	AB RNVR	T6/210	AI	16 Sep 1920	Party 21 May 1919.
Buch, H.	Act/AB RNVR	L7/3231	AI		Party 17 Apr 1919.
Bull, W.J.	AB RNVR	L7/3248	AI	23 May 1922	Party 23 May 1922.
Bumstead, W.L.		SS102818	A*	13 Apr 1922	Party 13 Apr 1922.
Bunting, R.W.	Sea RNR	B2541	AI	1 Oct 1920	Party 15 Sep 1919.
Burgess, F.	Sto1 RFR	SS102091	AI	7 Oct 1920	Party 27 Feb 1920.
Burke, T.L.	Bugler RNVR	L4/2475	AI	23 Sep 1920	Party 26 Feb 1919.
Byrne, R.	Act/AB RNVR	T1/229	AI	30 Sep 1920	Party 1 Apr 1919.
Cadenacie, A.H.	AB	J6899	AI		Party 11 Oct 1919.
Callaghan, J.	Sto1	K8705	AI	7 Feb 1921	RNB Portsmouth 4 Mar 1919.
Callicott, E.V.	Ord RNVR	B2/1158		30 Sep 1920	HQ Bristol RNVR 12 Jun 1919.
Cameron, D.	Sea RNR	A5432	AI	9 Oct 1920	Party 11 Jul 1919.
Campbell, A.	Sea RNR	A3933	AI	25 Sep 1920	Party 7 Apr 1919.
Campbell, D.	Sea RNR	A4648	A*		
Campbell, D.	Sea RNR	A5448	A	6 Oct 1920	Party 22 Nov 1919.
Campbell, N.D.	Sea RNR	A3042	AI	12 Oct 1920	Party 19 Nov 1919.
Candy, E.W.	PO1	196254	AI	29 Sep 1920	Party 17 Mar 1920.
Cannon, W.	Sto1 RFR	288076	AI	23 Sep 1920	Party 26 Feb 1919.
Carpenter, J.A.	Sto1	310462	AI	1 Jul 1920	Party 9 Dec 1919.
Carrott, J.	Sto1	K7263	AI		*HMS Gibraltar* 5 Mar 1920.
Carson, J.F.	Payr RNVR				Party per Mr Foot AG9 15 Jan 1919.
Chambers, A.	Ord RNVR	KW61	AI		Party 16 Apr 1919.
Chambers, D.	Act/AB RNVR	L7/2600	AI	6 Sep 1938	Party 15 Mar 1919.
Chambers, G.H.	Sto1	SS101487	AI	6 Jul 1920	Party 14 Aug 1919.
Champion, W.	Sto1	SS104707	AI	16 Sep 1920	Party 11 Apr 1919.
Chandler, S.	AB RNVR	L10/2715	AI	20 Sep 1920	Party 28 Feb 1919.
Chapman, C.	AB	214255	AI	20 Jul 1920	*HMS Assistance* 20 Jul 1920.
Chessum, B.H.	AB RNVR	L1/3500	AI	16 Sep 1920	Party 14 Mar 1919.
Childs, P.H.	Sto2	K22167	AI	7 Jun 1921	*HMS Victory* 7 Mar 1919.
Clark, G.	AB RNVR	T1/200	AP		HQ Tyne RNVR 28 May 1919.
Clark, G.J.	Sto1 RFR	SS100524	AI	18 Aug 1920	Party 18 Aug 1920.
Clarke, C.E.	Sea RNR	A4119	AI	29 Jun 1920	Party 25 Jul 1919.
Clarke, H.E.	AB RNVR	L4/2919	AI	28 Oct 1920	HQ London RNVR 17 Jun 1919.
Clarkson, F.	Act/AB RNVR	L7/3154	AI		HQ London RNVR 17 Jun 1919.
Clemens, J.P.	CPO RNVR	L1/1736		28 Jun 1920	Party 3 Jun 1919.
Cleveland, W.G.	Sea RNR	A5908		25 Jun 1920	*HMS Ganges* 26 Feb 1919.

BENBOW BATTALION

Name	Rank	Number	Col	Date	Notes
Clifford, C.	Act/AB RNVR	L5/5455	A		Retd to R.Mint Mar 1934.
Clifford, C.O.H.	Sub Lieut RNVR		AI	5 Jul 1920	Party 5 Jul 1920.
Cobb, C.W.	AB RNVR	L4/2632	A	7 Dec 1920	HQ London RNVR 17 Jun 1919.
Cockrill, G.A.	Sea RNR	A4900	AI	5 Oct 1920	Party 16 Jun 1919.
Codrington, E.T.	L/Sig RNVR	L1/3341			Party 20 Jan 1919.
Colvin, R.J.	Sea RNR	B4409	AI		Retd to R.Mint Mar 1934.
Comer, H.C.	Act/PO RNVR	L1/3241	AI	25 Jun 1920	Party 28 Mar 1919.
Conn, O.	AB RNVR	T5/226	AI	23 Jul 1920	Party 29 Apr 1919.
Conway, A.	Sto1	SS103526	AP	4 Oct 1920	Party 10 Mar 1920.
Cook, S.	Act/AB RNVR	L7/3126	AI	4 Feb 1921	HQ London RNVR 17 Jun 1919.
Cooke, G.P.	L/Sea RNVR	L2879			DD 5 Jun 1915. Father Mr D.F.Cooke 19 Jun 1919.
Cooke, J.	Ord RNVR	KW91	AI	16 Sep 1920	Party 12 May 1919.
Coombs, A.W.	AB RNVR	L8/3474	AI	5 Oct 1920	Party 27 Jun 1919.
Cooper, E.	Ord RNVR	KW79	AI	16 Sep 1920	Party 17 Mar 1919.
Cooper, G.	Sea RNR	A5913			*HMS Europa* 10 Mar 1919.
Cornell, J.A.	AB RNVR	L6/3057	AI	30 Sep 1920	Party 17 Apr 1919.
Cosgrove, S.	AB RNVR	T4/213	AI	21 Dec 1920	HQ Tyne RNVR 28 May 1919.
Costello, M.	Sea RNR	A3903	AI	4 Oct 1920	Party 15 Sep 1919.
Coull, T.	Sea RNR	A2234	AI	12 Jan 1921	Party 14 Apr 1919.
Cowley, V.	Act/L/Sea RNVR	L3523	A	12 Oct 1920	Party 25 Feb 1919.
Coyne, J.H.	Sto1	SS280605	AI	30 Jun 1920	Party 7 Apr 1919.
Craigie, D.	Sea RNR	A3520	AP	6 Oct 1920	Party 2 Dec 1919.
Crashley, T.	Ord RNVR	KW62	A	20 Sep 1920	Party 15 Mar 1919.
Crichton, T.	Sea RNR	B4767	AI	12 Jan 1921	Party 12 Jan 1921.
Crisp, J.	Ord RNVR	KW174	AI	29 Sep 1920	Party 8 Aug 1919.
Croft, T.	Ord RNVR	KW175	AI	6 Jul 1920	Party 17 Apr 1919.
Crow, E.	Act/AB RNVR	T6/123	AI	16 Sep 1920	Party 29 Mar 1919.
Cunningham, W.	AB RNVR	KW238	AI	30 Sep 1920	Party 11 Jul 1919.
Curtin, T.	Sto1	SS103870	AP		Party 10 Mar 1920.
Curtis, J.A.	AB RNVR	L7/3159	AI	14 Sep 1920	Party 26 Feb 1919.
Curtis, S.J.	AB RNVR	B2/731	AI	1 Oct 1920	Party 14 Apr 1919.
Custance, R.E.	Ord RNVR	KW76	AI	30 Sep 1920	Party 13 May 1919.
Cutler, J.C.	Sea RNR	A5585	AI	5 Oct 1920	Party 25 Sep 1919.
Cutts, H.	Ord RNVR	KW73			DD 13 Jul 1915. Mother Mrs H.Cutts 7 Feb 1920.
Dale, J.F.	AB RNVR	L1/3476	AI	6 Nov 1924	Party 18 Mar 1919.
Daniels, L.S.	Act/AB RNVR	L7/2777	AI		Party 13 Feb 1920.
Darnell, C.	Sto1 RFR	K12264	AI	22 Aug 1923	RNB Portsmouth 28 Mar 1919.
Davidson, W.	Sto1 RFR	294076	AI	1 Apr 1924	*HMS Victory* 15 May 1919.
Davies, A.	Ord RNVR	KW70	AP	18 Oct 1920	Party 19 Apr 1920.
Davies, W.G.	Sto1 RFR	SS108643	AI	16 Sep 1920	Party 23 May 1919.
Davies, W.H.	PO1	226963	A	6 Apr 1921	*HMS Victory* 5 Mar 1919.
Davis, D.	PO1	192474	AI	14 Mar 1921	*HMS Victory* 5 Mar 1919.
Davis, G.M.	AB RNVR	L1/3028	AI		DD 2 Nov 1918. Father Capt George Davis 3 Jul 1919.
Davison, H.	AB RNVR	T4/173	AI	4 Feb 1921	HQ Tyne RNVR 28 May 1919.
Davison, N.S.	PO1 RNVR	T1/110	AI	16 Sep 1920	Party 20 May 1919.
Deacon, H.	Act/AB RNVR	L7/2900	AI	4 Feb 1921	HQ London RNVR 17 Jun 1919.
Deary, J.	Sto1 RFR	SS100005	AP	30 Sep 1920	Party 29 Mar 1920.
Deasey, A.R.	CPO RFR	133660	AI	18 Nov 1920	Party 12 May 1920.
Debnam, G.W.	Sto1 RFR	SS102076	AI	30 Sep 1920	Party 9 Apr 1920.
Denman, C.G.		L4/2183			*HMS Terror* 22 Jan 1919.
Denning, T.H.	AB RNVR	L7/2938	AI	4 Feb 1921	HQ London RNVR 17 Jun 1919.
Denny, R.W.	Sea RNR	A5505	AI		Party 21 Nov 1919.
Dick, A.	AB RNVR	L1/3106		28 Aug 1920	Party 28 Mar 1919.
Dickinson, C.S.	AB RNVR	L7/3514	AI		HQ London RNVR 17 Jun 1919.
Dobbs, W.	Act/AB RNVR	B2/1242	AI	16 Sep 1920	Party 11 Apr 1919.
Docherty, J.	Act/AB RNVR	T4/193			Party 26 Feb 1919.
Dodds, T.R.	Act/AB RNVR	T6/139	AI	16 Sep 1920	Party 28 Feb 1919.
Donlon, T.	Sto1 RFR	SS108120	AI	1 Oct 1920	Party 10 Mar 1920.
Downie, F.	AB RNVR	T1/225	AP	30 Sep 1920	Party 16 Jun 1919.
Drage, G.	AB RNVR	L1/3603	AI	5 Mar 1924	Party 21 May 1919.
Drewery, W.	Ord RNVR	KW71	AP	4 Oct 1920	Party 13 Apr 1920.
Duckham, L.	Sto1 RFR	SS103437	AI	1 Oct 1920	Party 12 Apr 1920.
Dugon, A.	AB RNVR	L1/2773			Party 16 Jun 1919.
Duncan, H.	Sto1 RFR	297167	AI	3 Feb 1921	Party 3 Feb 1921.
Dyball, S.R.	Sto2 RFR	K22082	AI	22 Apr 1921	*HMS Emperor of India* 22 Oct 1919.
Dyer O.R.	Act/AB RNVR	L8/3581	AI	18 Oct 1924	Party 25 Apr 1919.
Dyke, W.T.	Act/AB RNVR	L7/3153	AI	3 Nov 1920	Party 3 May 1919.

BENBOW BATTALION

Dyson, O.	Sto1	296286			Party 25 Mar 1925.
Ebbut, F.C.	L/Sea RNVR	L7/2844	AI	8 Nov 1920	HQ London RNVR 17 Jun 1919.
Edwards, C.L.	AB RNVR	L7/3017	AI	23 Sep 1920	Party 18 Feb 1919.
Elkins, E.A.	AB RNVR	L1/3280	AI	16 Sep 1920	Party 31 Mar 1919.
Ellis *DSM*, B.	CPO RNVR	L1/748	A	16 Jun 1925	DD 21 Apr 1918. Widow Mrs M.Ellis 20 May 1919.
Ellwood, R.	AB	235537			*HMS Royal Oak* 7 Feb 1919.
Elsey, H.	PO	182066		21 Jul 1920	RN Depot Crystal Palace 8 Mar 1919.
Emery, P.E.	AB RNVR	B2/1289	AI	3 Dec 1920	Party 6 Mar 1919.
England, G.	Ord RNVR	KW54	AI		Party 7 Nov 1919.
Evans, A.F.	Sea RNR	B4362	AI	24 Jun 1920	Party 12 Sep 1919.
Ewings, J.D.	Act/AB RNVR	L7/2723	AI	24 Jun 1920	DD 5 Mar 1917. Father G.W.Ewings 26 Jun 1919.
Eyres, G.	CPO RFR	117313			*HMS Drudge* 15 May 1919.
Fanning, P.	Sea RNR	A2729	A	1 Mar 1923	Party 16 Jan 1920.
Fargus, F.N.	Comdr RN		AI	1 Jul 1920	Party 28 Feb 1919. Original Star wrongly engraved. Returned to R.Mint 9 Mar 1923.
Fawcett, E.	AB RNVR	T6/222	AP	4 Feb 1921	HQ Tyne RNVR 28 May 1919.
Felton, T.	Sto1 RFR	SS102579	AI	4 Oct 1920	Party 9 Apr 1920.
Fenwick, J.	AB RNVR	T4/188	AI	14 Dec 1920	Party 17 Apr 1919.
Finch, H.J.	AB RNVR	L3051		13 Oct 1921	HQ London RNVR 17 Jun 1919.
Findley, J.	Sea RNR	A2239	AI	13 Nov 1920	Party 2 Jan 1920.
Finlayson, A.	Sea RNR	A4535	AI	8 Oct 1920	Party 24 Nov 1919.
Fixsen, H.M.	Sub Lieut RNVR		AI	1 Jul 1920	Party 1 Jul 1920.
Fletcher, A.	Sto1	K12371	AI	4 Feb 1921	RNB Portsmouth 28 Mar 1919.
Ford, F.	Col/Sergt	RMA3529		16 Jun 1920	Party 12 May 1920.
Fowler, G.E.	Sto1 RFR	SS101014	AI	16 Sep 1920	Party 9 Apr 1919.
Freeman, A.	Sto1 RFR	SS102879	AI	24 Jun 1921	Party 25 Sep 1919.
Freeman, G.A.	Act/AB RNVR	L7/2713	AI	4 Feb 1921	HQ London RNVR 17 Jun 1919.
French, G.	Asst/PO RFR	121895	AI	29 Apr 1921	Party 9 Jun 1919.
French, S.G.	Act/AB RNVR	L7/2601	AI		HQ London RNVR 17 Jun 1919.
Frogson, A.	Ord RNVR	KW88	AI	30 Sep 1920	Party 7 Apr 1919.
Fry, H.J.	Act/AB RNVR	B2/1109	AP		HQ Bristol RNVR 12 Jun 1919.
Gadd, A.C.	Act/AB RNVR	L7/2862	A	31 May 1928	Party 31 May 1928.
Gale, W.T.	Sto1	K4696	AI	29 Jul 1920	*HMS Victory* 20 Mar 1919.
Gallagher, W.	Ord RNVR	KW66	AP	1 Oct 1920	Party 9 Apr 1920.
Galloway, J.J.	AB RNVR	L3/2282	A*		Party 15 Mar 1919.
Gardiner, W.	Sea RNR	A5019	AI		Party 12 Jun 1919.
Gardner, E.V.G.	AB RNVR	L7/2982			Party 27 May 1919.
Gardner, S.H.	Act/AB RNVR	L7/3598	AI	5 Jul 1920	Party 5 Jul 1920.
Garner, I.	AB RNVR	T5/148	AP	29 Dec 1920	HQ Tyne RNVR 28 May 1919.
Garrow, J.B.	AB RNVR	T4/175	AI		HQ Tyne RNVR 28 May 1919.
Gay, J.	AB RNVR	T1/168	AI	21 Oct 1920	Party 27 Mar 1919.
Geddes, D.C.	Act/AB RNVR	T1/192	AI	30 Sep 1920	Party 23 May 1919.
Geddes, R.	Sea RNR	A4177	AI	4 Oct 1920	Party 28 Nov 1919.
George, J.	AB RNVR	T5/184	AI		Party 12 Apr 1919.
Gibb, A.	Act/AB RNVR	L8/3498	AI	19 Feb 1923	Party 19 Feb 1923.
Gibbon, W.	Act/AB RNVR	L7/3469	AI	19 Dec 1938	HQ London RNVR 17 Jun 1919.
Gibbs, B.J.	Sea RNR	A5395	AI	5 Oct 1920	Party 20 Aug 1919.
Gibson, F.H.	Act/AB RNVR	B2/1154	AI	31 Dec 1920	HQ Bristol RNVR 12 Jun 1919.
Giddings, C.G.	Sto1 RFR	SS104731	AP	30 Sep 1920	Party 5 Aug 1919.
Gilbert, H.	AB	J1452	AI	7 Feb 1921	RMB Portsmouth 28 Mar 1919.
Gilmore, S.	Sto1 RFR	SS103299	AI	29 Sep 1920	Party 27 Mar 1919.
Glassborow, F.	AB RNVR	L1/3596	AI	5 Oct 1920	Party 20 Mar 1919.
Glover, T.	Sto2	SS115419	AI	29 Oct 1920	Party 14 Apr 1919.
Godfrey, C.	Sto1	K8064	AI	31 Jan 1921	*HMS Victory* 7 Mar 1919.
Godfrey, C.	AB RNVR	L1/3507	AI	1 Oct 1920	Party 21 Feb 1919.
Goff, G.	PO1	165389	AI	30 Sep 1920	Party 7 Nov 1919.
Gold, H.J.	AB RNVR	B2163	AI	29 Sep 1920	Party 12 Apr 1919.
Golding, W.	AB RNVR	L7/3026	AI	4 Oct 1920	Party 17 Apr 1919.
Goodchild, A.R.	Sto1	K5227	AI	15 Oct 1920	Party 7 Apr 1920.
Goodfellow, M.E.	PO1 RNVR	B2/849	A	5 Nov 1920	Party 15 Apr 1919.
Gowing, W.J.	Sea RNR	A4168			Party 29 Oct 1919.
Graham, A.	AB RNVR	L8/3515	AI		Retd to R.Mint Mar 1934.
Graham, J.	Ord RNVR	KW78	A	19 Aug 1926	Great Yarmouth Hospital 19 Aug 1926.
Graham, W.	Sto1 RFR	300851	AI	5 Oct 1920	Party 19 Apr 1920.
Grant, G.G.	Lieut RNVR		A*	10 Mar 1923	*HMS Concord* 28 Jan 1918.(sic).
Gratwick, T.	Sto1 RFR	SS102609	AI	1 Oct 1920	Party 27 Apr 1920.
Green, A.	Sto1 RFR	SS106243	AP		Party 12 Apr 1920.

BENBOW BATTALION

Name	Rank	Number		Date	Notes
Greenhough, A.	AB RNVR	L7/3091	AI	5 Oct 1920	Party 26 Feb 1919.
Griffin, J.W.	AB RNVR	B2/1127	AI	26 Feb 1921	HQ Bristol RNVR 12 Jun 1919.
Grosvenor, H.	AB RNVR	A3461	AI		Retd to R.Mint Mar 1934.
Gunn, K.	Sea RNR	A4801	AI	9 Nov 1927	Party 9 Mar 1920.
Gwyer, A.	PO1	160694	AP	28 Sep 1921	HMS Victory 17 Mar 1919.
Hadfield, F.L.	AB RNVR	L4/2585	AI	25 Jun 1920	Party 23 Apr 1919.
Haggarty, J.	Sea RNR	B4723	AI		Party 19 Jun 1919.
Hale, L.	Act/AB RNVR	L7/3588	AI	6 Jul 1921	HQ London RNVR 17 Jun 1919.
Hale, T.	Sto1 RFR	SS106085	AI	5 Oct 1920	Party 2 Mar 1920.
Haley, J.	Ord RNVR	KW58	AI	5 Oct 1920	Party 2 Mar 1920.
Hall, C.H.	Sea RNR	A3440	AI	29 Sep 1920	Party 19 Jun 1919.
Hall, H.	Sto1 RFR	SS106379	AI	1 Oct 1920	Party 21 Apr 1920.
Hall, H.B.	AB RNVR	L10/3035	AI		HQ London RNVR 17 Jun 1919.
Hall, L.	Act/AB RNVR	L8/3457	A	8 Jul 1920	Party 5 Mar 1920.
Hall, R.	AB RNVR	T5/205	AI	22 Jun 1931	Party 2 Apr 1919.
Hammond, F.W.	Sergt	Ch5140	AI	17 Mar 1922	Party 17 Mar 1922.
Hammond, W.	Sto1 RFR	SS101015	AI	1 Oct 1920	Party 17 Apr 1919.
Hanson, O.H.	Lt/Comdr RNVR		A*		DD 11 Oct 1914. Brother Mr Wilfred Hanson 19 Jun 1919.
Hardie, G.S.	Sto1 RFR	280851	AI	5 Oct 1920	Party 16 Dec 1919.
Harding, S.	L/Sea RNVR	B2/927	AI		HQ Bristol RNVR 12 Jun 1919.
Harper, A.	AB RNVR	T6/215	AP	30 Sep 1920	Party 10 Apr 1919.
Harris, F.G.	AB RNVR	L7/2259		20 Aug 1943	Party 26 Jul 1919.
Harris, W.	Sea RNR	A4247	AI	16 Nov 1921	Party 15 Aug 1919.
Harrison, D.G.	PO RNVR	L7/419	AI	1 Oct 1920	Party 10 Feb 1919.
Hart, T.C.	Sea RNR	A4878	AI	29 Sep 1920	Party 19 Nov 1919.
Hartley, E.	Ord RNVR	KW92	A		Party 27 Feb 1920.
Harty, F.	Sto1	289438		7 Jul 1920	Party 11 Feb 1919.
Harvey, E.	AB RNVR	L1/2849	AI	21 Dec 1920	HQ London RNVR 17 Jun 1919.
Harvey, G.	Sea RNR	C/2371	AI	1 Sep 1920	Party 14 Nov 1919.
Haywood, H.J.C.	AB RNVR	L1/3552			HQ London RNVR 17 Jun 1919.
Head, E.G.	Sto1 RFR	290623	AP	14 Sep 1920	Party 16 Jul 1919.
Healey, J.	PO	202211	AI	13 Aug 1920	RNB Portsmouth 8 Nov 1919.
Hedger, P.	Act/AB RNVR	L7/3464	AI		DD 21 Feb 1917. Retd to R.Mint Mar 1934.
Hedges, C.H.	Sto1	K7194	AP		Retd to R.Mint Mar 1934.
Hendle, G.	Sto1	K5932	AP	25 Aug 1920	Party 19 Apr 1920.
Henshaw, H.	Act/AB RNVR	L7/3542	AI	27 Oct 1923	Party 27 Oct 1923.
Herbert, A.H.	Sea RNR	B3918	AI		Party 19 Aug 1919.
Hickling, G.	Sto1 RFR	SS101241	AP	4 Aug 1920	Party 6 Mar 1920.
Higham, W.	Sto1 RFR	SS105016	AI	1 Oct 1920	Party 27 Feb 1920.
Hilhouse, G.	Lieut/Comdr RN		A*	15 Jul 1943	HMS Acteon 13 Feb 1919.
Hiscock, C.W.	L/Sea	165143	AI	29 Sep 1920	Party 7 Apr 1919.
Hodgson, G.	Ord RNVR	KW83	AI	11 Oct 1920	Party 2 Mar 1920.
Hodson, W.	Sto1 RFR	SS105930	AP	28 Jun 1920	Party 5 Jun 1919.
Holmes, A.	Sto1 RFR	281761	AI	30 Sep 1920	Party 2 Mar 1920.
Hooker, E.	Sea RNR	A3652	AI	1 Oct 1920	Party 12 Apr 1919.
Hopkins, C.H.	PO1	156331	AP	14 Jun 1921	Party 25 Jul 1919.
Horlock, C.	Sto1 RFR	SS101011	AI	4 Oct 1920	Party 16 May 1919.
Hoskin, J.T.	AB RNVR	L1/3089	AI	3 Mar 1923	HQ London RNVR 17 Jun 1919.
Hoverd, G.	AB RNVR	T1/201	AI		Party 29 Mar 1919.
Howard, J.	Ord RNVR	KW87		29 Sep 1920	Party 5 Aug 1919.
Howe, S.	Act/AB RNVR	B2/1192	AI	4 Oct 1920	Party 17 Apr 1919.
Howell, H.W.	Act/AB RNVR	L7/2971			Retd to R.Mint Mar 1934.
Howley, F.G.	Sto1	291347			DD 9 Jun 1915. Legatee Miss L.E.Bailey 28 Oct 1920.
Hudson, B.F.	Act/AB RNVR	L7/2921	AI	1 Jul 1920	Party 2 Apr 1919.
Hudson, G.	Sto2	K20436	AI	25 Sep 1920	RNB Portsmouth 19 Mar 1919.
Hughes, S.	Sto1	K21108	AI	31 Dec 1920	HMAS Anzac 31 Dec 1920.
Humby, A.R.	Act/AB RNVR	L3592		21 Jan 1931	HQ London RNVR 17 Jun 1919.
Hummel, F.W.	L/Sea RFR	182525	AI	29 Jun 1920	Party 3 Feb 1919.
Hunter, J.T.	CPO RFR	123572	AP	30 Sep 1920	Party 29 Mar 1920.
Hussey, F.J.	Act/AB RNVR	L7/2974	AI		Retd to R.Mint Mar 1934.
Ingleby, C.R.	Lieut RNVR				Party 8 Feb 1919.
Ironmonger, W.	PO RNVR	LZ1321	AI	1 Jul 1920	Party 20 Feb 1919.
Irving, T.S.	AB RNVR	T1/223	AI		Party 21 May 1919.
Ismay, J.	AB RNVR	T5/214	AI		HQ Tyne RNVR 28 May 1919.
Jay, G.	Ord RNVR	B2/192			HQ Bristol RNVR 12 Jun 1919.
Jeffrey, S.W.	AB RNVR	L7/3521	AI	31 Dec 1920	HQ London RNVR 17 Jun 1919.
Jenkins, W.H.	Sto1 RFR	SS106208	AI	30 Sep 1920	Party 17 Apr 1919.

BENBOW BATTALION

Jennings, W.	Sto1	SS103672	AI	5 Oct 1920	Party 20 Aug 1919.
Jobling, W.B.	AB RNVR	T5/182			DD. Mother Mrs H.Jobling 21 Nov 1919.
Johnson, J.E.	AB RNVR	L1/3212	AI	29 Dec 1920	HQ London RNVR 17 Jun 1919.
Johnson, L.	Sto1	SS109976	AI	5 Oct 1920	Party 26 Mar 1920.
Jones, C.	Act/AB RNVR	L7/3125	AI		HQ London RNVR 17 Jun 1919.
Jones, D.R.	Act/AB RNVR	L7/3182	AI		HQ London RNVR 17 Jun 1919.
Jones, E.C.	Sto1	K15847	AP	31 Dec 1920	*HMS Lydiard* 6 Mar 1920.
Jones, H.	Sto1 RFR	SS104198	AI	30 Sep 1920	Party 2 Apr 1919.
Joyce, C.P.	AB RNVR	L7/3578	AI	31 Dec 1920	HQ London RNVR 17 Jun 1919.
Justice, M.	AB RNVR	T5/208	AI	29 Sep 1920	Party 26 May 1919.
Kay, A.E.	Sto1	293615	AI	1 Jul 1920	Party 28 May 1919.
Keating, H.	L/Sea RNVR	L1/3202	AI	3 Jun 1924	HQ London RNVR 17 Jun 1919.
Keer, J.	AB RNVR	L1/2857	AI	17 Mar 1925	Party 17 Mar 1925.
Kent, E.	Sea RNR	A4282			*HMS Tarlair* 22 Jan 1919.
Kerrison, W.	Sto1	K8660		30 Jun 1920	Party 29 Aug 1919.
King, F.W.M.	AB RNVR	B2/953	AI	18 Jan 1927	HQ Bristol RNVR 12 Jun 1919.
King, W.L.	AB RNVR	B2/1069	AI	29 Apr 1921	HQ Bristol RNVR 12 Jun 1919.
Kitchen, F.	AB RNVR	T4/202	AI	1 Oct 1920	Party 28 Apr 1919.
Knowles, A.	Sea RNR	A4222	AP	3 Nov 1920	Party 19 Nov 1919.
Laing, W.	Sto1	284424	AI	1 Oct 1920	Party 12 May 1919.
Lamb, J.	Sea RNR	C4947	AI		Party 19 Nov 1919.
Lambkin, F.E.C.	AB	J9857		R	*HMS Pembroke* 27 Oct 1920.
Lamont-Fisher, H.D.	L/Sea RNVR	L1/3020		22 Oct 1920	Party 6 Aug 1920.
Lamoon, W.	Sto1	280292	AI	24 Jun 1920	Party 19 Feb 1919.
Langdale, W.	Act/AB RNVR	L7/3362	AI	23 Jul 1920	Party 11 Feb 1919.
Langston, C.	AB RNVR	L1/3337	A		Party 15 Mar 1919.
Larby, W.	Sto2	K20443	AI		*HMS Victory* 28 Mar 1919.
Larkins, H.J.	Sea RNR	C2880	AI	1 Oct 1920	Party 18 Nov 1919.
Laughton, P.	AB RNVR	L8/3591		25 Jan 1920	Party 4 Feb 1919.
Laurence, E.	L/Sea RNVR	L7/2639	AI	17 Jun 1920	Party 7 Jun 1919.
Laverick, J.	Sto1	SS105002	AI	28 Sep 1920	Party 11 Aug 1919.
Lawrence, A.	PO	126250			Party 3 Feb 1920.
Leeson, H.	Sto1	SS106304	AI	4 Oct 1920	Party 15 Apr 1919.
Legge, C.	Ord RNVR	KW779	AI		Party 16 May 1919.
Levoi, D.	AB RNVR	L2800	AP	12 Nov 1923	Party 30 May 1919.
Lewin, H.E.	AB RNVR	L1/3586	AI	1 Oct 1920	Party 14 Mar 1919.
Lewington, W.T.	Sto1	K8062		20 Sep 1920	Party 26 Feb 1919.
Lewis, E.	Ord RNVR	KW65			Not entitled. Retd to R.Mint Mar 1934.
Lewis, W.	PO1 RNVR	L7/1965	AI	30 Sep 1920	Party 31 Mar 1919.
Light, F.	AB	190918	AI	30 Sep 1920	Party 11 Feb 1919.
Limb, J.	Sto1	108353	AI	1 Oct 1920	Party 21 May 1919.
Linley, J.	AB RNVR	L1/3611	AI		Party 20 Feb 1919.
Lishman, R.	AB RNVR	T1/186	AI		Party 26 May 1919.
Lockwood, E.	Act/AB RNVR	L7/3308	A	18 Feb 1921	HQ London RNVR 17 Jun 1919.
Long, F.W.	Sto2	K22348	AI	16 Aug 1920	*HMS Forth* 20 Aug 1919.
Long, H.W.	Sea RNR	C3565	AI	7 Oct 1920	Party 9 Dec 1919. Dup clasp issued.
Longman, J.	AB RNVR	L7/2981			Party 2 Sep 1919.
Love, E.	Sto1	207850	AI	29 Jul 1920	*HMT Alexandra* 3 Feb 1920.
Macartney, R.H.	Lieut RN		AI	18 Aug 1920	Party 18 Aug 1920.
Macdonald, A.	Sea RNR	A5406	AI	11 Oct 1920	Party 14 Aug 1919.
Macdonald, J.	Sea RNR	A2719	AI	12 Oct 1920	Party 22 Nov 1919.
MacDonald, M.	Sea RNR	B4598	AI	15 Oct 1920	Party 28 Mar 1919.
MacDonald, M.	Sea RNR	C3627	AI	8 Oct 1920	Party 19 Jan 1920.
Macdonald, W.	Sea RNR	A3036	AI	5 Oct 1920	Party 6 Oct 1919.
Mack, E.	Sto2	K20443	AI	5 Nov 1920	Party 9 Mar 1920.
Mack, W.	Act/AB RNVR	T6/177	AI	12 Jan 1921	HQ Tyne RNVR 28 May 1919.
Mackay, T.W.	Sea RNR	A4320	AI	8 Oct 1920	Party 27 Nov 1919. Dup (Issue No.4884).
MacLeod, W.	Sea RNR	A3398			Father D.MacLeod Esq 12 Dec 1919.
Macrae, A.	Sea RNR	A3065	AI	23 Mar 1921	Party 23 Mar 1921.
MacRitchie, J.	Sea RNR	A5475	AI	15 Feb 1921	Party 26 Nov 1919.
Major, G.	AB	J5022	AI	3 Nov 1920	Party 28 Mar 1919.
Malcolm, J.	Sea RNR	A3026	AI		Retd to R.Mint Mar 1934.
Manion, J.	Ord RNVR	KW95	AI	14 Jul 1920	War Office 14 Jul 1920.
Manners-Ridge, C.	Sub Lieut RNVR			26 Jan 1921	DD killed at Antwerp 8 Oct 1914. Widow Mrs G.B.Wilks 26 Jan 1921.
Manning, J.	Sto1	281905	AI	22 Jun 1920	Party 8 May 1919.
Manvell, A.E.	Act/AB RNVR	L7/3183	AI	23 May 1922	Party 15 Feb 1919.
Mara, H.	Act/AB RNVR	L7/3418	AI	22 Apr 1927	HQ London RNVR 17 Jun 1919.

BENBOW BATTALION

Name	Rank	Service No.		Date	Notes
Marr, A.	AB RNVR	T5/163	AI	1 Oct 1920	Party 15 Apr 1919.
Marsh, L.	AB RNVR	L8/3522	AI	14 Apr 1925	Party 14 Apr 1925.
Marsh, R.	Ord RNVR	KW81	AI		Retd to R.Mint Mar 1934.
Marshall, C.G.	Sto2	K21959	AI	8 Sep 1920	*HMS Victory* 31 Mar 1919.
Marsland, W.J.	Sea RNR	A4169	P		Party 18 Nov 1919.
Mason, H.C.	Act/AB RNVR	L7/3336	AI	12 Oct 1920	Party 24 May 1919.
Mason, T.W.	Sto1	301800	AI	4 Oct 1920	Party 21 May 1919.
Mather, E.	Act/L/Sea RNVR	L7/3309	AI	13 Jan 1921	HQ London RNVR 17 Jun 1919.
Matthews, H.	Sto2	SS102589	A		Retd to R.Mint Mar 1934.
Matthews, J.J.	Act/AB RNVR	B2/1222	AI	26 Feb 1921	HQ Bristol RNVR 12 Jun 1919.
Maudlin, T.	Act/AB RNVR	T5/218	AI		Party 20 Mar 1919.
Maxin, S.G.	Act/AB RNVR	L8/3481	AI		HQ London RNVR 17 Jun 1919.
Mayston, W.	Sea RNR	A4188			Party 19 Nov 1919.
Maywood, F.N.	Act/AB RNVR	L7/2555	AI	29 Sep 1920	Party 31 May 1919.
McArthur, J.	Sea RNR	B2690	AI	8 Oct 1920	Party 16 Dec 1919.
McAskill, K.	Sea RNR	B2929			Party 16 Dec 1919.
McCarthy, B.	Sea RNR	A2780	AI	8 Oct 1920	Party 19 Nov 1919.
McColl, J.	AB RNVR	T4/209	AI	12 Jan 1921	HQ Tyne RNVR 28 May 1919.
McDonald, D.	Sea RNR	B3272	AI	8 Oct 1920	Party 28 Nov 1919.
McDonald, D.	Sea RNR	B4840	AI	31 Dec 1920	Party 26 Nov 1919.
McDonald, M.	Sea RNR	B2837	AP	18 Oct 1920	Party 26 Nov 1919.
McDonald, T.	Sea RNR	A4680	AI	5 Oct 1920	Party 26 Nov 1919.
McGarry, J.	Act/AB RNVR	T6/194	AI	27 Apr 1921	Party 27 Apr 1921.
McIntosh, A.	L/Sea RNR	A4420			Party 24 Nov 1919.
McIver, A.	Sea RNR	A2497	AI	30 Nov 1920	Party 27 Nov 1919.
McIver, A.	Sea RNR	A5485	AI		Party 22 Nov 1919.
McIver, J.	Sea RNR	A5390	AI	12 Oct 1920	Party 26 Nov 1919.
McKay, A.	Sea RNR	C3324	AI	5 Oct 1920	Party 26 Nov 1919.
McKay, A.	Sea RNR	A3461	AI	5 Oct 1920	Party 21 Nov 1919.
McKay, A.	Sea RNR	A3040	AI		Party 22 Nov 1919.
McKay, A.	Sea RNR	A5369	AI	8 Oct 1920	Party 26 Nov 1919.
McKay, J.	Sto1	SS110434	AI		Retd to R.Mint Mar 1934.
McKay, N.	Sea RNR	A4465	AI		Party 8 Jan 1920.
McKenna, T.	AB RNVR	T4/174	AI	25 Jun 1920	Party 2 Apr 1919.
McKenzie, J.	Sea RNR	A3492	AI	28 Oct 1920	Party 28 Nov 1919.
McKenzie, J.	Sea RNR	A5407	AI	29 Oct 1920	Party 25 Nov 1919.
McKinnon, F.	Sea RNR	B2866	AI	25 Oct 1920	Party 5 Dec 1919.
McKinnon, M.	Sea RNR	A5333	AP	7 Oct 1920	Party 27 Nov 1919.
McLennan, D.	Sea RNR	A5462	AI	29 Nov 1920	Party 26 Nov 1919.
McLeod, A.	Sea RNR	A3879	AP	5 Oct 1920	Party 26 Nov 1919.
McLeod, A.	Sea RNR	A3303	AI		DD. Father D.McLeod Esq 8 Jan 1920.
McLeod, D.	Sea RNR	A5327	AI		Party 25 Nov 1919.
McLeod, D.	Sea RNR	A3409	AI		DD 1 Mar 1916. Father D.McLeod Esq 31 Dec 1919.
McLeod, J.	Sea RNR	A3414	AI	30 Nov 1920	Party 5 Dec 1919.
McLeod, J.	Sea RNR	A5444	AI		Party 22 Nov 1919.
McLeod, J.W.	Sea RNR	A3820	AI	12 Oct 1920	Party 28 Nov 1919.
McLeod, K.	Sea RNR	A4445	AI	12 Oct 1920	Party 21 Nov 1919.
McLeod, N.	Sea RNR	C2791	AI	8 Oct 1920	Party 25 Nov 1919.
McLeod, W.	Sea RNR	B3837	AP	12 Oct 1920	Party 26 Nov 1919.
McMillan, J.	Sea RNR	A5496	AI	2 Dec 1920	Party 2 Dec 1919.
McNab, J.	AB RNVR	T4/190	AI	7 Jan 1921	HQ Tyne RNVR 28 May 1919.
McRae, D.	Sea RNR	A2292			Party 27 Nov 1919.
Mecklenburg, A.	Act/AB RNVR	L7/3545	AI	12 Jan 1921	HQ London RNVR 17 Jun 1919. Name changed to Mexborough.
Medland, F.	AB RNVR	L8/3487	AI	29 Sep 1920	Party 19 May 1919.
Megson, A.	Sto1	K3449	AI		Party 29 Apr 1919.
Meldrum, T.L.	Sea RNR	A2879	AI	4 Dec 1920	Party 10 Dec 1919.
Mellor, J.	Sto1	300811	AI	5 Oct 1920	Party 16 Jun 1919.
Menday, W.E.	CPO RNVR	L7/690	AI	6 Oct 1920	Party 25 Feb 1919.
Mercer, R.	Sto1	180793			*HMS Osea* 7 Feb 1919.
Mickels, F.	PO1	155538			Party 17 Jan 1919.
Miles, F.C.	Act/AB RNVR	B2/1108	AP	1 Oct 1920	Party 23 Apr 1919.
Millar, G.H.	Sig RNVR	L7/3482	AP		Brother Rev.B.E.Millar 17 May 1920.
Miller, T.B.	AB RNVR	T5/171	AI		HQ Tyne RNVR 28 May 1919.
Mitchell, G.S.	Act/AB RNVR	B2/1196	AI	30 Sep 1920	Party 23 May 1919. Dup clasp & Star issued to Party 8 Nov 1928.
Moar, J.	Sea RNR	A5801	AI		Retd to R.Mint Mar 1934.
Mobbs, A.	AB RNVR	SS103123			*HMS Empress* 5 Mar 1919.
Modin, C.O.F.	Sub Lieut RNVR				Party 19 Mar 1919.

BENBOW BATTALION

Name	Rank	Number	Medal	Date	Notes
Momber, G.M.	Act/AB RNVR	B2/1235	AI	13 Jan 1921	HQ Bristol RNVR 12 Jun 1919.
Montgomery, W.	Sto1	SS103693	AI	11 Oct 1920	Party 6 Mar 1920.
Moon, F.J.	Sea RNR	A4749	AP	14 Jul 1921	Party 29 Aug 1919.
Moore, F.W.	AB RNVR	B2/969	AI	25 Oct 1920	Party 7 May 1919.
Moore, M.	Sto1	277292	AI	1 Oct 1920	Party 11 Mar 1920.
Morgan, A.H.	AB RNVR	B2/1199	AI	30 Sep 1920	Party 12 May 1919.
Morison, R.B.	Act/AB RNVR	L7/3247	A	24 May 1928	Party 23 Jan 1919.
Morrell, L.	Act/AB RNVR	L2965	A	25 Jun 1920	Party 23 Jan 1919.
Morris, C.	Sea RNR	A2551	AI	28 Sep 1920	Party 13 May 1919.
Morrison, A.	Sea RNR	A4797	AI	5 Oct 1920	Party 22 Nov 1919.
Morrison, J.M.	Sea RNVR	A5412	AI	5 Oct 1920	Party 21 Nov 1919.
Morton, H.	Ord RNVR	KW67	AP	5 Oct 1920	Party 9 Jun 1919.
Morton, T.H.	Sto1	292402	AI	23 Oct 1920	Party 22 Jul 1919.
Moulton, A.J.	Sto1	K19898	AI	20 Jan 1921	Party 20 Feb 1919.
Muir, D.	Sea RNR	A3194	AI	1 Oct 1920	Party 23 Apr 1919.
Munro, G.	AB RNVR	T4/181	AI	5 Oct 1920	Party 9 May 1919.
Murray, J.W.	Act/AB RNVR	L7/2196	AI	5 Oct 1920	Party 17 Mar 1919.
Nash, C.H.	AB RNVR	L8/3539	AI	7 Oct 1920	Party 4 Apr 1919.
Nash, H.V.	AB RNVR	L1/3606	AP	18 May 1921	HQ London RNVR 17 Jun 1919.
Nash, T.	Sto1	SS105716	AI	9 May 1921	RNB Portsmouth 9 May 1921.
New, F.	AB RNVR	L1/3090	AI		HQ London RNVR 17 Jun 1919.
Newcomb, J.G.	Act/AB RNVR	T5/220	AI		HQ Tyne RNVR 28 May 1919.
Newcombe, C.R.	Sto1	298058	AP	9 Oct 1920	Party 9 Mar 1920.
Nielson, C.	Sea RNR	A3484	AI	27 Jan 1922	Party 16 Dec 1919.
Noad, J.E.M.	Sub Lieut RNVR		AI		Party 14 Feb 1920.
Norburn, G.F.	Ord RNVR	KW93	AI	7 Oct 1920	Party 19 May 1919.
Norton, E.A.	Lieut RN		AI		Party 16 Oct 1919.
Nowland, W.	PO	146268	AP	22 Jul 1920	Party 22 Jul 1920.
O'Connar, D.	Sto1	299986	AI	8 Oct 1920	Party 10 Mar 1920.
O'Neil, T.	AB RNVR	L1/3478	AI	1 Jul 1920	Party 14 Apr 1919.
Oatway, H.	AB RNVR	L1/3261	AI	7 Oct 1920	Party 4 Mar 1919.
Oldham, A.	CPO	134825	AI	25 Sep 1920	Party 10 Mar 1920.
Oliver, T.	Sto1	KW82	AI	8 Oct 1920	Party 17 Apr 1919.
Olley, L.V.	Sea RNR	A3729	AI	8 Oct 1920	Party 10 Mar 1919.
Ottea, D.G.	Sto1	SS101834	AI	15 Oct 1920	Party 13 Mar 1919.
Otten, W.	Sea RNR	C3203	AI		Party 23 Jun 1919.
Ovett, A.T.	Act/CPO	158453	A*		HMS Victory.
Packwood, F.W.	Sto1	SS102843	AI	31 Dec 1920	Party 1 Sep 1919.
Page, W.	L/Sea RNVR	L7/1438	AI	7 Oct 1920	Party 9 Jun 1919.
Paget, G.	AB RNVR	L2700			Party 7 Jul 1920.
Parish, W.	Sto1	SS102117	AI	15 Jan 1921	Party 15 Jan 1921.
Parker, A.H.	AB	227164	AP	5 Aug 1920	Party 2 Apr 1919. Dup Star, clasp & roses to HMS Diligence.
Parker, G.S.	PO RNVR	L7/593	AI	8 Oct 1920	Party 11 Feb 1919.
Parker, H.	Sto1	288270	AI	7 Oct 1920	Party 17 Jun 1919.
Parkin, G.	Sto1	SS108354	AI	12 Oct 1920	Party 9 Mar 1920.
Parry, A.	Ord RNVR	KW60	AI	9 Oct 1920	Party 23 Apr 1920.
Parvin, M.	Ord RNVR	KW96	AI	9 Oct 1920	Party 4 Jun 1919.
Patten, P.H.	PO RNVR	L7/2216			HQ London RNVR 17 Jun 1919.
Payne, E.	AB RNVR	LZ3526			Party 26 Jul 1919.
Payne, T.J.	Sto2	K22346	AI	5 Nov 1920	HMS Victory 2 Apr 1919.
Pearce, A.J.	AB RNVR	L1/3599			Party 21 Mar 1919.
Peaty, H.F.	QM/Sergt	Depot112	AI	7 Oct 1920	Party 25 Aug 1919.
Pengelly, D.	Act/AB RNVR	L7/3561	AI	29 Nov 1920	Party 28 Feb 1919.
Penley, F.	Sig RNVR	L8/3555	AI		Party 3 Mar 1919.
Percival, F.	AB RNVR	L1/2541	AI	27 Jan 1921	HQ London RNVR 17 Jun 1919.
Percival, R.	Sto1	220747			Party 15 Feb 1919.
Perry, W.	Sto1	SS111583	AI	5 Oct 1920	Party 12 Apr 1919.
Phillips, A.	Ord RNVR	KW89	AI	14 Jul 1921	Party 31 Mar 1919.
Phillips, W.G.E.	AB RNVR	L1/3557	A		DD. Mother Mrs C.E.Phillips 23 Jan 1919.
Picot, J.	Sto2	K20440	AP		HMS Victory 23 May 1919.
Pitcairn, J.F.A.	AB RNVR	L1/2896	A*	17 Jun 1920	HQ London RNVR 17 Jun 1919.
Pitel, F.A.	Sub Lieut RNVR		A*	16 Aug 1920	HMS Sorceress 28 Jan 1919.
Popple, H.	Ord RNVR	KW97	AI	21 Oct 1920	Party 10 Mar 1920.
Portland, B.	AB	168325	AI	3 Nov 1920	Party 17 Mar 1920.
Pownall, E.	Sto1	K11603	AI	7 Oct 1920	Party 17 Apr 1919.
Powne, J.A.	AB RNVR	L1/3003	AI	30 Jun 1920	Party 30 Jul 1920.
Pratt, A.E.	AB RNVR	T4/194			HQ Tyne RNVR 28 May 1919.

BENBOW BATTALION

Name	Rank	Number	Clasp	Date	Remarks
Prust, W.B.	Sto1	284956	AI		Retd to R.Mint Mar 1934.
Pugh, E.	Act/AB RNVR	L7/3417	AI	7 Feb 1921	HQ London RNVR 17 Jun 1919.
Pye, S.W.	Act/AB RNVR	L7/3181	AI		Party 13 Mar 1919.
Pygall, R.S.	Sea RNR	A4759	AI	25 Oct 1920	Party 18 Nov 1919.
Pykett, W.	Ord RNVR	KW72	AI	8 Oct 1920	Party 6 Aug 1919.
Quick, R.	PO RNVR	B2/944	AI	28 Oct 1920	Party 11 Apr 1919.
Rath, J.	Sea RNR	A4688	AI		Party 27 Nov 1919.
Rawlins, H.G.	Lieut RNVR		AI		Party 27 Apr 1920.
Rayner, W.	Ord RNVR	KW115	A*		Party 21 Feb 1921.
Read, A.	Sto1	K16229	A*		Party 20 Oct 1921.
Read, C.M.	AB RNVR	L1/3199	AI		Party 19 Feb 1919.
Redding, J.	L/Sea RNVR	L1/3207	AP	28 Jan 1921	HQ London RNVR 17 Jun 1919.
Redhall, H.C.	Sto2 RFR	SS115532	AI	15 Feb 1921	Party 3 May 1919.
Redhead, A.	AB RNVR	T6/152	AI	8 Oct 1920	Party 17 Mar 1919.
Reeves, F.	Sto1	SS109396	A*		Run 7 Jan 1915. Retd to R.Mint Mar 1934.
Reid, W.A.	AB RNVR	L1/3477	AI	3 Nov 1920	Party 4 Feb 1919.
Reilly, L.	Sea RNR	A4673	AI		Party 19 Nov 1919.
Richardson, T.D.	AB	J8711	AI	12 Oct 1920	Party 9 Mar 1920.
Riddle, C.E.	Sea RNR	A5451	AP	7 Oct 1920	Party 16 Jul 1919.
Ridley, T.	AB RNVR	T5/105	AI	18 Nov 1920	Party 22 Apr 1919.
Robb (Roth), E.	Sto1	SS103701	AI	7 Oct 1920	Party 22 Apr 1919.
Robinson, H.	AB RNVR	L7/3559	AI	18 Feb 1921	HQ London RNVR 17 Jun 1919.
Robinson, H.	Act/L/Sea RNVR	L1/3428	AI		Party 19 Feb 1919.
Robinson, W.C.	AB	J8794	AI	25 Jun 1920	*HMS Tarlair* 13 Jun 1919.
Rodgers, J.	Sea RNR	B4685	AI	9 Oct 1920	Party 18 Nov 1919.
Rogers, J.W.	Sto1	SS100603	AI	8 Oct 1920	Party 26 Nov 1919.
Rolfe, T.G.	Sea RNR	A4823	A*		Party 21 Jun 1923.
Roos, H.	AB RNVR	L1/3299	A*		HQ London RNVR 17 Jun 1919.
Ross, G.W.	Act/AB RNVR	L1/3257	A*		Father Mr T.Ross 24 Feb 1919.
Ross, H.	L/Sea RNR	A4419	A*		Party 24 Nov 1919.
Ross, J.T.	AB RNVR	T6/135	AI	5 Feb 1921	HQ Tyne RNVR 28 May 1919.
Rowe, G.	Sto1	297774	AI	25 Jun 1920	Party 25 Jun 1920.
Rowell, T.J.	Act/AB RNVR	T5/180	AI	22 Apr 1921	HQ Tyne RNVR 28 May 1919.
Rudge, R.	Sto1	K583	AP	3 Feb 1921	*HMS Hercules* 17 Jun 1919.
Russell, E.	AB RNVR	L8/3472	AI	27 Jan 1921	HQ London RNVR 17 Jun 1919.
Rusted, E.	Sea RNR	A5638	AI	11 Oct 1920	Party 11 Jun 1919.
Sadler, J.	Act/AB RNVR	L7/3335	AI	21 Oct 1920	Party 20 Mar 1919.
Sampson, W.S.	Ord RNVR	KW55	AP	1 Jul 1920	Party 22 Jul 1919.
Sanders, J.W.		1992	A*		"No remarks".
Saunders, R.	AB RNVR	L4/3290	A*		Party 28 Mar 1919.
Sawyer, J.E.	AB RNVR	L1/3510	A*		Retd to R.Mint Mar 1934.
Sawyer, L.E.	AB RNVR	L1/2509	A*	22 Feb 1922	Party 22 Feb 1922.
Scoffins, E.	AB RNVR	KW176	AI	7 Oct 1920	Party 9 Jun 1919.
Scollay, J.	Sea RNR	B3994	AI	21 Oct 1920	Party 29 Sep 1919.
Scott, C.E.	Sto1 RFR	104132		19 Jul 1921	Party 26 Jul 1919. Dup clasp issued.
Searle, C.J.	PO	115564	A*		Party 17 Mar 1928.
Seeds, L.J.	AB RNVR	L1/3600	AP	29 Jul 1925	DD 20 Dec 1920. HQ London RNVR 17 Jun 1919.
Seymour, A.	AB RNVR	L1/3503	AI	28 Oct 1920	Party 19 Feb 1919.
Shadford, T.A.	AB RNVR	L1/2218	AI	28 Jan 1921	HQ London RNVR 17 Jun 1919.
Sharkey, M.	Sea RNR	A1858	AI	23 Oct 1920	Party 9 Dec 1919.
Shea, L.	AB RNVR	L1/3032	AP		HQ London RNVR 17 Jun 1919.
Short, A.	AB RNVR	B2/1179	AI	22 Dec 1921	HQ Bristol RNVR 12 Jun 1919.
Short, G.T.	Act/AB RNVR	T4/164	AI	7 Oct 1920	Party 1 May 1919.
Short, P.	AB RNVR	L1/3291	AI	27 Jan 1921	HQ London RNVR 17 Jun 1919.
Short, W.	Act/AB RNVR	T5/212	AI	9 May 1928	HQ Tyne RNVR 28 May 1919.
Shreeve, T.	Sto1	312392	AI	8 Oct 1920	Party 26 Aug 1919.
Simm, J.	Sto1	SS105017	AI	24 Jun 1920	Party 26 Apr 1919.
Simmons, W.	Sto2	K20376	AI	13 Mar 1922	RNB Portsmouth 13 Mar 1922.
Simmons, W.J.	PO2	115761	A*		Party 29 Sep 1921.
Skedd, J.B.	Sto1	SS103256	AI		Party 28 Jan 1919.
Slack, R.	Ord RNVR	KW85	AI	7 Oct 1920	Party 27 Feb 1920.
Smedley, M.	Sto1	SS103419	AP	8 Oct 1920	Party 25 Mar 1920.
Smith, A.	Sto1	281945	AP	8 Oct 1920	Party 10 Mar 1920.
Smith, A.F.	Sea RNR	A4125	AI	13 Nov 1920	Party 6 Aug 1919.
Smith, C.	Sea RNR	B4435	AP	8 Oct 1920	Party 31 May 1919.
Smith, E.H.	AB RNVR	L5/3393			Party 5 May 1919. Two Duplicate medals issued.
Smith, E.S.	AB	SS3267	AI	29 Nov 1920	Party 25 Aug 1919.

BENBOW BATTALION

Smith, F.	Sto1	SS106407	AI	5 Oct 1920	Party 27 May 1919.
Smith, G.	Act/AB RNVR	B2/1161	AI	7 Oct 1920	Party 23 May 1919.
Smith, G.	Ord RNVR	KW84	AI		Party 22 Mar 1929.
Smith, J.	Sto1	SS108377	AI	7 Oct 1920	Party 11 Mar 1920.
Smith, J.	Sea RNR	A5653	AP	18 Oct 1920	Party 9 Dec 1919.
Smith, J.	AB	190128	AI	7 Oct 1920	Party 11 Jun 1919.
Smith, J.W.	Ord RNVR	KW63	AI	24 Jun 1920	Party 17 Apr 1919.
Smith, N.	Sea RNR	A3030	AI	21 Dec 1920	Party 22 Nov 1919.
Smith, T.	AB RNVR	T5/235			Party 15 Mar 1920.
Smith, U	Act/AB RNVR	L7/2596	AI	7 Oct 1920	Party 12 Feb 1919.
Smithson, R.J.	Act/AB RNVR	T5/185	AI	7 Oct 1920	Party 25 Apr 1919.
Snell, H.	Act/AB RNVR	T4/196	AI	7 Oct 1920	Party 16 Apr 1919.
Soal, W.J.	Sto2	160882	A*	29 Mar 1923	Party 17 Mar 1919.
Souter, R.	Sea RNR	B4152	AI		Party 25 Nov 1919. Clasp returned "not known".
Souter, W.	Sto1	SS104380	AI	15 Oct 1920	Party 15 Mar 1920.
South, H.	Ord RNVR	KW945	AI	29 Mar 1921	Party 27 Jul 1919.
Southern, C.A.	AB RNVR	L2925	A		HQ London RNVR 17 Jun 1919.
Sparkes, H.E.A.	AB RNVR	L1/2215	A*		HQ London RNVR 17 Jun 1919.
Speck, H.	Act/AB RNVR	B2/1188	AI	25 Jun 1921	HQ Bristol RNVR 12 Jun 1919.
Spencer, P.H.R.	AB RNVR	L7/3305	AI	8 Oct 1920	Party 13 Mar 1919.
Spikes, F.H.	PO1 RNVR	B2/868	AI	28 Jan 1921	HQ Bristol RNVR 12 Jun 1919.
Stainforth, S.	Ord RNVR	KW961	AI		Retd to R.Mint Mar 1934.
Stainrod, G.A.	Ord RNVR	KW177	AI	5 Oct 1920	Party 27 Mar 1919.
Starkey, G.E.	Sto1	SS110761	AI	23 Jun 1920	Party 16 Jun 1919.
Starling, W.T.	Act/AB RNVR	L7/2653	AI	7 Nov 1923	HQ London RNVR 7 Nov 1923.
Steinhart, A.	AB RNVR	L7/3093	AI	15 Oct 1920	Party 26 Feb 1919.
Stenton, M.	Sto1	280798	AI	11 Oct 1920	Party 9 Mar 1920.
Stevens, D.	Sig RNVR	L7/3452	AI	5 Oct 1920	Party 27 Feb 1919.
Stevens, E.W.	AB RNVR	L2/142			Party 18 Mar 1920.
Stevens, H.M.	3/Wrtr	LZ/197		16 Jul 1920	RND Pay Staff, Aldershot 23 May 1919.
Stevens, W.C.	Sig RNVR	L7/3460	AI		Party 19 Feb 1919.
Stewart, C.E.	L/Sea RNVR	B2/1223	AI	6 Apr 1921	HQ Bristol RNVR 12 Jun 1919.
Stewart, R.	AB	J1113	AI	30 Sep 1920	*HMS Royal Oak* 11 Apr 1919.
Stirling, E.	AB RNVR	T4/155	AI		Party 27 May 1919.
Stobbs, F.L.	AB RNVR	L1/2824	AI	13 Nov 1920	Party 12 Apr 1919.
Stocker, C.S.	Sto1	K11494	AI	5 Jul 1923	*HMS Sandhurst* 26 Sep 1919.
Stokoe, G.	AB RNVR	T1/165	AP		HQ Tyne RNVR 28 May 1919.
Strang, G.N.	Ord RNVR	L1/3268			DD 13 Nov 1916. Mother Mrs K.C.Strang 15 Apr 1919.
Streep, T.R.	Act/PO1	179824	AI	23 Jun 1920	Party 6 Feb 1919.
Striven, G.B.	Act/AB RNVR	L8/3488	AI		HQ London RNVR 17 Jun 1919.
Styles, C.A.	AB	J1970	AI	9 Oct 1920	Party 10 Mar 1920.
Sutton, A.M.G.	AB RNVR	B2/902	AI	8 Jul 1920	HQ Bristol RNVR 12 Jun 1919.
Sutton, W.	Sto1	289630	AI	15 Oct 1920	Party 31 Mar 1919.
Swain, A.E.	AB RNVR	B2/103	AP	7 Oct 1920	Party 4 Jun 1919.
Swallow, A.	Ord RNVR	KW53	AP	7 Oct 1920	Party 11 Jun 1919.
Sylvester, J.	Sto1	SS107160	AI	8 Oct 1920	Party 9 Mar 1920.
Symonds, E.	AB RNVR	T6/203	AP	11 Oct 1920	Party 16 Apr 1919.
Taglisferro, B.E.	AB RNVR	L7/3265	AI	29 Jan 1921	HQ London RNVR 17 Jun 1919.
Tait, J.	Sea RNR	B3468	AI	18 Sep 1925	DD. Father C.Tait Esq 9 Dec 1919.
Tamlin, C.H.	PO1	134294		17 Jun 1920	Party 2 Apr 1919.
Tanner, G.E.	AB	J6903		9 May 1921	*HMS Malaya* 11 Apr 1921.
Tansley, J.	Sto1	SS106160	AI	1 Jul 1920	Party 1 Jul 1920.
Taylor, A.P.	Act/AB RNVR	L7/3339	AI	6 Jun 1923	No.8 Balloon Base, Immingham 26 Feb 1919.
Taylor, R.W.	Act/AB RNVR	L7/3013	AI	7 Aug 1940	Party 25 Mar 1920.
Taylor, S.D.	AB	L3608	A	8 Oct 1920	Party 29 May 1919.
Taylor, W.H.	Sto1	SS100511	AI	7 Oct 1920	Party 22 Apr 1919.
Terrell, E.G.	Sea RNR	B4321	AI	7 Oct 1920	Party 9 Aug 1919.
Thomas, J.S.	AB RNVR	2/1156			Party 29 Oct 1919.
Thornton, W.	Sto1	SS108089	AI	8 Oct 1920	Party 30 Apr 1919.
Tod, G.	Ord RNVR	KW80	AI	15 Oct 1920	Party 27 Feb 1920.
Toghill, J.	Act/AB RNVR	B2/1300	AI	21 Dec 1920	Party 26 Feb 1919.
Tolmie, W.	AB RNVR	L8/3541	AI	31 Dec 1924	Party 31 Dec 1924. Dup Star & Clasp issued 23 May 1939.
Tomkinson, T.	Sto1	SS106233	AI	7 Oct 1920	Party 16 May 1919.
Tomlin, E.	AB RNVR	B2/190	AI		Party 6 May 1919. Original wrongly engraved. Scrapped and returned to R.Mint 9 Mar 1922.
Tomlinson, A.E.	AB	234532	AI	23 Jan 1922	Party 23 Jan 1922.
Townend, E.	Ord RNVR	KW56	AI	23 Jun 1920	Party 17 Mar 1919.

BENBOW BATTALION

Name	Rank	Number	Clasp	Date	Notes
Townend, H.	AB RNVR	KW69			Party 1 Jan 1920.
Townroe, H.	Sto1	SS106334	AI	9 Oct 1920	Party 2 Mar 1920.
Travers, R.T.	CPO	152972	A*		Party 2 Mar 1920.
Tree, E.	Sto1	218152	AI	24 Jun 1920	Party 12 May 1919.
Tring, F.W.	AB RNVR	B2/131	A*		Retd to R.Mint Mar 1934.
Tuohey, A.	Sto1	SS106122	AI	9 Oct 1920	Party 31 Jul 1919.
Turner, H.	Act/AB RNVR	B2/1297	AI	29 Jan 1921	HQ Bristol RNVR 12 Jun 1919.
Turner, W.J.	Sea RNR	A5341	AI	23 Jun 1920	Party 7 Nov 1919.
Tuttle, W.J.	Sea RNR	A5910	AI	11 Oct 1920	Party 3 Feb 1920.
Tyghe, R.	3/Wrtr RNVR	MZ/95			RND Pay Staff, Aldershot 23 May 1919.
Underwood, P.B.	AB RNVR	L988	AI	28 Jun 1920	Party 19 Mar 1919.
Uzzell, C.W.	AB	234692	A	8 Oct 1920	Party 2 Mar 1920.
Valks, T.	Act/AB RNVR	T5/211	AI	14 Apr 1921	Party 6 May 1919. Original wrongly engraved. Retd to Mint 9 Mar 1922.
Vass, S.	PO	196881	AP	5 Nov 1920	HMS Victory 20 Mar 1919.
Venn, S.	Act/AB RNVR	B2/1189	AI		HQ Bristol RNVR 12 Jun 1919.
Venner, J.	Sea RNR	A3438	AI	25 Oct 1920	Party 26 Nov 1919.
Vigar, A.T.	Sto1	SS100877	AI	22 Apr 1925	DD 29 Sep 1916. Widow Mrs K.R.Vigar 6 Jun 1919.
Vowles, R.S.	Act/AB RNVR	L7/3147	AI	28 Jan 1921	HQ London RNVR 17 Jun 1919.
Wadsley, W.	Ord RNVR	KW90	AI	25 Oct 1920	Party 29 Mar 1920.
Waites, H.	PO1	176731	AI	16 Mar 1925	Party 16 Mar 1925.
Walkley, F.D.	Act/AB RNVR	L7/2933	AI	27 Jan 1921	HQ London RNVR 17 Jun 1919.
Wall, J.	Sea RNR	B5179	AI	11 Oct 1920	Party 12 Sep 1919.
Ward, B.C.	Sea RNR	A4760	AP	26 Feb 1921	Died 20 Sep 1920. Party 28 Nov 1919.
Ward, H.	Sto1	310317	AI	8 Oct 1920	Party 2 Mar 1920.
Ward, W.	AB RNVR	T4/200	AI	31 Jan 1921	HQ Tyne RNVR 28 May 1919.
Ward, W.H.	AB RNVR	L8/3496	AI	28 Oct 1920	Party 13 Mar 1919.
Watson, H.B.	AB RNVR	L1/3275		28 Jan 1921	Party 5 Mar 1920.
Watt, J.	Sea RNR	A4727	AI	23 Oct 1920	Party 3 Dec 1919.
Watts, J.	Sto1	SS108388	AI	1 Jul 1920	Party 6 Aug 1919.
Weaver, J.H.	Sto1	SS103705	AI	9 Oct 1920	Party 2 Mar 1920.
Webster, J.	Sea RNR	B4145	AI	9 Oct 1920	Party 19 Nov 1919.
Webster, J.	Ord RNVR	KW86	AI	12 Oct 1920	Party 4 Mar 1920.
Wehner, G.	AB RNVR	L7/3077	AI	7 Oct 1920	Party 27 Mar 1919.
Weir, R.	Sto1	288401	AI	8 Oct 1920	Party 8 Mar 1919.
Wells, E.W.	PO1	208470	AI		HMS Victory 7 Mar 1919. Clasp retd, "not known".
Went, C.E.	Sea RNR	A2460		26 Jul 1920	Party 18 Nov 1919. Dup issued to Party 27 Jan 1923.
West, R.	AB RNVR	L7/3046	AI	9 Jul 1920	Party 9 Jul 1920.
White, B.	AB RNVR	L8/3593	AI	28 Oct 1920	Party 2 Apr 1919.
White, C.E.	AB RNVR	B2/1015	AI	11 Oct 1920	Party 7 Apr 1919.
White, E.	AB RNVR	T6/27	AI	15 Oct 1920	Party 8 Jul 1919.
White, E.T.	PO	157394	AI	23 Jun 1920	Party 12 May 1919.
White, L.J.	Sea RNR	A4740	AI	7 Oct 1920	Party 11 Jun 1919.
White, R.C.	Sea RNR	A4948	AI	11 Oct 1920	Party 30 May 1919.
White, S.C.	Act/AB RNVR	L2809	A	17 Feb 1933	Party 17 Feb 1933.
Whiting, H.D.	Ord	J15778	AI	18 Oct 1920	HMS Royal Oak 12 May 1919. Dup clasp to HMS Bluebell 12 Jun 1923.
Whitmore, S.	Ord RNVR	KW77	AI	8 Oct 1920	Party 2 Mar 1920.
Wilks, W.S.	AB RNVR	L1/3366	AI	9 Oct 1920	Party 11 Mar 1919.
Williams, R.	AB RNVR	L8/3558	A*		Party 24 Mar 1919.
Williams, R.J.	Act/AB RNVR	B2/1330	A	29 Jan 1921	HMS Zaria 29 Jan 1919.
Williams, R.O.	AB RNVR	L2954			Party 29 Aug 1919.
Williams, T.O.	PO1	163367	AI	16 Aug 1920	HMS Victory 17 Mar 1919.
Williams, V.	AB RNVR	L8/3556	A	3 Jul 1920	HQ London RNVR 17 Jun 1919. Not entitled, Star & clasp recalled.
Williamson, A.	Sea RNR	A2631	AI		Party 21 May 1919.
Williamson, D.G.	Surgn RN			14 Jul 1920	Party 14 Jul 1920.
Wilson, F.	Sea RNR	A4854	AI	11 Oct 1920	Party 29 Oct 1919.
Wilson, J.	PO RNVR	T4/88	AI	11 Oct 1920	Party 21 May 1919.
Wilson, R.B.	Lieut RNVR		AI	28 Jun 1920	Party 28 Jun 1920.
Winfield, F.	AB	J6480	AI	18 Oct 1920	Party 9 Mar 1920.
Wingham, C.	Ch/Arm	125029	A*		Party 20 Dec 1923.
Wise, B.J.	AB RNVR	T1/150	AI	19 Jul 1920	Party 12 May 1919.
Wish, E.J.	AB RNVR	L1/3353	AP	14 Mar 1921	HQ London RNVR 17 Jun 1919.
Woodbridge, W.	PO RNVR	L1067	A*	15 Dec 1927	Party 21 May 1919.
Wooley, G.	Sto1	SS101765	A	14 Jul 1920	Party 14 Jul 1920.
Wright, A.C.	Act/AB RNVR	L7/2863	AI	7 Oct 1920	Party 16 Apr 1919.
Wright, W.	AB RNVR	L3317	AI		Party 15 Apr 1919.
Wright, W.H.	Sto1	K17105	AI		Run 30 Dec 1917. Retd to R.Mint Mar 1934.
Wyborn, S.	Sig RNVR	L7/3391	A	25 May 1932	Party 27 May 1919.

BENBOW BATTALION

Wylde, S.	Act/AB RNVR	L7/3008	AI	8 Oct 1920	Party 17 Mar 1919.
Young, L.	AB RNVR	B2/1159	AP	25 Oct 1920	Party 19 Jan 1920.
Younson, C.	AB RNVR	T4/195	AI	11 Oct 1920	Party 15 May 1919.

COLLINGWOOD BATTALION

Name	Rank or Rating	Official Number	Where Served	Clasp Issued	Medal Sent - Comments
Abbott, W.	Ord RNVR	KW872	AI	14 Sep 1920	Party 16 Oct 1919.
Abel, H.	Ord RNVR	KW800	AP		Party 25 Jul 1919.
Adams, C.	Sto1	SS110313	AP	23 Sep 1920	Party 15 Mar 1920.
Adams, W.	Ord RNVR	KW611	A	30 Sep 1920	Party 1 May 1920.
Alderson, H.M.	Sto RFR	SS106593	AI	14 Sep 1920	Party 19 May 1919. Dup clasp to Party 19 Mar 1923.
Allen, J.	Sto	K4663	A*		Party 13 Mar 1922.
Allison, C.E.	Sto1 RFR	SS106359	AP	6 Jul 1920	Party 10 Apr 1919.
Amphlett, F.	PO RNVR	B2/126	AI	1 Sep 1920	Party 15 Apr 1919.
Anderson, W.	Ord RNVR	T3/206	AI	14 Sep 1920	Party 16 Apr 1919.
Anderson, W.G.	Sea RNR	A3213	AI	25 Sep 1920	Party 18 Nov 1919.
Anderson, W.H.	Ord RNVR	KW861	AI	21 Sep 1920	Party 3 Dec 1919.
Angrave, H.	Ord RNVR	KW874	AI		Party 14 Nov 1919.
Appleyard, G.C.	Ord RNVR	KW868	AP	14 Sep 1920	Party 11 Mar 1920.
Arbell, D.E.	AB RNVR	L6/2177	A*	8 Sep 1920	Party 23 Jan 1919.
Armstrong, G.	AB RNVR	T3/145	AI	29 Nov 1920	HQ Tyne RNVR 28 May 1919.
Ashenden, F.	AB RNVR	L4/3011	AI		Party 7 Apr 1919.
Ashwell, A.E.	Sto1 RFR	SS105895	AI	14 Sep 1920	Party 9 Apr 1919.
Atkins, C.	AB RNVR	L6/3119	AP	7 Jul 1920	HQ London RNVR 17 Jun 1919.
Atkinson, J.P.	Ord RNVR	KW790	AI	14 Sep 1920	Party 27 May 1919.
Attfield, A.	Ord RNVR	L5/2970	AI	14 Sep 1920	Party 4 Apr 1919.
Aust, J.S.	L/Sea RNVR	B3/1185	AI	29 Nov 1920	HQ Bristol RNVR 12 Jun 1919.
Babbage, C.	Sto1	SS108812	AP	17 Jun 1920	Party 12 Apr 1919.
Backington, T.	Sto1	291568	AI	17 Jun 1920	Party 3 Feb 1919.
Bacon, A.H.	AB RNVR	L6/3450	AP	29 Nov 1920	HQ London RNVR 17 Jun 1919.
Bacon, D.W.	CPO	202351	AP	29 Nov 1920	*HMS Victory*.
Badrick, S.	Sto1	SS108537	AI	23 Sep 1920	Party 23 Apr 1919.
Bagley, W.	Ord RNVR	KW823	AI	4 Oct 1920	Party 24 Mar 1920.
Bagshaw, R.	Sto RFR	SS107884	AI	14 Sep 1920	Party 22 Oct 1919.
Bain, D.E.	Sto2	SS115539	AP	25 Aug 1920	Party 17 Mar 1920.
Bainbridge, G.W.	Ord RNVR	T2197	AI	17 Sep 1920	Party 22 Apr 1919.
Baird, J.F.	Sto2	K22353	AP	3 Mar 1921	*HMS Colombo* 19 Apr 1920.
Baker, A.E.	AB RNVR	B3/1121	AP	4 Oct 1920	Party 16 Apr 1919.
Ball, W.	Ord RNVR	KW847	AI	5 Oct 1920	Party 20 Oct 1919.
Bamforth, S.	Ord RNVR	KW930	AI	7 Oct 1920	Party 7 Jul 1919.
Band, E.	Ord RNVR	KW817	AI	5 Oct 1920	Party 6 Jun 1919.
Bannister, W.	AB	201174		24 Mar 1921	*HMS Birmingham* 24 Mar 1921. Dup Star & Clasp to Party 20 Sep 1937.
Banyard, C.A.	AB RNVR	L3/1764	AI	30 Sep 1920	Party 17 Apr 1919.
Barber, C.J.	Ord RNVR	L6/3258	AP	11 Dec 1920	HQ London RNVR 17 Jun 1919.
Barber, G.S.	Ord RNVR	KW832	AI	23 Aug 1920	Party 17 Jun 1919.
Barker, R.	AB RNVR	KW937	AI		Party 24 Mar 1920.
Barnard, W.H.	Sto1	299297	AI	22 Jun 1920	Party 1 May 1919.
Barnes, R.W.	Sto1	SS104372	AP	1 Oct 1920	Party 17 Mar 1920.
Barnett, A.V.	Ord RNVR	B4/1310	AI	13 Nov 1920	HQ Bristol RNVR 12 Jun 1919.
Barron, D.	Sea RNR	A4658	AI	1 Oct 1920	Party 9 Jun 1919.
Barron, F.	AB RNVR	L6/3390	AP		Party 19 Feb 1919.
Barter, A.E.	AB RNVR	L6/3568	AP		DD. Sister Mrs G.Pensalene 22 Jan 1920.
Bartlett, G.M.	PO1	206850	AI	28 Apr 1920	Party 12 Mar 1919.
Bates, W.	Ord RNVR	KW875	AP	7 Jun 1921	DD 4 Aug 1919. Party 25 Jul 1919.
Batstone, D.	AB RNVR	L2/2960	AI	25 Oct 1920	Party 19 May 1919.
Battiland, J.	Ord RNVR	KW830	AI	1 Oct 1920	Party 24 Mar 1920.
Bays, J.	L/Sea RNVR	TZ/3138			*HMS Gunner* 3 Apr 1919.
Beal, G.	Ord RNVR	KW811	AP	30 Sep 1920	Party 31 May 1919.
Beard, W.G.	AB RNVR	B3/763	AP	30 Aug 1920	Party 26 May 1919.
Beaton, G.	Sea RNR	B4251	AP	11 Mar 1921	Party 26 Jun 1919.
Beaumont, O.	Ord RNVR	KW829	AP	28 Sep 1920	Party 25 Mar 1920.
Beckett, J.W.	L/Sea	167359	AP	9 Apr 1921	Party 11 Jun 1919.
Bedder, C.	Sto1	SS102706	A*		RN College Osborne 1 Apr 1919.
Bell, H.	Sto1	SS110317	AI	25 Sep 1920	Party 23 Apr 1920.
Bennett, A.H.	Ord RNVR	L5/2930	AI	26 Oct 1920	Party 21 Feb 1920.
Bennett, C.	Ord RNVR	B3/1340	AP		HQ Bristol RNVR 12 Jun 1919.
Bennett, R.	AB RNVR	L6/3313	AP	22 Feb 1922	HQ London RNVR 17 Jun 1919.
Bentley, W.J.	AB RNVR	L7/2906	AI	12 Jan 1921	Party 15 Feb 1919.
Berry, F.J.	AB RNVR	B3/1025	AP	4 Oct 1920	Party 15 Apr 1919.

COLLINGWOOD BATTALION

Name	Rank	Number	Clasp	Date	Notes
Besford, F.W.	AB RNVR	T2/18	A*		Party 1 Feb 1919.
Best, B.	Ord RNVR	KW846	AI	28 Feb 1924	Party 17 Sep 1919.
Biddle, E.	Sto RFR	SS108156	AI	25 Sep 1920	Party 14 Apr 1920.
Biggs, J.	AB	226435	AP	22 Dec 1920	DD 28 Nov 1918. Brother Mr A.B.Mason 17 Mar 1920.
Billings, T.	AB RNVR	T2/180	AI	21 Sep 1920	Party 12 May 1919.
Binstead, W.	PO1	131521	AP	30 Jul 1920	HM Coastguard Southampton 5 Mar 1919.
Birch, A.	Ord RNVR	KW876	AI		Party 8 May 1919.
Bird, W.	AB RNVR	L5/3007	AP	17 Sep 1920	Party 24 Feb 1919.
Birkett, W.	Sto2	SS115541	AP	10 Aug 1920	Party 27 Feb 1920.
Bittle, F.S.	AB RNVR	B3/803	AP	29 Nov 1920	RND Aldershot 11 Apr 1919.
Blore, A.R.	L/Sea RNVR	LZ5/3146		12 Dec 1920	Norton Barracks 12 May 1919.
Blyfield, H.F.	AB RNVR	L6/2677	AI	11 Dec 1920	HQ London RNVR 17 Jun 1919.
Bolton, H.	Ord RNVR	KW863	AI	1 Nov 1920	Party 2 Jul 1919.
Booth, E.W.H.	AB RNVR	L4/3562	A	13 Nov 1920	Crystal Palace 8 Mar 1919.
Borner, F.E.	AB RNVR	L5/2532	AI	30 Sep 1920	Party 12 Mar 1919.
Bostock, J.P.	Sto1	SS108323	AP		Retd to R.Mint Mar 1934.
Botteril, G.W.	Ord RNVR	KW824	AI		Party 30 May 1919.
Bourne, B.	Sto	SS154237	A*		Party 15 Mar 1920.
Bowles, R.F.	AB RNVR	L4/3049	AP	29 Nov 1920	HQ London RNVR 17 Jun 1919.
Boyce, J.	Sto1	SS107843	A		DD 31 May 1916.
Braide, R.	AB RNVR	L4/3116	AI		Retd to R.Mint Mar 1934.
Brammer, J.	Ord RNVR	KW877	AP	30 Sep 1920	Party 22 Apr 1919.
Bray, H.E.	AB RNVR	B2/1318	AI	17 Sep 1920	Retd to R.Mint Mar 1934.
Brearly, L.	Ord RNVR	KW785	A	11 Oct 1920	Party 28 Feb 1919.
Bremner, B.	CPO RNVR	L6/1157	AI		Party 11 Jun 1919.
Bremner, D.	Sea RNR	A5312	AP	12 Oct 1920	Party 24 Mar 1920.
Brendon, F.G.	Ord RNVR	L6/3347	AI		Party 2 Apr 1919.
Bridle, F.T.	Sto1	SS103689	AP		Retd to R.Mint Mar 1934.
Brigden, H.W.	AB RNVR	L5/2985	AP	14 Sep 1920	Party 25 Apr 1919.
Brodie, A.	Sea RNR	A5840	AI	17 Sep 1920	Party 19 Nov 1919.
Brodie, E.	Sea RNR	B3890	AI	4 Oct 1920	Party 17 Mar 1920.
Brodribb, A.E.	Sto1	298337	AI	5 Nov 1920	Party 6 Mar 1919.
Brooker, G.	L/Sea RNVR	171593	AI	14 Sep 1920	Party 18 Mar 1920.
Brookes, A.	Sto1	302821	AI		Retd to R.Mint Mar 1934.
Broughton, S.R.	AB RNVR	T2/165	AP	31 Dec 1920	Party 26 May 1919.
Broune, E.	Ord RNVR	KW878	AP		Party 10 Apr 1919.
Brown, A.E.	Sto1	287473	AI	11 Aug 1921	*HMS Vega* 11 Aug 1921.
Brown, I.G.	AB RNVR	L4/2746	AP	29 Nov 1920	HQ London RNVR 17 Jun 1919.
Brown. H.	AB RNVR	T3/187	AI	17 Sep 1920	Reissued after corrections to Party 30 Apr 1919. Dup to Party 6 Jan 1921.
Bruce, J.	Sea RNR	B3336	I		Paymaster Alnwick 15 Sep 1919.
Bruce, J.	Ord RNVR	T2/169	AI		HQ Tyne RNVR 28 May 1919.
Brunyer, R.	Ord RNVR	KW849	AI	4 Oct 1920	Party 1 Sep 1919.
Buchan, W.	Sea RNR	A3714	AI	17 Sep 1920	Party 5 Dec 1919.
Buchanan, M.	Sea RNR	A3930	AI		Party 16 Dec 1919.
Buckfield, W.J.	Sto1	K7693	AI	6 Aug 1920	*HMS Dido* 16 May 1919.
Buckley, J.	AB	220260	P		*HMS Cormorant*, Gibraltar 14 Apr 1920.
Buckley, R.	AB RNVR	B3/749	AP		DD. Brother A.E.Buckley Esq 7 Nov 1919.
Bulmer, H.G.	Ord RNVR	KW841	AI	29 Feb 1924	Party 29 Mar 1920.
Burford, F.T.	Sto1	SS106380	AI	30 Sep 1920	Party 17 Apr 1919.
Burke, F.	Ord RNVR	T6/190	AI	18 May 1921	Party 22 May 1919.
Burns, T.	AB	231221	AP	20 Sep 1920	Party 17 Mar 1920.
Burt, J.	AB	235574	AI	4 Nov 1920	Party 12 Feb 1919.
Burton, W.	Ord RNVR	KW825	A	1 Oct 1920	Party 24 Mar 1920.
Bygrove, J.W.	L/Sea RNVR	L6/2563	AP	9 Jul 1920	Party 9 Jul 1920.
Caffery, W.H.	Sto	283835	AI	4 Jun 1926	DD 22 Feb 1919. Widow Mrs S.Caffery 23 Apr 1920.
Cairns, A.	Ord RNVR	L4/3471	AI	5 Nov 1920	Party 11 Feb 1919. Dup Clasp to Party 21 Jul 1922.
Callaghan, A.	Sto1	296453	AI	4 Oct 1920	Party 26 Mar 1920.
Calt, H.	Act/AB RNVR	L5/3214	AP	1 Nov 1920	Party 22 Feb 1919.
Campbell, J.	Sea RNR	A5353	AI	12 Oct 1920	Party 21 Nov 1919.
Cannon, W.T.	AB RNVR	B3/1093	AP	1 Oct 1920	Party 17 Apr 1919.
Cantor, H.J.	AB RNVR	L5/3274	AI	7 Oct 1920	Party 20 Feb 1919.
Caren, E.H.	Act/AB RNVR	L5/3405	AI	21 Dec 1920	HQ London RNVR 17 Jun 1919.
Carlisle, W.	Sub Lieut RNVR		AI		Party 4 Oct 1919.
Carnell, G.	AB RNVR	T2/116	AI	26 May 1922	HQ Tyne RNVR 28 May 1919.
Carr, W.J.	Ord RNVR	KW879	AI	30 Jun 1920	Party 25 Apr 1919.
Carroll, J.	Sto1	290741	AI	7 Oct 1920	Party 19 Feb 1919.
Carroon, J.	Sea RNR	A3288	AI	30 Nov 1920	Party 11 Jul 1919.

COLLINGWOOD BATTALION

Name	Rank	Number	Code	Date	Notes
Carter, C.	Ord RNVR	KW859	AI	4 Oct 1920	Party 19 Jun 1919.
Cavanagh, D.	Sea RNR	B2313	AP	8 Oct 1920	Party 26 Nov 1919.
Cavanagh, J.	Sea RNR	B2829	AP	5 Oct 1920	Party 18 Nov 1919.
Chamberlain, J.	Ord RNVR	KW782	A	30 Sep 1920	Party 17 Apr 1919.
Chambers, F.	AB RNVR	L8/2628	AP	4 Oct 1920	Party 23 May 1919.
Chambers, G.	Ord RNVR	KW880	AP	6 Jul 1920	Party 25 Jul 1919.
Champ, F.	AB RNVR	B3/1323	AP	18 Nov 1920	HQ Bristol RNVR 12 Jun 1919.
Champion, P.G.	AB RNVR	L5/2918	AP	2 Dec 1920	Party 5 May 1919.
Chanter, J.F.R.	Sub Lieut RNVR		AI	1 Jul 1920	Party 1 Jul 1920.
Chapman, C.L.	CPO RNVR	L5/418		1 Oct 1920	Party 13 Jun 1919.
Chapman, E.F.	Ord RNVR	L6/2737	AI		Party 10 Apr 1919.
Cheeseman, S.G.	Sto1	K18690	AI	29 Apr 1922	Party 15 Mar 1919.
Clark, E.	PO2 RNVR	L4/3448	AP	11 May 1921	HQ London RNVR 17 Jun 1919.
Clark, L.	AB RNVR	L4/2530	AI	22 Oct 1920	Party 21 Feb 1919.
Clark, S.	AB RNVR	L4/3300	AP	5 Oct 1920	Party 19 Mar 1919.
Clarke, G.	Sto1	SS107650	AP	25 Jun 1920	Party 22 Oct 1919.
Claxton, F.W.	Ord RNVR	B3/1120	AP		HQ Bristol RNVR 12 Jun 1919.
Clay, A.	AB RNVR	L6/1669	AP	29 Nov 1920	HQ London RNVR 17 Jun 1919.
Cleave, R.	Sub Lieut RNVR		A*		DD 15 Feb 1920. Widow Mrs Cleave 5 Sep 1924.
Clements, W.	Ord RNVR	KW962	AI	30 Nov 1920	Party 30 Nov 1920.
Clouter, W.	AB RNVR	B3/1088			HQ Bristol RNVR 12 Jun 1919.
Cluer, H.L.	AB RNVR	L2/2840	AP	4 Oct 1920	Party 11 Jul 1919.
Clyne, H.	Sea RNR	A3796	AP	4 Oct 1920	Party 1 May 1919.
Coe, F.E.	Sto	280733	A	25 Jun 1920	Party 22 Sep 1919.
Cogan, L.B.	Lieut RNVR		A*	8 Mar 1922	Depot Inverness 11 Feb 1919.
Coggin, R.	AB RNVR	L6/3143	AI	4 Dec 1920	HQ London RNVR 17 Jun 1919.
Cogzell, J.	Sto1	SS100495	AP	1 Oct 1920	Party 14 Nov 1919.
Coldman, E.	Sto1	298719	AP	25 Jun 1920	Party 30 Apr 1919.
Cole, G.	AB RNVR	L5/2675	AP	8 Jul 1920	HQ London RNVR 17 Jun 1919.
Cole, M.	Ord RNVR	KW881	AP	4 Oct 1920	Party 24 Mar 1920.
Collins, J.	Sea RNR	A3561	AP	5 Oct 1920	Party 18 Nov 1919.
Collins, M.A.	Sto1	285273	AP	6 Jul 1920	Party 13 Jun 1919.
Conaty, W.	Ord RNVR	T3/201	AI	8 Oct 1920	Party 23 Apr 1919.
Conway, H.	AB RNVR	L8/3010	AP	12 Mar 1925	Party 19 Feb 1919.
Cook, J.	Sea RNR	A4122	AI		Party 5 Dec 1919.
Cook, J.W.	Ord RNVR	B3/1331	AI	30 Sep 1920	Party 20 May 1919.
Cook, R.W.	Sto1	312261	AP	4 Oct 1920	Party 26 Mar 1920.
Cook, T.W.	Sea RNR	A4167	AI	6 Jul 1921	Party 6 Jul 1921.
Cooke, A.	AB RNVR	L4/3282	AP	2 Nov 1920	Party 12 May 1919.
Cooke, H.M.	AB RNVR	L5/2638			HQ London RNVR 17 Jun 1919. New Star issued to Widow 7 May 1925.
Coombs, E.	Ord RNVR	L5/3041	AP	14 Dec 1920	HQ London RNVR 17 Jun 1919.
Cordiall, J.	Sto1	219683	AI	28 Aug 1920	Party 16 Apr 1919.
Corfield, F.	Sto1	289742	AI	7 Oct 1920	Party 26 Mar 1920.
Cormack, H.	Sea RNR	A4905	AP		DD. Mother Mrs J.MacKenzie 22 Jan 1920.
Cornman, W.	AB RNVR	L6/3243	AP	1 Oct 1920	Party 17 Apr 1919.
Cosh, E.	Ord RNVR	B3/1304	AI	23 Jul 1920	Party 23 May 1919.
Cotterill, J.	Ord RNVR	KW857	AI	7 Oct 1920	Party 21 May 1919.
Cotton, P.J.	Sea RNR	A2963	AP	4 Oct 1920	Party 14 Nov 1919.
Cottrell, H.	Act/AB RNVR	L5/2902			Party 13 Feb 1919.
Couch, E.	AB RNVR	L2/3558	AP	8 Oct 1920	Party 8 May 1919.
Coull, J.	Sea RNR	A2237	AP	28 Oct 1920	Party 20 Mar 1919.
Coulson, G.	AB RNVR	T2/137	AI	6 Dec 1920	HQ Tyne RNVR 28 May 1919.
Cowell, M.	Sea RNR	A5843	AI		Party 31 Mar 1919.
Cox, E.J.	Sto1	SS111656	AP	6 Jul 1920	Party 23 Apr 1920.
Cox, J.	Sto1	SS104689	AI	4 Oct 1920	Party 8 May 1919.
Cranston, M.	AB RNVR	T2/154	AI	22 Feb 1921	Party 15 May 1919.
Crehin, M.	Ord RNVR	KW644			Party 27 Apr 1920.
Cresswell, J.	AB	235582	AI	21 Oct 1920	Party 1 Apr 1919.
Crickmore, B.	Sea RNR	A4772	AI	11 Nov 1920	Party 21 Nov 1919.
Criggie, D.	Sea RNR	A5688	AP	23 Oct 1920	Party 22 Apr 1919.
Crocker, R.	Ord RNVR	KW854	P	28 Feb 1921	Party 17 May 1919.
Crook, E.	AB RNVR	L4/3170	AP	7 Oct 1920	Party 26 Feb 1919.
Crossman, R.F.	Lieut RNVR		A*	8 Jul 1920	RND Aldershot 1 Feb 1919. Dup to Party 30 May 1923.
Cubbage, H.	Act/AB RNVR	L5/3525	A	1 Dec 1920	HQ London RNVR 17 Jun 1919.
Cuddy, E.J.	Lieut		AI	17 Mar 1922	DD 15 Dec 1917. Widow Mrs D.M.Cuddy 2 Oct 1919.
Cummings, W.C.	CPO	175525	AI	22 Jun 1920	*HMS Victory* 7 Mar 1919.
Cunningham, S.R.	AB RNVR	L8/2694	AI	30 Nov 1920	Party 30 Nov 1920.

COLLINGWOOD BATTALION

Name	Rank	Number	Code	Date	Notes
Cutting, A.	AB RNVR	L3/3594	AP	21 Dec 1920	HQ London RNVR 17 Jun 1919.
Dabill, F.	Ord RNVR	KW817	AI	8 Oct 1920	Party 17 May 1919.
Dane, E.S.	AB RNVR	L7/2515	AP	5 Jul 1920	Party 5 Jul 1920.
Daniel, J.	Ord RNVR	L5/3253	A	7 Dec 1923	HQ London RNVR 17 Jun 1919.
Danvers, H.W.M.	AB RNVR	L8/3434	A	7 Oct 1920	Party 24 Feb 1919.
Davie, E.	PO1 RNVR	135446	AI	1 Sep 1920	Coast Guard Southern District 2 Apr 1919.
Davies, A.R.	Ord RNVR	KW667			Party 7 Jul 1919. Dup to RGA Gibraltar 5 Jul 1921.
Davies, D.J.	Ord RNVR	L6/3113	AI	30 Sep 1920	Party 30 Sep 1920.
Davies, J.	Ord RNVR	KW668	A	23 Nov 1920	Party 23 Nov 1920.
Davies, J.E.H.	PO1 RNVR	L6/2316	AI	4 Dec 1920	RND Aldershot 11 Apr 1919.
Davies, W.	Sto1	SS102068	AI	2 Dec 1920	Party 2 Dec 1920.
Davis, A.	AB RNVR	L5/488	AI	3 Dec 1920	RND Aldershot 11 Apr 1919.
Davis, S.	AB RNVR	B3/1070	AP	3 Dec 1920	HQ Bristol RNVR 12 Jun 1919.
Davison, G.A.	PO1	175175	AI		Party 12 Jun 1920.
Davison, J.	AB RNVR	T2/88	AP	9 Dec 1920	HQ Tyne RNVR 28 May 1919.
Dawson, E.	Ord RNVR	KW798	AI	7 Oct 1920	Party 22 Jul 1919.
Day, M.E.	AB RNVR	L6/3357	AP		HQ London RNVR 17 Jun 1919.
Deacock, S.	AB RNVR	L5/3511	AI		HQ London RNVR 17 Jun 1919.
Dean, F.	Ord RNVR	T3/157	AP	4 Dec 1920	HQ Tyne RNVR 28 May 1919.
Deekin, W.J.	Sto2	SS115529	AI		*HMS Terror* 13 Mar 1919.
Denby, E.L.	AB RNVR	L6/2521	AI	12 Oct 1920	Party 21 Mar 1919.
Derbyshire, R.J.	AB RNVR	L4/3031	AI		Party 15 Apr 1919.
Derbyshire, R.J.	AB RNVR	L4/3036	AI	11 Nov 1938	Party 20 Jun 1919.
Dewley, W.	L/Sea	172447	AI	7 Jul 1920	Party 17 May 1919.
Dexter, C.	Ord RNVR	KW778			DD 7 Nov 1916. Father J.Dexter Esq 8 May 1920.
Dickens, H.F.R.	AB RNVR	L4/3550	AP	5 Oct 1920	Party 5 Apr 1919.
Dicker, A.	AB RNVR	288197	A*	28 Oct 1921	Party 17 Jan 1919.
Dickman, C.W.	Ord RNVR	KW931	AI	8 Oct 1920	Party 23 May 1919.
Dillon, M.A.M.	Sub Lieut RNVR		AI		HQ Tyne RNVR 5 Aug 1919.
Diver, J.	Sea RNR	A5219	AI	12 Oct 1920	Party 22 Oct 1919.
Dobson, T.Y.	Sub Lieut RNVR			6 Dec 1920	Party 19 Feb 1919.
Dodson, S.	Sea RNR	A4214	AP	6 Aug 1920	Party 13 Mar 1919.
Done, A.J.	Sto1	SS105758	AP	8 Oct 1920	Party 15 Apr 1919.
Donovan, J.	Sea RNR	A4832	AI	7 Oct 1920	Party 28 Nov 1919.
Dotchin, N.A.	Ord RNVR	T3/165	AI	12 Oct 1920	Party 22 Apr 1919.
Douglas, R.A.	Act/AB RNVR	L5/3396	AP	9 Dec 1920	HQ London RNVR 17 Jun 1919.
Dove, F.	Ord RNVR	KW882	AI	15 Oct 1920	Party 26 Mar 1920.
Dowden, H.G.	AB RNVR	L6/3499	AP	3 Dec 1920	HQ London RNVR 17 Jun 1919.
Dowlen, H.M.	Act/AB RNVR	L5/2889	AI	5 Oct 1920	Party 12 Feb 1919.
Doyle, J.	Sea RNR	A3511			Party 19 Nov 1919.
Drake, A.	Ord RNVR	KW929	AI	8 Oct 1920	Party 26 Mar 1920.
Duckett, W.J.	CPO	159312	AI	24 Jun 1920	Party 20 Feb 1919.
Dungey, J.T.	Sto	278012	A		DD 7 Oct 1914. Son c/o *HMS Constance* 16 Oct 1920.
Dunham, J.A.	Ord RNVR	KW855	AI	12 Oct 1920	Party 5 May 1919.
Dunkley, H.L.	Ord RNVR	L5/3253			Party 29 Jan 1919.
Dunn, J.V.	PO RNVR	L6/2329	AI	19 Apr 1921	RND Aldershot 11 Apr 1919.
Dunster, H.	Ch/Gunner			31 Jul 1920	Air Ministry 26 Mar 1919.
Dyer, J.	Sea RNR	B3678	AI	12 Oct 1920	Party 14 Nov 1919.
Ealand, H.	Sto1	K12375	AP	16 Aug 1920	*HMS Inconstant* 9 Apr 1920.
Earl, C.	Ord RNVR	T2/205	AI		Party 7 May 1919.
Easterbrook, H.	L/Sea	B3/1042	AP	8 Oct 1920	Party 22 Apr 1919.
Easterbrook, S.H.	PO1 RNVR	B3/1003	AI		HQ Bristol RNVR 12 Jun 1919.
Edwards, A.	Sto1	289712	AI	7 Oct 1920	Party 24 Mar 1920.
Edwards, C.	AB RNVR	KW812	AP		Party 8 Jul 1919.
Edwards, F.P.	AB RNVR	L4/3386			Party 12 Mar 1919.
Edwards, F.W.	AB RNVR	L3/2431	AI	6 May 1925	Party 12 Apr 1919.
Edwards, J.A.	AB RNVR	B3/1106	AP		HQ Bristol RNVR 12 Jun 1919.
Egley, A.	AB RNVR	KW933	AI	5 Oct 1920	Party 12 Mar 1919.
Elkins, L.A.	AB RNVR	L4/3100	AP	9 Dec 1920	HQ London RNVR 17 Jun 1919.
Elliott, D.	Ord RNVR	L6/3346	AI	7 Nov 1921	Party 2 Apr 1919.
Elliott, W.D.	Ord RNVR	B3/1031	AP	29 Dec 1920	HQ Bristol RNVR 12 Jun 1919.
Elstone, A.	AB RNVR	KW883	AI	24 Jun 1920	Party 12 Apr 1919.
Emmett, C.J.	Sto1	K5340	AI	5 Feb 1924	Party 15 Mar 1919.
English, D.	Ord RNVR	L6/3439	AP	12 Dec 1920	HQ London RNVR 17 Jun 1919.
English, J.	AB RNVR	KW839	AP	6 Oct 1920	Party 10 Apr 1919.
English, W.	AB RNVR	KW838	AI	7 Oct 1920	Party 17 Apr 1919.
Evan, W.D.	AB RNVR	L6/3101	AI		Party 19 Feb 1919.

COLLINGWOOD BATTALION

Name	Rank	Number	Medal	Date	Notes
Evans, H.	AB RNVR	KW831	AI	8 Jul 1920	Party 11 Sep 1919.
Everson, B.R.	Ord RNVR	BZ1349	AP	7 Oct 1920	Party 19 Apr 1920.
Farnell, A.C.	AB	SS3884	AP	12 Oct 1920	Party 26 Jan 1920.
Farrell, J.E.	1/Wrtr RNVR	L2/2351	AI	15 Oct 1920	Party 25 Feb 1919.
Farren, J.	Sea RNR	A5277	AP	12 Oct 1920	Party 18 Nov 1919.
Feaser, J.McN.	AB RNVR	L5/2995	AI	12 Oct 1920	Party 13 May 1919.
Fenton, J.A.	Ord RNVR	KW803	AI		Party 22 Sep 1919.
Fenton, S.	Ord RNVR	KW884	AI	27 Jan 1921	DD 10 Dec 1918. Widow Mrs J.Fenton 27 Jan 1921.
Ferguson, G.	Sea RNR	A2853	AP	8 Oct 1920	Party 14 Nov 1919.
Ferguson, J.	AB RNVR	T2/87	AP	7 Oct 1920	Party 23 May 1919.
Fewell, F.	AB RNVR	L5/2083	A	11 Dec 1920	Party 31 May 1919.
Field, W.	Sto1	303505	AP	30 Nov 1920	*HMS Excellent*, Gunnery School Portsmouth 30 Nov 1920.
Fielder, R.D.	Act/AB RNVR	L5/3587	A		Party 28 Feb 1919.
Finn, J.J.	Sea RNR	A4212	AI	7 Nov 1921	Party 7 Nov 1921.
Finnie, A.	Ord RNVR	KW808	AI	11 Oct 1920	Party 17 Mar 1920.
Finnie, R.S.	Ord RNVR	KW7819	AI	9 Oct 1920	Party 12 Sep 1919.
Fish, P.	Sto1	278738	AP	3 Feb 1921	Party 3 Feb 1921.
Fisher, W.	Ord RNVR	KW866	AI	23 Nov 1920	Party 23 Nov 1920.
Fitter, R.C.	AB RNVR	L6/3356	AI	5 Oct 1920	Party 12 Mar 1919. Dup Clasp & Roses to Party 20 Nov 1936.
Flaherty, T.	Sea RNR	B4718	AP		Party 26 Nov 1919.
Fleming, A.	Sto1	SS108545	AI	8 Oct 1920	Party 2 Jun 1919.
Fleming, W.	Sto1	SS104077	AP	11 Dec 1920	Party 11 Dec 1920.
Fletcher, J.	Sto1	K6818	AI	16 Sep 1920	Party 20 Mar 1919.
Flowitt, S.	Ord RNVR	L6/3165	A	2 Mar 1923	Party 26 May 1919.
Foden, A.W.	Sto1	K11938	AI	9 Dec 1920	RMB Portsmouth 19 Mar 1919. Dup to Party 7 Feb 1921.
Forrester, J.E.	Ord RNVR	KW753			Party 18 Mar 1920.
Forster, C.	AB RNVR	L5/3156	AP	26 Jan 1921	Party 26 Jan 1921.
Fox, L.	AB RNVR	L8/2621	AP	11 Dec 1920	HQ London RNVR 17 Jun 1919.
Francis, H.	AB RNVR	B3/1327	AI		HQ Bristol RNVR 13 Jun 1919.
French, R.	AB RNVR	L6/1730	AI	10 Nov 1920	Party 11 Feb 1919.
Frost, H.J.	Ord RNVR	L1/3620	A	25 Jun 1920	Party 17 Mar 1920. Dup Clasp to Party 12 Nov 1923.
Fulford, J.	Ord RNVR	KW772	AP	6 Jul 1920	Party 23 Apr 1920.
Futter, J.H.	Sto1	284869	AI	22 Feb 1921	Party 12 Sep 1919.
Ganson, W.	Sea RNR	B3672	AI	15 Oct 1920	Party 3 Dec 1919.
Garden, J.	Sea RNR	B4798	AP	19 Apr 1923	Party 9 Dec 1919.
Geldart, T.F.	AB RNVR	L6/3344	AP	29 Feb 1924	HQ London RNVR 17 Jun 1919.
Gent, G.	Ord RNVR	KW630		29 Jun 1934	Party 18 Mar 1920. Dup Star to Party 3 May 1935.
George, W.	PO1 RNVR	B210	AP	8 Oct 1920	Party 10 Apr 1919.
Gilbert, F.J.	Act/AB RNVR	L4/3566	AI	8 Oct 1920	Party 12 Apr 1919.
Gilks, W.	Act/AB RNVR	L5/2724	AI	4 Feb 1921	Party 27 Apr 1920.
Gillan, M.	Sea RNR	A5231	AI	14 Mar 1924	Party 14 Mar 1924.
Gillard, H.E.	Asst/Payr RNVR		A*	1 Jul 1920	RND Aldershot 29 Jan 1919.
Gillis, R.	AB RNVR	T2/128	AI	9 Dec 1920	HQ Tyne RNVR 28 May 1919.
Goddard, S.	Sto	SS104850	AI	7 Oct 1920	Party 4 Oct 1919.
Goodrick, H.	AB RNVR	L6/3442	AI	20 Jul 1920	Party 8 May 1919.
Goodyer, P.F.	Act/AB RNVR	L5/3352	AI	11 Oct 1920	Party 25 Apr 1919.
Gordon, W.	Ord RNVR	KW783	AI	7 Jul 1920	Party 28 Feb 1919.
Goubert, A.J.	PO1	158636	AI	7 Oct 1920	Party 20 Aug 1919.
Gowing, A.	Ord RNVR	L6/2510	AI	18 Oct 1920	Party 31 Mar 1919.
Graham, D.	Sea RNR	A2487	AI	12 Oct 1920	Party 26 Nov 1919.
Gray, B.C.	AB RNVR	L8/2696	AI	12 Oct 1920	Party 17 Mar 1919.
Gray, C.H.	Sto1	K4330	AI	23 Jul 1920	*HMS Dido* 16 May 1919.
Gray, T.	Act/CPO	192408	AI	4 Sep 1920	Dover Patrol 30 Apr 1919.
Green, G.W.	Ord RNVR	KW950	AP	15 Oct 1920	Party 25 Apr 1919.
Green, H.D.	AB RNVR	L5/3040	AP	9 Dec 1920	HQ London RNVR 17 Jun 1919.
Green, W.	Sto	277847	AP	22 Oct 1920	Party 24 Jun 1919.
Gregory, C.W.	Ord RNVR	KW784	AI	12 Oct 1920	Party 26 Apr 1919.
Griffiths, E.F.	AB RNVR	B2/1353			DD 30 Dec 1915. Mother Mrs E.Griffiths 7 Oct 1919.
Griffiths, G.H.	AB RNVR	B3/1110	AP	6 Dec 1920	HQ Bristol RNVR 12 Jun 1919.
Griffiths, J.	Sto1	291208	AP	15 Oct 1920	Party 19 Mar 1920.
Griffiths, R.D.	AB RNVR	T3/207	AP	9 Dec 1920	HQ Tyne RNVR 28 May 1919.
Grinsell, W.G.	Ord RNVR	KW860	AI	1 Jul 1920	Party 5 May 1919.
Groom, C.	AB RNVR	L3/3595	AP	12 Apr 1921	HQ London RNVR 17 Jun 1919.
Guest, R.	Ord RNVR	KW885	AI	8 Oct 1920	Party 23 Apr 1919.
Gunther, C.	Ord RNVR	L8/2679	AI	12 Oct 1920	Party 11 Feb 1919.
Gwinnell, A.	AB RNVR	B3/966	AP	15 Oct 1920	Party 19 May 1919.
Hadaway, W.	Ord RNVR	T2/208	AI	18 Oct 1920	Party 9 Jun 1919.

COLLINGWOOD BATTALION

Name	Rank	Number		Date	Notes
Hagan, B.	AB RNVR	L6/3158		29 Jun 1920	Party 27 Feb 1919.
Haggis, P.	L/Sea RNVR	L5/2690	A		DD 7 Oct 1914. Father H.Haggis Esq 8 Aug 1919.
Hagues, W.	Ord RNVR	KW833	AI	7 Oct 1920	Party 31 May 1919.
Hale, E.	Sto	SS106368	AI	15 Oct 1920	Party 17 Mar 1920.
Hale, H.H.	AB RNVR	B2/1348	AI	18 Oct 1920	Party 20 Mar 1919.
Hales, G.	AB RNVR	B1291	AI	8 Oct 1920	Party 10 Apr 1919.
Hall, E.	L/Sea RNVR	B3/820	AP	9 Oct 1920	Party 26 Mar 1919.
Hall, E.D.H.	AB RNVR	B3/1186	AP	11 Dec 1920	HQ Bristol RNVR 12 Jun 1919.
Halliley, W.	Ord RNVR	KW886	AP	8 Oct 1920	Party 17 Mar 1920.
Hamilton, W.G.M.	AB RNVR	L4/3124	AI	7 Oct 1920	Party 7 May 1919.
Hammick, G.F.	Lieut RNVR		AI	25 Jun 1920	Party 25 Jun 1920.
Hammond, E.	Sto1	SS107259	AI	12 Oct 1920	Party 20 Jun 1919.
Hand, J.	Ord RNVR	KW789	AP	12 Oct 1920	Party 16 Jan 1920.
Hanson, T.	Ord RNVR	KW887	AP	8 Oct 1920	Party 13 Feb 1920.
Hardcastle, H.	AB RNVR	J475	AP	9 Jun 1920	Party 19 Jun 1919.
Hare, R.	Ord RNVR	KW828	AI	12 Oct 1920	Party 18 Mar 1920.
Hare, T.	Ord RNVR	L8/2648	AI		Party 13 Feb 1919. Clasp retd. "Not Known".
Hargreaves, J.	Sto1	294428	AI	12 Oct 1920	Party 2 Apr 1919.
Hargreaves, J.	Ord RNVR	KW888	AI	12 Oct 1920	Party 30 May 1919.
Harland, W.J.	Sto1	215064	AI	29 Jul 1920	*HMS Victory* 20 Mar 1919.
Harmsworth, V.T.	Sub Lieut RNVR		A*		DD 13 Nov 1916. Retd to R. Mint Mar 1934.
Harries, J.	AB RNVR	L6/3281	AI	9 Feb 1921	HQ London RNVR 17 Jun 1919.
Harris, A.D.	Sto	SS105163	A	1 Jul 1920	Party 17 Jul 1919.
Harrison, B.	Ord RNVR	KW788	AP	20 Jun 1920	Party 19 Feb 1919.
Harrison, E.	Ord RNVR	KW889	AI	15 Oct 1920	Party 29 May 1919.
Hartley, J.	Ord RNVR	KW834	AP	18 Oct 1920	Party 18 Feb 1920.
Harvey, A.H.	Sto2	SS115537	AI	11 Oct 1920	Party 1 Apr 1919.
Harwood, H.	L/Sea RNVR	L6/3522	AP	13 Dec 1920	HQ London RNVR 17 Jun 1919. "Asked to Return Star for Correction".
Haseman, A.H.	Sto	SS100212	AI	25 Oct 1920	Party 10 Jul 1919.
Hassell, H.	Sto1	K15358	A		*HMS Dido* 29 Mar 1919.
Haswell, C.	Ord RNVR	L5/3191	A	3 Dec 1920	HQ London RNVR 17 Jun 1919.
Haswell, W.F.C.	Ord RNVR	T3/181	AI	1 Nov 1920	Party 21 May 1919.
Hawes, W.G.	Sto1	K10419	AI	27 Apr 1921	Party 21 Mar 1919.
Hawkins, H.F.	AB RNVR	L8/2761	A*		HQ London RNVR 17 Jun 1919.
Hawkins, W.	AB RNVR	L6/3340	AI	21 Dec 1920	HQ London RNVR 17 Jun 1919.
Hawley, G.	AB RNVR	L2/3584	AP		HQ London RNVR 17 Jun 1919.
Hay, W.J.	AB RNVR	T1/184			Party 31 Mar 1919.
Hayes, A.	Sto1	SS110133	AI	8 Oct 1920	Party 17 Jun 1919.
Hayes, G.	Ord RNVR	KW890	AI	15 Oct 1920	Party 31 Dec 1919.
Haynes, F.	AB RNVR	B3/1259	AP		HQ Bristol RNVR 12 Jun 1919.
Hayward, H.	AB RNVR	L5/3440			HQ London RNVR 17 Jun 1919.
Hayward, J.	Ord RNVR	L4/3513	AI		Retd to R.Mint Mar 1934.
Heard, H.C.	AB RNVR	L6/3363	AP	30 Jun 1920	HQ London RNVR 17 Jun 1919.
Heath, F.	Ord RNVR	KW791	AP	9 Oct 1920	Party 10 Apr 1919.
Hedger, H.	AB RNVR	L4/3284	AP		HQ London RNVR 17 Jun 1919.
Henshaw, F.	Ord RNVR	L6/3103	AI	3 Jul 1920	Party 14 Apr 1919.
Hepburn, A.	AB RNVR	T3/124	AI	15 Oct 1920	Party 17 Apr 1919.
Herman, H.	AB RNVR	L5/3583	AP	27 Jan 1921	HQ London RNVR 17 Jun 1919.
Hilbrook, B.	Ord RNVR	L5/3266	AI		HQ London RNVR 17 Jun 1919.
Hill, C.	Sto1	SS100207	AP	18 Aug 1920	Party 25 Jun 1919.
Hill, R.J.	Sto1	305449	AP	12 Jun 1920	Party 17 Mar 1920.
Hill, W.	Sto1	SS105810	A	12 Oct 1920	Party 18 May 1920.
Hilleard, J.	Sto	289365	A	11 Nov 1921	DD 6 Oct 1914. Brother Mr J.Hilleard 11 Nov 1921.
Hinton, C.	Act/AB RNVR	L5/3242	AI	28 Aug 1920	Party 15 Mar 1919.
Hipwell, T.	Sto	SS107680	AI	15 Oct 1920	Party 18 Mar 1920.
Hobbs, J.	Ord RNVR	B1/1350	AI	28 Jun 1920	Party 1 Apr 1919.
Hobson, E.	Ord RNVR	KW891	A	7 Oct 1920	Party 20 May 1919.
Hobson, J.	Sto1	SS111648	AI	7 Oct 1920	Party 19 Mar 1919.
Holbrook, W.	Sto1	SS106712	AI	11 Oct 1920	Party 31 Oct 1919.
Holden, E.	AB	235691	AP	16 May 1924	Party 16 May 1924.
Holmes, J.	Ord RNVR	KW934	AI	25 Oct 1920	Party 22 Apr 1920.
Hooker, D.G.	Sea RNR	B3810	AI	7 Oct 1920	Party 3 Dec 1919.
Hookham, R.	AB RNVR	L5/3303	AP	22 Oct 1920	Party 13 Feb 1919.
Hooper, W.	Sto2	K22357	AI	3 Mar 1921	RMB Portsmouth 21 May 1919. Dup Clasp to *HMS Greenwich* 29 Nov 1922.
Hopkins, J.F.	Act/AB RNVR	L5/3394	AI	7 Oct 1920	Party 11 Mar 1919.
Hopkinson, H.	Ord RNVR	KW892	AI	12 Oct 1920	Party 1 Aug 1919.

COLLINGWOOD BATTALION

Hopper, D.	PO1 RNVR	T3/66	AI	9 Dec 1920	HQ Tyne RNVR 28 May 1919.
Hucklebridge, J.E.	Ord RNVR	B1/222	AI	11 Aug 1921	Party 8 May 1919.
Hughes, J.	Ord RNVR	KW862	AI	12 Oct 1920	Party 17 Mar 1920.
Hughes, J.O.	AB RNVR	L5/2948	AI	9 Oct 1920	Party 17 Apr 1919. "Another" Clasp issued 12 Oct 1922.
Hugkulstone, H.	AB	SS3382	AI	15 Oct 1920	Party 16 Apr 1919.
Hull, W.	AB RNVR	L4/3548	AP	4 Aug 1920	Party 17 Apr 1919.
Humberstone, S.	Sto1	309152	AP	28 Aug 1920	Party 10 Apr 1919.
Humphreys, A.	AB RNVR	L5/3009	AP	21 Dec 1920	HQ London RNVR 17 Jun 1919.
Hunter, R.	Sto1	SS103906	AP	30 Nov 1920	Party 10 Apr 1919.
Huntingdon, F.	Sto1	SS108161	AP	2 Nov 1920	Party 9 Aug 1919.
Huntley, A.E.	Sto	SS101207		13 Oct 1923	Party 13 Oct 1923.
Husselbee, P.	Ord RNVR	KW936	A	17 Mar 1922	Party 17 Mar 1922.
Huxtable, C.D.	AB RNVR	B2/1324	AI	21 Dec 1920	HQ Bristol RNVR 12 Jun 1919.
Huxtable, H.	AB RNVR	L6/2537	A*P		HQ London RNVR 17 Jun 1919.
Hyde, G.	Sto1	SS108768	AI		Run 22 Aug 1918. Retd to R.Mint Mar 1934.
Hyde, J.	AB RNVR	KW928	AI		Party 2 Apr 1919. Clasp issued but Retd "not known".
Jack, L.	Sea RNR	A2333	AI	11 Mar 1921	Naval Barracks Invergordon 20 Aug 1919.
Jackson, E.	Ch/Arm	SS132023		7 Jul 1920	Party 30 Oct 1919.
Jackson, H.	Ord RNVR	KW893		12 Oct 1920	Party 17 May 1919.
Jackson, J.	AB RNVR	L5/2201	AP	9 Dec 1920	HQ London RNVR 17 Jun 1919.
Jay, B.	AB RNVR	L4/2167	AP	14 Dec 1920	HQ London RNVR 17 Jun 1919.
Jay, H.	AB RNVR	B3/990	AP	13 Dec 1920	HQ Bristol RNVR 12 Jun 1919.
Jefferies, G.H.	Sto	295844	AI	2 Dec 1920	Party 2 Dec 1920.
Jeffery, A.E.	Sea RNR	A4875	AI	15 Oct 1920	Party 18 Nov 1919.
Jelly, A.	Ord RNVR	B1/1326			"Not to be issued without further information".
Jenner, F.	AB RNVR	L5/3369	AI	11 Oct 1920	Party 13 Feb 1919.
Jenson, F.	Sto1	285568	AI	1 Sep 1920	Party 20 Jun 1919.
Jobes, J.	Ord RNVR	T2/209	AI	11 Dec 1920	HQ Tyne RNVR 28 May 1919.
Johnson, E.H.	Ord RNVR	KW894	AI	26 Nov 1920	Party 26 Nov 1920.
Johnson, G.H.	Sto	SS103538	AP	26 Nov 1920	Party 26 Nov 1920.
Johnson, T.	Ord RNVR	L4/3433	AI	6 Sep 1938	Party 11 Feb 1919.
Johnson, W.	Ord RNVR	B1/1346	AI	8 Oct 1920	Party 29 Mar 1919.
Johnston, C.	Ord RNVR	L6/3104	AI	23 Dec 1920	HQ London RNVR 17 Jun 1919.
Johnston, J.	Ord RNVR	T2/188	AP	1 Mar 1937	Party 10 Apr 1919.
Jones, C.	AB RNVR	L5/3189	AP	4 Dec 1920	HQ London RNVR 17 Jun 1919.
Jones, E.R.	Ord RNVR	L10/3618	AP	12 Jan 1921	HQ London RNVR 17 Jun 1919.
Jones, G.	Ord RNVR	KW840	AP	21 Oct 1920	Party 27 Jun 1919.
Jones, T.	Sto1	278359	AP	26 Nov 1920	Party 26 Nov 1920.
Keeble, P.	Ord RNVR	KW858	AP	30 Nov 1920	Party 30 Nov 1920.
Keeping, W.F.	Sto2	K21780	AI	1 Mar 1937	*HMS Fisgard* 27 Mar 1919.
Kelley, J.	Sea RNR	A5276	AI	28 Jan 1921	Party 17 May 1919.
Kelly, M.	Ord RNVR	KW960	AI		Party 9 Jun 1919.
Kennedy, F.	Ord RNVR	KW643			Retd to R.Mint Mar 1934.
Kibbler, H.	Ord RNVR	KW895	AI	2 Dec 1920	Party 2 Dec 1920.
Kilgour, J.	Act/AB RNVR	T3/132	A		DD 7 Oct 1914. Half Sister Mrs M.Kennedy 27 May 1919.
Kilkenny, T.	Ord RNVR	KW781	AP	31 Jan 1921	Party 31 Jan 1921.
Kinnaird, A.	Sea RNR	B4132	AP	29 Nov 1920	Party 16 Dec 1919.
Kitchen, F.	Ord RNVR	KW896	AI		Retd to R.Mint Mar 1934.
Kitson, T.	AB RNVR	T2/12	A	12 Oct 1920	Party 22 Apr 1919.
Knight, H.	Ord RNVR	B3/1233	AP	9 May 1921	HQ Bristol RNVR 12 Jun 1919.
Laking, H.	Sto1	SS103350	AI	18 Oct 1920	Party 16 Oct 1919.
Lamb, E.	Ord RNVR	KW897	AI	18 Oct 1920	Party 26 Aug 1919.
Lampard, W.A.	Sto1	SS110315	AP	18 Jun 1921	Party 3 May 1920.
Landers, J.	Ord RNVR	KW898	AI	23 Sep 1920	Party 1 Aug 1919.
Langley, E.	PO1 RNVR	B3/344		29 Oct 1920	Party 27 Feb 1919.
Lee, W.F.	Sto1	SS104667	AI	18 Oct 1920	Party 30 Jun 1919.
Lee, W.H.	Ord RNVR	KW844	AI	22 Oct 1920	Party 1 Jul 1919.
Leek, A.G.	Sub Lieut RNVR		AI	13 Jan 1925	Party 10 Mar 1919.
Lees, W.	Ord RNVR	KW899	AI	18 Oct 1920	Party 27 Sep 1919.
Leggatt, H.	L/Sea RNVR	L6/2591	AI	28 Aug 1940	Party 22 Apr 1919.
Legge, E.L.	Sto	SS156385	A	18 Oct 1920	Party 10 Apr 1919.
Lewis, G.W.	Sea RNR	A4356	AI	22 Oct 1920	Party 8 Nov 1919.
Lightfoot, R.	AB RNVR	L6/3564	AP	21 Dec 1920	HQ London RNVR 17 Jun 1919.
Lisbnitz, J.S.	Sea RNR	B2745	AP	18 Oct 1920	Party 29 Dec 1919.
Little, F.G.	Sto	305665	A	8 Nov 1922	Party 13 Jan 1919.
Lloyd, E.	Sto1	295087	AI	25 Oct 1920	Party 25 Oct 1920.
Lockett, H.A.	CPO RNVR	L1/3319	A*	23 Sep 1920	Party 21 Apr 1919.

COLLINGWOOD BATTALION

Name	Rank	Number		Date	Notes
Long, A.M.S.	AB RNVR	L4/3444	AI	2 Feb 1928	Party 6 Mar 1919.
Longbottom, H.	Ord RNVR	KW900	AI	21 Apr 1921	Party 21 Apr 1921.
Longbottom, W.	Ord RNVR	KW909	A	21 Oct 1920	Party 21 Oct 1920.
Longley, R.	Act/AB RNVR	L5/3432	AI	6 Aug 1920	HQ London RNVR 17 Jun 1919.
Love, A.	AB RNVR	L3/2546	AI	6 Aug 1920	Party 26 Feb 1919.
Loveless, E.	AB RNVR	L6/2771	AP	24 Aug 1920	DD. Father W.Loveless Esq 24 Aug 1920.
Lowdell, G.D.	AB RNVR	L4/3289	A*	31 Aug 1927	Party 31 Mar 1919.
Lowe, C.	Ord RNVR	KW901	AI	7 Feb 1921	Party 7 Feb 1921.
Lowry, M.C.	AB RNVR	L6/3468	AI	12 Oct 1920	Party 5 Apr 1919.
Lucas, J.J.	Sto1	283455	AI	26 Oct 1920	Party 26 Oct 1920.
Lucke, H.	AB RNVR	L6/3067	A	11 Dec 1920	HQ London RNVR 17 Jun 1919.
Ludeman, A.	AB RNVR	B3/1033	AP	21 Dec 1920	HQ Bristol RNVR 12 Jun 1919.
Ludeman, G.	AB RNVR	B3/996	AP	23 Dec 1920	HQ Bristol RNVR 12 Jun 1919.
Luffingham, H.	Ord RNVR	L6/2426	AI	22 Oct 1920	Party 1 Mar 1919.
Lyall, S.	Ord RNVR	KW806	AI	22 Oct 1920	Party 9 May 1919.
Macauly, K.	Sea RNR	A4647	AI	26 Oct 1920	Party 10 Dec 1919.
MacDonnell, M.	Ord RNVR	KW871	AI	1 Nov 1920	Party 1 Nov 1920.
Machen DSM, F.	Ord RNVR	KW744	A	5 Jul 1920	DD 7 May 1915. Mother Mrs E.Machen 5 Jul 1920.
MacIver, K.	Sea RNR	A3101	A	22 Oct 1920	Party 18 Nov 1919.
MacIver, M.	Sea RNR	A2364	AP	12 Nov 1920	Party 12 Nov 1920.
MacIvor, J.	Sea RNR	4560	AI	22 Oct 1920	Party 9 Dec 1919.
Mackay, J.	Sea RNR	A5391	AP		Party 7 Aug 1919.
MacLeod, J.	Sea RNR	A3261	A		Party 9 Dec 1919.
MacMillan, M.	Sea RNR	A3351	AI	19 Oct 1920	Party 18 Nov 1919.
MacReady, J.J.	Sea RNR	A5132	AP		Party 16 Jan 1920.
Main, D.	Sea RNR	A2326	AI		Party 12 Dec 1919.
Main, W.	Sea RNR	A2327	AP	16 Apr 1924	Party 16 Apr 1924.
Makin, E.	Ord RNVR	KW902	AI	23 Oct 1920	Party 20 Aug 1919.
Makison, T.	Ord RNVR	KW850	AI	15 Oct 1920	Party 15 Feb 1919.
Malcolm, W.	Sea RNR	A5192	AP	6 Aug 1925	DD 3 Aug 1915. Father H.Malcolm Esq 27 Nov 1919.
Mandell, E.	Sto	SS104724	AI	5 Jul 1920	Party 5 Jul 1920.
March, J.H.	Sto1	SS106837	AI	19 Oct 1920	Party 23 May 1919.
Mariner, E.A.	Sto	SS103643	A	15 Oct 1920	Party 17 Apr 1919.
Marshall, G.B.	Sto1	SS105156	AI	21 Dec 1920	Party 21 Dec 1920.
Marshall, S.	Ord RNVR	T3/144	AI	18 Oct 1921	DD 22 Feb 1919. Father W.G.Marshall 18 Oct 1921.
Martin, A.	AB RNVR	L4/3470	AP	11 Dec 1920	HQ London RNVR 17 Jun 1919.
Martin, C.E.	AB RNVR	B3/835	AP	4 Nov 1921	DD 2 Jul 1918. Widow Mrs N.L.Martin 4 Nov 1921.
Martin, H.J.	AB RNVR	B3/807	AP	15 Oct 1920	Party 5 Apr 1919.
Martin, R.	Sea RNR	A5664	AI	25 Oct 1920	Party 18 Nov 1919.
Martin, T.	AB RNVR	L4/3534	AI	14 Dec 1920	HQ London RNVR 17 Jun 1919.
Martin, W.	Sto1	SS107093	AI	15 Oct 1920	Party 23 Apr 1919.
Mason, J.	Ord RNVR	KW780	AP		Edinburgh War Hospital, Bangour 24 Mar 1919.
Matheson, M.J.	Sea RNR	A4441	AP	26 Oct 1920	Party 14 Nov 1919.
Mathews, H.	Sto1	SS105754	AI	30 Nov 1920	Party 30 Nov 1920.
Matthews, A.J.	Sto1	SS104526	AP	18 Oct 1921	DD 27 Nov 1914. Widow Mrs Mary Matthews 6 Oct 1919.
Matthews, H.J.	AB RNVR	L4/2822	AP	15 Oct 1920	Party 29 May 1919.
Matthews, W.	Ord RNVR	KW749	A*		Party 16 Dec 1919.
Maxwell, A.	Lieut/Col RM		A*	21 Sep 1920	DD 6 Oct 1914. Widow Lady Mary Maxwell 21 Sep 1920.
Maxwell, A.H.	Sub Lieut RNVR		AI	14 Jun 1920	Party 18 Jan 1919.
Maycock, H.	Ord RNVR	KW797	AP	30 Sep 1924	DD 8 Oct 1915. Retd to R.Mint Mar 1934.
Mayer, R.G.R.	AB RNVR	L3/2733	AI	19 Oct 1920	Party 4 Mar 1919.
McAngus, J.	Sea RNR	A3502	AI		Party 22 Apr 1919.
McArthur, W.A.	Sea RNR	A5378	AI	22 Oct 1920	Party 26 Nov 1919.
McAulay, N.	Sea RNR	A4431	AI	19 Oct 1920	Party 18 Nov 1919.
McBay, W.D.	Sea RNR	A2758	AI		Party 24 Nov 1919.
McBeath, J.	Sea RNR	A2316	AP		Party 19 Nov 1919.
McCall, J.	Sto1	SS111104	AI	19 Oct 1920	Party 20 Feb 1919.
McCall, J.	Ord RNVR	KW843	AI	24 Jul 1922	Party 25 Jun 1919. Dup to Party 1 Oct 1923.
McCall, J.T.	Ord RNVR	KW842	AI	13 Aug 1920	Party 21 May 1919.
McCarthy, M.	Sea RNR	A4831	AP		Party 27 Feb 1920.
McCartney, T.H.	Ord RNVR	T3/179	AI	19 Oct 1920	Party 16 Apr 1919.
McCormack, D.	Sea RNR	B5020	AI	18 Oct 1920	Party 20 Nov 1919. Run 2 Oct 1917.
McCormack, D.	Sea RNR	A5243	AI	31 Dec 1920	Party 31 Dec 1920.
McDonald, J.	Sea RNR	C1461	AI	22 Oct 1920	Party 13 Nov 1919.
McDonald, J.	Ord RNVR	T3/204	AI	2 Nov 1920	Party 2 Nov 1920.
McDonald, J.	Sea RNR	A5564	AP	22 Oct 1920	Party 18 Nov 1919.
McDonald, J.	Sto2	SS115503	AP	2 Nov 1920	Party 2 Nov 1920.

COLLINGWOOD BATTALION

Name	Rank	Number	Clasp	Date	Notes
McDonald, K.	Sea RNR	C1677	AP	26 Oct 1920	Party 18 Nov 1919.
McDonald, N.	Sea RNR	A5376	AI	25 Oct 1920	Party 18 Nov 1919.
McGowan, J.J.	L/Sea	173832	AI	5 Nov 1920	Party 17 Apr 1919.
McInnes, A.	Sea RNR	A3333	AI	29 Nov 1920	Party 27 Nov 1919.
McInnes, D.	Sea RNR	B3278	AP	22 Oct 1920	Party 26 Nov 1919.
McIntosh, L.	Sea RNR	A2354	AI	19 Oct 1920	Party 20 May 1919.
McIver, A.	Sea RNR	A3501	A	22 Oct 1920	Party 14 Nov 1919.
McIver, D.	Sea RNR	A3337	A	22 Oct 1920	Party 14 Nov 1919.
McKenzie, D.	Sea RNR	A5307	AP		Retd to R.Mint 9 Mar 1922. See *Hawke* Duplicate.
McKenzie, J.	Sto2	SS115530	AI	14 Dec 1920	RM Barracks Portsmouth 28 Mar 1919.
McLean, A.	Sea RNR	B2539	AI	25 Oct 1920	Party 26 Nov 1919.
McLean, G.	Sea RNR	A3011	AP	17 Apr 1923	Party 17 Apr 1923.
McLean, N.	Sea RNR	A3109	A	31 Dec 1924	Mother Mrs Maggie McLean 31 Dec 1924.
McLeay, J.	Sea RNR	B2588	AI		DD 26 Aug 1915. Mother Mrs Annie Leay 23 Jul 1920.
McLellan, A.	Sea RNR	B3577	AI	22 Oct 1920	Party 17 May 1919.
McLennan, N.	Sea RNR	A3334	AI	22 Oct 1920	Party 18 Nov 1919.
McLeod, A.	Sea RNR	D2200	A	26 Oct 1920	Party 14 Nov 1919.
McLeod, D.	Sea RNR	A3403	A	30 Nov 1920	Party 13 Nov 1919.
McLeod, J.	Sea RNR	B4595	AI	26 Oct 1920	Party 26 Nov 1919.
McLeod, M.	Sea RNR	A3028	P		Party 2 Jan 1920. Dup 3079.
McLeod, M.	Sea RNR	A2526	AI		Party 9 Dec 1919.
McLeod, P.	Sea RNR	C2309	AI	22 Oct 1920	Party 19 Nov 1919.
McLeod, T.	Sea RNR	A5418	AP	4 Nov 1920	Party 31 Dec 1919.
McMillan, H.	Sea RNR	A5836	AI	30 Nov 1920	Party 15 Sep 1919.
McPherson, W.	Sea RNR	B3763	AI	22 Oct 1920	Party 11 Nov 1919.
Mecham, F.	Sea RNR	A3810	A	1 Jul 1920	Party 23 May 1919.
Meldram, A.	AB RNVR	L5/3430	AP	1 Nov 1920	Party 1 Apr 1919.
Mellanby, H.	Ord RNVR	L5/3317	A		HQ London RNVR 17 Jun 1919.
Middle, E.	Ord RNVR	B3/1063	AP	15 Oct 1920	Party 27 Feb 1919.
Miles, A.G.	Sto2	K22181	AP	11 Jun 1920	Party 5 May 1919.
Milgate, S.C.H.	AB RNVR	L3/2324	AI	13 Nov 1920	Party 1 Feb 1919.
Miller, G.	Sea RNR	A4904	AI	19 Oct 1920	Party 1 Apr 1919.
Miller, H.	Ord RNVR	KW903	AI	15 Oct 1920	Party 20 May 1919.
Millgrove, H.	AB RNVR	B3/1282	AP	23 Dec 1920	HQ Bristol RNVR 12 Jun 1919.
Mills, S.J.	Sea RNR	A3742	AI	26 Oct 1920	Party 1 Apr 1919.
Milne, C.	Sea RNR	A5029	AI		Party 12 Dec 1919.
Milson, W.H.	Ord RNVR	B3/1352	AI	15 Oct 1920	Party 23 Apr 1919.
Mintram, A.S.	PO	186700	AI	11 Dec 1920	*HMS Victory* 5 Feb 1919.
Mitchell, C.	AB RNVR	L5/3549	AP	11 Dec 1920	HQ London RNVR 17 Jun 1919.
Mitchell, H.J.	AB RNVR	B4/1322	AP	19 Oct 1920	Party 14 Apr 1919.
Mitchell, J.A.	L/Sea RNR	C2059	AP	26 Oct 1920	Party 26 Nov 1919. Dup Star & clasp issued 30 Jan 1939.
Mitchelmore, C.	AB RNVR	T3118	AI	15 Oct 1920	Party 16 Apr 1919.
Moles, C.A.	Ord RNVR	L6/3449	AI	4 Nov 1920	Party 20 Feb 1919.
Molyneux, E.	Ord RNVR	KW818	AI	28 Oct 1920	Party 23 May 1919.
Money, J.G.F.	PO1	193790	AI	5 Nov 1920	*HMS Victory* 5 Feb 1919.
Moore, G.	Sto1	279993	A	21 Dec 1920	*HMS Vernon* 28 Mar 1919.
Moore, H.S.	AB RNVR	L6/3569	AI	30 Jun 1920	Party 14 Apr 1919.
Moore, J.	Sto	SS104537	A	19 Oct 1920	Party 4 Jun 1919.
Moore, W.	Ord RNVR	KW904	AP	15 Oct 1920	Party 22 Apr 1919.
Morgan, A.	AB RNVR	B3/879	AP		DD. Retd to R.Mint Mar 1934.
Morgan, F.	Ord RNVR	B4/1325	AI	19 Oct 1920	Party 31 Mar 1919.
Morgan, J.	Sto1	285576	AP	2 Dec 1920	Party 2 Dec 1920.
Morgan, P.	AB RNVR	L6/3107	AI	7 Dec 1920	Party 7 Feb 1919.
Morgan, P.B.	AB RNVR	L6/3349	AP	9 Dec 1920	HQ London RNVR 17 Jun 1919.
Morgan, W.S.	AB RNVR	B3/1096	AP		HQ Bristol RNVR 12 Jun 1919.
Morbey, A.	AB RNVR	L5/3580	AP		HQ London RNVR 17 Jun 1919.
Morley, J.	AB RNVR	L6/3504	AP	14 Jul 1920	Party 11 Jun 1919.
Morrell, W.	Ord RNVR	KW905	AP	23 Jun 1920	Party 12 May 1919.
Morrin, J.J.	Sto1	192143	AP	16 Dec 1921	Party 20 Feb 1919.
Morris, C.	AB RNVR	L3/2860	AP		Party 9 Apr 1919.
Morris, S.	AB RNVR	L5/3302	AP	25 Oct 1920	Party 27 Feb 1919.
Morrison, A.	Sea RNR	A3969	AI	30 Nov 1920	Party 23 May 1919. Dup Clasp & Rose to Party 8 Dec 1922.
Morrison, J.	Sea RNR	A5359	AI		Party 26 Nov 1919.
Morrison, M.	Sea RNR	A3802	AP	28 Oct 1920	Party 14 Nov 1919.
Moss, P.J.	AB RNVR	L4/3079	AP	11 Dec 1920	HQ London RNVR 17 Jun 1919.
Mousley, G.	AB RNVR	L5/2432	AI	19 Oct 1920	Party 28 Feb 1919.
Moxey, N.	AB RNVR	L7/3095	AP	22 Jun 1920	HQ London RNVR 17 Jun 1919.

COLLINGWOOD BATTALION

Name	Rank	Service No.		Date	Notes
Mumford, P.G.L.	AB RNVR	L10/3027	AI	19 Oct 1920	Party 31 Mar 1919.
Munhall, W.	Sto1	289493	AP	16 Oct 1920	Party 2 Jun 1919.
Murray, C.G.	CPO RNVR	L4/406		14 Jul 1923	Party 19 Feb 1919.
Murray, D.	Sea RNR	A3305	AI	19 Oct 1920	Party 18 Nov 1919.
Mussett, W.M.	Sea RNR	A5617	AP	4 Nov 1920	Party 16 Apr 1919.
Myatt, E.	Ord RNVR	L6/3162	AP	12 Jan 1921	HQ London RNVR 17 Jun 1919.
Nash, E.W.	Ord RNVR	B3/964	AP	21 Dec 1920	HQ Bristol RNVR 12 Jun 1919.
Nash, W.	Ord RNVR	KW927	AP	5 Nov 1920	Party 17 Mar 1920.
Neale, R.	Ord RNVR	KW906	AP	19 Oct 1920	Party 17 Mar 1920.
Needham, J.E.	Ord RNVR	KW907	AI	28 Jun 1920	Party 17 Jun 1919.
Newbould, G.	Sto1	SS104392	AI	15 Oct 1920	Party 12 Apr 1919.
Newman, F.	Ord RNVR	KW908	AI	15 Oct 1920	Party 31 Jul 1919.
Newton, A.W.	AB RNVR	L5/2548	AI	27 Oct 1920	Party 10 Apr 1918.
Nickerson, R.	AB RNVR	L6/3527	AP		HQ London RNVR 17 Jun 1919.
Nicol, W.	Sto1	290234	AI	22 Oct 1920	Party 20 Mar 1919.
O'Gorman, J.	AB RNVR	B3/1097	AP	12 Oct 1920	Party 31 Mar 1919.
Oakes, C.	Ord RNVR	KW910	AI	22 Oct 1920	Party 12 May 1919.
Old, J.	AB RNVR	B3/1043	AP	20 Apr 1939	Party 16 Apr 1919.
Oliver, H.	Ord RNVR	KW821	AI	23 Dec 1920	Party 26 Mar 1920.
Oliver, J.A.	Sto1	K11560	AP		RNB Portsmouth 19 Mar 1920.
Owen, T.	Ord RNVR	KW786	A	19 Oct 1920	Party 18 Mar 1920.
Paice, G.C.	AB RNVR	L4/3554	A	12 Oct 1920	Party 10 Mar 1919.
Palmer, F.J.	Ord RNVR	B3/1260	AI	28 May 1921	Party 29 May 1919.
Paramor, H.G.	AB RNVR	L5/2917	AP	15 Oct 1920	Party 17 Apr 1919.
Parker, F.A.	1/Wrtr RNVR	L2/2586	AI		Retd to R.Mint 9 Mar 1922. Duplicate See Staff Roll.
Parker, W.J.	AB RNVR	L7/2428	AP	12 Jan 1921	Party 12 Jan 1921.
Parkes, S.	Ord RNVR	KW792	A	15 Oct 1920	Party 17 Mar 1920.
Parkes, T.	Ord RNVR	KW793	AP	19 Oct 1920	Party 18 Mar 1920.
Parkinson, T.A.C.R.	Sto	299667	AI	15 Oct 1920	Party 13 Jun 1919.
Parramint, H.I.	Sea RNR	B5221	AP	19 Oct 1920	Party 17 Apr 1919.
Parsons, W.H.	Sto	K10673	AI	4 May 1925	Party 26 Jan 1920.
Patience, D.	Sea RNR	A2951	AI	29 Nov 1920	Party 21 May 1919.
Paton, A.	Sea RNR	B4457	AI	19 Oct 1920	Party 12 Apr 1919.
Paton, C.	Sea RNR	B5039	AI	2 Nov 1920	Party 16 Jul 1919.
Patterson, W.J.	AB RNVR	L2/120	AP	22 Oct 1920	Party 19 May 1919.
Patterson, W.S.	AB RNVR	T2/163	AP		HQ Tyne RNVR 29 May 1919.
Payne, W.E.	AB RNVR	B3/875	AP	19 Oct 1920	Party 12 Apr 1919.
Peake, A.	AB RNVR	B3/1104	AP		HQ Bristol RNVR 12 Jun 1919.
Pearce, L.	AB RNVR	B3/771	AP	14 Dec 1920	HQ Bristol RNVR 12 Jun 1919.
Pearson, N.	Ord RNVR	L6/2610	AI	19 Oct 1920	Party 12 Mar 1919.
Peck, P.	Ord RNVR	KW794	AI	22 Oct 1920	Party 11 Nov 1919.
Peckham, E.H.	Ord RNVR	L5/2904	AI		Party 11 Feb 1919.
Peel, A.E.	Ord RNVR	KW852	AI	19 Oct 1920	Party 23 May 1919.
Pegram, W.C.	AB RNVR	L9/2665	AP		HQ London RNVR 17 Jun 1919.
Pell, W.H.H.	Ord RNVR	KW848	AI	8 Jul 1920	Party 15 Sep 1919.
Pepper, W.	Ord RNVR	T3/203	AI	23 Oct 1920	Party 17 Apr 1919.
Phillips, F.J.	AB RNVR	B3/1183	AP		Party 17 May 1919.
Picton Warlow, A.G.	Ord RNVR	L4/3553	AP	11 Dec 1920	HQ London RNVR 17 Jun 1919. Dup Clasp & Roses to Party 22 Nov 1921.
Pierson, S.H.	Sto1	K12760	AI	21 Dec 1920	Retd to R.Mint Mar 1934.
Pinkett, W.	AB RNVR	B3/1047	AI	6 Nov 1920	Party 31 May 1919.
Pirrie, J.	Sea RNR	A4659	AI	4 Nov 1920	Party 11 Jun 1919.
Plant, E.	Ord RNVR	KW805	AP	25 Aug 1920	Party 18 Mar 1920.
Platten, J.R.	Act/L/Sea RNVR	L4/2670	AI	19 Oct 1920	Party 22 Apr 1919.
Pocock, H.H.	AB RNVR	L3/2558	AP	13 Dec 1920	HQ London RNVR 17 Jun 1919.
Poland, D.	AB RNVR	L4/3399	AI	23 Dec 1920	HQ London RNVR 17 Jun 1919.
Pope, A.R.	Act/L/Sea RNVR	B1/971	A*		Party 28 Feb 1919.
Pope, W.H.	CPO RNVR	B1/18	A*	14 Jul 1920	Party 25 Apr 1919.
Popple, F.	Ord RNVR	KW853	AI	19 Oct 1920	Party 29 Jul 1919.
Porrett, W.	Ord RNVR	KW796	AI	19 Oct 1920	Party 14 Apr 1919.
Potter, A.	Sto1	SS102017	A	21 Feb 1925	DD 8 Oct 1914. Widow 21 Feb 1925.
Potter, J.S.	Sto	297953	AI	19 Oct 1920	Party 22 Mar 1920.
Powell, A.	AB RNVR	B3/1225	AP		HQ Bristol RNVR 12 Jun 1919.
Powell, E.	Ord RNVR	L6/3492	AP	8 Sep 1925	HQ London RNVR 17 Jun 1919.
Pratt, C.J.	PO1	173873	AP	15 Oct 1920	Party 19 Mar 1920.
Pratt, F.M.	AB RNVR	L4/3135	AI		Party 15 Apr 1919.
Preece, G.E.	AB RNVR	L5/1977	AI	26 Oct 1920	Party 15 Feb 1919.

COLLINGWOOD BATTALION

Name	Rank	Number	Clasp	Date	Notes
Price, R.N.	AB RNVR	L5/3351	A	11 Dec 1920	HQ London RNVR 17 Jun 1919.
Pyatt, A.	Sto	S104868	AI	15 Oct 1920	Party 18 Mar 1920.
Quinn, F.	Sea RNR	A4906	AP	19 Oct 1920	Party 13 Nov 1919.
Raine, J.	Ord RNVR	T2/204	AI	22 Oct 1920	Party 26 May 1919. Dup Clasp & Roses to Party 16 Jun 1933.
Ralph, G.	Sea RNR	B4576	AP	6 Dec 1920	Party 2 Dec 1919.
Randerson, G.	Ord RNVR	KW926	AP	1 Nov 1920	Party 23 Jun 1919.
Rasell, E.O.	Sto2	K22172	AP	17 Mar 1922	HMS Gibraltar 17 Mar 1922.
Ray, F.H.	Col/Sergt RM	Ch1724			
Raybould, W.	Ord RNVR	KW851	AI	22 Oct 1920	Party 25 Apr 1919.
Redfearn, E.	Ord RNVR	KW911	AI	26 Oct 1920	Party 22 Apr 1919.
Reid, J.	Sea RNR	A5281	AP		Party 14 Nov 1919.
Reid, J.	Sea RNR	B2504	AI	22 Oct 1920	Party 10 Apr 1919.
Reynolds, W.	CPO RNVR	L2/2162		20 May 1921	Party 20 May 1921.
Rice, C.T.	Sea RNR	A5521	AI	2 Nov 1920	Party 4 Jun 1919.
Rich, H.	AB RNVR	B3/1307	AI	11 Dec 1920	HQ Bristol RNVR 12 Jun 1919.
Richards, B.F.	Sto1	K10200	AI	3 Aug 1920	HMS Victory 15 May 1919.
Richardson, G.V.	AB RNVR	L4/3409	AI	22 Feb 1921	Party 6 Mar 1919. Dup Star to Party 1 Sep 1933.
Ridge, R.	AB RNVR	L6/3410	AP	21 Dec 1920	HQ London RNVR 17 Jun 1919.
Riggs, E.	Sto2	K22345	AP		RNB Portsmouth 11 Aug 1921.
Ripley DSM, G.	PO RNVR	KW755	A	25 Oct 1920	Party 18 Mar 1920.
Rispin, G.	Ord RNVR	KW912	AP	21 Oct 1920	Party 21 May 1919.
Ritchie, D.	Sea RNR	B4996	AI	22 Oct 1920	Party 11 Nov 1919.
Roberts, E.H.	Sto2	SS115536	AI	3 Dec 1920	Party 3 Dec 1920.
Roberts, J.	Sto1	SS111600	AI	22 Oct 1920	Party 28 Mar 1919.
Roberts, S.	AB RNVR	L1/3531	AP	13 Jan 1921	Party 15 Aug 1919.
Roberts, S.H.	AB RNVR	L9/2789	AP	31 Dec 1920	HQ London RNVR 17 Jun 1919.
Roberts, W.F.J.	AB RNVR	B3/1262	AP	11 Dec 1920	HQ Bristol RNVR 12 Jun 1919.
Rodgers, H.	Ord RNVR	KW822	AP		Party.
Rodgers, W.J.	Sto	SS106263	AI	22 Oct 1920	Party 15 Mar 1919.
Rogers, J.A.W.	AB RNVR	L5/2847	AP	5 Jul 1920	Party 5 Jul 1920.
Rogers, T.	Sea RNR	C3825	AI	1 Jul 1920	Party 11 Nov 1919.
Rolls, W.H.	PO1	119215	A*		Party 17 Mar 1925.
Rooney, W.	Act/AB RNVR	T6/202	AI		HQ Tyne RNVR 28 May 1919.
Rootham, P.A.	AB RNVR	L5/2914	AP		DD. Mother Mrs L.F.Rootham 14 Aug 1919.
Rose, R.	Ord RNVR	KW913	AI		Party 18 Mar 1920.
Rose, W.	Ord RNVR	L6/3223	AP		Party 8 May 1919.
Ross, A.F.	Ord RNVR	KW914	AP	25 Oct 1920	Party 17 Mar 1920.
Rosser, W.G.	Ord RNVR	B3/1082	AP	24 Dec 1920	HQ Bristol RNVR 12 Jun 1919.
Round, T.	Ord RNVR	KW801	AI	5 Nov 1920	Party 22 Mar 1920.
Roycroft, H.C.	Ord RNVR	L5/3387	AI	22 Oct 1920	Party 12 Mar 1919.
Royston, W.	Ord RNVR	KW935	AP	26 Oct 1920	Party 20 May 1919.
Rudram, J.	Sea RNR	B2751	AP	23 Jun 1920	Party 4 Oct 1919.
Rundle, L.	AB RNVR	L6/2760	AP	15 Oct 1920	Party 18 Apr 1919.
Russell, E.	AB RNVR	L6/3160	AI	11 Nov 1920	Party 17 Apr 1919.
Russell, F.	Sea RNR	A3637	AI		Party 12 May 1919.
Russell, F.	AB RNVR	L3/2684	AI	22 Oct 1920	Party 26 Feb 1919.
Ryan, S.	Sto1	SS107854	AI	25 Oct 1920	Party 7 Nov 1919.
Salisbury, H.	Sto1	K14699	AP	13 Dec 1920	HMS Queen Elizabeth 13 Dec 1920.
Sandford, B.	AB RNVR	B3/936	AP		HQ Bristol RNVR 12 Jun 1919.
Sanson, E.	Ord RNVR	L5/2996	AI		HQ London RNVR 17 Jun 1919.
Saunders, E.	Sea RNR	B4464		28 Sep 1921	Party 26 Jul 1919.
Sawyer, A.	AB RNVR	L10/2492	AP	25 Jun 1920	Party 9 Apr 1919.
Schoefield, T.	Ord RNVR	KW915	A	30 Nov 1920	Party 30 Nov 1920.
Schofield, H.	Ord RNVR	L5/2946	AI		HQ London RNVR 17 Jun 1919.
Schofield, J.	Sto2	SS100837	AP	12 Apr 1924	Party 12 Apr 1924.
Schofield, W.	Ord RNVR	KW916	AP	26 Oct 1920	Party 12 Apr 1919.
Scot, F.W.	AB RNVR	L8/1996	AI	29 Jun 1920	Party 25 Jan 1919.
Scott, A.	Sto1	293661	AP	19 Oct 1920	Party 6 Mar 1919.
Scott, J.	Sea RNR	B4579	AP	4 Nov 1920	Party 31 Dec 1919.
Scott, R.	PO	128669	AI	30 Nov 1920	Party 30 Nov 1920.
Sealey, G.	Sto1	SS105028	AP		Retd to R.Mint Mar 1934.
Searles, E.	Ord RNVR	KW618	A*		Party 25 Jan 1919.
Shandley, T.	Sto2	SS100624	A	23 Nov 1920	Party 23 Nov 1920.
Sharman, G.A.	Sto1	SS105756	AP	3 Mar 1925	DD 13 May 1916. Mother Mrs A Sharman 8 Jul 1919.
Shaw, B.	Ord RNVR	KW804	AI	25 Oct 1920	Party 11 Aug 1919.
Shaw, J.	AB RNVR	L5/2871	AP		HQ London RNVR 17 Jun 1919.
Shaw, W.	Ord RNVR	KW917	AI	22 Oct 1920	Party 23 Jun 1919.

COLLINGWOOD BATTALION

Name	Rank	Number	Medal	Date	Notes
Shirley, H.	AB RNVR	L6/3060	AI	22 Oct 1920	Party 5 Apr 1919.
Simmonds, A.	AB RNVR	L6/2557	AI		HQ London RNVR 17 Jun 1919.
Simons, G.	Sto1	SS103735	AI	24 Aug 1921	Party 24 Aug 1921.
Simpson, A.S.	AB RNVR	L6/3411	AP	16 Jul 1920	Party 16 Jul 1920.
Simpson, J.	Ord RNVR	KW809	AI		Party 8 May 1919.
Simpson, W.	Ord RNVR	T5/178	AI		Party 12 Apr 1919.
Sinclair, A.	AB RNVR	T3/135	AP	11 Oct 1924	HQ Tyne RNVR 28 May 1919.
Sinfield, S.	Ord RNVR	KW836	AI		Party 17 May 1919.
Sircott, E.G.	Act/PO1	192910	AI	13 Aug 1920	Party 3 Feb 1919.
Skuse, S.E.	AB RNVR	B3/998		29 Oct 1920	Party 2 Aug 1919.
Slack, S.	Sto1	SS103891	AI	30 Nov 1920	Party 30 Nov 1920.
Slee, T.	Ord RNVR	KW918	AI	26 Oct 1920	Party 18 Jun 1919.
Sloane, G.	AB RNVR	T2/102	AI	24 Dec 1920	HQ Tyne RNVR 28 May 1919.
Smallbone, R.J.	Sea RNR	A5839	AI	26 Oct 1920	Party 1 May 1919.
Smith, A.	Ord RNVR	KW746	A	25 Apr 1921	Party 25 Apr 1921.
Smith, A.	Sea RNR	A2884	AI		Party 20 Oct 1919.
Smith, C.K.	AB RNVR	L4/3576	AI	26 Feb 1921	Party 15 Mar 1919.
Smith, D.	AB RNVR	T3/151	AI	2 Jul 1925	*HMS Tiger* 2 Jul 1925.
Smith, F.S.G.	AB RNVR	B3/948	AP	23 Oct 1920	Party 21 Mar 1919.
Smith, G.	AB RNVR	L5/3382	AI		63/RNDR Alnwick 13 Mar 1919.
Smith, H.	AB RNVR	L5/1554	AI	22 Oct 1920	Party 17 Jun 1919. Dup Star & Clasp to Party 26 Jun 1936.
Smith, J.	Sea RNR	A2742	AI		DD 18 Oct 1917. Widow Mrs J.Smith 28 Apr 1920.
Smith, M.	Sea RNR	A5383	AI	28 Sep 1921	Party 31 Dec 1919.
Smith, R.R.	AB RNVR	KW610	A		Party 2 Jun 1919.
Smith, S.	AB RNVR	L6/3479	AP	19 Oct 1920	Party 19 Feb 1919.
Smith, T.	Ord RNVR	KW813	AP	2 Feb 1923	Party 2 Feb 1923.
Smout, G.	Ord RNVR	KW814	AP	26 Oct 1920	Party 30 May 1919.
Snelgrove, F.A.	AB RNVR	B3/1032	AP		HQ Bristol RNVR 12 Jun 1919.
Snook, O.E.	AB RNVR	B1/1317	AP	23 Oct 1920	Party 12 Apr 1919.
Sole, A.	Sto1	280920	AI	2 Dec 1920	Party 2 Dec 1920.
Southall, M.	L/Sea RNVR	B3/755	AP	20 Sep 1920	Party 13 Mar 1919.
Sparrow, G.	Surgn		A*	7 Feb 1922	Party 29 Jan 1919.
Speak, C.	Ord RNVR	KW802	AI	11 Dec 1920	RND Aldershot 11 Apr 1919.
Spencer, F.	Sto1	SS106387	AP	22 Oct 1920	Party 19 May 1919.
Sporne, A.	AB RNVR	L4/3572	AP	13 Nov 1920	Party 26 Mar 1920.
Spouge, H.	Sto1	SS111946	AP	13 Nov 1920	Party 22 Sep 1919.
Spray, E.	Sea RNR	B5199	AI	9 Jul 1920	Party 2 Jun 1919.
Squires, G.T.	AB RNVR	L2/2017	R		HQ London RNVR 17 Jun 1919.
Stanton, E.H.	PO1	209679	A	16 Aug 1920	*HMS Inconstant* 16 Aug 1920.
Stenning, F.	Sto1	SS104556	AI	19 Jan 1921	Party 19 Jan 1921.
Stevens, F.	AB RNVR	L4/3535	AI	2 Nov 1920	Party 19 Feb 1919.
Stewart, A.	Sea RNR	B4127	AP	18 Mar 1922	DD 23 Oct 1918. Father J.Stewart 18 Mar 1922.
Stewart, W.	Sea RNR	B4550	AP	29 Nov 1920	Party 14 Nov 1919.
Stiff, P.	Sea RNR	A4603	AI	4 Feb 1921	Party 14 Nov 1919.
Stiley, W.T.	AB RNVR	B3/1086	A	20 Jun 1922	DD. Widow Mrs Rosina Hawkins 18 Mar 1919.
Stockwell, W.O.	PO	120891	A*		Party 21 Apr 1920. Dup sent to Party 30 Nov 1920.
Stokes, W.	Ord RNVR	KW919	AI	21 Oct 1920	Party 23 May 1919.
Stone, B.	Ord RNVR	T2/207	AI	31 Dec 1920	HQ Tyne RNVR 28 May 1919.
Stone, G.	Ord RNVR	KW920	AI		Party 23 May 1919.
Stone, W.	Ord RNVR	L4/3385	AI	21 Jun 1920	Party 21 Jun 1920.
Stoneham, A.A.	AB RNVR	B2/1345	AP	6 Nov 1920	Party 10 Mar 1919.
Storer, S.	Sto1	SS110314	AI	7 Jul 1922	Party 7 Jul 1922.
Storrar, A.B.	Ord RNVR	L5/3273	A	2 Nov 1920	Party 10 Feb 1919.
Stringfellow, F.A.	Ord RNVR	KW932	AI		DD. Widow Mrs A.E.Stringfellow 3 Feb 1920.
Strutt, C.R	AB RNVR	L3/2681	AI	23 Dec 1920	HQ London RNVR 17 Jun 1919.
Sullivan, A.R.	AB RNVR	L8/2819	AP	1 Nov 1920	Party 28 Mar 1919.
Sullivan, J.	Sto1	292069	AP	22 Oct 1920	Party 17 May 1919.
Summerfield, W.F.G.	AB RNVR	B3/1092	AP	21 Oct 1920	Party 23 May 1919.
Taberner, T.	Ord RNVR	KW743	A*		Party 18 Aug 1920.
Tabrett, J.	AB	300697	A*	12 Jan 1921	Party 12 Jan 1921.
Taffinder, F.	Ord RNVR	KW815	AP	25 Oct 1920	Party 24 Jun 1919.
Tate, A.	Ord RNVR	KW865	AI	21 Sep 1920	Party 20 Sep 1920.
Tatham, R.C.	Ord RNVR	KW864	AI	27 Oct 1920	Party 11 Jul 1919.
Taylor, J.A.	AB	J336	AI		Retd to R.Mint Mar 1934.
Tebbutt, A.	AB RNVR	L5/3006	AI	2 Nov 1920	Party 14 Mar 1919.
Thomas, J.E.	AB RNVR	B3/1301	AI	22 Oct 1920	Party 17 Apr 1919.
Thompson, H.	Ord RNVR	T2/200	AP	14 Jan 1921	DD. HQ Tyne RNVR 28 May 1919 for presentation

COLLINGWOOD BATTALION

					to Mother Mrs R.Thompson.
Thompson, J.	Ord RNVR	KW869	AI	26 Oct 1920	Party 23 May 1919.
Thompson, J.	Ord RNVR	KW1002	A*		Party 30 Oct 1919.
Thompson, T.	Ord RNVR	T2/157	AI		HQ Tyne RNVR 28 May 1919.
Thompson, W.	Ord RNVR	T3/186	AI	26 Oct 1920	Party 5 Apr 1919.
Thomson, J.	Sto2	SS115579	AI	13 Dec 1920	HMS Victory 28 Mar 1919.
Thornton, E.	AB RNVR	T2/177	AI		HQ Tyne RNVR 28 May 1919.
Thorp, F.	AB RNVR	L3/2816	AI	15 Oct 1920	Party 13 Mar 1919.
Thorp, G.	AB RNVR	L3/2817	AI	25 Oct 1920	Party 18 Mar 1919.
Tigar, S.T.	AB RNVR	L10/2507	AI	25 Oct 1920	Party 26 Feb 1919.
Timby, C.	AB RNVR	T3/161	AI	19 Oct 1920	Party 15 Feb 1919.
Tindall, J.R.	AB	J31409	AI		Party 28 Mar 1919.
Tite, J.C.	PO RNVR	B3/273	AP	1 Oct 1920	Party 29 Mar 1919.
Tompkins, F.P.	Ord RNVR	B3/1177	AP	14 Dec 1920	HQ Bristol RNVR 12 Jun 1919.
Tompkins, H.E.	Sto	281918	A		HMS Foxglove 5 Feb 1919.
Toms, W.	Sto1	300824	AI	21 Feb 1924	Widow 21 Feb 1924.
Tooby, F.	AB RNVR	L4/3582	AI	22 Oct 1920	Party 25 Apr 1919. Original Star retd. New Star issued 29 Jul 1932.
Townsend, T.	Ord RNVR	KW845	AI	21 Oct 1920	Party 9 Jun 1919.
Tozer, C.R.	AB RNVR	B1/1341	A		DAMS Office Liverpool 19 Feb 1919.
Trefusis, W.A.	Major RM		AI	5 Jan 1922	Party 5 Jan 1922.
Tribe, A.S.	L/Sea RNVR	L6/3259	AP	18 Nov 1920	Party 27 Mar 1919.
Tuplin, T.	L/Sea RNVR	B3/1051	AP	1 Oct 1920	Party 10 Apr 1919.
Turier, H.	Sto1	SS109677	A	20 May 1921	HMS Victory 5 Apr 1919.
Turner, W.E.	Ord RNVR	KW921	AP		Retd to R.Mint Mar 1934.
Tuvell, F.	AB RNVR	2083			
Tweedie, A.	Sto1	SS100192	AP	30 Nov 1920	Party 30 Nov 1920.
Twitchell, T.	AB RNVR	L5/3493	AI	16 Jul 1920	Party 28 Mar 1919.
Tyler, C.	AB RNVR	L6/3570	A	13 Nov 1920	Party 28 Apr 1920.
Tyler, S.	Ord RNVR	L6/2765	AP	21 Dec 1920	HQ London RNVR 17 Jun 1919.
Tyte, A.	AB RNVR	B3/1335	AP	11 Dec 1920	HQ Bristol RNVR 12 Jun 1919.
Upfield, C.	Sto1	K16827	AI	25 Aug 1920	HMS Vernon 24 Jul 1919.
Urwin, R.	L/Sea RNVR	T3/104	AI	21 Oct 1920	Party 26 May 1919.
Vincent, E.	Ord RNVR	L5/3176	AI	24 Nov 1922	Party 21 Feb 1919.
Vincent, J.	AB RNVR	L6/3419	AP	23 Dec 1920	HQ London RNVR 17 Jun 1919.
Wakeling, G.	Ord RNVR	L5/2689	AI	19 Oct 1920	Party 20 Feb 1919.
Walker, E.	Ord RNVR	KW953	AP	19 Mar 1925	Party 19 Mar 1925.
Walker, J.W.	Ord RNVR	KW795	AI	26 Nov 1920	Party 26 Nov 1920. Dup Star & Clasp to Party 5 Mar 1937.
Walker, S.	Ord RNVR	KW837	AI	2 Nov 1920	Party 9 Jul 1919.
Walkington, E.	Sea RNR	B3631	AP	26 Oct 1920	Party 15 Aug 1919.
Wallace, W.	Sto	286571	AI	8 Jun 1927	Party 8 Jun 1927.
Walsh, A.	PO1	191183	AI		HMS Victory 5 Feb 1919.
Ward, A.	Sto	SS100331	A		DD 8 Oct 1914. Widow Mrs F.Russell 17 Apr 1919.
Ward, F.	Ord RNVR	KW867	AI	2 Dec 1920	Party 2 Dec 1920.
Ware, W.H.	AB RNVR	L4/3574	AI	23 Oct 1920	Party 17 Apr 1919.
Warren, S.	Ord RNVR	KW748			Party 17 Jul 1919.
Warren, W.J.	PO	182700		22 Jun 1920	Party 31 Mar 1919.
Waters, J.	Sto	K3388	A*		HMS Coventry 19 Jan 1923.
Waters, S.	Sto	288791	AI	26 Nov 1920	Party 26 Nov 1920.
Waterson, W.E.	Sea RNR	A4382	AP	25 Oct 1920	Party 29 Mar 1919.
Watson, H.W.	Sto1	300906	AI	30 Jun 1920	Party 15 Apr 1919.
Watt, J.	Sea RNR	A2238	AP		Party 5 Apr 1919.
Watts, L.	AB RNVR	L6/3528	AP	28 Jun 1920	Party 15 Apr 1919.
Weaver, T.	Sto1	K2976	AI	26 Oct 1920	Party 3 Jul 1919.
Webb, F.	AB RNVR	B3/1302	AP	1 Nov 1920	Party 8 May 1919.
Webb, W.H.	PO1	154325	AI	30 Nov 1920	Party 30 Nov 1920.
Webster, D.	Sea RNR	B3925	AP	26 Oct 1920	Party 13 Nov 1919.
Webster, G.	Ord RNVR	KW747			DD. Widow Mrs E.Webster 24 Nov 1919.
Webster, H.B.	Ord RNVR	L5/3230	A		Party 19 Feb 1919.
Webster, J.	Sea RNR	A5201	AP	2 Nov 1920	Party 13 Nov 1919.
Webster, W.	Ord RNVR	KW787	AP	26 Oct 1920	Party 19 Jan 1920.
Welch, F.E.	Ord RNVR	B3/1238	AP	22 Oct 1920	Party 26 Mar 1919.
Welch, W.	Ord RNVR	B3/1163	AP	19 Oct 1920	Party 22 Apr 1919.
Welsh, D.	Sto1	301434	AI		Retd to R.Mint Mar 1934.
Westcott, G.	Sea RNR	A3757	AP		Party 16 Apr 1919.
Weston, S.J.	Sto	SS102849	AI	26 Nov 1920	Party 26 Nov 1920.
Wheatley, W.	Ord RNVR	T2/181	AI	26 Oct 1920	Party 23 May 1919.
Wheeler, G.	Sto	288489	A	8 Apr 1922	DD. Widow Mrs E.Wheeler 8 Apr 1922.

COLLINGWOOD BATTALION

Whellock, R.	Ord RNVR	L6/3111	AI	19 Oct 1920	Party 20 Feb 1919.
White, E.	AB RNVR	B1/1150	A		HQ Bristol RNVR 12 Jun 1919.
White, S.B.	AB RNVR	B1/1150	P	2 Nov 1920	Party 6 May 1919.
Whitehead, J.	AB RNVR	T2/76		22 Sep 1922	DD 7 Oct 1914. Widow Mrs Garbett 19 Aug 1919.
Whitehead, W.	Sea RNR	A5187	AI	26 Oct 1920	Party 21 May 1919.
Whitwell, J.G.	Sto1	SS104563	AP	25 Oct 1920	Party 4 Nov 1919.
Wilberforce, W.	Captain RM		A*	7 Jun 1921	War Office (AG10) 7 Jun 1921.
Wild, G.	Sto1	SS108357	AI	21 Oct 1920	Party 25 Jul 1919.
Wild, H.	Ord RNVR	KW835	AI		Party 4 Jul 1919.
Wilkins, C.J.	AB RNVR	B3/1328	AP	22 Oct 1920	Party 2 Apr 1919.
Wilkinson, T.E.R.	Ord RNVR	KW938	AI	22 Oct 1920	Party 15 Apr 1919.
Wilkinson, W.A.	Ord RNVR	KW856	AP	25 Oct 1920	Party 11 Nov 1919.
Willcox, P.G.	AB RNVR	B3/1036	AP	7 Jan 1925	DD 28 Nov 1918. Father J.D.Willcox Esq 25 Sep 1919.
Williams, A.E.	Sto1	K11141	AP	13 Aug 1920	*HMS Dido* 13 Aug 1920.
Williams, C.	Ord RNVR	L6/3443	AI	22 Oct 1920	Party 19 Feb 1919.
Williams, E.E.	Sto1	SS105713	AP	22 Jul 1922	Party 22 Jul 1922.
Williamson, A.C.	Sub Lieut RNVR		AI	9 Dec 1924	Party 9 Dec 1924.
Williamson, G.I.	Ord RNVR	KW810	AI	30 Nov 1920	Party 30 Nov 1920.
Willoughby, E.T.	AB RNVR	L6/3517	AP	29 Nov 1921	Party 29 Nov 1921.
Wilson, C.	Ord RNVR	KW816	AP	9 Nov 1920	Party 2 Aug 1919.
Wilson, G.	Sea RNR	A4795	AP	25 Oct 1920	Party 23 Apr 1919.
Wilson, G.	AB RNVR	T2/152	AI	19 Oct 1920	Party 2 Apr 1919.
Wilson, J.	Ord RNVR	T3/195	AI	27 Oct 1920	Party 20 May 1919.
Wilson, J.	Act/AB RNVR	KW646	A*		Party 8 Nov 1923.
Wilson, L.F.	AB RNVR	B3/1337	AI	21 Dec 1920	HQ Bristol RNVR 12 Jun 1919.
Wilson, W.H.	PO1	198383	AI	16 Sep 1920	*HMS Victory* 5 Mar 1919.
Wood, J.	Ord RNVR	KW942	AI	26 Oct 1920	Party 5 Jun 1919.
Woodbridge, G.	AB RNVR	B3/1050	AP		Party 22 Apr 1919.
Woodcock, G.	Sto	SS104340	AI	25 Jun 1920	Party 25 Jun 1920.
Woodhead, R.	Ord RNVR	KW870	AI	26 Oct 1920	Party 8 Jul 1919.
Woodhouse, J.W.	Ord RNVR	KW779	AI	1 Nov 1920	Party 11 Jun 1919.
Woodman, T.	Sea RNR	A4219	AI	21 Jul 1920	Party 6 Jun 1919.
Woodriffe, C.	PO1	179140	AP	3 Aug 1920	*HMS Victory* 15 May 1919.
Worth, J.	Ord RNVR	KW922	AP	21 Oct 1920	Party 29 May 1919.
Worth, L.	Ord RNVR	KW923	A*		Retd to R.Mint Mar 1934.
Wright, R.L.	AB RNVR	L2/2587	AI	16 Aug 1920	Party 11 Mar 1919.
Wright, T.	Ord RNVR	KW924	AI	9 Jul 1920	Party 7 Jul 1919.
Wrist, R.C.	AB RNVR	L8/2614	AI	19 Oct 1920	Party 1 Feb 1919.
Wroe, J.	AB RNVR	KW940	AI	29 Nov 1920	Party 15 Sep 1919.
Wyatt, H.J.	Sto1	K12706	AI	12 Aug 1920	Run. Star, clasp & 2 roses retd. Retd to R.Mint Mar 1934.
Yeoman, G.	Ord RNVR	KW925	AI	25 Sep 1920	Party 19 May 1919.
Yetton, W.J.	PO1 RNVR	L6/2118	AI	2 Nov 1920	Party 21 Mar 1919.
Young, D.J.	Act/AB RNVR	L5/2935	AI	20 Jul 1920	Party 20 Jul 1920.
Young, D.S.	Sea RNR	B4765	AI	6 Oct 1933	Party 6 Oct 1933. Retd to R.Mint Mar 1934.
Young, F.G.	Sto1	296430	AI	12 Mar 1923	Party 8 May 1919.
Young, G.	Ord RNVR	L5/3262	AI	26 Oct 1920	Party 13 Aug 1919.
Young, H.C.	AB RNVR	L6/3256	AP	28 Jun 1920	Party 10 Apr 1919.
Young, H.G.	Sto1	298446	AP	31 Mar 1925	DD 3 Jun 1917. Widow Mrs Caroline Young 6 Jun 1919.
Young, L.J.	Ord RNVR	L4/3512	AI		Party 19 Mar 1919.

DRAKE BATTALION

Name	Rank or Rating	Number	Where Clasp Issued	Medal Sent - Comments
Ackerman, J.	PO1	120661		Party 8 Apr 1925.
Adams, W.H.	AB RNVR	B1/986		*HMS Royal Oak* 7 Feb 1919.
Addis, T.W.H.	AB RNVR	KW594		Party 9 Sep 1920.
Aherne, M	Sea RNR	A5665		DD 13 Jan 1915. Father D.J.Aherne 22 Mar 1922.
Aitken, A.A.	Sub Lieut RNVR			Party 12 May 1919.
Alderman, F.	Sto1	SS109290	17 Jun 1920	Party 20 Oct 1919.
Allington, B.L.	Act/PO RNR	B3246	18 Nov 1938	Party 31 Dec 1919.
Allington, W.	PO RNVR	L8/1747	31 Jul 1920	Party 17 Apr 1919.
Allison, T.	Sea RNR	A5274		Party 29 May 1919.
Anderson, J.R.	Col/Sergt	Po3263		Retd to Mint Mar 1934.
Anderson, L.	L/Sea RNVR	T1/230	3 Dec 1921	RAF Sandbanks 29 Jan 1919.
Anderson, R.	Sto1	314405	6 Jul 1920	*HMS Hannibal* 21 Jan 1919.
Anderson, W.H.	AB RNVR	L9/3198		HQ London RNVR 17 Jun 1919.
Arlett, P.	AB RNVR	L10/3085	7 Jul 1920	Party 1 May 1919.
Arnold, H.J.	AB RNVR	L9/3294		Party 7 Jul 1920.
Arthur, J.	Sea RNR	A5073	28 Aug 1920	Party 13 May 1919.
Ashton, L.	Sto2	K21961		DD 13 May 1915. Brother Mr H.Ashton 4 Sep 1920.
Astill, J.	Sto1	SS103486		Party 24 Mar 1925.
Attwood, C.A.	AB RNVR	L1/2087		Party 30 Oct 1919.
Attwood, J.	AB RNVR	L1/2680		*HMS Pembroke* 7 Feb 1919.
Austen, H.E.	AB RNVR	L9/3172	21 Dec 1920	Party 1 May 1919.
Austin, J.de B.	AB RNVR	L10/3423		Party 31 Jan 1919.
Aynsley, L.	AB RNVR	T6/136		HQ Tyne RNVR 28 May 1919.
Bailey, F.	L/Sea	172740	22 Jun 1920	Party 4 Jul 1919.
Bain, A.	Sea RNR	A4931		Party 14 Nov 1919.
Bain, D.	Sea RNR	A2178		Party 19 Nov 1919.
Baker, C.P.	AB RNVR	L9/3425		Party 31 Mar 1919.
Baker, F.	AB RNVR	T5/204		Party 22 Apr 1919.
Baker, G.I.	AB RNVR	L10/3505	23 Jan 1922	Party 5 Mar 1919.
Baker, H.G.	AB RNVR	L9/2623		Party 26 Apr 1919.
Baldey, W.	AB RNVR	L10/3098		HQ London RNVR 17 Jun 1919.
Bangay, F.D.	Sub Lieut RNVR	A*		Party 14 Jan 1919.
Banks, L.W.	AB RNVR	L10/3066		DD 11 Jun 1915. Mother Mrs Mary L.Banks 10 May 1919.
Barber, J.	Sea RNR	A4121	19 Jul 1922	Party 14 Nov 1919.
Barker, C.H.	AB RNVR	L1/2831		Party 15 Mar 1920.
Barlow, W.R.	Sto1	SS106713		Party 11 Mar 1919.
Barnes, B.	AB RNVR	T1/125		*HMS Imperieuse* 5 Feb 1919.
Barnes, W.T.	AB RNVR	L9/2928		Party 23 May 1919.
Barracoat, E.	CPO	122941		Party 3 Feb 1920.
Barron, T.	Sea RNR	A2353		Party 10 Dec 1919.
Barron, W.	Sea RNR	A2330		Party 3 Dec 1919.
Barrow, B.	AB RNVR	SS3163		Party 22 Jun 1919.
Baskett, D.C.T.	AB	L10/3152		Party 19 Feb 1919.
Begley, R.	Sea RNR	A5216		DD 13 Jan 1915. Sister Mrs M.M.Laughlin 6 Nov 1920.
Belcher, H.T.	PO	132713	9 Jan 1922	Party 13 Feb 1919.
Bell, E.J.	AB	239558	17 Sep 1920	*HMS Victory* 27 May 1919.
Bell, T.	Sto1	SS109000		Party 3 Feb 1920.
Bell, W.T.	AB RNVR	T1/154		HQ Tyne RNVR 28 May 1919.
Bellinger, G.	Sto1	SS106301		Party 10 Apr 1919.
Bennett, J.J.	Sto1	207887	17 Jun 1920	*HMS Marjoram* 24 Jan 1919.
Bennett, W.S.	Sea RNR	A5912		DD 3 Feb 1915. Father J.Bennett Esq 24 Nov 1919.
Berwick, J.	AB RNVR	T6/179		*HMS Mars* 19 Apr 1919.
Berwick, J.R.	AB RNVR	T1/163		HQ Tyne RNVR 28 May 1919.
Bignell, R.	AB RNVR	L10/2758		Party 15 Mar 1919.
Black, J.	AB RNVR	T6/129		*HMS Crescent* 10 Mar 1919.
Black, J.P.	AB RNVR	L10/3610	14 May 1931	HQ London RNVR 17 Jun 1919.
Black, J.W.	Sto1	SS108591		Party 16 Jun 1919.
Blackman, A.J.	AB RNVR	L10/3186	14 Feb 1922	HQ London RNVR 17 Jun 1919.
Blades, F.M.	AB RNVR	T6/167		Party 3 Feb 1920.
Blanchard, F.	PO	176956	18 Aug 1920	*HMS Cleopatra* 22 Jan 1919.
Bobbins, W.	PO1	118764		DD 13 Nov 1917. Widow Mrs E.A.Bobbins 12 Jan 1920.
Bone, J.	AB RNVR	T6/158		Medal returned 'Gone away'. Retd to R.Mint Mar 1934.
Bonning, S.L.	Sub Lieut RNVR	A*		*HMS Gorgon* 13 Feb 1919.

DRAKE BATTALION

Bosworth, A.	Sto1	SS103440		*HMS Hyacinth* 13 Jun 1919.
Boult, G.	AB RNVR	T5/181		Party 10 Apr 1919.
Bowering, E.	AB RNVR	B1/1201		HQ London RNVR 12 Jun 1919.
Bowers, F.E.	AB RNVR	L10/3607		DD 31 Mar 1918. Mother Mrs S.A.Bowers 31 May 1919.
Bradley, R.	Sea RNR	A5238		Party 14 Nov 1919.
Bradshaw, J.	PO	162964		Party 3 Feb 1920.
Brandon, W.T.	AB RNVR	L9/3426	29 Dec 1920	Party 22 Jan 1919.
Bremner, D.	Sea RNR	A5526		Party 20 Nov 1919.
Breslin, T.	AB RNVR	L9/3171		DD. Father 19 Apr 1919.
Brewster, J.	Sto1	SS106111		DD 4 Jun 1915. Widow Mrs M.Brewster 5 May 1920.
Brighton, R.G.	Ord RNVR	KW75		DD 5 Jun 1915. Father 4 Apr 1924.
Brignall, G.W.	Sto2	K22364	8 Mar 1922	Party 10 Jun 1920.
Brodie, W.	Sea RNR	A5273		DD 30 Apr 1917. Father W.Brodie Esq 20 Dec 1919.
Brook, E.	Sto1	SS104085		Party 30 Jan 1920.
Brown, C.F.	Sto1	SS107885		Party 4 Jul 1919.
Brown, D.	AB RNVR	L10/3081	22 Jun 1920	Party 30 Jan 1919.
Brown, F.	Ord RNVR	KW770	7 Feb 1920	Party 17 Apr 1919.
Brown, F.C.	PO	L1/1772	2 Sep 1924	Party 19 Feb 1919. Wrongly engraved, Retd & scrapped. New Star to Party 19 Aug 1924.
Brown, G.	AB RNVR	T1/153		HQ Tyne RNVR 28 May 1919.
Brown, J.	AB RNVR	T5/157		HQ Tyne RNVR 28 May 1919.
Browne, G.F.	AB RNVR	L10/3043	28 Jun 1920	Party 10 Apr 1919.
Bruce, A.	Sea RNR	B4878		Party 18 Nov 1919.
Bruce, D.B.	AB RNVR	T1/156		Party 3 Sep 1919.
Buckle, A.W.	PO RNVR	L10/1523	11 May 1923	Party 28 Mar 1919.
Burgin, W.C.	AB RNVR	L8/3175		Party 20 Nov 1919.
Burnett, S.H.M.	AB	J10147		Run 1 May 1920. Retd to R.Mint Mar 1934.
Burrin, E.D.	AB RNVR	L4/2556		Party 4 Feb 1919.
Burroughs, C.F.	AB RNVR	L10/2755	25 May 1923	Party 31 Mar 1919.
Burt, E.F.	AB RNVR	B1/1219	21 Mar 1922	HQ Bristol RNVR 14 Apr 1920.
Cadman, A.	Sto2	K4307		Party 29 Jan 1919.
Caffarey, J.F.	AB RNVR	L9/2793		HQ London RNVR 17 Jun 1919.
Caffarey, J.I.	AB RNVR	L9/2797		HQ London RNVR 17 Jun 1919.
Campbell, D.	Sea RNR	B4018		DD 3 Feb 1915. Widow Mrs E.Campbell 28 Nov 1919.
Campbell, P.	Sea RNR	A4478		Party 13 Nov 1919.
Campbell, P.S.	Sub Lieut RNVR			DD 13 Nov 1916. Father Sir J.H.Campbell 12 May 1920.
Campbell, Sir.J.H.	Sub Lieut RNVR		25 Jun 1920	Party 25 Jun 1920.
Campbell, V.L.A.	Comdr RN		25 Jun 1920	Party 25 Jun 1920.
Campion, L.C.	AB RNVR	L9/2913	10 Feb 1926	Party 7 Apr 1920.
Carlton, R.W.	Sto1	SS102097		Party 31 May 1919.
Carrier, S.T.	AB RNVR	L10/3264	7 Aug 1920	*HMS Cleopatra* 22 Jan 1919.
Carter, A.	AB RNVR	B1/1227		RND Aldershot 29 Jan 1919.
Cartwright, R.B.	Sub Lieut RNVR			Party 30 Jan 1919.
Cave, J.	PO1	140616	7 Jul 1920	Party 23 Jan 1919.
Ceossey, G.A.	AB RNVR	B516	21 Oct 1930	*HMS Imperieuse* 5 Feb 1919.
Chandler, W.R.	L/Sea RNVR	L10/2698		DD 8 Aug 1915. Mother Mrs Chandler 28 Feb 1919.
Chapman, R.D.A.	AB RNVR	L8/2832		Party 31 Dec 1920.
Chapman, W.G.	AB RNVR	L10/3044		73/Wing RAF Gt.Yarmouth 12 May 1919.
Charlton, S.M.	AB RNVR	L9/3037	22 Aug 1940	HQ London RNVR 17 Jun 1919.
Chase, H.	Sto1	SS107896		DD 9 Aug 1915. Father G.H.Chase Esq 23 Apr 1920.
Chase, J.S.	PO	128555		Party 9 Jul 1919.
Chorley, F.G.	Sto1	284566		Party 5 Feb 1920.
Clark, W.G.	AB RNVR	L2/803	7 Jul 1920	HQ London RNVR 17 Jun 1919.
Clarke, G.J.	AB RNVR	L10/2576		Party 5 May 1919.
Clarke, J.	Sea RNR	A5283		Party 18 Nov 1919.
Clarke, J.	Sea RNR	B2885		Run 20 Mar 1916. Retd to R.Mint Mar 1934.
Clarke, J.H.	AB RNVR	L10/3054	8 Nov 1937	Party 1 May 1919.
Clifford, F.	Sto1	SS100538	28 Jun 1921	Party 28 Feb 1919.
Clough, L.G.	AB RNVR	L10/3601		Party 11 Dec 1920.
Cockings, W.E.	L/Sea	195367	1 Jul 1920	Party 25 Feb 1919.
Coggs, H.C.A.	PO RNVR	L8/1823		14 Star & Clasp issued to Party 9 Nov 1928. Clasp column states "Antwerp".
Coles, C.	AB RNVR	L2922		1914 Star issued to wife 20 Sep 1927.
Coles, J.	AB RNVR	B1/961		DD. Father J.Coles Esq 10 Nov 1919.
Collins, W.E.	PO	124809		Party 13 Apr 1920.
Connolly, P.	L/Sea RNR	A5579		DD. Widow Mrs M.Connolly 24 Nov 1919.
Cooper, A.	L/Sea	189055		Party 3 Feb 1920.

DRAKE BATTALION

Cooper, F.J.	AB RNVR	L8/3316		HQ London RNVR 17 Jun 1919.
Cordery, A.H.	L/Sea	147334		Party 16 Dec 1919.
Corry, C.W.	AB RNVR	T4/203		Party 25 Feb 1919.
Coull, D.S.	Sea RNR	B5127		Party 14 Nov 1919.
Cowling, O.	Ord RNVR	KW971		No address. Retd to R.Mint Mar 1934.
Cox, H.	PO	149674		*HMS Imperieuse* 19 Feb 1919.
Crapper, A.	Ord RNVR	KW952		Party 11 Jun 1919.
Cripps, S.H.	AB RNVR	L1/3501	13 Aug 1924	DD 25 May 1915. Widow Mrs W.L.Cripps 11 Sep 1919.
Croney, L.	AB RNVR	T6/163		Party 4 Feb 1919.
Cross, A.	AB RNVR	T6/128		HQ Tyne RNVR 28 May 1919.
Crouch, S.B.	AB RNVR	L8/2302		HQ London RNVR 17 Jun 1919.
Cummins, E.J.	Sea RNR	A3202		*HMS Pelorus* 20 Mar 1919.
Curran, S.	Sea RNR	A4270		Party 26 Feb 1925.
Dalley, A.C.J.	AB RNVR	L8/3063		HQ London RNVR 17 Jun 1919.
Dalton, J.T.	AB RNVR	L9/3497		Party 1 Feb 1919.
Darvill, A.W.	AB RNVR	L3420		Father A.Darvill Esq 5 Feb 1920.
Davey, F.	Sea RNR	A2635		Widow Mrs S.A.Davey 7 May 1919.
Davies, J.R.	AB RNVR	L10/3219		*HMTB 32* Immingham 22 Jan 1919.
Davies, J.W.	AB RNVR	L9/3144	19 Nov 1920	Party 19 Nov 1920.
Davis, A.C.	AB RNVR	L1/2280		DD 28 Jun 1918. Father C.H.Davis Esq 4 Nov 1919.
Davis, F.W.	PO	176963		*HMS Impregnable* 10 Mar 1919.
Daw, A.L.	PO1	127943		RND Aldershot 28 Jan 1919.
Dawson, P.H.	Sto1	SS104507		Party 26 Nov 1919.
Deakin, A.	Sto1	SS105793		Party 3 Feb 1920.
Dennay, C.H.	Sea RNR	D1875		Party 9 Oct 1924.
Devlin, F.	AB RNVR	T5/103		Party 25 Feb 1919.
Devney, J.	Sto1	SS106254	17 Jun 1920	Party 16 Apr 1919.
Dillett, A.St.C.	AB RNVR	B1/870		DD 28 Apr 1917. Widow Mrs A.Dillett 31 May 1919.
Dillon, C.M.	Lieut RNVR			*HMS Emperor of India* 13 Mar 1919.
Dobinson, G.	AB RNVR	T6/87		Party 31 Jan 1919.
Dolman, S.	Ord RNVR	KW763		Party 22 Oct 1923.
Doolan, J.	AB RNR	A4429 A		Party 3 Feb 1920.
Dorey, H.	Col/Sergt	Ply733		Party 20 Aug 1926.
Dowell, G.A.	Sto1	SS107899		*HMS Victory* 28 Mar 1919.
Dowling, W.	Sto1	305584	9 Feb 1921	*HMS Hollyhock* 5 Feb 1920.
Driscoll, E.G.	AB RNVR	L3/3206	19 Oct 1922	*HMS Hyderabad* 8 Feb 1919.
Driver, A.	AB RNVR	L10/3055	13 Dec 1920	Party 12 May 1919.
Drury, A.	AB RNVR	L5/1364	9 Jun 1922	Reissued 2 Sep 1919.
Dunn, W.	PO1 RNVR	T5/75		Party 10 Mar 1919.
Dunne, T.A.	Sea RNR	A5210		Father P.Dunne Esq 28 Jan 1920.
Dunthorne, S.W.	AB RNVR	L10/3605		Party 14 Feb 1922. Clasp column notes,"Dunkirk only".
Durrant, L.A.	CPO RNVR	L10/947	30 Jun 1920	RND Aldershot 29 Jan 1919.
Dyke, O.M.	Captain		21 Jun 1922	Party 21 Jun 1922.
Eames, F.W.	Sto1	SS104099		DD 5 May 1915. Widow Mrs Eames 27 Feb 1920.
Eames, M.	Sto1	289766	17 Sep 1920	*HMS Victory* 28 Mar 1919.
Earnshaw, W.	Ord RNVR	KW974		Widow Mrs E.Earnshaw 28 Jun 1920.
East, E.	AB RNVR	L9/3092		HQ London RNVR 17 Jun 1919.
Edgar, H.J.M.	Sub Lieut RNVR			DD 12 May 1915. Father John Edgar Esq 28 Oct 1920.
Edrick, A.	L/Sea	180941	16 Jun 1920	Party 7 Feb 1919.
Elliott, A.	AB RNVR	T1/207		HQ Tyne RNVR 28 May 1919.
Ellis, E.	AB RNVR	T1/205		HQ Tyne RNVR 28 May 1919.
Ellis, R.	PO	130422	7 Sep 1925	*HMS Hexham* 27 Mar 1919.
Elmes, F.A.	AB RNVR	L6/2661		Party 28 Mar 1919.
England, J.E.	AB RNVR	B1194		Party 16 Apr 1919.
Essex, H.	Ord RNVR	KW975	9 May 1921	Party 21 Apr 1921.
Evans, A.	AB RNVR	B1/1018	13 Jul 1920	Party 23 Jan 1919.
Everett, A.	Sto1	SS109966	21 Jun 1922	Party 30 Jan 1920.
Eyes, J.	Sto1	SS106114		*HMS Oakley* 15 May 1919.
Facey, A.J.	Sto1	158342		*HMS Malabar* 12 May 1919.
Faint, J.	Sto1	284626	16 Aug 1920	Party 7 Jul 1919.
Fairbotham, W.		SS3460		*HMS Vernon* 28 Mar 1919.
Farnborough, L.	AB RNVR	L3270		Party 20 Jan 1925.
Farr, P.	AB RNVR	L10/3084	6 Dec 1921	Party 6 Dec 1921.
Farren, E.	Sea RNR	A5217		DD 13 Jan 1915. Father W.Farren Esq 2 Dec 1919.
Faulkner, W.H.	Ord RNVR	KW775		Party 4 Feb 1919.
Fielder, A.	Sto1	179943		Party 5 Feb 1920.
Finlayson, D.	Sea RNR	A2289		Brother Mr D.Finlayson 9 Feb 1921.

DRAKE BATTALION

Name	Rank	Number	Date	Notes
Finlayson, J.	Sea RNR	A4533		Party 28 Feb 1919.
Fisher, J.W.	AB RNVR	T1/167		DAMS Tottenham Court Road 9 Apr 1919.
Fitch, J.D.	AB RNVR	L9/3157	8 Apr 1922	Submarine Depot Gosport 23 Apr 1919.
Fitzgerald, O.	Sea RNR	A5646		Party 9 Dec 1919.
Flaherty, C.	Sea RNR	A2489 A		Party 14 Nov 1919.
Flook, W.C.	PO RNVR	B1/845		Party 13 Mar 1919.
Flower, H.	Sto1	278897		Party 30 Jan 1920.
Forster, H.E.	AB RNVR	L9/2191	20 Jan 1921	HMS Yarmouth Belle 20 Jan 1919.
Fox, E.	Sto1	SS104343		Party 3 Feb 1920.
Francis, L.	AB RNVR	B1033		Party 22 Sep 1919.
Francis, L.W.	AB RNVR	L1144		Retd to R.Mint Mar 1934.
Francis, T.	Sea RNR	B2725	17 Jun 1920	Party 28 Jun 1919.
Fuller, A.	AB RNVR	T6/172		HQ Tyne RNVR 28 May 1919.
Fuller, A.	AB RNVR	L2997	27 Dec 1922	HMS Crescent 10 Mar 1919.
Fulton, J.	Sto1	K22354		HMS Titania 3 Feb 1921. Dup to HMS Victory 13 May 1927.
Furse, W.	Sea RNR	A3239		Party 13 Nov 1919.
Gall, J.A.	Sea RNR	A3633		Widow Mrs J.W.Gall 24 Mar 1920.
Gardiner, W.	Sto1	172431		HMS Malaya 5 Feb 1919.
Gardner, C.M.	AB RNVR	L9/2867		Party 23 Jan 1919.
Gardner, F.C.	AB RNVR	L10/2714		DD 9 Oct 1918. Legatee Mr James Gardner 1 Apr 1919.
Gault, W.	Sea RNR	B4760		Party 26 Apr 1919.
Gay, G.	AB RNVR	B1/1004		Party 14 Apr 1919.
Gaydon, F.T.	Act/L/Sea RNVR	LZ/3536	16 Jul 1920	Party 31 Mar 1919.
Gibson, A.	AB RNVR	T6/169		HMS Moth 27 Mar 1919.
Gilbert, W.	Sto1	SS110628	12 Apr 1921	Party 12 Apr 1921.
Gill, G.	AB RNVR	T5/207		Party 10 Apr 1919.
Gillvray, J.	Sto2	K21962		DD 6 Oct 1917. Father W.Gillvray Esq 27 Feb 1920.
Gittins, H.L.	AB RNVR	L8/3322	25 Apr 1921	Party 27 May 1919.
Glen, N.	L/Sea RNVR	T1/74		HQ Tyne RNVR 28 May 1919.
Goddard, D.C.	AB RNVR	L9/3400		Naval Base Granton 10 Apr 1919.
Goddon, F.	PO	163355	16 Aug 1920	HMS Victory 17 Mar 1919.
Goodman, O.	AB RNVR	L7/2304		HQ London RNVR 17 Jun 1919.
Gowing, G.W.	CPO	150752		HMS Impregnable 10 Mar 1919.
Gray, P.	AB RNVR	T1/5		DD 6 Sep 1917. Widow Mrs P.Gray 27 Jun 1919.
Green, A.	Ord RNVR	KW759		Party 3 Feb 1920.
Greenshields, W.G.	AB RNVR	L8/3062	23 Jun 1920	Original scrapped. New Star to Party 6 Dec 1921.
Gribble, W.H.	AB RNVR	B1/1305		Party 6 Mar 1919.
Griffin, A.A.	PO RNVR	L1301	6 Jul 1920	Party 6 May 1919.
Grigson, J.W.B.	AB RNVR	L9/2866	15 Aug 1923	RAF Gosport 15 Aug 1923.
Grindley, J.	AB RNVR	L8/3061		63/RND Alnwick 12 May 1919.
Grinham, J.E.	L/Sea RNVR	B1/883	21 Jul 1920	Party 4 Feb 1919.
Gunn, C.G.	Sto1	SS108823	25 Oct 1920	Party 20 Aug 1919.
Gunn, W.	Sea RNR	A4369		Party 28 Jul 1922.
Haddon, H.	AB RNVR	L9/899	23 Jul 1920	Party 25 Jan 1919.
Hadrill, T.L.	Sto1	SS225124		DD 15 Jul 1915. Mother Mrs E.Hadrill 5 Mar 1920.
Hall, F.R.W.G.	AB RNVR	L10/3105		DD. Widow 5 Feb 1924.
Hamilton, G.	Temp/Surgn RN			Party 25 Feb 1919.
Hapgood, S.	AB RNVR	L9/3251	2 Sep 1924	Party 2 Sep 1924.
Harding, P.	AB RNVR	L7/2929 A	27 Oct 1922	Party 6 May 1919.
Harlow, T.	Sto1	287049		Party 16 Oct 1919.
Harrison, A.	Sto1	SS108122		Party 29 Jul 1919.
Harrison, F.M.	Sto2	SS115583		HMS Research 28 Jan 1919.
Harvey, W.	AB RNVR	B1/1296		HQ Bristol RNVR 12 Jun 1919.
Hassel, J.	L/Sea RNVR	L9/2166		63/RNB Aldershot 20 Mar 1919.
Hatchard, L.S.	AB RNVR	L10/3429		Party 30 Apr 1919.
Hately, C.	AB RNVR	T4/201		DD 14 Jun 1915. Father Mr J.Hately 12 May 1919.
Hawkins, A.C.	AB RNVR	L9/2792		DD 3 May 1915. Father Mr C.E.Hawkins 2 Apr 1919.
Hawkins, E.C.N.	AB RNVR	L9/2966		Party 13 Jun 1919.
Haycock, P.L.	AB RNVR	L9/3424		HQ London RNVR 17 Jun 1919.
Haye, J.R.G.	AB RNVR	L5/2920		DD 25 Jun 1918. Father G.W.Haye Esq 5 Aug 1919.
Hayemes, F.	AB RNVR	L8/3016		DAMS Tottenham Court Road 19 Mar 1919.
Heard, W.H.	AB RNVR	B1/813		HQ Bristol RNVR 12 Jun 1919. Dup 4747.
Heath, O.A.	AB RNVR	L9/3546		Party 9 Dec 1924.
Hegarty, B.V.	AB RNVR	L10/2652	4 Jul 1924	Party 27 Jun 1924.
Henderson, A.	AB RNVR	L9/3130		RND Aldershot 1 Feb 1919.
Henderson, J.	AB RNVR	L9/3131		Party 4 Feb 1919.
Henery, R.	Sea RNR	B4139	5 Nov 1920	Party 29 Jul 1919.

DRAKE BATTALION

Name	Rank	Number	Date	Notes
Henning, D.	AB RNVR	L9/2500		Party 31 Jan 1919.
Heptinstall, H.	Sto1	SS102012	7 Jul 1920	DD 16 Aug 1915. Widow Mrs A.Heptinstall 30 Mar 1920.
Herd, A.G.	Sto1	SS108165		Party 14 Apr 1919.
Hickman, F.	AB RNVR	L9/3059		Cranwell 7 Feb 1919.
Hill, W.	AB RNVR	L7/2759		Party 15 Mar 1923.
Hillkirk, W.B.	AB RNVR	L1/2801	27 Jan 1921	Party 27 Jan 1921.
Hinton, S.J.	AB RNVR	L1/2939	22 Aug 1929	Party 6 Mar 1919.
Hodder, S.J.	AB	230377	29 Nov 1920	*HMS Westminster* 18 Nov 1920.
Holiday, L.H.	L/Sea RNVR	L1913		HQ London RNVR 17 Jun 1919.
Holmes, G.F.	AB RNVR	L2883		Party 18 May 1919.
Homes, F.	AB RNVR	B1/1273		Party 11 Jul 1919.
Hooker, G.W.	AB RNVR	T1/147		HQ Tyne RNVR 28 May 1919.
Hooper, T.A.	AB RNVR	L9/2720		Party 28 Feb 1919.
Hooper, W.F.	L/Sea RNVR	B1/612	23 May 1922	Party 31 Jan 1919.
Hopkins, H.	Sto2	K22180		*HMS Lucia* 11 Nov 1919.
Horton, J.E.	Sto2	K12263		DD 9 Aug 1916. Mother Mrs B.Horton 25 Aug 1919.
House, L.S.	AB RNVR	L9/3176		HQ London RNVR 17 Jun 1919.
Howard, J.R.	AB RNVR	T6/184	24 Aug 1931	Party 25 Feb 1919.
Howard, S.E.	AB RNVR	B1/1270		Party 5 Apr 1919.
Howard, W.J.	AB RNVR	B1/54		DD. Widow Mrs Amelia F.Howard 7 May 1919.
Hudson, W.	Sto1	SS100576	31 Dec 1920	RND Aldershot 1 Feb 1919.
Hunkin, F.	Sea RNR	A3481		Party 31 Jan 1919.
Hunt, J.E.	Sto1	SS104066	21 Jul 1920	Party 8 Jul 1919.
Hurrell, A.	AB RNVR	L10/2535		Party 26 Jul 1919.
Hutchings, A.	PO	170030		DD 6 May 1915. Brother S.S.Hutchings Esq 28 May 1920.
Hutchinson, A.H.C.	PO2	137148		Coast Guard Harwich 21 Apr 1919.
Hutton, P.W.	L/Sea	167526	8 Sep 1922	Party 11 Nov 1919.
Isaacs, W.A.	AB RNVR	L9/3074		HQ London RNVR 17 Jun 1919.
Ivory, C.J.	AB RNVR	L3/2412		Party 31 Jan 1919.
Jacob, W.E.	AB RNVR	L7/2912		Party 25 Feb 1919.
James, H.L.	AB RNVR	L8/2604		Party 11 Mar 1920.
Jamieson, W.	Sea RNR	B4940	1 Jul 1920	Party 9 Jun 1919.
Jarvis, R.H.	AB RNVR	B1/1079		*HMS Imperieuse* 5 Feb 1919.
Jefferies, E.	AB RNVR	B1/1343		HQ Bristol RNVR 12 Jun 1919.
Jenkins, T.C.	Sto1	SS102093	1 Jul 1920	Party 10 Apr 1919.
Jewell, J.St.A.	AB RNVR	L10/3589	6 Apr 1921	Party 6 Apr 1921.
Johnson, H.	L/Sea RNVR	L10/2531	23 Feb 1922	Party 13 Mar 1919.
Johnson, R.	AB RNVR	B1173	17 Mar 1922	Party 29 Aug 1919.
Johnston, D.	Sto1	K12734	23 Jun 1920	*HMS Victory* 15 May 1919. Dup to Party 13 Feb 1922.
Jones, E.	Act/CPO	143464		Party 3 Feb 1920.
Jones, F.	AB RNVR	L10/2467	16 Jun 1920	Party 30 Jan 1919.
Jones, H.A.	Sto1	SS102060	16 Jun 1920	Party 16 May 1919.
Jones, W.H.	Ord RNVR	KW777	22 Feb 1921	Party 28 May 1919.
Jones, W.L.	AB RNVR	T6/180		HQ Tyne RNVR 28 May 1919.
Josephs, M.M.	AB RNVR	L10/3068	16 Jun 1920	HQ London RNVR 17 Jun 1919.
Kempster, A.	Sea RNR	A3006	17 Jun 1920	Party 19 Feb 1919.
Kettle, J.R.	Sto1	SS111645		Party 3 Feb 1920.
Kilkenney, T.	Ord RNVR	KW984	17 Jun 1920	Party 29 Jan 1919.
King, H.D.	Lieut/Comdr RNVR		24 Jun 1921	Party 3 Jul 1919.
Knight, P.T.	Sea RNR	C1880		Party 13 Nov 1919.
Knowles, W.	Sto1	SS108318		Party 5 Oct 1921.
Lacey, E.J.	AB RNVR	T1/145		Retd to R.Mint Mar 1934.
Lacey, F.A.	AB RNVR	B1216		DD 25 Mar 1918. Mrs A.J.Lacey 2 Aug 1924.
Laidman, J.H.	AB RNVR	L9/3325		Party 18 Aug 1920.
Lander, J.M.	AB RNVR	L8/2636	1 Nov 1935	Party 9 Jun 1919.
Lane, W.C.	AB RNVR	L10/2836		Party 11 Aug 1921.
Langley, F.J.	AB RNVR	L3518	18 Oct 1921	HQ London RNVR 17 Jun 1919.
Larrett, S.A.	AB RNVR	L10/3155		*HMS Duncan* 15 Mar 1919.
Lavis, B.	AB RNVR	L9/2403	10 Aug 1920	HQ London RNVR 18 Jun 1919.
Lawrence, R.R.	AB RNVR	L9/2346 A	10 Nov 1921	DD 31 Jan 1919. Father Mr R.Lawrence 10 Nov 1921.
Lawson, R.	AB RNVR	B1/1243		RND Aldershot 1 Feb 1919.
Lawson, T.	AB RNVR	T1/185		HQ Tyne RNVR 28 May 1919.
Lawton, J.	AB RNVR	L9/3249	8 Mar 1922	*HMS Imperieuse* 5 Feb 1919.
Laxton, C.W.	AB RNVR	L6/2893	17 Apr 1923	RND Perham Downs 27 Jan 1919.
Le Cheminant, G.S.	AB RNVR	B1/553		HQ Bristol RNVR 12 Feb 1919.
Le Cheminant, J.E.	AB RNVR	B1/108		*HMS Angora* 5 Feb 1919.
Le Lion, P.F.	Sto2	K22356		DD 28 Nov 1918. Father E.Le Lion Esq 10 Sep 1920.

DRAKE BATTALION

Name	Rank	Number	Date	Notes
Le Piez, A.	Sto2	K22359	31 Aug 1920	*HMS Maidstone* 31 Aug 1920.
Leather, J.W.	Sto1	SS106417		*HMS Emperor of India* 13 Mar 1919.
Lee, W.G.	AB RNVR	L/3575		HQ London RNVR 17 Jun 1919.
Leonard, E.G.	AB RNVR	L9/3285		Party 28 Feb 1919.
Liddell, T.	AB RNVR	T6/178		HQ Tyne RNVR 28 Aug 1919.
Liddiard, F.	AB RNVR	L10/3121		DD. Father Mr T.Liddiard 27 Jun 1919.
Liversage, A.	AB RNVR	L9/2683		HQ London RNVR 17 Jun 1919.
Llewellyn, R.	AB RNVR	T5/222		DD 11 May 1915. Father R.Llewellyn Esq 4 Feb 1920.
Locker, G.F.	AB RNVR	T1/220		HQ Tyne RNVR 28 May 1919.
Lockham, J.P.	Sto1	283240		DD. Widow Mrs Emma Lockham 1 Jul 1920.
Long, J.	Sto2	K22127		*HMS Leander* 29 Jan 1919.
Lovatt, J.	Sto1	K7606		*HMS Excellent* 29 Dec 1920.
Lowy, F.L.	AB RNVR	L1/2838		Party 31 Jul 1919.
Luckham, H.J.	Sub Lieut RNVR			2/Reserve Battalion Aldershot 11 Feb 1919.
Lunn, E.	AB RNVR	L9/3096	23 Jun 1922	Party 23 Jun 1922.
Lyons, S.J.	Sto1	K5915	14 Jun 1921	*HMY Victoria & Albert* 31 May 1921.
Mabey, C.D.	AB RNVR	L8/3239		Party 5 Aug 1919.
Macauley, D.	Sea RNR	A3822		Party 18 Nov 1919.
MacDonald, D.	Sea RNR	A5334		Party 18 Nov 1919.
Macdonald, J.	Sea RNR	A2558		Father K.Macdonald Esq 9 Dec 1919.
Macdonald, J.	Sea RNR	A5812		DD 4 Jun 1919. Father 5 Dec 1923.
Macdonald, K.	Sea RNR	A2361		Party 18 Nov 1919.
Macdonald, M.	Sea RNR	A3371		Party 26 Nov 1919.
Maciver, D.	L/Sea RNR	A5404		Party 18 Nov 1919.
Maclean, A.H.	PO RNVR	L10/3604	29 Jun 1920	Party 16 Apr 1919.
Maclean, K.	Sea RNR	A3506		Retd to R.Mint Mar 1934.
Macleod, A.	Sea RNR	A2822		DD 28 Jan 1915. Father M.Macleod Esq 4 Oct 1919.
Macleod, J.	Sea RNR	A5562		Party 25 Feb 1919.
Macleod, J.	Sea RNR	A5326		Party 22 Nov 1919.
MacLeod, J.	L/Sea RNR	A3060 A	30 Mar 1921	Party 30 Mar 1921.
MacLeod, J.	Sea RNR	A3985		Party 18 Nov 1919.
Macleod, M.	Sea RNR	B4290		Party 19 Nov 1919.
Maguire, J.	Sea RNR	A2182		Party 28 Nov 1919.
Mahoney, M.	PO	118091		Party 13 Apr 1920.
Manning, W.	AB RNVR	L4/2772		Party 2 Apr 1919.
Marchington, E.W.	AB RNVR	L8/2457		Party 13 Mar 1919.
Marden, E.J.	Sto1	SS102839	25 Jun 1920	Party 25 Jun 1920.
Marsham, F.L.	Sto1	SS100459		Party 30 Jan 1920.
Martell, T.	Sto1	146794	30 Jun 1920	*HMS Maidstone* 24 Jan 1919.
Martin, J.J.	Sto1	296509		RNB Chatham 2 Mar 1920.
Martin, N.	Sea RNR	A2508	24 Mar 1922	Party 18 Nov 1919.
Marven, J.J.	Sto1	SS108800		Party 30 Jul 1919.
Masey, A.	AB RNVR	L10/3370	15 Sep 1923	HQ London RNVR 17 Jun 1919.
Matheson, K.	Sea RNR	A4504		Party 22 Nov 1919.
Mattinson, A.	PO RNVR	L9/1339		DD 3 Feb 1915. Mrs Adams 28 Sep 1921.
Maugham, H.	AB RNVR	L3277		HQ London RNVR 17 Jun 1919.
Mawbey, H.S.	AB RNVR	L1/3145	14 Feb 1922	Party 15 May 1919.
May, E.	L/Sea RNR	A5504	22 Jun 1920	Party 11 Jun 1919.
Maynard, W.E.G.	AB RNVR	L9/3447	8 Jul 1920	Party 25 Jan 1919.
McAulay, A.	L/Sea RNR	A2323		Party 10 May 1920.
McAuliffe, D.	Sto1	SS101902		Party 29 Aug 1919.
McCluskey, J.	AB	191959		Retd to R.Mint Mar 1934.
McCreanor, J.	AB RNVR	T1/197	27 Mar 1922	Party 15 May 1919.
McCreath, A.	Sea RNR	A5681		Party 14 Nov 1919.
McDonald, A.	L/Sea RNR	B2974		RNB Chatham 22 May 1919.
McDonald, J.	Sea RNR	C1685		Party 18 Nov 1919.
McDonald, M.	Sea RNR	A5360		Party 22 Nov 1919.
McDonald, N.	L/Sea RNR	C2750		DD 16 Jun 1917. Widow Mrs J.McDonald 5 Feb 1921.
McGeachy, J.	Sea RNR	B3460		Run 30 May 1916. DD. Retd to R.Mint Mar 1934.
McGrath, P.W.	Sub Lieut RNVR			Mother Mrs Gertrude McGrath 7 Apr 1919.
McGrindle, E.	Sea RNR	B5220	7 Feb 1922	Party 14 Nov 1919.
McIver, A.	L/Sea RNR	A2345		Party 3 Dec 1919.
McIver, D.	L/Sea RNR	A5295		Party 22 Nov 1919.
McIver, J.	Sea RNR	B5432		Party 22 Nov 1919.
McIver, K.	Sea RNR	A4540		Party 27 Nov 1919.
McKay, H.	Sea RNR	A4122		Party 14 Nov 1919.
McKay, W.	AB RNVR	L7/2514		Party 28 Feb 1919.

DRAKE BATTALION

Name	Rank	Number	Date	Notes
McKenna, E.	AB RNVR	T6/196		DD 14 Jul 1917. Mother Mrs H.Nicholson 17 Jun 1919.
McKenzie, D.	Sea RNR	A3831		Party 18 Nov 1919.
McKenzie, D.	Sea RNR	A3496		Party 18 Nov 1919.
McKenzie, R.	Sea RNR	A3306		Run 24 Nov 1915. Retd to R.Mint Mar 1934.
McLaughlin, W.	Sea RNR	A5266		Party 14 Nov 1919.
McLean, M.	Sea RNR	A2967		*HMS Adventure*, Smyrna 24 Mar 1919.
McLeod, A.	L/Sea RNR	A3967		Party 2 Sep 1924.
McLeod, A.	L/Sea RNR	A3445		Party 18 Nov 1919.
McLeod, J.	Sea RNR	A3092		Mother Mrs A.McLeod 5 Feb 1921.
McLeod, M.	Sea RNR	A3836	17 Mar 1921	Party 17 Mar 1921.
McLeod, M.	Sea RNR	A2315		Retd to R.Mint Mar 1934.
McLeod, P.	Sea RNR	A3554		DD 21 Jun 1921. Father Mr W.McLeod 18 Sep 1924.
McPhail, J.	Sea RNR	A3355		Party 26 Mar 1923.
McPhail, J.	Sea RNR	A3934		Party 12 Sep 1919.
Mearns, J.	Sea RNR	A3723		Party 11 Sep 1919.
Medland, E.J.	PO1	115808	6 Jan 1925	Party 20 Mar 1919.
Meldrum, R.	Sea RNR	A5675		Party 22 May 1928.
Merry, E.C.	L/Sto	SS107682		*HMS Emperor of India* 13 Mar 1919. Run 3 Sep 1917. Star not returned from ship
Mills, J.F.A.	Act/L/Sea RNR	A3778	29 Nov 1920	Party 15 Sep 1919.
Moffatt, A.	AB RNVR	T6/214		DD 4 Feb 1917. Mother Mrs C.Moffatt 18 Mar 1919.
Mogg, A.H.	Sto1	SS103513		Party 31 Oct 1919.
Moignard, A.	Sto2	K22121		*HMS Blenheim(Tomahawk)* 31 Oct 1919.
Morison, N.	Sea RNR	A4539	29 Nov 1920	Party 16 Sep 1920.
Morrison, A.	Sea RNR	C3632		Party 20 Mar 1925.
Morrison, A.	Sea RNR	A3363		Party 18 Nov 1919.
Morrison, J.	Sea RNR	A4645		Father K.Morrison Esq 6 Feb 1920.
Mortimer, H.	AB RNVR	T1/216		Brother T.N.Mortimer Esq 16 Mar 1920.
Morton, T.	Sto1	SS101970		DD 24 May 1915. Father Mr Edmond Morton 5 Aug 1919.
Moth, C.H.	AB RNVR	L8/2799		Party 31 Mar 1920.
Mowatt, J.	AB RNVR	L10/3271		Party 21 May 1919.
Mowett, R.	Sea RNR	B4688	17 Jul 1922	Party 6 Aug 1919.
Mulberry, G.	PO	138488	14 Jul 1920	*HMS Renown* 27 Jan 1919.
Mullin, C.	Sea RNR	B3042		*HMS Dreel Castle* 4 Feb 1919.
Munson, T.A.	AB RNVR	L3033		HQ London RNVR 17 Jun 1919.
Murphy, J.	Ord RNVR	KW446		Retd to R.Mint Mar 1934.
Murphy, M.	AB RNVR	T6/193		Party 4 Feb 1919.
Murray, A.	Sea RNR	A5457		Party 22 Nov 1919.
Murray, D.	Sea RNR	A5575		Party 22 Nov 1919.
Murray, J.	L/Sea RNR	A2564		Party 18 Nov 1919.
Murray, M.	Sea RNR	A2661		Party 3 Dec 1919.
Murray, T.	Sto1	SS103255	8 Apr 1922	*HM Monitor 25(M23)* 21 Apr 1919.
Newbury, H.	AB RNVR	J8947		RNB Portsmouth 28 Mar 1919.
Newman, F.T.	AB RNVR	L8/3295		Party 25 Apr 1919.
Newnham, E.	Sto1	279494	22 Nov 1921	Party 27 May 1919.
Nicholson, J.	Sea RNR	B3821		Party 9 Mar 1925.
Nicholson, R.	L/Sea RNR	2482		*HMS Duncan* 21 Jan 1919.
Nicolson, F.	Sea RNR	A4501		Party 12 Feb 1921.
Nixon, J.W.	AB RNVR	L9/3083		Retd to R.Mint Mar 1934. Reissued to father Dec 1941.
Nolan, M.	Sto2	SS115511		Widow 17 Mar 1924.
Norman, C.M.	AB RNVR	200900		*HMS Southampton* 28 Jan 1919.
Norris, J.	AB RNVR	L10/948	18 Aug 1920	*HMS Wallington* 20 Jan 1919.
Norton, J.	Sto1	SS103913	17 Jun 1920	Party 29 May 1919.
Norton, W.E.	AB RNVR	L7/3287		HQ London RNVR 17 Jun 1919.
O'Flaherty, M.	PO1	192419	17 Sep 1920	*HMS Victory* 26 Aug 1920.
Olding, F.	Sto1	SS104694	14 Apr 1936	*HMS Ganges* 5 Feb 1919.
Oldridge, B.H.	AB RNVR	L9/3459	16 Jun 1920	Party 29 Jun 1919.
Ollivant, A.H.	Lieut/Col RM			DD. Cousin Mrs E.M.Douglas 30 Oct 1925.
Owen, E.E.	AB RNVR	L9/2968		Central Flying Corps Upavon 25 Feb 1919.
Owen, H.J.	Sea RNR	A2139	15 Aug 1923	Party 17 Dec 1919.
Palmer, P.R.	AB RNVR	L9/2957		DAMS Office 19 Mar 1919.
Parish, E.H.	AB RNVR	B1/1152		HQ Bristol RNVR 12 Jun 1919.
Parish, R.C.	AB RNVR	L9/2934	27 Oct 1920	HQ London RNVR 17 Jun 1919. Dup sent to Party 6 Sep 1920.
Park, E.	L/Sea RNVR	T6/102		Party 15 Mar 1919.
Parker, A.	Ord RNVR	KW771		DD 16 Jul 1915. Father G.Parker Esq 8 Jul 1919.
Parker, J.S.	AB RNVR	L10/3071		HQ London RNVR 17 Jun 1919.
Parker, R.	AB RNVR	L9/2830		*HMS Crescent* 10 Mar 1919.

DRAKE BATTALION

Name	Rank	Number	Date	Notes
Parker, R.	AB RNVR	T5/219		HQ Tyne RNVR 28 May 1919.
Parker, W.S.	Sea RNR	A4323	29 Dec 1924	Party 15 Mar 1920.
Parkin, G.	L/Sea	178596		Party 15 Sep 1919.
Parkin, G.	PO	108354		Duplicate issue (See Benbow Btn.) Retd to R.Mint Mar 1934.
Parkinson, J.E.	Sto1	SS107248		Party 30 Jan 1920.
Parr, W.	PO	193207	29 Jul 1920	HMS Victory 15 May 1919.
Parrott, G.H.	Sto1	SS109030		HMS Vestel 28 Feb 1919.
Parrott, J.M.	Col/Sergt RMLI	Po3822		Party 6 Dec 1921.
Pascoe, J.G.	Sea RNR	C3405		Party 14 Nov 1919.
Paterson, K.	Sea RNR	B3949		Party 18 Nov 1919.
Pearce, P.	Sea RNR	A4896	6 Jul 1920	Party 11 Jun 1919.
Pearman, C.	Sea RNR	B4593		HMS Maidstone 28 Mar 1919.
Pears, H.G.	PO RNVR	L4/2905	15 Feb 1921	HQ London RNVR 17 Jun 1919.
Pedelty, F.	AB RNVR	T6/183		HQ Tyne RNVR 28 May 1919.
Peel, A.	AB RNVR	KW761		Party 26 Jul 1919.
Penniket, N.L.	AB RNVR	L1/2802		London Div RNVR 22 Nov 1920.
Percival, H.	AB RNVR	L10/3238		HQ London RNVR 17 Jun 1919.
Peters, J.W.	Act/AB RNVR	L9/3458 A	7 Jul 1920	Party 19 Mar 1919.
Pickard, H.	Sto1	282418	15 Jul 1920	Party 4 Feb 1919.
Pinder, E.	Sto2	SS115439	18 Oct 1921	Party 13 Feb 1920.
Pinks, E.D.P.	Lieut RNVR		25 Jun 1920	Party 25 Jun 1920.
Podmore, J.H.	L/Sea	181378	7 Feb 1924	Party 3 Feb 1920.
Pope, C.	AB RNVR	B1/1100		Party 28 Feb 1919.
Porcher, E.H.	AB RNVR	L9/3577		HQ London RNVR 17 Jun 1919.
Porter, H.	PO	151423	13 Jan 1925	Party 17 Apr 1919.
Pound, H.	L/Sea RNVR	B1/892		RND Aldershot 1 Feb 1919.
Powell, C.	Sea RNR	A3741		HMS Maidstone 28 Mar 1919.
Present, W.	AB	239364		HMS Columbine, Trinidad.
Proctor, J.J.	Sto1	SS107047	9 Jul 1920	Party 30 Jan 1920.
Radix, H.C.	AB RNVR	L5/2785	1 Jul 1920	HMS Wessex 20 Mar 1919.
Rainbow, W.E.	AB RNVR	L10/3530		DD 28 Apr 1917. Father Mr W.Rainbow 6 May 1919.
Ramage, C.T.	AB RNVR	L10/2296		Party 17 Apr 1919.
Read, A.E.	AB RNVR	L10/2688	29 Jun 1920	Party 5 Apr 1919.
Read, H.G.N.	AB RNVR	L8/3070		Party 6 Feb 1919.
Ready, R.	AB RNVR	T1/161	28 Jun 1938	Party 4 Feb 1919.
Reed, B.W.	AB RNVR	B1/1016		HQ Bristol RNVR 12 Jun 1919.
Reeve, R.	AB RNVR	L7/2880	4 Sep 1920	Party 20 Jul 1920.
Regan, E.J.	CPO	156640	3 Dec 1924	RND Aldershot 29 Jan 1919.
Reid, D.	Sea RNR	A2550		No address. Retd to R.Mint Mar 1934.
Reid, T.B.	AB RNVR	L9/3019	25 Jun 1920	Party 25 Jan 1919.
Revell, C.J.	AB RNVR	T6/209		HQ Tyne RNVR 28 May 1919.
Rex, H.H.	AB RNVR	B1/1272		HQ Bristol RNVR 12 Jun 1919.
Reynolds, H.	Sto1	277237	11 Dec 1920	Party 11 Dec 1920.
Reynolds, H.	AB RNVR	B1/651		HQ Bristol RNVR 12 Jun 1919.
Reynolds, J.	Sea RNR	A4459 AI	23 Sep 1925	Party 23 Sep 1925.
Reynolds, J.	Sea RNR	A3242		Party 14 Nov 1919.
Reynolds, P.	Sea RNR	A5193		Party 5 Feb 1920.
Rice, H.	Sto1	SS103936	16 Jun 1920	Party 18 Mar 1919.
Ried, W.B.	AB RNVR	1139		No card. Retd to R.Mint Mar 1934.
Riley, W.G.	Sto2	K20447		HMS Calcutta 19 Apr 1920.
Ritchie, A.	Sea RNR	B5228		Party 23 May 1919.
Robinson, D.	Sea RNR	A2862		Party 17 Jul 1922.
Robinson, E.C.	AB RNVR	L10/3109	22 Jun 1920	HQ London RNVR 17 Jun 1919.
Robson, H.	AB RNVR	T6/153		HQ Tyne RNVR 28 May 1919.
Rogers, F.	AB RNVR	B1/1206	16 Nov 1920	HMS President III 28 Feb 1919.
Roper, E.	Ord RNVR	KW768		DD 31 Dec 1917. Widow Mrs S.Roper 12 May 1920.
Rose, J.	Sto1	K3442		Party 18 Jun 1919.
Rowles, E.J.	CPO RNVR	B1/9		Party 16 Apr 1919.
Ruddock, C.F.J.	Sto1	K9545		HMS Enchantress 26 Mar 1919.
Rumbold, L.H.	AB	J5070		Party 26 Jul 1919.
Russell, A.	AB RNVR	L9/3120	25 Jun 1920	Party 26 Mar 1919.
Russell, J.R.	PO	120983		HMS Maidstone 1 Feb 1919.
Russell, P.H.	AB RNVR	L8/2664	21 Jul 1920	Party 27 May 1919.
Sadler, W.G.	Ord RNVR	KW992		Party 13 Feb 1920.
Sage, J.C.	AB RNVR	L10/3197		Party 23 May 1919.
Sage, R.A.	AB RNVR	B1/1284		Party 17 Apr 1919.
Sandell, A.E.	AB RNVR	L10/3613		Party 17 Jan 1919.

DRAKE BATTALION

Sandford, W.H.	Lieut RN		9 Dec 1920	*HMS Mansfield* 6 Mar 1919.
Sangwine, A.	Sto1	K6866		*HM Monitor 25(M23)* 21 Apr 1919.
Sapsed, S.H.	AB RNVR	L9/2969		Party 15 Mar 1919.
Saunders, K.A.	AB RNVR	L7/1912	6 May 1921	Party 29 Apr 1921.
Saunders, T.	Sto1	SS100274	30 Jun 1920	Party 23 Jan 1919.
Scott, A.	AB RNVR	T6/200		HQ Tyne RNVR 28 May 1919.
Scott, J.M.	PO RNVR	L9/847	4 Dec 1924	Party 30 Jan 1920.
Scott, T.E.	AB RNVR	T6/205		*HMS White Oak* 24 Jan 1919.
Searle, S.	Lieut/Comdr RN		28 Sep 1921	*HMS Queen Elizabeth* 28 Jan 1919.
Seaward, T.F.	PO RNVR	B1/525	14 Mar 1923	HQ Bristol RNVR 12 Jun 1919.
Sell, G.	Sto1	SS101457	16 Jun 1920	*HMS Fearless* 26 Feb 1919.
Sharp, L.E.	AB RNVR	L9/2963	22 Jun 1920	Party 23 May 1919.
Sharpe, J.H.	Sea RNR	A4054	13 Jan 1922	Party 21 Jul 1919.
Shaw, A.	AB RNVR	L9/3364		Party 23 Jan 1922. Clasp column states, "Dunkirk only".
Shevill, T.E.	AB RNVR	T5/149		HQ Tyne RNVR 28 May 1919.
Shipman, C.	AB RNVR	L10/3430	23 Sep 1920	Party 29 Jan 1919.
Sidwell, T.	AB	SS2972		*HMS Shakespear* 23 Jan 1922.
Silom, J.H.	Sea RNR	A5497	7 Nov 1921	Party 16 May 1919.
Simon, H.J.	AB RNVR	L5/3122	3 Dec 1921	Party 5 Apr 1919.
Sinclair, W.	Sea RNR	B4221		Party 26 Nov 1919.
Sinnott, F.	AB RNVR	L9/2513	16 Sep 1920	Party 10 Apr 1919.
Skeates, R.	Sto2	K22332	23 Sep 1920	*HMS Dolphin* 27 Feb 1920.
Skedd, H.B.	Sto1	SS106516		Party 13 May 1919.
Skelton, R.D.	AB RNVR	T1/157	14 Apr 1921	Party 10 Apr 1919.
Skinner, W.E.	Col/Sergt	Ply765		Party 18 Mar 1920.
Skipsey, R.	Sto1	SS102533		DD 9 Jul 1915. Widow Mrs M.Sheppard 12 Jun 1919.
Slack, L.	Sto1	SS107249		Party 12 Sep 1919.
Smart, F.G.	PO2	121987		Party 17 Mar 1922.
Smethurst, R.	AB RNVR	KW50		Party 3 Feb 1920.
Smith, A.E.	Act/CPO	157189	31 Aug 1932	*HMS Topaze* 24 May 1919.
Smith, A.G.	Sub Lieut RNVR		28 Sep 1921	Party 9 Sep 1921.
Smith, A.J.	AB RNVR	L8/3020	23 Jan 1922	Party 22 Mar 1919.
Smith, F.C.	AB RNVR	L10/3441	Nov 1921	DD 22 Jul 1919. Father Mr C.A.Smith 20 May 1919.
Smith, G.H.	Sto1	SS104815		Party 21 May 1919.
Smith, H.	Sto1	SS104292		DD 14 Jul 1915. Widow Mrs J.Smith 11 Nov 1920.
Smith, J.	Sea RNR	A5426		Party 11 Sep 1919.
Smith, J.H.	AB RNVR	T6/131		HQ Tyne RNVR 28 May 1919.
Smith, N.	AB RNVR	T1/202		HQ Tyne RNVR 28 May 1919.
Smith, R.	Sea RNR	A4150		Father A.Smith Esq 2 Jan 1920.
Smith, S.	AB RNVR	L8/2952		Party 6 Mar 1919.
Smith, W.	AB RNVR	T5/216		DD 23 Feb 1919. Father D.Smith Esq 11 Nov 1919.
Smith, W.G.	AB RNVR	B1/1044		HQ Bristol RNVR 12 Jun 1919.
Smyth, B.W.	AB RNVR	LZ9/2570		DD 13 Jul 1915. Father T.W.Smyth Esq 13 Feb 1920.
Soloman, A.	AB	J10073	21 Mar 1922	*HMS Southampton* 28 Jan 1919.
Soutar, T.	Sea RNR	A3712		Party 12 Mar 1919.
Sparkes, T.	AB RNVR	B1/195	14 Apr 1939	Records, Somerset L.I., Exeter 23 Jan 1920.
Spear, S.V.	AB RNVR	L9/3263	19 Dec 1924	Party 29 May 1919.
Sprinett, J.E.	AB	J4305		*HMS Diligence* 7 Feb 1919.
St.John, R.F.	AB RNVR	B186	18 May 1921	Party 8 May 1919.
Stackard, H.F.	AB RNVR	L1/2807		HQ London RNVR 17 Jun 1919.
Staff, A.S.J.	AB RNVR	B1/1124		Party 29 Mar 1919.
Stafford, E.G.	AB RNVR	L9/2382		Party 29 May 1919.
Staples, E.	AB RNVR	B1/1292		Party 9 May 1919.
Stavert, G.J.	AB RNVR	L9/3269		DD 14 Jul 1915. Mother Mrs G.G.Stavert 9 Aug 1919.
Stephen, J.	Sea RNR	B5293		Party 3 Dec 1919.
Stephenson, C.E.	AB RNVR	B1/1311	7 Aug 1920	*HMS Montbretia* 31 Jan 1919.
Stevens, R.G.	AB RNVR	L8/3137		Mother Mrs E.Stevens 15 Mar 1919.
Stevenson, J.	Ord RNVR	KW773		Party 23 May 1919.
Stewart, D.	Sea RNR	A3720		Party 9 Jul 1920.
Stewart, W.	Sea RNR	B5164		Party 5 Dec 1919.
Stiens, A.	Sto1	SS106315		Party 11 Jun 1919.
Stirling, W.E.	AB RNVR	T1/169	25 Aug 1920	HQ Tyne RNVR 25 Jun 1919.
Stringer, F.	AB RNVR	L5/2686	29 Jun 1920	Party 17 Mar 1919.
Stringfield, S.M.	AB RNVR	L9/3529		Party (Lieut S.M.Stringfield RAF) 14 Apr 1919.
Stubbs, J.S.	2/Lieut			
Tancock, H.J.	AB RNVR	B1/561		HQ Bristol RNVR 12 Jun 1919.
Taylor, F.J.	AB RNVR	B1/1133		*HMS Viola III* 13 Mar 1919.

DRAKE BATTALION

Name	Rank	Number	Date	Notes
Taylor, T.	Sergt RMLI	ChA/582		Party 27 Sep 1921.
Taylor, W.	AB RNVR	L9/2461		HMS Diligence 15 May 1919.
Temple, G.W.	Sto1	K19404	12 Oct 1920	Port Edgar 9 Apr 1920.
Thompson, G.	Sto1	K11573		Party 1 Sep 1919.
Thompson, W.	Sea RNR	A5682		Party 19 Aug 1919.
Thomson, E.	Sea RNR	B4172		Party 24 Mar 1925.
Thurston, C.W.	AB RNVR	L7/2520		HQ London RNVR 17 Jun 1919.
Tilbrook, S.M.	AB RNVR	L4/2449		Party 6 Feb 1920.
Tilfer, C.W.	AB RNVR	L1/3029		Father Mr W.Telfer Levinsky 4 Jun 1919.
Tolra, E.	AB RNVR	L10/3516		DD 24 Apr 1918. Mother Mrs Ada S.Miller 7 Oct 1919.
Tomlinson, F.	Sto1	SS107246		DD 14 Sep 1915. Retd to R.Mint Mar 1934.
Tomlinson, F.C.	AB RNVR	T6/175		Party 13 Feb 1919.
Tompsett, W.	AB RNVR	L9/3082		DD 27 Jun 1918. Mother Mrs L.Tompsett 7 Jul 1919.
Towner, G.		L7/3297		Party (See Zimmerman) 21 Oct 1920.
Trotman, C.L.	AB RNVR	L8/2635	10 Nov 1920	Party 29 Jan 1919.
Tucker, H.	AB RNVR	L10/3235	22 Nov 1921	Party 31 Mar 1919.
Turner, E.	Sto1	K9661	16 Jul 1920	HMS Birkenhead 5 Mar 1919.
Turrell, J.W.	PO	198493	11 Jan 1935	Party 3 Feb 1920.
Turvey, J.C.	AB RNVR	L2/2911		Star disposed of by Mr Gillard 27 Jan 1921.
Tutt, F.L.	L/Sea RNVR	L9/1908	22 Jun 1920	DD. Widow Mrs Tutt 10 Nov 1919.
Tweddle, M.	AB RNVR	T1/214		Party 28 Feb 1919.
Varney, H.	Sto1	K17788	18 Aug 1920	HMS Caesar(Craigie) 8 Oct 1919.
Wakefield, S.E.	AB RNVR	L10/3194		HQ London RNVR 17 Jun 1919.
Walker, F.	Sto1	K1618	16 Jun 1920	HMS Lapwing 27 Mar 1919.
Waller, A.	Sto1	SS102153	23 Jun 1920	Party 31 Jan 1919.
Ward, G.	Sto1	SS104121		Party 1 Jul 1919.
Watken, C.	AB RNVR	B1/1287		HMS Royal Oak 7 Feb 1919.
Watson, J.S.	L/Sea	178867	12 May 1921	Original star returned and scrapped. New Star to Party 26 May 1921.
Watts, T.W.	AB RNVR	L9/2170	9 Jul 1920	Party 9 Apr 1919.
Way, P.E.	AB RNVR	B1/1252 A		HQ Bristol RNVR 12 Jun 1919.
Weatherstone, E.J.	AB RNVR	L5/2603		HMS Tyne 20 Jan 1919.
Weaver, C.	Sea RNR	A2407	19 May 1939	Party 16 Jul 1919.
Webb, G.	Sto1	283278		HMS Vernon 27 Mar 1919.
Wells, N.F.H.	Lieut/Comdr RNVR			HMS Barham 27 Jan 1919.
West, H.	Sto1	SS109042		Party 26 May 1920.
Weston, D.	Sergt RMLI	Ch3994		HMS Ganges II 12 Jun 1919.
Westwood, J.	AB RNVR	T6/181		HMS Empress 5 Mar 1919.
Wheeler, S.	AB RNVR	B1/897		Party 8 Mar 1919.
Whitby, R.	Sto1	224536	9 Jan 1941	Party 9 Apr 1919.
White, H.P.	AB RNVR	L10/3609		Party 17 Jan 1919.
White, R.J.	PO RNVR	L9/1338		Issued to Mother (next of kin) 31 Jan 1919.
Whittaker, J.	Ord RNVR	KW764		Party 3 Feb 1920.
Whittingham, J.P.	AB RNVR	L8/3133	29 Oct 1920	Party 1 Apr 1919.
Wighting, G.J.	Sea RNR	A2059	8 Jul 1920	Party 27 May 1919.
Wilby, A.	Sto1	SS105191		Party 26 May 1919.
Wilkin, R.J.	AB RNVR	L10/3360	29 Jun 1920	Party 13 Mar 1919.
Wilkins, E.	AB RNVR	L10/1809		DD 9 Jul 1915. Brother Mr I.H.Wilkins 27 May 1919.
Wilkinson, H.E.	AB RNVR	L7/2882	20 Sep 1921	Party 25 Feb 1919.
Wilkinson, W.	Sto	SS108344		DD 16 Aug 1915. Father W.Wilkinson Esq 4 Nov 1919.
Williams, C.H.	AB RNVR	L2/2945	9 Mar 1922	Party 9 Mar 1922.
Williams, J.	AB	295235		Party 30 Jan 1920.
Williams, K.O.	AB RNVR	L10/3489		HQ London RNVR 17 Jun 1919.
Willis, A.	AB RNVR	L1/1006	22 Dec 1921	HMS Comus 15 May 1919.
Willoughby, H.G.	Sto1	K9658	8 Sep 1920	HMS Iron Duke 23 Jun 1919.
Wilshire, R.	AB RNVR	L10/3038		Party 11 Jun 1919.
Wilson, A.H.	AB RNVR	L9/3229		HQ London RNVR 17 Jun 1919.
Wilson, G.	Sto1	SS103144		DD 14 Jul 1915. Mrs E.Morton 17 Mar 1922.
Winkworth, A.	Sto1	283249		Party 3 Feb 1920.
Winter, R.	AB RNVR	L9/3422		HQ London RNVR 17 Jun 1919.
Winter, W.	AB RNVR	T6/201		Mother Mrs Martha Winter 19 Mar 1919.
Withy, E.G.	AB RNVR	B1/1293		63/RND Aldershot 1 Feb 1919.
Woodbridge, C.	L/Sea	175130	14 Jan 1921	Party 17 Dec 1920.
Woodhouse, F.	AB RNVR	L8/2663	4 Nov 1920	Party 8 Feb 1919.
Worledge, W.T.	Sea RNR	A3379		Party 14 Nov 1919.
Wormald, W.T.	Sto1	SS105170		Party 20 Aug 1919.
Worth, W.	Sea RNR	A3282		Party 21 May 1919.
Wright, F.	PO2 RFR	135590	25 Jun 1920	Party 15 May 1919.

DRAKE BATTALION

Wright, O.	Sto1	K7158		*HMS Malaya* 28 Mar 1919.
Wring, J.	AB RNVR	B1/1164		HQ Bristol RNVR 12 Jun 1919.
Wylie, S.	Sea RNR	A2383		*HMS Ganges II* 28 Mar 1919.
Young, F.S.	AB RNVR	L6/2998	30 Jun 1920	Party 16 May 1919.
Young, J.	Sea RNR	B5058		Party 18 Nov 1919.
Zimmerman, G.	AB RNVR	L7/3297	18 Jun 1923	Star returned 9 Sep 1920 and scrapped. See G.Towner.

HAWKE BATTALION

Name	Rank or Rating	Official Number	Where Served	Clasp Issued	Medal Sent - Comments
Adey, H.J.	Sto1	223542	AI		Party 19 Apr 1920.
Adshead, H.	AB RNVR	L5/2620	AP	7 Dec 1920	HQ RNVR London 17 Jun 1919.
Allan, M.	Sea RNR	A5826	AP		DD 4 Nov 1918. Father Mr T.Allan 8 May 1920.
Allen, A.E.	AB RNVR	B4/1213	AI		HQ RNVR Bristol 12 Jun 1919.
Allen, G.H.	Ord RNVR	KW712	AP	30 Sep 1920	Party 9 Apr 1920.
Amps, W.	AB RNVR	L4/3045	A	9 Dec 1920	HQ RNVR London 17 Jun 1919.
Anderson, H.	AB RNVR	L3/2858	AI	23 Sep 1920	Party 14 Apr 1919.
Andrews, F.J.	L/Sea RNVR	L3/3142	AI	16 Sep 1920	Party 7 Apr 1919.
Appleby, J.T.	AB RNVR	L4/3164	A	17 Jun 1920	Party 19 May 1919.
Appleby, V.	AB RNVR	T2/203	AI	25 Sep 1920	Party 12 May 1919.
Armstrong, H.H.	AB RNVR	T1/195	AI		Party 16 Apr 1919.
Asbury, C.	AB RNVR	L4/2660	AI	15 Jul 1921	DD 26 Feb 1920. Father P.G.Asbury 15 Jul 1921.
Ashton, O.T.	L/Sea RNVR	L3/3210	AI	7 Jul 1920	Party 7 Feb 1919.
Atkins, S.R.	AB RNVR	L4/2870	AI	Sep 1920	Party 5 Jun 1919.
Austin, A.J.	Act/L/Sea RNVR	L3/3377	AP	16 Aug 1920	Party 16 Aug 1920.
Austin, H.	AB RNVR	L3/3218			Party 18 Mar 1919.
Ayres, A.	Sto1	K2412	AI	16 Aug 1920	Party 30 Oct 1919.
Babbage, F.J.	L/Sea RNVR	B4/277	AP	25 Sep 1920	Party 22 Apr 1919.
Badcock, J.V.	AB RNVR	L3/3437	AI	26 Sep 1921	Party 27 Feb 1919.
Bagshaw, R.	Ord RNVR	KW700	AI	30 Sep 1920	Party 26 Jun 1919.
Bailey, J.	Ord RNVR	KW713	AI	7 Nov 1921	Party 7 Nov 1921.
Bailey, W.A.	AB RNVR	B4/1073	AP	29 May 1920	Party 29 May 1919.
Bale, E.E.	Act/L/Sea RNVR	L9/2491	AI	10 Nov 1938	Party 20 Mar 1919.
Banks, W.J.	Sto1	305993	AI	20 Sep 1920	Party 20 Aug 1919.
Barnard, P.E.	AB RNVR	L2/3463	AI	16 Mar 1921	HQ RNVR London 17 Jun 1919.
Barnes, E.	Sto1	SS108853	AI	25 Sep 1920	Party 2 Jul 1919.
Barrett, E.	Sto1	SS103286	A		DD 7 Oct 1914. Widow Mrs E.C.Linge 17 May 1920.
Barter, R.	AB RNR	B1249	AI	19 Sep 1938	HQ RNVR Bristol 12 Jun 1919.
Bastin, A.G.	AB RNVR	L9/2717	AP	16 Sep 1920	Party 13 Feb 1919.
Basting, T.J.	Sergt RM	Ply3979		22 Feb 1922	Party 22 Feb 1922.
Batten, G.E.	AB RNVR	L5/3438	AI	6 Jun 1921	Party 3 Mar 1919.
Bayes, S.	Sto1	SS102940	AI	30 Sep 1920	Party 12 Apr 1920.
Bayley, H.F.	AB RNVR	B4/1271	AP	4 Dec 1920	HQ RNVR Bristol 12 Jun 1919.
Beadle, S.W.	Act/Comdr RN		AI	1 Jul 1920	Party 1 Jul 1920.
Beard, A.J.	Sto1	293242	AI	7 Jul 1920	Party 16 May 1919.
Beavon, H.	AB RNVR	L2/3565	AP	4 Dec 1920	HQ RNVR London 17 Jun 1919.
Beavon, P.S.	AB RNVR	L2/3127	AI		Party 7 Feb 1919.
Beddow, W.A.	AB	J10779	AI	25 Sep 1920	*HMS Excellent* 11 Apr 1919.
Begent, J.H.	AB RNVR	L9/2967	AI	21 Dec 1920	HQ RNVR London 17 Jun 1919.
Bell, R.	AB RNVR	T2/168	AI	20 Sep 1920	Party 31 Mar 1919.
Belston, H.	AB RNVR	L8/2798	AP		Party 16 Jan 1919.
Benfield, F.V.	AB RNVR	L2/3403	AP	4 Dec 1920	HQ RNVR London 17 Jun 1919.
Benn, F.	AB RNVR	L9/3616	AP		DD. Father Mr G.Benn 8 May 1920.
Bennett, L.J.	AB RNVR	L2/2927			Party 22 Mar 1919.
Bennett, T.	Sto1	SS163934	AI		DD 8 Jun 1917. Widow Mrs H.A.Bennett 17 May 1920.
Bentley, E.	Sto1	301580	AP	23 Sep 1920	Party 12 Apr 1920.
Betow, S.L.	AB RNVR	L4/3141			Party 17 Apr 1919.
Binney, J.H.	Ord RNVR	KW701	AI	21 Oct 1920	Party 1 Jul 1919.
Bird, J.	Sto1	SS100774	AI	8 Nov 1921	Party 8 Nov 1921.
Bisdee, E.H.J.	AB RNVR	B41208	AI	25 Aug 1920	Party 14 Apr 1919.
Bishop, E.F.	AB RNVR	L4/2984	AI	17 Jun 1920	Party 17 Apr 1919.
Bishop, H.	AB RNVR	L2/3296	AP	7 Dec 1920	HQ RNVR London 17 Jun 1919.
Blackmore, A.G.	AB RNVR	L2/3543	AI		Party 18 Mar 1919.
Blair, C.N.	Sea RNR	A4671	AP		Party 10 Feb 1920.
Blair, H.	Sea RNR	B4992	AI		Party 19 Mar 1920.
Blair, W.W.	Sea RNR	A2442	A	23 Sep 1920	Party 14 Apr 1919.
Blanche, N.C.	Act/L/Sea RNVR	L2/3342			HQ RNVR London 17 Jun 1919.
Blower, J.	Ord RNVR	KW705	AI		Retd to R.Mint Mar 1934.
Bodman, H.	L/Sea RNVR	L3276	AI		Party 28 Feb 1919.
Booth, J.W.	Ord RNVR	KW726	AP		Party 21 Apr 1920.
Boreham, W.J.T.	Lieut RNVR		AI	30 Oct 1922	63/RND Alnwick 13 Mar 1919.
Boret, F.	AB RNVR	L2/3473	AP		Party 29 Jan 1919.
Bough, R.	Sea RNR	B5138	AI	20 Sep 1920	Party 23 May 1919.

HAWKE BATTALION

Name	Rank	Service No.		Date	Notes
Bourke, M.S.	AB RNVR	L2/2815	AP	17 Jun 1920	Party 11 Jun 1919.
Bourne, E.W.	Sto1	SS104999	AI	25 Jun 1920	Party 28 Nov 1919.
Bourne, S.J.	AB RNVR	L2/3332	AI	4 Dec 1920	HQ RNVR London 17 Jun 1919.
Bowley, D.	Ord RNVR	KW719	AP		Party 20 Apr 1920.
Branch, R.	AB RNVR	B4/711	AI	20 Sep 1920	Party 14 Apr 1919.
Brash, R.W.	AB RNVR	L2/3615	AP	9 Dec 1920	HQ RNVR London 17 Jun 1919.
Bremner, J.	Sea RNR	A5204	AI	9 Oct 1920	Party 30 Jul 1920.
Brewer, A.E.	AB RNVR	B4/726	AI	7 Jul 1920	Party 21 May 1919.
Briggs, A.	Ord RNVR	KW675	AI	28 Dec 1938	Party 6 Jul 1919.
Bromfield, J.L.	Lieut RNVR		AI	5 Feb 1921	Party 17 Dec 1919.
Broom, S.	Sto1	172830	AI	22 Jun 1920	Party 10 Mar 1920.
Brown, A.H.	AB RNVR	L6/2581	AI	23 Sep 1920	Party 7 Apr 1919.
Brown, A.S.	AB RNVR	L4/3252	AI	14 Jan 1921	HQ RNVR London 17 Jun 1919.
Brown, E.G.	AB RNVR	B4/921	AI		Party 22 Apr 1919.
Brown, F.C.	Sto	K22171	AI	9 Dec 1920	*HMS Terror* 13 Feb 1919.
Brown, J.C.	Ord RNVR	KW736	AP	25 Sep 1920	Party 8 Nov 1919.
Brown, P.A.	Act/L/Sea RNVR	L4/3380	AI	6 Dec 1920	HQ RNVR London 17 Jun 1919.
Brown, W.	AB RNVR	T3/123	AI	4 Dec 1920	HQ RNVR Tyne 28 May 1919.
Brown, W.W.	Sto1	281964	AI	30 Sep 1920	Party 20 Sep 1920.
Bryant, W.H.	AB RNVR	B4/1054	A	29 Dec 1920	HQ RNVR Bristol 12 Jun 1919.
Buchanan, J.	Sea RNR	A5417		28 Jun 1921	Party 28 Jun 1921.
Buchanan, M.	Sea RNR	A4960	AI		Party 10 Dec 1919.
Buckingham, F.T.	AB RNVR	L2/3467	AI	1 Jul 1920	Party 7 Apr 1919.
Bucknall, A.A.	AB RNVR	T2/72	AI	11 Aug 1921	Party 10 Apr 1919.
Bucknell, H.	Ord RNVR	KW708	AP	25 Sep 1920	Party 10 May 1920.
Budd, P.	AB RNVR	L2/2550	AP	4 Dec 1920	HQ RNVR Tyne 17 Jun 1919.
Bull, C.J.	Sto2	K22183	AI	25 Mar 1926	*HMS Victory* 7 Mar 1919.
Bull, J.	Sto1	SS104226	AP	14 Jul 1920	Party 14 Jul 1920.
Buller, A.W.	AB RNVR	B4/485	AI	4 Oct 1920	Party 29 Apr 1919.
Bulley, A.C.	CPO	155119	AI		DD 3 Oct 1919. Widow Mrs B.C.Bulley 1 May 1920.
Bullock, A.J.	AB RNVR	B1/1254	A	8 Sep 1920	*HMS Undaunted* 19 Apr 1919.
Burgoyne, R.	Sea RNR	B4985	AI	19 Jan 1921	Party 11 Apr 1919.
Burkin, G.A.	Sto1	K7759	AI	6 Aug 1920	*HMS Excellent* 24 Mar 1919. Dup to *HMS Dido* 23 Feb 1920.
Bury, E.F.	PO1	135663			Party 10 Sep 1920.
Butler, H.	PO1	194816	AI		Party 16 Jun 1919.
Campbell, D.	Sea RNR	A4421	AI	25 Sep 1920	Party 26 Nov 1919.
Campbell, D.	Sea RNR	A4651	AI	1 Oct 1920	Party 25 Nov 1919.
Campbell, D.G.	Sea RNR	B4056	AI	23 Sep 1920	Party 4 Jun 1919.
Campbell, J.	Sea RNR	A2365	AP	11 Oct 1920	Party 22 Jul 1920.
Campbell, M.	Sea RNR	A4451	AP		Party 21 Nov 1919.
Campion, H.W.	Midn RNVR			24 Apr 1922	Party per Father 8 Feb 1919.
Cane, J.F.W.	AB RNVR	L3/3237		22 Jun 1920	Party 23 Jan 1919.
Cantwell, P.	Sto1	SS102519	AI	23 Sep 1920	Party 21 Nov 1919.
Careless, G.M.	Sto1	SS101232	AP	23 Sep 1920	Party 8 Jul 1919.
Carpenter, F.	AB RNVR	B3/1057	AP	4 Dec 1920	HQ RNVR Bristol 12 Jun 1919.
Carr, W.	Ord RNVR	KW443			Party 19 Apr 1920.
Carroll, O.	AB RNVR	T3/156	A	21 Oct 1920	Party 12 May 1919.
Carter, A.C.	Sto1	SS103522	AI		Retd to R.Mint Mar 1934.
Carver, F.V.	AB RNVR	L3/2615	AI	30 Sep 1920	Party 25 Feb 1919.
Chambers, F.	AB RNVR	L8/2131	A	13 Oct 1920	Party 23 May 1919.
Chance, A.E.	L/Sea RNVR	L3/2499			Mother 20 Aug 1925.
Chant, W.	Sto1	SS104286	AI	23 Sep 1920	Party 11 Nov 1919.
Chapman, A.C.	AB RNVR	B4/1285	AI		Party 26 May 1919.
Chapman, G.P.	Sto1	SS108654	AI	25 Sep 1920	Party 19 Apr 1919.
Chappell, J.F.	AB RNVR	B4/1144	AI	6 Jul 1920	RND Aldershot 11 Apr 1919.
Chester, L.	AB RNVR	L2/2888	AI	28 Oct 1920	Party 17 Mar 1919.
Chick, H.R.	AB RNVR	L3/3395			HQ RNVR London 17 Jun 1919.
Chisholm, N.	Sea RNR	A3488	AP	8 Oct 1920	Party 29 Apr 1920.
Churchill, W.	AB RNVR	L8/2399	AP	15 Jul 1920	HQ RNVR London 17 Jun 1919.
Clarke, E.G.	AB RNVR	L3/3115	AI		HQ RNVR London 17 Jun 1919.
Clarke, J.	Sea RNR	A5218	AP	30 Sep 1920	Party 26 Nov 1919.
Clarke, R.M.	L/Sea RNVR	L3/3392	AP	10 Nov 1923	Party 28 Mar 1919.
Clements, H.J.	AB RNVR	L3/3373			Run 13 May 1915. Retd to R.Mint Mar 1934.
Clementson, G.	AB RNVR	T2/115	AI	4 Dec 1920	HQ RNVR Tyne 28 May 1919.
Coad, W.	AB	170395	AI	26 May 1921	Party 15 Sep 1919.
Cole, A.E.	Sto1	SS108159	AI	30 Sep 1920	Party 16 Dec 1919.
Cole, S.	AB RNVR	B4/1212	AP	4 Dec 1920	HQ RNVR Bristol 12 Jun 1919.

HAWKE BATTALION

Coleman, G.	Ord RNVR	KW314			Party 13 Apr 1920.
Collins, L.V.	Act/L/Sea RNVR	L4/3404	AI	21 Jun 1931	Party 7 May 1919.
Colmore, R.B.B.	Lieut/Comdr RN				Retd to R.Mint Mar 1934.
Conville, H.	AB RNVR	T5/193	AI	27 Jun 1923	Party 11 Jun 1919.
Cook, A.	AB RNVR	B1/1058	AP	22 Sep 1931	HQ RNVR Bristol 12 Jun 1919.
Cook, C.G.	AB RNVR	L8/2646	AI	22 Apr 1921	Party 26 Feb 1919.
Cooke, E.H.S.	PO	206719	AI	29 Nov 1920	Party 8 May 1919.
Cooper, R.	AB RNVR	L9/2171	AI	8 Dec 1920	Star of W.Cooper issued in error. Retd to stock & Scrapped. Own Star issued to Party 28 May 1925.
Cooper, W.	Act/L/Sea	290251	AP	23 Jul 1920	Original star sent R.Cooper. Star returned but new Star issued to Party 28 May 1925.
Cotton, A.	Sto1	SS103408	AP	23 Sep 1920	Party 9 Dec 1919.
Cotton, W.	Ord RNVR	KW710	AI	21 Oct 1920	Party 9 Oct 1919.
Cowper, C.W.	AB RNVR	T2/170	AI	3 Dec 1920	HQ RNVR Tyne 28 May 1919.
Crewe, J.	Sto1	289396			Party 17 Dec 1919.
Crinks, A.F.	AB RNVR	B3/1237	A	25 Sep 1920	Party 17 Apr 1919.
Cullen, W.A.	AB RNVR	B4/980	AI	22 Dec 1920	HQ RNVR Bristol 12 Jun 1919. Dup 2945.
Cunniff, J.	Ord RNVR	KW686	AI	13 Dec 1920	Party 19 May 1919.
Cunningham, J.	Sto1	K12381	AP		Run 21 May 1919. Retd to R.Mint Mar 1934.
Curd, P.J.	AB RNVR	L4/3240			Party 24 May 1919.
Daniel, B.E.	AB RNVR	L4/3114	AI	4 Oct 1920	Party 28 Mar 1919.
Daniel, D.A.	Act/L/Sea RNVR	L4/3065	AI	30 Sep 1920	Party 25 Mar 1919.
Daniel, G.H.	AB RNVR	L4/3064	AI	30 Nov 1920	Party 30 Nov 1920.
Daniels, F.	Sto1	SS100683	AP	23 Sep 1920	Party 27 May 1919.
Dann, G.	AB RNVR	B4/918			Party 27 Feb 1919.
Daubney, C.	AB RNVR	L2/3097	AP	11 Dec 1920	HQ RNVR London 17 Jun 1919.
Davey, I.F.	AB RNVR	B4/906	AI	27 Apr 1921	HQ RNVR Bristol 12 Jun 1919.
Davidge, H.	AB RNVR	B4/104	AI		Party 11 Jun 1919. Two medals issued in error, one returned 5 Aug 1920.
Davies, A.J.	AB RNVR	L9/2869	AI	26 Jan 1925	Party 6 Mar 1919.
Davies, H.E.	AB RNVR	L2/3533		13 Jun 1929	HQ RNVR London 17 Jun 1919.
Davies, J.	Ord RNVR	KW679	AI	25 Sep 1920	Party 14 Apr 1919.
Davis, H.	AB RNVR	B2/1053	AP	9 Dec 1920	HQ RNVR Bristol 12 Jun 1919.
Davis, W.R.	AB RNVR	T5/221	AI	25 Sep 1920	Party 17 Apr 1919.
Davison, E.	AB RNVR	T3/163	AI	3 Dec 1920	Party 3 Dec 1920.
Deacon, A.B.	AB RNVR	B1/1263	A	23 Sep 1920	Party 28 Jan 1919.
Depledge, C.	Ord RNVR	KW724	AP	25 Sep 1920	Party 19 Nov 1919.
Derbyshire, G.	Sto1	SS104514	AP		DD 7 Sep 1916. Father Mr W.Derbyshire 28 Apr 1920.
Dernie, S.J.	AB RNVR	L2/3196	AI		Party 10 Jun 1919.
Dickenson, A.E.	Sto1	SS101910	AI	30 Sep 1920	Party 13 Mar 1919.
Dickson, N.	AB RNVR	L2/3402	AP	25 Sep 1920	Party 10 Apr 1919.
Dillon, F.	PO1	183508	AI	25 Sep 1920	Party 27 May 1919.
Dixon, W.	AB RNVR	T3/166	AP	14 Sep 1921	Party 27 May 1919. Dup clasp issued (No.3207)
Dobinson, L.	CPO RNVR	T3/8			HQ RNVR Tyne 28 May 1919.
Doe, D.	Sto1	160505	AI	28 Jun 1920	Party 31 Sep 1919.
Douglas, J.S.	Lieut RN				Mother Mrs J.Douglas 1 Feb 1919.
Douthwaite, L.G.	PO1 RNVR	L3/1459	AP	15 Feb 1921	Party 30 Apr 1919.
Doxford, H.	AB RNVR	T2/196	AI	4 Dec 1920	HQ RNVR Tyne 28 May 1919.
Dreyer, J.	Sea RNR	A2624	AP	26 Feb 1921	Party 1 Jul 1919.
Dryden, E.	AB RNVR	T3/159	AI	23 Dec 1920	HQ RNVR Tyne 28 May 1919.
Duff, H.	Sto1	SS105966			Party 1 Jul 1919.
Dyer, H.J.	AB RNVR	L3/3024			Party 29 Apr 1919.
East, A.	Sto1	K22173	AI		Party 26 Feb 1919.
East, C.R.	PO RNVR	L4/1411	AP	3 Dec 1920	HQ RNVR London 17 Jun 1919.
Eccleshall, G.T.	Sto1	SS101743	A*		Party 28 May 1919.
Edmondson, J.	Sto1	300831	AI	7 Jul 1920	Party 23 May 1919.
Endacott, G.J.	PO1	133593	AP	6 Nov 1920	Party 3 May 1920.
England, S.S.	AB RNVR	L3/3129	AI	12 Jan 1921	Party 22 Apr 1919.
Erlington, W.	AB RNVR	T3/177	AI	4 Dec 1920	HQ RNVR Tyne 28 May 1919.
Etherington, E.	Ord RNVR	KW703	AP	28 Oct 1920	Party 22 Aug 1919.
Evans, E.F.	Act/L/Sea RNVR	L2/3151	AI	23 Oct 1920	Party 19 Mar 1919.
Evans, N.S.	AB RNVR	L2/3453			HQ RNVR London 17 Jun 1919.
Eveleigh, C.	AB RNVR	L8/2651	AP	23 Oct 1920	Party 31 Mar 1919.
Eveleigh, W.	AB	145006	AP	28 Oct 1920	Party 30 Jan 1920.
Ewen, W.	Sea RNR	A2378	AP		Party 11 Jun 1919.
Exon, W.A.	AB RNVR	B4/1119	AP	3 Mar 1921	HQ RNVR Bristol 12 Jun 1919.
Fairfield, J.W.	Ord RNVR	KW313			C.M.B. Dover 15 Mar 1919.
Farley, D.F.	AB RNVR	L3/3236		22 Jun 1920	Party 22 Jan 1919.

HAWKE BATTALION

Name	Rank	Number	Medal	Date	Notes
Farrant, J.C.	AB RNVR	L2/3228	AP	9 Dec 1920	HQ RNVR London 17 Jun 1919.
Farrell, J.	CPO	147148	AI	4 Nov 1920	Party 23 Apr 1920.
Faux, S.	Sto1	305975	AI	9 Jul 1920	Party 19 Feb 1919.
Fenn, H.	Ord	KW695	AI	4 Nov 1920	Party 23 Apr 1919.
Fenrick, J.W.	Sto1	SS106307	AI		Party 19 Jun 1920.
Fitzgerald, M.	Sea RNR	A2246	AP	5 Nov 1920	Party 19 Nov 1919.
Fleming, S.W.	L/Sea RNVR	B4/833	AI	31 Dec 1920	Party 27 Feb 1919.
Fletcher, B.L.	Major RM		AI	19 Mar 1925	Party 31 Mar 1919.
Fletcher, C.A.	Ord RNVR	KW698	AI	29 Oct 1920	Party 8 Aug 1919.
Flint, E.	AB RNVR	L3/2808			DD 13 Nov 1916. Retd to R.Mint Mar 1934.
Flude, B.	Ord RNVR	KW697		29 Jun 1920	Party 25 Apr 1919.
Forbes, A.	Sto1	282382	AP	5 Nov 1920	Party 23 Apr 1920.
Ford, J.	PO2	147442	AI	28 Oct 1920	Party 22 Jul 1919.
Forest, J.	Sto1	SS106200	AI	3 Nov 1920	Party 11 Aug 1919.
Fox, F.M.	Sub Lieut RNVR				Party 20 Mar 1919.
Fraley, H.	AB RNVR	B4/1204	AP	28 Oct 1920	Party 6 Jun 1919.
Frankish, W.	Sto1	K7703	AI	9 Dec 1920	Party 16 Apr 1919.
Franklin, F.A.	Sto1	SS105220	AP	15 Oct 1920	Party 11 Sep 1919.
Fraser, I.	Lieut RNVR				Party 8 Mar 1919.
Freeman-Mitford, The Hon.E.R.B.O.	Sub Lieut RNVR		AI	29 Sep 1920	Party c/o Sister 29 Sep 1920. Original star scrapped & Retd to R.Mint 9 Mar 1922.
Furness, A.	AB RNVR	T5/228	AI	25 Oct 1920	Party 9 May 1919.
Gard, F.J.	AB RNVR	B4/1234	AP	28 Oct 1920	Party 15 Apr 1919.
Garson, S.	L/Sea RNVR	L3/2989	AI	28 Oct 1920	Party 16 Jun 1919.
Gasston, J.E.N.	AB RNVR	T3/208	AI	4 Dec 1920	HQ RNVR Tyne 28 May 1919.
Gatling, P.A.	AB RNVR	L3/3192			Dunkirk 5 Feb 1919.
Gest, W.	Ord RNVR	KW699	AI	29 Jul 1920	Party 3 Jul 1919. Dup to Party 17 Nov 1920.
Gibbens, H.	Sto1	188345	AP	25 Jun 1920	Party 7 Nov 1919.
Gibbs, V.R.	AB RNVR	L2/3306			HQ RNVR London 17 Jun 1919. Dup to Air Ministry 24 Feb 1933.
Gibson, H.V.	AB RNVR	B4/798	AI	27 Oct 1923	HQ RNVR Bristol 12 Jun 1919.
Giffard, W.H.	Sub Lieut RNVR		AI	21 Nov 1924	Party 12 Feb 1919.
Gilbert, A.	AB RNVR	T2/132	AI	7 Feb 1922	HQ RNVR Tyne 28 May 1919.
Gilbert, C.S.	AB RNVR	L4/3435	AI	23 Oct 1920	Party 11 Feb 1919.
Giles, F.	Sto1	SS106736	AI	26 Nov 1920	Party 1 Jul 1919.
Gill, H.	AB RNVR	L2/3328	AP	Nov 1920	HQ RNVR London 17 Jun 1919.
Gillard, H.	PO	207583			HMS *Farres* 13 Jun 1919.
Gillard, R.G.	AB RNVR	B4/915	AI	19 Oct 1920	Party 11 Apr 1919.
Gillies, D.	Sea RNR	A3309			DD 1 Jan 1919. Father Mr N.A.Gillies 3 Dec 1919.
Gio Batta, S.	AB RNVR	B4/954			Party 31 Mar 1919.
Godding, G.	PO2	115924			DD 9 Nov 1920. Son Mr G.J.Godding 24 Apr 1924.
Godfrey, W.E.	AB RNVR	L4/3310	AI	25 Oct 1920	Party 6 Mar 1919.
Goldring, F.H.	Sto1	SS106836	AI	4 Nov 1920	Party 29 Apr 1920.
Goldring, G.F.	CPO	166351	AI	21 Sep 1920	HMS *Excellent* 12 Jun 1919.
Goodacre, A.W.	Sto1	295862	AP	3 Dec 1920	Party 3 Dec 1920.
Goodman, G.	AB RNVR	L3/3184	AI		HQ RNVR London 17 Jun 1919.
Gott, W.	Ord RNVR	KW672	AI	23 Oct 1920	Party 7 Apr 1919.
Graham, D.	Sea RNR	A2881	AI		Party 21 Nov 1919.
Graham, F.G.	AB RNVR	B4/1101	A	8 Jul 1920	HQ RNVR Bristol 12 Jun 1919.
Grants, B.	Sto1	K13131	AI	31 Dec 1920	Party 31 Dec 1920.
Gravatt, F.J.	AB RNVR	L2/2605	AP	23 Dec 1920	HQ RNVR London 17 Jun 1919.
Gray, A.	AB RNVR	T2/109	AI		Party 5 May 1919.
Gray, G.	AB RNVR	L2/2821	AP	6 Dec 1020	HQ RNVR London 17 Jun 1919.
Green, G.	Ord RNVR	KW689	AI	15 Oct 1920	Party 15 Apr 1919.
Green, G.	Ord RNVR	KW317			Party 8 May 1920.
Green, J.C.H.	Ord RNVR	L4/2790	AI	28 Oct 1920	Party 15 Feb 1919.
Green, W.J.	Ord RNVR	KW735	AP	13 Nov 1920	Party 23 Apr 1920.
Griffiths, T.J.	Ord RNVR	KW683	AI	30 Jun 1920	Party 25 Jun 1919.
Griggs, H.N.	AB RNVR	L3/3023	AI	21 Dec 1920	HQ RNVR London 17 Jun 1919.
Grimner, L.	Ord RNVR	KW722	AP		DD 15 Apr 1918. Father Mr G.Grimner 5 May 1920.
Grisswood, F.	AB RNVR	L2/3407	AP	7 Oct 1922	Party 7 Oct 1922.
Groom, A.G.	L/Sea RNVR	L9/2975	AI	29 Nov 1920	Party 11 Feb 1919.
Grover, C.	AB	217425	AP	3 Nov 1920	Party 13 Feb 1920.
Grover, F.C.	Lieut RNVR		AI	27 Feb 1931	RND Aldershot 11 Apr 1919.
Gunn, D.	Sea RNR	B4319	AP	29 Nov 1920	Party 7 Apr 1919.
Gunn, J.D.	Sea RNR	A5275	AI	6 Dec 1920	Party 10 Dec 1919.
Guppy, R.	Act/AB RNVR	L4/2750	AI		DD 5 Mar 1917. Father Mr J.Guppy 29 Sep 1919.
Gwilliam, W.	Ord RNVR	KW685	AI	29 Oct 1920	Party 8 Jul 1919.

HAWKE BATTALION

Name	Rank	Number		Date	Notes
Gwynn, E.	AB RNVR	L2/3454	AP	19 Oct 1920	Party 8 Feb 1919.
Hadingham, E.W.	Sub Lieut RNVR		AI	2 Jul 1931	Party 12 Feb 1919.
Hadley, G.	Sto1	K6606	AI		Party 10 Apr 1919.
Hagan, J.	Arm/Mte	158876			DD 28 Mar 1916. Brother Mr H.Hagan 25 Jan 1921.
Haines, G.	AB RNVR	L2/82			Retd to R.Mint Mar 1934.
Haires, A.J.G.	L/Sea RNVR	L3/3018	AI	30 Jun 1920	Party 13 Mar 1919.
Halfyard, R.C.	AB RNVR	L3/3619			HQ RNVR London 17 Jun 1919.
Hall, E.	Ord RNVR	KW721	AI	25 Nov 1938	Party 31 Mar 1919.
Hall, J.	AB RNVR	T6/198	A		DD 31 May 1916. Mother Mrs N.Hall 11 Mar 1919.
Hancock, G.	Sto1	SS101992	AI	28 Oct 1920	Party 16 May 1919.
Hancock, J.T.	Sto2	K22358	AP		HMS Dido 31 Mar 1919.
Hannam, M.	Ord RNVR	KW706	AI	23 Sep 1920	Party 29 Apr 1920.
Hanson, G.T.	AB RNVR	L3/2876	AP	9 Dec 1920	HQ RNVR London 17 Jun 1919.
Harbury, E.	AB RNVR	B3/1239	A	6 Mar 1924	Party 20 Aug 1919.
Harding, T.	AB RNVR	T2/173	AP	17 Nov 1933	HQ RNVR Tyne 28 May 1919.
Hardy, H.	AB RNVR	L2/3368	AP		HQ RNVR London 17 Jun 1919.
Harris, A.P.	L/Sea RNVR	B4/740	AI	28 Jun 1920	Party 7 Apr 1919.
Harris, H.	AB RNVR	B4/68	AP	27 Aug 1923	Party 12 May 1919.
Harris, H.J.	AB RNVR	B4/1174	AI		Party 23 May 1919.
Harvey, P.A.	AB RNVR	L2/2757	AI	7 Dec 1920	HQ RNVR London 17 Jun 1919.
Hawker, G.	CPO	115123		4 Nov 1922	RND Aldershot 1 Feb 1919.
Hay, J.	Ord RNVR	KW723	AP	7 Dec 1920	Party 23 Apr 1920.
Hayman, E.	PO1	137436	AP	4 Nov 1920	Party 8 Mar 1920.
Haynes, G.	AB RNVR	B4/1135	AI	29 Oct 1920	Party 4 Jun 1919.
Hayward, J.	PO1	121088	AP	23 Oct 1920	Party 9 Apr 1919.
Headford, C.	AB RNVR	B1/1066	A	28 Jun 1920	HQ RNVR Bristol 12 Jun 1919.
Heales, S.	AB RNVR	B4/1048	AI		HQ RNVR Bristol 12 Jun 1919.
Heath, C.	Sto1	SS101724	AI	1 Nov 1920	Party 23 Apr 1919.
Heath, W.J.	AB RNVR	L4/2787			Party 19 Feb 1919.
Heather, T.	PO1	169382	AI	7 Feb 1921	HMS Victory 11 Jun 1919. Deceased 7 Jan 1920.
Hemmingway, H.	Ord RNVR	KW694	AI		Party 11 Jun 1919.
Henderson, H.	Sea RNR	B3775	AP	25 Oct 1920	Party 2 Jul 1919.
Heritage, J.E.	Sto1	SS106371	AI	3 Dec 1920	Party 3 Dec 1920.
Hicks, W.	AB RNVR	L9/2181	AI		Party 20 Feb 1919.
Highton, H.W.	AB RNVR	T1/222	AI	19 Oct 1920	Party 11 Apr 1919.
Hill, A.H.	CPO RNVR	B4/479	AI	25 Oct 1920	Party 27 Mar 1919.
Hillier, W.J.	PO RNVR	L2/1303	A	14 Dec 1920	HQ RNVR London 17 Jun 1919.
Hindess, T.	AB RNVR	T2/179	AI	28 Oct 1920	Party 23 May 1919.
Hobbs, E.A.	AB RNVR	B4/960	AP	6 Dec 1920	HQ RNVR Bristol 12 Jun 1919.
Hodgson, H.	Sto1	SS107420	AI	23 Oct 1920	Party 22 Aug 1919. Dup Star, clasp & roses issued (No.4550).
Hogfress, A.E.	AB RNVR	L3/3195			Party 21 Mar 1919.
Hoire, O.	AB RNVR	L4/3015			RND Aldershot 29 Jan 1919.
Holden, I.	Ord RNVR	KW674	AI	19 Oct 1920	Party 1 Apr 1919.
Holden, W.	Ord RNVR	KW671	AP	3 Nov 1920	Party 28 Apr 1920.
Holland, F.T.	AB RNVR	L2/2323	AI	28 Oct 1920	Party 16 Jun 1919.
Hollingun, S.J.	AB RNVR	L3/2778			Original Star retd incorrectly inscribed. New Star issued 14 Jan 1938.
Holloway, J.	AB RNVR	B4/1193	A	21 Oct 1920	Party 11 Mar 1919. Dup Star issued (No.3188).
Holloway, J.A.	L/Sea RNVR	B4/1232			Party 29 Jan 1919.
Holloway, J.H.	CPO RNVR	B3/1055	A	25 Oct 1920	Party 13 Mar 1919.
Holton, W.W.	AB RNVR	ZW941	AP	4 Nov 1920	Party 2 Jan 1920.
Hope, J.	Ord RNVR	KW707	AP	28 Oct 1920	Party 9 Dec 1919.
Hopkins, G.C.	AB RNVR	L5/3524	AI	7 Jul 1920	Party 8 Mar 1919.
Hotston, M.	Sto1	SS101483			Party 16 Jul 1923.
House, A.J.	AB RNVR	B4/1128	AI	27 Oct 1920	Party 22 Apr 1919.
Howard, J.	Sto1	SS104735	AP		Party 14 Apr 1919.
Howe, J.	PO	192480	AI	31 Dec 1920	HMS Victory 15 May 1919.
Howes, H.	Sto2	K22168	AI	14 Dec 1920	HMS Terror 13 Mar 1919.
Howlett, J.	Sto1	SS108319	AI	6 Nov 1920	Party 19 Jun 1919.
Howson, A.S.	Sto1	SS101417	AI	28 Oct 1920	Party 11 Apr 1919.
Hubling, H.W.	AB RNVR	L4/3215	AI	28 Sep 1921	Party 12 Mar 1919.
Hughes, A.J.	PO2	128685	AI	4 Nov 1920	Party 27 Apr 1920.
Humphrey, A.J.	Sto1	K15001			Retd to R.Mint Sep 1924.
Humphrey, H.C.	L/Sea RNVR	L3/2924	AP	6 Dec 1920	HQ RNVR London 17 Jun 1919.
Humphreys, W.	AB	229217	AI		Party 28 Nov 1919.
Hunter, J.W.	AB RNVR	T3/110	AI	3 Dec 1920	HQ RNVR Tyne 28 May 1919.
Hunter, W.	Ord RNVR	KW678	AI	15 Oct 1920	Party 15 Apr 1919.
Hurl, E.A.	Sto1	SS107051	A	13 Apr 1922	Party 13 Apr 1922.

HAWKE BATTALION

Name	Rating	Number	Clasp	Date	Notes
Hurley, W.J.	AB RNVR	B4/1116	AP	19 Oct 1920	Party 25 Jan 1919.
Hutchinson, R.D.	Sto1	K22156	AI	11 Dec 1920	*HMS Terror* 13 Mar 1919.
Hutt, H.R.	AB RNVR	L1/3039			HQ RNVR London 17 Jun 1919.
Hyde, G.J.	AB RNVR	T2/206	AP	7 Dec 1920	HQ RNVR Tyne 28 May 1919.
Impey, M.E.	Midn RNVR		AI		Party 12 Apr 1919.
Inman, W.	Sto1	SS106117	A	23 Jun 1920	Party 2 Apr 1919.
Ireland, S.	AB RNVR	L2/3465	AP		DD 26 Mar 1917. Father Rev.J.H.Ireland 19 Mar 1919.
Jack, D.	Sea RNR	A3018	A	30 Nov 1920	Party 30 Nov 1920.
Jacobs, G.A.	AB RNVR	L7/2884	AP		HQ RNVR London 17 Jun 1919.
James, W.J.	PO1	204531	AI	4 Nov 1920	Party 23 Apr 1920.
Jameson, J.H.	AB RNVR	L8/2647	AP	23 Oct 1920	Party 24 Feb 1919.
Jameson, T.P.	AB RNVR	T3/45	AI	25 Oct 1920	Party 23 May 1919.
Jameson, W.C.	AB RNVR	L2/3355	A		Retd to R.Mint Mar 1934.
Jappy, J.	Sea RNR	A4687	AP	5 Nov 1920	Party 26 Nov 1919.
Jaques, R.E.	AB RNVR	L2/3132	AP	7 Dec 1920	HQ RNVR London 17 Jun 1919.
Jarvis, J.H.	AB RNVR	L4/3110	AI		Retd to R.Mint Mar 1934.
Jeffery, J.	AB RNVR	B4/812	AI	4 Dec 1920	HQ RNVR Bristol 12 Jun 1919.
Jeffery, J.B.	PO2	124847			Party 15 Sep 1919.
Jeffkins, T.K.	AB RNVR	L3/2529	AI	7 Aug 1920	HQ RNVR London 17 Jun 1919.
Jerrim, R.T.	AB RNVR	B4/973	AI	13 Jan 1921	Party 10 Apr 1919.
Jessop, E.A.	AB RNVR	L3/3148			Party 27 Feb 1919.
Johnson, W.G.	Sto1	K7696	A	4 Nov 1930	Party 17 Apr 1919.
Johnstone, R.	Sto2	SS115580	AI	21 Oct 1920	Party 29 Aug 1919.
Jones, E.G.	AB RNVR	B4/1228	AP	11 Dec 1920	HQ RNVR Bristol 12 Jun 1919.
Jones, J.	Sto1	SS102913	AP	23 Oct 1920	Party 13 Feb 1919.
Jones, J.J.	AB RNVR	L2/2763			*HMS Imperieuse* 5 Feb 1919.
Jones, S.	Sea RNR	A4739	AP	12 Nov 1920	Party 9 Dec 1919.
Jordan, W.J.	AB RNVR	B4/1226	AP	19 Oct 1920	Party 26 Mar 1919.
Joy, G.E.	AB RNVR	L2/3585	AP	24 Oct 1927	Party 27 Oct 1927.
Judkin, H.W.	Sto1	SS103726		14 Jul 1921	Party 31 Mar 1919.
Kane, B.	Sea RNR	A4602	AP	29 Nov 1920	Party 19 Nov 1919.
Keary, C.	Act/L/Sea RNVR	L4/3379	AI	22 Feb 1922	Party 24 Feb 1919.
Keep, R.J.	AB RNVR	L3/3519	AI	9 Oct 1920	Party 2 Apr 1919.
Kelly, T.	Sto1	SS104725	AP	7 Dec 1920	Party 7 Dec 1920.
Kemp, A.	Sto1	K20769	AI	23 Aug 1920	RNB Portsmouth (*HMS Victory*) 19 Mar 1919. Dup clasp to *HMS P47*.
Kemp, E.	Ord RNVR	KW677			Party 30 Jan 1920.
Kemp, G.A.	AB RNVR	L2/3414	AI	13 Dec 1920	HQ RNVR London 17 Jun 1919.
Kent, L.J.	Sea RNR	A4231	AP	28 Oct 1920	Party 18 Nov 1919.
Kershaw, A.	Sto1	SS106663	AI	4 Nov 1920	Party 21 May 1919.
Ketching, J.W.	Ord RNVR	KW681	AI		Party 18 May 1920.
Kilkenny, T.	AB	217047			Run 2 May 1917. Retd to R.Mint Mar 1934.
Kimber, T.	Sto1	SS107356	AI	26 Jul 1920	Party 22 Apr 1919.
King, C.	Ord RNVR	KW716	A	19 Oct 1920	Party 22 Aug 1919.
King, C.H.	AB RNVR	L2/3307	AP		HQ RNVR London 17 Jun 1919.
Kingsnorth, H.A.	AB RNVR	L3/2943		24 Jun 1920	Party 5 Jun 1919.
Kirby, B.W.	AB RNVR	B4/951	AI	28 Oct 1920	Party 21 May 1919.
Kirkaldy, T.J.W.	L/Sea RNVR	L2/1416	AP		HQ RNVR London 17 Jun 1919.
Kitcline, E.	Ord RNVR	KW702	AI	4 Nov 1920	Party 24 Mar 1920.
Klein, A.A.	AB RNVR	L3/3485	AI	28 Oct 1921	Party 28 Mar 1919. Alias Clyne.
Klein, H.	AB RNVR	L3/3486	AI	23 Dec 1920	HQ RNVR London 17 Jun 1919. Alias Clyne.
Knox, C.B.	PO RNVR	L3/2436	AP	8 Oct 1920	Party 4 Mar 1919.
Knox, P.	AB RNVR	T1/232	AP	7 Dec 1920	HQ RNVR Tyne 28 May 1919.
Laird, D.	Sea RNR	A4606	AP	4 Nov 1920	Party 2 Dec 1919.
Lakeman, P.	Sea RNR	B4084	AI	6 Nov 1920	Party 26 Jul 1919.
Lane, G.H.	AB RNVR	KW720	AI	5 Nov 1920	Party 15 May 1919.
Lane, J.	Ch/Arm	116540			Party 2 Apr 1919.
Langley, J.	AB RNVR	B4/1246	AP	11 Dec 1920	HQ RNVR Bristol 12 Jun 1919.
Langmaid, E.L.	L/Sea RNVR	L3/2452	AI		HQ RNVR London 17 Jun 1919.
Lawrence, G.	AB RNVR	B4/1231	AI	21 Oct 1920	Party 28 Mar 1919.
Lawrence, P.	Sto1	277193	AI	28 Oct 1920	Party 3 Feb 1920.
Le Cheminate, W.	PO1 RNVR	B4/855	AI		HQ RNVR Bristol 12 Jun 1919.
Leask, G.	Sea RNR	A4140	AP	30 Jul 1920	Father Mr J.Leask 30 Jul 1920.
Leaven, C.	Ord RNVR	KW728	AI	29 Oct 1920	Party 19 Nov 1919.
Lee, G.M.	Ord RNVR	KW738	AI		Party 6 Jun 1919.
Lee, H.H.	PO1	160951	AI	7 Dec 1920	*HMS Victory* 6 Mar 1919.
Lee, J.W.	Sto1	SS145411			Airship Construction Kingsnorth 13 Mar 1919.
Legg, W.C.	Act/PO	143918	AI	17 Jun 1920	Naval Base Fleet 10 Sep 1919.

HAWKE BATTALION

Name	Rank	Number		Date	Notes
Letford, W.E.	PO RNVR	B4/76	AI	13 Nov 1920	Party 8 Mar 1919.
Lewis, B.C.	AB RNVR	L2/2504		28 Sep 1921	Party 22 Apr 1919.
Lewis, H.O.	PO1	193051	AI	22 Jun 1920	Party 12 Sep 1919.
Lewis, S.T.	AB RNVR	L2/2503	AI	29 Oct 1920	Party 8 May 1919.
Light, A.A.G.	Sto2	K22177	AP	24 Mar 1922	*HMS Gibraltar* 24 Mar 1922.
Linacre, J.A.	Ord RNVR	KW676	AI		Party 26 Jun 1919.
Lindley, C.G.	AB RNVR	L2/3483			HQ RNVR London 17 Jun 1919.
Linward, T.W.	Sto1	SS106500	AI	4 Nov 1920	Party 20 Apr 1920.
Little, C.	AB RNVR	L3/2470	AI		Party 8 May 1919.
Little, H.W.	Act/L/Sea RNVR	L4/3320			Party 29 Jan 1919.
Littley, E.	Sto1	290570	AI	4 Nov 1920	Party 28 Apr 1920.
Llewellyn, W.P.	AB RNVR	L2/3544	AP		Party 17 Mar 1919.
Lockyer, D.R.	AB RNVR	L6/2736	AI	28 Oct 1921	HQ RNVR London 17 Jun 1919.
Long, L.C.	AB RNVR	B4/1061	AP		Party 17 Mar 1919.
Long, W.C.	Ord RNVR	KW727	A		DD 7 Oct 1914. Widow Mrs B.Lodge 19 Mar 1919.
Longstaff, J.R.	Sto1	SS107676	AI	16 Aug 1920	Party 16 May 1919.
Lovely, P.T.	AB RNVR	L2/3475	AP	23 Oct 1920	Party 19 Feb 1919.
Lowe, E.A.R.	AB RNVR	L4/3222	AI	9 Jul 1920	Party 9 Jul 1920.
Lowe, F.	Sto1	300813	AI		Party 19 Apr 1920.
Lumsden, T.	AB RNVR	T3/196	AP	21 Oct 1920	Party 22 Apr 1919.
Lunness, A.	Ord RNVR	KW690	AI	3 Nov 1920	Party 31 Mar 1919.
Lynn, G.	Ord RNVR	KW725	AP	13 Nov 1920	Party 3 May 1920.
MacIver, A.	Sea RNR	A5446	AI	13 Nov 1920	Party 24 Nov 1919.
Maddison, J.T.	Ord RNVR	KW730	AP		Party 23 Apr 1920.
Malpas, S.	AB RNVR	B4/1198	AI	25 Oct 1920	Party 14 Apr 1919.
Manning, J.	AB RNVR	L3/3462	AP		HQ RNVR London 17 Jun 1919.
Manning, M.W.	Ord RNVR	KW691	AP	6 Nov 1920	Party 17 Apr 1920.
Manson, G.	AB RNVR	B4/981	AI	28 Oct 1920	Party 23 Apr 1919.
March, A.H.	AB RNVR	B4/843	AP	25 Oct 1920	Party 8 May 1919.
Marshall, A.H.	AB RNVR	T2/167	AI	29 Oct 1920	Party 23 Apr 1919.
Marshall, S.	AB RNVR	L3/3123	A		Party 20 Mar 1919.
Martin, I.H.	AB RNVR	L3/3227			Party 1 Mar 1919.
Massum, G.	AB RNVR	L4/3075	AI	23 Oct 1920	Party 26 Feb 1919.
Maudesley, A.G.	PO2 RNVR	L3/2671			Party 29 May 1920.
Maunders, I.J.	Sto2	K22339	AP	29 Nov 1921	*HMS Fisgard* 29 Nov 1921.
Mavins, W.H.	AB RNVR	L4/3193	AI	19 Oct 1920	Party 7 Apr 1919.
Maynard, A.E.J.	AB RNVR	B4/1072	AI	15 Oct 1920	Party 31 Mar 1919. Dup clasp & roses to Party 30 Sep 1930.
McAnulty, P.	AB RNVR	T5/200	AI	22 Oct 1920	Party 14 Apr 1919.
McArthur, J.	Sea RNR	A5297	A	19 Nov 1923	Party 19 Nov 1923.
McAskill, G.	Sea RNR	A3924	AP	4 Nov 1920	Party 7 May 1919.
McAskill, K.	Sea RNR	A3798			Party 10 Feb 1920.
McAulay, D.	Sea RNR	A3105	AI	13 Nov 1920	Party 27 Nov 1919.
McAuley, A.	Sea RNR	C3058	AI	18 Nov 1920	Party 16 Dec 1919.
McAuley, J.	Sea RNR	A3032	AI	5 Nov 1920	Party 26 Nov 1919.
McCarthy, G.	AB RNVR	L2/2855	AP	8 Mar 1928	Party 8 Mar 1928. Medal engraved "McArthy", re-engraved "McCarthy" before issue to Party.
McCarthy, M.	Sto1	285338	AI	30 Nov 1920	Party 30 Nov 1920.
McCormack, H.	Sea RNR	A2278	AP		Party 24 Nov 1919.
McCormack, J.	AB RNVR	T3/182	AP	Dec 1920	HQ RNVR Tyne 28 May 1919.
McDonald, A.	Sea RNR	A4541	A		Party 25 Nov 1919.
McDonald, A.	Sea RNR	A3952	AI	29 Nov 1920	Party 20 Dec 1919.
McDonald, A.	Sea RNR	A3508	AI	5 Nov 1920	Party 26 Nov 1919.
McDonald, D.	Sea RNR	A5427			Party 25 Nov 1919.
McDonald, E.	Sea RNR	A3829	AI	12 Jan 1921	Party 26 Nov 1919.
McDonald, M.	Sea RNR	A4562	AI	29 Oct 1920	Party 21 May 1919.
McDonald, N.	Sea RNR	A4519			Party 25 Nov 1919.
McDonald, N.	Sea RNR	A5445	AP	5 Nov 1920	Party 5 Dec 1919.
McFarlane, W.	AB RNVR	L3/271	AI	22 Nov 1921	RND Aldershot 11 Apr 1919.
McHardy, W.	Sto1	SS101500	AI	21 Oct 1920	Party 19 Mar 1919.
McIntyre, D.	Sto1	K11863	AP		*HMS Stronghold* 20 Oct 1919. Medal returned 1 Apr 1920.
McIver, A.	Sea RNR	A4456	AP	25 Nov 1920	Party 27 Nov 1919.
McIver, J.	Sea RNR	A5304	AP	13 Nov 1920	Party 26 Nov 1919.
McIver, M.	Sea RNR	A4596	AI	30 Nov 1920	Party 25 Nov 1919.
McIver, M.	Sea RNR	A4499	AP	5 Nov 1920	Party 25 Nov 1919.
McKay, D.	Sea RNR	A5358	AP	4 Nov 1920	Party 3 Dec 1919.
McKay, G.	Sea RNR	B2757	AI	13 Nov 1920	Party 3 Dec 1919.
McKay, J.H.	Sea RNR	A4945	AI	29 Nov 1920	Party 17 Apr 1919.

HAWKE BATTALION

Name	Rank	Number		Date	Notes
McKay, K.	Sea RNR	A3473			Retd to R.Mint Mar 1934.
McKay, M.	Sea RNR	A3093			DD. Father J.McKay 5 Dec 1919.
McKechnie, D.G.	AB RNVR	L4/2543	AI	23 Oct 1920	Party 24 Feb 1919.
McKenzie, D.	Sea RNR	A5361	AI		Party 26 Nov 1919.
McKenzie, D.	Sea RNR	A5307	AP	29 Dec 1920	Party 20 Dec 1919.
McKenzie, D.	Sea RNR	A3477	AI	12 Nov 1920	Party 12 Nov 1920.
McKenzie, J.	Sea RNR	A3318	AP	6 Nov 1920	Party 25 Nov 1919.
McKenzie, R.	Sea RNR	A5566	AI	5 Nov 1920	Party 19 Apr 1920.
McKinlay, W.	Sea RNR	B4193	AP	29 Oct 1920	Party 28 May 1919.
McKinny, W.	Sea RNR	A5255	AP	31 Nov 1920	Party 26 Nov 1919.
McLaughton, J.	Sto1	294035	A	15 Dec 1921	*HMS Renown* 27 Jan 1919.
McLean, J.	Sea RNR	A3946	AP	13 Nov 1920	Party 28 Nov 1919.
McLean, K.	Sea RNR	A3858	AP	13 Nov 1920	Party 9 Dec 1919.
McLennan, D.	Sea RNR	A3319	AI	4 Nov 1920	Party 27 Nov 1919.
McLeod, A.	Sea RNR	A2568	AI	13 Dec 1920	Party 28 Nov 1919.
McLeod, A.	Sea RNR	A3276	AI	23 Dec 1920	Party 25 Nov 1919.
McLeod, A.	Sea RNR	A3405	AI		Party 3 Dec 1919.
McLeod, D.	Sea RNR	A5593	AI		Party 21 May 1919.
McLeod, D.	Sea RNR	A3830	AI	5 Nov 1920	Party 26 Nov 1919.
McLeod, D.	Sea RNR	A3082	AI	25 Nov 1920	Party 12 Dec 1919.
McLeod, F.	Sea RNR	A3552	AI	25 Nov 1920	Party 16 Dec 1919.
McLeod, M.	Sea RNR	A3362	AI		Party 16 Dec 1919.
McLeod, M.	Sea RNR	A3470	AI	13 Dec 1920	Party 13 Dec 1920.
McLeod, M.	Sea RNR	A3294	AI	30 Nov 1920	Party 30 Nov 1920.
McLeod, R.	Sea RNR	A3884	AI		Party 10 Dec 1919.
McPhail, J.	Sea RNR	B4899	AI	5 Nov 1920	Party 25 Nov 1919.
McRitchie, J.	Sea RNR	A4548	AI		Party 22 Nov 1919.
McRitchie, N.	Sea RNR	A3833	AI	5 Nov 1920	Party 26 Nov 1919.
Mead, W.	AB	216414	AP	3 Nov 1920	Party 13 Apr 1920.
Mearns, W.	Sea RNR	A2078	AP	15 Feb 1921	Party 20 Dec 1919.
Meech, A.R.	Sto2	K22178	AP	27 Jan 1924	Party 27 Jan 1924.
Metcalfe, L.	AB RNVR	L3/3161	AP	14 Jan 1921	Party 10 Apr 1919.
Millard, D.	AB RNVR	T2/145	AI	15 Oct 1920	Party 20 Mar 1919.
Millen, P.W.	AB RNVR	T2/3128	AI	21 Oct 1920	Party 6 Mar 1919.
Miller, H.W.	Sto1	K4872	AP	6 Jul 1920	*HMS Stronghold* 20 Oct 1919.
Miller, S.	AB RNVR	L3/3163	AI	21 Oct 1920	Party 15 Mar 1919.
Miranda, T.	AB RNVR	L2/2631	AP	14 Jul 1921	HQ RNVR London 17 Jun 1919.
Mitchell, D.C.	CPO RNVR	B4/42		22 Dec 1923	Party 28 Mar 1919.
Mitchell, F.H.	AB RNVR	B4/1217	AI	11 Dec 1920	HQ RNVR Bristol 12 Jun 1919.
Mitchell, H.C.	AB RNVR	B4/1178		13 Aug 1920	Party 26 Feb 1919.
Mitchell, R.	AB	218085	AI	9 Jul 1920	*HMS Windsor* 9 Jul 1920.
Molyneux, S.A.	PO2	109649	AI		Party 1 Jun 1920.
Moore, A.	Ord RNVR	KW732	A	14 Aug 1920	Party 16 Oct 1920.
Moore, A.	Ord RNVR	KW734	AP	16 Aug 1920	Party 7 Apr 1919.
Moore, R.G.	AB RNVR	B4/1147	AI	28 Oct 1920	Party 9 Jun 1919.
Morgan, C.L.	Sub Lieut RNVR		AI	1 Dec 1924	Party 11 Mar 1919.
Morris, C.H.	AB RNVR	L3/1811	AI	3 Nov 1920	Party 5 May 1919.
Morrison, D.	Sea RNR	A3865	AI	4 Nov 1920	Party 10 Dec 1919.
Morrison, J.	Sea RNR	A3361	AP	21 Dec 1920	Party 1 Sep 1919.
Morton, J.	AB RNVR	L9/2947	AI	4 Dec 1920	Party 21 May 1919.
Muir, J.	Sea RNR	B4994	AP		Party 26 Nov 1919.
Mullins, E.W.H.	AB RNVR	L9/2592	AI	16 Jun 1925	Party 11 Apr 1919. Dup issued to Party 12 Mar 1926. Further Dup (with clasp) issued 2 Dec 1935.
Munday, G.R.	CPO RNVR	L3/1068	AP	21 Oct 1920	Party 17 Apr 1919.
Murfit, G.W.	Ord RNVR	KW673	AP		Party 14 Apr 1919.
Murphy, H.M.	Sto1	SS106498	AI	6 Nov 1920	Party 1 Jun 1920.
Murray, C.J.	AB RNVR	L3/3374	AI	28 Oct 1920	Party 11 Feb 1919.
Murray, D.	Sea RNR	B4047	AI	2 Dec 1920	Party 26 Nov 1919.
Murray, E.	Sea RNR	A5837	AP		Party 26 Aug 1919.
Mybrea, G.H.	Act/L/Sea RNVR	L2/3466	AP	28 Oct 1920	Party 11 Jun 1919.
Naylor, F.C.	AB RNVR	L4/2743	AI	29 Jun 1920	HQ RNVR London 17 Jun 1919.
Naylor, T.	Sto1	SS106978	AP	4 Nov 1920	Party 9 Apr 1920.
Neville, C.	AB	SS2969		22 Jun 1920	Party 31 Mar 1919.
Newsome, T.	Ord RNVR	KW693	AI	13 Nov 1920	Party 16 May 1919.
Nichol, J.	AB RNVR	T2/113	AI	19 Oct 1920	Party 10 Apr 1919.
Nichols, S.H.	AB RNVR	L9/2979	AP	28 Oct 1920	Party 15 Apr 1919.
Nicholson, J.	Sea RNR	A2343	AI		Party 25 Nov 1919.

HAWKE BATTALION

Nicholson, K.	Sea RNR	A2863	AI	5 Nov 1920	Party 3 Dec 1919.
Nicholson, M.	Sea RNR	A3505	AP	5 Nov 1920	Party 26 Nov 1919.
Nix, H.	Sto1	SS100058	AI	25 Jun 1920	Party 12 Jun 1919.
Noble, E.	AB RNVR	T3/185	A	29 Oct 1920	Party 1 May 1919.
Noone, J.	Sto1	293492	AI		Retd to R.Mint Mar 1934.
Norquoy, R.	Sea RNR	A4607	AI		Party 30 Apr 1919.
Norris, R.	AB RNVR	T3/143	AP	14 Jul 1921	HQ RNVR Tyne 28 May 1919.
North, T.H.	AB RNVR	B4/842			HQ RNVR Bristol 12 Jun 1919.
Oag, W.	Sea RNR	A2998	AP		Party 8 Nov 1935.
Oddey, L.W.	AB RNVR	L4/2378	AI	25 Jun 1920	Party 27 Feb 1919.
Oppe, E.F.	AB RNVR	L2/3209	AP	11 Dec 1920	HQ RNVR London 17 Jun 1919.
Ortner, C.	AB RNVR	L4/2711	A	13 Jul 1920	Party 21 Feb 1919.
Owen, E.F.	AB RNVR	B4/1151	AI	19 Oct 1920	Party 27 Mar 1919.
Oxley, T.	Ord RNVR	KW669	AP	13 Nov 1920	Party 9 Apr 1920.
Page, R.D.	AB RNVR	L1/2669	AP	25 Jun 1920	Party 15 Apr 1919.
Palmer, A.G.	AB RNVR	B4/617	AP	24 Jun 1920	Party 22 Apr 1919.
Palmer, B.G.	L/Sea RNVR	L9/2881	A	28 Jun 1920	Party 16 Apr 1919.
Parker, H.A.	AB RNVR	L2/3088	AP	23 Dec 1920	HQ RNVR London 17 Jun 1919.
Parsons, F.A.	AB RNVR	L3/3292			HQ RNVR London 17 Jun 1919.
Pattinson, J.	AB RNVR	T5/215	AI	15 Oct 1920	Party 12 Apr 1919.
Payne, A.	Sto1	SS105218	AI	28 Oct 1920	Party 19 Nov 1919.
Pearce, W.	AB RNVR	B4/1279	AI	4 Nov 1920	Party 12 May 1919.
Peardon, W.J.	AB RNVR	L4/2872	AI	19 Oct 1920	Party 15 Apr 1919.
Pearson, A.G.B.	AB RNVR	B4/836			HQ RNVR Bristol 12 Jun 1919.
Pearson, J.H.	Act/CPO	155539	AI	16 Aug 1920	*HMS Victory* 11 Jun 1919.
Pegler, E.G.	AB RNVR	B3/1118	A	21 Dec 1920	HQ RNVR Bristol 12 Jun 1919.
Peirpoint, G.	Ord RNVR	KW682			Party 9 Apr 1920.
Penny, A.	AB RNVR	B4/1148	AP	19 Oct 1920	Party 19 Apr 1919.
Perry, D.	PO2	123296	AI	6 Nov 1920	Party 19 Apr 1920.
Phillips, S.	AB RNVR	B4/830	AI	15 Feb 1926	Party 11 Jun 1919. Dup 5584.
Pickering, W.W.	Sto1	SS105742	AI	4 Feb 1921	Party 12 Jun 1919.
Pierce, F.	AB RNVR	T3/193	AI	6 Dec 1920	HQ RNVR Tyne 28 May 1919.
Pilgrim, H.	Act/L/Sea RNVR	L2/3298	AI	7 Dec 1920	Party 21 May 1919.
Pinder, L.	Ord RNVR	KW692	AI	24 Feb 1930	Party 30 Jul 1919.
Platt, M.C.	Sub Lieut RNVR		AI	26 Oct 1920	DD 26 Nov 1918. Mother Mrs M.Platt 26 Oct 1920.
Playne, B.A.	Surgn RN			23 Feb 1921	Midland Area HQ RAF 24 Mar 1919.
Pledger, S.W.	AB RNVR	L3/2649	AI	15 Oct 1920	Party 27 Feb 1919.
Plumley, T.R.	AB RNVR	B4/1140	AI	11 Dec 1920	HQ RNVR Bristol 12 Jun 1919.
Poole, G.	AB RNVR	L2/2516	AP		HQ RNVR London 17 Jun 1919.
Pope, S.A.	AB RNVR	L2/3359			Party 7 Apr 1919.
Poultney, L.F.	AB RNVR	L3/3139	AI	21 Dec 1920	Party 15 Apr 1919. Dup clasp to Party 9 Oct 1923.
Power, J.	Act/L/Sea RNVR	L6/2397	AP	13 Dec 1920	HQ RNVR London 17 Jun 1919.
Preston, A.	Sea RNR	A3533			Party 10 Aug 1921.
Price, L.S.T.	PO2	147383			Party 17 Apr 1919.
Price, T.	Sto1	SS106220	AI	21 Oct 1920	Party 29 Aug 1919.
Prior, C.	Sto1	306606	AI		Party 29 Aug 1919.
Pritchard, H.	Sto1	SS108722	AI	28 Oct 1920	Party 29 Jul 1919.
Prytherach, H.D.	AB RNVR	L2/2980	AP	15 Feb 1921	HQ RNVR London 17 Jun 1919.
Pugh, N.S.	AB RNVR	L2/3401	AP	11 Dec 1920	HQ RNVR London 17 Jun 1919.
Pumford, P.	AB RNVR	B4/1256	AP	7 Dec 1920	HQ RNVR Bristol 12 Jun 1919.
Purrington, W.E.	AB RNVR	B2/1067	A		HQ RNVR Bristol 12 Jun 1919.
Pyne, R.W.	AB RNVR	L2/3002	AI	19 Oct 1920	Party 12 Mar 1919.
Raby, E.	Ord RNVR	KW715	AP	11 Mar 1921	Party 11 Jun 1919.
Raby, W.	Ord RNVR	KW680	AP	1 Jul 1920	Party 27 May 1919.
Radford, J.C.	PO1	127949	AI	4 Sep 1920	Party 13 Feb 1919.
Rainbow, K.W.	L/Sea RNVR	L3/1509			HQ RNVR London 17 Jun 1919.
Rawlings, E.W.	AB RNVR	B4/1202	AI		Party 7 May 1919.
Rayment, K.	AB RNVR	L4/3102	AI	4 Feb 1921	Party 8 Feb 1919.
Rea, T.	Sto1	306527	AP	5 Nov 1920	Party 14 Apr 1920.
Redmond, C.	AB RNVR	T3/152	A		DD 7 Apr 1920. Mother Mrs B.Redmond 10 May 1920.
Reeder, G.	Ord RNVR	KW733	AI		Party 7 Jun 1920.
Reeve, H.J.	AB	J7317		30 Jul 1920	*HMS King George V* 28 Feb 1919.
Reeves, R.C.	Sto1	305744			Party 6 Feb 1919.
Reid, T.B.	Sto1	SS103801	AI	3 Nov 1920	Party 30 Oct 1919.
Reid, W.	AB RNVR	T2/119	AP	9 Dec 1920	HQ RNVR Tyne 28 May 1919.
Reilly, J.J.	Sto1	154547	AI	28 Oct 1920	Party 27 Mar 1919.
Rennie, G.	AB RNVR	L2/3034	AI	10 Sep 1920	HQ RNVR London 17 Jun 1919.

HAWKE BATTALION

Name	Rank	Number	Medals	Date	Notes
Reynolds, W.C.	AB RNVR	B3/1060	AP		Party 25 Jan 1919.
Rhodes, C.	Ord RNVR	KW696	AI	4 Nov 1920	Party 27 Apr 1920.
Richardson, L.	PO2	120847	AI	16 Jul 1920	Party 21 May 1919.
Ricketts, A.	Sto1 RFR	299139	AI	4 Nov 1920	Party 23 Apr 1920.
Ripley, A.T.	AB RNVR	L2/3354	AI	24 Jun 1920	Party 24 Jun 1920.
Ripley, L.R.	AB RNVR	L2/3333	AI	24 Jun 1920	Party 24 Jun 1920.
Robbins, H.E.	Sto1	SS101968	AI	15 Oct 1920	Party 26 Aug 1919.
Robertson, L.	AB RNVR	T3/172	AI	28 Oct 1920	Party 26 May 1919.
Robins, G.F.	Sto1	287741		6 Dec 1938	Party 2 Jul 1919.
Robinson, C.F.	AB RNVR	T2/133	AI	4 Nov 1920	Party 29 Apr 1919.
Robinson, W.R.	AB RNVR	B4/1294	AP	9 Dec 1920	HQ RNVR Bristol 12 Jun 1919.
Rogers, W.	AB RNVR	L10/2473	AI	23 Jun 1920	Party 14 Apr 1919.
Roseman, J.	AB RNVR	T6/206	AI	19 Oct 1920	Party 7 Apr 1919.
Ross, A.	Sea RNR	A5751	AI	3 Nov 1920	Party 16 Jul 1919.
Ross, A.	AB RNVR	A5797	AI	3 Nov 1920	Party 16 Jul 1919.
Ross, E.M.C.	Sea RNR	B3997	AP	28 Jun 1920	Party 31 Mar 1919.
Rowbotham, J.E.	AB RNVR	L2/2892	AP	11 Dec 1920	Party 17 Jun 1919.
Rowe, H.	AB RNVR	L2/3327	AP	11 Dec 1920	HQ RNVR London 17 Jun 1919.
Rush, H.H.	Act/L/Sea RNVR	L4/3381			Harwich 5 Feb 1919.
Russell, A.E.	AB RNVR	L4/3080	AI	11 Dec 1920	HQ RNVR London 17 Jun 1919.
Ryder, H.	AB RNVR	T1/217	AI		Party 7 Apr 1919.
Rye, S.	AB RNVR	ZW996	AP	23 Jun 1920	Party 6 Oct 1919.
Salmon, F.	AB RNVR	B4/987	AI	13 Jan 1921	HQ RNVR Bristol 12 Jun 1919.
Salter, H.G.	Sea RNR	A4725	A	25 Jun 1920	Party 25 Jun 1920.
Sargeant, S.A.	AB RNVR	L3/2528	A	12 Jan 1921	HQ RNVR London 17 Jun 1919.
Saunders, A.R.	Sto1	SS103157	AI	4 Nov 1920	Party 27 Apr 1920.
Saville, S.O.	AB RNVR	L4/2762			HQ RNVR London 17 Jun 1919.
Sawyer, H.A.	L/Sea RNVR	L9/2908		15 Dec 1920	Party 9 Jun 1919.
Schafer, A.	Sto1	304104		24 Jun 1921	Party 29 Mar 1919.
Scott, W.	Sto1	SS102506	AP	27 Oct 1920	Party 27 Oct 1920.
Sebry, G.A.	L/Sea RNVR	B4/174	AI	15 Oct 1920	Party 28 Mar 1919.
Selkirk, H.J.	AB RNVR	L2/2274	AI	7 Nov 1924	DD. Widow Mrs E.Selkirk 30 Jan 1920.
Sellars, T.H.	Ord RNVR	KW687	AI		Yorks & Lancs Regt 12 May 1920.
Selmes, G.W.	PO	128978	AI	24 Jun 1920	Party 6 May 1919.
Sharman, J.W.	Ord RNVR	KW684	AI	25 Nov 1920	Party 30 May 1919.
Sharp, A.	L/Sea RNVR	T2/143	AP	21 Oct 1920	Party 26 Mar 1919.
Sharp, V.	AB RNVR	L2/3397	A	14 May 1935	Party 14 May 1935.
Sharpe, A.	AB RNVR	L2/3326	AP		HQ RNVR London 17 Jun 1919.
Sharpe, C.H.	AB RNVR	L2/3185	AP	11 Dec 1920	HQ RNVR London 17 Jun 1919.
Sharpe, F.R.G.	Act/L/Sea RNVR	L2/2833	AP		DD. Mother E.Sharp 26 Sep 1919.
Shelton, R.H.	Act/L/Sea RNVR	L4/3301		6 Aug 1920	HQ RNVR London 17 Jun 1919.
Shine, W.	Sto1	SS102982	AI	23 Jul 1920	Party 22 Oct 1919.
Shute, A.J.M.	PO1	198336	AI	6 Sep 1922	Party 25 Mar 1919.
Simmons, R.H.	PO1	126899	AP	28 Oct 1920	Party 27 May 1919.
Simmons, W.	Ord RNVR	KW731	AI	1 Nov 1920	Party 17 Apr 1920.
Skinner, A.H.	Sto2	K22350	AI	29 Jun 1920	Party 20 Mar 1919.
Slade, T.	AB RNVR	B2/1295	A	30 Sep 1920	Party 21 May 1919.
Slater, C.L.	AB RNVR	L3/3491	AI	31 Dec 1920	Party 21 May 1919.
Smees, E.	PO	152153		16 Aug 1920	*HMS Renown* 27 Jan 1919.
Smith, A.E.	AB RNVR	L4/3136	AI	25 Oct 1920	Party 22 Mar 1919.
Smith, G.	Ord RNVR	KW737	AP	4 Nov 1920	Party 28 Apr 1920.
Smith, H.C.	AB RNVR	L4/3597	AI	21 Dec 1920	HQ RNVR London 17 Jun 1919.
Smith, J.	Sea RNR	A5215	AI	27 Oct 1920	Party 16 May 1919.
Smith, J.W.	AB RNVR	L3/2749	AP	23 Dec 1920	HQ RNVR London 17 Jun 1919.
Smith, M.	Sea RNR	A5599	AI	29 Nov 1920	Party 28 Nov 1919.
Smith, T.E.L.	AB RNVR	T3/194	AI		HQ RNVR Tyne 28 May 1919.
Spearey, H.W.	AB RNVR	B4/777	AI	21 Dec 1920	HQ RNVR Bristol 12 Jun 1919.
Spencer, H.	AB RNVR	T2/156	AP	11 Dec 1920	HQ RNVR Tyne 28 May 1919.
Spencer, J.	Ord RNVR	KW717	AP	29 Jun 1920	Party 10 Apr 1919. Dup Star & Clasp to Party 7 Jan 1925.
Spinney, L.	AB RNVR	L3/3188	AP	21 Dec 1920	HQ RNVR London 17 Jun 1919.
Squires, S.E.	AB RNVR	L2/2505	AP	1 Jul 1920	HQ RNVR London 17 Jun 1919.
Stables, J.	Sto2	SS115581	AP	21 Dec 1920	Party 29 Apr 1920.
Stallebrass, J.	Sto2	K22380	AI	24 Apr 1922	Party 15 Mar 1919.
Stanger, W.	Sto1	288292	AI	5 Nov 1920	Party 29 Apr 1920.
Stanley, L.G.	AB RNVR	L2/3169	AP	6 Dec 1920	HQ RNVR London 17 Jun 1919.
Steele, G.	Ord RNVR	KW739	A	28 Oct 1920	Party 15 Mar 1919.
Stephens, C.	Act/CPO	154240	AI	11 Dec 1920	*HMS Victory* 5 Mar 1919.

HAWKE BATTALION

Stevens, F.C.	AB RNVR	L9/2764	AI	29 Nov 1921	Party 3 Mar 1919.
Stevens, S.T.	PO1	167848	AI	25 Jun 1920	Party 28 May 1919.
Stevens, W.	PO1	125896	AP	29 Oct 1920	Party 28 Jan 1920.
Stevenson, A.	Sto1	SS107687	AP	24 Jun 1920	Party 17 Apr 1919.
Stewart, A.	PO	191916		22 Dec 1921	Party 22 Dec 1921.
Stewart, W.	Sea RNR	B4431			Party 16 May 1919.
Stone, B.	Ord RNVR	KW714	AP		Widow Mrs M.Stone 29 Apr 1920.
Summerhayes, W.C.	AB RNVR	B4/1230	AI	21 Oct 1920	Party 26 Mar 1919.
Sutherland, A.	Sea RNR	A5531	AP	29 Nov 1920	Party 27 May 1919.
Sutherland, H.	Sea RNR	A4672	AI	5 Nov 1920	Party 16 Jan 1920.
Sykes, P.	Ord RNVR	KW742	AI	16 Jul 1920	Party 20 Aug 1919.
Symonds, T.J.	Sto1	SS102805	AI	4 Nov 1920	Party 23 Apr 1920.
Taplin, A.H.	AB RNVR	B4/905	AI	23 Dec 1920	HQ RNVR Bristol 12 Jun 1919.
Tate, G.	Ord RNVR	KW740	AP	29 Nov 1920	Party 23 Apr 1920.
Tawton, E.	PO1	145173	AP	28 Oct 1920	Party 23 Jun 1919.
Taylor, A.	Ord RNVR	KW704	AP	21 Jul 1920	Party 15 Feb 1919.
Taylor, O.S.	AB RNVR	B4/988	AP	9 Dec 1920	HQ RNVR Bristol 12 Jun 1919.
Taylor, R.	AB RNVR	B4/1255	AI		Party 10 Apr 1919.
Terry, J.W.	AB RNVR	L3/2796			HMS Wallington 15 Jun 1919.
Thomas, J.O.	Sea RNR	A5699	AI		Retd to R.Mint Mar 1934.
Thomas, W.S.	L/Sea RNVR	L8/2041	AP	5 Oct 1920	HQ RNVR London 17 Jun 1919.
Thompson, F.	Sto1	SS107697	AI	8 Apr 1922	Party 8 Apr 1922.
Thompson, G.E.	Sto1	301757	AI	15 Feb 1921	Party 28 Apr 1920.
Thompson, M.	Sto1	SS108738	AP	23 Apr 1925	Father Mr E.Thompson 25 Jun 1919.
Thorpe, C.J.	AB RNVR	L3/3571	AI	11 Dec 1920	HQ RNVR London 17 Jun 1919.
Todman, P.	Ord RNVR	KW415			Party 28 Apr 1920.
Tooke, C.	AB RNVR	L2/3321	AP	25 Oct 1920	Party 26 Feb 1919.
Tooley, L.	AB RNVR	L3/3494	AI	28 Jan 1921	Party 12 Feb 1919.
Treasure, S.	AB RNVR	B3/1074			Party 29 May 1919.
Trew, W.E.	AB RNVR	B4/1095	AI	28 Oct 1920	Party 23 May 1919.
Tucker, I.H.	AB RNVR	B4/756	AI	16 Jul 1920	Party 22 Apr 1919.
Tuff, F.H.	AB RNVR	L2/2517	AP	28 Mar 1923	HQ RNVR London 17 Jun 1919.
Turner, J.B.	Sto1 RFR	SS105035			Party 18 Aug 1925.
Turner, W.	AB RNVR	T2/202	AI	29 Oct 1920	Party 16 May 1919.
Turvill, R.E.	Sto1	SS104690	AP	28 Oct 1920	Party 9 Jun 1919.
Vane-Tempest, E.C.W.	Midn RNVR				Retd to R.Mint Mar 1934.
Vass, D.	Sea RNR	A5374	AI		Party 3 Dec 1919.
Venables, L.	L/Sea RNVR	L3/3180	AI		Party 16 Jun 1919.
Venables, R.	L/Sea RNVR	L3/2482	AI	9 Dec 1920	HQ RNVR London 17 Jun 1919.
Ventham, A.	AB	218078	AI	28 Oct 1920	Party 29 Jul 1919.
Vincent, E.J.	Sto1	SS102070	AI		Party 25 May 1920.
Vos, M.J.	AB RNVR	L2/3217	AP		Retd to R.Mint Mar 1934.
Wainwright, G.F.	PO1 RNVR	B4/25	AP	11 Dec 1920	HQ RNVR Bristol 12 Jun 1919.
Walker, E.A.	AB RNVR	L2/3490	AI	15 Oct 1920	Party 8 Apr 1919.
Wall, H.J.	AB RNVR	L3/2707	AI		HQ RNVR London 17 Jun 1919.
Walton, E.	Ord RNVR	KW670	AP		Party 13 Apr 1920.
Ward, E.B.	AB RNVR	L4/3363		29 Jun 1920	Milford Haven 24 Jan 1919.
Ward, F.H.	Act/L/Sea RNVR	L5/2950	AI	23 Sep 1938	HQ RNVR London 17 Jun 1919.
Ward, S.L.	AB RNVR	L4/3436	AI	15 Oct 1920	Party 7 Mar 1919.
Ward, W.	AB RNVR	L5/2887			HQ RNVR London 17 Jun 1919.
Warren, S.T.	AB RNVR	L2/3367	AP	Oct 1920	Party 14 Jan 1919.
Wassell, C.	Sto1	K11060	AI	28 Oct 1920	Party 17 Apr 1919.
Watson, G.	Ord RNVR	KW658			Party 13 Apr 1920.
Wayth, J.E.	AB RNVR	T3/148	AI	25 Oct 1920	Party 21 May 1919.
Webb, B.	AB RNVR	L2/2826	AI	18 Aug 1925	Party 18 Aug 1925.
Webber, G.W.	Ord RNVR	KW709	AP	13 Jul 1921	Party 13 Jul 1921.
Webster, L.	Sto1	SS108108	AI		Party 11 Jun 1919.
Weeden, S.V.	AB RNVR	L3/2565	AI		HQ RNVR London 17 Jun 1919.
Welch, W.S.	AB RNVR	L3/3345	AI		Party 11 Feb 1919.
Wells, H.G.	AB RNVR	L4/3232	AI		Retd to R.Mint Mar 1934. Dup medal issued Jul 1940.
West DSC, C.S.	Lieut RNVR			4 Mar 1921	DD 30 Dec 1917. Sister Miss A.West 24 May 1919.
West, D.	AB RNVR	L2/3244	AP	23 Oct 1920	Party 31 Mar 1919. Dup refused (Original pawned) 2 Dec 1925.
West, D.	AB RNVR	L2/3244			Note - This is the second entry of this man; there is no issue date.
Whiley, R.S.	Ord RNVR	KW711	AP	4 Nov 1920	Party 28 Apr 1920.
White, J.	Ord RNVR	KW718	AP		Retd to R.Mint Mar 1934.
White, S.	AB RNVR	L3/3056			Party 29 Apr 1919.

HAWKE BATTALION

White, W.	Sea RNR	A2724	AP	29 Oct 1920	Party 25 Nov 1919.
Whitehead, L.E.	AB RNVR	L4/2861	A		DD. Father 29 Aug 1919.
Wildin, T.W.	Sto1	SS107580	AP	8 Aug 1923	*HMS Pembroke* 8 Aug 1923.
Wilkins, A.E.	Sto1	SS104697	AP	3 Nov 1920	Party 28 Apr 1920.
Wilkins, G.W.	AB RNVR	L7/2471	AP	9 Dec 1920	HQ RNVR London 17 Jun 1919.
Williams, A.	Sto1	SS106300	AI	29 Oct 1920	Party 12 Apr 1920.
Williams, A.A.	AB RNVR	B4/1290			Party 6 May 1919.
Williams, R.H.	AB RNVR	L/3329			Party 6 May 1919.
Williams, T.	L/Sea RNVR	L7/2812	AP		HQ RNVR London 17 Jun 1919.
Williams, T.H.	AB RNVR	L2/1980	AP	29 Jan 1921	Party 12 Apr 1919.
Williamson, G.	Sea RNR	A5237	AI		Party 21 Mar 1919.
Williamson, W.H.	Ord RNVR	KW741	AI		Party 23 Apr 1920.
Willis, A.	Sto1	SS106348	AI	29 Oct 1920	Party 12 Apr 1920.
Wills, N.F.	AB RNVR	L2/2956			Party 29 Mar 1920.
Wilson, F.W.	Act/PO	SS104119			Party 4 Oct 1919.
Windibank, F.	AB RNVR	L3/398	AI	19 Oct 1920	Party 20 Feb 1919.
Winn, T.L.	AB RNVR	L5/2895	AI	9 Dec 1920	HQ RNVR London 17 Jun 1919.
Withington, L.	L/Sea RNVR	L3/1209			Crystal Palace 8 Mar 1919.
Wood, A.	Sea RNR	A2443	AP	21 Oct 1920	Party 15 Sep 1919.
Wood, G.	Sea RNR	A3905	AI		Party 20 Dec 1919.
Wood, J.W.H.	AB RNVR	B4/1001	AI	11 Dec 1920	HQ RNVR Bristol 12 Jun 1919.
Woodman, F.A.	AB RNVR	B4/1200	AI	23 May 1922	Party 27 May 1919.
Woods, G.J.	Sto1	SS107146	A	20 Sep 1920	Party 27 May 1919.
Woods, S.	AB	207056	AI	4 Nov 1920	Party 13 Apr 1920.
Woodward, F.	Ord RNVR	KW729	AP		Widow Mrs E.Woodward 29 Apr 1920.
Wort, T.	AB RNVR	L4/2877	AI	14 Jul 1920	Party 10 Mar 1919.
Wright, A.C.	Sto1	K10464	AI	16 Sep 1920	*HMS Victory* 17 Mar 1919.
Wright, A.J.	AB RNVR	L2/2506	AI	8 Jul 1920	HQ RNVR London 17 Jun 1919.
Wyatt, A.S.	AB RNVR	L4/2791	A	28 Jun 1920	Party 7 Apr 1919.
Wyatt, C.G.	AB RNVR	L4/2897	AI	24 Jun 1920	Party 16 May 1919.

HOOD BATTALION

Name	Rank or Rating	Official Number	Where Served	Clasp Issued	Medal Sent - Comments
Abear, E.	Sto1	SS105439			Party 12 Apr 1920.
Acott, J.G.	Sto1	SS102527			Party 29 Mar 1920.
Adams, A.	Sto1	292919			Party 18 Mar 1919.
Adams, J.A.	Ord RNVR	KX514			Party 22 Oct 1919.
Adams, J.F.	L/Sea RNVR	M1/114			Party 20 Jan 1919.
Adamson, F.	AB RNVR	C1/198			Party 23 May 1919.
Agonter, G.	Sto1	SS103743			Party 5 May 1919.
Airth, D.	Ord RNVR	C2/137			Party 24 Jul 1919.
Aitcheson, W.A.	Ord RNVR	M1/173		14 Sep 1920	Party 27 Apr 1920.
Alder, F.	Sto1	SS104017			Party 17 Mar 1921.
Aldous, L.H.	Sto1	SS108681			Party 8 Mar 1919.
Alford, C.H.	AB RNVR	M1/29			DD 17 Jun 1918. Father Mr C.H.Alford 26 Oct 1920.
Allen, J.P.	CPO RNVR	C2/10		31 Mar 1921	Party 6 Feb 1919.
Allen, W.	Sto1	SS108509			HMS Chester 6 Mar 1919.
Allenson, W.	Sto1	SS108506		28 Sep 1921	HMS Sapphire 20 Jan 1919.
Allman, W.	Ord RNVR	KX324			DD 21 Jun 1915. Father Mr H.Allman 3 May 1920.
Allsopp, S.R.	Ord RNVR	M1/168			HMS Caroline 1 Feb 1919.
Ancrum, W.R.A.	Ord RNVR	KX440			Party 19 Feb 1919.
Andas, E.	Sto1	292404		19 Feb 1925	Widow Mrs C.S.Andas 26 Feb 1919.
Anderson, A.	AB RNVR	C5/2384			HQ RNVR Clyde 17 Jul 1919.
Anderson, A.	Sto1	SS107279			Retd to R.Mint Mar 1934.
Anderson, A.B.	L/Sea RNVR	M7/218		25 Jun 1920	Party 11 Feb 1919.
Anderson, C.	Ord RNVR	C2/177		23 Nov 1934	Party 28 Feb 1919.
Anderson, J.	Sto1	SS104929			Party 24 Mar 1920.
Anderson, T.	AB RNVR	KX439			Retd to R.Mint Mar 1934.
Andrews, J.	Sto1	SS106191		28 Sep 1921	HMS Wildfire 26 Apr 1919.
Andrews, J.	Sto1	SS100617			DD 4 Jun 1915. Widow Mrs J.E.Tucker 24 Aug 1920.
Andrews, R.	AB RNVR	KW445			DD 21 Aug 1917. Father Mr J.Andrews 21 Oct 1920.
Angus, W.	Sto1	293071			DD 27 May 1915. Sister Mrs E.Anderson 29 Mar 1922.
Ansell, A.	Sto1	296903			DD 6 May 1915. Widow Mrs M.J.Ansell 4 Feb 1920.
Anton, E.	Ord RNVR	C2/166			Party 26 Mar 1920.
Armstrong, J.W.	L/Sea RNVR	KW503			Party 1 Feb 1919.
Arnold, W.	Sto1	SS100430			DD 20 May 1915. Widow Mrs M.L.Arnold 14 Feb 1920.
Arstall, J.	Sto1	293065		13 Sep 1921	HMS Thames 7 Feb 1919.
Arthur, J.M.G.	AB RNVR	C1/2286		28 Sep 1921	Coast Guard Scottish District Edinburgh 6 Mar 1919.
Askwith, J.T.	Ord RNVR	KX336			Party 30 Apr 1919.
Aspin, J.S.	Sub Lieut RNVR			13 Nov 1920	HQ RNVR Govan 28 Feb 1919.
Atkins, H.E.	Sto1	285770		16 Jun 1920	Party 20 Dec 1919.
Atkinson, A.	Ord RNVR	KX386			Party 31 Mar 1919.
Bailey, C.H.	Sto1	281680			Party 12 Feb 1919.
Bailey, C.P.	Sto1	303894			DD 11 May 1915. Widow Mrs E.C.Bailey 8 May 1920.
Bain, A.S.	AB RNVR	C2/130			Party 24 May 1919.
Baker, F.	PO RNVR	M1/136			DD 13 Jun 1915. Mother Mrs H.M.B.Baker 14 Apr 1919.
Balcombe, T.	Sto1	SS103623			DD 4 Jun 1915. Widow Mrs L.A.Justice 17 Jul 1919.
Baldwin, R.J.	Sto1	291401			Party 24 Feb 1920.
Barlow, W.	AB RNVR	M1/212		8 Sep 1920	Party 24 Jun 1919.
Barnes, G.H.	Sto	SS108652			HMS Newcastle 15 May 1919.
Barr, J.J.	Sto1	SS108937			DD 17 May 1915. Widow Mrs J.E.Barr 5 Apr 1919.
Barry, J.	Sto1	SS107381			DD 27 Dec 1915. Mother Mrs M.A.Miller 8 May 1920.
Batchelor, J.	AB RNVR	C2/182			Party 19 Jun 1919.
Batterham, J.F.	Sto1	174408		7 Jul 1920	Party 28 Feb 1919.
Baynes, R.T.	Ord RNVR	M7/209		6 Nov 1920	Party 22 Apr 1919.
Beale, C.J.E.	Sto1	307463		17 Aug 1923	Party 13 May 1919.
Bear, W.F.	AB RNVR	KX312			DD 4 Jun 1915. Father Mr W.Bear 31 Jul 1919.
Beasley, G.	Sto1	SS102390		29 Dec 1920	Party 30 Mar 1920.
Beckinsale, F.	Sto1	SS100439			Party 24 Mar 1920.
Begg, J.	Sto1	296320			HMS Pembroke 27 Mar 1919.
Bell, A.	AB RNVR	C2/1804			Party 10 Apr 1919.
Bell, C.	Ord RNVR	KX356			Party 14 Apr 1919.
Benden, R.J.	Sto1	296299		10 Sep 1923	Party 10 Sep 1923.
Bennett, J.	AB RNVR	ZX22			HM Naval Depot Inverness 11 Feb 1919.
Berman, J.	Sto1	289761			HMS Tirade 27 Mar 1919.
Berry, J.	Ord RNVR	C1/172		20 Oct 1933	Party 24 Jul 1919.

HOOD BATTALION

Name	Rank	Number	Date	Notes
Berry, R.	Ord RNVR	C1/208		Party 20 Aug 1919.
Berryman, R.	Sto1	SS103287	13 Oct 1920	DD 19 May 1915. Widow Mrs C.Goodwin 5 May 1920.
Betts, A.	Sto1	299553	19 Oct 1920	Party 3 Jul 1919.
Bingham, G.	Ord RNVR	M1/204		Retd to R.Mint Mar 1934.
Birchall, A.	Ord RNVR	M1/150		DD 16 Mar 1917. Widow Mrs F.Birchall 1 May 1919.
Bird, J.	Sto1	SS101055		DD 4 Sep 1917. Widow Mrs F.M.Bird 14 Jun 1919.
Birney, J.	Sto1	SS106269		Party 16 Aug 1920.
Bisset, D.	AB RNVR	C2/200 A*P	1 Feb 1926	63rd RND 2nd Reserve Battalion, Alnwick 11 Jul 1919.
Blaber, A.A.	Sto1	299883		*HMS Hawkins* 29 Mar 1920.
Blackman, H.T.	Sto1	SS106667	27 Jan 1922	Party 24 Mar 1920.
Blackmore, A.	Sto1	288835	30 Nov 1920	Party 19 Mar 1919.
Blades, H.J.	Sto1	SS105821	7 Jul 1920	Party 19 Mar 1919.
Blades, R.S.	Ord RNVR	KX361		Party 30 Mar 1920.
Blair, J.	Sto1	SS100012	6 Feb 1939	*HMS Sapphire* 20 Jan 1919.
Bland, T.	L/Sea RNVR	KW418		Party 27 Feb 1920.
Blyth, J.A.	AB RNVR	C2/222	29 Jun 1920	RND Perham Down 27 Jan 1919.
Bolton, W.	Sto1	SS106634		*HMS Garry* 21 Jan 1919.
Bonowski, W.	Sto1	281503	22 Dec 1921	Party 13 Mar 1919.
Boorman, A.T.	Sto1	SS101502		Party 15 Mar 1919.
Boothroyd, J.	Sto1	SS108729		Party 16 Apr 1919.
Boots, G.H.	Sto1	SS108078		DD 10 May 1915. Father Mr W.R.Boots 1 Jul 1920.
Boughen, G.W.	PO	291188		Party 29 Aug 1919. Original medal wrongly engraved and returned to R.Mint 9 Mar 1922.
Bowden, H.	Ord RNVR	M1/193	2 Jul 1923	Party 20 May 1919.
Bowman, H.A.	L/Sea RNVR	KP239		Father Mr J.W.Bowman 24 Aug 1920.
Boyes, J.W.	Ord RNVR	KX398		Party 5 Jun 1919.
Bradley, H.	Ord RNVR	M1/117	29 Dec 1920	Party 10 Apr 1919.
Bradley, J.	Ord RNVR	KX337		Party 10 May 1920.
Bramley, T.	AB RNVR	KX501		Party 13 May 1919.
Brand, G.	AB RNVR	C2/175		Party 27 Feb 1919.
Brazenall, W.	L/Sea RNVR	KX474	7 Oct 1932	Party 27 Feb 1919.
Brennan, J.	Sto1	SS106593		Party 4 Jun 1920.
Bridges, N.	Ord RNVR	K425		Party 10 Sep 1920.
Bright, W.	Sto1	305871	3 Dec 1921	Party 21 Mar 1919.
Bright, W.H.	Sto1	280045		Party 13 Mar 1919.
Brodie, G.W.	Asst/Payr RNVR		30 Jul 1920	Divisional Training Reserve 19 Feb 1919.
Brooks, J.	Ord RNVR	C1/194		HQ RNVR Clyde 17 Jul 1919.
Brough, J.	Sto1	SS107275		Party 26 Mar 1920.
Broughton, A.G.	Sto1	SS103756	7 Jul 1920	Party 1 Aug 1919.
Brown, A.	AB RNVR	C1/117		*HMS Caesar* 7 Apr 1919.
Brown, A.	Ord RNVR	C1/182		Party 8 Oct 1919.
Brown, A.	Ord RNVR	M7/249		Party 7 Feb 1919.
Brown, J.	Ord RNVR	KX446		Party 13 Feb 1919.
Brown, P.	AB RNVR	ZX16	5 Feb 1934	Party 30 May 1919.
Brownlee, T.	PO RNVR	C2/1230	21 Jul 1920	HQ RNVR Clyde 17 Jul 1919.
Bruce, V.G.	L/Sea	288685		DD 6 May 1915. Son Master A.D.Bruce 8 Jun 1920.
Bruce, W.	Ord RNVR	C2/205		HQ RNVR Clyde 17 Jul 1919.
Bryant, A.E.	Ord RNVR	KX461		Party 29 Sep 1919.
Bryson, G.B.	Ord RNVR	KX483		Party 30 Jan 1920.
Buck, F.	Ord RNVR	C2/217		Party 11 Feb 1919.
Buck, W.	Sto1	310198		Party 28 Feb 1919.
Buesden, W.R.	Sto1	278011	29 Nov 1921	Party 7 May 1919.
Bunting, J.	Sto1	SS107140		DD 6 May 1915. Father Mr T.Bunting 12 Mar 1925.
Burles, J.R.	Sto1	285781	16 Jun 1920	Party 26 Nov 1919.
Burnett, J.	Ord RNVR	C1/220		Party 26 May 1919.
Burnhill, W.J.	Sto1	K2319	22 Jun 1920	*HMS Leander* 29 Jan 1929 (sic).
Burnip, T.	Ord RNVR	KX349		Party 12 Apr 1919.
Bury, Viscount	Scots Guards		24 Feb 1921	Party 24 Feb 1921.
Butchers, E.	Sto1	297266		Party 19 Feb 1919.
Butler, W.D.	CPO	182800	13 Nov 1920	*HMS Dauntless* 20 Mar 1919.
Byers, A.	L/Sea RNVR	KW434	5 Dec 1927	Party 28 Feb 1919.
Byrne, F.J.	Act/CPO	208178		Retd to R.Mint Mar 1934.
Byrne, P.	Sto1	SS106861		*HMS Sapphire* 20 Jan 1919.
Cain, T.	Ord RNVR	KX466		Party 22 Jan 1920.
Caldwell, H.	Ord RNVR	M1/20		*HMS Vernon* 28 Mar 1919.
Caldwell, H.		M1/98		Retd to R.Mint Mar 1934.
Caldwell, J.M.	CPO RNVR	C1/289	28 Jun 1920	Party 14 Apr 1919.

HOOD BATTALION

Name	Rank	Number		Date	Notes
Callaghan, A.	CPO	172647			DD 4 Jun 1915. Widow Mrs E.Callaghan 10 Feb 1920.
Callaway, W.G.	Act/PO RNVR	185682			*HMS St.George* 17 Mar 1919.
Callender, J.	L/Sea RNVR	KP328			Party 29 Mar 1920.
Cameron, A.	Ord RNVR	C2/196			HQ RNVR Clyde 17 Jul 1919.
Campbell, G.	AB RNVR	C1/206			Party 8 Mar 1919.
Campbell, J.	Ord RNVR	KX407			Party 14 Dec 1921.
Canning, A.	Sto1	287037			Party 11 Aug 1921.
Cantley, G.M.	PO RNVR	C2/193		13 Aug 1920	Party 19 Feb 1919.
Cargill, W.	Ord RNVR	C1/184			Party 19 Mar 1919.
Carnegie, J.	Ord RNVR	C1/197		29 Nov 1935	Party 12 Jan 1920.
Carr, F.E.	Ord RNVR	KX340			Party 5 Mar 1919.
Carr, J.	Ord RNVR	C2/194			Party 29 Apr 1919.
Carrie, A.	Ord RNVR	ZX521			Party 8 May 1920.
Carrie, D.	L/Sea RNVR	ZX5			Party 27 May 1919.
Carrigan, J.	AB RNVR	C2/147			DD 15 Feb 1917. Mother Mrs B.Carrigan 16 Jul 1919.
Carrington, G.	PO RNVR	M1/174			Party 12 Mar 1919.
Carter, C.	Sto1	175236		13 Mar 1922	Party 11 Apr 1919.
Carter, T.	Sto1	276777		4 Oct 1922	Party 13 Feb 1919.
Carter, T.H.	Ord RNVR	KX369			Party 13 Feb 1919.
Carter, T.J.	Sto1	SS106513		16 Jul 1920	*HMS Sapphire* 30 Jan 1919.
Casbret, J.J.	Sto1	SS106198			DD 20 May 1915. Widow Mrs Casbret 4 Feb 1920.
Castle, J.H.	PO1	175076			Party 28 Feb 1919.
Cater, A.	L/Sto	SS3069			Party 2 Dec 1921.
Cattle, W.	Col/Sergt RM	Po6393		3 Nov 1921	Party 3 Nov 1921.
Cattley, E.C.	Sto1	300388	A*I	6 Jul 1920	Party 19 Apr 1919.
Challis, W.H.	Sto1	174273		23 Jun 1920	Party 13 Feb 1919.
Chambers, R.	L/Sea RNVR	C3/214			Party 21 Mar 1919.
Chambers, S.	AB RNVR	KX433			DD 8 Mar 1915. Brother Mr J.R.Chambers 2 Feb 1921.
Channen, H.B.	Sto1	291099	A*I		Party 30 May 1919.
Chapman, E.	Sto1	282295			DD 4 Jun 1915. Widow Mrs Chapman 11 Feb 1920.
Chapman, E.	AB RNVR	KX409			DD 6 May 1915. Father Mr E.Chapman 1 May 1920.
Christie, R.	PO RNVR	C1/43		29 Nov 1929	Party 19 Feb 1919.
Church, G.E.	Ord RNVR	KX383			DD 4 Jun 1915. Father Mr H.Church 3 Feb 1920.
Church, T.	Ord RNVR	C1/2073		20 Sep 1920	Party 8 Mar 1919.
Churcher, C.H.	Sto1	296261			Party 27 Apr 1920.
Clark, A.	L/Sea RNVR	C1/150		9 Jul 1923	*HMS Sviatogor* 28 Mar 1919.
Clark, D.	PO RNVR	C1/14			Party 12 Feb 1919.
Clark, J.	Sto1	295104			DD 10 Jun 1915. Widow Mrs G.Clark 6 Oct 1919.
Clark, J.	AB RNVR	ZX17			DD 19 Oct 1916. Father Mr W.Clark 6 Feb 1920.
Clark, S.W.	Sto1	299357			DD 6 Jun 1915. Widow Mrs A.J.Easter 28 Feb 1919.
Clarkson, S.E.	Ord RNVR	KX545		8 Sep 1933	Party 26 Mar 1920.
Clegg, J.	AB RNVR	C1/207			Party 16 Apr 1919.
Cockrell, R.	Sto1	276463			Party 29 Mar 1920.
Codling, M.	L/Sea RNVR	KX322			Party 17 Mar 1920.
Cole CGM,DSM, W.S.	Sto1	SS100113	A	18 Feb 1920	Party 13 Feb 1919.
Colley, M.J.	Ord RNVR	KX322			DD 26 Apr 1920. Eldest Brother Mr R.J.Colley 19 Dec 1924.
Collie, J.	Sto1	289626		19 Jan 1934	Party 22 Oct 1923.
Collins, E.J.	Sto1	157064		22 Jun 1920	Party 5 Feb 1920. Dup Star & Clasp issued to Party 19 Oct 1922.
Collins, F.	Ord RNVR	KX469			Party 13 Feb 1919.
Collins, W.	Sto1	276332			*HMS Thames* 5 Feb 1919.
Conley, E.	Sto1	SS107360			DD 4 Jun 1915. Sister Mrs M.Montgomery 8 Dec 1923.
Connell, J.	Sto1	SS108482			Run 18 Nov 1918. Retd to R.Mint Mar 1934.
Cook, G.C.T.	Sto1	SS100530			*HMS Garry* 21 Jan 1919.
Cooper, A.	AB RNVR	C2/209			Party 11 Apr 1919.
Cooper, C.	Sto1	292553			DD 5 Sep 1915. Widow Mrs H.Cooper 3 Dec 1919.
Cooper, G.L.	Sto1	SS108672			Party 28 Feb 1919.
Cope, G.W.	Sto1	153784			Party 8 Mar 1922.
Copeland, J.H.	Ord RNVR	KX384			Party 29 Apr 1919.
Cork, F.	Sto1	SS101604	A*I		Party 26 Jan 1920.
Cork, G.	Ord RNVR	KX475			Party 11 Jun 1919.
Coster, G.	Sto1	174425			Widow Mrs M.E.Coster 3 Feb 1920.
Couborough, D.	AB RNVR	C2/1773		16 Nov 1925	Party 31 Dec 1919.
Coull, P.	Ord RNVR	C1/217			Party 16 May 1919.
Coulter, J.	L/Sea RNVR	KX332			Party 2 Jul 1919.
Coulthard, J.	Ord RNVR	KX439			DD 2 May 1915. Widow Mrs Brown 11 Feb 1920.
Coupar, G.	PO RNVR	C2/109			Party 30 Jul 1919.
Cox, E.	Sto1	295124	A*		DD 6 May 1915. Widow Mrs A.E.Cox 4 Feb 1920.

HOOD BATTALION

Name	Rank	Number	Date	Notes
Cox, T.	AB RNVR	C1/178		Party 20 Mar 1919.
Craig, F.C.	AB RNVR	M7/40	1 Oct 1920	*HMS Eaglet* 1 Oct 1920.
Craig, W.	AB RNVR	C2/180		*HMS Dublin* 5 Feb 1919.
Craig, W.H.	AB RNVR	C3/2092		*HMS Imperieuse* 5 Feb 1919.
Cram, R.	AB RNVR	C2/2123		Party 16 Jul 1919.
Crannage, H.	Ord RNVR	KX394		Party 19 Apr 1919.
Craven, W.C.	Temp/Sub Lieut RNVR		28 Jun 1920	Party 28 Jun 1920.
Cree, J.A.	CPO	147646		*HMS Woodlark* 13 Jun 1919.
Creswell, J.	Ord RNVR	M1/143	28 Aug 1920	Party 28 Mar 1919.
Crichton, J.	AB RNVR	C1/181		Party 12 Sep 1919.
Croft, W.	L/Sea RNVR	KX414		Party 24 Mar 1920.
Crone, J.	L/Sea	176621		Party 25 Jan 1919.
Cullen, J.M.	AB RNVR	M1/30		DD 21 May 1918. Brother Mr W.J.Cullen 18 May 1920.
Cullingford, C.B.	Sto1	SS101836		*HMS Havelock* 24 Jan 1919.
Cummings, C.	AB RNVR	C1/211		HQ RNVR Clyde 17 Jul 1919.
Cumpstey, R.	AB RNVR	M1/215		*HMS Agincourt* 28 Feb 1919.
Curtiss, P.	Ord RNVR	M1/140		Party 19 Feb 1919.
Custance, M.E.	Ord RNVR	KX494	19 Sep 1928	HM Naval Depot Inverness 11 Feb 1919.
Custance, R.	Ord RNVR	KX428		DD 4 Jun 1915. Widow Mrs M.Custance 5 Aug 1919.
Daglish, G.G.	Lieut RNVR			Party 22 Jan 1919.
Dale, C.M.	Sto1	294309		DD 21 Sep 1915. Widow Mrs A.Dale 27 Feb 1920.
Daley, J.	AB RNVR	KX344		Widow Mrs H.A.Daley 19 Feb 1919.
Dalgleish, W.	AB RNVR	C5/2438		Party 27 May 1919.
Dallas, A.	Ord RNVR	C3/2323	6 Jan 1921	*HMS Raider* 19 Feb 1919.
Dand, T.	AB RNVR	ZX14		Party 1 Jul 1919.
Danskin, R.R.	Ord RNVR	TZ603		Party 20 May 1920. Not entitled asked to return Star 9 Jun 1920.
Davenport, G.H.	AB RNVR	M7/117		Party 28 Aug 1925.
Davey, M.W.	Ord RNVR	M7/225		Party 4 Jun 1920.
Davies, A.G.	Sto1	SS108660	6 Jul 1920	Party 10 Apr 1919.
Davies, C.T.	Ord RNVR	M1/148		Party 18 Mar 1919.
Davies, H.	Ord RNVR	KX389		RND Aldershot 1 Feb 1919.
Davis, W.W.	Sto1	SS102661		DD 7 Jul 1915. Widow Mrs K.M.Broad 2 Feb 1920.
Day, R.	Sto1	278456		Party 6 Aug 1919.
Day, W.	L/Sea RNVR	KX330		Party 1 May 1920.
Deane, H.	Sto1	SS103109		Party 18 Mar 1924.
Dell, A.	Sto1	SS104419	16 Jul 1920	Party 13 Feb 1919.
Dempster, R.	Sto1	291383		Party 31 May 1919.
Denton, H.	Sto1	SS101896	8 Nov 1921	Party 9 Aug 1919.
Denyer, R.	L/Sea RNVR	KX467	10 Aug 1920	Party 28 Mar 1919.
Detchon, J.O.	Ord RNVR	KX323		DD 8 May 1915. Mother Mrs M.M.Detchon 11 Aug 1919.
Devon, J.	Ord RNVR	KX346		DD 20 Apr 1917. Widow Mrs F.A.Devon 12 May 1920.
Dewhurst, J.R.	Sto1	293091		Party 21 Jul 1919.
Diamond, A.J.	Col/Sergt	Po6692	20 Sep 1920	HM Coastguard Nore Area 3 Aug 1920.
Diamond, D.	AB RNVR	C2/155		Party 11 Sep 1925.
Diamond, J.	Ord	KX354		Party 31 Mar 1919. Dup issued 6 Jan 1921.
Dick, G.	Ord RNVR	M6/169	29 Dec 1920	Party 5 Apr 1919.
Dick, T.	L/Sea RNVR	C5/2410		Party 31 Mar 1919.
Dickson, J.	Ord RNVR	KX371		Party 30 Jul 1919.
Digby, G.	Sto1	SS103304		*HMTBD Electra* 19 Feb 1919.
Ditchfield, J.W.	AB RNVR	M7/181	25 Jun 1920	Party 28 Apr 1920.
Dixon, J.	Sto1	SS100112	1 Jul 1920	Submarine Depot Sheerness 8 May 1919.
Dixon, J.G.	L/Sea RNVR	M1/169		Party 27 Apr 1920.
Dixon, J.H.	L/Sea RNVR	KX374		DD 8 Dec 1916. Widow Mrs A.Dixon 4 Feb 1920.
Dodd, A.	L/Sea RNVR	M7/257	7 Feb 1922	*HMS Queen Elizabeth* 28 Mar 1919.
Dodd, H.	Ord RNVR	M7/258	7 Feb 1922	*HMS Malaya* 5 Feb 1919.
Dodds, G.	Ord RNVR	KX360	20 Aug 1928	Party 27 Feb 1919. Alias Gardner.
Dodds, J.	Ord RNVR	KX325	29 Apr 1921	Party 15 May 1919.
Dodds, W.	Ord RNVR	KX424		Father Mr J.Dodds 5 Apr 1919.
Dodge, J.B.	Temp/Sub Lieut RNVR		28 Jun 1920	Party 28 Jun 1920.
Doherty, T.	Ord RNVR	M1/134		Retd to R.Mint Mar 1934.
Donachie, J.	AB RNVR	C1/105		Party 10 Sep 1919.
Douglas, D.	AB RNVR	C2/1839		Party 7 May 1919.
Douglass, A.J.	AB RNVR	KX416		Party 17 Feb 1919.
Dove, W.C.	Sto2	K21234	3 Mar 1921	Party 16 Feb 1920.
Dow, A.	AB RNVR	C2/211		Party 7 Aug 1923.
Dow, J.	CPO RNVR	C2/36		Party 11 Jul 1919.
Down, E.E.	Sto1	SS102640		Party 16 Jun 1919.

HOOD BATTALION

Drake, W.	Sto1	298941		DD 4 Jun 1915. Mother Mrs S.J.Drake 14 Apr 1919.
Draper, W.J.	Ord RNVR	KX380		Party 28 Apr 1920.
Driver, W.	Sto1	293094	9 Jul 1923	Party 5 Apr 1919.
Duggins, D.	Ord RNVR	C1/218	19 Jul 1923	Original medal wrongly engraved and retd to R.Mint 2 Sep 1924. New medal issued to Party 19 Jul 1923.
Duncan, A.	AB RNVR	C2/225		*HMS Emperor of India* 13 Mar 1919. Medal presumed lost; duplicate medal issued to Party 15 Mar 1920.
Duncan, J.	AB RNVR	C2/113		Party 12 Apr 1919.
Dunsmore, D.	Sto1	SS105483		DD 4 Jun 1915. Father Mr M.Dunsmore 4 Feb 1920.
Dutton, H.	Ord RNVR	M1/211	9 Jul 1920	Party 13 Feb 1919.
Dutton, W.	Ord RNVR	M1/155	1 Oct 1920	Party 30 Apr 1919.
Dyke, G.E.	Sto1	SS101047		DD 12 Jul 1915. Widow Mrs K.Dyke 4 Feb 1920.
Eames, W.R.	L/Sea RNVR	M1/161	23 Nov 1920	*HMS Hermione* 20 Mar 1919.
Earley, E.	Sto1	277596	8 Jul 1920	*HMS Cottesmore* 28 Feb 1919.
East, E.	Sto1	294307		Widow Mrs Sarah East 23 Jan 1919.
Easy, G.	Sto1	289588		Party 30 Jul 1919.
Eaton, C.	Ord RNVR	KX450		Party 10 Apr 1919.
Eddington, J.	L/Sea RNVR	C4/2249		Party 11 Feb 1919.
Egdell, T.	L/Sea RNVR	KP490		DD 22 Sep 1917. Widow Mrs Egdell 18 Mar 1919.
Elder, A.	Sto1	285914		DD 4 Jun 1915. Widow Mrs Elder 4 Feb 1920.
Elliott, C.	L/Sea RNVR	M1/221		Party 28 May 1919.
Ellis, R.G.	Sto1	291863		Party 26 May 1919.
Elsom, H.A.	Sto1	295982	23 Jul 1920	Party 23 Sep 1919.
Elwell, J.W.	Sto1	SS107090		DD 9 Jan 1917. Widow Mrs M.Elwell 8 May 1920.
Entwhistle, R.	Sto/PO	276669		Party 3 Jul 1919.
Errington, J.T.	AB RNVR	KX472		Party 6 May 1919.
Errington, W.	Ord RNVR	KX417	6 Sep 1938	Party 16 Jun 1919.
Evans, J.	Sto1	170252	7 Nov 1921	Party 28 Apr 1920.
Fairweather, H.	L/Sto	287092 A*		Party 22 Apr 1919.
Fant, H.J.	Sto1	SS100498	26 Jul 1920	*HMS Myosotis* 20 Jan 1919.
Farquharson, A.D.	AB RNVR	ZX9	25 Jun 1923	RAF Lee on Solent 1 Feb 1919.
Farr, J.R.	Ord RNVR	M7/177		HQ RNVR Mersey Divn 14 Nov 1919.
Farrin, W.J.	Sto1	285935	14 Jun 1920	Party 11 Apr 1919.
Fawcett, R.	Ord RNVR	KX548		Party 26 Jul 1919.
Fennell, F.	Sto1	306502		Party 27 Apr 1920.
Fenner, C.F.	Sto1	SS101667		*HMS Bonaventure* 13 Feb 1919.
Fenwick, H.	Ord RNVR	KX419		DD 22 May 1915. Father Mr L.Fenwick 25 Jan 1921.
Ferguson, A.	AB RNVR	ZX7		Party 21 May 1919.
Ferguson, A.	AB RNVR	KP327	21 Dec 1920	Party 30 Nov 1920.
Ferguson, J.W.	Lieut RNVR		7 Jun 1921	DD 4 Jun 1915. Father J.Ferguson 7 Jun 1921.
Ferguson, T.C.	Sto1	291418		Party 24 Mar 1920.
Ferguson, W.	AB RNVR	C5/2378		HQ RNVR Clyde 17 Jul 1919.
Fernihough, C.P.	Sto1	289652		DD 17 Sep 1915. Widow Mrs Fairbrother 17 Mar 1920.
Ferrar, V.	AB RNVR	ZX24		DD 17 Jul 1915. Mother Mrs M.A.Ferrar 27 May 1919.
Field, E.S.	Sto1	296534		DD 11 Dec 1917. Widow Mrs C.F.Field 25 Aug 1920.
Finch, J.	Sto1	SS103285		Party 21 Mar 1919.
Finney, T.W.	Sto1	288760		Party 9 Dec 1919.
Fisher, J.	Ord RNVR	C2/160		Party 28 Feb 1920.
Fitzgerald, J.	Sto1	SS108496	3 Dec 1921	*HMS Tirade* 27 Mar 1919.
Flood, F.H.	Ord RNVR	M7/229		*HMS Queen Elizabeth* 27 Jan 1919.
Flynn, F.W.	CPO	147876	13 Nov 1920	*HMS Gunner* 15 May 1919.
Forbes, J.	AB RNVR	C1/145		HQ RNVR Clyde 17 Jul 1919.
Forder, C.W.	Sto1	279673	7 Jul 1920	Party 17 Mar 1919.
Forrest, A.K.	Sto1	308094	23 Jan 1922	Party 19 Mar 1919.
Forrest, H.	AB RNVR	C3/2200		Father Mr H.Forrest 13 Feb 1919.
Foster, C.E.	Sto1	SS108712		Legatee Miss A.Foster 17 Jun 1919.
Fox, C.J.	Ord RNVR	KX541		RND Perham Down 27 Jan 1919.
Fox, G.	AB RNVR	TZ373		DD 6 May 1915. Father Mr G.Fox 28 Apr 1920.
Framp, A.A.	Sto1	296411		Party 14 Apr 1919.
Francis, D.F.	Ord RNVR	C1/202		Party 11 Mar 1919.
Franklin, J.	Sto1	SS102148		*HMS Mars* 3 Apr 1919.
Franks, A.	Ord RNVR	KX326		Party 4 Oct 1919.
Freeman, W.A.	Sto1	SS101915		DD 4 Jun 1915. Widow Mrs Freeman 3 Feb 1920.
Freyberg VC, B.C.	Lieut RNVR			Staff College, Camberley 30 Oct 1919.
Frosdick, W.	Ord RNVR	KX497		Party 12 Feb 1919.
Frost, G.	Sto1	SS100407	Dec 1920	Party 21 Apr 1920.
Frost, J.	Sto1	297129	7 Jul 1920	Party 25 Jan 1919.

HOOD BATTALION

Name	Rank	Number		Date	Notes
Galashaw, S.	Sto1	SS101504	A*I	16 Apr 1924	Party 2 Apr 1919.
Gall, G.	AB RNVR	C2/80	A*P		HQ RNVR Clyde 17 Jul 1919.
Gallagher, C.	Sto1	293203	A*I	12 Oct 1923	Party 22 Jul 1919.
Gamble, G.W.	Sto1	SS103012		8 Dec 1921	Party 3 Dec 1921.
Gardiner, C.	Sto1	SS103768		4 Nov 1920	Party 22 Oct 1919.
Gardiner, F.S.	Sto1	SS100513			DD 15 Jul 1917. Widow Mrs E.Gardiner 3 May 1920.
Gardiner, W.	L/Sto	SS105233			DD 2 Jun 1915. Mother Mrs Gray 5 Mar 1920.
Gargara, D.	Sto1	296488		24 Apr 1924	Party 12 Mar 1919.
Garrod, E.G.	Sto1	281737			Widow Mrs L.Garrod 19 Feb 1919.
Gealer, H.	CPO	180688			Widow Mrs A Gealer 28 Feb 1919.
Gevan, G.	Ord RNVR	M1/162			Retd to R.Mint Mar 1934.
Gibson, A.	AB RNVR	M1/177			Party 19 Aug 1919.
Gibson, J.G.	AB RNVR	KX500		22 Feb 1921	Party 22 Feb 1921.
Gilbert, E.A.B.	Sto1	SS108906			Training Establishment Shotley 28 Mar 1919.
Gilchrist, G.	Ord RNVR	C3/2334			HQ RNVR Clyde 17 Jul 1919.
Gilfellan, J.	AB RNVR	KX499		29 Jul 1921	Party 29 Jul 1921.
Gill, P.	Sto1	277639			HMS Myosotis 20 Jan 1919.
Gill, T.L.	Sto1	SS100607			Party 24 Aug 1925.
Gillett, A.E.	Sto1	285244		21 Sep 1923	Party 17 Mar 1919.
Gilmour, A.	Ord RNVR	KX321			Party 28 Apr 1920.
Gilmour, F.A.	Sto1	SS102815		27 Mar 1922	Party 27 Mar 1922.
Gilmour, W.	Sto1	286654			HMS Crescent 8 Feb 1919.
Glass, F.W.	Sto1	298501		17 Mar 1923	Party 9 Dec 1919.
Gleeson, G.	L/Sea	176362		6 Jul 1920	Party 28 Feb 1919.
Goddard, H.J.	Sto1	296301		7 Jul 1920	Party 22 Jan 1919.
Godfrey, A.C.	Sto1	SS105262		14 Feb 1922	Party 29 Sep 1919.
Goldup, E.	Sto1	SS102133		13 Jul 1925	Party 11 Apr 1919.
Gooch, R.W.	Sto1	SS103065		24 Jan 1923	HMTB 26 19 Feb 1919.
Goodwin, H.	Sto1	SS104443		23 Jul 1920	HMS Sapphire 20 Jan 1919.
Goodwin, J.	Sto1	SS102520		6 Oct 1920	Party 6 Oct 1920.
Gorman, C.	AB RNVR	KX479			Party 6 Aug 1919.
Goulden, T.C.	L/Sea RNVR	KP326			Party 8 May 1920.
Gowing, H.W.	Sto1	SS101192			Party 19 Mar 1919.
Graham, A.C.	Temp/Sub Lieut RNVR			22 Sep 1922	Widow Mrs Egerton 22 Sep 1922.
Graham, J.	AB RNVR	KX444			Party 20 May 1919.
Grant, F.C.	Sto1	SS105957			Party 28 Apr 1920.
Graves, F.N.	Sub Lieut RNVR				Party 8 Feb 1919.
Gray, B.	Ord RNVR	KX550			Party 28 Feb 1919.
Gray, C.	Sto1	SS106980			Party 29 Apr 1920.
Green, W.	Ord RNVR	C3/2155			Party 24 Apr 1920.
Greengrass, J.S.	Sto1	285477		25 Jun 1920	HMS Acteon 8 May 1919.
Grey, C.	Ord RNVR	C1/201			Party 7 Oct 1919.
Grey, G.	Sto1	SS101819			DD 20 Jun 1915. Eldest Brother 7 Mar 1925.
Grimshaw, S.	Ord RNVR	M1/185			Party 2 Apr 1919.
Grumley, R.	AB	SS3302			Party 28 Feb 1919.
Gunn, J.E.	Sto1	SS103269			Party 28 Apr 1920.
Haggerty, J.	Sto1	SS104030			Party 8 Mar 1922.
Hainer, S.	Sto1	SS104758			Submarine Depot, Sheerness 8 May 1919.
Hall, A.G.	L/Sea RNVR	298978		6 Aug 1920	Party 28 Jun 1919.
Halliday, J.A.	Sto1	SS105633			Party 28 Apr 1920.
Hamilton, W.	Ord RNVR	KX460			Party 17 Dec 1919.
Hammond, C.	Sto1	295978		29 Jun 1920	Party 30 Apr 1919.
Hammond, W.F.	Sto1	SS104446		28 Jun 1920	Party 11 Nov 1919.
Hancock, A.	Ord RNVR	KX397			Party 1 Sep 1919.
Hankin, A.H.	Sto1	SS108669		21 Jul 1920	Party 8 Mar 1919.
Hankin, J.H.	Ord RNVR	M1/146			Party 21 Mar 1919.
Hanson, J.F.	Sto1	SS101219			Party 29 May 1920.
Harding, H.W.	Sto1	290456			Party 13 Feb 1919.
Harold, W.	PO	138501		8 Sep 1920	RND Perham Down 27 Jan 1919.
Harpley, J.	Ord RNVR	KX388		11 Sep 1928	Party 28 Nov 1919.
Harris, E.	L/Sea	J5149		18 Aug 1920	HMS Caesar 14 Apr 1919. Dup Star to HMS Hood 27 Apr 1921. Dup clasp issued 1 Jul 1921.
Harris, H.G.	Sto1	289168		29 Dec 1920	Party 25 Feb 1919.
Harrison, G.	Ord RNVR	KX436			DD 4 Jun 1915. Retd to R.Mint Mar 1934.
Harrison, W.	Ord RNVR	C3/2157			HQ RNVR Clyde 17 Jul 1919.
Hart, B.	L/Sea	227417			Party 1 Apr 1919.
Hart, W.G.	Sto1	SS105232			Party 4 Jun 1920.

HOOD BATTALION

Name	Rank	Number	Date	Notes
Hassett, M.	Sto1	SS101847	7 Jul 1920	*HMS Blanche* 1 Feb 1919. Dup clasp 19 Aug 1940.
Hatcher, J.E.	Sto1	300326	31 Jul 1920	Party 28 Feb 1919.
Hatherley, S.	Sto1	SS105692	18 Dec 1936	Party 16 Jul 1923.
Hawkhead, J.	AB RNVR	M1/72	28 Jan 1921	Party 10 Apr 1919.
Hawthorne, E.H.	Sto1	177678		DD 26 May 1915. Eldest Brother Mr A.G.Hawthorne 24 Apr 1924.
Hayes, P.	AB	218711		*HMS Powerful* 7 Nov 1919.
Hayter, E.	AB RNVR	C2/153		HQ RNVR Clyde 17 Jul 1919.
Hazell, G.	Sto1	284225		Party 28 Apr 1920.
Head, R.	Sto1	296510	16 Jul 1920	*HMS Sapphire* 20 Jan 1919.
Heath, A.	PO	179374		*HMS Warspite* 5 Mar 1919.
Heath, T.H.	Sto1	287543	11 Oct 1922	Party 25 Jan 1919.
Hedderwick, H.C.	Lieut RNVR		31 Jul 1920	*HMS Castor* 5 Feb 1919.
Hedges, S.T.	Sto1	170846		Party 19 Nov 1919.
Hefferman, E.	Sto1	296895	6 Jul 1921	*HMS Tyne* 20 Jan 1919.
Helyer, R.	Sto1	SS105455		Party 13 Feb 1919.
Henderson, T.	AB RNVR	KX379		Party 29 May 1920.
Henderson, W.A.	Sto1	K5595		DD 20 Jan 1918. Father Mr D.Henderson 28 Apr 1920.
Henshelwood, A.	Ord RNVR	C2/2329		*HMS Caesar* 7 Apr 1919.
Hesling, H.	Sto1	SS100421	28 Jun 1920	Party 13 Feb 1919.
Hill, C.	AB RNVR	ZX19		Retd to R.Mint Mar 1934.
Hill, F.C.	PO	193503		DD 2 Aug 1919. Father Mr W.G.Hill 20 Jul 1920.
Hill, G.E.	Sto1	SS107344		DD 2 May 1915. Widow Mrs E.Hill 20 Mar 1920.
Hill, T.	AB RNVR	KX447		Party 28 May 1920.
Hilliard, J.H.	Sto1	SS106294	18 Aug 1920	Party 30 Jul 1920.
Hindle, F.	AB RNVR	KX400		Party 25 Jan 1919.
Hindley, J.	Sto1	295776		DD 6 Jun 1915. Father Mr J.Hindley 26 Mar 1920.
Hiscox, J.	Sto1	SS100015	28 Jun 1920	Party 28 Jun 1920.
Hislop, J.	Ord RNVR	KX471		DD 4 Jun 1915. Father Mr J.Hislop 8 Mar 1920.
Hitchcock, F.J.	Sto1	SS105902		DD 4 Jun 1915. Father Mr W.Hitchcock 12 Dec 1919.
Hodges, F.A.	Sto1	SS104966	1 Jul 1920	Party 8 Mar 1919.
Hogg, J.	Ord RNVR	C2/204	27 Apr 1922	*HMS Ajax* 28 Jan 1919. Dup clasp to Party 9 Oct 1924.
Hooker, W.G.	Sto1	290160		Party 13 Feb 1919.
Hopkins, W.S.	Sto1	SS108640	8 Jul 1920	Party 28 Apr 1920.
Hopper, A.E.	Sto1	276773		Retd to R.Mint Mar 1934.
Hopper, A.T.	Sto1	SS100609		Party 27 Apr 1920.
Hornsbey, W.	Sto1	SS105652		DD 4 Jun 1915. Widow Mrs E.Hornsbey 9 Mar 1920.
Hornsey, F.	Sto1	287612	25 Jun 1920	Party 26 Apr 1919.
Horrocks, T.	Ord RNVR	M1/197		*HMS Tartar* 22 Jan 1919.
Hoskin, W.	L/Sea RNVR	J10835		*HMS Warspite* 5 Mar 1919.
Hoskins, J.F.	PO	346559	28 Aug 1922	*HMS Cerberus* 26 Jan 1920.
Houston, J.	AB RNVR	M1/218		DD 25 Feb 1915. Widow Mrs N.A.P.Ellis 24 Jun 1920.
Howell, A.E.	Col/Sergt RM	Ply4951		Party 29 Jan 1924.
Howie, J.	Ord RNVR	KX408	1 Nov 1920	No.1 Infantry Records York 10 Dec 1919.
Howson, W.	Sto1	SS105667	11 Nov 1937	Party 12 Sep 1922.
Hubbert, T.G.	Sto1	287443		Widow Mrs N.Hubbert 3 Aug 1920.
Hubbert, W.	Sto1	287422	7 Feb 1922	Party 19 Jun 1920.
Hughes, A.R.	Lieut RNVR		22 Feb 1923	*HMS Tiger* 29 Jan 1919.
Hughes, F.	Ord RNVR	M1/181	7 Jul 1920	Party 10 Apr 1919.
Hughes, F.	AB RNVR	M3/248		*HMS Queen Elizabeth* 27 Jan 1919.
Hughes, J.	L/Sea RNVR	C1/787	5 May 1923	Base Intelligence Officer, Rosyth 5 Feb 1919.
Hughes, W.	Ord RNVR	M1/153		Party 10 Apr 1919.
Hughesman, A.E.	Sto1	280404		Party 7 Apr 1919.
Hume, W.M.	AB RNVR	M1/158		Party 24 Jul 1919.
Humes, F.	L/Sea RNVR	KX477		Party 4 Oct 1919.
Hunter, J.	AB RNVR	ZX18	23 May 1922	Party 13 Feb 1919.
Hupfield, G.	Ord RNVR	M1/175		Party 18 Aug 1925.
Hurle, J.N.	Sto1	SS101585	7 Jul 1920	Party 28 Apr 1920.
Huston, J.	Sto1	292430		*HMS Malabar* 5 May 1919.
Hutcheson, W.	Sto1	SS102525		Party 27 Apr 1920.
Hutchings, W.G.	Sto2	K21283	28 Oct 1921	*HMS Europa* 21 May 1919. Dup clasp (No.4498) issued.
Hyde, W.A.	Sto1	SS106193		*HMTB 35* 15 Apr 1919.
Hyland, C.	L/Sea	285494		Party 7 Aug 1923.
Ingles, W.	AB RNVR	C1/157	4 Nov 1938	HQ RNVR Clyde 17 Jul 1919.
Ireland, A.	PO RNVR	C1/80		DD 1 Jun 1915. Mother Mrs M.Ireland 16 May 1919.
Jackman, R.E.	Sto1	277964		DD 30 May 1916. Retd to R.Mint Mar 1934.
Jackson, E.	L/Sea RNVR	KX316		DD 25 Aug 1918. Mother Mrs E.Jackson 4 Jun 1920.
Jackson, J.J.	CPO	157214		*HMS Vivid* 15 May 1919.

HOOD BATTALION

Name	Rank	Number	Date	Notes
Jackson, L.	Ord RNVR	KX381		Party 9 Oct 1919.
Jackson, W.	Sto1	291824		DD 4 Jun 1915. Widow Mrs Jackson 2 Mar 1920.
Jamieson, H.	AB RNVR	C3/2303	28 Apr 1921	Party 22 Sep 1919.
Janes, J.	Sto1	297127	4 Aug 1920	Party 7 Nov 1919.
Jarvis, A.	Ord RNVR	M1/206		Party 28 May 1920.
Jeff, H.	Sto1	292910		Party 22 Aug 1923.
Jenkins, R.H.	Sto1	SS101646		DD 4 Oct 1917. Widow Mrs M.A.Jenkins 15 Jun 1920.
Jennings, E.H.	Sto1	301908	1 Feb 1923	Party 28 Feb 1919.
Johnson, A.	Ord RNVR	KX377		Party 15 Jun 1920.
Johnson, C.	Sto1	286074		Party 11 Feb 1919.
Johnson, P.	L/Sea RNVR	KX412		DD 9 Nov 1915. Mr A.Johnson 19 Jun 1920.
Johnson, W.V.C.	AB	J10535	7 Apr 1921	*HMS Marlborough* 13 May 1919.
Johnstone, D.	AB RNVR	C1/134		Party 16 Jul 1919.
Jones, D.	L/Sea RNVR	M1/213	17 Jun 1920	Party 22 Apr 1919.
Jones, S.	L/Sea RNVR	M1/222		Party 23 Apr 1919.
Jordan, A.	Sto1	SS101641		Party 19 Jun 1920.
Kane, H.	Ord RNVR	KX431		Retd to R.Mint Mar 1934.
Keatley, J.	Sto1	291835		Widow Mrs S.E.Keatley 15 Mar 1919.
Keay, W.F.	Sub Lieut RNVR		25 Jun 1920	Party 25 Jun 1920.
Keir, A.F.	Ord RNVR	M7/233		HQ RNVR Liverpool 19 May 1919.
Keir, N.J.	AB RNVR	C1/203		Party 22 Apr 1919.
Kelsey, E.C.	Sto1	SS103647	7 Feb 1922	Party 27 May 1919.
Kennedy, G.	Ord RNVR	C1/155		Party 13 Mar 1919.
Kidd, D.	AB RNVR	C1/176		DD 29 Aug 1915. Father Mr D.Kidd 22 Jul 1920.
Kidd, J.	Sto1	299970 A*I		Party 15 Apr 1919.
Kilpatrick, J.M.	L/Sea RNVR	C3/1579		DD 4 Jun 1915. Mother Mrs I.Kilpatrick 25 Jan 1921.
King, H.	Sto1	204372		Party 15 Sep 1919.
King, J.W.	Sto1	291829	4 Aug 1920	*HMS Malabar* 12 May 1919.
King, W.	Sto1	SS100411		Widow Mrs L.J.King 1 Jul 1920.
Kirkbride, J.L.	PO RNVR	M1/90	18 Aug 1920	63rd RND Aldershot 24 Mar 1919.
Knight, A.	Ord RNVR	C2/212		DD 25 Jan 1917. Mother Mrs A.Knight 4 Oct 1919.
Knight, D.	Ord RNVR	C1/196		Party 19 May 1919.
Knowles, C.A.	Sto1	289998		Party 24 Jun 1920.
Knox, J.	Ord RNVR	C2/206	22 Jun 1920	*HMS Boadicea* 7 Feb 1919.
Kydd, J.	L/Sea RNVR	C1/146		Party 17 Jul 1919.
Kyrke-Smith, H.S.	Sub Lieut RNVR		1 Jul 1920	*HMS Cordelia* 24 Jan 1919.
Laker, C.	Sto1	SS104635		Party 9 Jul 1919.
Lamb, W.J.	Sto1	282097		Party 11 Jun 1919.
Land, A.W.	Sto1	SS102985	30 Jul 1920	Party 26 Feb 1919.
Landels, J.	Ord RNVR	C5/2413	18 Oct 1921	Party 17 Jul 1919.
Lane, C.	Ord RNVR	KX399		Party 10 Apr 1919.
Langdown, H.G.	Sto1	SS103939		*HMS Tyne* 20 Jan 1919.
Langley, J.H.	Sto1	SS106563	18 Oct 1921	Party 19 Jun 1919.
Lavery, J.	Ord RNVR	KX308		Party 12 Sep 1919.
Lavery, W.	Ord RNVR	KX331		Party 19 Feb 1919.
Lawes, H.	Sto1	289161	29 Nov 1922	Party 10 Apr 1919.
Lawrence, J.	Ord RNVR	KP280		DD 23 Apr 1917. Mother Mrs E.Lawrence 23 Jul 1920.
Lawrence, W.E.	Sto1	288833	29 Nov 1921	Party 19 Feb 1919.
Laybourne, J.	Ord RNVR	KX422		RND Aldershot 29 Jan 1919.
Lazenby, T.A.	AB RNVR	KX270		Party 7 Jun 1920.
Lazenby, W.	AB RNVR	KX271		DD 17 Feb 1917. Father Mr T.A.Lazenby 20 Jul 1920.
Leay, J.	Sto1	SS108546	21 Mar 1922	Party 20 May 1919.
Lee, C.	Ord RNVR	C1/151	13 Dec 1935	HQ RNVR Clyde 17 Jul 1919.
Lee, F.J.	Sto1	SS101606		DD 2 Jul 1916. Mother Mrs H.A.Lee 13 Apr 1923.
Lee, J.	Ord RNVR	M1/209	28 May 1921	Party 30 Jul 1919.
Leece, E.	AB RNVR	M1/182	29 Dec 1920	Party 20 Sep 1919.
Leeding, A.J.	Sto1	SS465		Party 29 May 1920.
Leggott, R.H.	AB RNVR	KX388		DD 6 May 1915. Father Mr R.J.Leggott 30 Jul 1920.
Leighton, R.	Ord RNVR	C2/188		Party 12 May 1919.
Lennon, J.E.	Ord RNVR	KX310		Retd to R.Mint Mar 1934.
Lever, A.F.	AB RNVR	KX410		Party 15 Jun 1920.
Lewis, C.A.	AB RNVR	M1/165		DD Father Mr C.Lewis 18 Jul 1919.
Liddiard, F.	Sto1	SS101865		DD 4 Aug 1918. Widow Mrs M.J.Liddiard 16 Jul 1920.
Lilley, L.	Sto1	355532		DD 4 Jun 1915. Legatee Mrs R.A.Lilley 20 Sep 1920.
Lincoln, C.J.	Sto1	SS100723	19 Apr 1921	*HMS Havelock* 24 Jan 1919.
Lindsay, D.	Ord RNVR	C2/201		Party 17 Mar 1919.
Lines, W.R.	Ord RNVR	KX334		Party 19 Aug 1919.

HOOD BATTALION

Ling, A.	Sto1	305895		Party 8 Mar 1919.
Lions, A.E.	PO RFR	SS101622		DD 4 Jun 1915. Widow Mrs A.L.Lions 15 Sep 1919.
Lister, J.	AB RNVR	KX452		Party 26 Jul 1919.
Littler, J.W.	Sto1	SS108510		DD 7 Jul 1917. Father Mr P.Littler 5 Jul 1920.
Liversedge, W.	AB RNVR	M1/217		Party 5 Jul 1920.
Lloyd, C.	Sto1	SS106619		Party 13 Feb 1919.
Longstaff, J.	Ord RNVR	KX390		DD 8 Jul 1918. Executrix Miss H.Longstaff 22 Dec 1920.
Lowe, D.G.	AB RNVR	C2/139		HQ RNVR Clyde 17 Jul 1919.
Lowrey, A.	Ord RNVR	KX365		Run. Retd to R.Mint Mar 1934.
Lowrey, J.	Ord RNVR	KX364		Party 20 Mar 1919.
Lucas, W.	Sto1	SS108705	25 Jul 1922	Submarine Depot, Sheerness 23 May 1919.
Ludford, J.	L/Sea RNVR	KX491		Party 19 Feb 1919.
Luscombe, J.	Ord RNVR	C2/1776		HQ RNVR Clyde 17 Jul 1919.
Lynch, D.	Ord RNVR	KX405		RND Aldershot 28 Jan 1919.
Lynes, F.	Ord RNVR	M1/187		Party 1 Jun 1920.
Maddison, H.	AB RNVR	KX327		DD 27 Oct 1917. Father Mr J.Maddison 18 May 1920.
Mahoney, W.	L/Sea	219337	27 Dec 1922	Party 27 Dec 1922.
Main, A.C.	CPO RNVR	205503 A	18 May 1921	RNB Devonport 18 May 1921.
Male, W.	Sto1	292088		Widow Mrs Male 5 Jul 1920.
Mallan, E.	Sto1	294265	26 May 1921	Party 26 May 1921.
Mallinson, H.	AB RNVR	C2/184		Party 24 Jul 1919.
Manger, W.	Sto1	301842		Party 21 May 1919.
Maples, W.	Lieut/Comdr RNVR		30 Nov 1920	*HMS Eaglet* 30 Nov 1920.
Marlow, C.E.	Col/Sergt RM	Ch8870		Party 27 Feb 1919.
Marshall, A.	AB RNVR	C2/171		HQ RNVR Clyde 17 Jul 1919.
Marshall, A.S.	Sto1	295395		DD 6 May 1915. Widow Mrs I.Marshall 13 May 1919.
Marshall, G.	Sto1	SS160408		Party 2 Sep 1919.
Marshall, H.	AB RNVR	C2/221		Party 8 Nov 1922.
Marshall, R.	AB RNVR	M1/149		DD. Sister 3 Aug 1923.
Martin, F.C.	L/Sea RNVR	C1/160		Party 19 Feb 1919.
Martin, J.C.	Sto1	SS104258		DD 2 May 1917. Widow Mrs W.L.Martin 17 May 1920.
Martindale, J.	Ord RNVR	KX458		Party 7 Oct 1919.
Mason, E.	Sto1	214994		DD. Retd to R.Mint Mar 1934.
Mason, E.E.	Ord RNVR	KX488		Party 13 Feb 1919.
Mason, J.W.	Sto1	SS100816		Party 25 Aug 1919.
Mason, S.	L/Sea RNVR	KX406		Party 13 Feb 1919.
Masters, E.F.J.	Sto1	SS101835	10 Mar 1921	Party 10 Mar 1921.
Mather, A.E.	Ord RNVR	KX502		Party 22 Apr 1919. Original medal wrongly engraved & returned to R.Mint 9 Mar 1922.
Mathie, W.	Ord RNVR	C2/2324		Party 12 Apr 1919.
Mawson, J.R.L.	Ord RNVR	KX392		DD 27 Dec 1916. Widow Mrs Mawson 6 Feb 1920.
McAinsh, J.	Ord RNVR	C5/2373		Party 19 Apr 1921.
McArthur, W.	AB RNVR	C1/193		Party 15 Sep 1919.
McBride, J.	Sto1	SS106997		Party 4 Jun 1919.
McBride, R.	Sto1	SS108642		Party 30 May 1919.
McCabe, J.	AB RNVR	C1/143		*HMS Emperor of India* 13 Mar 1919 (Medal presumed lost). Medal to Party 15 Mar 1920.
McCarn, T.	Sto1	293810		*HMS Bonaventure* 13 Feb 1919.
McCarthy, A.J.	Sto1	276349		Party 19 Mar 1919.
McCarthy, J.	Sto2	K20286		DD 4 Jul 1915. Mother Mrs M.McCarthy 4 Feb 1920.
McCleave, G.	Sto1	143175		DD 15 Jul 1917. Widow Mrs A.McCleare 29 Apr 1920.
McCutcheon, J.	AB RNVR	KX449		RN Depot Crystal Palace 9 Jun 1919.
McDonald, D.	Sto1	SS104415		Party 3 Sep 1923.
McDonald, D.	Ord RNVR	C2/195		Run 8 Oct 1918. Party 16 Jul 1919.
McDonald, J.	Ord RNVR	C3/2217		HQ RNVR Clyde 17 Jul 1919.
McDonald, J.	Ord RNVR	KX313		Party 13 Feb 1919.
McDougall, A.	AB RNVR	ZX20	24 Apr 1922	Party 27 May 1919.
McDougall, M.	AB RNVR	ZX21	26 May 1922	Party 20 May 1919.
McDougall, S.	Ord RNVR	C1/2087		DD 22 Apr 1918. Father Mr J.H.McDougall 19 Feb 1919.
McElliott, C.	Sto1	307306		DD 2 May 1915. Widow Mrs McElliott 13 Feb 1920.
McEwen, C.H.	Sto1	277546	16 Oct 1922	Party 23 Jan 1919.
McFarlane, D.	Sto1	292877		*HMS Crescent* 7 Mar 1919.
McGeary, J.	L/Sea RNVR	211019	5 Jul 1923	Party 23 May 1919.
McGill, C.	Sto1	291369		DD 6 May 1915. Widow Mrs J.F.McGill 6 Feb 1920.
McGowan, D.	Ord RNVR	KX432		DD 6 May 1915. Father Mr J.McGowan 19 Apr 1921.
McGregor, H.	Ord RNVR	M1/119	29 Dec 1920	*HMS Eaglet* 29 Dec 1920.
McGregor, T.	Sto1	281714		*HMS Fearless* 6 Mar 1919.

HOOD BATTALION

Name	Rank	Number		Date	Notes
McGuckin, J.	Sto1	288945			Widow Mrs McGuckin 13 Oct 1919.
McGuire, J.	Sto1	SS106527			Party 5 Jul 1920.
McIntosh, J.	Sto1	SS101082			Party 7 Feb 1922.
McIntosh, J.	AB RNVR	ZX25			Party 9 Jun 1919.
McIntosh, W.W.	Sto1	SS102875		28 Sep 1921	Party 28 Sep 1921.
McKay, R.	L/Sea RNVR	KX420			Party 24 Jul 1919.
McKechnie, G.	AB RNVR	C3/1984			Party 28 Mar 1919.
McKenzie, W.	Sto1	197626			DD 6 May 1915. Widow Mrs A.M.McKenzie 3 Feb 1920.
McKnight, S.	Ord RNVR	M7/196		28 Aug 1920	Party 26 Mar 1919.
McKowen, P.	L/Sea RNVR	C2/2332			Party 16 Oct 1920.
McLane, W.	Ord RNVR	KX359			Party 19 Mar 1919. Original medal wrongly engraved; Retd to R.Mint 9 Mar 1922.
McLaren, R.	AB RNVR	ZX8			Party 18 Mar 1919.
McLaren, W.S.G.	L/Sea RNVR	C2/214			*HMS Cordelia* 24 Jan 1919.
McLean, F.J.	Ord RNVR	C2/207			Mother Mrs J.McLean 30 Apr 1919.
McLean, J.	AB RNVR	ZX15			Party 23 Apr 1920.
McLeary, R.	AB RNVR	ZX12		1 Aug 1922	Party 22 Oct 1919.
McLeish, P.	Ord RNVR	C2/2098			Party 14 Aug 1919.
McLeod, J.	Sto1	292099			Party 30 Jan 1920.
McLeod, R.	Sto1	278433		6 Jul 1920	Party 2 Apr 1919.
McNeil, T.S.	Sto1	219407		29 Mar 1921	Party 5 Apr 1919.
McNish, W.	Sto1	SS106177			Party 12 May 1919.
McQuillon, W.	Sto1	SS100594			DD 4 Jun 1915. Widow Mrs S.A.McQuillon 29 May 1920.
McShane, T.	Sto1	294036			HM Naval Depot, Inverness 11 Feb 1919.
Meagher, J.	PO	108908			*HMS Implacable* 31 Mar 1919.
Mepsted, G.	Sto1	311925			Party 1 Jul 1920.
Miles, H.	PO2	118740			Party 21 Mar 1919.
Mill, C.	AB RNVR	ZX19		31 Mar 1922	DD 23 Apr 1917. Father Mr J.Mill 31 Mar 1922.
Mill, D.	Ord RNVR	C1/212			Party 11 Feb 1919.
Mill, W.	AB RNVR	ZX23		31 Mar 1922	Party 28 Apr 1920.
Miller, J.A.	Ord RNVR	KX457			DD 4 Feb 1917. Mrs Miller 29 Mar 1920.
Miller, T.	Ord RNVR	M1/190		17 Jun 1920	*HMS Gunner* 3 Apr 1919.
Miller, W.J.	Sto1	291340		7 Feb 1922	*HMS Actaeon* 5 May 1919.
Milne, L.	Sto1	292106			*HMS Bonaventure* 13 Feb 1919.
Milner, A.B.	Ord RNVR	KX429			Party 28 Feb 1919.
Milnes, J.	Sto1	SS107593			*HMS Montbretia* 30 Jan 1919.
Milton, G.	Ord RNVR	C2/226			Party 2 Apr 1919.
Milton, W.	CPO	163358			RND Aldershot 28 Jan 1919.
Mitchell, A.	Ord RNVR	KX496			Party 8 Mar 1919.
Mitchell, A.W.	Sto1	SS100968			DD 4 Jun 1915. Widow Mrs E.M.Fleming 1 Jul 1920.
Mitchell, F.	PO	281686			Party 26 Mar 1919.
Mitchell, J.	AB RNVR	ZX11			Party 28 Feb 1919.
Molloy, A.E.	PO RNVR	M1/36		23 Nov 1920	Party 4 Jun 1919.
Molyneux, J.	Sto1	290740			Party 4 Jun 1919.
Monck, E.	Sto1	300155			DD 4 Jun 1915. Widow Mrs J.H.Monck 24 Feb 1920.
Monteith, R.B.	L/Sea RNVR	KX413			DD 6 May 1915. Father Mr J.Monteith 11 Sep 1919.
Montgomery, A.	Ord RNVR	KX358			Party 11 Jun 1919.
Moody, T.	AB RNVR	M7/126		23 Nov 1920	Party 7 Jul 1919.
Moore, A.	Ord RNVR	M1/199			Party 24 Jun 1920.
Moore, A.O.	Sto1	SS106643			DD 4 Jun 1915. Father Mr W.A.Moore 17 Jun 1925.
Moran, C.W.	Sto1	SS101755	A*I	15 Mar 1923	Party 8 May 1919.
Morgan, H.	L/Sea RNVR	C2/190		11 Aug 1922	Party 27 Feb 1919.
Morgan, W.A.	Sto1	SS101634		22 Jun 1920	Party 27 Apr 1920.
Morley, A.C.	Sto1	295520			DD 28 Mar 1918. Widow Mrs C.A.Morley 30 Jul 1919.
Morrison, D.	Ord RNVR	C2/156			Party 10 Apr 1919.
Morrison, F.	Ord RNVR	C1/20			Retd to R.Mint Mar 1934.
Morrison, R.	Ord RNVR	KX342		7 Jun 1921	Party 18 May 1921.
Morrison, W.	AB RNVR	ZX10			Hood Battalion BEF 19 Feb 1919.
Morrison, W.	Ord RNVR	C1/200			Party 15 Mar 1919.
Moss, A.	Sto1	SS100079			Party 19 Jun 1920.
Moulds, T.	Sto1	SS105843		9 Jun 1923	Party 14 Apr 1919.
Mount, H.	Ord RNVR	M7/256			*HMS Queen Elizabeth* 27 Jan 1919.
Mount, J.	Sto1	283133			Party 12 May 1919.
Mouzer, J.W.	Ord RNVR	KX391			Party 19 Apr 1919.
Mowatt, J.	AB RNVR	C2/2267			DD 4 Jun 1915. Father Mr J.Mowett 30 May 1919.
Muirhead, J.	AB RNVR	M1/102			Party 23 Jun 1919.
Mulcock, H.	Sto1	SS101875			Party 25 Jan 1919.

HOOD BATTALION

Name	Rank	Number		Notes
Mullen, J.	Ord RNVR	KP277		Retd to R.Mint Mar 1934.
Murphy, H.J.	Sto1	296291		*HMS Malabar* 12 May 1919.
Murr, T.J.	Sto1	SS102158		Party 29 Apr 1919.
Murray, D.B.	Ord RNVR	KX403		Party 19 Apr 1919.
Murray, G.	Ord RNVR	KX348		DD 6 May 1915. Brother Mr R.A.Murray 20 Aug 1919.
Murray, J.	AB RNVR	C1/161		Party 24 Jul 1919.
Naismith, W.	AB RNVR	C1/2220		Party 2 Apr 1919.
Napier, A.	AB RNVR	C1/137	4 Jun 1922	Party 19 Apr 1919.
Neal, J.	Sto1	282807	22 Jun 1920	Party 25 Jan 1919.
Neenan, T.	AB RNVR	C2/168	6 Jul 1920	Party 22 Dec 1919.
Newton, J.J.	Ord RNVR	KX378		Party 28 Feb 1919.
Nickson, H.	Ord RNVR	M1/214		Party 28 May 1920.
Nicol, K.	PO RNVR	C2/164		DD 6 Jun 1915. Father Mr J.Nicol 28 May 1919.
Nicoll, J.	PO RNVR	C2/108		DD 31 Aug 1915. Widow Mrs A.C.Nicoll 16 Aug 1920.
Nicoll, W.	AB RNVR	C2/189	12 Jan 1924	Party 28 Mar 1919.
Nobbs, E.	Hon Lieut			DD 24 Mar 1918. Retd to R.Mint Mar 1934.
Noble, J.	AB RNVR	C2/2411		*HMS Indus* 24 Jan 1919.
O'Toole, H.	Ord RNVR	M1/178	14 Jul 1921	*HMS Tribune* 5 Mar 1919.
Oldfield, J.	AB RNVR	M1/88		RAF Calshot 5 Feb 1919.
Oliver, E.	Sto1	288376	28 Jun 1920	*HMS Mars* 3 Apr 1919.
Ormston, J.M.	Ord RNVR	KX482		DD 6 May 1915. Widow Mrs S.A.Ormston 22 Apr 1919.
Osborne, C.F.	Ord RNVR	C1/2612		Party 15 Jun 1920.
Osborne, G.J.	Sto1	288405		Party 20 Jun 1923.
Osborne, J.	L/Sea RNVR	KX387		DD 10 Dec 1915. Father Mr R.Osborne 9 Sep 1919.
Over, C.F.	Ord RNVR	KX311		Party 28 Feb 1919.
Oxley, E.	Ord RNVR	KX448		DD 5 Feb 1917. Mother Mrs Nicholson 19 May 1919.
Page, J.	Sto1	SS103294		DD 4 Jun 1915. Widow Mrs L.Page 10 Jun 1920.
Pagendam, J.	Ord RNVR	M1/216	28 Aug 1920	Party 26 Mar 1919.
Palmer, E.	Ord RNVR	KX396		DD 7 May 1915. Mother Mrs M.A.Palmer 13 Aug 1920.
Palmer, W.	CPO	171535	6 Jul 1920	Party 27 May 1919.
Parke, S.A.	Sto1	SS104752 A*		Party 12 Sep 1919.
Parker, P.	Ord RNVR	KX473		Party 19 Feb 1921.
Parr, A.E.	Sto1	291434		Party 29 May 1920.
Parr, J.	Sto1	301763	25 Jun 1920	Party 7 Nov 1919.
Parr, J.	L/Sea RNVR	M1/79		DD 16 May 1915. Widow Mrs Parr 16 Jan 1920.
Payne, G.E.	PO	235286		*HMS Vivid* 6 Mar 1919.
Payne, J.W.	Sto1	286319		Party 30 Oct 1919.
Pearl, J.	Sto1	SS103100		Party 29 May 1920.
Pegram, E.	Ord RNVR	KX485		Party 13 Feb 1919.
Pemberton, E.	Ord RNVR	C2/216		Party 26 Jan 1920.
Pemberton, H.	Ord RNVR	M3/254		Party 19 Apr 1919.
Peppiatt, E.J.	Sto1	295707		Party 15 Jun 1920.
Perkes, D.	Ord RNVR	M1/198	15 Jul 1920	Party 26 Feb 1919.
Perry, H.	Sto1	SS106791		DD 27 May 1915. Widow Mrs L.M.Stacey 10 Jun 1920.
Perry, J.	Ord RNVR	KX366		Party 7 Jun 1920.
Peters, R.	AB RNVR	C1/158		DD 3 Sep 1917. Brother Mr W.Peters 18 Nov 1919.
Peters, T.	Ord RNVR	KX456		Party 6 Mar 1920.
Phillips, R.	AB	236611		HM Naval Base Port Edgar 28 Mar 1919.
Piddie, J.	Ord RNVR	KX492		Party 29 May 1920.
Pilkington, J.	Sto1	SS105655		Party 13 Aug 1919.
Pincock, T.	AB RNVR	C2/2005		DAMS Cardiff 16 May 1919.
Pinder, W.	Ord RNVR	C3/1897	29 Dec 1922	Party 11 Jun 1919.
Pink, W.	Sto1	SS101449		Party 4 Jun 1920.
Pinkney, J.	AB RNVR	KX468	14 Jun 1922	DD 4 Jun 1915. Mother Mrs M.J.Laybourne 14 Jun 1922.
Pirnie, T.	AB RNVR	C1/177		RN Hospital Larbert 19 Mar 1919.
Pizzy, F.	Sto1	292052		Party 24 Apr 1922.
Plater, E.J.	Sto1	281477	29 Nov 1920	Party 11 Mar 1919.
Pointing, A.	Sto1	155246	17 Jun 1920	Party 5 Apr 1919.
Powell, T.	Sto1	295140		*HMS Fawn* 7 Apr 1919.
Pratt, P.	Ord RNVR	KP251		Party 29 May 1920.
Pressley, J.W.	Sto1	300359 A*I		Party 29 Mar 1919.
Preston, A.	Sto1	277825		DD 4 Jun 1915. Widow Mrs S.E.Preston 24 Jun 1920.
Price, F.J.	Sto1	SS105928		Widow Mrs C.M.Price 10 Sep 1920.
Price, P.	Sto1	SS104936		Party 23 May 1919.
Primrose, R.	Presb Chaplain			Party 19 Mar 1919.
Purcell, J.	Ord RNVR	KX367		Run 20 Oct 1914. Retd to R.Mint Mar 1934.
Purnell, H.H.	Sto1	SS101868	25 Jun 1920	Party 19 Apr 1919.

HOOD BATTALION

Name	Rank	Number		Date	Notes
Quilter, J.A.C.	Lieut/Col RM			25 Aug 1920	DD Apr 1915. Brother E.C.Quilter 25 Aug 1920.
Quinn, J.	Sto1	SS106176			Party 28 May 1920.
Radcliffe, S.V.	AB RNVR	M3/193			DD 27 Jun 1915. Father Mr A.Radcliffe 6 Nov 1924.
Rae, C.E.L.	Sub Lieut RNVR				*HMS Emperor of India* 13 Mar 1919.
Rae, D.	Ord RNVR	C3/2252		10 Jun 1924	Party 5 Feb 1919.
Ralph, H.J.	Sto1	163561		30 Jun 1920	*HMS Acteon* 5 May 1919.
Rankin, C.	Sto1	289935			DD 4 Jun 1915. Widow 8 Feb 1924.
Rawson, J.	Sto1	292011			Party 29 May 1920.
Rayment, J.	Ord RNVR	KX329			DD 15 Nov 1916. Mr M.A.Rayment 23 Oct 1924.
Readding, E.	Sto1	SS103946			Party 1 Jun 1920.
Reames, J.	Sto1	SS105840			DD 31 May 1915. Widow Mrs Crick 7 Oct 1921.
Redgrove, H.	Sto1	285508			Party 20 Jul 1920.
Redman, R.G.	Sto1	355792		28 Oct 1921	*HMS Maidstone* 28 Mar 1919.
Reeves, R.	AB RNVR	KX517		18 May 1923	Party 5 Apr 1919.
Reid, G.	Sto1	SS106265			Party 1 Apr 1919.
Reid, W.	Sto1	SS103780			Party 4 Jun 1920.
Rennison, G.	Sto1	299072		17 Mar 1924	DD 4 Jul 1918. Widow Mrs H.M.Rennison 24 Jun 1920.
Rettie, A.	Sub Lieut RNVR			6 Aug 1920	Party 21 Jan 1919.
Reynolds, F.	Sto1	296584			Party 28 May 1920.
Reynor, F.	Sto1	SS100720		8 Apr 1924	DD. Widow Mrs C.R.Reynor 8 Apr 1924.
Rice, C.H.	Ord RNVR	KX544			DD 9 Sep 1915. Widow Mrs Mills 11 Jun 1919.
Richardson, J.	Sto1	SS105480			Party 17 Jul 1919.
Richardson, T.F.	Ord RNVR	KX318			Party 9 May 1919.
Riches, G.	Sto1	279371	A*		Party 9 Aug 1919.
Richmond, H.J.	Ord RNVR	KX395			Party 3 Jul 1919.
Richmond, T.	AB RNVR	C1/142		28 Sep 1921	RN Hospital Larbert 19 Mar 1919.
Rickard, J.	AB RNVR	KX462			Party 29 May 1920.
Rideout, W.	Sto1	SS106434			Party 7 Jun 1920.
Ridgwell, A.	Sto1	SS101876			Party 2 Mar 1920.
Ridler, W.H.	Sto1	290457			Party 29 May 1920.
Riley, J.	Sto1	SS108885			Party 10 Jun 1920.
Rintoul, A.	AB RNVR	C1/960		23 Jun 1920	*HMS Caesar* 16 May 1919.
Roberts, A.	AB RNVR	M1/5			RAF Calshot 5 Feb 1919.
Roberts, J.W.	Sto1	SS107775			Party 16 Jul 1919.
Robertson, G.	Ord RNVR	C2/224			HQ RNVR Clyde 17 Jul 1919.
Robertson, H.H.	Sto1	SS101630		18 Aug 1920	Party 18 Aug 1920.
Robertson, R.	AB RNVR	C2/219			HQ RNVR Clyde 17 Jul 1919.
Robins, W.	Ord RNVR	C1/195			Party 1 May 1919.
Robinson, A.	L/Sea	177125			Training Establishment Shotley 19 Apr 1919.
Robinson, F.H.	Sto1	278446			Party 21 Jan 1919.
Robinson, J.H.	Ord RNVR	KX470			Party 21 May 1919.
Robinson, J.J.	Ord RNVR	KX376			DD 13 Nov 1916. Mr V.M.Robinson 25 Nov 1921.
Robinson, T.A.	Sto1	SS106565		8 Nov 1921	Party 25 Oct 1921.
Robson, C.	Ord RNVR	KX402			Party 24 Feb 1922.
Robson, G.	Ord RNVR	KX459			Mother Mrs Robson 22 Nov 1919.
Robson, R.	Ord RNVR	KX357			Party 29 May 1920.
Rodger, J.	Ord RNVR	C1/192			Party 5 May 1919.
Rodgers, W.E.	Sto1	294253			Party 1 Jun 1920.
Rogers, C.V.	Sto1	SS102179		28 Oct 1921	Party 19 Jun 1919.
Rolfe, D.	Ord RNVR	KX401			DD 7 May 1915. Father Mr R.Rolfe 15 Sep 1919.
Rose, S.	Ord RNVR	C1/210			Party 12 Feb 1919.
Ross, H.	Sto1	208538			*HMS Esther V Ganges* 5 Feb 1919.
Ross, J.D.	AB RNVR	C1/131			Party 12 Feb 1919.
Routledge, G.D.	L/Sea RNVR	KX339		19 Mar 1921	Party 19 Feb 1919.
Rowlinson, A.	Sto1	SS106518			Party 22 Apr 1919.
Russell, A.	Sto1	170165			*HMS Wildfire* 26 Apr 1919.
Russell, C.	Sto1	170236		18 Oct 1921	*HMS Acteon* 23 Apr 1919.
Russell, H.J.	PO RNVR	C2/2293		16 Jul 1920	Party 24 Jul 1919.
Russell, P.	Ord RNVR	C2/176			Party 16 Jun 1919.
Russell, T.	Ord RNVR	KX513			DD 13 Nov 1916. Brother Mr F.Russell 1 Aug 1919.
Rutherford, E.	Ord RNVR	KX430			Party 9 Apr 1919.
Rutt, F.G.	Sto1	151218		14 Jul 1921	*HMS Diligence* 24 Jan 1919.
Rutter, T.	Sto1	SS101084			Party 7 Jun 1920.
Saggers, E.L.	Sto1	283740			Party 28 Apr 1920.
Sams, F.G.	Sto1	SS103301			DD 4 Jun 1915. Widow Mrs A.R.Sams 10 Feb 1920.
Sanderson, W.	Sto1	286057			*HMS Acteon* 21 Apr 1919.
Sargant, G.	Sto1	SS100406		6 Jul 1920	*HMS Sapphire* 20 Jan 1919.

HOOD BATTALION

Name	Rate	Number	Date	Notes
Sargeant, E.	Sto1	SS103602	28 Jun 1920	Party 27 Feb 1919.
Sarson, W.L.	Sto1	294425		DD 4 Jun 1915. Mother Mrs Sarson 18 Feb 1920.
Saunders, A.C.W.	PO	298027		Party 20 Jan 1919.
Saunders, F.	Ord RNVR	C1/215		*HMS Gloucester* 5 Mar 1919.
Sayler, A.	Sto1	SS106958		Party 18 Aug 1925.
Scott, A.	Sto1	296752		Party 27 Apr 1920.
Scott, J.	AB RNVR	C2/199	17 Mar 1922	*HMS Purdita* 5 Mar 1919.
Scott, J.E.	AB RNVR	KX476		RAF Eastchurch 24 May 1919.
Scullin, J.	Ord RNVR	C1/199		DD. Master D.Scullin c/o Mr H.Dailly 2 Jan 1920.
Sell, C.	Sto1	302432	11 Mar 1921	Party 28 Apr 1920.
Sellers, F.H.	Sto1	SS106487	16 Jun 1920	Party 29 Aug 1919.
Sendall, F.	Sto1	SS106649		DD 4 Jun 1915. Father Mr F.Sendall 10 Feb 1920.
Senior, G.F.	AB RNVR	KP259		Party 28 Apr 1920.
Sewell, W.A.	Surgeon RNVR		4 Sep 1920	*HMAS Berbice* 17 Mar 1919.
Seymour, H.L.	Ord RNVR	KX489		Party 21 Mar 1919.
Seywright, W.	AB RNVR	C5/2417	10 Oct 1938	Party 27 Feb 1919.
Sharman, J.S.	Sto1	SS108485	28 Nov 1923	*HMS Mars* 3 Apr 1919.
Sharpe, G.	Sto1	304295		DD 2 May 1915. Legatee Mrs A.Mitchelmore 24 Feb 1920.
Shaw, C.	Ord RNVR	KX486		DD 9 Jun 1915. Widow Mrs E.Shaw 8 Jul 1919.
Shaw, C.H.	Ord RNVR	M1/171		Party 27 Apr 1920.
Shaw, E.	Ord RNVR	M7/200	28 Aug 1920	Party 23 Apr 1919.
Sheppard, J.	AB RNVR	C1/133	21 Mar 1922	*HMS Comus* 15 May 1919.
Shimmin, W.J.	Sto1	287513		DD 4 Jun 1915. Widow Mrs L.Shimmin 14 May 1925. Original medal scrapped and returned to R.Mint 9 Mar 1922.
Sime, C.P.	PO	188998		RND Aldershot 1 Feb 1919.
Sime, W.	Ord RNVR	C1/216		Party 30 Aug 1921.
Simmonite, H.M.	L/Sea RNVR	M1/205	16 Jun 1920	Party 23 Apr 1919.
Simpson, G.H.	L/Sea RNVR	KX498	13 Dec 1937	Party 27 Apr 1920.
Simpson, J.	Ord RNVR	C2/2915		Retd to R.Mint Mar 1934.
Simpson, T.	Ord RNVR	KX484		Party 8 Mar 1919.
Simpson, W.	AB RNVR	C3/2013		Party 20 May 1919.
Simson, A.	AB RNVR	C2/94		Party 15 May 1919.
Sinclair, J.	AB RNVR	C2/2027	25 Aug 1922	Party 22 Apr 1919.
Sinton, J.	Ord RNVR	KX443		Party 23 Jan 1919.
Slade, J.	AB RNVR	M1/67		*HMS Queen Elizabeth* 27 Jan 1919.
Slater, A.A.	Sto1	SS103284		Party 27 Feb 1919.
Sleirah, J.	Ord RNVR	C2/213	28 Sep 1921	Party 19 Mar 1919. Dup clasp to Party 22 Mar 1926.
Small, D.L.	Ord RNVR	C2/198		Party 12 May 1919.
Small, W.	Sto1	294869		*HMS Sir Bevis* 5 Feb 1919.
Smeaton, J.H.	AB RNVR	C3/2064		Party 16 Jul 1919.
Smee, M.W.	Sto1	SS106183	16 Jun 1920	Party 29 Apr 1920.
Smelt, A.B.	Sto1	SS101579		Party 2 Jan 1920.
Smilie, A.	AB RNVR	C1/2277	29 Nov 1921	Party 18 Mar 1919.
Smissen, T.	Sto1	175930	6 Jul 1921	Party 26 Mar 1920.
Smith, A.	PO RNVR	C2/2104		Party 28 Feb 1919.
Smith, A.	L/Sea RNVR	C3/1749	25 Apr 1928	Party 25 Jan 1919.
Smith, A.C.	AB RNVR	C1/185		DD 23 Apr 1917. Widow Mrs T.Smith 10 Feb 1920.
Smith, C.	Sto1	SS108930		Party 28 May 1919.
Smith, C.	AB RNVR	J8407		*HMS Vivid* 14 Apr 1919.
Smith, C.	L/Sea	286320		DD 4 Jun 1915. Father Mr C.E.Smith 14 Feb 1920.
Smith, C.	AB RNVR	KX372	14 Apr 1939	Party 27 Apr 1920.
Smith, D.	Sto1	SS105685		DD 4 Jun 1915. Father Mr J.Smith 10 Feb 1920.
Smith, D.	L/Sea RNVR	C1/179	16 Oct 1934	Party 26 May 1919.
Smith, J.H.	Ord RNVR	KX365	26 Aug 1925	Party 13 Aug 1919.
Smith, J.M.	Sto1	311341		Party 28 Apr 1920.
Smith, J.W.	Sto1	287472	3 Mar 1921	DD 4 Jun 1915. Widow Mrs M.E.Smith 5 Dec 1919.
Smith, P.	Sto1	290471		Party 27 Apr 1920.
Smith, T.G.	Sto1	SS107923	28 Sep 1921	Party 26 Feb 1919.
Smith, W.	Ord RNVR	KX351		Party 20 Oct 1919.
Smith, W.	AB RNVR	M6/166		Party 13 Feb 1919.
Smith, W.G.	Sto1	SS100537	16 Jun 1920	*HMS Ganges II* 28 Mar 1919.
Snellgrove, J.	Sto1	SS108860		*HMS Bonaventure* 13 Feb 1919.
Snow, F.	Ord RNVR	KX333		Party 28 Nov 1920.
Snowden, J.	Sto1	SS105437		*HMS Wildfire* 19 Apr 1919.
Soutar, A.	L/Sea RNVR	C1/96	16 Oct 1934	*HMS Renown* 27 Jan 1919.
Speed, C.	AB RNVR	C1/159		HQ RNVR Clyde 17 Jul 1919.
Spencer, R.	Ord RNVR	KX549		DD 6 May 1915. Widow Mrs Spencer 11 Feb 1920.

HOOD BATTALION

Name	Rank	Number		Date	Notes
Spicer, J.	AB RNVR	C1/2454			Party 18 Mar 1919.
Spowart, G.	Ord RNVR	KX320			DD 6 May 1915. Father Mr A.Spowart 4 Oct 1919.
Spowart, W.	AB RNVR	KX551			Party 22 Jul 1919.
Stacey, E.	AB RNVR	KX455			Party 27 Apr 1920.
Stanger, W.	Sto1	291094		28 Feb 1921	Party 18 Nov 1919.
Stanley, J.W.	Sto1	SS101281			Party 8 Jul 1919.
Startup, F.W.	PO2	139480			*HMS President IV* 5 Mar 1919.
Steel, F.	AB RNVR	M6/115			Party 13 Feb 1919.
Stephens, M.	Sto2	K21670			DD 8 May 1915. Mother Mrs J.Stephens 13 Feb 1920.
Stephenson, A.	Ord RNVR	KX355			DD 8 May 1915. Retd to R.Mint Mar 1934.
Stevens, W.H.	Sto1	SS101587		22 Jun 1920	Party 30 Jun 1919.
Stevenson, J.	Ord RNVR	KX362			Party 7 Nov 1919.
Stevenson, J.	Ord RNVR	KX515			Port Edgar 28 Mar 1919.
Stevenson, W.	AB RNVR	C2/218			Party 24 May 1919.
Stewart, T.	Ord RNVR	C1/140		14 Nov 1921	Party 5 Apr 1919.
Stewart, W.N.	Ord RNVR	C2/215			*HMS President III* 2 Sep 1919.
Stitson, G.	Sto1	284601		27 Jan 1922	Party 27 Apr 1920.
Stokoe, J.	Ord RNVR	KX427		3 Sep 1923	Party 27 Apr 1920.
Straughan, J.	L/Sea RNVR	KX463			Party 28 Feb 1919.
Strong, H.R.	Sto1	SS101855			DD 9 Jan 1918. Widow Mrs L.M.Strong 25 May 1920.
Stuart, D.A.	AB RNVR	C1/2473			Party 8 Mar 1922.
Stuart, F.	Sto1	286331		18 Jan 1932	Party 23 Apr 1920.
Stubbs, S.	Ord RNVR	M7/247			No.52 TDS RAF Cramlington Northumberland 15 Apr 1919.
Suckling, E.L.	PO RNVR	M7/59		29 Dec 1920	Party 21 May 1919.
Suddes, G.E.	L/Sea RNVR	KX556			DD 24 Feb 1916. Widow Mrs L.M.Waugh 4 Jul 1919.
Sullivan, J.	Ord RNVR	M1/172			Party 28 Apr 1920.
Summerbell, W.	Ord RNVR	KX343			Party 31 Aug 1921.
Summers, W.	AB RNVR	C1/141			HQ RNVR Clyde 17 Jul 1919.
Suthons, S.E.	AB RNVR	C3/2333		9 Feb 1921	*HMS Fisgard* 11 Jul 1919.
Sutton, J.J.	Sto1	288808			DD 4 Jun 1915. Widow Mrs A.Sutton 20 May 1920.
Swain, W.H.	Sto1	SS101586		28 Jun 1920	Party 5 Jun 1919.
Tait, P.	Ord RNVR	KX404			DD 30 Dec 1915. Widow Mrs M.A.Miller 4 Aug 1920.
Tanner, C.	Sto1	SS107490		3 Aug 1920	Party 12 Sep 1919.
Tapp, C.	AB RNVR	C1/255		19 Jan 1921	Party 25 Jul 1919.
Tattersall, R.	L/Sea RNVR	KX512		14 Jul 1921	Party 24 Mar 1920.
Taylor, A.A.	AB RNVR	M3/249		23 Nov 1920	Hood Battalion BEF 17 Mar 1919.
Taylor, A.E.	Sto1	296506			DD 9 Aug 1915. Brother Mr H.G.Taylor 17 Mar 1919.
Taylor, J.S.	Ord RNVR	KX341		R	Party 26 Feb 1919.
Taylor, T.	Ord RNVR	M1/184			Party 18 May 1920.
Taylor, W.	Sto1	286635			DD 6 May 1915. Widow Mrs A.M.Taylor 17 Mar 1919.
Taylor, W.	Ord RNVR	C2/223			*HMS Heather* 10 Mar 1919.
Terry, H.F.	Ord RNVR	M7/190			DD 8 Aug 1915. Brother Mr J.Terry 30 Jul 1920.
Thair, E.H.	PO	135224			Party 3 Jan 1922.
Thomas, G.W.	Sto1	285865			Party 26 Feb 1919.
Thomas, H.	Ord RNVR	M7/250		30 Nov 1920	Party 22 Jul 1919.
Thompson, A.	Ord RNVR	KP316			Party 3 May 1920.
Thompson, D.	AB RNVR	C1/174			HQ RNVR Clyde 17 Jul 1919.
Thompson, J.	L/Sea RNVR	KX464			DD 5 Jun 1915. Father Mr J.T.Thompson 7 Oct 1919.
Thompson, J.R.	Sto1	SS105672	A*	18 Aug 1925	Party 18 Aug 1925.
Thompson, O.	Ord RNVR	KX328			Party 27 Apr 1920.
Thompson, T.	Ord RNVR	C4/2068		23 Jun 1920	Party 13 May 1919.
Thompson, T.W.	Ord RNVR	C1/209			Party 23 May 1919.
Thompson, W.T.	Sto1	294012	A*I		DD 23 Oct 1918. Brother Mr G.Thompson 12 May 1920.
Thomson, G.A.	Ord RNVR	KX426			Party 13 Feb 1919.
Thomson, T.	Sto1	285928		19 Nov 1921	Party 31 Mar 1919.
Throsby, C.E.	Sto1	SS107614			DD 14 Aug 1916. Sister Mrs E.M.Martin 8 Jul 1919.
Tierney, D.	Ord RNVR	C1/21			Retd to R.Mint Mar 1934.
Tilson, W.J.	Sto1	SS108306			*HMS Express* 7 Feb 1919.
Tobin, R.H.	PO RNVR	M7/174		19 Apr 1921	Party 22 Sep 1919.
Todd, E.E.	Act/PO	291132		7 Oct 1920	Party 27 Apr 1920.
Todd, H.	Ord RNVR	KX375			Party 18 Aug 1925.
Todd, S.A.	Sto1	175397			Party 14 Jul 1919.
Tomsett, E.	Sto1	296234			DD 17 Jun 1915. Widow Mrs E.Tomsett 18 Feb 1920.
Tonge, H.	Sto1	284827			Party 27 Apr 1920.
Towns, J.	AB RNVR	ZX13			Party 28 Apr 1920.
Traynor, C.H.	Sto1	293422		19 Oct 1920	Party 1 Jul 1919.
Trodden, F.	L/Sea RNVR	KX353			Party 29 Aug 1919.

HOOD BATTALION

Name	Rank	Number	Date	Notes
Tuckfield, A.	Sto1	292007	7 Nov 1921	*HMS Tyne* 20 Jan 1919.
Tuersley, J.H.	Sto1	SS101890	23 Sep 1920	Party 7 Nov 1919.
Tugwell, H.	Sto1	297861	8 Jul 1920	SNO Grimsby 22 Aug 1919.
Tumber, W.R.	Sto1	SS102986	6 Dec 1922	Party 23 Jun 1919.
Turnbull, J.	Ord RNVR	C2/221		Party 15 Sep 1919.
Turner, A.	Sto1	SS101612		Party 20 Aug 1925.
Turner, F.B.	Sto1	SS100018		DD 4 Jun 1915. Widow Mrs Ladbrook 28 Apr 1920.
Turner, H.A.	Sto1	301770	13 Sep 1920	Party 27 Apr 1920.
Turner, J.G.	Sto1	297109	18 Aug 1920	Party 28 Feb 1919.
Turner, J.J.	Sto1	299867		Widow Mrs J.Turner 18 Feb 1920.
Turner, R.	AB RNVR	M1/82	17 Jun 1920	Party 19 Apr 1919.
Turner, W.C.	Sto1	SS107666	23 Jul 1920	Party 15 May 1919. Dup clasp & rosette to Party 27 Mar 1922.
Turnidge, B.L.	Sto1	SS105956		DD 29 Dec 1915. Widow Mrs Turnidge 18 Feb 1920.
Tweedie, T.A.	Ord RNVR	M1/167	29 Dec 1920	Party 2 Jul 1919.
Twelftree, E.G.	Sto1	SS101614		Widow Mrs Twelftree 21 Nov 1919.
Tyler, C.	Sto1	299077	7 Aug 1923	Party 3 May 1920.
Underwood, C.	Sto1	174428	22 Jun 1920	Party 13 Feb 1919.
Urry, E.G.	PO	292507		*HMS Mars* 3 Apr 1919.
Waistell, S.N.	L/Sea RNVR	KX352		Party 2 Jan 1920.
Walcott, L.A.	Sto1	SS102494	23 May 1922	Party 1 May 1920.
Walker, G.C.	AB RNVR	C4/1426		HQ RNVR Clyde 17 Jul 1919.
Walker, H.	Sto1	SS108646		Party 21 May 1919.
Walker, R.	Ord RNVR	C2/61		Widow Mrs F.A.Walker 7 Jan 1921.
Walker, R.	PO RNVR	C2/2061		Party 13 Mar 1919.
Walker, R.	Ord RNVR	C4/2161		Party 14 Oct 1927.
Walker, W.	AB RNVR	C2/181		*HMS Pelorus* 20 Mar 1919.
Wall, J.	Sto1	293168		*HMS Sarpedon* 19 Feb 1919.
Wallace, J.W.	Sto1	SS108941	8 Jun 1921	*HMS Vernon* 28 Mar 1919.
Waller, J.	Sto1	279873		Widow Mrs C.A.Waller 18 Mar 1925.
Walls, A.J.	Sto1	SS100111		Widow Mrs A.E.Walls 26 Nov 1920.
Walsh, H.	L/Sea RNVR	C1/180		Party 22 Sep 1919.
Walters, G.	Sto1	SS106180		Party 18 Aug 1925.
Walters, G.M.	Sto1	172259		Party 1 Aug 1919.
Walters, H.	Ord RNVR	KX435		DD 4 Jun 1915. Father Mr R.Walters 2 Oct 1919.
Walters, R.	Ord RNVR	KX315		Party 12 Feb 1919.
Walton, J.	Ord RNVR	KX454		Party 17 Mar 1919.
Walton, W.	Sto1	288710	22 Dec 1921	Party 5 Apr 1919.
Walton, W.	Sto1	280225		Widow Mrs A.Walton 12 May 1922.
Walton, W.	AB RNVR	KX350		Party 31 Oct 1919.
Ward, A.H.	Sto1	300128	21 Jul 1920	Party 28 Feb 1919.
Ward, D'Arcy	Sto1	SS106574 A*		Party 20 Mar 1919.
Ward, R.T.	Ord RNVR	KX438		DD 6 May 1915. Widow Mrs J.Ward 18 May 1920.
Warne, F.W.	Sto1	SS103343		*HMS Sapphire* 20 Jan 1919.
Warner, E.	Sto1	162698	28 Jun 1920	Party 21 Mar 1919.
Warnock, R.T.	Ord RNVR	C1/2199		Party 12 Mar 1919.
Warr, W.J.	Sto1	285490		Party 20 Aug 1925.
Warren, E.	Sto1	K3334		Party 27 Apr 1920.
Warren, R.	Sto1	306731		DD 6 May 1915. Retd to R.Mint Mar 1934.
Wasson, D.	Sto1	SS107130		Party 18 Aug 1925.
Waters, E.	Ord RNVR	M7/239		*HMS Suffolk Coast* 30 Jan 1919.
Watson, W.	Sto1	299910		DD 4 Jun 1915. Father Mr H.Watson 30 Jul 1919.
Watson, W.	Sto1	286084		Widow 28 Dec 1928.
Weatherill, A.	Ord RNVR	KX373		DD 6 May 1915. Father Mr T.Weatherill 12 Jan 1920.
Webber, H.A.	Sto1	SS101846	15 Jul 1921	*HMS Sapphire* 20 Jan 1919.
Wells, A.	Sto1	SS100702		Party 5 Feb 1919.
Wells, J.R.	Act/PO	291943	9 Jul 1920	Party 29 May 1919.
West, F.	PO1	180348	24 Jun 1920	Party 29 Aug 1919.
West, H.	Sto1	SS106273		Party 5 May 1920.
West, R.	Sto1	286675		Party 27 Apr 1920.
Westhead, S.	Ord RNVR	M1/131	6 Apr 1921	Party 29 Mar 1921.
Westwood, W.A.	Sto1	SS107276		DD 4 Jun 1915. Retd to R.Mint Mar 1934.
Whale, H.L.	Sub Lieut RNVR		5 Jul 1920	Party 5 Jul 1920.
White, A.G.	Sto1	SS101054		*HMS Folkestone* 28 Feb 1919.
White, C.	AB RNVR	C2/163		HQ RNVR Clyde 17 Jul 1919.
White, J.	Ord RNVR	KX347		DD 4 Jun 1915. Father Mr D.White 18 May 1920.
White, S.J.	Sto1	286664	27 Jan 1922	Party 4 Mar 1920.
Whitehead, A.T.	Sto1	285534		*HMS Garry* 21 Jan 1919.

HOOD BATTALION

Whitfield, J.	Sto1	277067	3 Oct 1922	Party 18 Mar 1919.
Whittingham, J.	Sto1	164543	9 Jan 1922	*HMS Havelock* 24 Jan 1919.
Whitworth, J.W.	Sto1	SS106507		Party 24 Feb 1920.
Wickenden, J.D.	Col/Sergt RM	Po2971	28 Jun 1920	Party 6 May 1919.
Wicks, G.	Act/PO	186651	5 Jul 1923	Training Establishment Shotley 28 Mar 1919.
Wilby, F.W.	Sto1	298476	25 Aug 1920	Party 28 Feb 1919.
Wilby, R.H.	Sto1	SS106556		Party 19 Jan 1920.
Wilcox, F.J.	Col/Sergt RM	Po1904		RND Aldershot 29 Jan 1919.
Wild, A.H.	Sto1	285572		Party 10 May 1920.
Wilkinson, F.	Ord RNVR	KX368		Party 2 Sep 1919.
Wilkinson, H.	Ord RNVR	M1/203		Party 3 May 1920.
Wilkinson, J.	AB RNVR	KX421		Father Mr J.Wilkinson 4 Oct 1919.
Williams, A.	Sto1	SS100536		Run 20 Dec 1914. Retd to R.Mint Mar 1934.
Williams, A.R.	AB RNVR	M7/221		Party 26 Jul 1922.
Williams, E.O.	AB RNVR	M1/189		*HMS Emperor of India* 13 Mar 1919.
Williams, F.	Sto1	SS102786	16 Jun 1920	Party 20 Aug 1919.
Williams, G.	Sto1	SS108500		Father Mr R.Williams 19 Mar 1919.
Williams, J.	Ord RNVR	KX393		Party 1 Mar 1924.
Williams, L.	Sto1	287495		Party 5 Mar 1919.
Williams, T.	Ord RNVR	M1/180	21 May 1924	*HMS Eaglet* 29 Jul 1919.
Willoughby, A.N.	Lieut/Comdr		25 Jun 1920	Party 25 Jun 1920.
Wilson, A.	Ord RNVR	KX345		DD 6 Nov 1917. Sister Miss M.Lindsay 4 Jun 1920.
Wilson, A.E.	Ord RNVR	217647	28 Jun 1920	Party 6 Jun 1919.
Wilson, F.	Ord RNVR	M1/220		*HMS Gavotte* 13 Mar 1919.
Wilson, H.J.	Act/PO	K6403	1 Jul 1920	Party 25 Jan 1919.
Wilson, J.	Sto1	284645		DD 19 May 1915. Father Mr J.Wilson 18 May 1920.
Winbourne, H.	Sto1	SS102989		*HMS Fearless* 6 Mar 1919.
Winchester, J.A.	Sto1	300307	1 Jul 1920	Party 27 May 1919.
Winrow, H.	Ord RNVR	M1/219		*HMS Cormorant* 21 Mar 1919.
Winter, T.	Ord RNVR	KX487		Party 19 Apr 1919.
Wood, J.	Sto1	277167	6 Sep 1922	Party 8 Mar 1919.
Woolley, F.	Sto1	290917	17 Jun 1920	Party 18 Nov 1919.
Wortley, H.	Ord RNVR	KP256		Party 8 May 1920.
Wren, J.	Ord RNVR	KX465		Party 5 May 1920.
Wrigglesworth, J.M.	Sto1	301074	6 Jul 1921	Party 28 Apr 1920.
Wright, C.F.	CPO	167981		Party 16 May 1919.
Wright, F.	Ord RNVR	KX485		DD 4 Jun 1915. Mother Mrs H.Wright 8 Jun 1920.
Wyatt, A.E.	PO	184860	21 Dec 1920	*HMS Vivid* 24 Mar 1919.
Yates, J.	Sto1	SS108713		*HMS Mars* 3 Apr 1919.
Yeoman, F.	Ord RNVR	C1/214		Paymaster DAMS 11 Apr 1919.
Yeomans, W.	Sto1	288693	28 Sep 1920	Party 8 May 1920.
Young, A.	AB RNVR	ZX6	27 Sep 1922	Party 8 Jul 1919.

HOWE BATTALION

Name	Rank or Rating	Official Number	Where Served	Clasp Issued	Medal Sent - Comments
Abbott, F.J.	Sea RNR	A1594			DD. Father Mr H.O.Abbott 9 Aug 1919.
Akehurst, A.W.	AB RNVR	S1/359			Party 12 Sep 1919.
Alabone, G.H.	AB RNVR	ZX527		8 Jul 1920	Party 14 Apr 1919.
Allan, J.	Ord RNVR	KX173		17 Jun 1920	Party 27 Feb 1919.
Allan, J.M.	AB RNVR	C1/1772			HQ RNVR Clyde 17 Jul 1919.
Allen, T.J.	AB RNVR	S1/248			DD 8 Aug 1915. Retd to R.Mint Mar 1934.
Almy, R.W.	AB RNVR	S6/129			*HMS Empress of India* 13 Mar 1919.
Anderson, J.	Ord RNVR	KX181			DD 21 Aug 1918. Father F.Anderson Esq 10 Jun 1920.
Anthony, W.T.	Sto	291205			DD 4 Jun 1915. Widow Mrs Ada S.Anthony 7 Apr 1919.
Armin, J.W.	Ord RNVR	KX282			Party 4 Feb 1920.
Arnold, T.	Sto	SS105803		2 Dec 1920	Party 17 Mar 1919.
Ashdown, D.	AB RNVR	S4/165		1 Mar 1924	Party 27 Mar 1919.
Ashton, E.	Sto	293514		28 Nov 1928	Party 26 Mar 1919.
Atherton, E.	AB RNVR	S3/337		28 Aug 1920	Party 16 Jul 1919.
Atkinson, A.	AB RNVR	S1/302			Party 4 Feb 1920.
Atkinson, G.W.	Ord RNVR	KX268		9 Aug 1923	Party 27 Feb 1919.
Atkinson, J.C.	AB RNVR	S4/159			DD. Retd to R.Mint Mar 1934.
Atkinson, T.W.	Sto1	SS107192			DD 4 Jun 1915. Retd to R.Mint Mar 1934.
Austin, A.	PO RNVR	S1/191			RNB Portsmouth 2 Apr 1919.
Ayres, F.	AB RNVR	S1/339		R	HQ RNVR Sussex 18 Aug 1919.
Bailey, F.D.	AB RNVR	S5/155			HQ RNVR Sussex 10 Jul 1919.
Baker, A.V.	AB RNVR	S2/279		10 Sep 1923	Party 16 Apr 1919.
Baker, W.H.	AB RNVR	S5/249			DD 11 Jun 1915. Father W.A. Baker Esq 16 Jan 1920.
Balcombe, J.	AB RNVR	S2/215			*HMS Queen Elizabeth* 27 Jan 1919.
Ball, J.	Sto	SS106195			*HMS Bonaventure* 13 Feb 1919.
Bane, H.R.	Sto	SS101071		14 Jun 1920	Party 23 Apr 1919.
Banner, R.	AB RNVR	J3679			*HMS Vivid* 14 Apr 1919.
Banting, R.	AB RNVR	M2/190			Party 19 Feb 1919.
Barnard, W.	L/Sea RNVR	S1/148		Jun 1920	HQ RNVR Sussex 5 Aug 1919.
Barnes, D.	Sea RNR	A2243		9 Oct 1936	Party 7 Feb 1920.
Barnes, J.	AB RNVR	M2/212		22 Jun 1920	Party 29 Apr 1919. Dup clasp to Party 17 Jul 1923.
Barrable, J.H.	Sto	296700			DD 24 Jan 1918. Widow Mrs Lucy Barrable 10 Apr 1919.
Barradell, H.H.	Sto	SS107287			DD 4 Jun 1915. Mother Mrs E.Russell 20 May 1920.
Bashford, R.J.	AB RNVR	S5/248			HQ RNVR Sussex 10 Jul 1919.
Bashton, T.H.	Ord RNVR	KX145			Party 5 May 1919.
Bassett, T.A.	AB RNVR	S1/315			Party 3 Feb 1920.
Bassindale, H.W.	AB RNVR	S1/345			Party 7 Apr 1919.
Bates, B.	AB RNVR	S3/329			RND Aldershot 1 Feb 1919.
Bates, H.	AB RNVR	M2/213			DD 29 Feb 1916. Father Mr George Bates 17 May 1919.
Batterton, E.A.	Sto	SS106060			Party 11 Feb 1919.
Baxter, T.	PO2	180779		30 Jun 1920	Training Establishment Shotley 28 Mar 1919.
Baylis, H.P.	Sub Lieut RNVR			1 Jul 1920	Party 13 Mar 1919.
Beamer, E.	AB RNVR	M2/200			Party 12 May 1920.
Beard, T.	AB RNVR	S4/130			Party 4 Feb 1920.
Beattie, W.	Sto	SS107737			DD 4 Jun 1915. Legatee Mrs E.Thornewell 31 Mar 1919.
Bedford, W.G.	AB RNVR	S1/344		28 Jun 1920	DD. Father Mr W.N.Bedford 28 Jan 1919.
Beevers, F.	Sto	SS100041			Party 28 Dec 1922.
Bell, A.S.	AB RNVR	M7/227			Party 13 Jun 1919.
Bell, G.	AB RNVR	M2/218			DD 1 Jun 1915. Legal Representative of Father 17 Jul 1924.
Bell, G.	AB RNVR	M7/207			DD 29 Jun 1915. Father Mr R.Bell 8 Aug 1919.
Bell, W.R.	Ord RNVR	KX223			Party 16 Apr 1919.
Benge, J.W.	AB RNVR	S5/270			DD 8 Sep 1915. Mother Mrs L.E.Benge 17 Mar 1920.
Bennett, J.A.	AB RNVR	M2/237			HQ RNVR Liverpool 19 May 1919.
Bennett, J.A.	AB RNVR	M2/189			Party 29 Apr 1920.
Bennett, J.H.	AB RNVR	S2/7		16 Sep 1922	HQ RNVR Sussex 10 Jul 1919.
Bennett, L.S.	AB RNVR	S5/112			DD. Father Mr T.W.Bennett 17 May 1919.
Bessant, F.W.	Sto	307143		24 Jun 1920	*HMS Gloucester* 5 Mar 1919.
Betts, P.	AB RNVR	S5/165			DD 16 Jun 1915. Father T.Betts Esq 20 Oct 1919.
Bews, C.E.	Ord RNVR	KX284		1 Jun 1922	Party 21 Jan 1919. Dup clasp issued 27 May 1941.
Blaber, D.	AB RNVR	S6/65		7 Jul 1920	Party 17 Mar 1919.
Black, A.	AB RNVR	C3/1748			Party 17 Sep 1923.
Blackmore, G.	AB RNVR	S6/116			Party 26 Nov 1919.
Blackshaw, A.	Ord RNVR	KX239		19 Aug 1922	Party 4 Mar 1920.

HOWE BATTALION

Name	Rank	Number		Date	Notes
Blauce, W.B.	Ord RNVR	KX269			DD 4 Jun 1915. Mother Mrs I.Anderson 10 May 1920.
Bolton, J.	AB RNVR	S1/274			Signal School, *HMS Victory* 21 Jan 1919.
Bond, J.	AB RNVR	M2/141			Party 31 Jul 1919.
Boocock, G.B.Y.	Ord RNVR	KX257		19 Nov 1921	2nd Reserve Battalion, Aldershot 11 Feb 1919.
Booth, J.E.	AB RNVR	M2/175			DD 21 Jul 1915. Father Mr John E.Booth 1 Apr 1919.
Borrows, R.	AB RNVR	M2/160			DD 8 Aug 1915. Widow Mrs E.Middleton 8 Mar 1919.
Boultby, S.	Sto	SS101021		7 Jul 1920	Party 1 Sep 1919.
Bowen, D.M.	Sto	SS104769			*HMS Grafton* 14 Apr 1919.
Bowler, H.E.	AB RNVR	S3/334			DD 17 Feb 1919. Retd to R.Mint Mar 1934.
Boyle, A.	Sto1	278618			DD 4 Jun 1915. Widow Mrs S.Boyle 10 May 1920.
Bradford, H.	AB RNVR	S3/203	AI	5 Dec 1923	Party 27 May 1923.
Bray, W.M.	AB RNVR	S5/262		30 Sep 1920	DD 6 Jun 1915. Father T.R.Bray Esq 6 Aug 1919.
Bretton, F.	CPO RNVR	S3/2		16 Jul 1920	Party 27 Mar 1919.
Brewer, M.	AB RNVR	S1/347			DD 4 Jun 1915. Mother 24 Jul 1920.
Bridger, A.G.	AB RNVR	S3/287			DD 4 Jun 1915. Mrs E.A.Dicken 8 Jun 1920.
Bridger, A.R.	AB RNVR	S5/246			DD 11 Aug 1917. Mother Mrs M.A.Bridger 26 May 1921.
Broadbent, N.	Sto1	SS108049			DD 4 Jun 1915. Retd to R.Mint Mar 1934.
Brooke, J.	Sto	290853			*HMS Indus* 24 Jan 1919.
Brown, E.	Ord RNVR	KX200			DD 26 Jun 1915. Father T.Brown Esq 31 Dec 1919.
Brown, G.	AB RNVR	S3/336			Party 5 Feb 1920.
Brown, H.	PO2	167221			Training Establishment Shotley 28 Mar 1919.
Brown, J.	AB RNVR	M2/194		24 Feb 1923	Party 23 Sep 1919.
Brown, J.A.	Ord RNVR	KX237			Party 25 Feb 1924.
Brown, S.	Sto	SS108419			DD 4 Jun 1915. Father Mr D.Brown 12 May 1920.
Brown, S.	Sto	SS107798			Party 5 May 1919.
Brown, S.T.	Ord RNVR	KX263			Party 22 Apr 1919.
Browne, C.R.	Sub Lieut RNVR				Party 27 Feb 1919.
Brownell, J.	AB RNVR	M2/217		8 Mar 1922	*HMS Diligence* 24 Jan 1919.
Brownsell, W.	AB RNVR				Party 26 Jul 1919.
Bryant, P.T.	AB RNVR	S1/316			*HMS Queen Elizabeth* 27 Jan 1919.
Buckle, J.	Ord RNVR	KX188			Party 13 Mar 1919.
Bull, F.G.	Sto	SS101918		17 Mar 1922	Party 6 Feb 1920.
Bullen, A.	ERA RNVR	S2/212			Self 6 Sep 1929.
Bullman, A.	AB RNVR	S4/191			Party 6 Mar 1919.
Burgess, W.J.	Sto	282252		28 Jun 1920	Party 7 Aug 1919.
Burnett, J.	Ord RNVR	KX178			Party 5 Feb 1920.
Burston, H.D.	AB RNVR	S1/351			HQ RNVR Sussex 10 Jul 1919.
Burtenshaw, A.H.	AB RNVR	ZX528			Party 27 May 1919.
Bush, T.	Ord RNVR	KX165			Party 12 Mar 1919.
Butchard, S.	AB RNVR	S3/321			DD 6 Jun 1915. Father J.Butchard Esq 2 Jan 1920.
Butler, C.E.	AB RNVR	S1/286			DD 24 Feb 1917. Mother Mrs E.Butler 10 Jul 1919.
Button, S.W.	AB RNVR	S3/251			Retd to R.Mint Mar 1934.
Cage, W.T.	AB RNVR	S1/340			Party 9 Apr 1919.
Cairns, J.	Sto	299799			Party 8 Nov 1919.
Calder, W.	Sea RNR	A2999			DD 25 Jan 1917. Widow Mrs G.Calder 30 Apr 1921.
Callender, R.	Sto	SS106865			Party 23 May 1922.
Callum, J.	Sto	SS103091		31 Jan 1921	Party 23 Apr 1919.
Calrow, A.	Sto	285945			DD 4 Jun 1915. Father R.W.Calrow Esq 2 Jun 1920.
Campbell, J.	Sto	SS283541			Party 6 Jun 1919.
Campbell, M.D.	Sub Lieut RNVR			22 Feb 1922	DD 4 May 1915. Father Rev.H.Campbell 20 Jul 1920.
Campbell, W.	Sea RNR	A3265			Retd to R.Mint Mar 1934.
Capelin, D.J.	AB RNVR	S3/215			DD 6 Jun 1915. Brother C.Capelin Esq 4 Sep 1920.
Capetin, W.H.	AB RNVR	S3/205			DD 4 Feb 1917. Brother Mr Charles Chapetin 19 Jun 1920.
Cappel, N.L.	Lieut RNVR			21 Jul 1920	Party 2 Jun 1919.
Cardus, H.	AB RNVR	M3/193			Military Hospital Liverpool 23 Apr 1919.
Carey, A.E.	AB RNVR	S4/212			Party 8 Aug 1919.
Carey, R.	AB RNVR	S4/189			DD 24 Aug 1916. Father Mr G.S.Carey 27 Mar 1919.
Carpenter, G.	AB RNVR	M2/182			Party 27 Mar 1919.
Carr, J.	AB RNVR	S3/293			DD 11 Feb 1917. Mother Mrs E.Carr 24 Jul 1919.
Carr, J.E.	Ord RNVR	KX264			Party 30 May 1919.
Carrolwalsh, R.	Ord RNVR	KX305			DD 24 Mar 1918. Mother Mrs Carrolwalsh 6 Mar 1920.
Cass, P.	AB RNVR	M2/154			DD 30 Dec 1915. Widow Mrs C.Cass 19 Aug 1919.
Cassidy, H.A.	PO RNVR	M2/19			RND Aldershot 1 Feb 1919.
Casson, J.R.	Ord RNVR	KX552		4 Jul 1925	Party 7 May 1919. Dup clasp issued 20 Jul 1925.
Castle, H.	AB RNVR	S3/322			Party 3 Feb 1920.
Castle, J.F.	AB RNVR	S1/325		23 Nov 1934	Party 5 Jun 1919.
Cattle, H.	Sto	SS100138			DD. Widow Mrs Cattle 30 Feb 1920 (sic).

HOWE BATTALION

Name	Rank	Number		Date	Notes
Chambers, H.	AB RNVR	KW362			Party 29 Feb 1924.
Chancellor, J.A.H.	Sub Lieut RNVR			18 Aug 1925	Party 22 Jan 1920. Dup Star (No.5366 issued). Dup Star & clasp (No.6884) issued 15 Apr 1930.
Chandler, C.W.	AB RNVR	S1/301			Brother Mr R.C.Chandler 12 May 1919.
Chant, F.	AB RNVR	S6/90			HQ RNVR Sussex 10 Jul 1919.
Chant, W.	PO RNVR	S4/193		13 Nov 1920	Party 2 Apr 1919.
Charlton, J.W.	Ord RNVR	KX272			Party 10 Apr 1919.
Charlton, R.	Ord RNVR	KX206		19 Sep 1938	Party 27 May 1919.
Chatfield, R.	AB RNVR	S6/130			DAMS Tottenham Court Road 19 Apr 1919.
Cheetham, R.	AB RNVR	M2/101			Party 4 Oct 1919.
Childs, T.	Ord RNVR	KX290			DD 4 Jun 1915. Brother W.T.Childs Esq 10 Sep 1920.
Christian, J.	Sea RNR	B5148			DD 25 Jan 1917. Widow Mrs S.Lloyd 27 Nov 1919.
Churchill, T.	AB RNVR	S2/294			Retd to R.Mint Mar 1934.
Clandet, B.J.A.	Sub Lieut RNVR			18 Oct 1921	Party 18 Oct 1921.
Clark, E.	Ord RNVR	KX172		26 Apr 1923	Party 26 Apr 1923.
Clark, F.	AB RNVR	S4/144			HQ RNVR Sussex 10 Jul 1919.
Clark, F.	AB RNVR	S4/133		20 Jan 1921	Party 17 Apr 1919.
Clark, R.H.	AB RNVR	M2/206			Retd to R.Mint Mar 1934.
Clarke, F.	AB RNVR	S5/190		15 Jul 1920	Party 25 Feb 1919.
Clements, F.	AB RNVR	M2/119		28 Aug 1920	HQ RNVR Liverpool 19 May 1919.
Clements, W.T.	AB RNVR	S1/326			Party 19 Sep 1919.
Clifford, E.A.	CPO	148384			Party 4 Feb 1920.
Clough, J.	Ord RNVR	KX266			K.O.S.B. Hamilton 10 Mar 1920.
Cobb, R.	Ord RNVR	KX205	AI	22 Aug 1923	Party 6 Feb 1920.
Cobley, W.T.	L/Sea	189820		29 Nov 1921	Training Establishment Shotley 28 Mar 1919.
Cockitt, H.	Ord RNVR	KX505			Party 8 Mar 1919.
Coe, J.	Ord RNVR	KX226			Party 4 Jun 1919.
Cole, A.	AB RNVR	M2/219			HQ RNVR Liverpool 19 May 1919.
Cole, F.	AB RNVR	S3/328			Party 14 Apr 1919.
Cole, G.T.	AB RNVR	S3/331			Party 15 Apr 1919.
Coleman, A.R.	AB RNVR	S5/256		3 Dec 1921	Party 23 Apr 1919.
Collard, E.	Sto	SS103113		17 Jun 1920	Party 20 Jun 1919.
Connell, R.	Sto	282810			Party 6 Feb 1920.
Convery, M.	Ord RNVR	KX162			Party 14 Feb 1920.
Cook, A.J.	PO	189491			DD 6 Jun 1915. Friend Mrs H.M.Smith 27 Apr 1920.
Cook, W.	AB RNVR	S6/115			HQ RNVR Sussex 10 Jul 1919.
Cooper, F.	Sto1	278587		7 Jul 1920	Party 11 Feb 1919.
Cooper, F.W.	AB RNVR	S3/269			DD 26 Sep 1915. Father Frederick Cooper Esq 29 Sep 1919.
Cooper, J.W.	AB RNVR	S1/357		21 Jun 1923	Party 19 Feb 1919.
Cooper, W.	Ord RNVR	KX147			Party 5 Jun 1925.
Coppeswheat, A.	AB RNVR	S6/132			Party 31 Mar 1919.
Corderoy, R.	AB RNVR	S2/201			HQ RNVR Sussex 10 Jul 1919.
Corley, T.H.	AB RNVR	M7/178			DD 28 May 1915. Father J.P.Corley Esq 24 Jul 1919.
Cornwall, T.	AB RNVR	S1/303		19 Sep 1923	*HMS Vernon* 12 May 1919.
Cottier, F.	Sea RNR	B5174			Retd to R.Mint Mar 1934.
Counsell, E.J.	Sto	SS102278			DD 4 Jun 1915. Father J.Counsell Esq 24 Feb 1920.
Coventry, W.	L/Sea RNVR	M2/158			HQ RNVR Mersey 20 Oct 1919.
Cox, H.	Ord RNVR	KX135			DD 4 Jun 1915. Widow Mrs A.Cox 29 May 1919.
Coxon, T.	Ord RNVR	KX553			Party 12 May 1919.
Coyle, T.	Sto	278664			Party 5 Feb 1920.
Coyne, M.	Ord RNVR	KX252			Party 8 Oct 1919.
Cramb, F.	AB RNVR	S6/117			*HMS Queen Elizabeth* 27 Jan 1919.
Crawley, J.E.	AB RNVR	C1/2580			Party 5 Aug 1919.
Cregeen, S.E.	Sea RNR	A4942			DD Oct 1917. Father Mr J.Cregeen 31 May 1919.
Crellin, S.	Sea RNR	B4874			Widow Mrs J.Crellin 17 Dec 1919.
Crighton, W.	Sto	296688			*HMS Blonde* 15 Mar 1919.
Crone, W.	Ord RNVR	KX150			Party 16 Apr 1919.
Crook, A.H.	Temp/Surgn				Party 14 Apr 1920.
Crookes, J.	Sto	SS101146		30 May 1923	Party 6 Jun 1919.
Crouch, B.	Ord RNVR	KX265			DD 13 Nov 1916. Father Mr J.Crouch 9 Jan 1922.
Crowe, J.	Ord RNVR	KX208			Retd to R.Mint Mar 1934.
Crowhurst, W.	AB RNVR	S3/281		12 Nov 1924	HQ RNVR Sussex 10 Jul 1919.
Crozier, I.E.	Sto	291607			DD 4 Jun 1915. Widow Mrs H.Crozier 10 Jun 1920.
Culligan, T.	L/Sea RNVR	M7/153			HQ RNVR Liverpool 19 May 1919.
Cullington, F.T.	AB RNVR	M7/237			DD 5 Jun 1916. Father M.Cullington Esq 13 Feb 1920.
Curzon, Rt.Hon.Viscount	Comdr RNVR			7 Jul 1920	Party 27 Jan 1919.

HOWE BATTALION

Name	Rank	Number		Date	Notes
Cusack, E.	AB RNVR	M7/226		7 Feb 1921	Party 15 Feb 1919.
Dain, J.	AB RNVR	M7/199			Party 2 Apr 1919.
Dalrymple-Hamilton, N.V.E.	Major				Party 26 Sep 1919.
Dalton, R.W.	Sto	SS105819		22 Dec 1921	*HMS Malabar* 12 May 1919.
Dammerell, E.J.	PO	176156			*HMS Crescent* 18 Oct 1921.
Dargue, T.W.	Ord RNVR	KX248			DD 20 Jun 1915. Mother Mrs M.Dargue 27 May 1919.
Davis, E.J.	AB RNVR	S5/251			HQ RNVR Sussex 10 Jul 1919.
Davison, J.W.	Ord RNVR	KX191		20 Jul 1923	Party 19 Feb 1919.
Day, J.H.	AB RNVR	S1/321			DD 2 Aug 1917. Mother Mrs Foster 2 Mar 1920.
De La Mothe, C.	Sub Lieut RNVR			11 Apr 1921	Hillman, Burt & Warren, 18 Sussex Gdns., Eastbourne 11 Apr 1921.
Dean, A.S.	AB RNVR	S1/239			*HMS Queen Elizabeth* 27 Jan 1919.
Dennett, A.T.	AB RNVR	S5/228			HQ RNVR Sussex 10 Jul 1919.
Denress, J.A.	Sto	288001	A	28 Jun 1920	Party 28 Jun 1920.
Dibb, C.F.	Ord RNVR	KX291		14 Sep 1920	Withnoe Naval Camp 6 Mar 1919.
Dickinson, F.	Ord RNVR	KX276			Party 5 May 1919.
Dilks, W.	Ord RNVR	KX278			Widow Mrs H.Dilks 22 Feb 1924.
Dillon, J.	Sto	T2928			Retd to R.Mint Mar 1934.
Dinham, C.H.	PO	168399		24 Apr 1922	Party 6 Feb 1920.
Diplock, W.C.	AB RNVR	S3/202			DD 4 Jun 1915. Father Harry Diplock Esq 26 May 1920.
Dixon, J.W.	Ord RNVR	KX215			DD. Mother Mrs M.E.Nicholson 7 Apr 1919.
Dodd, A.E.	Ord RNVR	KX175			Party 22 May 1919.
Dooley, H.	Sto	SS106681		16 Jun 1920	Party 11 Jun 1919.
Dorans, D.	Sto	300056			Widow Mrs Martha Dorans 13 Feb 1919.
Dougherty, A.	Sea RNR	C3615			DD 25 Jan 1917. Widow Mrs S.E.Dougherty 24 Feb 1920.
Douglas, E.J.	Sto	SS103953			Party 10 Dec 1919.
Dovaston, H.A.	AB RNVR	M2/232			Party 6 Mar 1919. Dup to Party 3 Jun 1932.
Doyle, C.	Sea RNR	A5878			DD 25 Jan 1917. Father Michael Doyle Esq 6 Oct 1919.
Duffy, P.	Ord RNVR	KX196			Party 8 Mar 1919.
Duffy, R.	Sto	SS104915			*HMS Defiance* 2 Jun 1919.
Dunk, F.	AB RNVR	S4/185			Party 7 Apr 1919.
Dyer, W.J.	AB	229744			Party 2 Mar 1920.
Eagle, C.	AB RNVR	M7/188		11 Aug 1921	HQ RNVR Liverpool 11 Aug 1921.
Easton, T.	Ord RNVR	KX185			Party 2 Jul 1919.
Eastwood, F.C.	PO1 RNVR	S5/177			DD 6 Jun 1915. Father Alfred Eastwood Esq 9 Oct 1919.
Eayer, G.	AB RNVR	S4/202			HQ RNVR Sussex 10 Jul 1919.
Elliott, F.W.	Sto	SS108026		24 Oct 1938	Party 13 Feb 1920.
Elliott, J.W.	Ord RNVR	KX180			Party 13 Feb 1920.
Ellis, C.	PO1 RNVR	S3/224			DD 13 Oct 1917. Father Mr R.Ellis 13 Mar 1919.
Elsdon, S.	Ord RNVR	KX267		24 Mar 1922	Party 23 Jan 1919.
Emsley, A.	AB RNVR	S2/286		R	Party 10 Feb 1920.
Erridge, W.L.	PO1 RNVR	S3/75			DD 6 Jun 1915. Father William Erridge Esq 22 Sep 1919.
Errington, F.	Ord RNVR	KX258	AI		Party 2 Mar 1920.
Errington, J.	Ord RNVR	KX504			Party 14 Feb 1920.
Evans, A.V.G.	AB RNVR	S6/127		23 Jul 1920	HQ RNVR Sussex 10 Jul 1919.
Evans, J.B.	AB RNVR	S1/162			DD 8 Oct 1918. Widow Mrs A.A.Evans 27 Feb 1920.
Evans, J.D.	Sto	282467			DD 4 Jun 1915. Father Mr W.Evans 23 Sep 1920.
Evans, J.W.	Ord RNVR	KX194			Mother Mrs H.Evans 8 Mar 1920.
Evans, R.O.	AB RNVR	M7/160			HQ RNVR Liverpool 19 May 1919.
Fail, J.J.	Ord RNVR	KX251			Party 10 Feb 1920.
Fane, T.	Sto	SS104772			Retd to R.Mint Mar 1934.
Farmer, G.	AB RNVR	S5/169			HQ RNVR Sussex 10 Jul 1919.
Farmer, R.S.	Sto	291577			DD 4 Jun 1915. Widow Mrs H.S.Riddle 7 Apr 1919.
Farquhar, D.	Sto	297299			Party 23 Apr 1919.
Farrell, F.L.J.	AB RNVR	S2/263			DAMS Southampton 13 Jun 1919.
Farrell, J.F.	AB RNVR	M2/236			Party 27 Feb 1919.
Faul, T.	Sto	SS104772			Party 13 Feb 1920.
Fenn, A.E.	AB RNVR	S1/314		14 Jun 1921	HQ RNVR Sussex 10 Jul 1919.
Fenner, E.	AB RNVR	S2/258			Party 12 Jun 1919.
Ferry, H.	AB RNVR	C2/2539		16 Nov 1938	Party 24 Feb 1920.
Fillis, D.	Sea RNR	A5877			D.Coy K.R.R.C. Victoria Bks., Portsmouth 8 Oct 1920.
Findley, H.	AB RNVR	C4/2581			HQ RNVR Clyde 17 Jul 1919.
Finney, J.	Sto	SS100571			Party 14 Feb 1920.
Flavin, C.	AB RNVR	S2/239			Party 28 Feb 1919.
Fleming, J.	Ord RNVR	KX149			DD 4 Jun 1915. Father Mr W.Fleming 2 Mar 1920.
Fletcher, S.	Sto	SS103783			Party 17 May 1919.
Fletcher, W.	Sto	SS104038			Party 9 Mar 1920.

HOWE BATTALION

Name	Rank	Number	Date	Notes
Flood, J.	AB RNVR	M2/234		*HMS Vernon* 28 Mar 1919.
Flynn, E.	AB RNVR	M7/170	30 Jun 1924	Party 18 Feb 1920.
Forbes, A.	L/Sea RNVR	C2/167	30 Jun 1920	Party 23 Jan 1919.
Ford, C.	AB RNVR	S3/259	18 Aug 1920	Party 30 May 1919.
Ford, C.W.	AB RNVR	S2/52		Party 30 May 1919.
Ford, K.J.	Sub Lieut RNVR		7 Jul 1920	Party 23 Jan 1919.
Forster, J.	AB RNVR	M7/163	13 Nov 1920	Party 31 Mar 1919.
Foster, A.G.	AB RNVR	S5/266	7 Jul 1920	Party 19 Nov 1919.
Foster, J.	Sto	276471		DD 4 Jun 1915. Widow Mrs Foster 27 Feb 1920.
Foster, J.	Ord RNVR	KX262		Party 23 May 1919.
Foster, W.	Ord RNVR	KX152		Party 13 Feb 1919.
Foulkner, A.H.	AB RNVR	S1/361		Party 17 Mar 1919.
Fox, C.	AB RNVR	S3/295		DD 6 Jun 1915. Father C.Fox Esq 13 Aug 1919.
Fox, C.J.	Ord RNVR	KX214		Party 30 Jun 1919.
Francis, J.R.	AB RNVR	C1/213		Party 6 Mar 1919.
Fuller, A.	AB RNVR	S5/263	28 Sep 1921	HQ RNVR Sussex 10 Jul 1919.
Funnell, G.	AB RNVR	S2/249	21 Mar 1922	*HMS Queen Elizabeth* 27 Jan 1919.
Furness, J.	AB RNVR	M2/230	12 Jan 1921	Party 18 Feb 1920.
Gallagher, J.P.	Ord RNVR	KX212		Party 6 Feb 1920.
Gamble, G.	Ord RNVR	KX295		Party 28 Aug 1919.
Gander, A.H.	AB RNVR	S1/300		HQ RNVR Sussex 10 Jul 1919.
Gardener, F.	Sto	281742		DD 4 Jun 1915. Widow Mrs R.E.Gardener 19 Jun 1920.
Garland, J.S.	AB RNVR	M7/234	28 Aug 1920	HQ RNVR Liverpool 19 May 1919.
Garrett, H.R.	AB RNVR	S1/245	14 Nov 1930	HQ RNVR Sussex 10 Jul 1919.
Gaunt, S.H.	AB RNVR	M7/201		Party 17 Apr 1919.
Gavan, J.	Ord RNVR	KX138		Run 9 Jun 1916 & 4 Mar 1918. Retd to R.Mint Mar 1934.
Gearing, W.	AB RNVR	S3/135 A		Party 22 Apr 1919.
Geary, W.H.	PO	194135		DD. Widow Mrs J.Geary 16 Dec 1919.
George, F.	AB RNVR	S5/264		*HMS Caesar* 16 May 1919.
George, S.J.	AB RNVR	S5/257		DD. Aunt Mrs Beaney 16 Oct 1919.
Gibbs, F.	AB RNVR	S3/311		DD 4 Jun 1915. Father Mr A.Gibbs 4 Jul 1919.
Gibson, F.	AB RNVR	M7/164		Party 27 Feb 1919.
Gilder, A.W.	Sto	SS105485	29 Nov 1938	Party 19 Feb 1919.
Giles, S.	AB RNVR	S2/274		Party 31 May 1919.
Gillespie, F.W.	Sto	SS105645		*HMS Ganges II* 28 Mar 1919.
Gillies, D.	Ord RNVR	ZX529	R	Party 6 May 1919.
Gillman, F.W.E.	AB RNVR	S1/252		*HMS Queen Elizabeth* 27 Jan 1919.
Gittens, W.	Ord RNVR	KX507		Party 29 Apr 1919.
Godden, F.	AB RNVR	S5/216		Coast Guard Harwich 28 Feb 1919.
Goldring, W.	AB RNVR	S6/73	6 Jul 1920	Party 13 Feb 1919.
Goodere, T.J.	AB RNVR	S1/353	25 Aug 1920	Party 24 Nov 1919. Dup to Party 4 Sep 1923.
Goodman, J.R.	Ord RNVR	KX198	1 Jun 1934	Party 31 Mar 1919.
Gordon, H.	AB RNVR	S3/335		Party 6 Feb 1920.
Gostling, W.	AB RNVR	S2/291		*HMS Queen Elizabeth* 27 Jan 1919.
Goulding, A.	AB RNVR	S1/228		DD 22 Nov 1918. Widow Mrs Goulding 27 Feb 1920.
Gown, C.J.	Sto	199179		Retd to R.Mint Mar 1934.
Graham, B.	Ord RNVR	KX273		Party 21 Mar 1919.
Graham, H.J.	AB RNVR	M7/187		Party 21 May 1919.
Gray, R.	PO	170535		Party 27 Feb 1919.
Greenhill, B.P.K.	Sub Lieut RNVR			DD 5 Jun 1916. Widow Mrs V.Greenhill 20 Jul 1920.
Greening, G.E.	Col/Sergt RMLI	Po6722	11 Aug 1922	Party 11 Aug 1922. Original star wrongly engraved, scrapped & returned to R.Mint 2 Sep 1924.
Gregory, F.D.	AB RNVR	S5/243		HQ RNVR Sussex 10 Jul 1919.
Gribben, J.	Sto	SS106558	16 Jun 1920	Party 1 Jul 1919.
Grieve, P.	AB RNVR	C4/2305		DD 19 May 1919. Father G.Grieve Esq 24 Jul 1919.
Griffin, C.F.	AB RNVR	S5/194		*HMS Implacable* 31 Mar 1919.
Griffin, F.R.	AB RNVR	M2/181		Party 4 Mar 1919.
Griffin, J.	Ord RNVR	KX217		DD 4 Dec 1915. Father Mr J.Griffin 29 Mar 1920.
Griffiths, R.E.	Sea RNR	A2771		DD 25 Jan 1917. Mother Mrs D.Griffiths 19 Nov 1919.
Grundy, S.	AB RNVR	M2/205		Party 31 May 1919.
Guest, J.	AB RNVR	M2/201		Party 19 Mar 1919.
Hagan, M.	Ord RNVR	KX301		Party 26 Jun 1919.
Hair, A.S.	AB RNVR	C1/2198		HQ RNVR Clyde 17 Jul 1919.
Haken, W.C.	PO2	183081		DD 13 Nov 1916. Widow Mrs M.G.Haken 24 Aug 1920.
Hall, A.	AB RNVR	J5437	2 Jun 1924	*HMS Glory* 9 Sep 1919. Run 3 Jun 1918. Run removed (NL 426/24).
Hall, G.	Sto	288162		Party 10 Feb 1920.
Hall, G.	Ord RNVR	KX157		Party 23 Apr 1919.

HOWE BATTALION

Name	Rank	Number	Date	Notes
Hall, J.D.	AB RNVR	M2/163	8 Nov 1922	*HMS President III* 8 Feb 1919.
Hall, R.S.	Sub Lieut RNVR		13 Jul 1922	Party 6 Mar 1919.
Hall, T.	Ord RNVR	KX192	23 Jul 1920	Party 2 Jan 1920.
Hallam, G.W.	Sto	279942		Party 30 May 1919.
Hamer, J.E.	Sto	284662		Party 13 Mar 1919.
Hamilton, D.P.	AB RNVR	C2/2521		Party 11 Jun 1919.
Hamilton, R.	Sto	SS100820		Party 11 Feb 1920.
Hammond, A.	AB RNVR	M2/207	6 Nov 1920	*HMS Queen Elizabeth* 27 Jan 1919.
Hannan, T.	Ord RNVR	KX296		Retd to R.Mint Mar 1934.
Harcombe, S.W.	CPO	155172		*HMS Vivid* 15 May 1919.
Hardaker, A.	Ord RNVR	KX243		DD 27 Nov 1915. Legal Rep.of Father 14 Jul 1924.
Hardisty, J.	Ord RNVR	KX279		Party 26 Mar 1920.
Harmer, P.	AB RNVR	S1/256		Party 10 Apr 1919.
Harper, J.W.	AB RNVR	S4/216		HQ RNVR Sussex 10 Jul 1919.
Harrington, R.	AB RNVR	M7/211	29 Dec 1920	Party 7 Feb 1920.
Harriott, J.	L/Sea RNVR	S6/55	25 Aug 1920	Party 12 Feb 1919.
Harriott, W.C.	AB RNVR	S6/21		Widow Mrs Harriott 18 Mar 1919.
Harris, H.W.	L/Sea RNVR	S5/50		Party 1 Jul 1919.
Harris, W.A.	AB RNVR	S3/217		Party 25 Jun 1919.
Hart, J.W.	Ord RNVR	KX303		DD. Father Mr J.F.Frost 1 Jul 1919.
Hart, S.	Ord RNVR	KX297		Party 8 Aug 1919.
Hartt, H.C.	AB RNVR	S1/317	11 Nov 1938	HQ RNVR Sussex 10 Jul 1919.
Harvey, P.C.	AB RNVR	S4/217		Party 10 Feb 1920.
Harvey, R.C.	AB RNVR	S6/133	15 Jul 1920	Party 2 Apr 1919.
Hawkins, E.W.	AB RNVR	S4/146		Calshot 5 Feb 1919.
Hawper, J.	AB RNVR	S6/91		Party 3 Jul 1919.
Head, J.	Ord RNVR	KX256	20 Feb 1923	Party 20 May 1919.
Heaney, J.	Sto1	299814		DD 4 Jun 1915. Father W.Heaney 6 Mar 1920.
Heath, J.	AB RNVR	M2/229		HQ RNVR Liverpool 19 May 1919.
Hedges, D.	Sto	SS105267		Run. Informed forfeited. Retd to R.Mint Mar 1934.
Hemsley, H.	AB RNVR	S2/289	4 Oct 1920	Party 12 Feb 1919.
Henbry, H.R.	AB RNVR	S1/312		HQ RNVR Sussex 10 Jul 1919.
Henry, H.	Sto	281481		DD. Widow Mrs M.Hickmott 29 Jul 1920.
Henry, W.A.	Sea RNR	A3136		DD 27 Apr 1917. Brother A.R.Henry Esq 10 Sep 1920.
Hepburn, W.	Sto	SS107301	11 Oct 1920	Party 12 Feb 1919.
Herbert, F.	AB RNVR	M2/155		Party 6 Jun 1919.
Herbert, J.	Sto	SS100388		*HMS Leander* 29 Jan 1919.
Heslop, A.	Ord RNVR	KX203		Party 9 Aug 1919.
Heyes, R.	PO RNVR	M7/45	28 Aug 1920	HQ RNVR Mersey 28 Apr 1920.
Hibling, A.	PO RNVR	S6/42	30 Sep 1920	Party 14 Jan 1919.
Hill, W.	Sto1	SS108587		*HMS Aurora* 29 Jan 1919.
Hillman, E.	AB RNVR	S4/213	29 Apr 1921	HQ RNVR Sussex 10 Jul 1919.
Hills, J.	AB RNVR	S6/7		HQ RNVR Sussex 10 Jul 1919.
Hindell, W.J.	AB RNVR	S2/292		Officer i/c Cavalry Records, Canterbury 22 Mar 1922.
Hobbs, W.P.	PO	212685	6 Jul 1920	RND Perham Downs 27 Jan 1919.
Hobson, V.	Ord RNVR	KX182		Party 12 Feb 1919.
Hodge, D.	Sto	SS101295		DD 4 Jun 1915. Father J.Hodge Esq 21 Apr 1920.
Hogg, R.	AB RNVR	M2/235		Party 27 Feb 1920.
Holden, V.	AB RNVR	S4/171	7 Jul 1920	*HMS Vindictive* 28 Mar 1919.
Holt, C.G.	AB	S5/204		HQ RNVR Sussex 10 Jul 1919.
Homer, R.H.	CPO	160808		RND Alnwick 27 May 1919.
Hookham, A.	PO RNVR	S3/189		HQ RNVR Sussex 10 Jul 1919.
Hooper, H.J.	CPO RNVR	S4/43	1 Jul 1920	Crystal Palace 8 Mar 1919.
Hooper, P.E.	AB RNVR	S2/283		Party 27 Feb 1920.
Hooper, J.	PO	184398	27 Jan 1922	*HMS Vivid* 26 May 1919.
Hopcroft, F.C.	Ord RNVR	KX281	30 Jun 1920	Party 26 Aug 1919.
Hopkinson, J.	AB RNVR	S4/139		Party 19 Mar 1919.
Hopley, W.J.	AB RNVR	M2/143	29 Nov 1920	Party 22 Apr 1919.
Hopper, G.	Ord RNVR	KX250		Party 10 Feb 1920.
Hopwood, J.	AB RNVR	S3/183	14 Oct 1922	Party 20 May 1919.
Hopwood, L.	AB RNVR	S2/160	17 Nov 1922	DD. Father Mr J.Hopwood 11 Apr 1919.
Horrell, P.	AB RNVR	S3/271		DD 6 May 1915. Father 6 May 1919.
Horrigan, J.	AB RNVR	M2/192		DD 11 Jun 1915. Legatee Mrs M.Horrigan 12 May 1919.
Horton, W.E.T.	AB RNVR	S2/164		HQ RNVR Sussex 10 Jul 1919.
Hotston, V.C.	AB RNVR	S4/167		Party 7 Feb 1920.
Houlaham, R.	Ord RNVR	KX298		Party 11 Nov 1919.
House, E.	Sto	SS108221		Party 11 Feb 1920.

HOWE BATTALION

Name	Rank	Number		Date	Notes
Howard, G.D.	AB RNVR	S2/187	AI	7 Aug 1923	HQ RNVR Sussex 10 Jul 1919.
Howell, H.H.	AB RNVR	S5/211			HQ RNVR Sussex 10 Jul 1919.
Hoyle, J.T.	Ord RNVR	KX179			Party 11 Mar 1919.
Hubbard, C.	AB RNVR	S6/113			HQ RNVR Sussex 10 Jul 1919.
Hugill, I.	Sea RNR	A4118			Party 2 Dec 1919.
Hull, E.J.	Sto	294365			*HMS Ganges* 7 Feb 1919.
Humphreys, B.	L/Sea RNVR	166309			Party 11 Feb 1920.
Humphreys, E.W.	AB RNVR	S2/202		3 Jun 1924	DD 29 Aug 1917. Widow Mrs L.H.Humphreys 10 Apr 1919.
Humphreys, R.E.	AB RNVR	S2/206		29 Jun 1920	Party 17 Apr 1919. Dup Star & Clasp to Party 18 Jun 1937.
Hunnisett, E.	AB RNVR	S4/204		28 Oct 1920	DD 30 Jun 1918. Father B.Hunnisett Esq 28 Oct 1920.
Hunnisett, S.	AB RNVR	S3/330			Party 27 Feb 1919.
Hunt, C.G.	AB RNVR	S3/244			DD 4 Jun 1915. Father Geo.Hunt Esq 5 Mar 1920.
Hunt, J.	Ord RNVR	KX275			Party 18 Jun 1919.
Hunt, R.	AB RNVR	M2/161			Party 10 Feb 1920.
Hunter, F.	AB RNVR	M7/241		22 Dec 1921	Party 10 Apr 1919.
Hurd, F.	AB RNVR	S3/282		14 Nov 1922	Party 22 Jan 1919.
Hurst, H.	AB RNVR	M2/228			Party 10 Feb 1920.
Hutchings, A.	AB RNVR	S5/162			Party 10 Feb 1920.
Hutchinson, A.	Ord RNVR	KX169			Party 12 May 1919. Dup issued 4 Aug 1943.
Hutchinson, W.	Ord RNVR	KX232			Party 10 Feb 1920.
Huxley, J.	AB RNVR	M2/148		29 Dec 1920	Party 11 Feb 1920.
Hyde, A.	Ord RNVR	KX159		17 Mar 1922	Party 11 Jun 1919.
Hyder, A.R.	AB	236163			Party 22 Jul 1919.
Impey, A.W.	Sto	K10336			DD 27 May 1915. Mother Mrs E.L.Impey 5 Mar 1920.
Jackson, J.S.	AB RNVR	M2/199		23 Jul 1920	Party 6 Oct 1919.
Jackson, N.	PO RNVR	S1/234			HQ RNVR Sussex 24 Jul 1919.
Jacobs, G.F.	AB RNVR	S2/156		1 Apr 1924	Party 14 Nov 1919.
James, S.G.	AB RNVR	ZX519			DD 9 Oct 1917. Father Samuel G.James Esq 7 Oct 1919.
Jamieson, J.A.	AB RNVR	M2/184		14 Apr 1921	Party 14 Apr 1919.
Jenner, N.H.	AB RNVR	S2/290			Party 6 Aug 1919.
Jennings, W.F.	AB RNVR	S1/336	AI		Party 29 May 1919.
Jennings, W.F.	AB RNVR	S1/336			Retd to R.Mint Mar 1934.
Jestico, H.	AB RNVR	S2/259			DD 21 May 1915. Father Mr I.Jestico 30 Jun 1919.
Jewell, C.	Col/Sergt RM	Ply4607			Party 31 Mar 1922.
Jobbing, J.	Ord RNVR	KX314			Party 8 Mar 1920.
Johnson, F.	Ord RNVR	KX139			Party 24 Feb 1920.
Johnson, F.A.	AB RNVR	S1/285			*HMS Queen Elizabeth* 27 Jan 1919.
Johnson, J.H.	AB RNVR	M2/120			Widow Mrs A.M.Johnson 7 Nov 1919.
Johnson, T.	Ord RNVR	KX555			DD 6 May 1915. Widow Mrs F.Johnson 3 Jul 1919.
Johnson, W.	Ord RNVR	KX228			DD 30 Dec 1917. Father J.Johnson Esq 18 Mar 1920.
Jones, A.	AB RNVR	S6/102			Party 19 Jun 1919.
Jones, A.W.	AB RNVR	S5/185			HQ RNVR Sussex 10 Jul 1919.
Jones, E.L.	AB RNVR	M2/204			Party 25 Feb 1919.
Jones, J.J.	Ord RNVR	KX271		6 Dec 1938	Party 9 Sep 1919.
Jones, J.W.	Ord RNVR	KX221			Party 25 Sep 1919.
Jordan, W.	AB RNVR	M2/223			DD 7 Oct 1918. Father Mr R.Jordan 11 Sep 1919.
Jupp, A.J.	L/Sea RNVR	S6/56		13 Nov 1923	Party 26 May 1919.
Jupp, H.	AB RNVR	S4/79			DD 4 Jun 1915. Widow Mrs M.Jupp 8 Mar 1920.
Karn, V.S.	L/Sea	210490			DD 4 Jun 1915. Father H.Karn Esq 18 Feb 1920.
Kavanagh, M.	Sea RNR	A5719			Party 18 Feb 1920.
Kelly, B.	Ord RNVR	KX506			Run 30 Dec 1915. Retd to R.Mint Mar 1934.
Kelly, F.	Ord RNVR	KX164			Party 23 Jun 1919.
Kelly, W.	AB RNVR	M7/214		25 Feb 1932	Party 31 Jul 1920.
Kennard, G.	AB RNVR	S5/171			DD 16 Dec 1916. Mother Mrs H.Kennard 24 Jun 1920.
Kewley, J.	Sea RNR	B4726			DD Mother Mrs E.Kewley 29 Jul 1921.
Kilvington, G.	AB RNVR	M7/236			HQ RNVR Liverpool 19 May 1919.
Kimber, P.	PO RNVR	S3/141			Party 16 Aug 1920.
King, C.	AB RNVR	S4/176			HQ RNVR Sussex 10 Jul 1919.
King, E.F.	AB RNVR	S1/297			Party 15 Mar 1919.
King, H.	Ord RNVR	KX154			Party 20 Mar 1919.
King, P.G.	AB RNVR	S5/116			Mother Mrs F.A.King 19 Mar 1919.
King, W.H.J.	AB RNVR	S2/288			DD 17 Jun 1915. Father Mr W.J.King 29 Mar 1919.
Kingshott, B.	AB RNVR	S6/120		8 Mar 1922	Party 31 May 1919.
Kinnon, W.	Sto	285805			DD 4 Jun 1915. Sister in Law Mrs A.W.H.Kinnon 28 Jun 1920.
Kirk, J.	Ord RNVR	KX240		1 Jul 1920	Party 25 Feb 1919. Dup Clasp & Roses to Party 16 Jun 1937.
Knight, A.	AB RNVR	S3/286		21 Jul 1920	Party 9 Jul 1920.
Knight, S.	Ord RNVR	KX144			Party 5 May 1919.

HOWE BATTALION

Name	Rank	Number	Date	Notes
Knight, T.	AB RNVR	M2/179		Party 29 Dec 1919.
Laing, C.A.	AB RNVR	C2/2568		Party 17 Jul 1919.
Laker, F.I.	AB RNVR	S6/24		HQ RNVR Sussex 10 Jul 1919.
Lamb, J.A.	Ord RNVR	KX224		Party 19 Feb 1919.
Langford, A.J.	AB RNVR	S3/232	8 Mar 1922	Party 10 Feb 1920.
Langham, S.	Ord RNVR	KX254		Party 1 Jul 1919.
Langrish, G.A.R.	AB RNVR	S2/287		HQ RNVR Sussex 10 Jul 1919.
Lawrie, C.F.	Sto	SS107703		DD 18 May 1915. Mother 18 Oct 1929.
Laws, M.	Ord RNVR	KX299		DD 22 Apr 1917. Mother Mrs I.Laws 20 Jul 1920.
Leach, J.T.	Ord RNVR	KX288		Party 17 Mar 1920.
Leahy, J.C.M.	AB RNVR	S1/299		*HMS Queen Elizabeth* 27 Jan 1919.
Leary, J.	Sea RNR	A4484	30 Jun 1920	Party 7 Apr 1919.
Leary, J.F.	Sig RNVR	S2/251	19 Feb 1921	Party 17 Apr 1919.
Ledgard, W.R.	Lieut/Comdr RN			DD 23 Jul 1917. Retd to R.Mint Mar 1934.
Ledingham, F.	Sto	SS106453		Party 16 Jan 1920.
Lee, H.	Sto	SS105693		Party 10 Feb 1920.
Lee, W.T.	Ord RNVR	KX218		Party 27 Feb 1920.
Leeks, S.	L/Sea	165621		RND Perham Downs 27 Jan 1919.
Leland, F.T.W.	AB RNVR	S1/284		HQ RNVR Sussex 10 Jul 1919.
Lewis, C.	Sto	SS108260		DD 4 Jun 1915. Grandmother Mrs E.Pinchin 3 Aug 1920.
Lewis, E.L.	AB RNVR	S1/338		Party 16 Jan 1920.
Lewis, J.	AB RNVR	M2/37	23 Sep 1924	RND Aldershot 1 Feb 1919.
Lindon, R.	AB RNVR	M2/187	28 Jun 1920	HQ RNVR Liverpool 19 May 1919.
Lindsay, J.	AB RNVR	C3/2494		HQ RNVR Clyde.
Lipscomb, A.	AB RNVR	S6/125	8 Sep 1922	Party 15 Apr 1919.
Lipscombe, A.F.	AB RNVR	S4/201		Party 27 Mar 1919.
Little, H.	AB RNVR	S3/305		Party 23 Apr 1919.
Little, T.L.	AB RNVR	M2/176		*HMS Tarlair* 22 Jan 1919.
Lloyd, J.H.	AB RNVR	M7/210	30 Nov 1920	Party 18 Feb 1920.
Logan, H.	Sto	302198		DD 4 Jun 1915. Aunt Mrs J.Logan 24 Aug 1920.
Loney, T.J.	Sto	298231		Party 24 May 1919.
Lowe, H.	Sea RNR	B2542	21 Oct 1920	Party 21 Oct 1920.
Lower, G.A.	AB RNVR	S4/73		Party 12 Apr 1919.
Lowery, J.	Ord RNVR	KX289		Party 19 May 1919.
Luckly, C.A.	AB RNVR	ZX537		Party 15 Sep 1919.
Lunn, W.	L/Sea RNVR	M2/174		Party 14 Apr 1919.
Lynas, J.	Sto2	K21252	8 Sep 1933	RNB Devonport 3 Feb 1920.
Lyons, F.A.	Ord RNVR	KX167		Party 10 Apr 1919.
MacCaulay, A.	Sea RNR	A3360		DD 25 Jan 1917. Brother K.MacCaulay 8 May 1920.
Macdonald, A.	AB RNVR	M2/226	27 Oct 1936	Party 2 Jul 1919.
Macdonald, J.	Sto	SS108033		DD 4 Jun 1915. Widow Mrs M.Macdonald 19 Mar 1920.
Mackie, A.	AB	192806	4 Oct 1928	Party 21 May 1919.
Malcolm, L.	AB RNVR	M2/169	29 Nov 1920	Party 26 May 1919.
Manford, J.	Sto	SS100371		Party 27 Mar 1919.
Manser, F.	AB RNVR	S3/276		Party 21 Mar 1919.
Mant, J.C.	2/Lieut RM			RND Aldershot 29 Jan 1919.
Marchant, G.	Ord RNVR	S2/221		HQ RNVR Sussex 10 Jul 1919.
Marley, R.	Ord RNVR	KX561		Party 14 Feb 1920.
Marshall, J.	AB RNVR	C3/2489		HQ RNVR Clyde 17 Jul 1919.
Martin, A.F.	AB RNVR	S2/282	7 Feb 1922	Party 25 Feb 1919.
Martin, W.H.	Sto	K18411	1 Jun 1922	Party 10 Feb 1920.
Martindale, M.	Ord RNVR	KX231		Party 11 Feb 1919.
Mason, G.	Ord RNVR	KX287		DD 19 May 1915. Mr J.W.Hill 22 May 1919.
Masters, E.	AB RNVR	S5/269		Party 2 Mar 1920.
Mathews, G.W.	AB RNVR	S1/218		Party 27 Jun 1919.
Mathews, H.H.	AB RNVR	S2/284	13 Apr 1922	Party 13 Feb 1919.
Mathews, J.	Sto	SS105300		DD 4 Jun 1915. Mr T.Dalton 5 Apr 1921.
Matthams, R.	AB RNVR	S3/274	2 Dec 1922	Party 9 Jun 1919.
May W.J.	AB RNVR	S2/250	17 Mar 1922	HQ RNVR Sussex 10 Jul 1919.
May, E.J.	Sto2	K22457		*HMS Maidstone* 28 Mar 1919.
Mayhead, A.	AB RNVR	S3/284	31 Jan 1921	Party 14 Apr 1919.
Maynard, A.F.	Sub Lieut RNVR		1 Sep 1920	DD. Father Mr W.J.Maynard 17 May 1919.
McAllister, J.	AB RNVR	C2/2403		Run 18 May 1916. DD. Retd to R.Mint Mar 1934.
McCaffrey, J.J.	Sto	SS105546	14 Jun 1921	Party 14 Apr 1919.
McCarthy, V.de C.	AB RNVR	S2/6	16 Aug 1920	Party 21 Jun 1919.
McClure, J.	Sto	SS107199		DD 4 Jun 1915. Widow Mrs J.McClure 8 May 1920.
McConnell, J.T.	Ord RNVR	KX509		Party 12 Jul 1919.

HOWE BATTALION

Name	Rank	Number		Date	Notes
McDonald, A.	Sea RNR	A3467			DD 25 Jan 1917. Father Mr N.McDonald 12 Feb 1921.
McDonald, J.	AB RNVR	C1/1912		23 Jan 1922	Party 22 Apr 1919. Dup 15 Apr 1920.
McDonald, N.	Sea RNR	B3279			DD 23 Jan 1917. Father N.McDonald Esq 10 Feb 1920.
McDonald, R.	Ord RNVR	KX554			Run 27 Oct 1915. Recovered 18 Nov 1915. DD 20 Jul 1917. Widow Mrs J.H.McDonald 19 Mar 1920.
McEvoy, J.	Sea RNR	A3167			Run 25 Jun 1915. DD 25 Jan 1917. 1914 Star restored and sent to Eldest Sister Mrs A.Moseley.
McFadden, D.	Sto	SS103924			Coastal M.B. Dover 15 Mar 1919.
McGregor, P.	Sea RNR	B3752			DD 25 Jan 1917. Widow Mrs J.G.H.McGregor 26 Jul 1920.
McGuillan, T.	Ord RNVR	KX238			Party 3 Feb 1921.
McIntosh, C.M.	Sto2	K21260		15 Jul 1921	*HMS Tamerish* 25 Jun 1919.
McIntosh, H.B.	Sub Lieut RNVR			1 Jun 1922	DD. Father Mr A.McIntosh 27 Jan 1919.
McKeen, J.	Ord RNVR	KX213			DD 24 Mar 1918. Widow Mrs J.McKeen 24 Jun 1919.
McKibbon, J.E.	Sea RNR	B2803			Mother Mrs M.A.McKibbon 28 Nov 1919.
McKie, J.	Ord RNVR	KX163			Run 3 Sep 1916. Retd to R.Mint Mar 1934.
McLean, D.	Sea RNR	A2654			Party 26 Nov 1919.
McLellan, D.J.	AB RNVR	M2/173			DD 8 Aug 1915. Father J.McLellan 28 Jun 1921.
McLennan, M.	Sea RNR	A3324			Party 27 Nov 1919.
McMillan, A.	Sea RNR	A3086	A		Party 21 Nov 1919.
Meeham, J.E.	AB RNVR	M2/185			*HMS Sherborne* 21 Mar 1919.
Melia, J.	Ord RNVR	KX294			DD 6 Jun 1915. Father Mr M.Melia 28 May 1919.
Membray, W.J.	Sto2	K22397			Run 14 Aug 1918. Retd to R.Mint Mar 1934.
Mercer, W.	AB RNVR	M2/168	AI	6 Apr 1921	Party 23 May 1919. Dup No.2980.
Middleton, J.T.	Ord RNVR	KX161			Widow Mrs M.F.Meisson 1 May 1919.
Miles, B.H.	Ord RNVR	KX156			DD 5 Jun 1915. Father A.Miles 29 Apr 1921.
Miller, H.E.	AB RNVR	M7/228			DD 28 Feb 1916. Father Mr H.Miller 23 Jul 1920.
Miller, N.H.	Sub Lieut RNVR			4 Aug 1920	DD 4 Jun 1915. Father I.L.Miller Esq 4 Aug 1920.
Milligan, J.	Sto	SS100352			Party 14 Feb 1920.
Milligan, R.	PO RNVR	M2/13		22 Jun 1920	Party 19 Feb 1919. Dup clasp to Party 10 Apr 1928.
Mills, D.	Sto	289734			Party 10 Feb 1920.
Mills, F.	AB RNVR	S2/188		30 Jun 1920	Party 22 Apr 1919.
Milton, P.J.	AB RNVR	S2/248		9 Jan 1940	Party 17 May 1919. Dup 23 May 1940.
Minall, A.F.	AB RNVR	S1/304			*HMS Carysfort* 28 Jan 1921.
Mitchell, H.	AB RNVR	S1/289			Party 22 Oct 1919.
Mitchell, H.	AB RNVR	M2/227			DD 9 May 1915. Father Mr J.H.Mitchell 17 Jul 1919.
Mitchell, H.G.	AB RNVR	M2/215			DD 26 Oct 1917. Mother Mrs H.Mitchell 26 May 1919.
Mitchell, J.F.	AB RNVR	S5/182		1 Jul 1920	Party (after correction) 30 Apr 1919.
Mitten, C.W.	AB RNVR	S5/267			HQ RNVR Sussex 10 Jul 1919.
Moffatt, A.	Ord RNVR	KX260			Party 18 Oct 1921.
Monaghan, W.	AB RNVR	M2/147			*HMS Tarlair* 12 Jan 1919.
Moore, A.	AB RNVR	S4/190			RND Aldershot 1 Feb 1919.
Moore, G.T.	AB RNVR	M2/203	AI		Party 10 Apr 1919.
Moore, H.	Ord RNVR	KX244			DD 13 Nov 1916. Widow Mrs E.Grain 9 Jul 1920.
Morgans, W.M.	Sto	SS108032			Party 6 Mar 1919.
Morley, A.	AB RNVR	M7/205			DD 20 Aug 1918. Father Mr J.Morley 29 May 1920.
Morley, G.	AB RNVR	M2/149		1 Nov 1927	Party 15 Sep 1919.
Morley, H.J.	AB RNVR	S3/333			Party 12 May 1919.
Morris, H.J.	AB RNVR	S5/268			HQ RNVR Sussex 10 Jul 1919.
Morrison, H.W.	AB RNVR	C2/2486			Party 11 Jul 1919.
Morton, L.F.	AB RNVR	S2/254			HQ RNVR Sussex 5 Aug 1919.
Moultrie, J.	AB RNVR	M7/186	AI		Party 11 Jul 1919.
Mountford, G.	AB RNVR	M2/231			DD 4 Jun 1915. Father W.Mountford Esq 11 Jun 1920.
Mullen, T.	Ord RNVR	KX177			Party 2 Jun 1919.
Muncie, J.R.	AB RNVR	C4/2556			Party 22 Oct 1919.
Murphy, J.	Sto	154911			Party 14 Feb 1920.
Murray, B.	Sto	277135			Party 18 Aug 1925.
Murrell, H.	Ord RNVR	KX131		30 Jun 1920	Party 31 Mar 1919.
Musgrave, J.	Ord RNVR	KX210			Party 16 Jul 1919.
Nelson, R.G.	Ord RNVR	KX174			Party 2 Mar 1920.
Newell-Roberts, F.N.	Sub Lieut RNVR			24 Mar 1922	Party 24 Mar 1922.
Nichol, R.	Ord RNVR	KX236			Party 13 Feb 1920.
Nicholson, J.J.	Ord RNVR	KX220	A		Party 29 May 1919.
Nixon, C.	Ord RNVR	KX209			Party 23 Jan 1919.
Nixon, J.	Ord RNVR	KX216			Party 11 Feb 1919.
Nolan, W.	PO	185784	A	29 Jul 1921	RNB Devonport 7 Apr 1919.
Norman, J.	Sub Lieut RNVR				DD 4 Jun 1915. Father Mr H.J.Norman 20 Jun 1919.

HOWE BATTALION

Name	Rank	Number	Date	Notes
Norris, J.	Sto	SS105349		DD 4 Jun 1915. Father Mr S.Norris 1 Jul 1920.
O'Brien, W.C.	AB RNVR	S2/171	19 Mar 1923	Party 27 Mar 1919.
O'Connor, J.R.	AB	230850		DD 4 Jun 1915. Father M.O'Connor Esq 26 May 1920.
O'Reilly, T.	Sea RNR	A3586		DD. Retd to R.Mint Mar 1934.
Oldham, T.	Sto	SS106769		DD 4 Jun 1915. Legal Rep.of Father 7 Mar 1925.
Onions, T.H.	Sto	SS105887		Widow Mrs A.M.Bailey 26 Feb 1919.
Osborne, G.W.	AB RNVR	S2/295		*HMS Queen Elizabeth* 27 Jan 1919.
Osborne, M.	AB RNVR	S2/234		HQ RNVR Sussex 10 Jul 1919.
Owens, J.L.	Sto	SS105123	14 Jan 1921	Party 30 Oct 1919.
Oxford, A.	AB RNVR	M7/246		Party 25 Feb 1919.
Padgham, A.G.	AB RNVR	S5/142		HQ RNVR Sussex 10 Jul 1919.
Pargeter, T.H.	AB RNVR	S6/36		HQ RNVR Sussex 10 Jul 1919.
Parke, H.A.	AB RNVR	S6/112		DD 6 Jun 1915. Father H.A.Parker Esq 28 May 1920.
Parker, F.A.	AB RNVR	S4/184	23 Jul 1920	HQ RNVR Sussex 10 Jul 1919.
Parker, J.	Ord RNVR	KX508		Party 15 Sep 1919.
Parkes, K.E.	Sub Lieut RNVR			RND Aldershot 29 Jan 1919.
Parsons, W.	AB RNVR	S6/97		Party 16 Jan 1920.
Parsons, W.R.	AB RNVR	S5/101		DD 5 Jun 1915. Father D.G.Parker 4 Mar 1920.
Pattenden, G.	Sto	195926		*HMS Actaeon* 24 Jan 1919.
Patterson, J.	Ord RNVR	KX202		Party 18 Feb 1920.
Patterson, R.	Sto	SS104779		*HM Monitor 25(M23)* 24 Apr 1919.
Pattison, R.	Ord RNVR	KX382		Party 5 Feb 1920.
Payn, P.W.	AB RNVR	S6/81	16 Dec 1921	HQ RNVR Sussex 10 Jul 1919.
Pearce, A.	Sto2	K18419		Run 3 Jul 1917. Recovered 13 Jul 1917. Retd to R.Mint Mar 1934.
Pearce, A.W.	AB RNVR	S6/75	30 Jun 1920	Party 21 May 1919.
Pearce, F.	Ord RNVR	KX235		Party 24 Feb 1920.
Pennifold, G.A.	AB RNVR	S2/200	3 Aug 1920	Party 13 Feb 1919.
Pepper, H.	Ord RNVR	KX190		DD 16 Nov 1916. Father H.Pepper Esq 10 Jun 1920.
Percival, R.N.	Ord RNVR	KX184		DD 31 May 1916. Widow Mrs S.E.Percival 14 Aug 1919.
Peveller, N.	Ord RNVR	KX277		Party 5 Dec 1919.
Phipps, G.T.	Ord RNVR	KX199		DD 14 Nov 1915. Father Mr T.Phipps 22 Jul 1919.
Pierce, W.J.	AB RNVR	S3/226		Party 20 Aug 1919.
Pilcher, R.M.	Sto1	SS100104		Party 10 Nov 1919.
Pilgrim, G.J.	AB RNVR	S1/330		Party 24 Mar 1921.
Piper, E.	Sto	290794	27 Mar 1922	*HM Monitor 25(M23)* 21 Apr 1919.
Piper, T.	AB RNVR	S3/318		Party 17 Apr 1919.
Plank, G.	AB RNVR	S2/224		*HMS Southampton* 28 Jan 1919.
Pocock, W.	AB RNVR	S2/278		HQ RNVR Sussex 10 Jul 1919.
Poole, G.S.	L/Sea RNVR	S2/223		DD 21 Oct 1917. Widow of Father Mrs E.M.Poole 12 Dec 1924.
Poole, H.C.	AB RNVR	S1/319		RND Aldershot 28 Jan 1919.
Popple, T.	Sto	307273		Father T.Popple Esq 18 Nov 1919.
Potter, R.	AB RNVR	S3/314		HQ RNVR Sussex 10 Jul 1919.
Potts, J.	Ord RNVR	KX274		Party 11 Jun 1919.
Powell, E.	AB RNVR	S3/326	24 Nov 1922	HQ RNVR Sussex 10 Jul 1919.
Pratt, W.J.	AB RNVR	S5/197		DD 13 Jan 1915. Father W.W.Pratt Esq 10 Jun 1920.
Price, F.W.	AB RNVR	S1/308		DD 4 Jun 1915. Widow Mrs L.E.Price 4 Jun 1920.
Proctor, F.	AB RNVR	S6/128		Party 14 Apr 1919.
Proctor, J.J.	AB RNVR	M7/217	25 Apr 1923	Party 22 Apr 1919.
Proudfoot, J.W.	Sto	287427	19 Jun 1924	Party 14 Feb 1920.
Purcell, A.	AB RNVR	S4/120	15 Oct 1920	Party 21 Apr 1920.
Purvis, J.	Ord RNVR	KX233	10 Jul 1922	Party 20 May 1919.
Pyne, A.W.	CPO	115461		DD. Widow Mrs M.J.Pyne 22 Feb 1922.
Race, T.	Ord RNVR	KX259 AI		Party 7 Apr 1919.
Rae, C.F.	AB RNVR	S4/109	13 Jun 1922	*HMS President III* 20 Mar 1919.
Raitt, A.G.	AB RNVR	C2/2474	1 Nov 1922	Party 14 Apr 1920.
Randall, R.P.	L/Sea RNVR	S2/184		*HMS Courageous* 6 Mar 1920.
Ransom, H.H.	AB RNVR	S4/198		Party 12 May 1919.
Rebbett, T.	Sto	SS105394		Widow Mrs A.Bishop 5 Aug 1925.
Redgate, A.	Ord RNVR	KX261	11 Jun 1937	Party 23 May 1919.
Redwood, L.	AB RNVR	M7/223		*HMS Cordelia* 24 Jan 1919.
Reed, F.C.	AB RNVR	S2/219		Party 1 Jun 1922.
Reed, G.	AB RNVR	S6/126		Party 23 Sep 1919.
Reed, P.	AB RNVR	S6/94		Party 31 Mar 1919.
Reeve, H.	Sto	276734		*HMS Actaeon* 21 Apr 1919.
Reeves, S.C.	AB RNVR	M7/194	8 Mar 1922	Party 9 Aug 1919.
Relf, F.	AB RNVR	S3/320		Party 17 Apr 1919. Dup issued 14 Nov 1921.
Relf, G.T.	AB RNVR	S3/319		DD 4 Jun 1915. Father Mr Frank Relf 5 Aug 1919.

HOWE BATTALION

Name	Rank	Number	Date	Notes
Renville, B.V.	AB RNVR	S6/39		Party 11 Nov 1919.
Reynolds, A.	Ord RNVR	KX300		Party 27 Feb 1920.
Rich J.	AB RNVR	S6/108		DD. Sister Mrs H.Harvey 11 Jun 1920.
Richards, A.	Ord RNVR	KX201		Party 25 Jan 1919.
Richards, G.D.	Sto	SS102644	23 May 1939	Party 27 Feb 1920.
Richardson, A.	Sea RNR	B2864		Widow Mrs L.Isaac (re-married) 3 Dec 1919.
Richardson, F.	Ord RNVR	KX241		Party 30 Aug 1923.
Richardson, J.	Ord RNVR	KX304		DD 19 Jul 1915. Widow Mrs A.Boon 14 Nov 1919.
Richardson, J.	Ord RNVR	KX234		DD 6 Jun 1915. Mother Mrs J.Richardson 20 Oct 1919.
Riddell, D.	Sto	SS101701	14 Jul 1920	Party 5 Jul 1920.
Roberts, W.A.	CPO RNVR	S1/3		Party 13 Feb 1919.
Robins, J.E.	AB RNVR	S6/123	3 Dec 1921	Party 27 Mar 1919.
Robinson, A.	AB RNVR	M7/212	6 Jun 1920	Party 15 May 1919.
Robinson, E.	Ord RNVR	KX335		DD 4 May 1915. Retd to R.Mint Mar 1934.
Robinson, G.W.	AB RNVR	S2/271		HQ RNVR Sussex 10 Jul 1919.
Robinson, M.	CPO	178035		HMS Pomone 7 Feb 1919.
Robinson, T.	Ord RNVR	KX155		DD 30 Dec 1919. Father W.Robinson 6 Oct 1919.
Robson, J.	Ord RNVR	KX242	2 Jan 1923	Party 17 May 1919.
Robson, J.W.	Ord RNVR	KX187		Party 11 Jun 1919.
Rollings, J.	AB RNVR	S3/238		Party 3 Aug 1920.
Rooke, G.	Ord RNVR	KX293		Party 11 Mar 1920.
Rose, R.J.	AB RNVR	KX285 A		Party 27 Feb 1920.
Ross, G.D.	Sto	SS104744	23 May 1939	Run 22 Jul 1915. Entitlement restored; Star & clasp issued 23 May 1939.
Ross, J.H.	L/Sea RNVR	S5/147		HMS Wetherby 9 Jul 1919.
Routledge, W.H.	AB RNVR	M7/232		Party 22 Jul 1919.
Rowland, E.	Ord RNVR	KX143		DD 8 Jun 1915. Father W.Rowland Esq 9 Jul 1919.
Ruffle, C.H.	AB RNVR	S3/236		Party 23 May 1919.
Ruskell, E.	PO RNVR	M2/26		DD 4 Jun 1915. Brother Mr J.Ruskell 2 Jun 1919.
Russ, E.	Ord RNVR	KX247		Party 27 Feb 1920.
Russell, J.E.	AB RNVR	S6/16		Party 27 Feb 1920.
Ryan, P.	Sea RNR	A2392		Party 22 Nov 1919.
Ryder, J.	PO	163326		HMS Zetland 6 Mar 1919.
Samson, H.	PO RNVR	S5/92		DD 4 Jun 1915. Retd to R.Mint Mar 1934.
Sanaback, J.	PO	163802		Party 27 Feb 1920.
Sanderson, G.	Sto	SS100428		DD 4 Jun 1915. Widow Mrs Sanderson 15 Mar 1920.
Saunders, H.W.	AB RNVR	S1/318		Party 27 Mar 1919.
Sayers, E.	AB RNVR	S3/316		Party 12 Feb 1919.
Sayers, F.	AB RNVR	S2/261		HQ RNVR Sussex 10 Jul 1919.
Sayers, H.	AB RNVR	S3/298	20 Sep 1920	DD. Father Mr D.H.Sayers 15 Sep 1919.
Scarlett, F.G.	L/Sea RNVR	S3/220	28 Sep 1921	HMS Assistance 25 Jan 1919.
Scott, G.	AB RNVR	S1/352		Party 15 Apr 1919.
Searle, E.A.	PO1 RNVR	S1/206		Party 28 Feb 1919.
Searles, W.J.	CPO	159645	29 Jun 1920	Party 7 Apr 1919.
Self, T.H.	Ord RNVR	KX193		Party 24 Jul 1919.
Senegles, W.S.	Sto	294437		Party 28 Feb 1919.
Setters, W.F.	Sto1	SS104586		DD 4 Jun 1915. Widow Mrs S.M.Setters 15 Dec 1921.
Sexton, H.A.	AB RNVR	S2/277		HQ RNVR Sussex 10 Jul 1919.
Shackleton, W.	AB RNVR	C4/2500	29 Sep 1922	Party 7 Apr 1919.
Sharp, J.	CPO	161153		HMS Dublin 5 Feb 1919.
Shaw, T.	AB RNVR	M7/220	12 May 1921	Party 11 Jun 1919. Dup clasp to Party 20 May 1924.
Sheppard, R.J.	AB RNVR	S6/28		Party 28 Feb 1919.
Sherwood, B.	AB RNVR	S3/285	24 Sep 1935	Party 17 May 1919.
Shipley, R.	Ord RNVR	KX230		DD 7 Jun 1915. Father R.Shipley Esq 8 Jul 1919.
Shoulders, G.S.	AB RNVR	S1/332		Party 28 Jan 1919.
Shrivell, R.	AB RNVR	S2/236	24 Jun 1920	HQ RNVR Sussex 10 Jul 1919.
Simpson, A.	AB RNVR	S3/277	14 Nov 1921	Party 2 Mar 1920.
Simpson, J.	Ord RNVR	KX270		Party 27 Feb 1920.
Simpson, S.	L/Sea RNVR	M2/157	14 Jan 1921	Party 28 Mar 1919.
Simpson, W.	AB RNVR	S3/278		HMS Buzzard (Granton) 29 Jan 1919.
Sinden, T.J.	AB RNVR	S4/199	10 Aug 1921	Party 19 Feb 1919.
Skiffins, W.	Sto	287350		Party 12 Sep 1919.
Skinner, F.	AB	230051		Father Mr W.Skinner 29 Apr 1921.
Smail, W.M.	Lieut RNVR			Naval Centre Aulthea 7 Feb 1919.
Smeed, L.H.	AB RNVR	S2/273	R	Party 29 Mar 1919.
Smith, A.	CPO	172697		DD 4 Jun 1915. Widow Mrs A.L.Smith 5 Mar 1920.
Smith, A.	Sto	SS101889		Party 24 Feb 1920.
Smith, E.H.	Sto	SS105958	1 Jul 1920	Party 27 Jun 1919.

HOWE BATTALION

Name	Rank	Number		Date	Notes
Smith, F.	AB RNVR	S4/170			HQ RNVR Sussex 10 Jul 1919.
Smith, H.P.	AB RNVR	S5/245			HQ RNVR Sussex 10 Jul 1919.
Smith, H.W.	PO	176120		8 Nov 1921	Party 24 Jun 1919.
Smith, I.	Sto	277976			DD 4 Jun 1915. Roll notes; "Apparently no next of kin". Retd to R.Mint Mar 1934.
Smith, J.	Ord RNVR	KX189			DD 1916. Mother Mrs E.Stevenson 25 Aug 1919.
Smith, W.	AB RNVR	M7/240		22 Jun 1920	Party 31 Mar 1919.
Smith, W.H.	AB RNVR	S3/154			Retd to R.Mint Mar 1934.
Snowcroft, R.	Sto	291151			Party 17 Apr 1919.
Somerset, W.H.	L/Sea	231453			Party 24 Feb 1920.
Soper, W.G.	Sto	SS108682			DD 6 Jun 1915. Father Mr D.Soper 29 May 1919.
Sparkes, A.R.	AB RNVR	S1/346			HQ RNVR Sussex 10 Jul 1919.
Sparkes, H.E.	Col/Sergt RMLI	Po670			Party 11 Mar 1919.
Spence, E.	Ord RNVR	KX255			Party 4 Mar 1920.
Stagg, T.R.	Ord RNVR	KX245			Party 29 Apr 1919.
Stallard, E.G.	AB RNVR	S1/358			HQ RNVR Sussex 5 Aug 1919.
Stanley, A.R.	Sto	SS106887		8 Jul 1920	*HMS Tyne* 20 Jan 1919.
Stark, R.	Ord RNVR	KX246		27 Aug 1923	Party 22 Oct 1919.
Steel, J.D.	Ord RNVR	KX564			DD 25 Apr 1917. Widow Mrs M.Steel 25 Mar 1920.
Stelling, J.H.	Ord RNVR	KX153			Party 4 Nov 1919.
Stephens, R.J.	AB RNVR	S4/192			DD 10 Jun 1915. Widow Mrs E.J.Stephens 3 Jul 1919.
Stephenson, E.	Ord RNVR	KX292			*HMS Malaya* 5 Feb 1919.
Stevens, A.	AB RNVR	S4/177			DD 28 Sep 1918. Father Mr J.Stevens 23 Apr 1920.
Stevens, A.V.	AB RNVR	S4/178			Party 27 Feb 1920.
Stevens, H.	AB RNVR	S4/188			*HMS Malaya* 5 Feb 1919.
Stevens, T.	AB RNVR	S3/310		30 Nov 1923	HQ RNVR Sussex 10 Jul 1919.
Stewart, J.G.	Sto1	298585			Party 12 Apr 1919.
Stewart, R.	AB RNVR	S2/270		R	Party 13 Mar 1919.
Stone, A.	AB RNVR	S6/131			RAF Station Wendover 2 Mar 1920.
Stone, H.R.	AB RNVR	S6/1			Party 27 Feb 1920.
Storey, T.W.	Ord RNVR	KX557			DD 9 Jul 1917. Father Mr W.Storey 24 Jun 1919.
Stott, J.	Sto	SS106061			Widow 12 Feb 1924.
Streeter, H.N.	AB RNVR	S2/252			DD 7 Jun 1915. F.Streeter Esq 11 Jul 1919.
Stringer, A.W.	AB RNVR	S1/261			*HMS Gunner* 7 Apr 1919.
Struthers, G.	Ord RNVR	KX283			DD. Father Mr T.Struthers 25 Jan 1919.
Strutt, H.	Ord RNVR	KX229			DD 25 May 1915. Father H.Strutt Esq 11 Jul 1919.
Strutt, R.E.	Sto	SS105809		22 Jun 1920	Party 15 Sep 1919.
Sturt, A.E.	AB RNVR	S1/341		25 Sep 1920	Party 20 Jun 1919.
Sullivan, C.H.	AB	215786			RNB Devonport 17 Mar 1922.
Surtees, W.	Ord RNVR	KX219			Party 27 Feb 1920.
Sutton, A.	Sto	SS101642		22 Jun 1920	*HMS Hecla* 19 Feb 1919.
Sykes, J.	Sto	285762			Party 27 Mar 1919.
Taylor, A.A.M.	AB RNVR	C2/2511		17 Sep 1920	Party 12 Feb 1919.
Taylor, H.M.	Col/Sergt	Po4595			2nd Reserve Battalion Alnwick 22 Aug 1919.
Taylor, J.C.	AB RNVR	S3/265			Party 27 Nov 1919.
Taylor, W.R.	Sea RNR	A3123			Party 7 Dec 1920.
Terry, V.F.	Ord RNVR	ZX542			*HMS Woolwich* 15 May 1919.
Thompson, A.	AB RNVR	C2/2554			Party 22 Apr 1919.
Thompson, C.	L/Sig RNVR	M2/135	AI	30 Nov 1920	HQ RNVR Liverpool 19 May 1919.
Thompson, G.H.M.	AB RNVR	S5/255	A	10 Nov 1930	*HMS President III* 8 Feb 1919.
Thompson, W.D.	L/Sea RNVR	M7/251			Party 13 Feb 1919.
Thorpe, J.	Ord RNVR	KX225		6 Jul 1938	Party 16 Apr 1919.
Ticehurst, F.	AB RNVR	S4/195			HQ RNVR Sussex 5 Aug 1919.
Tidy, E.	AB RNVR	S1/329			DD 13 Jan 1915. Mother Mrs Jenner 15 Sep 1919.
Tilley, C.K.	AB RNVR	S1/294			Party 22 Oct 1919.
Tilley, W.	Ord RNVR	KX253			Party 8 Jan 1920.
Tindall, C.J.	AB RNVR	S5/234			HQ RNVR Sussex 10 Jul 1919.
Tingley, W.J.	AB RNVR	S3/195			DD 31 May 1915. Father J.W.Tingley 9 Apr 1919.
Tinning, C.	Ord RNVR	KX222			Party 23 Jan 1919.
Todd *DSM*, G.G.	AB RNVR	C5/2409		20 May 1964	Party 2 Mar 1920.
Todd, K.	Ord RNVR	KX166			Retd to R.Mint Mar 1934.
Tomkinson, H.	Ord RNVR	KX302			Party 19 May 1919.
Tookey, J.	AB RNVR	S5/110			Retd to R.Mint Mar 1934.
Tooze, J.D.	Ord RNVR	KX146			Run 3 Aug 1915. Retd to R.Mint 1934.
Tothill, G.	Sub Lieut RNVR				DD 27 Mar 1916. Father Lieut/Col Tothill 7 Apr 1920.
Towns, J.R.	Ord RNVR	KX160		23 May 1922	Party 23 May 1922.
Toy, R.F.	CPO	189327		1 Jun 1922	Widow Mrs H.Toy 6 May 1919.

HOWE BATTALION

Name	Rank	Number	Date	Notes
Tracey, T.	AB RNVR	M7/252	7 Feb 1921	HQ RNVR *HMS Eaglet* 7 Feb 1921.
Trotman, A.	AB RNVR	S3/325		DD 19 Sep 1918. Eldest Daughter of Legatee 11 Dec 1924.
Trueman, S.G.	PO	177871	26 Jul 1922	*HMS Moon* 2 Jun 1919.
Tubbs, S.A.	AB RNVR	S5/212		HQ RNVR Sussex 10 Jul 1919.
Tucknott, F.W.	AB RNVR	S6/118	18 Feb 1921	Party 10 Apr 1919.
Tunnicliffe, A.	Ord RNVR	KX543	29 Nov 1922	Party 2 Mar 1920.
Uhrig, C.	Sea RNR	A4471		Run. Retd to R.Mint Mar 1934.
Unwin, W.	AB RNVR	M2/224		Party 3 Feb 1920.
Usher, F.W.	AB RNVR	S5/259	23 Jun 1920	DD 17 Jul 1915. Father Mr C.J.Usher 30 Jun 1919.
Vallance, W.C.B.	Lieut RNVR			Party 17 Jan 1919.
Vaughan, A.F.C.	Sub Lieut RNVR		Mar 1921	DD 1 Mar 1915. Brother Lieut/Comdr Vaughan 14 May 1919.
Vaughan, R.A.	AB RNVR	S1/260		*HMS Queen Elizabeth* 27 Jan 1919.
Vick, A.G.	Sto	279840		Party 24 Feb 1920.
Vidler, C.	AB RNVR	S5/236		HQ RNVR Sussex 10 Jul 1919.
Vowels, F.C.	L/Sea	185353		DD 4 Jun 1915. Widow Mrs M.Vowels 2 Mar 1920.
Wade, G.W.H.	AB RNVR	KX170		DD 13 Nov 1916. Father J.Wade Esq 5 Mar 1920.
Wait, V.R.	AB RNVR	S6/124		HQ RNVR Sussex 10 Jul 1919.
Walker, A.	Ord RNVR	KX563		Party 16 Dec 1919.
Walker, F.	Ord RNVR	KX158		Party 27 Feb 1920.
Walker, H.O.	Ord RNVR	KX148		Depot Inverness 11 Feb 1919.
Walker, J.	Sto1	SS107730		Party 27 Feb 1920.
Walker, J.	Ord RNVR	KX280		DD 13 Nov 1916. Father D.Walker Esq 5 Mar 1920.
Walker, W.	L/Sea RNVR	C2/104		DD 2 Jun 1915. Widow Mrs J.Walker 7 Apr 1919.
Walter, T.G.	AB RNVR	S3/201	19 Oct 1928	*HMS Thunderer* 5 Mar 1919. Dup 19 Oct 1928.
Walton, S.	Sto	278625		DD 4 Jun 1915. Widow Mrs Roberts 4 Mar 1920.
Wardley, H.	Col/Sergt RMLI	Ply3223		Party 18 Aug 1925.
Ware, F.	AB RNVR	S4/214	22 Jun 1920	Party 16 Jun 1919.
Ware, H.	AB RNVR	S4/211		Party 8 Mar 1920.
Warnes, C.	Ord RNVR	KX286		Party 23 May 1919.
Waterhouse, J.J.	Ord RNVR	KX142		Party 7 Apr 1919.
Watson, F.	AB RNVR	S5/184		DD 12 Sep 1918. Father Mr H.J.Watson 8 Jun 1922.
Watson, R.C.	Sto	SS102880		DD 4 May 1915. Brother J.Watson Esq 20 May 1920.
Watson, T.	Ord RNVR	KX183		Party 22 Aug 1919.
Watson, T.H.	AB RNVR	M2/220	8 Apr 1938	Party 11 Sep 1919.
Weatherall, J.	Ord RNVR	KX207		DD 26 Oct 1917. Father J.Weatherall 10 Mar 1920.
Weaver, H.W.	CPO	147687		DD 13 Jul 1915. Widow Mrs E.I.Weaver 9 Jul 1920.
Weeden, G.	L/Sea RNVR	S3/208	29 Jun 1920	Party 30 Mar 1920.
Weekes, S.C.	AB RNVR	S3/270		DD. Father Mr H.J.Weeks 14 Apr 1921.
Weller, E.	AB RNVR	S6/82		Party 21 Jan 1919.
Welling, W.	AB RNVR	S2/280		DD 28 May 1917. Father W.W.Wellington 15 Mar 1920.
Wellington, W.	Arm	167045		*HMS Berwick* 4 Jun 1919.
Welsh, N.	AB RNVR	M7/203		HQ RNVR Liverpool 19 May 1919.
West, T.G.	AB RNVR	S2/296		HQ RNVR Sussex 10 Sep 1919.
Weston, C.J.W.	AB RNVR	S3/323		Party 27 Feb 1920.
Weston, H.C.	AB RNVR	S1/335		HQ RNVR Sussex 10 Jul 1919.
Wheeler, E.	L/Sea RNVR	S3/245		RND Perham Downs 27 Jan 1919.
Whitaker, H.	Ord RNVR	KX204		Party 27 Feb 1920.
White, C.	AB RNVR	S6/122		RNB Devonport 7 Apr 1919.
White, H.	AB RNVR	S4/180		*HMS Vernon* 28 Mar 1919.
White, H.T.	Ord RNVR	KX151		Party 8 Mar 1919.
White, J.	AB RNVR	S6/119		DD 6 Jun 1915. Father Mr J.J.D.White 27 May 1919.
White, J.	PO	188147 A	6 Jul 1920	*HMS Orion* 16 Jan 1920.
White, S.G.	AB RNVR	S2/269		Party 28 Feb 1919.
Whitehouse, J.	PO2	179396		DD 4 Jun 1915. Widow Mrs Jeffery.
Whitley, F.A.	AB RNVR	S1/337		HQ RNVR Sussex 10 Jul 1919.
Wickham, H.	AB RNVR	S3/279	6 Jul 1938	Party 25 Feb 1919.
Wilkinson, J.	Ord RNVR	KX195		Party 27 Feb 1920.
Wilkinson, J.R.	Ord RNVR	KX211		Party 24 Feb 1920.
Williams, F.J.	CPO	150641		DD 4 Jun 1915. Widow Mrs C.S.Williams 9 Mar 1920.
Williams, J.	AB RNVR	M2/214	28 Aug 1920	*HMS Eaglet* 2 Mar 1920.
Williams, J.J.	AB RNVR	M7/235	22 Jun 1920	Party 17 May 1919.
Williams, S.	AB RNVR	M2/165		Party 27 Feb 1920.
Willis, A.J.	Sub Lieut RNVR		4 Sep 1920	Party 19 Feb 1919.
Willmer, H.	AB RNVR	S1/280	3 Jan 1922	Party 19 Feb 1919.
Willmer, W.	AB RNVR	S1/320		Retd to R.Mint Mar 1934.
Wills, C.	Sto	SS106957		Party 12 Dec 1919.
Wilson, R.	Ord RNVR	KX197	7 Feb 1922	Party 17 Apr 1919.

HOWE BATTALION

Winder, G.	AB RNVR	S4/200		2 Feb 1939	Party 2 Apr 1919. Dup (No.2847).
Winder, W.	AB RNVR	S6/10			HQ RNVR Sussex 10 Jul 1919.
Winfield, G.	Ord RNVR	KX176			Party 17 May 1919.
Wingfield, H.J.	AB RNVR	S5/91			Party 23 Jun 1919.
Winkworth, R.	AB RNVR	S1/354			*HMS Prince George* 10 Apr 1919.
Winship, R.	Ord RNVR	KX171			Party 7 Nov 1919.
Winter, S.	AB RNVR	S6/47		7 Feb 1922	*HMS Imperieuse* 5 Feb 1919.
Winterborne, E.R.	AB RNVR	S2/220			RAF Records Blandford 1 May 1920.
Winyard, F.H.	AB RNVR	S3/104			DD 15 Dec 1917. Mrs E.J.Carr 8 Apr 1922.
Wisdom, G.H.	AB RNVR	S1/231			DD 17 Jul 1915. Father Mr Jesse T.Wisdom 2 Jul 1919.
Wise, A.	AB RNVR	S1/310			Party 6 Mar 1919.
Wood, J.R.	Ord RNVR	KX168			DD 4 Jun 1915. Son J.L.Wood 4 Jun 1921.
Woodbridge, P.	Sto	296505			Party 4 Aug 1920.
Woodley, T.	Ord RNVR	KX249			DD 27 Apr 1917. Retd to R.Mint Mar 1934.
Woodman, H.S.	AB RNVR	S5/273			DD 4 Jun 1915. Widow Mrs A.C.Fairfield 19 Apr 1920.
Woods, R.F.	AB RNVR	S2/191			Party 28 Feb 1919.
Woods, W.	AB RNVR	S1/356			Party 2 Oct 1919. Dup issued to Party 3 Mar 1930.
Woolgar, E.G.	AB RNVR	S1/328		1 May 1940	HQ RNVR Sussex 10 Jul 1919.
Worsley, E.M.	AB RNVR	M7/198			Party 17 May 1919.
Worth, W.C.	Ord RNVR	KX186	AI		Party 10 Apr 1919.
Worthington, R.	Sto	SS106764		6 Jul 1921	Party 11 Feb 1919.
Wright, C.	Sto	SS102814		23 Jun 1920	Party 8 Mar 1919.
Yockney, H.A.	Sub Lieut RNVR				Party 5 Apr 1919.
Young, A.C.	AB RNVR	S2/285		29 Jun 1920	Party 17 May 1919.
Young, H.M.	Sto1	SS103126			DD 4 Jun 1915. Father W.Young Esq 9 Mar 1920.
Young, J.	AB RNVR	S6/114			HQ RNVR Sussex 10 Jun 1919.

Noted on Roll: "At Antwerp 4th - 11th October 1914."

NELSON BATTALION

Name	Rank or Rating	Official Number	Where Served	Clasp Issued	Medal Sent - Comments
Adam, J.E.	AB RNVR	C5/2352		14 Jun 1920	Party 26 Feb 1919.
Adderley, J.	Sto1	SS106071			Party 17 Apr 1919.
Ahern, D.	Sto1	280571			Party 2 Jan 1920.
Aiken, A.C.L.	AB RNVR	C5/2472		23 Jul 1920	Party 9 Jun 1919.
Aitken, W.	AB RNVR	C2/1970			DD 13 Jul 1915. Mother Mrs Annie S.Aitken 1 Feb 1919.
Aldridge, W.	Act/L/Sea RNVR	M3/176		30 Jul 1920	Party 10 Apr 1919.
Algar, J.E.	AB RNVR	KX74		21 Jun 1935	Party 15 Mar 1919.
Algate, C.J.	PO	174862			Party 16 Sep 1921.
Allen, J.	Sto1	SS108041			Party 29 May 1920.
Allison, E.G.	Act/CPO	156921		16 Jul 1920	HM Training Establishment Shotley 1 Apr 1919.
Anderson, P.W.	Sto1	SS100171			Party 9 Dec 1919.
Andrews, E.W.	Sto1	SS105533			HMS Victory 21 Mar 1919.
Andrews, H.E.	Sto1	SS108425			DD 8 Nov 1918. Mother Mrs K.Andrews 24 Jun 1920.
Andrews, W.	AB RNVR	KX66			DD 13 Jul 1915. Father J.Andrews Esq 10 Jun 1920.
Ashton, G.	AB RNVR	M4/33			Party 14 Jan 1919.
Ashton, J.	Act/L/Sea	211912			Party 18 Mar 1924.
Astill, L.F.	AB RNVR	KX129			Party 23 Jan 1919.
Atkins, W.H.	CPO	165570			Party 19 Jun 1920.
Austin, A.F.	Sub Lieut RNVR				Party 29 Jan 1919.
Axe, G.H.	Sto1	278962			Party 12 Jul 1919.
Ayer, C.J.	Sto1	SS102668			Run 23 May 1915. Retd to R.Mint Mar 1934.
Bacon, J.	Sto1	SS105381			Party 1 Feb 1919.
Bagley, J.	Sto1	SS108011		19 Oct 1928	Party 16 Oct 1919.
Bailey, J.	Sto1	SS108274		24 Apr 1922	HMS London 25 Jan 1919.
Bain, R.	AB RNVR	C4/2047		29 Mar 1922	HMS Pelorus, Constantinople 20 Mar 1919.
Baker, C.	Sto1	SS107722			Party 28 Apr 1920.
Balfour, R.	AB RNVR	C4/2046			HMS Gloucester 5 Mar 1919.
Barber, H.	Sto1	SS101549		8 Jul 1932	Party 1 May 1924.
Barnes, W.A.	Sto1	SS108304			Party 20 Jan 1928.
Barrett, E.	AB RNVR	M5/21		7 Feb 1921	Party 19 Jun 1920.
Barton, T.	AB RNVR	C1/1827			Party 30 May 1919.
Baskerville, W.	Sto1	353071			Party 10 Jun 1920.
Batty, G.	AB RNVR	M5/152			DD 16 Jun 1915. Father Mr J.G.Batty 8 Mar 1919.
Beattie, J.	AB RNVR	M3/235			DD 13 Jan 1915. Mother Mrs M.Beattie 8 Aug 1919.
Bedford, S.W.	Sto1	SS108954			HMS Bellona 11 Feb 1919.
Beeby, T.	AB RNVR	KX98			HMS Mansfield 6 Mar 1919.
Bellgrove, R.	L/Sea RNVR	L2/2955			Party 8 Feb 1919.
Bennett, A.	Sto1	SS709			Party 8 May 1920.
Bentley, S.	Sto1	SS108264			Party 15 Apr 1919.
Berrie, T.	Ord RNVR	C2/2544			Party 29 Aug 1919.
Best, F.	Sto1	297068		16 Jul 1920	Party 20 Oct 1919.
Bickford, S.F.	Act/L/Sea RNVR	J85		12 Oct 1920	HMS Pomone 28 May 1920.
Billington, J.W.	AB RNVR	M6/189	A		Mother Mrs Mary Billington 26 Jul 1920.
Bilson, J.	AB RNVR	C5/2514			Party 9 Apr 1919.
Black, H.	AB RNVR	C5/2423			DD 25 Jan 1917. Father A.Black Esq 15 Jul 1919.
Blake, J.B.	AB RNVR	KX100			Party 22 Apr 1919.
Bligh, E.G.	L/Sea RNVR	LZ273			Party 30 Dec 1940.
Bloomfield, P.	AB RNVR	KX114			Party 23 May 1919.
Boardman, J.	Sto1	296773		16 Nov 1921	Party 27 Feb 1919.
Bolwell, H.J.	Sto1	SS104478			Party 6 Dec 1935.
Bond, J.	AB RNVR	KX51		7 Oct 1932	Party 17 Jun 1919.
Booth, H.	Sto1	SS107999			Party 27 Feb 1922.
Borton, R.	AB RNVR	C1/1563			HQ RNVR Clyde 17 Jul 1919.
Bowen, J.	Sto1	288558			Party 28 May 1920.
Bower, J.	Act/PO	178362		21 Mar 1922	Party 31 Jan 1919.
Bowhill, W.	AB RNVR	KX75			Party 20 Mar 1919.
Bowman, A.E.	Sto1	SS100781		15 May 1923	Widow 15 May 1923.
Bowman, J.	AB RNVR	M3/146		7 May 1937	HQ RNVR Liverpool 23 Sep 1919.
Bownes, H.	AB RNVR	C3/2204			Party 31 May 1919. Dup issued 6 Jul 1940.
Box, T.H.	Act/PO	160292			Party 29 Sep 1919.
Boyack, A.	AB RNVR	C2/191			Party 9 Apr 1919.
Boyd, D.C.	PO RNVR	C1/2118		9 May 1921	Party 16 May 1919.
Boyd, F.	Sto1	300068			HMS London 25 Jan 1919.

NELSON BATTALION

Name	Rank	Service No.	Date	Notes
Boyd, J.	Sto1	SS107477		Party 4 Jun 1920.
Boyd, R.E.	AB RNVR	M4/50	28 Jan 1921	Party 1 Apr 1919.
Boyer, G.	Sto1	SS117671	6 Jan 1923	DD 9 Oct 1917. Widow Mrs F.Jayes 6 Jan 1923.
Bradbury, J.E.	AB RNVR	KX107	1 Jun 1922	Party 28 Feb 1919.
Bradley, J.J.	AB RNVR	KX120	14 Jan 1921	Party 12 Mar 1919.
Bradley, R.	AB RNVR	KX112		Party 16 May 1919.
Bradley, T.R.	AB RNVR	KX57		DD 4 Nov 1917. Mother Mrs M.A.Bradley 15 Apr 1921.
Branagh, J.	Sto1	SS100660	29 Nov 1922	*HMS Dilegence* 25 Jan 1919.
Bremner, A.	AB RNVR	C5/2402		DD 5 Feb 1918. Father Mr A.Bremner 11 Sep 1919.
Bremner, H.	Sub Lieut RNVR			Retd to R.Mint Mar 1934.
Bremner, J.	Sto1	157121	11 Dec 1920	Party 2 Dec 1920.
Brennan, T.	Sto1	SS107954	7 Feb 1922	Party 10 Apr 1919.
Breslin, M.	AB RNVR	CZ1674	17 Jun 1920	*HMS Hannibal* 13 Feb 1919. Dup clasp to Party 2 Sep 1921.
Bridge, C.D.C.	Comdr		25 Jun 1920	Party 25 Jun 1920.
Bridison, G.	Sto1	281394		Port Edgar 28 Mar 1919.
Brine, F.	Sto1	SS105403	11 Aug 1921	*HMS Tuberose* 25 Apr 1919.
Britton, J.	PO2	174150		Training Establishment Shotley 28 Mar 1919.
Bromley, S.	AB RNVR	M5/95		HQ RNVR Liverpool 19 May 1919.
Brooker, R.F.	AB RNVR	KX227		Party 19 Mar 1923.
Brookman, E.J.	Sto1	303166		DD 20 Jan 1918. Father F.Brookman 15 Jun 1920.
Brown, A.	AB RNVR	C4/2036		Run 3 Aug 1916. Retd to R.Mint Mar 1934.
Brown, E.	Sto1	211837	23 Jul 1920	Party 10 Apr 1919.
Brown, H.	AB RNVR	C1/1953	14 Jan 1921	*HMS President III* 13 Feb 1919.
Brown, J.G.	AB RNVR	KX91		DD 12 May 1917. Retd to R.Mint Mar 1934.
Brown, T.	Sto1	SS101066	22 Jun 1920	*HMS Berwick* 4 Jun 1919.
Bryce, D.	Sto1	172115		*HMS Dreel Castle* 8 Feb 1919.
Buchan, T.H.	AB RNVR	C4/1724	22 Jun 1920	Party 10 Apr 1919.
Bullock, A.	AB RNVR	KX113	10 Apr 1924	Party 25 Jun 1919.
Burgess, R.	Sto1	SS107021	25 Jun 1921	Party 20 May 1920.
Burgoyne, H.M.	AB RNVR	M3/162		Mother Mrs E.Burgoyne 16 Aug 1920.
Burnett, J.	AB RNVR	C4/2159	5 Feb 1923	Party 2 Apr 1919.
Burnip, T.	AB RNVR	KX119	8 Mar 1922	Party 10 Apr 1919.
Burnip, W.	AB RNVR	KX117		DD 6 Jun 1915. Mother Mrs Mary Burnip 28 Jun 1920.
Burns, J.	Sto1	292730		Retd to R.Mint Mar 1934.
Burns, R.	Sto1	SS101554		Party 31 Mar 1919.
Burns, R.	Sto1	SS104794		*HMS Canning* 31 Jan 1919.
Burrows, J.	AB RNVR	M3/230	27 Jan 1922	DD 12 Jul 1915. Mother Mrs Burrows 13 Nov 1919.
Butterfield, J.	Col/Sergt RM	Ply273	13 Jul 1921	Party 13 Jul 1921.
Butterworth, J.A.	AB RNVR	M3/187		*HMS Colossus* 30 Jan 1919.
Byers, J.	Sto1	SS106925		*HMS Vivid* 1 Feb 1919.
Byrne, J.	Sto1	SS100296		Run 9 Jan 1915. Retd To R.Mint Mar 1934.
Byrne, J.	Sto1	283527		Party 29 May 1920.
Cable, J.	AB RNVR	KX92		DD 4 Feb 1917. Brother J.H.Cable Esq 10 Jun 1920.
Cailes, T.C.	Sto1	SS105525		*HMS Indus* 24 Jan 1919.
Cairns, J.L.	AB RNVR	C4/627		HQ RNVR Clyde 17 Jul 1919.
Cameron, C.	AB RNVR	C4/2035		Retd to R.Mint Mar 1934.
Cameron, J.	AB RNVR	C5/2376	29 Dec 1922	HQ RNVR Clyde 17 Jul 1919.
Campbell, H.	AB RNVR	C3/2214		Party 1 Sep 1919.
Campbell, R.	AB RNVR	C5/2346	13 Jul 1920	Party 21 Mar 1919.
Canning, W.	Sto1	SS104611		Party 20 May 1920.
Cardinelli, F.	Sto1	SS105384		*HMS Sviatogor* 28 Mar 1919.
Carlin, W.	Sto1	SS287303		DD 26 Jul 1917. Widow Mrs M.Carlin 8 Jun 1920.
Carr, H.	PO	M4/2	29 Dec 1920	Party 12 Feb 1919.
Carrol, J.	Sto1	SS102300		Party 21 Feb 1929.
Carter, G.	AB RNVR	KX67		Party 21 Jul 1919.
Carter, T.J.	Act/PO	182919	16 Jul 1920	Training Establishment Shotley 28 Mar 1919.
Carton, M.	Sto1	SS103072		DD 13 Jul 1915. Widow Mrs M.Carton 11 Jul 1919.
Cartwright, G.	AB RNVR	KX123	7 Oct 1922	DD 15 Sep 1915. Widow Mrs J.Cartwright 16 Dec 1919.
Casey, F.	Sergt RMLI	Po436	18 Aug 1920	Party 29 Jul 1919.
Cashie, A.	AB RNVR	C1/2278	4 Apr 1923	HQ RNVR Clyde 17 Jul 1919.
Cattram, E.	AB RNVR	C1/2530		DD. Mother Mrs N.Cattram 12 Dec 1919.
Caulfield, T.	Sto1	SS107190		Party 18 Jun 1919.
Caves, D.	AB RNVR	C2/1945		Party 21 Mar 1919.
Chamberlain, C.T.	Sto1	SS2055	8 Mar 1922	Party 29 Jul 1919.
Chapman, A.	Sto1	SS108045		Party 8 Jun 1920.
Chapman, T.C.	Sto1	SS101735		Party 20 May 1920.
Charlton, R.	AB RNVR	KX41		Party 19 Aug 1919.

NELSON BATTALION

Name	Rank	Number	Date	Notes
Cheston, H.L.	Lieut/Comdr			Party 6 Feb 1919.
Chisholm, D.	AB RNVR	C4/2335		Party 11 Jul 1919.
Chisholm, G.	AB RNVR	M4/24		*HMS President III* 20 Mar 1919.
Clark, J.G.	AB RNVR	KX104	28 Jun 1920	Party 28 May 1920.
Clark, J.H.M.	Act/Sub Lieut RNVR		16 Jun 1920	*HMS Aurora* 29 Jan 1919.
Clark, S.	AB RNVR	KX82		Party 12 Feb 1919.
Clough, J.	AB RNVR	KX83		Party 16 May 1919.
Coles, A.	Sto1	SS107514		Party 7 Jun 1920.
Collins, J.	Sto1	SS107470		DD 13 Jul 1915. Sister-in-Law Mrs G.M.I.Corbett 28 Sep 1921.
Collins, J.T.	Sto1	SS103815		*HMS Berwick* 4 Jun 1919.
Collins, T.	AB RNVR	C4/2262		Party 20 Mar 1919.
Colville, F.	AB RNVR	C4/1810		HQ RNVR Clyde 17 Jul 1919. Dup to Party Sep 1922.
Comley, L.	PO	M4/3		DD 18 Jul 1915. Mother Mrs A.Comley 8 Aug 1919.
Connell, R.	AB RNVR	C4/2400		Party 22 Jul 1919.
Connick, R.	Sto1	SS107564	13 Jan 1922	Party 4 Jul 1919.
Connolly, P.	Sto1	SS102414	14 Mar 1922	Party 31 Jan 1919.
Cook, J.A.	AB RNVR	C3/2122		Retd to R.Mint Mar 1934.
Cooper, R.	AB RNVR	M5/137		*HMS Indus* 24 Jan 1919.
Corke, S.	Sto1	SS106755		Party 16 May 1919.
Corner, S.H.	AB RNVR	KX118		DD 15 Jun 1915. Father Mr J.Corner 15 Sep 1919.
Corrigan, J.	Act/L/Sea RNVR	M5/163		Boom Defence Cromarty 1 Apr 1919.
Cosh, A.	Sto1	SS105578		Party 11 Aug 1919.
Coulter, R.	AB RNVR	C1/2089		*HMS Mars* 3 Apr 1919.
Cowen, A.	Sto1	302746	16 Jul 1920	Party 23 May 1919.
Cowie, J.	AB RNVR	C3/2577		DD. Widow Mrs M.J.Ballantyne 9 May 1922.
Cox, J.C.	Arm	155773	17 Jun 1920	*HMS White Oak* 24 Jan 1919.
Cox, W.P.	Sto1	295210		Party 29 May 1920.
Craig, C.	AB RNVR	C5/2414		Party 12 May 1919.
Craster, H.	AB RNVR	KX108		Party 1 Jul 1919.
Crawford, H.	AB RNVR	C1/2129	23 Jun 1920	Party 29 May 1919.
Crawford, J.	AB RNVR	C3/1809	22 May 1923	Party 8 Mar 1919.
Crawford, J.	AB RNVR	C2/388	13 Sep 1921	Party 8 Apr 1919.
Crighton, J.	Act/PO	M4/31		Party 17 Apr 1919.
Crighton, W.	Act/L/Sea RNVR	M4/32		Party 12 May 1919.
Cronin, D.	Sto1	SS101153	7 Jul 1920	Party 14 Mar 1919.
Crook, A.W.	Sto1	SS107463		DD 8 Oct 1918. Retd to R.Mint Mar 1934.
Cross, G.W.	Sto1	SS104898		Party 8 Jun 1920.
Cross, T.	AB RNVR	M5/110		Party 15 Sep 1919.
Cullen, P.	Sto1	SS104614		Party 24 Jun 1919.
Cunningham, C.H.	Sto1	SS102379		Party 31 Jan 1919.
Cunningham, D.	Sto1	288914		Party 24 Feb 1920.
Curry, W.	AB RNVR	KX130		Party 31 Mar 1919.
D'Eath, R.	AB RNVR	KX559		Party 8 Mar 1920.
Daly, D.C.	Midn RNVR		8 May 1939	3rd Battalion Royal Highlanders 7 May 1919.
Daniel, J.	AB RNVR	M6/103	13 Jan 1922	Party 26 May 1919.
Davidson, D.	Sto1	300242	19 Feb 1923	Party 11 Apr 1919.
Davies, C.	AB RNVR	KX102		Party 15 Mar 1919.
Davies, G.	Sto1	SS103805		Party 5 Mar 1920.
Davies, R.	Sto1	SS108209		Retd to R.Mint Mar 1934.
Davies, T.	AB RNVR	M6/143		Party 20 May 1919.
Davis, J.A.	Sto1	SS103552	13 Jul 1921	Party 13 Jul 1921.
Davis, K.B.	AB RNVR	M3/203	12 Mar 1921	DD 13 Nov 1915. Father Arthur Davis Esq 6 Oct 1919.
Davis, W.	Sto1	SS103569		Party 21 May 1919.
Dawson, R.	Sto1	SS102308		Party 8 Jul 1919.
Dawson, W.	L/Sea RNVR	M3/113	26 Feb 1921	Party 22 Jul 1919.
Dennison, D.	AB RNVR	M3/236		Party 19 Nov 1919.
Dent, J.C.	AB RNVR	KX47		DD 7 Feb 1917. Mother Mrs M.Dent 2 Mar 1920.
Derbyshire, A.	AB RNVR	M6/176 AI		Party 31 Mar 1919.
Devonshire, T.W.	AB	J6458		Party 17 Oct 1921.
Dewar, D.	AB RNVR	C2/1986		Party 7 Jun 1920.
Dickson, J.McD.	AB RNVR	211002		Party 28 Aug 1920.
Dickson, W.	Sto1	295444		Run 17 Feb 1917. Retd to R.Mint Mar 1934.
Dixon, W.V.	Sto1	SS103042	16 Jun 1920	Party 8 Apr 1919.
Docherty, M.	Sto1	299827		DD 13 Jul 1915. Father's Widow Mrs Annie Docherty 24 Sep 1925.
Dodd, H.G.	AB RNVR	M3/228	17 Jun 1920	Original medal scrapped, new medal to Party 6 Dec 1921.
Dodgson, J.W.	Sto1	303213	6 Jul 1921	Party 31 Mar 1919.
Doherty, W.	Sto1	300914		DD 13 Jul 1915. Widow Mrs N.Doherty 27 Apr 1920.

NELSON BATTALION

Name	Rank	Number	Date	Notes
Donaldson, W.	Sto1	284528	7 Aug 1920	Party 8 Mar 1919. Medal retd "found" on stock under R/H 6196.
Done, J.P.M.	Sto1	SS108067	16 Jun 1920	Party 11 Jun 1919.
Donnachie, F.	AB RNVR	KX60		Retd to R.Mint Mar 1934.
Donovan, E.M.	Sto1	354287		DD 23 May 1915. Widow 20 Feb 1924.
Dorries, T.H.	AB RNVR	M3/34		Party 17 Apr 1919.
Dove, T.E.	AB RNVR	KX45		DD 23 Dec 1915. Mother Mrs C.Dove 23 May 1919.
Dowling, J.	AB	222641		DD 6 Dec 1917. Sister Miss M.Dowling 5 Jan 1922.
Drewitt, J.H.	Sto1	277497	7 Aug 1923	Party 29 Mar 1919.
Duffy, P.	Sto1	288184		Party 12 Apr 1919.
Duffy, T.	AB RNVR	C4/2038		DD 6 Mar 1915. Father F.W.Duffy 1 Jul 1920.
Duffy, W.J.	AB RNVR	M3/197	29 Dec 1920	Party 25 Jan 1919.
Dumbell, G.	AB	231509		Retd to R.Mint Mar 1934.
Dumphy, M.	Sto1	SS108146		Mother Mrs Emily Kane 13 Mar 1919.
Duncan, J.	Sto1	SS105395		HMS Vivid 24 Jan 1919.
Duncan, T.E.	PO	M3/141	27 Apr 1928	Party 10 Apr 1919.
Dunkley, S.F.	1/Wrtr RNVR	L2229	6 Jun 1922	RND Aldershot 29 Jan 1919.
Dunn, A.	AB RNVR	C5/2371		Mother Mrs Mary Robb 20 Mar 1919.
Dunne, J.	AB RNVR	M7/213		DD 13 Jan 1915. Father T.Dunne Esq 20 Dec 1919.
Durning, J.	AB RNVR	C5/2396		Party 14 Apr 1919.
Dursley, J.	Sto1	300239		Party 15 Sep 1919.
Eastman, C.W.	AB RNVR	M5/163		DD 13 Jan 1915. Mother L.M.Eastman 24 May 1919.
Eaton, A.H.	AB RNVR	M4/17		Father J.Eaton Esq 26 Mar 1920.
Eaton, H.	AB RNVR	M3/4	6 Dec 1920	Party 4 Jul 1919.
Edge, T.J.	AB RNVR	M5/148		DD 24 Sep 1915. Father Mr J.Edge 23 May 1919.
Edwards, A.	Sto1	SS108207		DD 15 Jul 1915. Father Mr T.Edwards 5 Aug 1919.
Edwards, G.	AB RNVR	KX86		Party 15 Mar 1920.
Edwards, H.E.	Sto1	SS108020		DD 13 Jul 1915. Widow Mrs F.McLoughlin 30 Mar 1920.
Edwards, W.H.	Act/CPO	147663		Party 6 Mar 1920.
Elgood, E.	Sub Lieut RNVR		7 Jul 1920	Party 21 Jan 1919.
Elkins, H.	AB RNVR	C5/2513		Party 23 Jan 1919.
Elliott, W.J.	AB RNVR	C2/1995	24 Oct 1922	Party 14 Apr 1919.
Ellis, G.	AB RNVR	M3/240		Party 19 Aug 1919.
England, W.J.	Sto1	SS107808	29 Nov 1921	Party 17 Mar 1919.
Eteson, R.	AB RNVR	M3/217	6 Nov 1920	Party 10 Apr 1919.
Evans, A.	Sto2	SS114985		Run 17 Aug 1918. Retd to R.Mint Mar 1934.
Evans, C.	AB RNVR	M4/14		Party 29 Oct 1919.
Evans, H.	AB RNVR	KX31		Party 13 Mar 1919.
Evans, H.	PO RNVR	M4/1	11 Oct 1923	Party 29 May 1919.
Evans, H.	AB RNVR	M3/237	21 Nov 1927	Party 19 Apr 1920.
Evans, H.	AB RNVR	M3/207		Party 11 Aug 1921.
Evans, J.	Act/PO	188465		DD 6 Jun 1915. Widow Mrs A.Evans 10 Jun 1920.
Eyers, G.H.	Sto1	SS108414		Party 5 Aug 1919.
Eyett, E.	AB RNVR	M3/226		Party 22 Mar 1920.
Fallon, P.	Act/L/Sto	SS100378	12 Apr 1921	Party 30 Mar 1921.
Faraday, W.	Sto1	SS102717		Party 30 Jun 1923.
Farmer, T.	Act/L/Sea RNVR	C1/1455		Party 17 Mar 1919.
Farrington, J.	Sto1	SS108036		Run 27 Aug 1916. Retd to R.Mint Mar 1934.
Fattorini, J.	AB RNVR	M4/7		HQ RNVR Liverpool 19 May 1919.
Ferguson, R.	AB RNVR	KX38		Mother Mrs Margaret Ferguson 6 Mar 1919.
Ferguson, T.	AB RNVR	KX37		Retd to R.Mint Mar 1934.
Ferguson, W.J.	Sto1	308717		Mother Mrs L.Ferguson 30 Jan 1920.
Field, C.	Sto1	277845		Party 10 Apr 1919.
Field, G.H.	AB RNVR	M3/229		Party 22 Apr 1919.
Field, W.S.	AB RNVR	M3/190		RND Aldershot 29 Jan 1919.
Fielding, H.	Act/L/Sto	SS108231	22 Jun 1923	Party 10 Apr 1919.
Findley, P.	AB RNVR	C4/2250		HQ RNVR Clyde 17 Jul 1919.
Finlay, J.	Sto1	282891		HMS Canning 31 Jan 1919.
Firth, J.	PO2	179782		Training Establishment Shotley 28 Mar 1919.
Fisher, J.	AB RNVR	M3/250		Run 24 Mar 1919 Informed forfeited. Retd to R.Mint Mar 1934.
Fitzpatrick, G.	Sto1	SS105094	14 Jul 1921	Party 13 Mar 1919.
Flannery, P.	Sto1	285613	30 May 1928	HMS Vernon 28 Mar 1919.
Fleming, A.	AB RNVR	C3/2304		Party 22 Apr 1919.
Fleming, E.	PO RNVR	C4/1545		DD 3 May 1915. Widow Mrs H.W.Fleming 17 May 1920.
Flipping, V.	Sto1	SS106314		HMS Carnarvon 24 Jan 1919.
Flynn, J.	AB RNVR	C2/2227		HQ RNVR Clyde 17 Jul 1919.
Forbes, A.	AB RNVR	C5/2375		Party 26 Apr 1923.
Forrester, T.S.	AB RNVR	M5/127		Party 12 May 1919.

NELSON BATTALION

Name	Rank	Number	Date	Notes
Forsbrey, H.H.	Sto2	SS104984		Party 2 May 1919.
Forshaw, J.	AB RNVR	M4/19		DD 13 Jan 1915. Father W.H.Forshaw Esq 8 Jun 1920.
Foss, R.	Sto1	SS101103		DD 7 May 1915. Sister Mrs J.Struthers 4 Jun 1920.
Foster, J.	PO	171580	14 Feb 1922	HMS Impregnable 5 Mar 1919.
Foster, R.	AB RNVR	K/69		Party 16 Jul 1919.
Foster, T.C.	AB RNVR	M3/220		Party 25 Feb 1919.
Foulston, A.	Sto1	SS101098		Party 31 Jan 1919.
Fox, E.	Sto1	SS100228		Dover Trawler Patrol 11 Mar 1919.
Fox, H.J.	Act/L/Sea RNVR	211164		Original Star lost in transit; new star to Party 14 Jul 1922.
Foye, J.	Sto1	SS104902		Retd to R.Mint Mar 1934.
Frame, R.G.	CPO RNVR	C1/901	13 Jul 1920	Party 28 Feb 1919.
Fraser, A.	AB RNVR	C4/1862		Party 16 May 1919.
Fraser, G.	AB RNVR	C1/1736	1 Jun 1922	Party 19 Mar 1919.
Fraser, L.	Act/L/Sea RNVR	M3/178		DD 27 Mar 1916. Father Mr H.Fraser 8 Jun 1920.
Fray, M.	AB RNVR	M4/49		DD 13 Jan 1915. Father Mr L.Fray 16 May 1919.
Fry, R.	Sto1	300069	22 Sep 1920	HMS Pelorus, Constantinople 20 Mar 1919.
Gardner, E.	Act/L/Sto	SS104465		Party 27 May 1919.
Gardner, T.	Sto1	SS107224		Party 1 Apr 1924.
Garner, J.	Sto1	SS107309		HMS Ganges II 28 Mar 1919.
Garner, R.	Sto1	SS105088		Party 8 Jul 1919.
Gaskill, W.V.	AB RNVR	M4/13		Party 26 Jun 1922.
Gatting, F.	Sto1	SS106604		SNO Grimsby 22 Aug 1919.
Gaverd, H.	AB	J6972	6 Oct 1920	HMS Resolution 6 Oct 1920.
Gawne, J.	Sto1	287167		Party 28 Nov 1919.
Gibson, C.	AB RNVR	C4/2209		DD 10 Jun 1915. Retd to R.Mint Mar 1934.
Gibson, M.C.	Lieut RNVR			DD 3 May 1915. Widow Mrs M.C.Gibson 9 Jul 1919.
Gill, J.R.	Jnr/RA	M18578		Retd to R.Mint Mar 1934.
Gillan, H.	AB RNVR	C5/2517	29 Jun 1920	Party 23 Jan 1919.
Gillard, W.H.	Sto1	291546	17 Mar 1922	Party 17 Mar 1922.
Gillen, M.J.	Sto1	SS108779		Brother Mr T.J.Gillen 31 Aug 1920.
Gillicker, J.T.	Sto1	SS108039		Party 8 Apr 1919.
Girard, B.	AB RNVR	M3/183		DD 13 Jan 1915. Widow Mrs C.Girard 30 Oct 1919.
Godfrey, J.	AB RNVR	M6/119	17 Jun 1920	DD 13 Jan 1915. Mother Mrs E.Godfrey 5 Feb 1919.
Goodwin, L.	AB RNVR	KX124		DD 13 Jul 1916. Father J.W.Goodwin Esq 15 Jul 1919.
Gore, J.	Sto1	SS104918		Party 8 Mar 1919.
Gore, W.	AB RNVR	M7/180		DD 13 Jan 1915. Father S.Gore Esq 7 Jul 1919.
Gow, A.	L/Sea RNVR	C2/1235		Party 4 Jun 1919.
Grace, T.	Sto1	277098		HMS Vivid 27 Jan 1919. Dup (No.3332).
Graham, J.	AB RNVR	C5/2390	24 Nov 1922	Party 19 Feb 1919.
Graham, J.C.	AB RNVR	C5/2440	13 Mar 1922	Party 13 Mar 1922.
Graver, W.S.	PO	124751		RND Aldershot 29 Jan 1919.
Gray, F.B.	AB RNVR	C4/1823		DD 25 Jan 1917. Mother Mrs Gray 22 Sep 1919.
Gray, J.	AB RNVR	KX93		Party 17 Apr 1919.
Gray, R.	AB RNVR	C2/2292	28 Jul 1922	Party 29 Mar 1919.
Gray, R.	PO RNVR	M3/181		Party 29 May 1920.
Greaves, D.R.	AB RNVR	C3/2056		Party 16 May 1919.
Green, T.	AB RNVR	M6/126		Party 6 Jun 1919.
Greener, J.	AB RNVR	KX85		DD 19 Dec 1915. Father J.Greener Esq 10 Jun 1920.
Greenhow, S.	AB RNVR	M3/212		Party 17 Apr 1919.
Greep, F.	Sto1	281626		DD 3 May 1915. Widow Mrs Greep 29 Apr 1920.
Griffin, G.D.	Sto1	296844		Run 6 Jan 1915 & 26 Dec 1918. Retd to R.Mint Mar 1934.
Griffiths, J.	Sto1	288131	7 Jul 1920	Party 26 Jan 1920.
Griffiths, J.W.	Sto1	277160		HMS Indus 24 Jan 1919.
Grimes, M.	AB RNVR	KX64		Party 4 Sep 1923.
Gruar, T.D.	PO2	126280	23 Dec 1920	Coastal Motor Boats Dover 15 Mar 1919.
Guthrie, J.	Sto1	SS107500		HMS Sylvia 28 Feb 1919.
Guy, J.C.M.	Act Sub Lieut RNVR			Party 25 Feb 1919.
Gwynne, J.	AB RNVR	M7/242		Party 8 Jun 1920.
Haddon, E.	AB RNVR	KX90		Party 22 Jan 1920.
Hair, D.	AB RNVR	C5/2370		Party 26 Aug 1919.
Hall, W.H.	Jun/RA	M11212		Party 8 Jan 1919.
Hallett, T.J.	Sto1	289502		HMS Sviatogar 28 Mar 1919.
Halton, G.	AB RNVR	M5/52		Party 30 May 1919.
Halton, W.	Sto1	SS104172		Party 6 Aug 1919.
Hammond, P.	Sto1	299874		Party 20 May 1920.
Hancock, T.	Sto1	279440		Party 3 Nov 1921.
Hanna, F.J.	Sto1	SS107971	29 Nov 1920	Party 20 Mar 1919.

NELSON BATTALION

Name	Rank	Number	Date	Notes
Hannam, A.	AB RNVR	KX53		Retd to R.Mint Mar 1934.
Hanson, J.	Sto1	300607		HMS Vivid 1 Feb 1919.
Hardman, T.	AB RNVR	M5/149		Party 7 Aug 1923.
Hargreaves, J.	Sto1	SS105892	2 Aug 1922	HMS Diligence 25 Jan 1919.
Harland, C.	AB RNVR	KX55		Party 11 Jun 1919.
Harling, F.	Sto1	296630		DD 4 May 1915. Father J.Harling Esq 10 Jun 1920.
Harper, J.	AB RNVR	C3/2495		Party 21 Apr 1920.
Harrington, J.	Sto1	291735		DD 3 May 1915. Sister Mrs C.Caverley 13 Jun 1919.
Harris, A.	Sto1	SS108212	22 Dec 1921	Party 1 Jul 1919.
Harris, J.	AB RNVR	C2/1915		Party 2 Apr 1919.
Harris, R.C.	Sto1	SS107523		DD 13 Jul 1915. Father W.H.Harris 27 Apr 1920.
Harrison, W.	AB RNVR	M3/205	22 Jun 1920	Party 3 Feb 1920.
Harrison, W.	AB RNVR	M4/27	23 May 1922	Party 1 Feb 1919.
Hart, J.	AB RNVR	C5/2435		Party 31 Mar 1919.
Hart, M.	Sto1	301999		Party 29 Mar 1920.
Hartley, T.	CPO	131564		HMS President IV 28 Mar 1919.
Harvie, W.	AB RNVR	C1/2044	28 Jun 1920	Party 31 Jan 1919.
Hay, A.	AB RNVR	C1/1948		DD 28 May 1915. Father W.Hay Esq 13 Oct 1919.
Hay, G.	AB RNVR	C5/2432		Party 11 Mar 1919.
Hayes, J.	AB RNVR	M6/135		HMS Implacable 31 Mar 1919.
Hayes, M.	Sto1	SS106293		Party 25 Feb 1919.
Hayes, R.W.	Sto1	SS105358		Party 15 Apr 1919.
Heath, H.	Sto1	296283	14 Jun 1921	Party 19 Apr 1920.
Hefferon, J.	AB RNVR	KX77		Party 12 Feb 1919.
Hemmings, A.	AB RNVR	M3/159 *	29 Feb 1928	Party 12 Feb 1919.
Henshaw, H.	Sto1	SS102260		HMS Suffolk Coast 30 Jan 1919.
Hickling, J.	Sto1	SS106916		Father Thos.Hickling Esq 1 Feb 1919.
Higgins, J.	Sto1	SS108288	6 Jul 1921	Party 28 Jun 1919.
Hignett, G.B.	Sto1	SS108217	19 Oct 1920	HMS Heather 10 Mar 1919.
Hill, F.	Sto1	SS104904	24 Mar 1922	Party 2 Apr 1919.
Hill, J.C.	Sto2	297860	5 Sep 1927	Party 13 Jan 1922.
Hill, S.	AB RNVR	M4/51		Party 30 Mar 1920.
Hillhouse, A.	AB RNVR	M4/36		Party 27 Mar 1919.
Hinde, G.	AB RNVR	C1/2144		HQ RNVR Clyde 17 Jul 1919.
Hinde, J.	AB RNVR	C4/1983		HQ RNVR Clyde 17 Jul 1919.
Hiscock, E.	L/Sea	J20112		DD 13 Jul 1915. Retd to R.Mint Mar 1934.
Hobbs, A.	CPO	201206		Party 31 Dec 1920.
Holborn, J.B.	Act/L/Sea RNVR	C1/1942	23 Jun 1920	Party 30 Jan 1919.
Holdgate, T.	Sto1	128272		Party 26 Mar 1920.
Holland, D.	Sto1	SS102276		Party 8 Sep 1922.
Holland, T.R.	Sto1	298286		HMS Windflower 5 Feb 1919.
Hollingsworth, H.	Act/L/Sea RNVR	M4/6	14 Jun 1921	Party 13 Feb 1919.
Holmes, D.E.	AB RNVR	M4/11	29 Dec 1920	Party 10 Apr 1919.
Home, E.	AB RNVR	M3/233		Party 5 Jun 1919.
Horniman, J.	AB RNVR	KX46		Party 13 Feb 1919.
Hosker, A.	AB RNVR	M4/54		Party 20 Mar 1919.
Hosking, C.S.	CPO	147665	27 Mar 1923	2nd Reserve Battalion, Aldershot 11 Feb 1919.
Houghton, E.	AB RNVR	M6/133		Party 23 Jun 1919.
House, D.E.	Sto1	295083		DD 19 Jun 1915. Mother Mrs H.Rawlins 8 Sep 1922.
Howard, D.	AB RNVR	C4/2507		DD 13 Jul 1915. Father Mr William Howard 26 May 1919.
Howard, H.	Act/CPO RNVR	M6/29	5 Sep 1929	Crystal Palace 8 Mar 1919.
Hughes, H.	AB RNVR	M3/234		Party 26 Nov 1919.
Hughes, J.T.	AB RNVR	M4/9	27 Oct 1923	Party 21 May 1919.
Hughes, T.	Sto1	SS100915		HMS Indus 24 Jan 1919.
Hunt, A.V.	AB RNVR	M3/214		DD Jun 1916. Mother Mrs Kate Hunt 19 Mar 1919.
Hutchison, T.	Sub Lieut RNVR			Father John B.Hutchison Esq 2 Oct 1919.
Huxham, H.	AB	J3660		Run 14 Nov 1915. Retd to R.Mint Mar 1934.
Inglis, J.	AB RNVR	C3/1719		Party 24 Jul 1919.
Irving, W.	L/Sea RNVR	C2/2205	18 Jun 1924	HQ RNVR Clyde 17 Jul 1919.
Jackson, A.	AB RNVR	M3/239	18 Sep 1924	Party 8 Apr 1919.
Jackson, W.	AB RNVR	M3/238	15 Nov 1923	RND Aldershot 1 Feb 1919.
Jackson, W.T.	AB RNVR	M3/241		Party 28 Apr 1920.
James, W.E.	AB RNVR	M6/112	14 Jan 1921	Party 17 Apr 1919.
Jarrett, H.	AB RNVR	M3/221		DD 13 Jul 1915. Father Mr George Jarrett 9 Jun 1919.
Jenkins, T.	Sto1	SS108554		Party 10 Apr 1919.
Johnson, A.	AB RNVR	M3/191	14 Jul 1920	HMS Albemarle 8 Mar 1919.
Johnson, F.	Sto1	SS104909		Retd to R.Mint Mar 1934.

NELSON BATTALION

Johnston, J.S.	AB RNVR	M3/185		DD 13 Jul 1915. Father Mr W.Johnston 1 Jul 1919.
Johnstone, G.	AB RNVR	M3/225		DD 6 Jun 1915. Widow Mrs E.Johnstone 26 Aug 1919.
Johnstone, R.	AB RNVR	C3/2251 AP		Party 2 Apr 1919.
Jones, A.	AB RNVR	C5/2365		HQ RNVR Clyde 17 Jul 1919.
Jones, B.	Sto1	300941		Party 26 Mar 1920.
Jones, D.	AB RNVR	M4/57		DD 10 Feb 1919. Father E.Jones Esq 24 Nov 1919.
Jones, E.	PO RNVR	C5/1744		DD 18 Nov 1915. Mrs Mary Jones 28 Jun 1919.
Jones, F.	Sto1	287677	13 Jan 1922	Party 13 Jun 1919.
Jones, F.C.	Sto1	SS108268		DD 6 Jun 1915. Attorney of Father Mrs A.Jones 18 Nov 1920.
Jones, H.	Sto1	SS103550		DD 15 Jul 1917. Retd to R.Mint Mar 1934.
Jones, I.C.	AB RNVR	M4/28		Party 26 Mar 1920.
Jones, J.T.	AB RNVR	M6/165	29 Dec 1920	Party 14 Apr 1919.
Jones, J.T.	AB RNVR	M5/128		Party 26 Mar 1920.
Jones, T.A.	Sto1	SS107135	5 Jul 1923	RND Aldershot 21 Feb 1919.
Jones, W.	AB RNVR	M4/25		Party 25 Jan 1919.
Jones, W.	AB RNVR	M5/70		Party 7 Sep 1925.
Jordan, M.	L/Sea RNVR	C5/2055		Party 15 Mar 1919.
Joyce, M.	Act/L/Sea	SS107509		Party 8 Jan 1924.
Joyce, T.	AB RNVR	KX103		Party 12 Jul 1919.
Kay, S.	AB RNVR	M4/8	28 Jan 1921	Party 26 Jun 1919.
Keefe, J.W.T.	Act/L/Sea	J9946		*HMS Gargon* 3 Apr 1919.
Keel, E.	Sto1	SS101094		Party 29 Jan 1921.
Kelly, J.W.	Sto1	SS102747	18 Oct 1921	Party 22 Aug 1919.
Kemp, A.	Act/L/Sea	203715	Oct 1920	*HMS Cupar* 10 Mar 1919.
Kenneth, J.	Act/L/Sea RNVR	C5/2380		Party 1 Nov 1922.
Kenneth, R.	AB RNVR	C5/2415		Party 19 Feb 1919.
Kenny, C.	AB RNVR	KX63	8 Nov 1937	Party 27 Apr 1920.
Kenworlley, H.	AB RNVR	M5/94		HQ RNVR Liverpool 19 May 1919.
Kenyon, G.	AB RNVR	SS3134		*HMS Cordelia* 24 Jan 1919.
Kerr, W.J.	Sto1	SS105392	4 Jul 1924	DD 6 Jun 1915. Natural Mother Mrs M.Kerr 4 Jul 1924.
Kessen, J.S.	PO RNVR	M7/253		63rd RND Aldershot 1 Feb 1919.
Kidney, J.	Sto1	280572		*HMS Monitor 25 (M23)* 21 Apr 1919.
Kiernan, J.	Sto1	SS101069		Party 17 Apr 1920.
Kiggins, W.	AB RNVR	C5/2383		Party 11 Mar 1919.
Kilgallon, J.	Sto1	SS106039		Party 11 Aug 1919.
Killip, J.R.	AB RNVR	M3/218		DD 21 Dec 1915. Retd to R.Mint Mar 1934.
Killoran, M.	AB RNVR	C1/2337	11 Jul 1922	Party 9 Aug 1919.
King, G.	AB RNVR	M7/182		Run 1 Nov 1916. Star cancelled, Retd to R.Mint Mar 1934.
King, J.	Sto1	SS102748		Party 9 Jul 1919.
King, J.W.	Sto1	SS110669		Party 8 Aug 1919.
Kinnear, F.A.	Sto1	SS107197		Party 9 Mar 1920.
Knights, J.	Sto1	300346	13 Oct 1920	*HMS Resolution* 23 Sep 1920.
Knowles, M.	Sto1	294582		*HMS Colleen* 27 Mar 1919.
Laing, J.	AB RNVR	KX39		Party 25 Sep 1919.
Lamb, A.	AB RNVR	C1/140	7 Feb 1922	Party 17 Apr 1919.
Lamb, A.	AB RNVR	M3/170		DD 5 May 1917. Brother Mr J.S.Lamb 26 Sep 1921.
Lamb, G.	Sto1	SS100234		*HMS Berwick* 4 Jun 1919.
Lambert, S.	AB RNVR	KX99		DD 30 Dec 1917. Widow Mrs W.B.Lambert 22 Jul 1920.
Langwerthy, G.	PO	204218		DD 13 Jul 1915. Widow Mrs H.E.Langwerthy 21 Dec 1920.
Large, W.H.	Act/L/Sea RNVR	M3/157	9 Mar 1928	*HMS Tiger* 16 May 1919.
Laverick, G.	AB RNVR	KX40		Party 2 Apr 1919.
Lawrence, R.R.	AB RNVR	KX44	16 Jun 1920	Party 29 Mar 1920. Dup (No.3361)
Lawson, H.	AB RNVR	C1/2321		Party 8 Mar 1919.
Laylana, A.E.	Sto1	165619		Party 25 Jun 1921.
Leitch, W.	AB RNVR	C2/1742	9 Jul 1921	*HMS London* 25 Jan 1919.
Levett, G.		C 2203		RN Depot Devonport 15 Jul 1919.
Lewis, J.	AB RNVR	M4/34		Party 30 Mar 1920.
Leyland, R.	Lieut RNVR		1 Oct 1920	Party 31 Jan 1919.
Lillico, R.	AB RNVR	KX101		Party 21 May 1919.
Lindley, G.	Sto1	SS103788		Party 30 Mar 1920.
Little, G.	Sto1	SS108429		Party 17 Mar 1922.
Livingstone, A.	AB RNVR	C1/1614	24 Jun 1920	Party 16 May 1919.
Lloyd, W.	Sto1	295728		DD Dec 1917. Widow Mrs M.A.Lloyd 16 Oct 1920.
Lock, W.E.	Sto1	SS107494		Retd to R.Mint Mar 1934.
Lodder, H.W.	Sergt RMA	RMA3216	22 Jun 1920	Party 11 Mar 1920.
Lonnon, J.	Sto1	SS108431		DD. Widow Mrs F.Lonnon 26 Nov 1920.
Love, J.A.	AB RNVR	M3/208 AI		Party 22 Apr 1919.

NELSON BATTALION

Name	Rank	Number		Date	Notes
Lowe, G.	AB RNVR	M5/100			DD 13 Jan 1915. Father G.Lowe Esq 18 Oct 1919.
Lowe, H.	Sto1	SS107035			Party 16 May 1919.
Loweth, A.J.	AB RNVR	M3/184		12 Jan 1921	HQ RNVR Liverpool 19 May 1919.
Ludvigsen, G.	AB RNVR	M3/156			Party 1 Jul 1920.
Luxton, J.	AB RNVR	M4/35			DD 31 May 1916. Widow Mrs H.Luxton 29 Apr 1920.
Lydiate, G.	Sto1	304738		8 Aug 1922	Party 31 Jan 1919.
Lynch, D.	Sto1	213812		18 Jun 1921	Party 11 Mar 1919.
Lyon, M.	AB RNVR	KX32			DD. Father Mr R.Lyon 26 Nov 1920.
Lyons, L.A.	Sto1	SS105364			*HMS Leander* 29 Jan 1919.
Macaulay, J.	AB RNVR	C2/2120		6 Jul 1920	*HMS Greenwich* 14 Apr 1919.
Macfie, A.	AB RNVR	C3/2134			Party 13 Feb 1919.
MacGregor, W.	CPO	155026			*HMS Vivid* 5 Mar 1919.
Mackenzie, L.F.	AB RNVR	M4/55			Party 4 Jun 1920.
Mackinnon, A.	Sto1	SS106096			DD 12 Jul 1915. Retd to R.Mint Mar 1934.
Maguire, J.H.	AB RNVR	M3/169			DD. Father J.Maguire Esq 23 Dec 1919.
Main, J.	AB RNVR	C1/2059			HQ RNVR Clyde 17 Jul 1919.
Mallet, J.	Sto1	SS103801			Party 20 May 1920.
Mallet, J.	Sto1	SS102348			Party 10 Jun 1920.
Marchant, J.	Sto1	282898			Party 28 May 1920.
Marks, S.V.	Sto1	SS105903		29 Nov 1921	Party 20 Aug 1919.
Marley, J.	Sto1	SS107553			Party 31 Mar 1919.
Marshall, J.	AB RNVR	C2/2273		7 Feb 1922	Party 12 May 1919.
Martin, J.	Sto1	307557	A	10 Nov 1927	Party 31 Mar 1919.
Martin, J.	AB RNVR	M3/213			HQ RNVR Liverpool 19 May 1919.
Martin, P.	AB RNVR	C4/2502			Blandford 31 Jan 1919.
Mason, J.	Sto1	SS102261			Party 29 Oct 1919.
Mason, W.	AB RNVR	C3/1976			Party 19 Mar 1919.
Mason, W.J.	CPO RNVR	M7/5		1 Oct 1920	*HMS Gunner* 3 Apr 1919.
Massey, G.A.	AB RNVR	M3/180			DD 4 May 1915. Father G.H.Massey Esq 4 Nov 1919.
Mather, C.A.W.	PO	206204		15 Oct 1920	*HMS Plucky* 5 Mar 1919.
Maudeley, J.	Sto1	305266		21 Mar 1922	Party 29 Jan 1919. Dup clasp (No.4586).
Maudesley, J.	AB RNVR	M4/39			DD 13 Jan 1915. Father Mr E.Maudesley 17 Jun 1919.
May, F.M.	Sto1	296617		13 Nov 1920	Party 22 Jan 1919.
McAlur, W.	Sto1	279811			Party 8 Nov 1922.
McArdle, G.	AB RNVR	C3/2057			DD 8 Aug 1915. Father J.McArdle 2 Jan 1920.
McCann, P.	Sto1	208191			DD 30 Jun 1915. Widow Mrs E.McCann 10 Jun 1920.
McCaw, J.	AB RNVR	C2/2289			Party 25 Jun 1919.
McCaw, R.	PO RNVR	C2/951			Party 1 Feb 1919.
McCormack, J.	AB RNVR	C1/2532			*HMS Queen Elizabeth* 27 Jan 1919.
McDade, J.	AB RNVR	C3/994		24 Jun 1920	Party 31 Jan 1919.
McDade, J.	AB RNVR	C3/1974		1 Sep 1920	Party 28 Feb 1919.
McDonald, A.	AB RNVR	KX78			Party 7 Jun 1920.
McDonald, A.	AB RNVR	C4/2552		1 Nov 1920	Party 17 Mar 1919.
McDonald, J.	AB RNVR	C1/2094			Party 27 May 1919.
McDonald, L.	AB RNVR	C4/1992			DD. Retd to R.Mint Mar 1934.
McDonald, P.	AB RNVR	C2/1802		5 Nov 1920	Party 25 Jan 1919.
McDowell, A.	AB RNVR	C1/2026			HQ RNVR Clyde 17 Jul 1919.
McDowell, J.	AB RNVR	C2/2065			Party 23 Apr 1919.
McEwen, W.	AB RNVR	C4/2256			HQ RNVR Clyde 17 Jul 1919.
McFadyen, A.	AB RNVR	C5/2362			HQ RNVR Clyde 17 Jul 1919.
McGavock, J.	AB RNVR	C3/2062			Party 1 Jul 1920.
McGhie, W.	AB RNVR	C2/1782			DD 25 Jan 1917. Father M.McGhie Esq 24 Jul 1919.
McGilvray, M.	AB RNVR	C3/2312			Party 13 Mar 1919.
McGrath, J.	PO RNVR	C1/1616		10 Aug 1920	Party 26 Feb 1919.
McIntyre, J.E.	Asst/Payr RNVR				Party 15 Jul 1919.
McKean, J.	AB RNVR	C2/2237			Party 17 Apr 1919.
McKee, H.D.	AB RNVR	C3/1855			Party 9 Mar 1920.
McKichan, J.	AB RNVR	C2/2037			HQ RNVR Clyde 17 Jul 1919.
McLaughlin, R.	Sto1	SS107526			Widow Mrs E.Winning 24 Jun 1921.
McLean, E.	AB RNVR	C3/2054			HQ RNVR Clyde 17 Jul 1919.
McLean, J.	AB RNVR	C3/2297			DD 25 Jan 1917. Mother Mrs M.McLean 8 May 1920.
McLellan, J.	AB RNVR	C5/2422			Party 21 Apr 1920.
McLeod, N.	AB RNVR	C3/2210		24 Oct 1922	Party 8 May 1919.
McManus, D.	Sto1	SS105344			*HMS Sandhurst (Westcott)* 18 Jun 1919.
McMorran, J.	Sto1	SS101068			Party 23 Apr 1919.
McNeil, J.	AB RNVR	C1/1780		23 Jun 1922	Party 4 Jun 1919.
McNeish, J.	AB RNVR	C5/2360		12 May 1921	Party 25 May 1920.

NELSON BATTALION

Name	Rank	Number	Date	Notes
McNicoll, T.	AB RNVR	C6/2193		Party 23 Jan 1919.
McPherson, M.	AB RNVR	C5/2420	4 Jun 1921	Party 13 Mar 1919.
McPhilips, J.	AB RNVR	KX128		Party 25 May 1920.
McRobbie, P.	L/Sea	159727		Party 19 Apr 1920.
McVicar, R.	AB RNVR	CZ65		DD 3 May 1915. Father R.McVicar Esq 13 Apr 1920.
Mead, J.A.	Sto1	SS108271		Party 18 Jan 1924.
Melling, R.	Sto1	SS107499		Star corrected from Milling and issued to Party 15 Oct 1926.
Mellor, H.	Sto1	SS103034		Party 19 Mar 1923.
Menzies, J.	AB RNVR	C5/2524		DD 5 Jun 1915. Father Mr A.Menzies 26 May 1919.
Menzies, P.	AB RNVR	C3/2246		*HMS Maidstone* 11 Apr 1919.
Methven, H.C.	Act/L/Sea	K6621		Party 28 Feb 1919.
Micklem, C.	Sub Lieut RNVR			Party 27 Mar 1919.
Middlemore, W.	Sto1	SS104907		Party 26 Apr 1919.
Milden, T.H.	AB RNVR	M4/40		DD 13 Jan 1915. Retd to R.Mint Mar 1934.
Miles, H.	Sto1	SS104159		DD 14 May 1915. Retd to R.Mint Mar 1934.
Milestones, G.	AB RNVR	M3/231		DD 13 Jan 1915. Father 16 Jun 1924.
Milgate, V.	AB RNVR	M4/56		Party 4 Mar 1919.
Miller, E.	AB RNVR	KX106		Party 25 Jul 1919.
Miller, J.	Act/L/Sea RNVR	C4/1822		DD 3 Sep 1915. Widow Mrs Jesse Miller 16 Jul 1919.
Miller, J.	AB RNVR	C3/1847 AI	9 Jan 1922	Party 10 Apr 1919.
Miller, J.	Act/L/Sea	SS105298		*HMS Adventure*, Smyrna 24 Mar 1919.
Mills, W.	AB RNVR	C2/2206		Party 25 Mar 1920.
Milne, R.	AB RNVR	C2/2233		DD 25 Jan 1917. Mother Mrs J.Milne 24 Jul 1919.
Milroy, D.	AB RNVR	M7/197		DD 4 Jun 1915. Mother Mrs J.Milroy 28 Apr 1920.
Minshall, J.	Sto1	SS101964		Mother Mrs F.Minshall 5 Jul 1920.
Mitchell, R.	AB RNVR	KX95		Party 17 Mar 1919.
Mitchell, S.	AB RNVR	C1/2310	18 Aug 1920	Party 8 Feb 1919.
Moon, W.H.	AB RNVR	M4/196		Party 24 Aug 1920.
Mooney, L.	AB RNVR	M3/246		Party 4 Jun 1920.
Moore, F.	AB RNVR	M5/135		Party 1 Jan 1923.
Morgan, W.A.	Sto1	SS105585	7 Jun 1921	RNB Devonport 7 Jun 1921.
Morland, P.	Sto1	SS108440	7 Feb 1922	*HMS Vivid* 24 Jan 1919.
Morris, G.C.	PO RNVR	C2/1558		HQ RNVR Clyde 17 Jul 1919.
Morris, G.L.	PO RNVR	M3/143	17 Jun 1920	*HMS Chance* 28 Jan 1919.
Morris, J.	Sto1	SS107724	11 Aug 1921	Party 16 Apr 1919.
Morris, R.	Sto1	SS100976		Party 8 Sep 1925.
Morris, W.J.	Sto1	293362		Party 20 May 1920.
Morrison, C.	Sto1	SS106927	14 Jul 1921	Party 4 Jun 1920.
Morrison, G.	AB RNVR	C1/2194		Party 15 Apr 1919.
Morrison, T.	AB RNVR	C5/2367		HQ RNVR Clyde 17 Jul 1919.
Mulholland, A.	AB RNVR	M3/242		Party 1 Feb 1919.
Mulholland, A.S.	AB RNVR	C4/2503		Party 26 Jun 1919.
Mullen, A.	Sto1	SS102728	7 Jun 1921	RNB Devonport 9 May 1921.
Mulray, M.	Sto1	SS103567		Widow Mrs Mary Mulray 1 Jul 1920.
Munro, A.	Sto1	SS107227	22 Jun 1920	Party 1 Feb 1919.
Murdiff, A.	Sto1	283125		Party 26 May 1919.
Murphy, A.	AB RNVR	M3/182		Retd to R.Mint Mar 1934.
Murray, W.R.C.	Major RM			DD 25 Feb 1917. Widow Mrs M.A.F.Murray 23 May 1919.
Musgrave, J.	AB RNVR	KX49	10 Oct 1923	Party 10 Apr 1919.
Neary, J.	Sto1	SS100370		Party 1 Jun 1920.
Neesham, A.	AB RNVR	KX81 AI	13 Jan 1922	Party 13 Feb 1919.
Nelmes, F.R.	Sto1	SS107329		Party 16 Sep 1919.
Neran, M.	AB RNVR	C2243		Retd to R.Mint Mar 1934.
Newman, G.	Sto1	295503		*HMS Wallington* 2 Apr 1919.
Nicholas, H.A.	AB RNVR	KX518		Party 18 Feb 1920.
Nichols, A.	AB RNVR	KX34		Party 28 May 1920.
Nicholson, P.	Sto1	SS108213	13 Jun 1922	*HMS Ambrose* 24 Jan 1919.
Nicol, J.	L/Sea RNVR	C1/2280		DD 17 Jun 1915. Mrs Armstrong 25 Nov 1919.
Nicol, J.E.	Lieut RNVR		1 Jul 1920	*HMS Pactolus* 5 Mar 1919.
Nimmo, W.	AB RNVR	C3/2818		Party 24 Jul 1919.
Niven, L.	PO RNVR	C1/1777	6 Jul 1923	*HMS Gipsy* 21 Mar 1919.
Noble, A.	AB RNVR	C1/1149		Party 21 May 1919.
Norman, E.	Sto1	SS100389	8 Apr 1922	Party 8 Apr 1922.
Norris, C.B.	AB RNVR	M4/45		Party 28 Feb 1919.
Northmore, J.	CPO	139490		DD. Widow Mrs Northmore 16 Jan 1920.
Nowell, T.	Col/Sergt RM	Ply2508		Party 12 Mar 1919.
O'Brien, M.	Sto1	SS102822		*HMS Orion* 28 Jan 1919.

NELSON BATTALION

O'Halloran, J.	Sto1	281458		Party 28 May 1920.
O'Keefe, J.	Sto1	SS101961		DD 13 Jul 1915. Mother Mrs K.O'Keefe 9 Mar 1925.
O'Leary, J.	Sto1	282111		DD 3 May 1915. Mother Mrs C.O'Leary 5 Aug 1925.
O'Sullivan, C.P.	Act/L/Sea RNVR	C5/2348		DD 6 Jun 1915. Mrs E.O'Sullivan 1 Sep 1919.
Oliver, W.	AB RNVR	KX72		Party 25 Jan 1919.
Orrock, J.	Act/L/Sea RNVR	C1/355	1 Sep 1920	Party 30 May 1919.
Orsler, H.	Act/PO	171171	17 Oct 1923	*HMS Chester* 27 Jan 1919.
Osmond, D.	Sto1	SS108239		DD 6 Jun 1915. Widow Mrs L.O'Gill 11 Nov 1925.
Owens, D.	Sto1	SS105590		DD 19 Jul 1915. Widow Mrs M.Owens 7 Feb 1922.
Owens, W.	Sto1	SS105871		DD 7 Oct 1915. Widow Mrs E.Hilton 27 Dec 1922.
Owler, S.	Lieut RNVR		1 Oct 1920	*HMS Mars* 3 Apr 1919.
Parker, T.	Sto1	SS108206	26 Nov 1924	Party 11 Nov 1919.
Parkinson, D.G.	Sto1	SS106045		Depot Inverness 11 Feb 1919.
Parr, H.	Sto1	SS108301		Party 7 Jun 1920.
Parry, J.D.	AB RNVR	M6/172		Original medal scrapped. New star to Party 29 Apr 1924.
Passmore, W.	AB RNVR	KX48		Party 8 Nov 1923.
Paterson, J.C.	AB RNVR	C3/2313		Party 28 Feb 1919.
Patterson, H.	AB RNVR	KX79		DD 10 Nov 1916. Father Mr W.Patterson 4 Oct 1919.
Patterson, J.D.	AB RNVR	KX76		Party 28 May 1920.
Pearse, T.	AB RNVR	M3/195	10 Jun 1921	Party 22 Apr 1919.
Pearson, G.	Sto1	SS108195	29 Nov 1920	Party 4 Jul 1919.
Pearson, W.	AB RNVR	C3/2153		HQ RNVR Clyde 17 Jul 1919.
Peat, P.	AB RNVR	M3/173		DD 20 Feb 1915. Father Mr John J.Peat 31 May 1919.
Pemberton, H.W.	AB RNVR	M4/44	22 Aug 1940	Party 1 Jun 1920.
Pictor, T.	Sto1	278970		DD 4 Dec 1915. Retd to R.Mint Mar 1934.
Pilley, J.W.	Sto1	SS100917	15 Jul 1920	Party 25 Feb 1919.
Place, A.	Act/L/Sea	J3080		DD 16 Jun 1916. Father Mr William Place 19 Jun 1920.
Plant, W.J.	Sto1	299192		Party 30 Jan 1919.
Pollock, J.	AB RNVR	C1/2103		HQ RNVR Clyde 17 Jul 1919.
Polson, F.	AB RNVR	M3/166	24 Jun 1920	Party 4 Jun 1919.
Pomeray, F.	AB RNVR	KX50		Party 22 Apr 1919.
Pope, T.J.	AB RNVR	C3/1641	10 Jan 1923	DD 12 Mar 1915. Father Mr W.G.Pope 12 Jun 1919.
Powell, H.	AB RNVR	M5/158		Party 16 Jun 1919.
Powell, J.	AB RNVR	KX35		Party 16 Jul 1919. Dup (No.2815).
Price, T.	AB RNVR	M5/147		DD 13 Jan 1915. Mother Mrs H.V.Price 8 Jan 1920.
Priestley, V.	AB RNVR	KX111		DD 6 Jun 1915. Mother Mrs N.Priestley 22 Sep 1919.
Priestman, C.	Sto1	SS110746		*HMS Grafton* 14 Apr 1919.
Primrose, R.	Lieut RNVR		31 Jul 1920	Party 20 Aug 1919.
Proctor, H.	Jun/RA	M21478		Party 13 Oct 1919.
Provan, J.	AB RNVR	C3/2075		Party 21 May 1919.
Pugh, H.	AB RNVR	M6/182	13 Jan 1921	Party 7 Jun 1920.
Pugh, T.H.	AB RNVR	M3/219	30 Jun 1920	Party 29 Jan 1919.
Purdie, J.	AB RNVR	C1/1144		HQ RNVR Clyde 17 Jul 1919.
Quayle, W.	AB RNVR	C1/2268		Party 28 Feb 1919.
Quirk, D.	Sto1	286126		Party 28 May 1920.
Radburn, R.	AB RNVR	C1/160	10 Dec 1930	Party 22 Jul 1919.
Rance, T.	Sto1	SS107028		DD Jun 1915. Mother Mrs Ann Dearden 13 Oct 1919.
Rankin, J.W.	AB RNVR	KX115		Run 5 Jan 1915. Star restored to Party 1 Sep 1923.
Ray, T.E.	Ord	J3279		*HMS Alexander* 20 Mar 1919.
Read, C.H.	CPO	193348	4 Dec 1924	*HMS Carysfort* 8 Feb 1919.
Reddock, R.B.	AB RNVR	C5/2366		Party 22 Apr 1919.
Redwood, C.	AB RNVR	M3/224		*HMS Queen Elizabeth* 27 Jan 1919.
Rees, W.L.	AB RNVR	LZ114	18 Oct 1921	Party 1 Sep 1919.
Reid, A.R.	AB RNVR	C2/1969	27 Jan 1922	DD 25 Jan 1917. Father Mr R.Reid 26 Feb 1919.
Rendall, R.S.	AB RNVR	C1/1797		Party 19 Aug 1919.
Reston, A.	AB RNVR	M5/143	8 Jul 1920	*HMS Resolution* 8 Apr 1919.
Reynolds, A.	Sto1	SS106596	6 May 1924	DD 13 Jul 1915. Brother Mr E.Reynolds 6 May 1924.
Rhodie, R.	AB RNVR	C1/1959	31 Jan 1921	Party 19 Aug 1919.
Richards, G.	AB RNVR	M3/204		DD 3 Jul 1915. Mother Mrs M.Richards 15 Apr 1919.
Richardson, W.	Sto1	SS108028	29 Nov 1920	*HMS Crescent* 11 Apr 1919.
Riggs, J.	Sto1	SS108215 A	7 Mar 1929	DD 13 Jul 1915. Mother Mrs M.Riggs 7 Mar 1925.
Rispin, A.	Sto1	SS105105		*HMS Hyacinth* 13 Jun 1919.
Robb, W.	AB RNVR	C4/2515	14 Jun 1921	Party 11 Apr 1919.
Roberts, C.	AB RNVR	M5/103		Party 11 Jun 1919.
Roberts, J.	AB RNVR	C5/2397		Party 28 Mar 1919.
Robertson, J.	AB RNVR	C1/2271		*HMS Crescent* 10 Mar 1919.
Robertson, J.	Sto1	SS107480		Run 3 Nov 1914. Retd to R.Mint Mar 1934.

NELSON BATTALION

Name	Rank	Number	Date	Notes
Robertson, R.	AB RNVR	C5/2394		Party 12 Sep 1919.
Robertson, S.	AB RNVR	C2/1718		HQ RNVR Clyde 17 Jul 1919.
Robin, C.E.	Act/PO RNVR	M7/16	30 Nov 1920	Party 2 Apr 1919.
Robinson, H.	Sergt RM	3202		Party 5 Oct 1921.
Robinson, J.W.	AB RNVR	KX80		Party 29 May 1920.
Rodgers, T.	Sto1	292315	28 Jun 1920	Party 15 Apr 1919.
Ronance, J.P.	Sto1	SS101371		Party 29 Apr 1921.
Ross, H.	AB RNVR	C3/2100	30 Mar 1922	Party 10 Apr 1919.
Ross, H.	AB RNVR	C4/1729		HMS Curlew 17 Apr 1919.
Routledge, G.	AB RNVR	C5/2050		Party 16 Oct 1919.
Routledge, M.	AB RNVR	KX59		Party 8 Jan 1920.
Rowcliffe, W.	AB RNVR	C5/2406		Run. HQ RNVR Clyde 17 Jul 1919.
Rowley, T.	Sto1	SS105107	18 Oct 1921	Party 27 Feb 1919.
Russell, J.F.	AB RNVR	C1/2091		Party 18 Nov 1919.
Ryan, E.	Sto1	312357		HMS Colleen 19 Apr 1919.
Sawyer, W.	Sto1	SS104467		DD 29 Oct 1918. Retd to R.Mint Mar 1934.
Scollins, J.	AB RNVR	KX54		Party 8 Jun 1920.
Scott, A.	Sto1	SS101544		DD 13 Jul 1915. Father J.Scott Esq 16 Sep 1919.
Scott, W.	AB RNVR	M5/107		DD 13 Jan 1915. Widow Mrs M.Scott 7 Jul 1919.
Scrowther, J.S.	AB RNVR	KX88		DD 3 May 1915. Father Mr G.Scrowther 10 Nov 1919.
Searle, C.	PO	193730		DD 25 May 1915. Widow Mrs Florence Searle 19 Mar 1919.
Searle, H.	Sto1	K17715		DD 10 Jun 1915. Mother Mrs Searle 21 Nov 1919.
Searle, M.	Sto1	279320	7 Nov 1921	HMS Canning 31 Jan 1919.
Shankland, J.	AB RNVR	C7/1490	13 Apr 1922	Party 29 Aug 1919.
Sharer, E.M.	Sub Lieut RNVR		5 Oct 1920	HMS Orion 28 Jan 1919.
Sharp, A.	L/Sea RNVR	C5/1962	3 Dec 1921	Party 25 Feb 1919.
Shaw, A.	AB RNVR	C5/2426		Party 5 Aug 1919.
Shaw, J.	Sto1	SS107303		Party 10 Jun 1920.
Shearer, T.	Sto1	SS104495		DD 6 Jun 1915. Widow Mrs M.Findlay 16 Jul 1920.
Shelton, W.	CPO RNVR	C3/255		DD 3 May 1915. Widow Mrs S.N.Shelton 7 Jul 1919.
Sherlock, F.	AB RNVR	M6/145	26 Feb 1921	HQ RNVR Liverpool 19 May 1919.
Shingler, W.	AB RNVR	M5/188	28 Sep 1921	Party 2 Apr 1919.
Short, W.J.	CPO/Arm	165810		Crystal Palace 8 Mar 1919.
Shrapnell, S.	Sto1	289416		Party 15 Apr 1919.
Simeon, J.	Sto1	SS101676	8 Jul 1920	Party 21 Apr 1920.
Simkiss, F.	Sto1	SS102350		Party 13 Mar 1919.
Simmons, J.	AB RNVR	KX94		DD 3 May 1915. Mother Mrs A.Simmons 16 Dec 1919.
Simmons, T.A.	Col/Sergt RMLI	Ply4857		Party 25 Oct 1921.
Simpson, A.	Sto1	SS100026	25 Nov 1920	HMS St.George 26 May 1919.
Sivell, W.	AB RNVR	KX84		RND Aldershot 1 Feb 1919.
Skedd, R.	Sto1	SS107479		Party 15 May 1919.
Skillin, D.	AB RNVR	M5/160		HMS Vindictive 28 Mar 1919.
Skinner, E.	AB RNVR	M3/216	18 Oct 1921	Party 5 Aug 1919.
Skinner, H.	AB RNVR	M3/251	18 Oct 1921	Party 18 Jan 1919.
Slater, J.	Sto1	SS106933		Party 9 Jul 1920.
Smart, H.	Sto1	SS107540		Party 4 Jun 1920.
Smith, A.	Sto1	296876	10 Aug 1920	Party 26 Mar 1920.
Smith, C.E.	Sto1	310179	6 Jul 1920	Party 4 Feb 1919.
Smith, E.A.	Sto1	296005		DD 15 Jul 1917. Widow Mrs S.A.Smith 22 Sep 1921.
Smith, H.G.	AB RNVR	C2/1968	8 Jul 1920	HMS Pekin 5 Feb 1919.
Smith, J.	AB RNVR	C5/2447		Party 12 Feb 1919.
Smith, J.	Sto2	SS111931	16 Aug 1940	Party 29 Jan 1919.
Smith, S.	AB RNVR	M7/48		Party 21 May 1919.
Smith, T.	AB RNVR	KX52		Party 8 Apr 1919.
Smythe, E.	Sto1	SS100981		HMS Vivid 7 Mar 1919.
Spence, J.	Sto1	SS107572	28 Sep 1921	Party 4 Jun 1920.
Spiers, J.	L/Sea RNVR	C2/1313		HMS Renown 27 Mar 1919.
Spratt, T.	Sto1	298606		DD 15 Jul 1915. Eldest Brother Mr A.Spratt 19 Jun 1920.
Squires, R.	AB RNVR	M7/41		Party 10 Apr 1919.
Stafford, J.	AB RNVR	C2/2290		DD 22 Oct 1918. Father R.Stafford Esq 1 Sep 1919.
Stainton, H.	AB RNVR	M7/245		Party 4 Jun 1919.
Standring, R.C.	Lieut/Comdr RNVR			Party 6 Mar 1923.
Steele, T.	AB RNVR	KX73		Party 22 Oct 1919.
Stephens, J.M.	Sto1	SS103806	18 Oct 1921	HMS Leander 29 Jan 1919.
Stephens, W.	Sto1	176704		Party 7 Oct 1919.
Steven, A.L.	AB RNVR	C5/2430	4 Nov 1924	Party 17 Mar 1919. Dup to Party 15 Oct 1924.
Stevens, J.A.	Sto1	SS100913		Party 29 Mar 1919.

NELSON BATTALION

Name	Rank	Number	Date	Notes
Stevens, W.	AB RNVR	C2/1767		Retd to R.Mint Mar 1934.
Stevenson, J.	Sto1	SS108219		Party 4 Jun 1920.
Stobart, A.E.	CPO	171427	24 Jun 1920	RND Aldershot 21 Feb 1919.
Stoops, R.H.	AB RNVR	M3/215		Party 28 Jun 1919.
Stott, H.	Sto1	SS100149	3 Aug 1920	*HMS Indus* 24 Jan 1919.
Strange, G.	Sto1	SS102788		Party 29 May 1919.
Stuthard, E.	Sto1	SS107575		*HMS Melbourne* 4 Feb 1919.
Sudgen, E.	AB RNVR	KX58		DD 24 Apr 1917. Brother A.F.Sudgen Esq 16 Oct 1920.
Sutherland, D.	Sto1	SS100122	24 Jun 1920	Party 8 Mar 1919.
Swan, W.W.	PO	184993	4 Aug 1920	Party 23 Jan 1919.
Swinnery, J.	Sto1	SS102293		Party 28 May 1920.
Tanner, G.	Sto1	SS105734		DD 6 Jun 1915. Retd to R.Mint Mar 1934.
Tarr, E.	AB RNVR	M4/34		Party 28 May 1920.
Tasker, W.	Sto1	SS107225		Party 29 Aug 1919.
Taylor, A.G.	Act/L/Sea	287143	22 Jun 1920	*HMS Silene* 31 Jan 1919.
Taylor, C.H.S.	Surgn		15 Oct 1920	Party 15 Oct 1920.
Taylor, D.	AB RNVR	C5/2379		Party 14 Apr 1919.
Taylor, H.C.	Sto1	SS100918	21 Mar 1922	Party 27 Mar 1919.
Taylor, J.	Sto1	SS105894		Party 2 Aug 1923.
Tennant, J.	AB RNVR	KX33		Party 25 Sep 1919.
Thain, G.E.	AB RNVR	KX89		Party 23 May 1919.
Thomas, J.	Sto1	210336	4 Nov 1938	Party 30 Jan 1919.
Thomas, J.F.	CPO	142191		Retd to R.Mint Mar 1934.
Thompson, J.B.	Act/L/Sea RNVR	C2/1801		HQ RNVR Clyde 17 Jul 1919.
Thomson, A.	AB RNVR	C3/2578		DD 13 Jul 1915. Mother Mrs H.J.Thomson 19 Jun 1920.
Thomson, J.D.	AB RNVR	C1/2006	31 Aug 1922	HQ RNVR Clyde 17 Jul 1919.
Thomson, M.B.	AB RNVR	C4/2158	4 Oct 1920	HQ RNVR Clyde 17 Jul 1919.
Thomson, P.G.	AB RNVR	M7/255		DD 6 Jun 1915. Widow Mrs E.J.H.Thompson 19 Nov 1924.
Thomson, R.	Sto1	SS100082		Party 4 Jun 1920.
Thorburn, W.	AB RNVR	M3/243		Father Mr James Thorburn 12 Mar 1919.
Tierney, S.H.	Sto1	282729		Party 8 Apr 1919.
Toates, W.A.	Col/Sergt RMLI	Ply4414	24 Oct 1921	Party 24 Oct 1921.
Todd, J.H.	Act/L/Sea RNVR	M4/38	26 Feb 1921	Party 2 Jul 1919.
Town, J.	Lieut & QMstr RM			Shetlands Section RNR 7 Feb 1919.
Travers, A.	Sto1	SS104583		Party 12 Jun 1924.
Tredree, E.	Sto1	305048		Party 4 Oct 1919.
Treves, H.T.	Sub Lieut RNVR		20 Apr 1925	DD 25 May 1915. Sister Miss M.W.Treves 14 Aug 1919.
Trivett, G.	PO	130514		Widow 3 Mar 1925.
Tuck, A.	AB RNVR	KX36		Party 22 Jul 1919.
Turnbull, C.	AB RNVR	KX122		Party 16 Apr 1919.
Turner, J.	AB RNVR	KX71		DD 14 Aug 1917. Legatee Mother Mrs A.Turner 19 Jun 1920.
Turner, M.	Act/L/Sea	287222		*HMS Impregnable* 28 Mar 1919.
Turner, R.	Sto1	SS108024		Party 30 Jul 1919.
Tyler, A.	Sto1	SS100172		RNB Devonport 7 Apr 1919.
Tyler, O.L.	AB RNVR	M5/78		Party 11 Apr 1919.
Unwin, J.	Sto1	SS107736		Party 27 Jan 1921.
Valentine, W.	AB RNVR	C2/192		Party 24 Jul 1919.
Vaughan, W.W.	Sto1	309181	22 Jun 1920	Party 30 Jun 1919. Dup Clasp & Roses to Party 30 May 1922.
Vent, H.	Sto1	SS102285		Party 19 Feb 1919.
Wakefield, J.	AB RNVR	C5/2359		Party 24 Jul 1919.
Wakefield, J.J.	AB RNVR	C4/2250		Retd to R.Mint Mar 1934.
Walker, J.	AB RNVR	C5/2347		DD 18 Apr 1917. Retd to R.Mint Mar 1934.
Walker, J.	Sto1	SS108225	28 Jun 1921	Party 17 Dec 1919.
Walker, J.K.	AB RNVR	C2/2282		*HMS Concord* 28 Jan 1919.
Walker, S.W.	Sto1	SS105391		Party 31 Mar 1919.
Walker, W.	AB RNVR	C3/2302		Party 25 Jan 1919.
Wallace *DSM*, W.	PO	211130		*HMS Halcyon II* 19 Feb 1919.
Wallace, J.	AB RNVR	C5/2387		Party 13 Mar 1919.
Wallace, J.	AB RNVR	C2/2096		Party 30 Jan 1919.
Walton, G.K.	AB RNVR	KX68		Party 4 Jun 1920.
Walton, W.A.	Sto1	SS102318		Party 9 Apr 1920.
Wanless, J.H.	Sto1	SS108578		Party 28 May 1920.
Ward, A.C.	AB RNVR	M4/26		63rd Divn Training Reserve Farnham 19 Feb 1919.
Waterhouse, W.B.	AB RNVR	M3/198		Party 1 Jun 1920.
Watkins, F.	Sto1	291471		*HMS Indus* 5 Mar 1919.
Watling, C.	AB RNVR	M2/91	6 Nov 1920	*HMS White Oak* 24 Jan 1919.
Watson, C.H.	AB RNVR	KX109 A	14 Feb 1938	Party 25 Jun 1919.

NELSON BATTALION

Name	Rank	Number	Date	Notes
Watson, J.	AB RNVR	C2/1965		HQ RNVR Clyde 17 Jul 1919.
Weatherburn, J.	AB RNVR	M5/130		DD 13 Jan 1915. Mother Mrs E.A.Carruthers 16 Jun 1919.
Webb, L.	AB RNVR	C4/2270		DD 25 Jan 1917. Father C.H.Webb Esq 8 Jan 1920.
Weedon, J.H.	Sto1	SS101366		Party 11 Aug 1919.
Wellman, S.A.	AB RNVR	M4/30		Party 19 May 1919.
West, E.E.	Sto1	SS107710		Party 1 Jun 1920.
West, J.	CPO	143447		Party 28 May 1920.
Whaley, H.	Sto1	296637		Party 28 May 1920.
White, O.	Sto1	SS107185		Party 23 May 1919.
White, T.	PO	166304	16 Jul 1920	Party 26 May 1920.
Whiting, G.	AB RNVR	KX110		Party 31 May 1919.
Wilkie, J.K.	Act/PO RNVR	C1/1625		Party 11 Jul 1919.
Wilkings, J.G.	AB RNVR	KX56		RND Aldershot 1 Feb 1919.
Wilkins, A.	Sto1	297237		DD 3 May 1915. Widow Mrs Minnie Wilkins 24 Jun 1920.
Williams, D.J.	Sto1	SS108777		Party 6 Sep 1919.
Williams, F.	AB RNVR	M5/84	29 Jan 1921	Party 25 Feb 1919.
Williams, F.	Sto1	SS104582		Party 18 Aug 1925.
Williams, J.J.	Act/L/Sea	286280		Party 4 Feb 1924.
Williams, M.D.	PO	165528		DD 4 Jun 1915. Widow Mrs I.Hurst 10 Jun 1920.
Williams, R.W.	Sto1	SS109988		DD 5 Jun 1915. Father R.W.Williams Esq 10 Jun 1920.
Williams, W.	Sto1	SS107786		*HMS Pegasus* 5 Feb 1919.
Williams, W.	AB RNVR	M3/223		DD 19 Jun 1915. Mother Mrs A.Packwood 16 Jun 1919.
Williamson, J.	AB RNVR	M3/245		Party 28 May 1920.
Wills, G.	Sto1	277492		Party 27 Jun 1919.
Wilson, A.	AB RNVR	C3/193	1 Dec 1922	Party 1 Dec 1922.
Wilson, A.	AB RNVR	C3/2216		Party 24 Jul 1919.
Wilson, A.E.	AB RNVR	KX127	15 Jul 1938	Party 8 May 1919.
Wilson, E.	AB RNVR	KX70		Party 23 Jan 1919.
Wilson, E.	Sto1	SS110225	1 Jul 1920	Party 25 Feb 1919.
Wilson, F.L.	AB RNVR	M6/187	7 Oct 1932	Party 29 Aug 1919.
Wilson, G.	AB RNVR	C2/2051		DD 25 Jun 1915. Mother Mrs E.Wilson 30 Jul 1919.
Wilson, J.	AB RNVR	C2/1834	8 Apr 1938	HQ RNVR Govan 1 Feb 1919.
Wilson, J.	AB RNVR	C4/2263 AI		HQ RNVR Clyde 17 Jul 1919.
Wilson, J.	AB RNVR	C1/2284		*HMS Colossus* 15 Mar 1919.
Wilson, W.	AB RNVR	KX42		Run 16 Jan 1915. Retd to R.Mint Mar 1934.
Wilson, W.G.	Sto1	SS103556	28 Jun 1920	Party 16 Jul 1919.
Windle, J.	Sto1	SS102723		Party 8 Mar 1922.
Wingate, D.	AB RNVR	C4/2196		*HMS Ganges II* 28 Mar 1919.
Wingfield, W.	Sto1	300579		Party 25 Jan 1919.
Wood, W.	AB RNVR	C3/1755 AI		Party 4 Jul 1919.
Woodey, G.	Sto1	SS107535		Party 8 Nov 1919.
Woodrow, W.	AB RNVR	C3/1882		DD Feb 1917. Father J.P.Woodrow Esq 8 Jan 1920.
Woods, J.T.	Sto1	SS106770 A		Party 28 May 1919.
Woodworth, W.	AB RNVR	M6/125	23 Jun 1920	Party 15 May 1919.
Wren, J.	AB RNVR	C3/1979		DD 26 Jan 1917. Father A.G.Wren Esq 26 Mar 1919.
Wright, A.	AB RNVR	M4/22		DD 13 Jan 1915. Father G.R.Wright Esq 17 Jul 1919.
Wright, D.H.M.	AB RNVR	M4/18		DD 13 Jan 1915. Father G.R.Wright Esq 17 Jul 1919.
Wright, J.	AB RNVR	KX121		Party 6 Mar 1924.
Wright, T.	Sto1	SS107773		Party 25 Sep 1923.
Wyatt, J.H.	Act/CPO	179320		Party 11 Apr 1919.
Wylie, J.W.	AB RNVR	KX87		Party 18 Oct 1919.
Wyllie, C.	AB RNVR	C4/1988		HQ RNVR Clyde 17 Jul 1919.
Wyllie, G.	AB RNVR	C4/1987		HM Coastguard Whitby 24 Mar 1919.
Yates, H.W.	Sto	K1239	10 Aug 1920	*HMS Greenwich* 15 May 1919.
Young, G.	AB RNVR	C1/2000		*HMT Cyric* 7 Aug 1919.

CHATHAM BATTALION R.M.L.I.

Name	Rank or Rating	Official Number	Where Served	Clasp Issued	Medal Sent - Comments
Abraham, G.H.F.	Captain		O		Party 18 Jul 1919.
Achurch, W.	Pte	Ch18180	D		Run 6 Apr 1917. Retd to R.Mint Mar 1934.
Acteson, T.H.	Pte	Ch7858	A	4 Sep 1920	Party 13 Aug 1919.
Adams, A.	Pte	Ch5285	A	11 Aug 1921	DD 9 Oct 1914. Widow Mrs M.J.Adams 11 Aug 1921.
Adams, E.	Pte	Ch18163	A		Forfeited by Desertion. Run 26 Oct 1914.
Adams, F.	Pte	Ch18768	A	1 Sep 1920	Party 6 Aug 1919.
Adlam, W.	Pte	Ch10232	A	4 Sep 1920	DD 30 Apr 1915. Widow Mrs Elizabeth MacKenzie 22 Apr 1919.
Agar, J.	Pte	Ch12968	A	8 Oct 1920	Party 5 May 1919.
Aitkenhead, W.G.	Pte	Ch3572	A	31 Dec 1920	RM Chatham 24 Mar 1919.
Albrock, W.	Pte	Ch6625	A	14 Sep 1920	Party 13 Aug 1919.
Alder, P.W.	Pte	Ch18134	A	14 Jan 1921	RM Depot Deal 17 Jul 1919.
Aldington, W.H.	Pte	Ch9837	A	5 Jul 1920	DD 4 Aug 1915. Sister Mrs Maud Draper 5 Jul 1920.
Algar, J.	Pte	Ch9917	A	4 Sep 1920	Party 9 Apr 1919.
Allen, G.	Sergt	Ch13116	A	31 Dec 1920	RMB Chatham 4 Feb 1919.
Allen, G.H.	Pte	Ch7561	A	4 Sep 1920	Party 15 Aug 1919.
Allen, J.	Pte	Ch8575	A	22 Jul 1920	DD 12 Jul 1915. Widow Mrs Shirsley 22 Jul 1920.
Allen, S.	Pte	Ch8306		8 Jun 1923	Party 8 Jun 1923.
Allison, G.E.	Pte	Ch18485	A	5 Nov 1920	DD 12 Jul 1915. Brother Alfred Wm.Allison 5 Nov 1920.
Ambler, J.	Pte	Ch13111	D		HMS *Calypso* 17 Jul 1919.
Amos, F.	Sergt	Ch12349	A	1 Sep 1920	DD 5 Oct 1914. Widow Mrs Alice Amos 15 Sep 1919.
Anderson, R.S.	Pte	Ch18556	A	14 Jan 1921	RMB Chatham 16 Jul 1919.
Andrews, H.	Pte	Ch13826	A	31 Dec 1920	HMS *Cyclops* 21 Jan 1919.
Andrews, H.	Pte	Ch18526	A	31 Dec 1920	HMS *Lord Nelson* 18 Jul 1919.
Andrews, J.R.	Pte	Ch6426	D		Party 6 Aug 1919.
Andrews, W.J.	Col/Sergt	Ch805	O		Party 23 Jan 1919.
Anslow, J.E.	Pte	Ch7850	A	1 Sep 1920	Party 6 Aug 1919.
Armstrong, G.	Pte	Ch18757	A	4 Sep 1920	Party 6 Aug 1919.
Arnold, S.C.	Pte	Ch18028	A	14 Jan 1921	RMB Chatham 16 Jul 1919.
Arnold, W.E.	Pte	Ch15228	A	17 Jun 1920	Party 11 Apr 1919.
Ascott, A.	Pte	Ch15506	A	4 Nov 1920	Party 17 May 1919.
Ashwell, H.	Pte	Ch18115	A	1 May 1922	RMLI Plymouth 2 Apr 1919.
Astley, O.	Pte	Ch18022	D		HMS *Dunedin* 25 Jun 1921.
Atkins, T.J.	Col/Sergt	Ch4166	A	1 Sep 1920	Party 4 Feb 1919.
Atkinson, H.	Pte	Ch18758	A	25 Jun 1920	Party 6 Aug 1919.
Atkinson, W.H.	Pte	Ch18828			DD 1 Jan 1915. Father C.Atkinson 4 Feb 1920.
Attridge, G.	Pte	Ch18184	D		RMB Chatham 16 Jul 1919.
Attridge, T.	Pte	Ch18167	D		RMB Chatham 16 Jul 1919.
Attwood, C.	Lieut		O		HMS *Temeraire* 15 May 1919.
Attwood, C.	Pte	Ch8513	A	8 Sep 1920	Party 8 Aug 1919.
Austin, N.M.	Col/Sergt	Ch5018	A	24 Dec 1920	Chatham 24 Mar 1919.
Axtell, F.	Pte	Ch13697	A	20 Sep 1920	Party 8 Aug 1919.
Bacon, R.C.	Pte	Ch12103	A		DD 17 Feb 1917. Widow Mrs F.E.Bacon 20 Aug 1919.
Bailes, H.R.	Pte	Ch15333	A	2 Feb 1927	Party 26 Feb 1919. Dup 5954.
Bailey, J.	Pte	Ch14697	A	22 Sep 1920	Party 16 Sep 1919.
Bailey, R.H.	Pte	Ch18714	A	9 Jul 1920	Party 16 Oct 1919.
Baines, A.	Pte	Ch13836	A	22 Sep 1920	Party 16 Sep 1919.
Baker, E.S.	Pte	Ch15909	A	31 Dec 1920	RMB Chatham 16 Jul 1919.
Baker, W.	Sergt	Ch2254	A	30 Jun 1920	Party 14 Nov 1919.
Baker, W.H.	Pte	Ch18118	D		HMS *Colleen* 25 Jul 1919.
Balcombe, S.A.	Pte	Ch9145	A	8 Sep 1920	Party 23 Sep 1919.
Baldwin, V.N.	Pte	Ch18558	A		DD 12 Apr 1918. Father F.W.Baldwin 20 Oct 1919.
Bales, W.N.	Pte	Ch10405	A	8 Sep 1920	Party 10 Apr 1919.
Ball, T.J.R.	Sergt	Ch13761	A	7 Jul 1920	1/Res. Aldershot 11 Feb 1919.
Balman, P.J.	Pte	Ch12844	A		DD 9 May 1916. Mrs A.M.Balman 5 Aug 1919.
Barker, A.	Pte	Ch18119	D		RMB Chatham 16 Jul 1919.
Barker, A.	Pte	Ch11008	A	17 Sep 1920	Party 21 May 1919.
Barker, S.W.B.	Pte	Ch11035	A		DD 28 Oct 1914. Widow Mrs W.Barker 13 Aug 1919.
Barnhurst, P.A.	Pte	Ch18698	D		HMS *Agnarius* 18 Jul 1919.
Barr, F.F.	Pte	Ch10217	A	29 Jan 1921	RM Depot Deal 6 Aug 1919.
Barraclough, A.	Pte	Ch18141	A	30 Jun 1920	Party 6 Aug 1919.
Barrington, W.	Pte	Ch18686	D	11 Nov 1920	HMS *Yarmouth* 18 Jul 1919. Dup clasp HMS *Raleigh* 15 Oct 1921.
Barton, J.	Pte	Ch16153	A	14 Sep 1920	DD 25 Apr 1916. Widow Mrs E.M.Moss 3 Dec 1919.

CHATHAM BATTALION R.M.L.I.

Name	Rank	Number		Date	Notes
Bartons, C.E.	Pte	Ch11923	A	24 Jun 1920	Party 8 Apr 1919.
Barwell, F.	Pte	Ch18215	D		RMB Chatham 16 Jul 1919.
Baseley, F.R.	Pte	Ch11117	A	14 Jan 1921	RM Chatham 24 Mar 1919.
Basham, C.J.	Pte	Ch18837	A	22 Jun 1920	Party 27 Feb 1919.
Baskerfield, A.W.	Col/Sergt	Ch5041	O	R	Party 9 Sep 1919.
Bateman, H.	Pte	Ch11658	A		DD 28 Mar 1915. Widow Mrs M.C.Bateman 24 Jul 1919.
Bates, C.	Pte	Ch18369	A	18 Aug 1920	*HMS Dragon* 18 Jul 1919.
Bateson, J.	Pte	Ch15338	A	20 Feb 1939	Party 6 Mar 1920. Dup issued 20 Feb 1939.
Baxter, B.A.	Pte	Ch18759	A	8 Sep 1920	Party 7 Jul 1919.
Bayes, R.	Pte	Ch16521	A	29 Oct 1920	RMLI Chatham 25 Jun 1919.
Beadle, R.	Pte	Ch18536	A	22 Jul 1920	DD 19 Jul 1915. Father W.A.Beadle 22 Jul 1920.
Beames, J.T.St.J.	Pte	Ch18645	A	14 Jan 1921	RMB Chatham 16 Jul 1919.
Bean, F.	Col/Sergt	Ch6685	A	8 Sep 1920	Party 20 Aug 1919.
Bean, T.W.	Pte	Ch11563	A	14 Jan 1921	*HMS Hearty* 22 Jan 1919.
Beard, W.E.G.	Pte	Ch18114	D		*HMS President III* 18 Jul 1919.
Beason, G.	Pte	Ch12701	A	7 Jul 1920	RMB Chatham 16 Jul 1919.
Beavan, A.J.	Cpl	Ch16813	A	14 Jan 1921	*HMS Juno* 5 Aug 1919.
Beavan, F.E.	Cpl	Ch16251	A	1 Sep 1920	Mrs M.J.Beavan 31 Jan 1919.
Beavis, T.	Pte	Ch11279	A	14 Jan 1921	RMB Chatham 16 Jul 1919.
Beckford, S.	Pte	Ch16652	A	8 Sep 1920	DD 14 Jul 1915. Mrs Marchant 4 Feb 1919.
Bell, F.J.	Cpl	Ch16277	A	16 Sep 1920	DD 24 Mar 1918. Widow Mrs A.Bell 13 Oct 1919.
Bendy, W.N.	Pte	Ch11915	A		Party 15 Sep 1919.
Bennett, C.	Pte	Ch13303	A	14 Jun 1920	Party 20 May 1919.
Bennett, C.F.	Sergt	Ch6893	A		Retd to R.Mint Mar 1934.
Bennett, J.S.G.	Pte	Ch18646	A	1 Sep 1920	Party 1 Jan 1920.
Bennett, W.	Pte	Ch17875			DD 4 Jan 1915. Father Mr William Bennett 13 May 1919.
Bennett, W.G.	Pte	Ch17940	D		RMB Chatham 16 Jul 1919.
Benson, J.	Col/Sergt	Ch3306	A	14 Sep 1920	Party 15 Mar 1920.
Benstead, T.R.	Pte	Ch14325	O		DD 3 Jan 1915. Retd to R.Mint Mar 1934.
Berry, B.	Pte	Ch18200	D		*HMS Danae* 25 Jul 1919.
Berry, C.E.G.	Pte	Ch9316			RMLI Chatham 19 Feb 1921.
Berry, P.	Pte	Ch13352	A	31 Mar 1922	DD 8 Nov 1916. Widow Mrs E.Berry 22 Jul 1919.
Berry, S.J.	Pte	Ch16265	D		RMB Chatham 5 Feb 1919.
Best, T.J.	Pte	Ch18158	D		Missing Assumed Dead. Mother Mrs M.Best 9 Dec 1919.
Betts, W.	Pte	Ch5550	A	14 Jan 1921	63/Div Train Reserve Farnham 19 Feb 1919.
Bickmare, S.	Sergt	Ch2951	A	10 Sep 1920	RMLI Aldershot.
Biddle, G.H.	Pte	Ch15879	D	R	*HMS Victorious II* 18 Jul 1919.
Biddlestone, F.	Pte	Ch18658	A	10 Jun 1921	RMB Chatham 3 Apr 1919.
Bignell, R.	Pte	Ch7483	A	31 Jul 1925	Widow Mrs A.Bignell 31 Jul 1925.
Bigsby, E.A.	Pte	Ch13603	A	14 Jan 1921	RMB Chatham 16 Jul 1919.
Bigsworth, F.	Pte	Ch11299	A	4 Feb 1921	RM Chatham 24 Mar 1919.
Bilbow, T.	Pte	Ch16429	A	27 Jan 1922	RMLI Chatham 24 Mar 1919.
Bird, J.H.	Pte	Ch6190	A	14 Jan 1921	RM Chatham 24 Mar 1919.
Bissett, W.	Pte	Ch10246	A	8 Sep 1920	Party 17 Sep 1919.
Black, G.F.	Pte	Ch18763	A	10 Sep 1920	Party 16 Sep 1919.
Black, J.	Pte	Ch18653	A	14 Jan 1921	RMB Chatham 13 May 1919.
Blackwell, E.E.	Pte	Ch11925	A	28 Jan 1921	*HMS President III* DAMS 25 Jan 1919.
Blake, G.R.C.	Pte	Ch17039	O		Party 9 Jul 1923.
Blendell, W.E.	Pte	Ch6405	A	28 Aug 1920	RM Chatham 24 Mar 1919.
Boardman, W.R.	Sen/RA	M9423	O(C)	15 Apr 1921	Party 28 Jan 1920.
Boddy, W.	L/Cpl	Ch11637	A	14 Jan 1921	Training Establishment Shotley 28 Mar 1919. Dup clasp & roses to Party 11 Mar 1938.
Bollans, J.W.	Pte	Ch12617	A	29 Jul 1920	RM Depot Deal 17 Jul 1919.
Bolter, F.W.	Pte	Ch13327	Z		Party 9 Oct 1919.
Bond, R.I.	Pte	Ch18539	A	12 Jan 1921	*HMS Halcyon* 24 Jan 1919.
Booth, F.C.	Pte	Ch16847	A	14 Jan 1921	RMB Chatham 5 Feb 1919.
Bootland, F.	Pte	Ch18452	A	Jul 1920	*HMS Erin* 4 Aug 1920.
Botham, R.	Sergt	Ch13407	A	8 Jun 1921	*HMS Crescent* 10 Mar 1919.
Botting, A.	Col/Sergt	Ch1369	O		Party 1 May 1920.
Bouchard, A.W.	Pte	Ch7071	A	6 Jul 1920	Party 10 Feb 1920.
Boulton, R.J.	Pte	Ch18760	A	14 Sep 1920	Party 29 Jul 1919.
Boulton, W.H.	Pte	Ch3232	A		DD 7 Sep 1918. Widow Mrs M.B.Boulton 10 Jun 1920.
Bowers, C.R.	Pte	Ch8191	A	15 Jul 1920	Party 4 Feb 1919.
Boxall, G.	Pte	Ch3447	A	12 Jan 1921	*HMS Ganges II* 28 Mar 1919.
Boxall, M.	Pte	Ch16991	A	30 Jun 1920	Party 3 Feb 1919.
Boyce, H.J.	Pte	Ch8991	A		Party 22 Oct 1919.
Boyce, J.A.	Pte	Ch11987	A	14 Sep 1920	Party 16 Sep 1919.

CHATHAM BATTALION R.M.L.I.

Name	Rank	Number		Date	Notes
Braddock, C.J.	Sergt	Ch14298	A	14 Jan 1921	RM Depot Deal 17 Jul 1919.
Bradley, J.L.	Pte	Ch11750	A	14 Sep 1920	Party 15 Sep 1919.
Braid, A.E.	Pte	Ch11306	A	30 Jun 1920	Party 19 Apr 1919.
Bramley, G.E.	Sergt	Ch10705	A	21 Jan 1921	RMB Chatham 5 Feb 1919.
Brampton, H.	Pte	Ch13744	A	14 Jan 1921	PNTO GHQ France 17 Jan 1919.
Branch, W.	Pte	Ch15250	OAC	R	DD 29 Apr 1915. Mother Mrs Branch 14 Nov 1919.
Brandon, G.	Pte	Ch8401	A	28 Jun 1920	DD Assumed. Eldest son G.Brandon 28 Jun 1920.
Bratley, B.	Pte	Ch18477	A	7 Jul 1920	NTO Calais 27 Jan 1919.
Braybrooke, H.G.	QMS	Ch2311		21 Mar 1922	Party 9 Sep 1919.
Brenchley, A.O.	Pte	Ch15181	A	20 Jun 1920	Party 4 Feb 1919.
Brewster, W.F.	Pte	Ch14949	D		RMB Chatham 11 Jul 1919.
Bridgeman, W.	Col/Sergt	Ch6528	A	12 Jan 1921	*HMS Cyclops* 21 Jan 1919.
Brind, F.C.	Pte	Ch12764	O		RMB Chatham 5 Feb 1919.
Bristow, F.S.	Pte	Ch15469	OAC	19 Apr 1921	Party 27 Feb 1919.
Britton, W.S.	Col/Sergt	Ch1520	A	16 Sep 1920	Party 4 Feb 1919.
Broad, F.C.	Pte	Ch3509	A	14 Jan 1921	RM Chatham 24 Mar 1919.
Broadbent, W.	Pte	Ch15607	D	R	RMB Chatham 5 Feb 1919.
Brockman, W.E.	Cpl	Ch16458	A	8 Sep 1920	Party 11 Aug 1919.
Brook, A.	Pte	Ch18021	A	4 Aug 1920	*HMS Crescent* 4 Aug 1920.
Brookes, W.T.	Cpl	Ch15846	A	22 Dec 1921	*HMS Glory* 25 Jul 1919.
Brown, C.Y.	Col/Sergt	Ch1965			Party 24 Mar 1920.
Brown, E.	Pte	Ch18871	A	30 Jul 1920	Training Establishment Shotley 28 Mar 1919.
Brown, F.W.	Cpl	Ch10352	A		DD 13 Jul 1915. Widow Mrs A.J.Brown 29 Oct 1919.
Brown, G.	Pte	Ch14026	A	22 Sep 1920	Party 17 Sep 1919.
Brown, G.E.	Col/Sergt	Ch2244	A	1 Sep 1920	Party 17 Mar 1920.
Brown, J.	Pte	Ch13110	A		DD 8 May 1915. Widow Mrs E.Brown 4 Feb 1919.
Brown, W.	Pte	Ch10933	A	8 Sep 1920	Party 6 Aug 1919.
Brown, W.J.	Pte	Ch16907	A	7 Jul 1920	RMB Chatham 16 Jul 1919.
Bruce, G.H.	Sergt	Ch13989	A	2 Sep 1921	Party 30 Jul 1919.
Bruce, H.E.	Cpl	Ch16361	A	2 Sep 1921	DD 17 Feb 1917. Father Mr G.Bruce 26 May 1919.
Bruce, T.E.	Pte	Ch9980	A	20 Sep 1920	*HMS Tyne* 20 Jan 1919.
Bryant, G.A.	Pte	Ch18841	A	12 Jan 1921	RMB Chatham 5 Feb 1919.
Buck, A.E.	Pte	Ch13600	A	22 Sep 1920	Party 25 Jan 1919.
Buck, C.F.	Pte	Ch9546	A	12 Jan 1921	*HMS Crescent* 10 Mar 1919.
Budd, A.	Pte	Ch14723	A	14 Sep 1920	Party 16 Sep 1919.
Buddle, F.	Pte	Ch14679	A	16 Sep 1920	Party 17 Sep 1919.
Bull, T.A.	Col/Sergt	Ch7481	A	1 May 1922	Party 6 Aug 1919.
Bull, W.E.	Pte	Ch12295	A	14 Jan 1921	RM Chatham 24 Mar 1919.
Bullen, A.T.	Pte	Ch14995	OAC		DD 9 Apr 1916. Brother Mr F.Bullen 22 Jul 1920.
Bullen, G.J.	Pte	Ch13059	O		Party 19 Sep 1919.
Bullock, G.F.	Sergt	Ch1685			Party 8 Jul 1919.
Bunn, J.W.	Pte	Ch18842	A	14 Sep 1920	Party 20 Aug 1919.
Bunting, A.W.	Pte	Ch18926	A	25 Oct 1920	*HMS Champion* 25 Jan 1919.
Burfield, R.	Pte	Ch8808	A	23 Jun 1920	63/Div Train Reserve Farnham 19 Feb 1919.
Burgess,	Pte	Ch12106	A		Retd to R.Mint Mar 1934.
Burgess, H.T.	Col/Sergt	Ch7682	A	31 Dec 1920	RMB Chatham 16 Jul 1919.
Burgess, R.J.	Pte	Ch10074	A	1 Jul 1920	*HMS Mars* 3 Apr 1919.
Burgis, E.G.	Col/Sergt	Ch4692	A	10 Sep 1920	DD 30 Apr 1915. Widow Mrs K.M.Burgis 28 May 1919.
Burrows, F.C.	Pte	Ch8532	A	22 Sep 1920	Party 4 Feb 1919.
Burt, H.	Pte	Ch4982	A	12 Jan 1921	*HMS Rameses* Grangemouth 20 Jan 1919.
Burton, H.	Pte	Ch18711			DD 24 Feb 1917. Mrs Mary Burton 9 Dec 1919.
Burton, J.	Pte	Ch12718	A	9 Sep 1920	Party 19 May 1919.
Burton, T.	Pte	Ch18873	A	4 Sep 1920	Party 17 Sep 1919.
Burton, W.	Pte	Ch13218	A	14 Sep 1920	Party 17 Sep 1919.
Bury, W.R.	Col/Sergt	Ch1766			RMLI Aldershot.
Bush, H.C.	Pte	Ch14175		17 Jun 1920	RM Chatham 24 Mar 1919.
Bush, J.	Captain		A	4 Sep 1920	*HMS Pembroke* 5 Feb 1919.
Bushell, J.	Sergt	Ch7771	A	21 Jan 1921	RMLI Aldershot 31 Jan 1919.
Butler, A.	Pte	Ch10327	A	31 Jan 1921	Party 27 Feb 1919.
Butler, J.W.	Pte	Ch16526	D		Party 20 Aug 1919.
Butterworth, A.E.	Pte	Ch18668	D		DD 27 Apr 1916. Mother Mrs Lounds 28 Nov 1919.
Cadwallader, T.W.	Pte	Ch12341	A	20 Sep 1920	Party 22 Sep 1919.
Camming, H.J.	Pte	Ch12445	A	14 Jan 1921	*HMS Pyramus* 25 Jul 1919.
Campbell, G.	Pte	Ch18000	D		*HMS Emperor of India* 25 Jul 1919. Dup to AG RM 30 Nov 1922.
Campling, G.	Pte	Ch12026	A	14 Jan 1921	*HMS Prince George* 21 Apr 1919.
Cannon, E.O.	Pte	Ch10053	A	16 Sep 1920	Party 17 Sep 1920.
Carberry, P.	Pte	Ch17700	O		*HMS Clio* 29 May 1919.

CHATHAM BATTALION R.M.L.I.

Name	Rank	Number		Date	Notes
Card, A.G.	Pte	Ch18468	A	14 Jan 1921	RMB Chatham 5 Feb 1919.
Carlton, J.	Pte	Ch6851	A	14 Jan 1921	*HMS Egremont* 25 Jul 1919.
Carlyle, W.T.	Pte	Ch18172	D		*HMS Earl of Peterborough* 4 Feb 1919.
Carr, G.H.	Pte	Ch18524	A	12 Jan 1921	RMB Chatham.
Carr, J.	Pte	Ch15174	D	R	RMLI Chatham 24 Mar 1919.
Carter, A.	Pte	Ch8503	A	12 Feb 1921	Party 12 Feb 1921.
Carter, J.E.	Pte	Ch11425	A	12 Dec 1924	DD 6 Jul 1915. Widow Mrs A.Carter 5 Aug 1919.
Carter, O.W.	Pte	Ch11205	D		*HMS Pembroke* 23 Jan 1919.
Carter, R.G.	Cpl	Ch7423	A	7 Jan 1925	DD 7 Jun 1915. Widow Mrs E.Carter 4 Sep 1919.
Carter, T.G.	Pte	Ch11480	A	8 Sep 1920	Party 17 Sep 1919.
Cash, T.H.	Pte	Ch18541	A	6 Apr 1923	DD 7 Jun 1915. Father Mr Albert Cash 12 Jul 1919.
Chalkley, W.	Sergt	Ch13396	A	14 Jan 1921	RMB Chatham.
Chambers, A.	Pte	Ch18549	A	8 Sep 1920	Party 17 Sep 1919.
Champion, S.	Pte	Ch11969	A	25 Jan 1921	RM Chatham 24 Mar 1919.
Chandler, F.	Pte	Ch14895	A	28 Jun 1920	Party 24 May 1919.
Chandler, F.A.	Col/Sergt	Ch3814	A	14 Jan 1921	RM Chatham 24 Mar 1919.
Chant, C.	Cpl	Ch12679	A		Party 2 Jan 1920. Clasp sent but returned "not known".
Chaplin, H.	Pte	Ch12437	A		DD 13 Nov 1916. Mother Mrs E.Chaplin 29 Jul 1919.
Chapman, A.	Pte	Ch12374	O		Party 15 Sep 1919.
Chapman, E.	Pte	Ch18209	O D		*HMS Courageous* 5 Mar 1919.
Chapman, F.	Pte	Ch12835	O		Party 18 Mar 1919.
Chard, W.G.	Col/Sergt	Ch7415	A		DD 4 Jun 1915. Widow Mrs E.M.M.Chard 9 Dec 1919.
Chase, A.W.A.	Sergt	Ch8823	A	14 Jan 1921	RM Chatham 24 Mar 1919.
Chater, A.R.	2/Lieut		A	3 Jan 1921	RM Chatham 24 Mar 1919.
Cheese, T.	Pte	Ch8735	A	21 Jul 1920	RMB Chatham 16 Jul 1919.
Cheetham DSC, J.	Lieut		A		*HMS Pembroke* 5 Feb 1919.
Chibnall, J.	Pte	Ch16588	OAC		DD 16 Jun 1915. Mrs A.R.Chibnall 1 Jul 1920.
Childs, J.C.	Sergt	Ch13720	O		*HMS Superb* 25 Jul 1919.
Chiles, W.C.	Pte	Ch18232	D		*HMS Blenheim* 25 Jul 1919.
Chitty, J.H.	Pte	Ch13493	O		Party 17 Sep 1919.
Churchard, E.A.	Col/Sergt	Ch5896	A		DD 6 Oct 1914. Widow Mrs Margaret Churchard 7 Oct 1919.
Churchill, T.J.	Pte	Ch9424	A		*HMS Ganges II* 28 Mar 1919.
Cladd, W.J.	Pte	Ch11547	A		DD 4 May 1915. Widow Mrs M.G.Cladd 6 Aug 1919.
Clare, J.H.	Pte	Ch8584	A		DD 1 May 1915. Widow Mrs E.Clare 22 Aug 1919.
Clark, A.E.	Pte	Ch18834	A	27 Jan 1921	RMB Chatham 5 Feb 1919.
Clark, E.	Pte	Ch18497	A	18 Aug 1920	*HMS Ophir* 25 Jul 1919.
Clark, H.F.	Col/Sergt	Ch4822	A		DD 1 May 1915. Widow Mrs M.S.Clark 1 Aug 1919.
Clark, P.E.	Cpl	Ch10918	O		Party 30 Jan 1918.
Clark, T.H.	Pte	Ch18575	A		DD 7 Jun 1915. Mother Mrs A.Clark 8 Oct 1919.
Clarke, A.N.	Sergt	Ch15924	A	14 Jan 1921	RMB Chatham 16 Jul 1919.
Clarke, G.J.	Pte	Ch18014	A		DD 20 May 1915. Father G.J.Clarke Esq 21 Jan 1920.
Clarke, J.	Pte	Ch18135	D		*HMS Tamar* 22 May 1919.
Clarke, J.	Pte	Ch6992	A	28 Jun 1920	Party 20 Oct 1919.
Clarke, N.	Pte	Ch12638	A	14 Jan 1921	Training Establishment Shotley 28 Mar 1919.
Clay, J.J.	Pte	Ch11683	A	24 Jun 1920	RM Chatham 24 Mar 1919.
Clayton, F.E.	Pte	Ch15527	A		RM Chatham 20 Mar 1919.
Clements, W.S.	Pte	Ch10867	A	7 Jul 1920	Party 1 Aug 1919.
Cliffe, G.F.	Pte	Ch5311	O		Party 17 Sep 1919. Original medal wrongly engraved. Scrapped & returned to Mint 9 Mar 1922.
Clissold, W.H.	Cpl	Ch8820	A		DD 30 Apr 1915. Mrs Upton 17 Sep 1919.
Clover, H.L.	Pte	Ch10481	A	4 Feb 1921	RMB Chatham 16 Jul 1919.
Coates, S.	Pte	Ch3130	O	14 Sep 1920	Party 17 Sep 1919.
Cobb, A.O.	Cpl	Ch13654	A	7 Jul 1920	RMB Chatham.
Cobb, J.	Pte	Ch18479	A	7 Feb 1921	*HMS Commonwealth* 8 Feb 1919.
Cockbill, H.	Pte	Ch18226	D		RMB Chatham 16 Jul 1919.
Cockcroft, J.	Pte	Ch18136	A	14 Jan 1921	RMB Chatham 25 Jul 1919.
Cole, J.T.	Pte	Ch18514	A		DD 7 Jun 1915. Father Col/Sergt J.C.Cole RMLI 19 Aug 1919.
Coleman, M.	Pte	Ch8878	A	14 Jan 1921	RM Chatham 24 Mar 1919.
Coles, H.S.	Pte	Ch15630	A	14 Sep 1920	Party 5 May 1919.
Collard, C.E.	Major		O		Shetland Section RNR 7 Mar 1919.
Collett, J.S.H.	Pte	Ch18624	A	20 Sep 1920	Party 17 Sep 1919.
Collier, A.	Pte	Ch11684	A	28 Jun 1920	Party 26 Aug 1919.
Collins, B.T.P.	Col/Sergt	Ch6892	A	31 Jan 1921	RM Chatham 24 Mar 1919.
Collins, G.F.	Sergt	Ch10114	A	24 Jun 1920	Party 6 May 1919.
Collins, J.T.	Pte	Ch17599	D		RMB Chatham 16 Jul 1919.
Collins, W.E.	Pte	Ch17995	O		RMB Chatham 5 Feb 1919.
Collinson, L.	Pte	Ch18548	A	14 Jan 1921	RMB Chatham 5 May 1919.

CHATHAM BATTALION R.M.L.I.

Name	Rank	Number		Date	Notes
Connell, G.	Pte	Ch12081	A	28 Oct 1920	Party 9 Jun 1919.
Conrey, J.	Pte	Ch12686	A	1 Jul 1920	Party 13 Nov 1919.
Constable, F.J.	Pte	Ch10299	A	14 Jan 1921	RM Depot Deal 17 Jul 1919.
Cook, A.	Pte	Ch18543	A	7 Jul 1920	RMB Chatham 3 Apr 1919.
Cook, A.	Pte	Ch9357	A	14 Sep 1920	Party 17 May 1919.
Cook, A.H.	Pte	Ch21578	A	12 Jan 1921	RMLI Aldershot.
Cook, C.J.	Pte	Ch18704	D		RMB Chatham 5 Feb 1919.
Cook, F.	Col/Sergt	Ch3997	A	22 Feb 1922	RMB Chatham 16 Jul 1919.
Cook, L.C.	Pte	Ch18559	A	15 Jan 1921	*HMS Carnarvon* 15 Jan 1921.
Cook, M.A.	Pte	Ch18459	A	14 Jan 1921	*HMS Diligence* 20 Mar 1919.
Cooke, W.H.	Pte	Ch17460	O		RMB Chatham 5 Feb 1919.
Coombe, W.H.	Pte	Ch13266	A	1 Sep 1920	*HMS Crescent* 10 Mar 1919.
Cotterell, W.H.	Pte	Ch17410	D	R	RMLI Chatham 24 Mar 1919.
Cotterill, W.H.	Pte	Ch18551	A	14 Jan 1921	RMB Chatham 5 Feb 1919.
Coulstock, N.E.	Pte	Ch18177	D		RMB Chatham 16 Jul 1919. Dup to AG RM 3 Nov 1922.
Coveney, A.	Pte	Ch15775	OAC		RMB Chatham 16 Jul 1919.
Coward, C.G.	Pte	Ch12542	A	23 Jul 1920	DD 8 Oct 1917. Mother Mrs E.Coward 23 Jul 1920.
Cowen, B.	Pte	Ch18678	A		Retd to R.Mint Mar 1934.
Cox, F.T.	Pte	Ch9218	A	22 Jul 1920	Party 28 May 1919.
Coxhill, H.W.	Pte	Ch11301	A	14 Jan 1921	RM Chatham 6 Mar 1919.
Creak, H.A.	Pte	Ch13991	A	30 Jul 1920	Party 27 May 1919.
Cream, G.J.	Pte	Ch11890	A	6 Feb 1924	*HMS Actaeon* 25 Jul 1919.
Cripps, A.J.	Pte	Ch18826		29 Dec 1920	Party 26 Feb 1919.
Cripps, E.G.	Sergt	Ch9136	D	R	RMB Chatham 17 May 1919.
Cripps, F.	Pte	Ch9004	A	14 Jan 1924	*HMS President VI* 25 Jul 1919.
Cross, G.H.	Pte	Ch7406	A	23 Jul 1920	Party 27 Feb 1919.
Cross, T.R.	Pte	Ch15361	D		RMB Chatham 25 Jul 1919.
Crump, C.	Sergt	Ch13572	A	14 Jan 1921	*HMS Crescent* 5 Mar 1919.
Cuell, F.L.	Pte	Ch4906	A	23 Sep 1922	DD 9 May 1915. Widow Mrs J.Cuell 11 Aug 1919.
Cummins, W.	Pte	Ch16053	A	14 Jan 1921	HM Island Ascension Sth Atlantic 24 Mar 1919.
Cunningham, T.	Col/Sergt	Ch2696	A	27 Jan 1921	*HMS Tyne* 20 Jan 1919.
Curtin, M.	Lieut		A		DD 2 May 1915. Widow Mrs E.Curtin 31 May 1919.
Darby, F.A.	Pte	Ch18807	A	29 Jun 1920	*HMS Chester* 17 Jan 1919.
Darlow, W.J.	Sergt	Ch16391	A	4 Aug 1920	AG RM 4 Aug 1920.
Davies, A.	Pte	Ch11003	A	28 Jun 1920	Party 5 Jun 1919.
Davies, M.J.	Pte	Ch13220	A	16 Sep 1920	Party 8 Feb 1919.
Davies, T.J.	Pte	Ch11507	A	20 Sep 1920	Party 16 Jul 1919.
Davis, H.C.	Pte	Ch18567	A		DD 25 Jun 1915. Retd to R.Mint Mar 1934.
Dawson, M.	Pte	Ch18031			RMB Chatham 5 Aug 1919.
Day, C.A.	Pte	Ch15675	A	14 Jan 1921	RMLI Aldershot 29 Jan 1919.
Day, S.H.W.	Pte	Ch18147	A	7 Jul 1920	*HMS Lancaster* 25 Jul 1919.
Dean, O.B.	Sergt	Ch12588	A		DD 7 Jun 1915. Father T.Dean Esq 5 Aug 1919.
Deity, H.	Pte	Ch15692	A	14 Jan 1921	RM Deal 17 Jul 1919. Dup clasp to *HMS Danae* 18 Apr 1922.
Dick, S.R.	Pte	Ch14177	A	28 Jan 1921	*HMS Victorious* 27 Jan 1919.
Disley, C.T.	Pte	Ch18144	A	17 Sep 1920	Party 15 May 1919.
Dodds, J.A.R.	Pte	Ch9148	A	22 Sep 1920	Party 22 Sep 1919.
Dodson, H.	Pte	Ch10166	A	23 Jul 1920	Party 30 Sep 1919.
Doswell, A.	Pte	Ch8019	A	14 Sep 1920	Party 5 May 1919.
Doughty, E.	Pte	Ch19111	D	R	RMB Chatham 16 Jul 1919.
Dovey, C.B.	Pte	Ch18230	D		Party 25 Sep 1919.
Dowthwaite, H.J.	Pte	Ch12660	A	25 Jan 1921	RM Chatham 24 Mar 1919.
Draper, J.H.	Sergt	Ch9972	A		DD 25 May 1915. Widow Mrs P.Draper 19 Mar 1919.
Drew, F.W.	Pte	Ch13185	A	30 Jun 1920	Party 11 Sep 1919.
Drewitt, W.N.	Pte	Ch18679	A	1 Jul 1920	Party 15 Mar 1920.
Driver, E.G.	Pte	Ch16840	A		Party 30 Jan 1919.
Drury, H.	Pte	Ch18765	A		DD Jun 1915. Brother C.Drury 26 Jan 1920.
Duck, H.F.	Pte	Ch9484	A	24 Jun 1920	Party 22 Sep 1919.
Duffy, C.M.	Col/Sergt	Ch7117	A	7 Jul 1920	RMB Chatham 16 Jul 1919.
Dunn, H.H.	Pte	Ch12740	A	24 Jun 1920	Party 22 Sep 1919.
Dunster, H.D.	Pte	Ch18661	A	8 Sep 1920	Party 30 Sep 1919.
Durrant, E.J.	Pte	Ch18746	A	22 Sep 1920	Party 23 Apr 1920.
Duthie, J.R.	Col/Sergt	Ch7868	A	25 Jan 1921	RM Chatham 24 Mar 1919.
Dwyer, A.	Pte	Ch18694	A	28 Jan 1921	*HMS Alecto* 27 Mar 1919.
Dye, T.H.	Pte	Ch18154	A	13 Sep 1921	Party 13 Sep 1921.
Dyer, E.	Pte	Ch10291	A	14 Jan 1921	Commodore Dunkirk 5 Feb 1919.
Dyer, J.W.	Pte	Ch10433	A	13 Nov 1920	Party 13 Feb 1919.
Eastwood, H.H.	Sergt	Ch10417	A	24 Jun 1920	DD 4 Feb 1917. Widow Mrs E.R.Eastwood 17 Jul 1919.

CHATHAM BATTALION R.M.L.I.

Name	Rank	Number		Date	Notes
Edgecock, G.E.	Pte	Ch14968	A	24 Jun 1920	Party 30 Jan 1919.
Edwards, F.	Pte	Ch16430			*HMS Inflexible* 9 Sep 1919.
Edwards, G.	Pte	Ch18450	A	7 Feb 1922	Party 26 Feb 1919.
Edwards, J.	Pte	Ch13456	A	18 Aug 1920	Party 18 Aug 1920.
Edwards, J.L.	Pte	Ch8151	A	27 Jan 1921	RMB Chatham 16 Jul 1919.
Edwards, R.	Pte	Ch10849	A	4 Feb 1921	Commodore Dunkirk 5 Feb 1919.
Edwards, W.G.	Pte	Ch9565	A	24 Jun 1920	Party 29 Mar 1919.
Edwards, W.J.	Pte	Ch12947	A	13 Sep 1921	Party 15 Sep 1920.
Efford, J.W.	Cpl	Ch13547	A	18 Oct 1921	Party 1 Feb 1919.
Ellingham, W.A.	Col/Sergt	Ch3831	A		DD 4 Mar 1915. Widow Mrs L.Ellingham 13 Jun 1919.
Elliott, C.	Sergt	Ch1352	A	12 Oct 1920	DD. Widow Mrs K.Elliott 12 Oct 1922.
Ellis, C.W.	Pte	Ch8506	A	29 Jan 1921	RMB Chatham 6 Mar 1919.
Ellis, T.G.	Pte	Ch12002	A		DD 4 Dec 1917. Widow Mrs E.L.Ellis 11 Mar 1920.
Elms, A.	Pte	Ch8824	A	18 Oct 1920	Party 12 Mar 1919.
Emms, W.A.	Pte	Ch18464	A		DD 20 May 1915. Mother Mrs Graham 25 Sep 1919.
Entwistle, W.R.	Jun/RA	M9795	A	13 Mar 1922	Party 27 Feb 1920.
Evans, A.F.	Pte	Ch13521	A	29 Jan 1921	*HMS Malabar* 12 May 1919.
Evans, C.F.	Pte	Ch10904	A	28 Jan 1921	RM Depot Deal 17 Jul 1919.
Evans, E.	Pte	Ch16049	A	28 Jan 1921	Ad.Transport Office Deptford 18 Jan 1919.
Evans, T.	Pte	Ch12664	A	29 Jan 1921	Depot Inverness 11 Feb 1919.
Evans, W.H.	Pte	Ch8347	A	29 Jan 1921	*HMS Cyclops* 25 Jul 1919.
Evelegh, E.G.	Lieut/Col		A		DD 14 Jul 1915. Widow Mrs A.M.Evelegh 23 Apr 1919.
Eves, E.T.	Pte	Ch18829	A	30 Jun 1920	*HMS Chester* 27 Jan 1919.
Fahey, J.	Pte	Ply3527	A	28 Jan 1921	*HMS Titania* 25 Jul 1919.
Faiers, P.A.J.	Pte	Ch18492	A	18 Oct 1920	Party 23 Sep 1919.
Fairbrother, J.H.	Pte	Ch7689	O		Party 15 Aug 1919.
Fairfield, H.	Pte	Ch18170	A	23 Oct 1920	*HMS Theseus* 25 Jul 1919.
Faraday, J.	Pte	Ch8989	A		DD 14 Oct 1914. Brother Mr A.Faraday 13 Jun 1919.
Fawsitt, P.T.	Pte	Ch8189	A	29 Jan 1921	RM Depot Deal 17 Jul 1919.
Fazakerley, W.A.	Pte	Ch18520	A	22 Oct 1920	Party 22 Sep 1919.
Fidler, T.C.	Pte	Ch5458	A	29 Jan 1921	RMB Chatham 16 Jul 1919.
Finch, H.	Pte	Ch12671	D		RMB Chatham 5 Feb 1919.
Finch, H.	Pte	Ch18488	A	18 Aug 1920	RMB Chatham 16 Jul 1919.
Fincham, H.	Col/Sergt	Ch7870	A	25 Oct 1920	Party 30 Jan 1919.
Finnie, A.	Pte	Ch13068	A	13 Nov 1920	Party 23 Jun 1919.
Fisher, C.	Pte	Ch11604	A	7 Jul 1920	Party 14 Feb 1920.
Fisher, J.	L/Cpl	Ch8216	A	21 Oct 1920	Party 22 Sep 1919.
Fisher, J.W.	Pte	Ch18663	A		DD 6 Jun 1915. Father Mr J.C.Fisher 13 Jun 1919.
Fitzgerald, T.	Pte	Ch13350	A		Retd to R.Mint Mar 1934.
Flavell, T.R.	Pte	Ch9816	A	24 Jun 1920	Party 12 Jul 1919.
Fleet, C.J.	Pte	Ch10109	A		DD 18 Jun 1915. Widow Mrs R.E.Fleet 4 Jul 1919.
Fleetwood, W.J.	Pte	Ch11469	D		*HMS Ganges II* 28 Mar 1919.
Fletcher, B.S.	Pte	Ch18673	A		DD 10 Sep 1915. Father Mr S.Fletcher 13 Jun 1919.
Fletcher, F.	Pte	Ch8017	A	10 Sep 1920	HM Island Ascension South Atlantic 24 Mar 1919.
Fletcher, H.J.	Pte	Ch18825	A		Retd to R.Mint Mar 1934.
Foote, R.C.G.	Lieut		A	1 Oct 1920	DD. Mother Mrs M.Foote 23 May 1919.
Ford, H.	Pte	Ch12367	A	14 Jan 1921	RMB Chatham 16 Jul 1919.
Ford, H.T.	Pte	Ch9851	A	10 Aug 1920	Party 22 Sep 1919.
Ford, W.H.	Col/Sergt	Ch7191	A	2 May 1923	Depot RM Deal 10 Mar 1919.
Forse, W.F.	Pte	Ch10394	A		DD 8 Oct 1914. Widow Mrs S.Forse 17 Sep 1919.
Forster, S.G.	Pte	Ch18222	D		*HMS Royal Oak* 7 Feb 1919.
Foster, S.	Pte	Ch15722	A	29 Jun 1920	Party 18 Jun 1919.
Fountain, T.A.	Sergt	Ch2821	A		RM Chatham 24 Mar 1919. Clasp returned "not known".
Fovargue, T.J.	Pte	Ch18537	A	14 Jan 1921	*HMS Roberts* 23 Jan 1919.
Fowkes, A.F.	Col/Sergt	Ch6702	A	9 Feb 1921	HM Island Ascension South Atlantic 24 Mar 1919.
Fowkes, G.H.	Col/Sergt	Ch4438	A	6 Jul 1920	Party 25 Apr 1919.
Fowler, A.E.H.	Sergt	Ch5419	A	7 Feb 1922	DD 13 Aug 1915. Widow Mrs R.M.Foster 7 Feb 1922.
Fowler, A.H.	Pte	Ch18710	A	23 Jul 1920	DD 7 Jul 1915. Mother Mrs J.Fowler 23 Jul 1920.
Fowler, A.R.	Pte	Ch13844	A	24 Dec 1920	RMB Chatham 18 Jun 1919.
Fowles, W.	Pte	Ch18691	D		*HMS Actaeon* 25 Jul 1919.
Fox, E.J.	Pte	Ch13798	D		HM Island Ascension South Atlantic 24 Mar 1919.
Fox, F.W.	Pte	Ch8436	A	21 Oct 1920	Party 11 Apr 1919.
Fox, L.	Pte	Ch18505	A	28 Jan 1921	*HMS Mars* 3 Apr 1919.
Francis, F.E.	Pte	Ch15865	A	29 Jun 1920	Party 7 May 1919.
Frankland, J.R.	Pte	Ch11481	A	14 Nov 1924	DD 1918. Widow Mrs M.E.Frankland 14 Nov 1924.
Franklin, C.W.	Pte	Ch10197	A	1 Jul 1920	Party 25 Mar 1919.
Franks, P.S.	Cpl	Ch15405	A		DD 25 May 1915. Legatee Miss Mary Abbott 13 Jun 1919.

CHATHAM BATTALION R.M.L.I.

Name	Rank	Number		Date	Notes
Franks, T.C.	Cpl	Ch17817	A	7 Jul 1920	RM Depot Deal 17 Jul 1919.
Fraser, E.	Pte	Ch18838	A	22 Jun 1920	Party 25 Jul 1919.
Freeman, F.A.	Cpl	Ch15612	OD		RMB Chatham 6 Jun 1919.
Freer, A.P.	Pte	Ch15242	A	26 Oct 1920	Party 23 Sep 1919.
French, G.	Sergt	Ch13893	A	7 Jul 1920	RMB Chatham 5 Feb 1919.
Friend, W.J.	Sergt	Ch7563	D		Party 7 Jul 1919.
Frost, C.A.	Pte	Ch11761	A	31 Jul 1920	Party 22 Nov 1919.
Frost, C.E.	Pte	Ch18868	A	31 Jan 1921	RMB Chatham 5 Feb 1919.
Frost, W.G.	Pte	Ch12833	A	16 Jul 1920	Party 22 Sep 1919.
Fryer, J.J.	Pte	Ch18453	A		DD 14 Feb 1917. Legatee Miss V.M.Fryer 13 Jun 1919.
Fuller, W.R.	Bugler	Ch18174	A		DD 3 Feb 1915. Father Mr Wm.Fuller 18 Jun 1919.
Funnell, T.H.	Pte	Ch18431	A	14 Jan 1921	RMB Chatham 25 Jul 1919.
Furse, J.	Col/Sergt	Ch3987	A	28 Oct 1920	Party 4 Oct 1919.
Fyfe, H.	Pte	Ch18923	A	10 Nov 1920	*HMS Cyclops* 21 Jan 1919.
Galliford, J.T.	Col/Sergt	Ch6793	A	28 Jun 1920	Party 25 Sep 1919.
Gannon, G.W.	Cpl	Ch18137	A		DD 28 Apr 1917. Father Mr T.Gannon 13 Jun 1919.
Gardiner, A.	Pte	Ch18703	D		DD 7 Aug 1915. Legatee Miss E.Gardiner 13 Jun 1919.
Gardner, B.	Pte	Ch11428	A	2 Nov 1920	Party 5 Aug 1919.
Gardner, W.J.	Pte	Ch15192	A	25 Oct 1920	Party 27 Sep 1919.
Garstin, G.	Pte	Ch8881	A	27 Oct 1920	Party 30 Sep 1919.
Gaskein, M.G.	Pte	Ch15702	A	30 Sep 1920	RM Chatham 24 Mar 1919.
Gaskill, W.	Col/Sergt	Ch9731	A	4 Sep 1920	Shetland Section RNR 7 Mar 1919.
Gaskin, R.A.	Pte	Ch18644	A	6 Jul 1920	*HMS Erebus* 25 Jul 1919.
Gatenby, V.	Pte	Ch18457	D		Retd to R.Mint Mar 1934.
Gauntlett, F.	Pte	Ch18680	A	2 Nov 1920	Party 15 Mar 1920.
Geater, G.E.	Col/Sergt	Ch6068	A	25 Jun 1920	Party 4 Feb 1919.
Gedge, C.F.	Pte	Ch13753	A	23 Oct 1920	RMLI Chatham 24 Mar 1919.
Gennings, R.	Pte	Ch9159	A	30 Jun 1920	*HMS Pembroke* 29 Jan 1919.
Gibbins, W.R.	Sergt	Ch12809	A		DD 5 Oct 1914. Retd to R.Mint Mar 1934.
Gibbs, F.	Pte	Ch16528	A	7 Jul 1920	RMB Chatham 16 Jul 1919.
Gilbert, F.G.	Cpl	Ch15533	A	30 Jul 1920	Party 3 Sep 1919.
Giles, G.A.	Pte	Ch11286	A	5 Aug 1920	Party 4 Jun 1919.
Gill, E.	Col/Sergt	Ch2280	A		Party 8 May 1919. Clasp issued but returned "not known".
Gilliott, T.G.	Pte	Ch8844	A	25 Oct 1920	Party 25 Sep 1919.
Gillman, J.G.W.	QMS	Ch4329			RMB Chatham 15 Aug 1919.
Glover, F.J.	Pte	Ch18235	D		RMB Chatham 16 Jul 1919.
Goddard, J.R.	Major		OD	23 Jul 1920	Party 6 Mar 1919.
Godfrey, F.R.	Lieut/Col		OD		RM Deal 3 Apr 1919.
Goodair, H.W.G.	Pte	Ch2201	A	25 Jun 1920	RM Chatham 20 Mar 1919.
Goodchild, S.E.	Pte	Ch9700	O		DD 14 Dec 1916. Widow Mrs Alice Goodchild 14 Nov 1924.
Goodchild, W.N.	Pte	Ch10301	D		*HMS Colleen* 6 Mar 1919.
Goodier, J.	Pte	Ch18675	A	28 Jan 1921	*HMS Dragon* 25 Jul 1919.
Goodman, E.S.	Sergt	Ch11639	A		DD 8 Jun 1915. Widow Mrs H.A.Goodman 21 May 1919.
Goodwin, W.J.	Sergt	Ch7960	A	30 Jun 1920	RMB Chatham 11 Jul 1919.
Gormley, F.S.	Cpl	Ch16232			RMB Chatham 13 May 1919.
Gorrill, J.	Cpl	Ch16418	A	25 Jan 1921	*HMS Egmont* 25 Jul 1919.
Gosling, S.	Pte	Ch12875	A	12 Dec 1924	DD 19 May 1915. Legatee Mrs Louisa Gosling 10 Sep 1919.
Goss, H.W.	Pte	Ch10137	A	12 Dec 1924	DD 4 May 1915. Widow Mrs S.L.Goss 8 May 1920.
Gough, E.O.	Pte	Ch18189	D		*HMS Tamar* 25 May 1915.
Gould, C.H.	Pte	Ch18672	A	10 Aug 1920	AG RM 10 Aug 1920.
Gouldsmith, P.J.	Pte	Ch18840	A	25 Jan 1921	RMB Chatham 5 Feb 1919.
Gourlay, J.	Pte	Ch12468	A	29 Nov 1920	Party 30 Sep 1919.
Grady, H.	Pte	Ch18749	A	29 Oct 1920	Party 15 Jul 1919.
Graham, A.E.	Cpl	Ch15071	A	13 Aug 1920	HM Island Ascension Sth Atlantic 24 Mar 1919.
Graham, C.F.O.	Captain		O	25 Jul 1920	Party 25 Jul 1920.
Graham, M.	Pte	Ch18469	A	4 Aug 1920	*HMS Yarmouth* 4 Aug 1920.
Grainger, A.G.	Pte	Ch15439	A		DD 5 Oct 1914. Widow Mrs E.E.Grainger 11 Apr 1919.
Grainger, A.R.	Pte	Ch15463	A	25 Jan 1921	RM Depot Deal 17 Jul 1919.
Grant, A.	Pte	Ch15708	A		Party 17 Jun 1919.
Grant, C.	Pte	Ch18426	A	3 Aug 1920	Party 3 Aug 1920.
Gray, W.J.	Pte	Ch18832	A	18 Aug 1920	Party 25 Mar 1920.
Green, A.J.	Pte	Ch14923	A		Party 27 Feb 1919.
Green, J.	Pte	Ch3231	A	19 Aug 1920	RM Chatham 20 Mar 1919.
Green, J.H.	Pte	Ch18700	A	28 Jul 1922	Party 30 Sep 1919.
Green, P.	Pte	Ch10388	A	28 Jun 1920	Party 25 Sep 1919.
Green, R.C.	L/Cpl	Ch9481	A	12 Dec 1924	DD 17 Feb 1917. Widow Mrs E.M.Green 1 Jul 1919.
Green, W.	Pte	Ch10431	A		Party 25 Sep 1919.

CHATHAM BATTALION R.M.L.I.

Name	Rank	Number		Date	Notes
Green, W.A.	Pte	Ch18496	A	30 Jun 1920	Party 1 Feb 1919.
Gregory, F.	Pte	Ch18924	A	29 Jan 1921	Party 29 Jan 1921.
Grice, J.	Pte	Ch4965	A	28 Jan 1921	NTO Calais 27 Jan 1919.
Griffin, T.F.	Pte	Ch10824	A	22 Oct 1920	Party 30 Sep 1919.
Grimley, J.M.W.	Pte	Ch18024	A		DD 31 May 1916. Father Mr M.Grimley 19 Jun 1919.
Grooms, F.G.	Pte	Ch18471	A	23 Oct 1920	HMS St.George 17 Mar 1919.
Gross, A.	Sergt	Ch9065	A	27 Jan 1921	HMS Osea 5 Feb 1919.
Guttridge, G.W.	Pte	Ch6290	A	30 Jun 1920	Party 23 Sep 1919.
Hackshaw, B.	Pte	Ch6659	A		DD 11 Apr 1918. Retd to R.Mint Mar 1934.
Hall, A.E.	Bugler	Ch14859	A	12 Feb 1921	RMB Chatham 5 Feb 1919.
Hall, A.G.	Col/Sergt	Ch2849	A	18 Oct 1920	Party 11 Sep 1919.
Hall, E.R.H.H.	Cpl	Ch15683	OAC	7 Jul 1920	RMLI Chatham 24 Mar 1919.
Hall, G.H.	Pte	Ch5836	A	1 Jul 1920	Party 23 Jan 1919.
Hall, H.S.	Pte	Ch13310	A	29 Jan 1921	HMS Colleen 6 Mar 1919.
Hall, T.G.	Pte	Ch15234	A	22 Dec 1920	DD 7 Jun 1915. Brother Mr James Hall 22 Dec 1920.
Hall, T.H.	Pte	Ch18561	A	25 Jan 1921	RMB Chatham 5 Mar 1919.
Haly, J.E.	Pte	Ch18195			Party 19 Feb 1919.
Hambleton, H.H.	Pte	Ch16452	O		RMB Chatham 16 Jul 1919.
Hambrook, G.W.	Pte	Ch15396	A	29 Jul 1920	RMB Chatham 16 Jul 1919.
Hamlet, T.	Pte	Ch15033	A	14 Sep 1920	HMS Pembroke 14 Apr 1919.
Hammerton, C.	L/Cpl	Ch8364	A	- -	Party 30 Sep 1919.
Hammond, G.	Col/Sergt	Ch5350	D		Party 25 Sep 1919.
Hammond, H.J.	Pte	Ch18669	A	25 Jan 1921	RMB Chatham 16 Jul 1919.
Hammond, J.	QM & Hon/Lieut		A	27 Apr 1922	HMS Pembroke 5 Feb 1919.
Hammond, J.G.	Col/Sergt	Ch1337			Party 20 Mar 1919.
Hanson, C.H.	Pte	Ch8393	A	25 Jun 1920	RMB Chatham 24 Mar 1919.
Hanson, F.	Pte	Ch13118	A	27 Oct 1920	Party 6 Oct 1919.
Hanson, F.J.	Act/Sergt/Mjr	Ch7683	A	9 Feb 1925	DD 13 Nov 1916. Legal rep. of Widow Mr F.Skelton 9 Feb 1925.
Hanson, G.	Pte	Ch12462	A	4 Feb 1921	63/Div.Train.Res.Farnham 19 Feb 1919.
Harding, S.H.	Pte	Ch13230	A	28 Jun 1920	Party 8 Aug 1919.
Harding, W.A.	Pte	Ch10593	A	29 Oct 1920	Party 15 Jul 1919.
Hardwick, A.S.	Pte	Ch17949	D	R	RMB Chatham 16 Jul 1919.
Hare, L.	Pte	Ch18676	A	9 Jul 1921	Party 18 Nov 1919.
Hargrove, W.	Pte	Ch2559	A	28 Jun 1920	Party 24 Jul 1919.
Harper, J.	Pte	Ch7550	D		DD 3 Feb 1915. Father Mr M.H.Harper 13 Jun 1919.
Harris, P.	Pte	Ch18113	D	R	Party 22 Oct 1919.
Harris, W.T.	Pte	Ch15761	A	7 Jul 1920	HMS King George V 14 Apr 1919.
Harrison, C.	Pte	Ch16063	A	7 Jul 1920	RMB Chatham 16 Jul 1919.
Harrison, H.	Pte	Ch18205	D		Run 7 Aug 1919. Retd to R.Mint Mar 1934.
Harrop, W.	Pte	Ch18753	A	8 Jul 1920	Party 5 Aug 1919.
Harrott, C.O.	Col/Sergt	Ch2735	A	4 Feb 1921	RMB Chatham 24 Mar 1919.
Hart, A.H.	Pte	Ch14308	A	29 Jul 1920	HM Island Ascension Sth Atlantic 4 Mar 1919.
Hartree, F.J.L.	QMS	Ch6473	A	7 Feb 1921	RM Barracks 10 Mar 1919.
Harvey, W.H.	Pte	Ch18127			Party 15 May 1919.
Harvey, W.H.	Pte	Ch18706	D		DD 30 Jun 1915. Legatee Mrs E.Harvey 13 Jun 1919.
Harwood, G.W.	Pte	Ch18748	A	27 Apr 1923	DD 25 May 1918. Widow Mrs C.S.Harwood 27 Apr 1923.
Hatcher, L.	Cpl	Ch13095	A	12 Jan 1921	Party 30 Sep 1919.
Hatherill, J.	Col/Sergt	Ch4134			RM Depot Deal 17 Jul 1919.
Hatton, E.A.S.	Captain		A	6 Mar 1925	DD 29 May 1915. Widow Lady Raeburn (remarried) 18 Aug 1919.
Haughton, G.F.	Pte	Ch10492	A	25 Jun 1920	Party 23 Jun 1919.
Hawkes, E.H.	Pte	Ch15504	OAC	25 Sep 1920	RM Chatham 5 Feb 1919.
Hawley, O.J.	Pte	Ch5795	A	6 Jul 1920	Party 21 May 1919.
Haycock, W.	Pte	Ch18349	O D		HMS Courageous 5 Mar 1919.
Hayes, H.	Pte	Ch18033	D		RMB Chatham 9 Jan 1922.
Haylett, S.D.	Pte	Ch14656	A	29 Jul 1920	Depot RM Deal 10 Mar 1919.
Haynes, A.G.	L/Cpl	Ch8267	O		RMB Chatham 15 Jul 1919.
Haynes, A.G.	Pte	Ch9116	A	29 Jun 1920	Party 30 Sep 1919.
Haywood, H.	Pte	Ch8502	A	30 Jul 1920	Party 3 Apr 1919.
Hayword, A.F.	Act/Sergt/Mjr	Ch10659	A	2 Jul 1924	DD 11 May 1915. Widow Mrs C.Hayword 2 Jul 1924.
Heard, A.E.	Pte	Ch18499	A		DD 25 May 1915. Father Mr A.E.Heard 13 Jun 1919.
Heath, R.	Pte	Ch7675	A		DD 30 Apr 1915. Widow Mrs M.A.Heath 13 Jun 1919.
Helms, W.J.	Pte	Ch16072	A	24 Jun 1920	Party 22 Jan 1919.
Hemings, W.B.	Pte	Ch8104	A	28 Jan 1920	HMS Cyclops 21 Jan 1919.
Hemming, J.	Pte	Ch10338	A	29 Jan 1921	HMS Pembroke 29 Jan 1919.
Hemsley, J.	Pte	Ch18839	A		DD 3 Feb 1915. Widow Mrs E.Willard 27 Jun 1919.
Hennesey, N.	Pte	Ch4384	A	18 Oct 1920	Party 25 Sep 1919.
Heritage, W.J.	Pte	Ch15576	A	28 Jan 1921	RM Depot Deal 17 Jul 1919.

CHATHAM BATTALION R.M.L.I.

Name	Rank	Number		Date	Notes
Heritage, W.R.	Pte	Ch18770	A	29 Jan 1921	Divisional Training Reserve 19 Dec 1919.
Heselton, A.W.	Pte	Ch8332	A	5 Nov 1920	Party 23 May 1919.
Hewitt, A.H.	Pte	Ch18458	A	13 Nov 1920	Party 30 Sep 1919.
Hewitt, S.A.	Pte	Ch9559	A	28 Oct 1920	Party 30 Sep 1919.
Hewlett, J.	Pte	Ch18411	A	8 Mar 1923	DD 20 Oct 1916. Legatee Mrs L.F.Hewlett 13 Jun 1919.
Hibberd, E.	Pte	Ch12917	A	29 Jul 1920	*HMS Newcastle* 15 May 1919.
Higgs, T.H.	Pte	Ch16654	OAC		DD 28 Apr 1917. Mother Mrs E.Higgs 22 Aug 1919.
Hildhitch, F.G.	Pte	Ch11770	D		*HMS Prince Rupert* 15 Mar 1919.
Hill, C.V.B.	Pte	Ch18299	A	25 Aug 1920	Party 31 Jan 1919.
Hills, H.W.	Cpl	Ch13811	A	16 Aug 1920	RMB Chatham 5 Feb 1919.
Hillsdon, H.J.	Pte	Ch18504	A	10 Oct 1922	*HMS Coventry* 25 Jul 1919.
Hindley, C.	Pte	Ch13748	D		Party 23 Jul 1919.
Hindrey, A.H.J.	Pte	Ch17987	D		Party 31 Dec 1924.
Hinton, S.C.	Pte	Ch13066	OAC		DD 18 Jul 1915. Widow Mrs Frances Hinton 17 Jun 1919.
Hirst, A.	Pte	Ch12698	A		DD 7 Jun 1915. Widow Mrs E.M.Hirst 13 Jun 1919.
Hitchin, B.T.	Pte	Ch18521	A		DD 3 May 1919. Mother Mrs I.Hitchin 8 Mar 1920.
Hoad, A.	Pte	Ch13685	A	12 Dec 1924	DD 9 Sep 1917. Widow Mrs E.J.Hoad 8 Oct 1919.
Hoare, E.W.	Pte	Ch9172	A	6 Sep 1922	Party 6 Sep 1922.
Hoare, H.	Sergt	Ch8036	A	4 Aug 1920	DD 13 Nov 1916. Widow Mrs A.H.Hoare 4 Aug 1920.
Hobbs, R.H.	Pte	Ch18461	A		DD 27 May 1915. Father Mr H.J.Hobbs 13 Jun 1919.
Hodden, E.J.	Col/Sergt	Ch4165	A	25 Oct 1920	Party 30 Sep 1919.
Hodgkins, J.	Pte	Ch18493	A	18 Oct 1921	Party 18 Oct 1921.
Hodgman, W.G.	Pte	Ch17871	D		Party 13 Nov 1919.
Hodson, A.	Pte	Ch18198	D		*HMS Crescent* 25 Jul 1919.
Hogburn, F.	Pte	Ch17979	O		RMB Chatham 16 Jul 1919.
Hogg, G.G.	Pte	Ch18869	A	8 May 1923	Party 11 Apr 1919.
Hogg, H.	Pte	Ch10224	O		Party 29 Jul 1919.
Hogg, W.	Pte	Ch18654	A	12 Dec 1924	DD 28 May 1915. Mother Mrs J.Hogg 19 Apr 1919.
Holdway, S.T.	Sergt	Ch5203	A	15 Feb 1927	RMLI Aldershot 29 Jan 1919.
Holland, J.C.	Pte	Ch18677	A	28 Oct 1920	Party 7 Oct 1919.
Holland, J.H.	Pte	Ch18769	A	7 Sep 1920	4/London General Hospital 15 Apr 1919.
Holley, W.	Pte	Ch5252			Party 6 Oct 1919.
Holman, C.W.	Pte	Ch12953	A	6 Jul 1920	Training Establishment Shotley 28 Mar 1919.
Holmes, F.	Pte	Ch10637	A		DD 3 Feb 1915. Widow Mrs B.Holmes 13 Jun 1919.
Holmes, G.J.	Col/Sergt	Ch11051	A	29 Jun 1920	Party 25 Sep 1919.
Holmes, J.W.	Pte	Ch12202	A	18 Oct 1920	Party 30 Oct 1919.
Holmes, W.	Pte	Ch6899	A		DD 29 Apr 1915. Widow Mrs E.H.F.Holmes 13 Jun 1919.
Holness, J.	Pte	Ch12181	A	28 Oct 1920	Party 7 Oct 1919.
Hook, H.A.	Pte	Ch18124	D		Party 13 Jun 1919.
Horn, J.	Pte	Ch10894	D		Party 25 Jan 1919.
Horne, H.J.C.	Pte	Ch18142	OAC		Party 1 Feb 1919.
Hornsly, T.H.	Pte	Ch7530	A	25 Oct 1920	Party 1 Feb 1919.
Horsfall, F.T.	Pte	Ch10018	D		DD 31 May 1916. Legatee Mrs F.A.Speers 13 Jun 1919.
Hoskins, T.H.	Pte	Ch12888	A	13 Jan 1921	Party 25 Jan 1919.
House, A.	Pte	Po10572	A	14 Sep 1920	RM Barracks Gosport 28 Jul 1920.
House, C.A.	Cpl	Ch11935	O		Party 29 Aug 1919.
Howard, J.T.	Pte	Ch18670	A		DD 3 May 1915. Mother Mrs C.Ogram 13 Jun 1919.
Howe, T.	Pte	Ch6950	A	25 Jan 1921	DD 4 Dec 1918. Widow Mrs H.S.Howe 25 Jan 1921.
Howell, A.	Pte	Ch11787	O		Party 30 Sep 1919.
Howell, H.	Pte	Ch18231	D		*HMS Curacoa* 7 Mar 1919.
Howell, H.T.	Pte	Ch3923	A	29 Jan 1921	PNTO Marseille (sic) 11 Mar 1919.
Howell, L.	Pte	Ch16014	A	28 Jan 1921	*HMS President VI* 25 Jul 1919.
Howson, W.H.	Pte	Ch10087	A		RM Chatham 19 Jun 1919.
Huckle, F.C.	Pte	Ch7577	A		DD 30 Apr 1915. Widow Mrs Jessie P.Huckle 7 May 1919.
Huggett, F.	Pte	Ch12165	A	30 Jun 1920	Party 10 Apr 1919.
Huggett, G.E.	Pte	Ch15863	A	29 Jan 1921	RMB Chatham 16 Jul 1919.
Huggins, G.	Pte	Ch7756	A	28 Oct 1920	Party 9 Oct 1919.
Hughes, R.	Pte	Ch11847	A	25 Jan 1921	RMB Chatham 16 Jul 1919.
Hughes, W.	Pte	Ch18665	A		*HMS Theseus* 25 Jul 1919.
Hughes, W.	Pte	Ch9008	A	8 Oct 1920	Party 8 Oct 1919.
Hulls, W.A.	Sergt	Ch5753	A	25 Sep 1920	Party 24 Feb 1919.
Hulme, J.A.	Pte	Ch17646	O		RMB Chatham 5 Feb 1919.
Humphrey, E.J.	Col/Sergt	Ch4668	O		Party 9 Apr 1919.
Humphrey, H.W.	Sergt	Ch13922	A	14 Apr 1924	DD 5 Oct 1914. Legatee Miss H.Humphrey 14 Apr 1924.
Humphrey, R.	Pte	Ch15031	A	23 Jul 1920	RMB Chatham 5 Feb 1919.
Hunt, A.	Pte	Ch10676	A	25 Oct 1920	Party 27 Feb 1919.
Hunt, E.	Pte	Ch12057	A	25 Oct 1920	Party 30 Sep 1919.

CHATHAM BATTALION R.M.L.I.

Name	Rank	Number		Date	Notes
Hunt, F.W.	Pte	Ch15473	OAC		*HMS Roberts* 23 Jan 1919.
Hunt, H.D.	Pte	Ch16244	A	25 Jan 1921	*HMS Victorious I* 25 Jul 1919.
Hunt, P.S.	Pte	Ch18181	D		Father Mr R.Hunt 3 Feb 1921.
Hunt, T.	Pte	Ch8083	A	7 Jul 1920	Party 7 May 1919.
Hurley, W.G.	Pte	Ch18754	A	29 Jun 1920	*HMS Mars* 3 Apr 1919.
Hutchings, C.E.	L/Cpl	Ch16118	A		DD 3 May 1915. Legatee Miss F.Hanifin 13 Jun 1919.
Hutchinson, R.H.	Pte	Ch16346	A	20 Aug 1920	RM Chatham 24 Mar 1919.
Hutton, R.J.	Pte	Ch3402	A	20 Jul 1920	NTO Calais 27 Jan 1919.
Hyde, H.	Pte	Ch18552	A	16 Aug 1920	DD 31 Jul 1918. Mother Mrs E.Hyde 16 Aug 1920.
Hyland, E.	Pte	Ch12813	A	29 Oct 1920	Party 6 Oct 1919.
Ingham, R.	Pte	Ch8324	D		DD 30 Apr 1915. Widow Mrs R.A.Ingham 13 Jun 1919.
Ingram, H.P.J.	Pte	Ch15059	A	25 Oct 1920	Party 30 Sep 1919.
Irvine, W.	Pte	Ch18656	A		DD 6 May 1915. Brother Mr Henry Irvine 17 Jun 1919.
Ivatt, A.	Pte	Ch8139	A	18 Oct 1920	Party 30 Jan 1919.
Jack, A.J.	Col/Sergt	Ch3348	A	22 Oct 1920	Party 7 Feb 1919.
Jackson, E.	Pte	Ch9562	A		Party 23 Jan 1919.
Jackson, G.	Pte	Ch6137	A		DD 25 Jun 1915. Brother Mr A.Jackson 13 Jun 1919.
Jackson, R.	Pte	Ch18475	A	20 Jan 1921	RMB Chatham 5 Feb 1919.
Jackson, W.H.	Pte	Ch18664	A		*HMS Earl of Peterborough* 4 Feb 1919.
Jackson, W.T.	Pte	Ch15973	A	25 Oct 1920	Party 2 Oct 1919.
James, C.F.	Pte	Ch10069	A	18 Oct 1920	Party 25 Sep 1919.
James, S.	Pte	Ch17836	D		DD 23 Apr 1918. Widow Mrs James 2 Mar 1920.
James, T.	Pte	Ch10964	A	27 Oct 1920	Party 25 Sep 1919.
Janes, A.E.	Pte	Ch12385	A	1 Jul 1920	RM Chatham 24 Mar 1919.
Jarman, C.	Pte	Ch9369	A	25 Jun 1920	Party 1 Aug 1919.
Jarvis, C.	Cpl	Ch8024	A	28 Apr 1923	RMB Chatham 16 Jul 1919.
Jarvis, J.H.	Pte	Ch14799	A	28 Sep 1921	RMB Chatham 16 Jul 1919.
Jeaves, E.	Pte	Ch9123	A	31 Jan 1921	*HMS Diligence* 20 Mar 1919.
Jebb, G.F.	Pte	Ch18766	A	7 Dec 1920	Party 7 Dec 1920.
Jellyman, C.H.	Pte	Ch12711	A	29 Jan 1921	*HMS Wallington* 1 Aug 1919.
Jenkins, J.F.K.	Pte	Ch12706	A	25 Oct 1920	Party 27 Feb 1919.
Jenkins, T.W.	Pte	Ch15664	OA		DD 14 Nov 1916. Father Mr James Jenkins 26 Feb 1919.
Jermyn, H.	Pte	Ch16166	A	4 Feb 1921	RMB Chatham 5 Feb 1919.
Jeroms, P.	Sergt	Ch1326	O		Party 3 Jan 1922.
Johnson, A.D.L.	Pte	Ch18467	A		DD 8 May 1915. Father Mr M.J.Johnson 13 Jun 1919.
Johnson, C.	Cpl	Po14377	O		DD 13 Apr 1915. Legal rep. of Father 7 Sep 1925.
Johnson, C.S.	Pte	Ch18682	A	26 Oct 1920	Party 27 Sep 1919.
Johnson, F.	Pte	Ch9379	Z		Party 22 May 1919.
Johnson, H.	Pte	Ch18671	A	21 Jul 1920	Party 10 Apr 1919.
Johnson, S.H.	Pte	Ch16481	O		*HMS Colleen* 6 Mar 1919.
Johnson, W.	Pte	Ch18771	A	1 Jul 1920	*HMS Pembroke* Chatham 29 Jan 1919.
Jolley, N.K.	2/Lieut				Party 20 Dec 1919.
Jones, A.W.	Pte	Ch15565	D		Party 13 Jun 1919.
Jones, C.	Pte	Ch15715	A		DD 20 Jul 1916. Mother Mrs M.A.Jones 28 Feb 1920.
Jones, C.F.	Pte	Ch13601	O		Party 25 Sep 1919.
Jones, E.G.	Pte	Ch13590	A	4 Feb 1921	RMB Chatham 16 Jul 1919.
Jones, F.W.	Pte	Ch5034	A	29 Jan 1921	RMB Chatham 16 Jul 1919.
Jones, G.	Pte	Ch18460	A	8 Jul 1920	*HMS Hercules* 9 Jul 1919.
Jones, J.	Pte	Ch6299	A	22 Oct 1920	Party 25 Sep 1919.
Jones, W.A.	Cpl	Ch14205	A	22 Oct 1920	Party 30 Sep 1919.
Jordan, F.W.	Cpl	Ch16001	A	25 Jan 1921	*HMS Furious* 23 Jul 1919.
Jordan, S.H.	Pte	Ch18159	A	25 Jan 1921	*HMS Mars* 24 Feb 1920.
Josey, A.	Pte	Ch7535	A	5 Nov 1920	*HMS Tyne* 20 Jan 1919.
Josey, J.H.	Col/Sergt	Ch4725	A	31 Jan 1921	RM Chatham 24 Mar 1919.
Juniper, E.W	Pte	Ch18925	A		Party 20 May 1919.
Jupp, J.F.	Pte	Ch13322	A	1 Jul 1920	Party 19 Apr 1919.
Jutton, W.F.	Pte	Ch11581	A	29 Oct 1920	Party 7 Oct 1919.
Kavanagh, F.J.	Pte	Ch15862	D		Party 24 Jun 1919.
Keay, E.W.	Pte	Ch18649	A	7 Feb 1921	RMB Chatham 16 Jul 1919.
Kebbell, G.	Pte	Ch10604	A	29 Jun 1920	Party 4 Jun 1919.
Kedge, A.R.	Pte	Ch8411	A	22 Oct 1920	Party 30 Sep 1919.
Keeley, G.	Cpl	Ch18744	A	3 Feb 1921	RMB Chatham 16 Jul 1919.
Keen, A.	Pte	Ch11856	A		DD 3 Sep 1915. Widow Mrs E.A.Keen 7 Nov 1919.
Keightley, H.F.	Pte	Ch11755	A	29 Oct 1920	Party 13 Aug 1919.
Kelly, C.P.	Pte	Ch10360	A	2 Feb 1925	DD 5 May 1915. Widow Mrs Rose O.Kelly 6 Sep 1919.
Kelly, P.	Pte	Ch11572	A	28 Oct 1920	Party 13 Oct 1919.
Kelsey, A.	Pte	Ch14714	A	2 Nov 1920	Party 2 Oct 1919.

CHATHAM BATTALION R.M.L.I.

Name	Rank	Number			Notes
Kendall, E.E.	Pte	Ch18556	A	28 Jan 1920	Party 23 May 1919.
Kenny, G.J.	Col/Sergt	Ch3861	A		RMB Chatham 16 Jul 1919.
Kent, A.	Pte	Ch10497	A	29 Oct 1920	Party 30 Sep 1919.
Kent, J.W.	Pte	Ch18697	D		*HMS Victorious* 27 Jan 1919.
Kessell, S.F.	Pte	Ch5243	A	5 Feb 1921	RM Chatham 24 Mar 1919.
Ketcher, C.E.	Pte	Ch11474	O		*HMS Ganges* 1 Aug 1919.
Kibble, T.	Pte	Ch15568	D		RMB Chatham 3 Aug 1920.
Killing, H.G.	Pte	Ch18179	D		DD 30 Dec 1915. Mother Mrs A.Killing 11 Jul 1919.
King, A.T.	Pte	Ch16732	OAC	8 Jul 1920	*HMS Chester* 27 Jan 1919.
King, C.	Pte	Ch15261	D		Party 30 Sep 1919.
Kingsnorth, H.J.	Pte	Ch18178	D		RMB Chatham 16 Jul 1919.
Kingston, A.F.	Pte	Ch18546	A		DD 4 May 1915. Father J.Kingston 11 Sep 1919.
Kingston, D.	Pte	Ch10330	A		DD 4 Dec 1916. Elder Brother S.Kingston 17 May 1920.
Kingston, E.	Pte	Ch18229	D		*HMS Ganges II* 28 Mar 1919.
Kinlock, J.	Pte	Ch9308	A	18 Dec 1920	NTO Calais 27 Jan 1919.
Kirk, H.D.	Col/Sergt	Ch5690	A		RMB Chatham 16 Jul 1919.
Kitchen, A.	Pte	Ch18666	A		Run. Retd to R.Mint Mar 1934.
Knight, C.	Pte	Ch12884	A	22 Oct 1920	Party 30 Sep 1919.
Knight, O.S.	Pte	Ch18557	A	6 Feb 1940	*HMS President III* 25 Jul 1919. Dups issued to *HMS Lowestoft* 23 Nov 1923 and 7 May 1939.
Knighton, G.F.T.	Pte	Ch18123	D		*HMS Bonaventure* 11 Apr 1919.
Knill, F.	QMS	Ch7657	A		Party 30 Sep 1919.
Lambert, L.	Pte	Ch18470	A		Deserted. Retd to R.Mint Mar 1934.
Lancaster, E.V.	Pte	Ch16274	A		DD 6 May 1915. Retd to R.Mint Mar 1934.
Lang, S.	Pte	Ch18446	A	8 Sep 1920	X Bgde, RGA, Lark Hill 8 Sep 1920.
Langdon, J.H.	Pte	Ch12183	A		DD 13 May 1915. Retd to R.Mint Mar 1934.
Langford, E.A.	Pte	Ch8777	A	26 Oct 1920	Party 27 Feb 1919.
Langford, F.	Pte	Ch8296	A	18 Oct 1920	Party 30 Jan 1919.
Langhorn, J.G.	Pte	Ch18717	A	4 Feb 1921	RMB Chatham 25 Jul 1919.
Langlois, G.R.	Pte	Ch18191	D		DD 15 Oct 1918. Father E.N.Langlois 29 May 1920.
Lapworth, H.W.	Pte	Ch18659	A		RMB Chatham 5 Mar 1919.
Lasham, H.J.	Pte	Ch14229	A	15 Jul 1920	RMLI Aldershot 28 Jan 1919.
Laurence, J.	Pte	Ch15805	A	18 Oct 1920	Party 30 Sep 1919.
Lawes, J.	Pte	Po5613			DD 30 Apr 1915. Widow Mrs N.J.Lawes 22 Mar 1920.
Lawrence, J.H.	Pte	Ch8110	A		DD 5 Oct 1914. Widow Mrs Lawrence 30 Sep 1919.
Lay, T.	Pte	Ch14174	A	25 Oct 1920	Party 13 Oct 1919.
Leask, J.	Pte	Ch18481	D		Retd to R.Mint Mar 1934.
Leatt, A.E.	Pte	Ch5581	A	17 Jun 1920	Party 17 Mar 1919.
Ledger, A.	Pte	Ch9067	A	20 Jul 1920	DD 4 May 1915. Widow Mrs S.Ledger 20 Jul 1920.
Lee, G.	Col/Sergt	Ch6560	A		RND Aldershot 29 Jan 1919.
Lee, S.W.	Pte	Ch6320	O		Party 30 Sep 1919.
Lee, T.W.	Pte	Ch10728	O		Party 29 Oct 1919.
Lees, H.W.	Pte	Ch18013	A		Run. Retd to R.Mint Mar 1934.
Leeson, W.G.	Col/Sergt	Ch3292	A	29 Oct 1920	Party 29 May 1919.
Lewington, H.	Col/Sergt	Ch8838	A	1 Jun 1922	DD 29 Jun 1920. Widow Mrs Lewington 1 Jun 1922.
Lewis, W.H.	Cpl	Ch11659	A		RMLI Aldershot 28 Jan 1919.
Lewry, J.	Pte	Ch7172	A	2 Nov 1920	Party 30 Sep 1919.
Lightfoot, W.G.P.	Pte	Ch18004	O		*HMS Weymouth* 5 Mar 1919.
Lilley, L.	Pte	Ch12999	A	20 Jul 1920	DD 30 Apr 1915. Widow Mrs E.R.Lilley 20 Jul 1920.
Ling, W.J.	Pte	Ch15947	OAC		RMB Chatham 16 Jul 1919.
Lloyd, C.O.	Pte	Ch17237	OAC		DD 3 Nov 1916. Miss Violet Setter-(By marriage) Mrs Philpot 2 Jan 1920.
Lock, A.J.	Pte	Ch18547	A	2 Nov 1920	Party 2 Nov 1920.
Lofts, E.	Pte	Ch13595	A	26 Oct 1920	Party 2 Oct 1919.
Lovatt, E.J.	Cpl	Ch16584	A	14 Jul 1921	Sister Miss I.H.Lovatt 14 Jul 1921.
Love, W.G.	Pte	Ch16863	A		DD 5 May 1915. Father 13 Oct 1919.
Loveland, S.	Pte	Ch10252	A	5 Nov 1920	Party 6 Aug 1919.
Lovell, E.H.	Pte	Po13185	A	17 Jun 1920	*HMS Crescent* 5 Mar 1919.
Lovell, W.	Col/Sergt	Ch6129	A		RMB Chatham 3 Apr 1919.
Luckett, J.	Pte	Ch6712	A	22 Jun 1920	Party 27 Feb 1919.
Lucking, S.L.	Pte	Ch18516	A	15 Nov 1927	DD 9 Jun 1915. Father Mr T.Lucking 19 Mar 1919.
Ludgate, W.E.	Pte	Ch12561	A	18 Oct 1920	Party 15 Sep 1919.
Luxton, J.	Pte	Ch2372	A	4 Feb 1921	*HMS Pembroke* 29 Jan 1919.
Lyons, J.	Pte	Ch18133	A	4 Feb 1921	RMB Chatham 5 Feb 1919.
Lyons, J.	Pte	Ch18473	A	28 Sep 1921	DD. Father Mr J.Lyons 28 Sep 1921.
Mace, J.	Pte	Ch6289	A	17 Jun 1920	Party 13 Jan 1919.
MacFarlane, H.	Pte	Ch13386	A		DD 2 May 1915. Mother Mrs Horton 8 Oct 1919.

CHATHAM BATTALION R.M.L.I.

Name	Rank	Number			
Mack, W.	Pte	Ch15090	D		RMB Chatham 16 Jul 1919.
Mackin, A.	Pte	Ch18017	A	4 Feb 1921	RMB Chatham 5 Mar 1919.
Macknell, C.	Pte	Ch15173	O		RMLI Chatham 24 Mar 1919.
Mahoney, M.J.	Col/Sergt	Ch4010	A	5 Feb 1921	RM Chatham 24 Mar 1919.
Mainwood, F.J.	Pte	Ch4011	A	18 Oct 1920	Party 2 Oct 1919.
Makin, A.	Pte	Ch6732	A	30 Jun 1920	Party 3 Jul 1919.
Malone, T.	Pte	Ch9396	D		RMB Chatham 16 Jul 1919.
Maltby, A.L.	Pte	Ch18120	A		DD 31 Aug 1915. Legatee Mrs M.A.Maltby 7 Oct 1919.
Manley, E.S.	Pte	Ch18629	A		DD 2 May 1915. Widow Mrs F.E.Manley 16 Dec 1919.
Marchant CB, A.E.	Brig/Gen		A	15 Jun 1921	Party 18 Jul 1919.
Mark, S.	Pte	Ch6987	A	21 Nov 1921	Party 30 Sep 1919.
Marsh, A.	Pte	Ch15496	A	7 Jul 1920	RMB Chatham 16 May 1919.
Marsh, A.	Sergt	Ch7891			DD 2 May 1915. Widow Mrs Mary R.Marsh 28 Mar 1919.
Marsh, F.	Pte	Ch18466	A		Party 17 Mar 1920.
Marshall, T.	Col/Sergt	Ch7448	A	25 Aug 1920	RM Depot Deal 17 Jul 1919.
Marshall, W.J.	Pte	Ch6175	A		DD 7 Sep 1916. Legatee W.Biss Esq 8 Oct 1919.
Martin, A.H.	Pte	Ch5989	D		Party 2 Oct 1919.
Martin, H.	Pte	Ch18774	A	4 Feb 1921	HMS Ganges II 28 Mar 1919.
Martin, J.T.	Pte	Ch12788	A	17 Jun 1920	Party 11 Apr 1919.
Martin, T.H.	Pte	Ch16364			HMS Bonaventure 26 Jul 1919.
Martindale, J.F.H.	Sen/RA	M9540	A*	3 Nov 1920	Party 14 Nov 1919.
Marven, D.J.	Pte	Ch13874	A		DD 1 May 1915. Widow Mrs D.M.Marven 29 Apr 1920.
Maskell, C.	Pte	Ch9285	A	18 Oct 1920	Party 6 Mar 1919.
Masters, F.H.	Col/Sergt	Ch9244			Retd to R.Mint Mar 1934.
Matkin, P.	Cpl	Ch15444	O		RMB Chatham 16 Jul 1919.
Matthews, T.W.	Sergt	Ch11621	A	3 Jan 1921	RM Depot Deal 17 Jul 1919.
Mawhood, G.E.	Pte	Ch12356	A		DD 7 Jul 1918. Widow Mrs Mrs E.Mawhood 13 Oct 1919.
May, W.E.	Pte	Ch18145	A		DD 23 Apr 1918. Father W.May 18 Oct 1919.
Maybank, H.	Pte	Ch8569	A	3 Aug 1920	HMS Pembroke 29 Jan 1919.
Maybrey, T.	Pte	Ch18751	A	18 Aug 1920	HMS Mars 3 Apr 1919.
McCormack, S.	Pte	Ch18498	A		DD 28 May 1915. Father W.H.McCormack 9 Oct 1919.
McGillwray, D.G.	Pte	Ch18494	A		HMS Undaunted 5 Mar 1919.
McGuire, W.	Pte	Ch7315	A	16 May 1925	DD 16 Jan 1919. Widow Mrs L.E.McGuire 16 May 1925.
McKenzie, W.	Pte	Ch10551	A	4 Feb 1921	Party 7 Nov 1919.
McLachlan, J.	Cpl	Ch15925	D		Party 3 Oct 1919.
McLean, J.A.	Sergt	Ch15038	A	7 Jul 1920	RMB Chatham 16 Jul 1919.
McLeod, H.E.	Pte	Ch7592	A	4 Feb 1921	RM Chatham 24 Mar 1919.
McPherson, C.	Pte	Ch14992	A	6 Jul 1920	Party 20 Aug 1919.
McSwain, R.T.	Pte	Ch18204	D		DD 28 Jul 1918. Father A.McSwain Esq 16 Oct 1919.
Meen, W.	Pte	Ch11979	A	10 Aug 1920	Party 15 Sep 1919.
Merritt, J.	Pte	Ch10581	A		DD 7 Mar 1917. Widow Mrs H.Merritt 11 Jul 1919.
Mesher, W.	Sergt	Ch4281	A		DD 1920. Party 2 Oct 1919.
Mesley, W.C.	Pte	Ch9924	A	22 Jun 1920	Party 19 May 1919.
Miles, C.	Col/Sergt	Ch5361	A	22 Dec 1924	DD 13 May 1918. Eldest son Mr C.B.F.Miles 22 Dec 1924.
Miles, C.C.	Pte	Ch2459			Party 6 Aug 1919.
Mills, H.E.	Pte	Ch13337	A		DD 8 Apr 1915. Widow Mrs F.Higgins 8 Jul 1919.
Milson, A.E.	Pte	Ch13503	A	4 Feb 1921	RM Chatham 24 Mar 1919.
Minter, W.E.	Pte	Ch9505	A	2 Nov 1920	Party 7 May 1919.
Mitchell, A.E.	Col/Sergt	Ch8640	A	5 Feb 1921	RMB Chatham 16 Jul 1919.
Moare, R.	Pte	Ch18540	A	9 Jul 1923	Party 9 Jul 1923.
Mohr, G.	Col/Sergt	Ch4945	O		RMB Chatham 16 Jul 1919.
Monk, J.H.	Pte	Ch7426	A		HMS Malabar 1 Aug 1919.
Moore, D.	Pte	Ch6667	A	17 Jun 1920	Party 23 Apr 1919.
Moore, D.T.	Col/Sergt	Ch3655	A		Shetlands Section RNR 7 Mar 1919.
Moore, T.M.	Pte	Ch18455	A		RMB Chatham 16 Jul 1919.
Moore, W.	Pte	Ch8732	A	18 Oct 1920	Party 2 Oct 1919.
Morgan, G.H.	Pte	Ch13372	A		DD 29 Apr 1915. Widow Mrs M.R.Morgan 26 Nov 1919.
Morley, R.	Col/Sergt	Ch8237	A	7 Feb 1921	Party 7 Feb 1921.
Morres, E.H.	Captain		A	19 Nov 1920	Widow 19 Nov 1920.
Morris, A.	Pte	Ch18171	OAC	22 Dec 1921	RM Est. St.Helena 22 May 1919.
Morris, B.	Pte	Ch11335	A	22 Jun 1920	Party 9 Jul 1919.
Morris, H.	Pte	Ch17600	D	R	RMB Chatham 5 Feb 1919.
Morris, J.	Jun/RA	M9537	A*	2 Nov 1920	Party 26 Nov 1919.
Morris, J.W.	Pte	Ch13497	A	1 Jul 1920	Party 22 Jan 1919.
Morris, M.	Col/Sergt	Ch4843	A	29 Oct 1920	Party 8 Oct 1919.
Morris, W.A.	Cpl	Ch16676	A		RMB Chatham 5 Feb 1919.
Morse, P.	Pte	Ch15493	A		DD 28 Jul 1915. Father Mr A.I.Morse 16 Jul 1919.

CHATHAM BATTALION R.M.L.I.

Name	Rank	Number		Date	Notes
Moss, F.W.	Sergt	Ch3215	A	6 Jul 1920	RM Chatham 24 Mar 1919.
Moss, G.	Pte	Ch18764	A	22 Oct 1920	Party 2 Oct 1919.
Mossop, R.	Pte	Ch18112	D		RMB Chatham 5 Feb 1919.
Mottershead, J.H.	Pte	Ch11673	A	4 Feb 1921	*HMS Colleen* 6 Mar 1919.
Moule, W.A.	Pte	Ch18525	A	4 Feb 1921	RMB Chatham 11 Jun 1919.
Moulson, J.	Pte	Ch15545	D		RMB Chatham 16 Jul 1919.
Muckell, H.	Pte	Ch11968	A		DD 5 May 1915. Widow Mrs S.V.Muckell 17 Jul 1919.
Muldoon, J.	Pte	Ch16108	A	2 Nov 1920	DD 20 Jun 1915. Father A.Muldoon 2 Nov 1920.
Mullins, D.	Pte	Ch11759	A	13 Nov 1920	*HMS Pembroke* 29 Jan 1919.
Munday, W.	Cpl	Ch13238	A	3 Nov 1920	Party 6 Oct 1919.
Musselbrook, A.	Pte	Ch10359	A		DD 1 May 1915. Mrs J.Bruce 16 Oct 1919.
Nash, J.A.	Pte	Ch18527	A		DD 6 Oct 1914. Father Mr C.Nash 19 May 1919.
Neale, E.W.	Pte	Ch12572	A	19 Aug 1925	DD 30 Apr 1915. Sister Mrs A.L.Michie 27 Jan 1919.
Neighbour, A.E.	L/Cpl	Ch11612	A	1 Sep 1920	DNTO Dover 25 Jan 1919.
Netherway, W.P.J.	Pte	Ch11323	A	31 Aug 1920	DD 25 Feb 1919. Widow Mrs T.Netherway 31 Aug 1920.
Nettleton, J.A.	Pte	Ch15614	A	29 Oct 1920	Party 12 Jul 1919.
New, H.J.	QMS	Ch6699	A	25 Oct 1920	Party 1 Feb 1919.
Newman, A.A.	Pte	Ch7825	D		DD 5 Dec 1918. Widow Mrs L.Newman 29 Jul 1920.
Newman, G.	Pte	Ch10533	A		DD 30 Apr 1915. Widow Mrs A.J.Newman 16 Jul 1919.
Newman, H.J.F.	Pte	Ch11264	A	9 Feb 1921	*HMS Pembroke* 29 Jan 1919.
Newsam, R.	Pte	Ch7713	O		RMB Chatham 16 Jul 1919.
Newsham, G.	Bugler	Ch18483	A	28 Oct 1920	Party 4 Feb 1919.
Newton, A.	Pte	Ch4383	A	7 Feb 1921	*HMS Crescent* 5 Mar 1919.
Newton, J.	Pte	Ch12767	A	6 Aug 1920	Party 29 Jul 1919.
Newton, T.	Pte	Ch15898	A	4 Feb 1921	*HMS Crescent* 10 Mar 1919.
Noble, A.	Pte	Ch10172	A	24 Apr 1922	Party 8 Nov 1919.
Nolan, E.N.	Pte	Ch15894	OAC		RMB Chatham 16 Jul 1919.
Nolan, J.	Pte	Ch12944	A	25 Oct 1920	Party 13 Oct 1919.
North, G.A.	Pte	Ch15082	A	14 May 1931	Party 9 Apr 1919.
Nott, W.	Pte	Ch12269	A	16 Dec 1921	RMB Chatham 6 Mar 1919.
Nunn, E.	Pte	Ch4534	A	4 Feb 1921	*HMS President III* 25 Jul 1919.
Nutter, G.	Pte	Ch8154	A	3 Jun 1920	Party 4 Oct 1919.
O'Dell, G.	Pte	Ch18867	A	22 Jun 1920	Party 7 May 1919.
O'Gorman, E.	Pte	Ch18642	A		Run 12 May 1917. Retd to R.Mint Mar 1934.
Oakey, L.	Act/Cpl	Ch5839	A	Jan 1920	Party 11 Apr 1919.
Odell, W.R.	Pte	Ch12255			Party 9 Oct 1919.
Onwin, H.	Pte	Ch8811	A		DD 8 May 1915. Widow Mrs A.L.Onwin 15 Jul 1919.
Orgar, H.S.	QMS	Ch7707	A	13 Feb 1921	RM Depot Deal 10 Mar 1919.
Osborn, F.	Pte	Ch5822	A	18 Oct 1920	Party 30 Sep 1919.
Ovens, F.E.	Pte	Ch18252	D		Party 3 Oct 1919.
Owen, P.	Pte	Ch1741	A	4 Feb 1921	RMB Chatham 16 Jul 1919.
Paddington, W.D.	Pte	Ch15441	A		DD 25 May 1915. Widow Mrs F.E.Paddington 20 Oct 1919.
Page, E.	Pte	Ch9427	A	11 Aug 1933	Party 4 Nov 1919.
Page, H.S.	Sergt	Ch14118	A		DD 28 Oct 1917. Widow Mrs F.Page 31 Dec 1919.
Page, T.W.H.	Pte	Ch8894	O		Party 24 Oct 1921.
Paislow, A.E.	Pte	Ch5842	A	4 Feb 1921	*HMS Ganges II* 28 Mar 1919.
Pallister, W.	L/Cpl	Ch6719	A	27 Oct 1920	Party 25 Jan 1919.
Palmer, A.	Pte	Ch14134	A	30 Jun 1920	Party 6 Oct 1919.
Palmer, A.A.K.	Pte	Ch16271	O		DD 21 Oct 1918. Retd to R.Mint Mar 1934.
Palmer, W.T.E.	Col/Sergt	Ch7774	A	14 Oct 1922	DD 27 Mar 1920. Party 10 Apr 1919.
Palser, H.G.	Pte	Ch9150	A	28 Oct 1920	Party 22 Oct 1919.
Parker, A.L.	Pte	Ch18149	A	13 Mar 1925	*HMS Undaunted* 5 Mar 1919.
Parker, A.M.	L/Cpl	Ch7112	A	30 Jun 1920	Party 15 May 1919.
Parker, J.	Pte	Ch7344	O		Retd to R.Mint Mar 1934.
Parkes, H.E.	Pte	Ch18688	D		Run 17 Jul 1915. Retd to R.Mint Mar 1934.
Parr, E.	Pte	Ch18643	A		DD 7 Jun 1915. Mother Mrs M.Parr 13 Feb 1920.
Parrott, J.	Pte	Ch18030	A	4 Feb 1921	RMB Chatham 16 Jul 1919.
Parsons, C.McN.	Lieut/Col		A		RM Deal 3 Apr 1919.
Pascoe, T.	Pte	Ch13498	A	4 Feb 1921	Training Establishment Shotley 28 Mar 1919.
Passmore, S.R.E.J.	Pte	Ch17999	O		RMB Chatham 16 Jul 1919. Dup issued 31 Aug 1926.
Patch, A.	Cpl	Ch18139	A		RMB Chatham 16 Jul 1919.
Pateman, G.	Pte	Ch12381	A	25 Jun 1920	RM Chatham 24 Mar 1919.
Patmore, A.J.	Pte	Ch18708	A		*HMS Glory* 1 Aug 1919.
Patton, T.	L/Cpl	Ch8244	A	5 Feb 1921	RM Chatham 24 Mar 1919.
Pay, A.J.	Pte	Ch18003			RMB Chatham 16 Jul 1919.
Payton, J.E.	Pte	Ch18705	D		DD 13 May 1915. Father J.H.Payton Esq 27 Apr 1920.
Peacock, C.H.	Pte	Ch16448	A	3 Feb 1921	*HMS Topaze* 1 Aug 1919.

CHATHAM BATTALION R.M.L.I.

Name	Rank	Number		Date	Notes
Pearce, J.	Pte	Ply4567	A	28 Oct 1920	Party 3 Oct 1919.
Pearce, J.T.	Pte	Ch3275	A	10 Aug 1920	HM Island Ascension Sth Atlantic 24 Mar 1919.
Pearce, T.W.	Pte	Ch4944	A	29 Apr 1922	DD 1 May 1915. Widow Mrs E.Pearce 29 Apr 1922.
Pelling, H.T.	Pte	Ch18111	D		DD 26 Nov 1914. Father H.J.Pelling Esq 29 Jul 1919.
Penfold, F.W.	Pte	Ch9659	A		Party 20 Oct 1919.
Penn, E.W.J.	Cpl	Ch9891	A	23 Jun 1920	Party 23 Jan 1919.
Pepper, S.	Pte	Ch8935	O		Party 24 Jun 1924.
Perkins, F.S.	Pte	Ch11043	D		RMB Chatham 16 Jul 1919.
Perkins, J.	Pte	Ch9404	A	22 Jun 1920	Party 8 Jul 1919.
Perkins, W.E.	Pte	Ch18650	A	18 Oct 1920	Party 4 Feb 1919.
Peterson, J.	Sergt	Ch15056			Party 26 Jul 1919.
Phillips, D.A.A.	Pte	Ch18660	A		DD 15 Mar 1917. Father A.Phillips Esq 4 Jul 1919.
Phillips, J.	Pte	Ch13512	O		Party 23 Jul 1920.
Phillips, M.H.	Pte	Ch18448	A		DD 30 Mar 1915. Father Mr M.Phillips 30 Jul 1919.
Philpott, E.A.	Bugler	Ch10354	A		DD 14 Nov 1916. Father Mr John T.Philpott 12 Mar 1919.
Pickersgill, H.E.	Pte	Ch18544	A	26 Aug 1921	RMB Chatham 16 Jul 1919.
Pidcock, A.	Pte	Ch12206	A	1 Jul 1920	Party 17 May 1919.
Pike, H.W.	Pte	Ch16252	A	24 Aug 1920	DD 13 Nov 1916. Mother Mrs P.Pike 24 Aug 1920.
Platt, J.T.	Pte	Ch13155	A	13 Mar 1922	DD 30 Apr 1915. Mother Mrs L.Platt 13 Mar 1922.
Ploughman, W.	Pte	Ch12243	OAC	7 Jul 1920	*HMS Pembroke* 29 Jan 1919.
Plummer, J.H.	Sergt	Ch6475	A	5 Nov 1920	Party 2 Oct 1919.
Pocock, J.S.	Pte	Ch18517	A	29 Oct 1920	Party 25 Jul 1919.
Pont, J.	Pte	Ch11348	A	3 Nov 1920	Party 30 Oct 1919.
Pope, C.R.	Col/Sergt	Ch5417			Party 13 Oct 1919.
Poppy, E.J.	Pte	Ch18346	O		*HMS Weymouth* 5 Mar 1919.
Poppy, J.W.	Pte	Po4268			RM Chatham 24 Mar 1919.
Porteus, J.	Cpl	Ch3362	A	23 Sep 1920	RM Chatham 24 Mar 1919.
Pott, J.W.	Sergt	Ch8150	A		DD 20 May 1915. Widow Mrs E.M.Pott 11 Jun 1920.
Potter, A.	Pte	Ch9501	A	18 Oct 1920	Party 2 Oct 1919.
Potterton, G.W.	L/Cpl	Ch7672	A		RM Chatham 24 Mar 1919.
Povey, E.G.	Pte	Ch18535	A		DD 12 Jul 1915. Mother Mrs J.M.Hill 2 Jan 1920.
Powis, R.	Pte	Ch9453	A	25 Jul 1922	Party 17 May 1919.
Preston, J.W.	Pte	Ch15853	OD		RMLI Chatham 24 Mar 1919.
Price, G.C.	Pte	Ch12135	A	18 Oct 1920	Party 27 Mar 1919.
Prior, G.L.	Pte	Ch10839	A	18 Oct 1920	Party 15 Sep 1919.
Prior, W.	Col/Sergt	Ch4748	A	20 Jun 1922	RMB Chatham 5 May 1919.
Proctor, F.	Pte	Ch18830			DD 24 Aug 1915. Retd to R.Mint Mar 1934.
Proctor, H.V.	L/Cpl	Ch10579	A	13 Nov 1920	Party 23 Jul 1919.
Pulford, A.W.	Pte	Ch17965	D		*HMS Dreadnought* 1 Aug 1919.
Purcell, J.L.	Pte	Ch18476	A	6 Apr 1921	RMB Chatham 5 Feb 1919.
Purnell, A.L.	Pte	Ch11136	A		*HMS Crescent* 10 Mar 1919. Clasp retd "not known".
Quelch, J.R.	Sergt	Ch6602	A	28 Oct 1920	Party 8 Oct 1919.
Quinn, E.	L/Cpl	Ch8224	A	24 Oct 1924	RMB Chatham 16 Jul 1919.
Rainbow, T.F.	Cpl	Ch12727	A	2 Feb 1921	RMLI Chatham 24 Mar 1919.
Rainey, C.	L/Cpl	Ch9180	A	4 Feb 1921	*HMS Eaglet* 1 Aug 1919.
Ramsden, C.E.B.	Pte	Ch18506	A	4 Feb 1921	*HMS Tyne* 20 Jan 1919.
Randall, H.J.	Pte	Ch9042	A	29 Oct 1920	Party 3 Oct 1919.
Randall, T.S.	Pte	Ch16797	OAC	22 Oct 1921	RMB Chatham 16 Jul 1919.
Rapkin, G.S.	Cpl	Ch16358	A		DD 26 May 1915. Sister Mrs Hardmeir 18 Oct 1918.
Ratcliffe, W.A.	Pte	Ch16790	A	5 Feb 1921	RMLI Chatham 24 Mar 1919.
Ravenall, W.G.	Pte	Ch11910	A		DD 7 Jun 1915. Widow Mrs M.E.Ravenall 11 Jul 1919.
Rayner, E.J.	Cpl	Ch7977	A		DD 30 Apr 1915. Widow Mrs B.Rayner. Retd to R.Mint Mar 1934.
Rayworth, E.	Pte	Ch4910	A	24 Jun 1920	Party 27 May 1919.
Read, A.	Pte	Ch13718	A		Party 30 Jan 1919.
Reay, H.A.	Pte	Ch9750	A	11 Jan 1935	DD 7 Jun 1915. Mrs M.J.Reay 1 Sep 1919.
Reddin, E.T.	Cpl	Ch12434	A	23 Jun 1920	Party 27 May 1919.
Redgrave, E.	Pte	Ch2498	A		DD 31 Dec 1916. Retd to R.Mint Mar 1934.
Reed, E.T.	Pte	Ch12726	A	29 Sep 1921	RMB Chatham 3 Apr 1919.
Reed, G.W.	Pte	Ch9230	A	3 Nov 1920	Party 6 Oct 1919.
Reed, T.W.	Col/Sergt	Ch5158	A	7 Feb 1921	RMB Chatham 6 Mar 1919.
Reeder, C.E.	Pte	Ch17982	O		DD 23 Apr 1918. Father R.E.Reeder Esq 13 Oct 1919.
Reeson, W.C.	Cpl	Ch7393	A	30 Jul 1920	Party 2 Sep 1919.
Renshaw, T.	Pte	Ch18542	A	4 Aug 1920	Party 4 Aug 1920.
Reynolds, A.V.	Pte	Ch17997	D		*HMS Theseus* 1 Aug 1919.
Reynolds, E.	Pte	Ch12342	D		RMB Chatham 16 Jul 1919.
Reynolds, H.	Pte	Ch18515	A	24 Jun 1920	RMB Chatham 11 Jul 1919.
Richards, W.H.P.	Captain		A	13 Jan 1922	DD 10 May 1915. Widow Mrs M.F.Richards 23 Jun 1919.

CHATHAM BATTALION R.M.L.I.

Name	Rank	Number		Date	Notes
Richardson, D.	Pte	Ch3523	A	4 Feb 1921	RMB Chatham 16 Jul 1919.
Rigby, J.	Pte	Ch14153	A	4 Feb 1921	*HMS Merlin* 14 Apr 1919.
Riley, J.	Pte	Ch10113	A	9 Feb 1921	RM Chatham 24 Mar 1919.
Riman, C.S.	Pte	Ch13241	A	9 Feb 1921	RMLI Aldershot 31 Jan 1919.
Rimell, T.A.	Pte	Ch18146	A	4 Feb 1921	RMB Chatham 16 Jul 1919.
Ripley, A.W.	Col/Sergt	Ch7111	A	22 Oct 1921	RMB Chatham 5 Mar 1919.
Ripley, H.C.	Col/Sergt	Ch7437	A	5 Aug 1920	Party 3 Apr 1919.
Rix, T.H.	Pte	Ch8627	A	3 Feb 1921	*HMS Tyne* 20 Jan 1919.
Robbins, A.J.	Pte	Ch5205	A	25 Oct 1920	Party 27 Feb 1919.
Roberts, T.J.	Pte	Ch18199	D	R	Party 20 May 1919.
Robertson, A.	Pte	Ch13659	A		DD 14 Aug 1917. Widow Mrs Robertson 7 Nov 1919.
Robinson, C.S.	Cpl	Ch2315	A		DD 1 Mar 1916. Mother Mrs S.Robinson 9 Jul 1919.
Robinson, F.W.	Pte	Ch7831	A	29 Oct 1920	Party 9 Oct 1919.
Robinson, J.A.	Pte	Ch11069	A	24 Jun 1920	Party 30 Jan 1919.
Roe, E.G.M.	Lieut		A		RMLI Chatham 16 Jul 1919.
Roffey, C.S.	Pte	Ch11902	A	6 Nov 1920	Party 19 Jan 1920.
Rogers, J.W.J.	Pte	Ch3421	A	4 Feb 1921	*HMS Pembroke* 29 Jan 1919.
Rogers, R.C.	Sergt	Ch15594	A		DD 26 Mar 1918. Widow Mrs M.G.A.Rogers 27 Oct 1919.
Rosling, P.B.	Cpl	Ch15153	A		Party 9 Jun 1919.
Rowe, R.A.	Col/Sergt	Ch9572	D		RMLI Chatham 24 Mar 1919.
Rowland, E.E.	Pte	Ch18474	A		DD 5 May 1915. Father E.A.Rowland Esq 17 Sep 1919.
Rudd, W.E.	Pte	Ch9370	A	5 Feb 1921	RMB Chatham 25 Jun 1919.
Russ, J.	Pte	Ch18835		20 Sep 1921	Party 26 Mar 1919.
Russell, C.	Pte	Ch18176	D		*HMS President III* 25 Jul 1919.
Russell, J.J.	Cpl	Ch12806	A	5 Feb 1921	RMB Chatham 16 Jul 1919.
Rust, H.G.	Pte	Ch11302	O		Party 3 Oct 1919.
Rutherford, G.	Lieut		A		1/Reserve Battalion RMLI Aldershot 31 Jan 1919.
Salerton, C.	Pte	Ch18702	D		*HMS Egmont* 1 Aug 1919.
Salt, T.	Pte	Ch18511	A	24 Feb 1921	*HMS Inflexible* 9 Sep 1919.
Salter, O.J.	Pte	Ch12231	A	9 Feb 1921	RMB Chatham 5 Mar 1919.
Samms, C.G.	Pte	Ch18500	A		DD 30 Dec 1915. Mother Mrs Samms 7 Nov 1919.
Sanderson, F.C.	Pte	Ch12204	A	15 Feb 1921	RMB Chatham 20 Mar 1919.
Sanderson, W.	Pte	Ch7785	A	29 Oct 1920	Party 8 Oct 1919.
Saunders, G.W.	Cpl	Ch14017	A	3 Nov 1920	Party 30 Jan 1919.
Saunders, J.	Pte	Ch5863	D		Party 8 Oct 1919.
Saunders, W.M.	Col/Sergt	Ch3731	O		Party 27 Feb 1919.
Savage, E.	Pte	Ch18160	A	10 Aug 1920	AG RM 10 Aug 1920.
Sawyer, J.S.	Col/Sergt	Ch3897	A		RND Aldershot 29 Jan 1919.
Sayer, A.	Pte	Ch7603	O	R	Party 4 Oct 1919.
Scarcliff, E.T.	Pte	Ch16599	A	4 Nov 1920	Party 10 Dec 1919.
Schaefer, C.L.	Pte	Ch18020	A		Run 22 Oct 1914. Retd to R.Mint Mar 1934.
Scott, F.	Pte	Ch9266	A	28 Jun 1920	Party 21 Mar 1919.
Scott, J.	Pte	Ch11834	A	23 Jun 1920	Party 16 Jul 1919.
Scott, W.G.	Sergt	Ply13760		29 Jul 1920	Commandant Deal 29 Oct 1919.
Seagars, C.E.	Sergt	Ch10201	A	29 Jun 1920	Party 31 Oct 1919.
Sear, W.F.	Pte	Ch9800	A	23 Jun 1920	Party 15 Sep 1919.
Searle, H.W.	Pte	Ch9001	A	3 Nov 1920	Party 4 Jun 1919.
Sears, E.	Pte	Ch18224	D		RMB Chatham 5 Feb 1919.
Sedgwick, T.W.	Pte	Ch18689	D		DD 15 Jun 1915. Mrs E.J.Sedgwick 11 Nov 1919.
See, A.H.	Col/Sergt	Ch7844	A		RMB Chatham 5 Feb 1919.
Setler, P.G.	Pte	Ch16184	O		*HMS Ganges* 3 Aug 1920.
Seymour, J.	Pte	Ch7246	A	25 Oct 1920	Party 9 Oct 1919.
Shakeshaft, S.	Pte	Ch10062	A	3 Nov 1920	Party 3 Oct 1919.
Shannon, W.	Sergt	Ch10458	A	31 Jul 1920	RMB Chatham 25 Jul 1919.
Shaw, E.H.	Pte	Ch7921	A	16 May 1925	DD 7 Jun 1915. Widow Mrs E.Shaw 11 Nov 1919.
Shaw, F.	Pte	Ch10151	A		DD 1 May 1917. Mother Mrs Emily Shaw 11 Jul 1919.
Shaw, W.J.	Sergt	Ch2628	A		RM Chatham 24 Mar 1919.
Shears, W.M.	Pte	Ch10817	O		Party 22 Jan 1919.
Sheppard, H.	Cpl	Ch18155	A	7 Jul 1920	RMB Chatham 5 Feb 1919.
Sheppard, W.	Pte	Ch17849	D		DD 7 Sep 1916. Sister Mrs M.Underwood 7 Nov 1919.
Sherwin, W.W.	Pte	Ch10978	A	18 Oct 1920	Party 23 Jan 1919.
Shoesmith, W.	Col/Sergt	Ch5631			Party 21 May 1919.
Short, J.T.	Pte	Ch8911	A	28 Oct 1920	Party 7 Oct 1919.
Shoult, J.	Pte	Ch11661	A	15 Feb 1921	RM Chatham 24 Mar 1919.
Shubrick, C.L.	Major		A	5 Sep 1921	*HMS Pembroke* 5 Feb 1919.
Shulver, W.J.	Pte	Ch10200	A		DD 27 Jun 1915. Mrs L.E.Shulver 7 Nov 1919.
Sibley, S.G.	Pte	Ch18687	D		*HMS Dragon* 1 Aug 1919.

CHATHAM BATTALION R.M.L.I.

Name	Rank	Number			Notes
Sillince, E.	Bugler	Ch15575	A		RMB Chatham 5 Feb 1919.
Simmonds, S.D.	Pte	Ch18662	A		Party 10 Nov 1919.
Simmonds, W.T.	Pte	Ch18472	A	12 Apr 1921	Party 17 May 1919.
Simpson, F.G.	Pte	Ch18447	A	28 Sep 1921	RMB Chatham 16 Jul 1919.
Simpson, H.W.	Lieut			17 Dec 1924	RMLI Chatham 16 Jul 1919.
Simpson, J.	Pte	Ch18451	A	18 Jun 1920	Party 27 Feb 1919.
Simpson, R.	Sergt	Ch2858			RMB Chatham 16 Jul 1919.
Sinclair, A.	Pte	Ch8133	A	28 Oct 1920	Party 25 Nov 1919.
Sitton, J.W.	Pte	Ch15940	A		Run 3 Apr 1918. Party 3 Oct 1919.
Siver, H.	Sergt	Ch2147	A		DD 21 Aug 1916. Widow Mrs Siver 10 Nov 1919.
Slack, W.S.	Pte	Ch16202	D		RMB Chatham 16 Jul 1919.
Sladden, W.	Pte	Ch2205	O		Party 7 Oct 1919.
Slaney, C.	Pte	Ch11730	A	25 Oct 1920	Party 9 Oct 1919.
Slater, A.A.	Pte	Ch18701	D		DD 17 Jul 1915. Father Alfred A.Slater Esq 2 Oct 1919.
Small, W.J.	Pte	Ch16362	O		*HMS Courageous* 5 Mar 1919.
Smerdon, R.J.	Pte	Ch11506	A	5 Nov 1920	Party 3 Oct 1919.
Smith, A.	Pte	Ch8921	A	26 Oct 1920	Party 16 Jun 1919.
Smith, A.C.	Pte	Ch13978	A	3 Nov 1920	Party 19 May 1919.
Smith, A.G.	Pte	Ch10285	A	15 Feb 1921	63/Div.Train.Reserve Farnham 19 Feb 1919.
Smith, A.W.	Pte	Ch14680	A	29 Jun 1920	RM Chatham 24 Mar 1919.
Smith, C.J.	Pte	Ch8796	A	9 Feb 1921	RMB Chatham 16 Jul 1919.
Smith, C.J.	Pte	Ch14000	A	6 Jul 1920	Party 19 May 1919.
Smith, E.	Pte	Ch15944	A	25 Oct 1924	Party 25 Oct 1924.
Smith, E.C.	Pte	Ch15009	A	3 Aug 1920	Party 20 Aug 1919.
Smith, E.J.	Pte	Ch18109	A		RMB Chatham.
Smith, G.C.	Pte	Ch17571	A		RMB Chatham 5 May 1919.
Smith, H.W.	Cpl	Ch16409	A	13 Aug 1920	RMB Chatham 5 Mar 1919.
Smith, J.	Pte	Ch18513	A		Party 11 Jun 1919.
Smith, J.C.	Pte	Po5032	A		Widow Mrs Alice Smith 27 Feb 1919.
Smith, J.E.	Pte	Ch18560	A	15 Feb 1921	*HMS Undaunted* 5 Mar 1919.
Smith, J.H.	Sergt	Ch6562	A	15 Feb 1921	RMLI Aldershot 31 Jan 1919.
Smith, J.H.	Pte	Ch12771	A		DD 20 Dec 1915. Cousin Miss Humphreys 18 Nov 1919.
Smith, S.	Cpl	Ch16437	D		Party 27 Feb 1919.
Smith, T.J.	Sergt	Ch14050	D		Party 22 Oct 1919.
Smith, W.	Pte	Ch8729	A	16 Aug 1920	Party 29 May 1919.
Smith, W.	Pte	Ch14630	A	9 Feb 1921	RM Chatham 24 Mar 1919.
Smith, W.A.	Pte	Ch15881	A	24 Dec 1920	DD 8 Jun 1915. Mother Mrs M.A.Smith 24 Dec 1920.
Smith, W.E.	Pte	Ch18712			Party 6 Oct 1919.
Smith, W.T.	Pte	Ch5972	A	5 Nov 1920	Party 3 Oct 1919.
Snell, J.	Pte	Ch16578	A		Party 4 Feb 1919.
Southwell, E.O.	Pte	Ch12950	A	20 Oct 1920	Party 8 Oct 1919.
Spalding, G.N.	Pte	Ch7192	A	3 Dec 1921	DD 7 Jun 1915. Widow Mrs Moore 11 Nov 1919.
Sparkes, W.	Pte	Ch10486	A	6 Aug 1920	Party 7 Oct 1919.
Spencer, A.G.	Pte	Ch18148	A		*HMS Alecto* 27 Mar 1919.
Spencer, H.H.	Pte	Ch18510	A	8 Jul 1920	*HMS Theseus* 1 Aug 1919. Dup clasp to Party 30 Sep 1924.
Spickett, E.	Pte	Ch18756	A	15 Feb 1921	*HMS Havelock* 24 Jan 1919.
Spratt, A.J.	Pte	Ch8646	A		DD 30 Jun 1915. Retd to R.Mint Mar 1934.
Springer, E.J.		Ch6787	A	30 Nov 1920	Party 17 Jul 1919.
Springham, R.W.	Pte	Ch8653	O		Party 26 Apr 1919.
Spurr, A.	Pte	Ch18690	D		RMB Chatham 16 Jul 1919.
Stamp, H.	Sergt	Ch8944	A		DD 27 May 1915. Widow Mrs E.N.Stamp 7 Nov 1919.
Stanbridge, B.	Pte	Ch18775	A	3 Nov 1920	Party 3 Oct 1919.
Stanfield, M.	Pte	Ch18648	A	13 Nov 1920	Party 29 Jul 1919.
Stanford, F.C.	Pte	Ch18538	A		DD 7 May 1915. Father Mr T.Stanford 5 Dec 1919.
Stanton, T.H.	Pte	Ch18699	D	R	RMLI Chatham 15 Jun 1920.
State, J.W.	Pte	Ch10046	A	3 Nov 1920	Party 18 Nov 1919.
Stead, E.C.	Col/Sergt	Ch8942	A		RMB Chatham 16 Jul 1919.
Stead, R.O.	Pte	Ch18772	A	20 May 1921	Party 20 May 1921.
Stevens, J.H.	Pte	Ch8882	A	23 Oct 1920	Party 29 Sep 1919.
Steventon, L.	Pte	Ch18161	A	6 Dec 1923	Party 17 May 1920.
Stewart, F.W.	Pte	Ch15532	D		RMLI Chatham 24 Mar 1919.
Stewart, G.	Pte	Ch18489	A	5 Nov 1920	Party 15 Mar 1920.
Stickley, J.	Pte	Ch6501	A	18 Oct 1920	Party 2 Sep 1919.
Stidworthy, A.	Pte	Ch11389	A	3 Nov 1920	Party 6 Oct 1919.
Stock, F.C.G.	2/Lieut		A	31 Jul 1920	*HMS Diana* 26 Jun 1919.
Stoddart, T.	Pte	Ch18518	A	15 Feb 1921	*HMS Diamond* 21 Apr 1919.
Stokes, H.P.	Cpl	Ch16646	A	29 Jul 1920	RMLI Chatham 24 Mar 1919.

CHATHAM BATTALION R.M.L.I.

Name	Rank	Number		Date	Notes
Stokes, T.W.	Pte	Ch18681	A		Tenedos Mudros Base 2 Jan 1920.
Stokes, W.	Pte	Ch18762	A	28 Oct 1920	Party 29 Oct 1919.
Stones, E.	Pte	Ch18162	A	2 Nov 1920	Party 15 Mar 1920.
Storer, M.	Pte	Ch15353	D		HMS Cyclops 21 Jan 1919.
Strachan, P.J.	Col/Sergt	Ch6452	A	6 Jul 1920	Party 2 Jun 1919.
Stride, J.A.	Pte	Ch6754	O		Party 3 Oct 1919.
Stride, W.G.	Pte	Ch5636	A		DD 11 Oct 1914. Widow Mrs E.M.Stride 14 Nov 1919.
Stringer, J.H.	Pte	Ch14933	A	28 Oct 1920	Party 4 Oct 1919.
Stynes, W.H.	Pte	Ch12149	A	6 Nov 1920	Party 7 Oct 1919.
Such, J.H.W.P.	Pte	Ch14257	A	16 Jul 1920	Party 7 Oct 1919.
Summerfield, W.	Pte	Ch18236	D		RMB Chatham 16 Jul 1919.
Sumner, F.S.	Pte	Ch12141	A	17 Jun 1920	Party 19 Feb 1919.
Sumner, H.W.	Cpl	Ch11416	A	18 Oct 1920	Party 3 Apr 1919.
Surgey, A.	Pte	Ch16314	OAC		RMLI Aldershot 31 Jan 1919.
Sutherland, W.A.	Pte	Ch16750	A	9 Feb 1921	HMS President VI 20 Mar 1919.
Swift, F.A.	Pte	Ch18566	A	18 Oct 1920	Party 25 Feb 1919.
Swinyard, E.H.	Act/Sergt	Ch8599	A		DD 25 Jun 1915. Widow Mrs M.Swinyard 11 Nov 1919.
Symes, F.	Pte	Ch8205	A	15 Feb 1921	RM Depot Deal 17 Jul 1919.
Tate, C.	Pte	Ch18405	A	14 Sep 1920	Party 14 Sep 1920.
Taylor, A.T.	Pte	Ch18695	A	16 Jul 1920	Party 7 Oct 1919.
Taylor, C.	Col/Sergt	Ch2815	A	28 Oct 1920	Party 15 May 1919.
Taylor, C.G.	Bugler	Ch18445	A		HMS Lancaster 1 Aug 1919.
Taylor, E.	Pte	Ch13019	A	4 May 1921	RMB Chatham 20 Jun 1919.
Taylor, F.	Pte	Ch18512	A		DD 5 May 1915. Father F.Taylor Esq 17 Jul 1919.
Taylor, G.	Pte	Ch8990	A		DD 13 May 1915. Widow Mrs R.F.Ruffhead 27 Apr 1920.
Taylor, H.	Col/Sergt	Ch3034	O		Party 7 Oct 1919.
Taylor, H.J.	Cpl	Ch13308	A	1 Jul 1920	HMS Ganges 4 Jul 1920.
Taylor, W.J.	Pte	Ply5193	A	24 Jun 1920	Party 7 Oct 1919.
Taylor, W.R.	Cpl	Ch15117	A	15 Oct 1920	Party 15 Apr 1919.
Taylor, W.T.	Pte	Ch11517	A	16 Jul 1920	63/Div.Train.Reserve Farnham 19 Feb 1919.
Tebbs, C.F.	Pte	Ch5873	A	3 Nov 1920	Party 28 May 1919.
Teeke, G.	Pte	Ch11311	A	23 Jul 1920	Party 13 Oct 1919.
Temple, C.W.	Pte	Ch11893	A	23 Jun 1920	Party 5 Jun 1919.
Terry, F.E.	Pte	Ch12482	A		DD 30 Apr 1915. Father Mr H.Cornell 11 Apr 1919.
Terry, G.E.	Pte	Ch18553	A	18 Oct 1920	Party 31 Mar 1919.
Thompson, H.W.	Cpl	Ch2615	A	29 Jun 1920	RMB Chatham 27 May 1919.
Thompson, J.	Pte	Ch14226	A		DD 25 Jun 1915. Widow Mrs E.A.Thompson 15 Jul 1919.
Thompson, J.	Pte	Ch10289	A	23 Jun 1920	RM Chatham 24 Mar 1919.
Thompson, W.	Pte	Ch18151	A	9 Sep 1924	Party 14 Feb 1920.
Thorne, F.B.	Pte	Ch18503	A	15 Feb 1921	RMB Chatham 5 Feb 1919.
Thorneley, J.S.S.	Lieut		A	22 Jun 1920	DD 24 Jul 1915. Father J.H.Thorneley 27 Mar 1919.
Thornton, G.R.	Pte	Ch16082	D		RMB Chatham 16 Jul 1919. Roll notes, "Run" in clasp column.
Thorpe, G.	Pte	Ch11411	A	17 Jun 1922	DD 7 Jun 1915. Widow Mrs N.Thorpe 16 Jul 1919.
Tickett, G.	Pte	Ch4912		18 Oct 1921	Party 28 Mar 1919.
Tilley, W.J.A.	Cpl	Ch13677	A	23 Feb 1922	Missing 29 May 1917. Sent to Pte A.C.Tilley (HMS Benbow) 23 Feb 1922.
Tims, J.	Col/Sergt	Ch7033	O		RMB Chatham 24 Mar 1919.
Todd, T.H.	Pte	Ch11316	A	28 Nov 1921	Party 8 Oct 1919.
Tomkins, B.G.	Sergt	Ch10268	A	15 Feb 1921	RMB Chatham 27 May 1919.
Topliss, W.H.	Pte	Ch18126	A	11 Apr 1923	DD 12 Jan 1916. Father G.Topliss Esq 9 Jul 1919.
Towers, H.T.	Pte	Ch18709	A	31 Oct 1921	HMS Dragon 31 Oct 1921.
Townrow, G.	Pte	Ch12781	A	25 Oct 1920	Party 9 Oct 1919.
Townsend, C.	Pte	Ch12634	A	18 Jan 1924	HMS Calypso 1 Aug 1919.
Tranter, H.P.	Pte	Ch7362	A	28 Oct 1920	Party 7 Oct 1919.
Trapp, S.H.	Pte	Ch18651	A		Party 7 Nov 1919.
Trett, H.W.R.	Pte	Ch10863	A	29 Jul 1920	Party 9 Jul 1919.
Trimmel, V.G.	Pte	Ch18502	A	3 Nov 1920	Party 15 Mar 1920.
Tufnell, A.	Cpl	Ch11419	O		DD 20 Jun 1916. Widow Mrs E.Tufnell 2 Mar 1920.
Tullett, G.W.	Pte	Ch18696	A	28 Oct 1920	Party 7 Oct 1919.
Tulley, F.	Pte	Ch11815	A	24 Jun 1920	Party 20 Mar 1919.
Tully, C.T.	Col/Sergt	Ch3289	A	15 Feb 1921	RMB Chatham 16 Jul 1919.
Tully, H.T.	Pte	Ch5086	O		RMB Chatham 24 Mar 1919.
Tume, W.D.	Pte	Ch6465	A		RMB Chatham 16 Jul 1919.
Turbyfield, W.	Pte	Ch8691	A	1 Jul 1920	RMB Chatham 24 Mar 1919.
Turnbull, J.	Sergt	Ch13866	A	7 Jul 1920	RMB Chatham 16 Jul 1919.
Turner, D.J.	Pte	Ch8496	D		HMS Alexander 7 May 1919.
Turner, E.E.	Pte	Ch11833	A	15 Feb 1921	HMS Prince George 21 Apr 1919.

CHATHAM BATTALION R.M.L.I.

Name	Rank	Number		Date	Notes
Turner, H.E.	Pte	Ch18187	D		RMB Chatham 5 Feb 1919.
Turner, J.	Pte	Ch18657	A	22 Feb 1921	RMB Chatham 5 Feb 1919.
Turner, J.	Pte	Ch10221	A	25 Oct 1920	Party 13 Oct 1919.
Turner, J.H.	Pte	Ch6810	A	29 Jun 1920	Party 23 Jan 1919.
Turner, S.A.	Pte	Ch18371	A	13 Aug 1920	*HMS Dwarf* 20 Mar 1919.
Turner, W.	Pte	Ch18922	A	19 Feb 1921	*HMS Diligence* 20 Mar 1919.
Tushaw, A.	Sergt	Ch12651	OAC		RMLI Chatham 24 Mar 1919.
Twell, A.W.	Pte	Ch18193	D		RMB Chatham 20 Mar 1919.
Tyrrell, T.	Sergt	Ch2976	A	24 Mar 1922	Party 31 Jul 1919.
Underwood, G.R.	Bugler	Ch18153	A	Jul 1920	RMB Chatham 4 Aug 1920.
Unwin, R.W.B.	Pte	Ch10508	A	28 Oct 1920	Party 4 Nov 1919.
Valler, E.	Pte	Ch11060	O		Party 22 Nov 1919.
Vaughan, E.	Sergt	Ch11346	A	15 Feb 1921	*HMS Juno* 5 Mar 1919.
Villaume, F.	Pte	Ch8099	A	15 Feb 1921	*HMS Colleen* 6 Mar 1919.
Vince, H.J.	Pte	Ch11562	A	21 Jul 1922	Party 21 Jul 1922.
Vine, E.	Pte	Ch11679	A		DD 19 May 1915. Widow Mrs E.D.Vine 31 Dec 1919.
Vine, W.J.	Pte	Ch16758	A		DD 13 Jul 1915. Retd to R.Mint Mar 1934.
Vogt, F.	Pte	Ch12900	A	15 Feb 1921	RMB Chatham 5 Mar 1919.
Wade, W.	Pte	Ch17886	O		*HMS Dwarf* 20 Mar 1919.
Wainwright, C.S.	Pte	Ch14043	OAC		*HMS Endeavour* 17 May 1919.
Wait, T.E.	Pte	Ch9014	O		Party 19 Apr 1919.
Walker, J.T.	Pte	Ch18462	A		Run. Retd to R.Mint Mar 1934.
Walker, R.	Col/Sergt	Ch8533	A	30 Jul 1920	Party 27 Feb 1919.
Walker, T.J.	Pte	Ch16272	O		RMB Chatham 16 Jul 1919.
Wallis, G.W.	Pte	Ch9200	A	21 Feb 1921	RM Chatham 24 Mar 1919.
Wallis, J.	Sergt	Ch2301			Party 22 Oct 1919.
Wallis, S.	Pte	Ch18456	A		RMB Chatham 5 Feb 1919.
Walpole, R.P.F.	Pte	Ch18490	A	3 Jan 1921	RFA Records Woolwich 3 Jan 1921.
Walter, F.A.	Pte	Ch11917	D		RMB Chatham 5 Feb 1919.
Ward, A.J.	Pte	Ch18685	A	24 Mar 1923	DD 17 Feb 1917. Mother Mrs A.M.Ward 29 Mar 1919.
Ward, C.	Pte	Ch18238	D		PNTO Marseilles 11 Mar 1919.
Ward, F.	Pte	Ch10911	A	15 Feb 1921	RM Chatham 24 Mar 1919.
Ward, H.S.	Col/Sergt	Ch7234	O		Party 27 Jan 1922.
Ward, J.	Pte	Ch15840	A	27 Aug 1920	*HMS Titania* 1 Aug 1919.
Ward, T.	Pte	Ch18454	A		DD 5 Jan 1920. Father Mr T.Ward 29 Apr 1920.
Ward, W.	Pte	Ch6779	A		DD 18 Sep 1915. Widow Mrs Ward 30 Sep 1919.
Wardlaw, A.	Pte	Ch18872	A	24 Jun 1920	Party 22 Apr 1919.
Warr, A.E.	Pte	Ch18647	A	27 Jan 1925	DD 7 Jan 1920. RMB Chatham 5 Feb 1919.
Warren, G.H.	Pte	Ch18683	D		*HMS Theseus* 1 Aug 1919.
Watkins, A.D.	Pte	Ch18555	A	1 Jun 1922	DD 23 Oct 1915. Mrs H.Watkins 8 Jul 1919.
Watson, A.W.	Pte	Ch17934	O	21 Oct 1920	Party 19 Aug 1919.
Watson, L.H.	Pte	Ch18207	D		RMLI Chatham 24 Mar 1919.
Watson, P.B.	Pte	Ch13240	OA		Party 3 Aug 1920.
Watts, W.H.	Pte	Ch16180	A	7 Jul 1920	RMB Chatham 5 Feb 1919.
Way, W.T.	Pte	Ch9581	O		Party 9 Oct 1919.
Weatherley, H.C.	Pte	Ch14089	A	23 Jun 1920	Party 31 Mar 1919.
Weaving, G.W.	Cpl	Ch16833	A	7 Jul 1920	RMB Chatham 5 Feb 1919.
Webb, G.E.	Pte	Ch18639	A		DD 28 Oct 1915. Widow Mrs B.M.Webb 9 Dec 1919.
Webb, G.J.	Col/Sergt	Ch3975	O		Party 9 Oct 1919.
Webb, W.J.	Pte	Ch8123	A	6 Jul 1920	Party 27 Feb 1919.
Webber, J.G.	Pte	Ch12280	A	11 Mar 1921	RM Chatham 24 Mar 1919.
Webster, R.H.C.	Sergt	Ch8097	D		Party 8 Oct 1919.
Weddell, J.R.	Pte	Ch8325	A	14 Jun 1923	DD 5 Oct 1914. Widow 14 Jun 1923.
Wedgbury, W.	Pte	Ch7794	A	18 Oct 1920	Party 11 Sep 1919.
Welch, A.D.	Captain		A	13 Jul 1922	Party 24 Jun 1919.
Welch, F.C.	Pte	Ch8377	A		Party 14 Apr 1919.
Wellard, T.H.	Pte	Ch7484	A		DD 8 Apr 1918. Father R.Wellard Esq 22 Oct 1919.
Wells, A.F.	Pte	Ch15654	A		DD 3 Feb 1915. Father J.B.Wells 14 Nov 1919.
Wells, A.S.	Pte	Ch8356	A	28 Oct 1920	Party 8 Oct 1919.
Wells, T.	Pte	Ch10650	A	18 Oct 1920	Party 9 Apr 1919.
Welsh, H.	Pte	Ch7687	A		DD 19 Aug 1916. Retd to R.Mint Mar 1934.
West, R.B.	Pte	Ch5769	A	15 Feb 1921	RM Chatham 24 Mar 1919.
Weston, D.	Sergt	Ch3994	A	10 Feb 1921	*HMS Ganges* 1 Aug 1919.
Wharf, G.J.	Sergt	Ch16660	A		DD 8 Apr 1918. Widow Mrs E.Wharf 1 May 1920.
Wharmby, R.	Pte	Ch12448	A		Party 27 Feb 1919.
Wharton, H.	Pte	Ch6850	A		DD 29 Dec 1915. Widow Mrs M.J.Wharton 31 Dec 1919.
Whelan, J.J.	Pte	Ch11665	A	15 Feb 1921	*HMS President III* 25 Jul 1919.

CHATHAM BATTALION R.M.L.I.

Name	Rank	Number		Date	Notes
White, A.E.	Pte	Ch18562	A		Retd to R.Mint Mar 1934.
White, A.G.	Cpl	Ch16554	A		DD 26 Feb 1917. Mother Mrs S.White 12 Sep 1919.
White, A.V.	Sergt	Ch1484			RM Chatham 24 Mar 1919.
White, C.	Col/Sergt	Ch6558	A		DD 28 May 1915. Widow Mrs E.J.White 14 Nov 1919.
White, C.F.	Pte	Ch12360	A	24 Jun 1920	Party 5 Jun 1919.
White, C.H.	Pte	Ch18674	A		RMB Chatham 11 Feb 1919.
White, J.	Cpl	Ch10680	A	29 Dec 1923	RMLI Aldershot 29 Jan 1919.
White, J.A.	Pte	Ch18449	A	9 Oct 1923	RMB Chatham 16 Jul 1919.
White, L.S.	Pte	Ch11796	A		DD 8 Apr 1918. Sister Miss M.J.White 5 May 1920.
White, M.	Pte	Ch18519	A		RMB Chatham 16 May 1919.
White, W.	Sergt	Ch10171	A	22 Apr 1922	RMB Chatham 5 Feb 1919.
Whitehouse, C.	Pte	Ch18465	A	15 Feb 1921	*HMS Cyclops* 21 Jan 1919.
Whitewood, J.A.	Pte	Ch8334	A	1 Jul 1920	Party 7 Oct 1919.
Whiting, C.R.P.	Pte	Ch11189	A	27 Oct 1920	Party 13 Oct 1919.
Whittle, A.J.	Pte	Ch10294	A	15 Feb 1921	RM Chatham 24 Mar 1919.
Wild, W.F.	Pte	Ch6581	A	25 Nov 1920	RM Chatham 24 Mar 1919.
Wilkes, G.	Pte	Ch18019	D		Party 9 Oct 1919.
Wilkinson, J.	Pte	Ch18202	D		RMB Chatham 16 Jul 1919.
Williams, G.L.	Col/Sergt	Ch6802	A	28 Oct 1920	Party 5 Jun 1919.
Williams, J.	Pte	Ch8425	A	25 Oct 1920	Party 16 Oct 1919.
Williams, J.G.	Pte	Ch9978	A		*HMS Pembroke* 29 Jan 1919.
Williams, W.H.	Pte	Ch7424	A	25 Oct 1920	Party 9 Oct 1919.
Willing, F.W.	Col/Sergt	Ch5029	A	8 Nov 1920	Party 9 Oct 1919.
Willis, E.F.	Pte	Ch18545	A	15 Feb 1921	*HMS Pembroke* 19 Apr 1919.
Willoughby, C.A.	Bugler	Ch16372	A	15 Feb 1921	RMB Chatham 5 Mar 1919.
Willsher, C.D.	Act/Sergt/Mjr	Ch6430	A	23 Aug 1920	DD 25 May 1915. Widow Mrs D.Willsher 23 Aug 1920.
Willson, G.J.	Pte	Ch7507	A		DD 6 May 1915. Widow Mrs E.R.Willson 25 Aug 1919.
Wilson, A.J.	Pte	Ch6618	A	15 Jul 1920	Party 8 Oct 1919.
Wilson, B.J.	Sergt	Ch13526	D		*HMS Pembroke* 29 Jan 1919.
Wilson, F.S.	Major		A		DD 24 May 1915. Mother Mrs A.A.Wilson 18 Aug 1919.
Wilson, T.	Pte	Ch6771	A		DD 20 Jun 1915. Widow Mrs E.Wilson 20 Aug 1919.
Wilson, T.S.	Pte	Ch7780	D		Party 9 Oct 1919.
Winch, G.T.	Pte	Ch14986	A		DD 5 Nov 1918. Father T.Winch Esq 12 Dec 1919.
Winchester, O.E.	Pte	Ch14899	A	7 Jul 1920	RMB Chatham 24 Mar 1919.
Windmill, A.	Sergt	Ch8125	A	5 Nov 1920	Party 30 Oct 1919.
Wise, G.H.	Pte	Ch18718	A		*HMS Vulcan* 1 Aug 1919.
Wiseman, E.J.	Cpl	Ch16399	D		DD 28 Sep 1918. Widow Mrs G.A.Wiseman 31 Oct 1919.
Wishart, A.	Pte	Ch8439	A	15 Feb 1921	RMB Chatham 16 Jul 1919.
Withers, A.H.	Pte	Ch16814	A	29 Jun 1920	Party 3 Apr 1919.
Wolfe, C.T.	Pte	Ch18652	D		Party 18 Oct 1919.
Wood, G.	Pte	Ch8563	A	23 Jun 1920	Party 10 Sep 1919.
Wood, J.H.	Pte	Ch11305	A		DD 8 Jan 1916. Sister Mrs S.A.Conybere 22 Aug 1919.
Woolley, H.W.	Pte	Ch16568	A		DD 30 Aug 1915. Father W.Woolley Esq 20 Dec 1919.
Wren, H.F.	Pte	Ch9618	A	28 Oct 1920	Party 16 Jun 1919. Alias Tyrrell.
Wren, W.E.	Pte	Ch6408	A	15 Feb 1921	RM Chatham 24 Mar 1919.
Wright, A.J.	Pte	Ch11536	A	2 Feb 1921	Party 2 Feb 1921.
Wright, G.	Pte	Ch18523	A		Run 21 Dec 1914. Retd to R.Mint Mar 1934.
Wright, W.	Pte	Ch11795	A		DD 13 Nov 1916. Widow Mrs Wright 23 Sep 1919.
Wyatt, F.J.	Pte	Ch11662	A	31 Jan 1924	Party 31 Jan 1924.
Wyatt, W.	Pte	Ch10717	A	25 Oct 1920	Party 9 Oct 1919.
Wyborn, J.	Col/Sergt	Ch6554	A	28 Oct 1920	Party 8 Oct 1919.
Wynne, R.H.	Col/Sergt	Ch2321	A	3 Nov 1920	Party 11 Nov 1919.
Yellop, W.	Pte	Ch11029	A	23 Jul 1920	Party 24 Apr 1919.
Yeo, E.	Pte	Ch8128	D		Party 9 Oct 1919.
Youers, G.	Pte	Ch2219	A	18 Feb 1921	RM Chatham 24 Mar 1919.
Young, J.E.	Pte	Ch10855	A		PNTO GHQ France 17 Jan 1919.
Young, W.	Pte	Ch11429	A	27 Oct 1920	Party 13 Oct 1919.
Young, W.E.	Pte	Ch13984	A		DD 3 Feb 1915. Brother Mr F.Young 13 Feb 1919.
Young, W.G.	Sergt	Ch15007	A	7 Jul 1920	RMB Chatham 20 Mar 1919.
Zahn, A.H.	Pte	Ch12126	A	8 Jun 1921	Party 8 Oct 1919.

DEAL DETACHMENT R.M.L.I.

Name	Rank or Rating	Official Number	Where Served	Clasp Issue	Medal Sent - Comments
Anderson, A.	Pte	Ply16874	D		RMB Plymouth 1 Aug 1919.
Ash, J.B.	Pte	Ply16444	A	9 Jul 1920	DD. Widow Mrs M.Ash 9 Jul 1920.
Bailey, J.H.	Pte	Ply16868			DD. Father H.C.Bailey Esq 8 Aug 1919.
Barnes, G.	Pte	Ply16858	D		DD 17 Feb 1917. Mother Mrs S.A.Barnes 12 Sep 1919.
Barnes, J.	Pte	Ply9939	A	29 Jul 1920	*HMS President III* 4 Aug 1919.
Barrett, S.	Pte	Ply16468	A		Run 16 Sep 1919. *HMS Colleen* 4 Aug 1919.
Barrows, F.	Pte	Ply14078	A		Run 3 Apr 1917. Retd to R.Mint Mar 1934.
Beith, R.D.	Lieut/Col		A	28 Jun 1920	Party 28 Jun 1920.
Bell, R.	QMS	Ply1881			Party 27 Feb 1919.
Bendyshe, R.N.	Lieut/Col				DD 7 May 1915. Widow Mrs E.M.Bendyshe 12 Jun 1919.
Best, A.	Pte	Ply14475	A	11 Dec 1920	*HMS Tamar* 22 May 1919. Dup Star & Clasp to *HMS Tiger* 15 Oct 1921.
Best, F.	Pte	Ply12417	A	11 Dec 1920	*HMS Gorgon* 3 Apr 1919.
Beswick, L.	Pte	Ply16847			Party 22 Oct 1919.
Bignell, F.W.	Cpl	Ply11819	A	19 Jul 1920	RM Bks Plymouth 10 Mar 1919.
Birkinshaw, J.	Pte	Ply16887	D		DD. Widow Mrs Birkinshaw 15 Sep 1919.
Boyd, A.	Pte	Ply16506	A	11 Dec 1920	*HMS Marlborough* 1 Feb 1919.
Bradford, F.D.	Pte	Ply16853	D		DD 28 Jun 1915. Mother Mrs M.A.Bradford 14 Aug 1919.
Brady, H.	Pte	Ply7343	A	3 Aug 1920	*HMS President III* 4 Aug 1919.
Brenton, T.	Pte	Ply16360	A	11 Dec 1920	*HMS Ramilles* 4 Aug 1919.
Brookman, T.	Pte	Ply16457	A	19 Jul 1920	*HMS Egmont* 4 Aug 1919.
Burgess, J.R.	Pte	Ply16505	A		DD. Mother 25 Feb 1919.
Burke, J.	Pte	Ply16852	D		*HMS Tamar* 22 May 1919.
Burt, A.E.P.	Pte	Ply16434	A	9 Dec 1920	RMB Plymouth 1 Aug 1919.
Butcher, H.	Pte	Ply16869	D		*HMS Lion* 4 Aug 1919.
Camp, A.J.	Pte	Ply16898	O		RMB Plymouth 1 Aug 1919.
Carpenter, R.J.	Lieut			19 Jul 1920	63/RND Alnwick 12 May 1919.
Carter, C.G.	Pte	Ply14020	A	11 Dec 1920	RM Bks Plymouth 1 Aug 1919.
Cartwright, J.	Pte	Ply16865	D		DD. Father J.Cartwright Esq 14 Nov 1919.
Catley, E.	Jun/RA	M9508			Party 15 May 1919.
Catley, J.N.	Sen/RA	M9504	D		Party 2 Jan 1920.
Caynes, L.C.	Col/Sergt	Ply4721	A	5 Nov 1920	Party 10 Sep 1919.
Chilcott, F.J.	Pte	Ply16466	A	11 Dec 1920	Party 11 Dec 1920.
Chinnock, W.F.	Pte	Ply9305	A	11 Dec 1920	RM Depot Deal 11 Dec 1920.
Clarke, R.	Pte	Ply6992	A		RND Perham Downs 31 Jan 1919.
Clarke, T.H.	Bk/QMS	Depot345	D		RM Depot Deal 9 Dec 1919.
Click, F.D.	Pte	Ply14959	A	11 Dec 1920	*HMS Cadoniss* 4 Aug 1919.
Collins, F.	Col/Sergt	Ply3965	A	5 Nov 1920	Party 1 Sep 1919.
Collins, G.	Pte	Ply16508	A		DD. Mother Mrs L.Collins 3 Sep 1919.
Cotter, P.	Bugler	Ply16438	A	9 Dec 1920	*HMS Revenge* 4 Aug 1919.
Cox, H.	Pte	Ply16861	O		Retd to R.Mint Mar 1934.
Crowder, G.E.	Pte	Ply16867	D	1 Oct 1920	Party 6 Sep 1919. Retd by War Office 20 May 1926. Dup clasp issued 1 Jul 1921.
Dachie, E.W.	Pte	Ply16423	OD		Party 6 Sep 1919.
Davidson, A.	Pte	Ply16496	A	21 Dec 1920	RMB Plymouth 1 Aug 1919.
Davies, F.	Col/Sergt	Ply4174	A	19 Nov 1921	Party 10 Sep 1919.
Davies, J.	Pte	Ply16845	D		RMB Plymouth 1 Aug 1919.
Davies, J.V.	Pte	Ply12384	A	28 Aug 1920	Party 1 Aug 1919.
Davies, R.V.	Pte	Ply16846	D		DD. Father Geo.Davies Esq 9 Dec 1919.
Day, C.	Pte	Ply16880	D		RM Plymouth 11 Dec 1920.
Donat, E.	Pte	Ply16819	D		Party 2 Sep 1919.
Doody, M.	Pte	Ply16519	A	6 Aug 1920	DD 5 Sep 1918. Mother Mrs E.Doody 6 Aug 1920.
Eadie, W.	Pte	Ply7895	A	5 Nov 1920	Party 10 Sep 1919.
Eagle, I.	Pte	Ch15750	A	25 Jan 1921	DD. Mother Mrs A.Eagle 25 Jan 1921.
Eastaway, H.J.	L/Sergt	Ply13234	A	16 Jul 1920	RM Bks Plymouth 10 Mar 1919.
Edwards, G.	Pte	Ply16863	D		Run 12 Feb 1915. Retd to R.Mint Mar 1934.
Eyden, H.F.	Pte	Ply16895	D		RMB Plymouth 1 Aug 1919.
Eykyn, F.B.	T/Surgn				Party 18 Nov 1919.
Foden, S.	Pte	Ply16821	D		*HMS Impregnable* 3 Apr 1919.
Foster, J.	Pte	Ply16250	A	31 Oct 1928	*HMS Tiger* 29 May 1919.
French, J.R.	Sergt	Ply2663	A	23 Jul 1920	Party 21 Nov 1919.
Gale, H.B.	Pte	Ply16872			*HMS Lion* 4 Aug 1919.
Gardner, B.	Pte	Ply16335	A		DD. Mother Mrs E.M.Gardner 10 Apr 1919.
Gibson, B.J.A.	Pte	Ply16866			DD 1 May 1915. Father Mr A.H.Gibson 30 Jun 1919.

DEAL DETACHMENT R.M.L.I.

Name	Rank	Number		Date	Notes
Gibson, R.W.	Pte	Ply16208	A	9 Dec 1920	RMB Plymouth 1 Aug 1919.
Goodwin, A.A.	Pte	Ply16896	D		DD 25 May 1915. Father Mr G.Goodwin 17 May 1920.
Gordon, S.	Pte	Ply14637	A	30 Jun 1920	*HMS Bellerophon* 7 Feb 1919.
Gough, M.G.	Pte	Ply16855	D		DD 13 Nov 1916. Father G.Gough Esq 8 Jul 1919.
Goulding, J.	Sergt	Ply9765	A	13 Dec 1920	RMB Plymouth 1 Aug 1919.
Grice, R.F.	Pte	Ply16856	D		Party 28 Jan 1920.
Griffin, W.	Sergt	Ply7660	D		Party 10 Sep 1919.
Griffin, W.O.H.	L/Cpl	Ply10099	A	23 Jul 1920	RMB Plymouth 1 Aug 1919.
Guppy, A.H.	Pte	Ply16357	A	9 Sep 1920	*HMS Resolution* 15 May 1919.
Hall, C.	Pte	Ply16249	A		DD 1 Sep 1915. Mother Mrs Mary Hall 19 Mar 1919.
Hallett, B.C.	Cpl	Ply6169	A	5 Nov 1920	RMB Plymouth 10 Mar 1919.
Hamilton, D.	Pte	Ply16877			Brother Mr F.A.Hamilton 9 Nov 1920.
Hamilton, W.	Pte	Ply6982	A	5 Nov 1920	Party 10 Sep 1919.
Hancock, A.	Pte	Ch13094		18 Jan 1939	Party 15 May 1919.
Harvey, H.C.	L/Cpl	Ply9425	A	5 Nov 1920	Party 12 Mar 1919.
Helston, H.W.	Pte	Ply8924	A	30 Jun 1920	DD. Widow Mrs M.J.L.Jones 11 Apr 1919.
Herrick, J.	L/Cpl	Ply13186	A		DD. Mrs Hogg 2 Sep 1919.
Hill, R.	Sergt	Ply12359	A	16 Jul 1920	RMB Plymouth 30 Apr 1919.
Hobson, D.	Pte	Ply16453			Run 29 Dec 1914. Retd to R.Mint Mar 1934.
Holmes, R.	Sergt	Ply2880	A	11 Dec 1920	*HMS Dreel Castle* 8 Feb 1919.
Holt, H.W.	Pte	Ply16427	A		RMB Plymouth 1 Aug 1919.
Howe, D.	Col/Sergt	Ply3682	A	13 Dec 1920	RMB Plymouth 10 Mar 1919.
Hughes, B.	Pte	Ply16881	D		Party 4 Sep 1920.
Impey, F.C.	Sergt	Ply7898	A	20 Mar 1925	DD 13 Jul 1915. Mrs C.Sinclair 3 Jul 1919.
Jackson, T.	Col/Sergt	Ply4823	A	5 Nov 1920	Party 10 Sep 1919.
Jarrett, G.	Sergt	Ply6121	D		RMB Plymouth 10 Mar 1919.
Jenkins, J.H.	L/Cpl	Ply14403	A	19 Jul 1920	1/Res Aldershot 11 Feb 1919.
Jones, F.J.	Pte	Ply16467	A	11 Dec 1920	3/RMB Mudros 4 Aug 1919. "Clasp retd. 17 Dec 1920."
Jones, H.	L/Cpl	Ply16900	A		Run 9 Aug 1918. Medal restored. (Retd to R.Mint 1934).
Jones, P.W.	Sergt	Ply5068	A	4 Nov 1920	Party 11 Sep 1919.
Jones, S.	Col/Sergt	Ply6007	D		Depot Inverness 11 Feb 1919.
Kelly, W.J.	Pte	Ply16510	A	11 Dec 1920	RMB Plymouth 1 Aug 1919.
Kennedy, D.	Sergt	Ply3040	A	21 Dec 1920	*HMS Impregnable* 10 Mar 1919.
Kerridge, D.H.	Pte	Ply16909	D		*HMS President III* 4 Aug 1919.
Laithwaite, S.	Pte	Ply12290	A		RMB Plymouth 1 Aug 1919.
Lambert, E.	Pte	Ply16885	D		DD 13 Nov 1916. Mother Mrs L.Lambert 21 Feb 1921.
Lambert, F.	Pte	Ply16884	D		*HMS Eaglet* 5 Aug 1919.
Lane, G.F.	Pte	Ply16901			Party 5 Jan 1924.
Lang, W.	Pte	Ply15007	A	29 Jul 1920	RMB Plymouth 1 Aug 1919.
Lashbrook, V.F.	Pte	Ply16910	D		RM Depot Deal 4 Aug 1919.
Lavery, J.	Pte	Ply16474	A		Run 14 Oct 1916. RND Perham Downs 31 Jan 1919.
Law, H.	Pte	Ply16850			RM Bks Plymouth 10 Mar 1919.
Lawrence, A.J.	Cpl	Ply3503	A	14 Jul 1921	DD. Widow Mrs E.Lawrence 14 Jul 1921.
Leeson, H.	Sergt	Ply5051	A	6 Nov 1920	Party 5 Sep 1919.
Lomax, R.	Pte	Ply16864			*HMS Cambrian* 5 Aug 1919.
Magee, A.E.	Pte	Ply16301	A	18 Oct 1921	DD. Mrs S.Magee 18 Oct 1921.
Maher, H.	Pte	Ply16851	D		*HMS Eglet* 5 Aug 1919.
Main, J.	Pte	Ply16875	D		DD 26 Oct 1917. Executrix Mrs F.McCurn 15 Apr 1919.
Marshall, J.	Pte	Ply16854	D		Party 10 Sep 1919.
Marston, J.S.	Pte	Ply15092	A	6 Nov 1920	Party 19 May 1919.
Martin, E.H.	L/Cpl	Ply12928	A	11 Dec 1920	RM Depot Deal 4 Aug 1919.
Martin, E.J.M.	Col/Sergt	Ply936	D		Died 4 Jul 1925. Party 10 Sep 1919.
Matheson, A.	Pte	Ply11246	A	11 Nov 1920	Party 26 Aug 1919.
Matthews, E.J.	Pte	Ply16890	D		RMLI Plymouth 2 Apr 1919.
McCarthy, G.H.	Pte	Ply16841	D		RMB Plymouth 1 Aug 1919.
Miller, A.C.	Act/Sergt/Mjr	Depot353			Party 15 May 1919.
Mills, H.	Pte	Ply16368	A		DD. Mrs M.Mills 1 Aug 1919.
Mitton, J.	Pte	Ply11370	A	11 Dec 1920	RMB Plymouth 10 Mar 1919.
Morris, J.	Pte	Ply16349	A		Party 12 Mar 1919.
Mould, C.E.	Pte	Ply16456	A		Party 25 Feb 1919.
Moyse, J.J.	Col/Sergt	Ply2797	A	21 Dec 1920	*HMS Impregnable* 10 Mar 1919.
Mustoe, W.E.	Pte	Ply16517	A	9 Dec 1920	*HMS Egmont* 4 Aug 1919.
Nash, F.	Pte	Ply16905	A	8 Jul 1920	*HMS Ajax* 11 Mar 1919.
Norman, F.	Pte	Ply10195	A	16 Jul 1920	*HMS Impregnable* 4 Aug 1919.
Patten, A.A.	Pte	Ply16401	A		Star & clasp retd "not known". Retd to R.Mint Mar 1934.
Payne, E.	Sergt	Ply4039	A	29 Dec 1920	*HMS Impregnable* 10 Mar 1919.
Pearce, F.A.	L/Cpl	Ply14477	A	16 Jul 1920	RMB Plymouth 1 Aug 1919.

DEAL DETACHMENT R.M.L.I.

Name	Rank	Number		Date	Notes
Pearson, W.	Pte	Ply16509	A	5 Nov 1920	Party 30 Jan 1920.
Perkins, R.C.	Pte	Ply16497	A	23 Jan 1922	RM Bks Plymouth 10 Mar 1919.
Pinkerton, W.A.	QMSI	Depot348	D		RM Depot Deal 9 Dec 1919. Roll notes, "Dunkirk only."
Pinnock, J.R.	Pte	Ply16513	A	14 Dec 1920	*HMS New Zealand* 4 Aug 1919.
Pittey, W.F.	Pte	Ply16425	A	5 Aug 1920	*HMS Erin* 27 Mar 1919.
Plumb, W.T.	Cpl	Ply12480	A	29 Jul 1920	RM Depot Deal 4 Aug 1919.
Podmore, A.V.	Pte	Ply16871	D		*HMS Thistle* 26 May 1919.
Ponsford, A.J.	Pte	Ply16645	A	Jul 1920	*HMS Orion* 29 Jan 1919.
Ponsford, J.	L/Cpl	Ply10490	A	11 Dec 1920	RMB Plymouth 1 Aug 1919.
Porter, W.J.	Pte	Ply16878	D		Party 10 Sep 1919.
Powrie, D.	Pte	Ply16876	D		*HMS Cornwall* 4 Aug 1919.
Pressdee, F.R.	Pte	Ply16886	D		*HMS Conqueror* 4 Aug 1919.
Prestidge, E.C.	Pte	Ply16321	A	11 Dec 1920	RMB Plymouth 1 Aug 1919.
Pryce-Brown, W.H.	Major		A	16 Jun 1920	DD 6 Oct 1914. Sister Miss M.P.Browne 15 Aug 1919.
Quartermain, T.	SB/Std	350541			DD 13 Nov 1916. Widow Mrs E.M.Quartermain 4 Oct 1919.
Radcliffe, W.T.R.	Pte	Ply16520	A	11 Nov 1920	*HMS Concord* 28 Jan 1919.
Rawson, H.	L/Cpl	Ply16732	A	29 Jul 1920	RM Bks Plymouth 10 Mar 1919.
Rayner, P.E.	L/Cpl	Ply14676	A		DD 9 Feb 1918. Widow Mrs L.M.Rayner 24 Apr 1919.
Ready, G.J.	Pte	Ply13762	A	13 Nov 1920	Party 8 Jan 1920.
Rees, T.	Pte	Ply16882	D		Party 11 Sep 1919.
Reynolds, W.R.	Col/Sergt	Ply7144	A	18 Nov 1920	Party 12 Dec 1919.
Richardson, C.W.	L/Cpl	Ply13920	A	22 Dec 1920	*HMS Vivid* 24 Mar 1919.
Ritchie, A.C.	Pte	Ply16521	A	13 Nov 1920	Party 19 May 1919.
Roakes, W.	Pte	Ply8857	A	6 Nov 1920	Party 11 Sep 1919.
Robson, A.H.	Pte	Ply16902	D		DD 27 Jun 19??. Mother Mrs J.Elliott 9 Jul 1919.
Roper, E.	Pte	Ply6726	A		Party 18 Jun 1919.
Rowe, E.	Pte	Ply4713	A	24 Mar 1922	Party 24 Mar 1922.
Salmon, A.	Pte	Ply16894	D		Party 10 Sep 1919.
Salomon, R.	Pte	Ply16905	D		DD. Mother Mrs E.Salomon 5 Dec 1919.
Sampson, J.	Pte	Ply16888	D		*HMS Severn* 3 Apr 1919.
Skipper, A.W.	Pte	Ply16879	D		*HMS Grafton* 14 Apr 1919.
Slater, F.	Pte	Ply16899	A	25 Jun 1920	Party 20 Mar 1919.
Smale, S.J.	Col/Sergt	Ply5518	A	5 Nov 1920	Party 10 Sep 1919.
Spry, T.	Pte	Ply11429	A	Jul 1920	*HMS Pactolus* 20 May 1919.
Squires, F.F.	Pte	Ply16820	D		RMB Plymouth 1 Aug 1919.
Starte, W.T.	Pte	Ply11360	A		DD. Mother Mrs Starte 10 Nov 1919.
Stewart, J.I.	Pte	Ply11800	A	16 Jul 1920	RMB Plymouth 1 Aug 1919.
Stockwell, H.J.	Pte	Ply16433	A	9 Dec 1920	*HMS Revenge* 4 Aug 1919.
Swift, O.C.	Pte	Ply11969	A	6 Nov 1920	Party 30 Jan 1920.
Taylor, E.	Col/Sergt	Ply14590	A	29 Dec 1920	RM Bks Plymouth 10 Mar 1919.
Taylor, G.	Pte	Ply13010	A	11 Dec 1920	RM Bks Plymouth 10 Mar 1919.
Temlett, J.	Pte	Ply10145	A	16 Jul 1920	RM Bks Plymouth 10 Mar 1919.
Tetley, A.S.	Captain		A		DD 15 Nov 1916. Father Capt.A.J.Tetley 12 Aug 1919.
Thom, A.	Pte	Ply16873	D		*HMS Colleen* 4 Aug 1919. Not rec'd by *HMS Colleen*.
Tomlinson, J.	Pte	Ply16870			RM Bks Plymouth 10 Mar 1919.
Tupman, J.A.	Lieut/Col				RM Bks Deal 15 May 1919.
Vasey, F.	Pte	Ply16407	A	29 Nov 1920	Party 23 Apr 1919.
Vowles, G.F.	Sergt	Ply10259	A		DD. Sister Mrs D.M.Galley 13 Oct 1919.
Walloni, S.G.E.	L/Sergt	Ply7540	A	5 Nov 1920	Party 6 Sep 1919.
Walters, W.	Pte	Ply16478	A	6 Nov 1920	Party 22 Sep 1919.
Ward, J.T.	Pte	Ply16426	A		*HMS Blake* 4 Aug 1919.
Warwick, A.H.	Pte	Ply16848			DD. Mrs M.Warwick 16 Jul 1919.
Waters, F.	Lieut & QM			29 Jul 1920	RMB Deal 13 May 1919.
Watts, W.A.	L/Cpl	Ply9874	A	31 Dec 1920	RMLI Aldershot 29 Jan 1919.
West, D.O.B.	L/Sergt	Ply12883	A	11 Dec 1920	*HMS Warspite* 5 Mar 1919.
Wild, C.	Sergt	Ply12838	A	11 Dec 1920	3/RMB Mudros 4 Aug 1919.
Wilkinson, J.R.	Pte	Ply16363	A	11 Dec 1920	RMB Plymouth 1 Aug 1919.
Wilkinson, R.W.	Pte	Ply16370	A		Run. Retd to R.Mint Mar 1934.
Williams, C.	Pte	Ply12776	A	11 Dec 1920	RMB Plymouth 1 Aug 1919.
Williams, T.G.	Pte	Ply16857	D		*HMS Argus* 4 Aug 1919.
Willoughby, J.T.	Pte	Ply10941	A	Jul 1920	*HMS Pomone* 4 Aug 1919.
Wilson, A.V.	Pte	Ply16893			Party 15 Nov 1924.
Winston, G.A.R.	Pte	Ply16897			RMB Plymouth 1 Aug 1919.
Winwood, A.	Pte	Ply16849	D		Party 21 Dec 1920.
Woodruff, H.C.	L/Cpl	Ply14808	A		DD. Mrs E.Woodruff 20 Aug 1919.
Woolmington, F.	Pte	Ply16238	A		DD. Mother Mrs E.E.Woolmington 20 Sep 1919.
Wreyford, G.	Sergt	Ply5500	D		Retd to R.Mint Mar 1934.

PLYMOUTH BATTALION R.M.L.I.

Name	Rank or Rating	Official Number	Where Served	Clasp Issued	Medal Sent - Comments
Abbott, A.H.	Pte	Ply11997	A	29 Nov 1921	RMB Plymouth 10 Mar 1919.
Abbott, T.		M9824		17 Jun 1920	Party 13 Mar 1919.
Adair, J.	Pte	Ply6838	A		Retd to R. Mint Mar 1934.
Adam, J.W.	Pte	Ply16271	A		HMS Collingwood 4 Aug 1919.
Adams, G.	Cpl	Ply9548	A	16 Jul 1920	RMLI Aldershot 29 Jan 1919.
Adams, G.H.	Bugler	Ply16464	A	19 Jul 1920	HMS Thesus II 2 Aug 1919.
Adlam, T.J.	Pte	Ply4854	D		Party 13 Aug 1919.
Alcock, O.F.J.	Pte	Ply14605	O		Worcester Regt 5 Sep 1919.
Aldridge, G.	Pte	Ply16279	A		DD. Father E.Aldridge 22 Jan 1920.
Allen, E.	Pte	Ply13328	A	30 Jul 1920	RMB Plymouth 30 Jul 1919.
Allen, G.A.	Pte	Ply16770	D		Run 4 Jan 1917. Retd to R.Mint Mar 1934.
Allen, H.	Pte	Ply17613	D		HMS Cornwall 4 Aug 1919.
Allen, R.O.	Pte	Ply16883	D(C)		Depot Inverness 11 Feb 1919.
Allison, J.T.	Pte	Ply7254	A		HM Isle Ascension, Atlantic 24 Mar 1919.
Ambler, C.	Pte	Ply13588	A	29 Oct 1920	Party 12 Aug 1919.
Antrobus, H.	Sergt	Ply6298	A	2 Nov 1920	Party 13 Aug 1919.
Archer, F.J.	Pte	Ply16813	A	1 Jul 1920	DD. Mother Mrs E.Archer 1 Jul 1920.
Armes, W.A.	Pte	Ply16825	D		HMS Curlew 4 Aug 1919.
Armstrong, C.V.	Pte	Ply16842	D		HMS Glorious 11 Mar 1919.
Astbury, H.T.	Pte	Ply8778	A		DD 25 Jan 1917. Widow Mrs F.Astbury 4 Oct 1919.
Astley, T.W.	Pte	Ply16776	D		DD 6 Nov 1917. Legatee Miss R.Maunders 10 Dec 1919.
Atkinson, C.	Cpl	Ply7672			Party 16 Aug 1919.
Austen, H.G.	Pte	Ply16811	D	3 Feb 1921	RMLI Chatham 5 Mar 1919.
Austin, E.	Pte	Ply16646	D		Party 1 Jul 1919.
Auton, L.	Pte	Ply14343	O		RMB Plymouth 30 Jul 1919.
Bagge, H.V.	Pte	Ply14823	O		HMS Impregnable 4 Aug 1919.
Bailey, B.J.	Pte	Ply16705	D		HMS Colleen 4 Aug 1919.
Baker, R.W.	Pte	Ply17625	D		DD 17 Nov 1916. Mother Mrs N.Baker 20 Aug 1919.
Baker, S.	Pte	Ply12927			Party 16 Aug 1919.
Baldry, R.J.	Pte	Ply5957	A	16 Jul 1920	RM Bks Plymouth 10 Mar 1919.
Baldwin, A.B.	Col/Sergt	Ply4690	A		DD 4 Mar 1915. Widow Mrs A.Baldwin 8 Aug 1919.
Baldwin, J.	Pte	Ply16332	A		DD. Brother W.H.Baldwin 20 Oct 1919.
Balsom, J.	Sergt	Ply10383	A	29 Nov 1921	HMS Vivid 24 May 1919.
Bamfield, W.J.	Col/Sergt	Ply6242	D		DD 26 May 1915. Widow Mrs A.J.Bamfield 19 Aug 1919.
Bandal, W.	Pte	Ply9930	O		HMS Indus 4 Aug 1919.
Banks DCM, A.J.	Act/RSM	Ply4594	A	13 Feb 1923	RM Bks Plymouth 30 Jul 1919.
Banner, G.W.	Pte	Ply16763	D		HMS Colossus 29 Jan 1919.
Barker, H.	Pte	Ply16812	A		Party 13 Aug 1919.
Barker, W.	Pte	Ply16775	D		RM Bks Plymouth 30 Jul 1919.
Barks, G.L.	Pte	Ply14211	A		RM Bks Plymouth 30 Jul 1919.
Barlow, T.	Pte	Ply16420	A	29 Apr 1921	RM Bks Plymouth 30 Jul 1919.
Barnett, W.H.	Col/Sergt	Ply4828	A	29 Oct 1920	Party 15 Aug 1919.
Barnshaw, W.	Pte	Ply16724	A	29 Apr 1921	HMS Centaur 4 Aug 1919.
Barton, J.	Pte	Ply14682	A	15 Jun 1920	HMS President VII 15 Jun 1920.
Bastin, E.T.J.	Pte	Ply16671	D		RMLI Aldershot 29 Jan 1919.
Bates, T.	Pte	Ply16786	D		RM Bks Plymouth 30 Jul 1919.
Bath, J.A.	2/Lieut				Party 9 Sep 1919.
Battershill, W.J.	Col/Sergt	Ply5103	D		Party 23 Jan 1919.
Battin, J.	Lieut		A	5 Oct 1920	RM Bks Plymouth 10 Mar 1919.
Bax, J.T.	Pte	Ply11753	A		DD 21 May 1915. Father J.Bax Esq 6 Aug 1919.
Baynham, J.E.	Pte	Ply13884	A	28 Oct 1920	Party 1 Jul 1919.
Bean, J.H.	Pte	Ply16765	D		DD 4 Mar 1915. Father J.H.Bean 30 Jul 1919.
Beggs, W.J.	Pte	Ply16347	A		DD 30 Oct 1916. Mother Mrs E.M.Beggs 12 Dec 1919.
Bellamy, H.A.	Pte	Ply8855	O		Party 15 Aug 1919.
Bennett, C.W.	Pte	Ply16123	O		DD. Father J.S.Bennett 7 May 1919.
Berry, E.	Pte	Ply16642	D		RM Bks Plymouth 30 Jul 1919.
Best, W.	Pte	Ply2636	A	17 Jun 1920	HMS Vivid 6 Mar 1919.
Betts, H.W.	Pte	Ply16416	A	24 Aug 1920	DD 15 Jun 1915. Father G.Betts 24 Aug 1920.
Bewes, A.E.	Major		A	24 Oct 1922	Depot RM Deal 3 Apr 1919.
Binnie, G.	Pte	Ply16772	D	8 Sep 1920	RM Bks Plymouth 10 Mar 1919.
Bird, R.J.	Pte	Ply17598	D	26 Jul 1920	RM Bks Plymouth 10 Mar 1919.
Bishop, T.	Pte	Ply16794	D		HMS Thunderer 4 Aug 1919.
Blacker, S.W.	Pte	Ply14802	A	19 Jan 1923	HMS Curlew, Harwich 18 Apr 1919.

PLYMOUTH BATTALION R.M.L.I.

Blackwell, S.	Pte	Ply17609	D		RM Bks Plymouth 30 Jul 1919.
Bloomfield, W.	Pte	Ply10688	A	16 Sep 1920	*HMS Tiger* 16 May 1919.
Bowden, L.J.	Pte	Ply11171	A		*HMS Impregnable* 4 Aug 1919.
Bowden, W.	Pte	Ply16441	A		Run. Retd to R.Mint Mar 1934.
Bowles, C.W.H.	Pte	Ply17628	D		RM Bks Plymouth 30 Jul 1919.
Bowman, T.	Pte	Ply13177	A	3 Nov 1920	Party 12 Aug 1919. Dup clasp & rosettes to Party 21 Oct 1922.
Boxall, A.W.	Sergt	Ply7565	A	20 Sep 1920	DD 20 Jan 1918. Widow Mrs M.Boxall 21 Jul 1919.
Boyer, G.	Pte	Ply13372	A	28 Oct 1920	Party 23 Jul 1919.
Brace, G.	Col/Sergt	Ply2135	A	29 Oct 1920	Party 12 Aug 1919.
Bradley, F.G.	Pte	Ply15034	A	10 May 1923	RM Bks Plymouth 10 Mar 1919.
Brain, W.E.	Pte	Ply16741	D		*HMS Curlew* 8 Apr 1919.
Bramwell, J.H.	Pte	Ply16377	A	29 Apr 1921	RM Bks Plymouth 30 Jul 1919.
Brand, W.H.	Pte	Ply14765	A	7 Jul 1920	Party 24 Dec 1919.
Brandeth, J.	Col/Sergt	Ply8288	O		Party 12 Aug 1919.
Bremner, D.	Sergt	Ply3029	A	27 Mar 1925	DD 28 Jan 1916. Widow Mrs M.Bremner 24 Jul 1919.
Brereton, R.C.	Pte	Ply17605	D		Party 6 Aug 1919.
Bridge, W.	Pte	Ply16836	D		RM Bks Plymouth 30 Jul 1919.
Bridges, F.D.	Major		A	7 Jul 1920	RMB Plymouth 30 Jul 1919.
Briggs, R.	Col/Sergt	Ply8875	OD		Depot RM Deal 10 Mar 1919.
Brittain, E.W.	Pte	Ply17638	D		*HMS Skirmisher* 4 Aug 1919.
Brooke, A.	Pte	Ply8744	O		RM Bks Plymouth 10 Mar 1919.
Brookes, R.	Pte	Ply17630	D		RM Bks Plymouth 10 Mar 1919.
Brooks, B.	Pte	Ply8619	A	6 Dec 1924	RM Bks Plymouth 10 Mar 1919.
Brooks, F.G.	Pte	Ply16429	A		DD 31 May 1916. Father T.S.Brooks 17 May 1920.
Brown, A.	Pte	Ply8109	A	25 Oct 1920	Party 15 Aug 1919.
Brown, A.F.	Pte	Ply16796	D		Party 23 May 1919.
Brown, J.	Pte	Ply16843	D		RM Bks Plymouth 30 Jul 1919.
Brown, W.	Pte	Ply16471	A		*HMS President III* 4 Aug 1919.
Brown, W.A.	Col/Sergt	Ply2329	D		RMB Plymouth 10 Mar 1919.
Brownlee, J.	Pte	Ply16670	D	20 Sep 1920	*HMS Colleen* 6 Mar 1919.
Brugnier, P.E.	Pte	Ply17604	D		DD. Father Mr P.Brugnier 4 Nov 1921.
Bryan, W.C.B.	Pte	Ply17619	D		Party 9 Sep 1919.
Buckley, C.	Pte	Ply16675	D		DD 27 Sep 1918. Mother Mrs J.Buckley 24 Jun 1920.
Bugge, A.E.	Pte	Ply5906	A	28 Oct 1920	Party 19 Aug 1919.
Bulcock, H.	Pte	Ply16656	D		DD. Mother Mrs M.Bulcock 19 Jan 1920.
Bull, W.R.	Pte	Ply8276	A		DD. Widow Mrs E.A.Bull 31 Oct 1919.
Bunker, C.F.	Pte	Ply16359	A	27 Mar 1922	*HMS Colleen* 4 Aug 1919.
Burchill, A.	Pte	Ply16337	A		DD. Father F.H.Burchill 31 Oct 1919.
Burdett, J.E.	Pte	Ply16739	D		DD 29 May 1915. Father J.T.Burdett 19 Mar 1919.
Burgess, J.	Cpl	Ply15001	A		DD. Widow Mrs A.Burgess 31 Oct 1919.
Burridge, W.G.	Col/Sergt	Ply2962	A	3 Jul 1920	Party 12 Aug 1919.
Burrows, W.H.	Pte	Ply16393	A		*HMS Gargon* 3 Apr 1919.
Bury, E.J.	Pte	Po11982	O		RMLI Gosport 5 Mar 1920.
Bushell, W.	Pte	Ply16341	O		*HMS Cyclops II* 4 Aug 1919.
Butler, S.	Pte	Ply16384	A	30 Apr 1921	RM Bks Plymouth 30 Jul 1919.
Butterworth, J.	Pte	Ply16198	A		DD 6 Mar 1915. Father Mr J.Butterworth 1 Apr 1919.
Byrne, R.	Pte	Ply16690	D		*HMS Sandhurst* 4 Oct 1919.
Campbell, J.	Sergt	Ply10131	OD		DD. Widow Mrs Campbell 22 Oct 1919.
Campbell, T.	Pte	Ply16507	A		Run 18 Apr 1917. Retd to R.Mint Mar 1934.
Candle, W.H.	Pte	Ply14940	A		*HMS Berwick* 4 Jun 1919.
Canfield, H.E.	Pte	Ply17621	D	R	*HMS Ambrose* 4 Aug 1919.
Carnegie, W.	Pte	Ply7193	A	15 Oct 1920	Party 12 Mar 1919.
Carpenter, F.J.T.	Pte	Ply16640	D		102/Labour Coy, France 1 Aug 1919.
Carpenter, H.	Pte	Ply7769	O		Party 19 Aug 1919.
Carpenter, H.J.	Pte	Ply8326	A	16 Jul 1920	RM Bks Plymouth 10 Mar 1919.
Carruthers, A.	Pte	Ply16448	A		*HMS Gloucester* 5 Mar 1919.
Case, S.	Pte	Ply16653	D		Run 4 Jul 1917. Retd to R.Mint Mar 1934.
Casling, W.J.	L/Sergt	Ply5334	A	22 Oct 1920	Party 15 Aug 1919.
Catchpole, L.	Pte	Ply17597	D		RM Bks Plymouth 10 Mar 1919.
Chambers, H.E.L.	Pte	Ply17599	D		*HMS Cornwall* 4 Aug 1919.
Chambers, R.	Pte	Ply7680	O	R	RM Bks Plymouth 10 Mar 1919.
Champ, W.E.	Pte	Ply16791	D		DD. Father F.Champ 2 Dec 1919.
Channing, A.W.	Pte	Ply14646	O		DD. Sister Miss S.Channing 16 Jan 1920.
Chant, A.	Sergt	Ply1435	D		Party 13 Aug 1919.
Charlesworth, G.A.	Jun/RA	RNAM9774			Party 15 Apr 1920.
Chown, E.J.	Pte	Ply17603	D		*HMS Carnarvon* 4 Aug 1919.
Chown, H.A.	Pte	Ply16655	D		*HMS Revenge* 28 Jul 1922.

PLYMOUTH BATTALION R.M.L.I.

Name	Rank	Number			
Christenson, T.P.	Pte	Ply16827	D		DD 28 Apr 1915. Father Mr T.Christenson 12 Aug 1919.
Clancey, W.	Cpl	Ply9811	A	22 Dec 1927	Party 19 Aug 1919.
Clark, A.G.	Pte	Ply16838	D		DD 5 May 1918. Father W.G.Clark 3 Dec 1919.
Clark, A.N.	Pte	Ply16231	O		HMS *Tiger* 16 May 1919.
Clarke, T.	Pte	Ply16381	A	13 Feb 1922	HMS *Caesar* 4 Aug 1919.
Clifford, A.A.	Pte	Ply17663	D		Party 13 Feb 1919.
Clist, J.	Pte	Ply16764	D		RMB Plymouth 1 Aug 1919.
Cockran, S.	Pte	Ply3415	A	18 Oct 1920	Party 19 Aug 1919.
Coleman, E.S.	Pte	Ply10110	A	16 Jul 1920	RM Bks Plymouth 30 Jul 1919.
Coles, H.	L/Sergt	Ply2280	A		DD. Widow Mrs Coles 18 Feb 1920.
Collins, J.	Pte	Ply10087	O		HMS *Caesar* 4 Aug 1919.
Conn, T.S.C.	Pte	Ply16719	D		Party 19 Feb 1919.
Connelly, J.	Pte	Ply16823	D		Run. Retd to R.Mint Mar 1934.
Connolly, T.	Pte	Ply11871	O		Party 13 Aug 1919.
Connolly, W.	Pte	Ply16344	A	4 Feb 1925	HMS *Aurora* 29 Jan 1919. Dup to RM Chatham 4 Feb 1925.
Connor, O.	Pte	Ply16696			RMLI Chatham 28 Mar 1919.
Conroy, E.	Pte	Ply16676	D		RM Bks Plymouth 10 Mar 1919.
Constable, T.W.	Pte	Ply8641	A	15 Oct 1920	Party 21 Aug 1919.
Conybeare, C.B.	Lieut		A	7 Jul 1920	Party 4 Aug 1919.
Cook, G.A.	Sergt	Ply2533	D		HMNO Colombo 4 Sep 1920.
Cook, W.J.	Pte	Ply7685	A	16 Jul 1920	RM Bks Plymouth 30 Jul 1919.
Cooksley, T.H.	Pte	Ply16388	A	3 Jan 1922	DD 7 Oct 1914. Mother Mrs E.Cooksley 12 Aug 1919.
Cooper, C.F.	Pte	Ply16455	A	14 Jun 1921	HMS *Argus* 4 Aug 1919.
Cooper, J.	Pte	Ply16779	D		RM Bks Plymouth 10 Mar 1919.
Cornish, R.S.	Pte	Ply5159	A	29 Apr 1921	HMS *Pactolus* 20 May 1919.
Corri, G.	Pte	Ply16700	D		RM Bks Plymouth 10 Mar 1919.
Cosgrove, J.	Pte	Ply15453	O		HMS *Ramilles* 4 Aug 1919.
Costin, S.E.	Pte	Ply17606	D		Party 15 Jul 1921.
Courtier, J.W.	Pte	Ply16673	D		Party 25 Nov 1919.
Cowler, A.C.	Pte	Ply16672	D		Ascension Island 25 Jul 1919.
Cox, J.	Pte	Ply17653	D		RM Bks Chatham 5 Feb 1919.
Coyle, P.	Pte	Ply16428	O		DD. Retd to R.Mint Mar 1934.
Crebbin, G.	Pte	Ply13568	O		DD 27 Dec 1918. Brother W.Crebbin 24 Aug 1920.
Crewe, T.H.	Pte	Ply13069	A		DD 10 Jun 1915. Widow Mrs Crewe 31 Mar 1919.
Crocket, T.G.	Pte	Ply8390	A	23 Sep 1920	Party 12 Aug 1919.
Crombie, J.	Pte	Ply1959			HMS *Indus* 24 Jan 1919.
Crone, W.F.	Col/Sergt	Ply5419	A	6 May 1921	RM Bks Plymouth 2 Oct 1919.
Crook, G.H.	Pte	Ply16372	A	19 Apr 1921	RMB Plymouth 1 Aug 1919.
Crosbie, S.	Pte	Ply3444	A	15 Oct 1920	Party 16 Aug 1919.
Cross, H.J.	Col/Sergt	Ply5246	A		HMS *Colleen* 6 Mar 1919.
Cross, L.	Pte	Ply16275	A		DD. Retd to R.Mint Mar 1934.
Crotty, W.J.	Pte	Ply7631	A	22 Oct 1920	Party 23 Jan 1919.
Cullum, R.	Pte	Ply3974	A	18 Oct 1920	Party 29 Aug 1919.
Culverwell, H.	Pte	Ply8826	A	29 Apr 1921	RMLI Aldershot 29 Jan 1919.
Cummings, J.E.	Pte	Ply9723	O		RM Bks Plymouth 10 Mar 1919.
Currie, H.	Pte	Ply16756	D		Party 2 Sep 1919.
Cuthbert, C.	Pte	Ply16399	A	29 Apr 1921	RM Bks Plymouth 30 Jul 1919. Dup to Air Ministry 24 Jul 1924.
Daniel, A.H.	Pte	Ply11571	A	28 Jul 1920	RND Aldershot 28 Jan 1919.
Darby, T.	Pte	Ply16701	D		RM Bks Plymouth 10 Mar 1919.
Darque, F.E.	Pte	Ply10228	A	25 Oct 1920	Party 16 Aug 1919.
Dash, F.W.	Sergt	Ply12198	A	28 Jul 1920	HMS *Pomone* 7 Feb 1919.
Davidson, J.	Pte	Ply16771	D		Run. Retd to R.Mint Mar 1934.
Davidson, J.D.	Pte	Ply16451	A	29 Apr 1921	RM Bks Chatham 20 Oct 1919.
Davies, E.T.	Pte	Ply11198	A	1 Jul 1920	DD. Widow Mrs S.A.Davies 1 Jul 1920.
Davies, P.F.	Pte	Ply16232	O		3/RMB Mudros 4 Aug 1919.
Davis, G.	Pte	Ply12058	A	17 Jan 1921	DD 31 Aug 1915. Mrs H.F.Davis 23 Jan 1922.
Davis, J.J.	Cpl	Ply6305	A	26 Oct 1920	Party 19 Aug 1919.
Dean, L.S.	Pte	Ply12466	A	1 Feb 1923	RM Bks Plymouth 30 Jul 1919.
Dent, P.	Pte	Ply16680	D		HMS *Cornwall* 4 Aug 1919.
Descombe, F.W.	Col/Sergt	Ply2333	A	25 Oct 1920	Party 16 Aug 1919.
Devis, A.	Pte	Ply16790	D		Party 16 Aug 1919.
Devitt, J.	Sergt	Ply10181	A	29 Jul 1920	Depot RM Deal 10 Mar 1919.
Dewghurst, W.B.	Pte	Ply16354	A	16 Feb 1921	Party 12 Mar 1919.
Dickens, J.	Pte	Ply16244	O		HMS *Fox* 4 Oct 1919.
Dickinson, W.E.	Pte	Ply14217	A	29 Jul 1920	RM Depot Deal 4 Aug 1919.
Dix, A.H.	Cpl	Ply8141	A	9 May 1921	RM Bks Plymouth 4 Aug 1919.
Dixon, E.A.	Pte	Ply17645	D		HMS *President III* 4 Aug 1919.

PLYMOUTH BATTALION R.M.L.I.

Name	Rank	Number		Date	Notes
Dixon, F.W.	Pte	Ply16345	A	8 Nov 1923	*HMS President III* 4 Aug 1919.
Docker, A.	Pte	Ply16430	A	8 Nov 1923	*HMS Ramilles* 4 Aug 1919.
Dockett, J.H.	Pte	Ply9459	A	4 May 1921	RM Bks Plymouth 10 Mar 1919.
Dougan, G.	Cpl	Ply11815	A	22 Oct 1920	Party 16 Aug 1919.
Douglas, W.	Sergt	Ply7392	A		RM Bks Plymouth 10 Mar 1919.
Dowler, J.B.	Pte	Ply11535	O		Party 22 Feb 1922.
Down, T.	Pte	Ply7294	A	18 Oct 1920	Party 16 Aug 1919.
Downie, J.	Pte	Ply11976	A	22 Oct 1920	Party 19 Aug 1919.
Doyle, F.	Pte	Ply16787	D		DD. Brother Mr J.Doyle 18 Aug 1920.
Drew, F.	Pte	Ply17610	D		*HMS Cambrian* 5 Aug 1919.
Duckham, F.	Pte	Ply16744	D		RM Bks Plymouth 30 Jul 1919.
Duffner, A.	Pte	Ply9142			RMLI Plymouth 11 Nov 1919.
Dunn, W.	Pte	Ply16817	D		RM Bks Plymouth 30 Jul 1919.
Durrant, W.	Pte	Ply7551	A	29 Apr 1921	RM Bks Plymouth 10 Mar 1919.
Dutton, J.	Pte	Ply16408	A	30 Sep 1920	*HM Motor Launch (No.29)* 30 Sep 1920.
Dyter, W.G.	Pte	Ply17661	D		DD 4 Mar 1915. Father J.W.Dyter 11 Aug 1919.
Easterbrook, H.G.	Pte	Ply15030	A		*HMS Constance* 4 Aug 1919.
Edwards, H.R.B.	Pte	Ply17654	D		Run 11 Dec 1918. Retd to R.Mint Mar 1934.
Egan, W.	Pte	Ply16726	D		Run. Retd to R.Mint Mar 1934.
Eldershaw, B.	Pte	Po14496	A	8 Nov 1922	DD 6 Oct 1914. Widow Mrs J.Broad 22 Apr 1919.
Elias, E.	Pte	Ply16780	A	20 Nov 1931	Run. Entitlement restored. Medal issued 20 Nov 1931.
Ellerby, C.F.	Col/Sergt	Ply8914	A	5 Nov 1920	Party 21 Aug 1919.
Ellis, J.	Pte	Ply16693	D		*HMS Gargon* 3 Apr 1919.
Ellis, S.P.	Pte	Ply10903	A	16 Jul 1920	RM Bks Plymouth 30 Jul 1919.
Ellison, J.F.	Lieut		A	17 Mar 1921	RM Bks Plymouth 30 Mar 1919.
Elton, R.J.	Pte	Ply16814	A		Party 16 Aug 1919. Noted as "Run" in clasp column.
Embleton, T.	Pte	Ply11582			Party 19 Apr 1919.
Emery, F.	Pte	Ply12029	A		Party 17 Sep 1919.
Evans, E.J.	Pte	Ply16839	D		*HMS Caesar* 4 Aug 1919.
Evans, H.F.	Pte	Ply16385	A	15 Oct 1920	Party 28 Feb 1919.
Evans, W.	Pte	Ply17659	D		RM Bks Plymouth 30 Jul 1919.
Everest, E.H.	Pte	Ply17658	D		Run. Retd to R.Mint Mar 1934.
Everest, L.	Pte	Ply17611	D		RM Bks Plymouth 30 Jul 1919.
Every, B.J.	Bugler	Ply16660	A	16 Jul 1920	RM Bks Plymouth 10 Mar 1919.
Evett, J.	Pte	Ply11814	O		Party 19 Aug 1919.
Excell, G.H.	Pte	Ply8584	A		DD 25 Apr 1915. Father W.Excell Esq 23 Jun 1919.
Fairbrother, H.	Pte	Ply16443	A	29 Jan 1921	*HMS Vivid* 24 Mar 1919.
Fairey, A.	Pte	Ply13018			Party 6 May 1919.
Farrell, F.	Pte	Ply17643	D		*HMS Europa* 4 Oct 1919.
Felce, W.	Pte	Ply16721	D		3/RMB Mudros 4 Aug 1919.
Fenton, E.	Pte	Ply16782	D		Party 28 Oct 1920.
Fenton, J.	Pte	Ply16758	D		*HMS Warspite* 5 Mar 1919. Dup No 6802 issued. Dup No 8228 issued 20 Jun 1940.
Ferris, C.J.	Pte	Ply15022	A	23 Oct 1920	Party 25 Feb 1919.
Findlay, W.	Pte	Ply17626	D		DD 16 Mar 1919. Mother Mrs M.Findlay 12 May 1920.
Floyd, F.	Pte	Ply14541	A		DD 5 Oct 1914. Mother Mrs E.Floyd 2 Mar 1920.
Flynn, W.T.	Pte	Ply16718	D		*HMS Thunderer* 4 Aug 1919.
Fooks, R.	Pte	Ply14013	A	9 Feb 1925	DD 5 Oct 1914. Mother Mrs M.Huish 26 Sep 1919.
Ford, F.G.	Pte	Ply16287	A	17 Mar 1921	DD 9 May 1915. Grandmother Mrs M.Ford 17 Mar 1921.
Ford, R.E.	Pte	Ply16768	A	3 Jul 1922	RM Bks Devonport 2 Jun 1919.
Ford, W.G.	Pte	Ply16397	A	30 Jun 1920	Party 12 Sep 1919.
Foster, H.	Pte	Ply16749	D		Party 16 Aug 1919.
Foxworthy, J.J.	Sergt	Ply4143	A		DD 30 Mar 1915. Widow Mrs M.Foxworthy 11 Aug 1919.
Francis, J.	Pte	Ply17644	D		RM Bks Plymouth 30 Jul 1919.
Freeman, T.S.	Sergt	Ply5864	A		DD 4 Mar 1915. Widow Mrs C.Freeman 3 Feb 1920.
French, B.	Pte	Ply16390	A	29 Apr 1921	RM Depot Deal 4 Aug 1919.
Frost, G.	Sergt	Ply7638	OD		Party 19 Aug 1919.
Fuller, W.	Pte	Ply16720	D		RM Bks Chatham 5 Feb 1919.
Gale, P.	Bugler	Ply16685	A	23 May 1922	*HMS Impregnable* 4 Aug 1919.
Gammon, J.	Pte	Ply3247	O		Party 21 Aug 1919.
Garnham, W.	Pte	Ply17632	D		*HMS Colleen* 6 Mar 1919.
Garside, E.	Pte	Ply10284	A	28 Jul 1920	RM Bks Plymouth 30 Jul 1919.
Gates, S.	Pte	Ply14982	A		DD. Mother Mrs C.Gates 21 Nov 1919.
Gemmel, D.	Pte	Ply11324			Party 21 Aug 1919.
George, A.A.	Pte	Ply16809	D		DD 17 Sep 1916. Mrs E.Cairns 23 Jun 1919.
George, W.	Sergt	Ply5650	A	29 Apr 1921	RND Aldershot 1 Feb 1919.
Gibbins, G.	Sergt	Ply11545	A	27 Oct 1924	Widow Mrs F.K.Gibbins 27 Oct 1924.

PLYMOUTH BATTALION R.M.L.I.

Name	Rank	Number		Date	Notes
Gibson, J.	Pte	Ply16331	A		DD 26 Oct 1917. Mother Mrs A.Gibson 15 Mar 1920.
Gibson, S.E.	Pte	Ply16373	A		DD. Mother Mrs A.Gibson 1 Jul 1919.
Gilbert, S.G.	Pte	Ply16241	O		*HMS Carnarvon* 4 Aug 1919.
Gilliland, J.	Pte	Ply16837	D		DD 4 May 1915. Father Mr Gilliland 1 Jul 1919.
Gilmour, A.T.	Pte	Ply5429	A	30 Aug 1920	Party 21 Aug 1919.
Glancey, F.	Pte	Ply7705	A	29 Apr 1921	*HMS President III* 2 Oct 1919.
Glendening, G.H.	Pte	Ply16266	O		Run 8 Sep 1919. Retd to R.Mint Mar 1934.
Goffey, A.	Pte	Ply16757	D		*HMS Europa* 4 Oct 1919.
Golby, T.E.	Pte	Ply15512	A		DD 4 Feb 1917. Mother Mrs E.Golby 2 Oct 1919.
Goldring, T.A.	Sergt/Mjr	Ply6243	A	18 Oct 1920	Party 16 Aug 1919.
Gomer, W.R.	Pte	Ply7085	O		DD 31 May 1916. Mother Mrs E.Gomer 3 Oct 1919.
Goodlife, C.H.		Ply12205			Party 21 Aug 1919.
Graley, D.	Pte	Ply16797	D		*HMS Marlborough* 1 Feb 1919.
Gray, J.J.	Pte	Ply16633	D		*HMS Impregnable* 13 Aug 1924.
Gray, W.	Pte	Ply14099	A	31 Dec 1924	DD 4 Aug 1916. Widow Mrs I.Gray 13 Mar 1919.
Gregg, J.	Pte	Ply14530	A	29 Jun 1920	Party 16 Aug 1919.
Grey, W.	Pte	Ply10556	A		DD 13 Jul 1915. Sister Mrs H.Gillingham 28 Apr 1920.
Gunstone, H.A.	Pte	Ply13604			Party 20 Jun 1919.
Gurr, H.E.	Pte	Ply13630	O		RM Bks Plymouth 10 Mar 1919.
Hagan, W.	Sergt	Ply3160	A	29 Sep 1927	DD 25 Jan 1917. Widow Mrs A.Hagan 29 May 1920.
Haggett, W.	Pte	Ply16647	A	9 Jan 1922	*HMS President III* 4 Aug 1919.
Haime, T.	Sergt	Ply1841			Party 21 Aug 1919.
Haines, F.	Pte	Ply2195	A		*HMS Impregnable* 3 Apr 1919.
Hale, A.	Pte	Ply16769	D		Father G.Hale 29 Apr 1920.
Hale, C.S.	Pte	Ply14960	A		*HMS Sandhurst* 3 Apr 1919.
Hale, W.	Pte	Ply11121	A	6 Jul 1921	*HMS Dreel Castle* 8 Feb 1919.
Hall, H.	Pte	Ply9722	A	25 Jul 1921	RM Depot Deal 4 Aug 1919.
Hall, W.J.	Pte	Ply7834	A	15 Dec 1921	Party 19 Aug 1919.
Hammond, C.R.	Pte	Ply17640	D		RM Bks Chatham 2 Oct 1919.
Hands, J.F.	Sergt	Ply6050	A	25 Aug 1920	RM Bks Plymouth 10 Mar 1919.
Hanley, J.	Pte	Ply16284	A	2 Jan 1925	DD 7 Oct 1914. Mother Mrs E.Hanley 22 Sep 1919.
Harding, J.H.G.	Cpl	Ply13961	A	3 Jan 1921	*HMS Glorious* 11 Mar 1919.
Harding, K.G.	Pte	Ply16409	A		Father L.Harding Esq 9 Mar 1920.
Harding, W.R.	Pte	Ply8623	A		DD 27 Jun 1915. Mrs M.K.Harding 20 Aug 1919.
Harrall, E.M.	Pte	Ply17612	D		RM Bks Plymouth 30 Jul 1919.
Harris, J.	Pte	Ply12030	A		RM Bks Plymouth 30 Jul 1919.
Harris, J.	Pte	Ply17657	D		RM Bks Plymouth 30 Jul 1919.
Harris, R.	Pte	Ply9359			Party 8 Mar 1919.
Harris, S.	Pte	Ply17641	D		DD 31 May 1916. Father A.G.Harris 11 Mar 1920.
Harrison, S.	Pte	Ply11597	A		DD 9 Oct 1914. Widow Mrs I.Harrison 4 Jun 1919.
Hart, D.	Sergt	Ply5996	A	13 Jul 1920	RM Bks Plymouth 10 Mar 1919.
Hartnell, G.H.	Pte	Ply6834	A	24 Apr 1924	Party 19 Aug 1919.
Harwood, F.W.	L/Sergt	Ply12777	A	18 Oct 1920	Party 10 Sep 1919.
Hatfield, W.	Pte	Ply11731	A		DD 3 May 1915. Brother D.Hatfield 6 Oct 1919.
Hawkins, M.W.	Pte	Ply16336	A	4 May 1921	RM Bks Plymouth 30 Jul 1919.
Hayward, L.	Pte	Ply16348	A		DD 16 Jun 1916. Father W.Hayward 5 Mar 1920.
Heade, T.J.	Pte	Ply16691	D		RNT Office, Cardiff 17 Jan 1919.
Headley, T.G.	Pte	Ply16353	A		DD 6 Jun 1915. Father G.W.Headley 7 Jul 1919.
Healey, R.J.	Col/Sergt	Ply5132	D	R	RM Bks Plymouth 2 Oct 1919.
Heath, E.J.S.	Pte	Ply16824	D		Admiralty Tpt.O., Deptford 18 Jan 1919.
Heeley, J.	Pte	Ply7036	A	15 Oct 1920	Party 19 Aug 1919.
Henderson, G.	Pte	Ch2784		11 Nov 1920	Party 12 May 1919.
Henderson, J.	Pte	Ply11388	A	16 Jul 1920	RM Bks Plymouth 30 Jul 1919.
Herring, S.W.	Pte	Ply17615	D		DD 15 Feb 1917. Legatee Mrs E.Herring 7 Oct 1919.
Hildyard, E.A.	Pte	Ply1978	A	4 Nov 1920	Party 5 May 1919.
Hill, F.C.	Col/Sergt	Ply3676	D		DD 5 May 1915. Widow Mrs E.Hill 30 Jun 1919.
Hill, H.	Pte	Ply11577	A	13 Aug 1920	RM Bks Plymouth 30 Jul 1919.
Hill, V.R.	Pte	Ply16788	D		*HMS Diana* 4 Aug 1919.
Hilson, T.	Sergt	Ply9818	A	29 Jul 1920	RM Bks Plymouth 10 Mar 1919.
Hitchman, J.W.E.	Pte	Ply15103	A		DD. Father A.E.Hitchman 6 Feb 1919.
Hockedy, F.G.	Pte	Ply15166	A	15 Oct 1920	Party 21 Aug 1919.
Hockley, A.E.	Sergt	Ply10885	A	29 Jul 1920	RM Depot Deal 10 Mar 1919.
Hodgson, J.	Pte	Ply16346	A		*HMS Europa* 4 Oct 1919.
Holloway, J.	Pte	Ply17623	D		DD. Father C.G.Holloway 13 Aug 1919.
Holmes, F.N.	Pte	Ply16766	D		RM Bks Plymouth 10 Mar 1919.
Holt, A.R.	Pte	Ply16274	A		DD 28 Apr 1917. Mother Mrs S.Holt 13 Mar 1919.
Holt, F.C.	Sergt	Ply10114	A	18 Oct 1920	Party 20 Aug 1919.

PLYMOUTH BATTALION R.M.L.I.

Name	Rank	Number		Date	Notes
Holyoak, E.	Pte	Ply4491	A	28 Apr 1921	RM Bks Plymouth 10 Mar 1919.
Honey, W.	Pte	Ply16389	O		DD. Mother Mrs E.Honey 19 Apr 1919.
Honeywell, F.	Pte	Ply16616	D		*HMS Powerful* 4 Aug 1919.
Honiatt, G.A.	Pte	Ply17602	D		DD 13 Nov 1916. Father A.T.Honiatt 3 Jul 1919.
Hooley, E.	Col/Sergt	Ply7440	O		HM CG Station, Portsmouth 29 Nov 1921.
Hooper, C.	Pte	Ply16403	A		DD. Mother Mrs C.Hooper 19 Feb 1919.
Hopson, S.M.	Pte	Ply16725	A		*HMS President III* 4 Aug 1919.
Horne, J.C.	Pte	Ply16678	D		*HMS Dauntless* 20 Mar 1919.
Hounsell, A.H.	Pte	Ply5476	A	29 Oct 1920	Party 20 Aug 1919.
Howard, J.	Pte	Ply16602	A		Party 21 Aug 1919.
Howarth, F.	Pte	Ply16785	D		RM Bks Plymouth 10 Mar 1919.
Howarth, R.L.	Cpl	Ply13025	A	9 Feb 1925	DD 26 Oct 1917. Widow Mrs F.Howard 19 Mar 1919.
Howse, H.E.	Pte	Ply14133	A	16 Jul 1920	*HMS Tamar* 22 May 1919.
Hoy, J.F.	Pte	Ply16844	D		*HMS Thistle* 26 May 1919.
Hudson, W.	Pte	Ply7923		15 Oct 1920	Party 9 Jul 1919.
Huggins, W.J.	Pte	Ply16364	A	28 Jan 1921	Party 22 Aug 1919.
Hunter, J.W.	Pte	Ply16668	D		*HMS Powerful* 4 Aug 1919.
Hurford, A.	QMS	Ply5935	A	1 Jul 1920	Party 25 Feb 1919.
Hurst, G.	Pte	Ply16810	D		*HMS Glorious* 11 Mar 1919.
Hutchings, S.J.	Pte	Ply14106	A	2 Nov 1922	*HMS Colleen* 6 Mar 1919.
Huxtable, B.	Pte	Ply14857	O		*HMS Impregnable* 4 Aug 1919.
I'anson, T.W.	Pte	Ply16815	D		*HMS President III* 4 Aug 1919. Roll notes "Run 31 May 1918".
Irvine, D.J.	Pte	Ply16834	D		3/RMB Mudros 4 Aug 1919.
Ivey, J.W.B.	Pte	Ply12836	A	4 May 1921	*HMS Colleen* 6 Mar 1919.
Jack, R.	Pte	Ply16795	A		RM Bks Plymouth 30 Jul 1919.
Jack, W.	Pte	Ply16148	O		Party 29 Aug 1919.
Jackson, W.H.J.	Pte	Ply16233	A		RM Bks Plymouth 30 Jul 1919.
Jacques, A.W.	Pte	Ply17639	D		RM Depot Deal 8 Mar 1922.
James, E.	Pte	Ply8388	A	30 Apr 1921	RM Bks Plymouth 10 Mar 1919.
James, W.A.	Pte	Ply17620	D		DD 12 May 1915. Father T.James 23 Jun 1919.
Jarman, T.W.H.	Col/Sergt	Ply5372	O		DD 10 Feb 1919. Widow Mrs E.Jarman 5 Dec 1919.
Jarvis, A.H.	L/Sergt	Ply9285	A	18 May 1921	RM Bks Plymouth 10 Mar 1919.
Jarvis, H.W.	Pte	Ply8585	A	25 Oct 1920	Party 21 Aug 1919.
Jeapes, F.A.	Pte	Ply16634	D		*HMS President III* 4 Aug 1919.
Jefferies, J.R.	Pte	Ply16380	A	30 Apr 1921	RM Bks Plymouth 30 Jul 1919.
Jenkinson, P.	Pte	Ply16688	D		*HMS Revenge* 29 Jan 1919.
Johns, C.	Pte	Ply6941	A		Party 21 Aug 1919.
Johns, C.H.	Pte	Ply16382	A		Run 5 Jul 1917. Retd to R.Mint Mar 1934.
Johnson, G.J.	Pte	Ply16378	A	27 Dec 1922	DD 6 Oct 1914. Mother Mrs S.E.Hewitt 4 Jul 1919.
Johnson, T.	Pte	Ply16367	A		DD 13 Nov 1916. Mrs J.Johnson 23 Jun 1919.
Johnson, W.	Pte	Ply17642	D		RM Bks Plymouth 30 Jul 1919.
Johnstone, M.S.	Pte	Ply16736	A		DD 9 Jun 1915. Father M.Johnstone 28 Jun 1919.
Johnstone, T.E.	Pte	Ply16799	D		*HMS Apollo* 4 Aug 1919.
Jones, J.	Pte	Ply7769	A	29 Oct 1920	Party 8 May 1919.
Jones, T.	Pte	Ply6365	A	4 Nov 1920	Party 2 Jan 1920.
Jones, T.W.	Pte	Ply10299	A	29 Oct 1920	Party 21 May 1919.
Jones, W.H.	Pte	Ply6817	A	29 Oct 1920	Party 20 Aug 1919.
Jones, W.H.	Pte	Ply16422	A		DD 11 Jun 1915. Father J.Jones Esq 14 Aug 1919.
Jordan, T.	Pte	Ply8303	A		DD. Widow Mrs T.Jordan 29 Mar 1920.
Joyner, G.	Pte	Ply16272	A		DD 16 Dec 1915. Father by adoption W.Holly 9 Dec 1919.
Kane, R.	Pte	Ply10547	A	7 Jul 1920	Party 12 Feb 1919.
Kean, R.J.	Pte	Ply16773	D		RM Bks Plymouth 30 Jul 1919.
Keane, J.	Pte	Ply10102	A	16 Jul 1920	RM Bks Plymouth 30 Jul 1919.
Kelly, J.	Pte	Ply16682	D		Party 1 May 1922.
Kenway, T.H.	Sergt	Ply4002		R	Party 5 May 1919.
Keohane, J.	Pte	Ply16626	D		Run 30 May 1920. Retd to R.Mint Mar 1934.
Kerr, D.F.	Pte	Ply15336	A	6 May 1921	RM Bks Plymouth 30 Jul 1919.
King, A.W.	Pte	Ply13222	A	16 Sep 1920	RMLI Plymouth 2 Apr 1919.
King, F.	Pte	Ply17600	D		DD. Widow Mrs F.E.King 1 Mar 1921.
King, J.W.	Pte	Ply16256	A		DD. Father A.E.King 11 Sep 1919.
Kingdom, C.	Pte	Ply16666	D		*HMS Suffolk* 4 Aug 1919.
Kingdon, C.	Pte	Ply16665	A		*HMS Bellerophon* 7 Feb 1919.
Kingman, H.	Cpl	Ply7194	O		Party 15 Sep 1919.
Kirkpatrick, J.	Pte	Ply16805	D		Party 10 Jun 1921.
Kissock, J.	Pte	Ply11929	A		RM Bks Plymouth 30 Jul 1919.
Knight, E.	Pte	Ply17622	A	6 Jul 1920	*HMS Doris* 4 Aug 1919.
Knight, F.	Sergt	Ply4651			Party 2 Sep 1919.

PLYMOUTH BATTALION R.M.L.I.

Name	Rank	Number		Date	Notes
Knight, J.H. de M.H.	Captain		A	7 Jul 1920	Party 2 Aug 1919.
Knight, W.	Pte	Po8387	A	3 Nov 1920	Party 17 Apr 1920.
Knowles, S.	Pte	Ply16383	A		*HMS Constance* 4 Aug 1919. Roll notes, "Run 27 Nov 1919. Star to be recovered".
Lacey, T.	Pte	Ply16793	D		DD. Mother Mrs Andrew 25 Sep 1919.
Laing, R.W.J.	Major		O		Party 14 May 1923.
Lambert, J.F.	Pte	Ply15088	O		*HMS Valiant* 27 Mar 1919.
Lampard, A.S.	Pte	Ply16225	A	28 Apr 1921	Ad.Trpt.Office Deptford 18 Jan 1919.
Lane, R.D.	Pte	Ply16479	A		Ad.Trpt.Office Deptford 18 Jan 1919.
Langton, C.	Pte	Ply16751	D		RM Bks Plymouth 30 Jul 1919.
Langton, T.	Pte	Ply16722	D		RM Bks Plymouth 30 Jul 1919.
Law, F.C.	Lieut		A		Base Int.Off., Queenstown 19 Apr 1919.
Lawrence, J.	Col/Sergt	Ply3184	D		*HMS Vivid* 19 Apr 1919.
Lawson, F.G.	Pte	Ply7482	A	19 Aug 1920	Party 2 Sep 1919.
Lawtor, W.D.	Pte	Ply16636	D		*HMS Constance* 4 Aug 1919.
Le fever, S.W.	Pte	Ply8057	A	6 Jul 1920	Party 5 Sep 1919.
Lee, H.H.	Pte	Ply14665	A	16 Jul 1920	*HMS Powerful* 4 Aug 1919.
Legg, D.	Pte	Ply9763	A	4 May 1921	RM Bks Plymouth 30 Jul 1919.
Legge, S.R.	Pte	Ply17655	A	6 May 1921	*HMS Grafton* 14 Apr 1919.
Lewis, A.	Pte	Ply16644	D		RND Perham Down 31 Jan 1919.
Lewthwaite, G.W.	Pte	Ply14640	O		*HMS Conqueror* 4 Aug 1919.
Lindsell, E.F.	Col/Sergt	Ply15094	A	3 Jul 1920	*HMS Attentive II* (Naval Guns) 12 May 1919.
Lintern, W.E.	Pte	Ply16402	A		*HMS Revenge* 29 Jan 1919.
Linton, F.L.	Pte	Ply16243	O		RM Bks Plymouth 30 Jul 1919.
Liversage, S.W.	Pte	Ply16019	O	R	*HMS President III* 4 Aug 1919.
Lloyd, T.	Pte	Ply6984	A	23 Feb 1922	Party 23 Feb 1922.
Lock, H.	Pte	Ply12362	A	28 Jul 1920	*HMS Collossus* 29 Jan 1919.
Lockett, R.	Pte	Ply16784	D		*HMS London* 25 Jan 1919.
Lockwood, W.	Pte	Ply16237	A		Party 12 Feb 1919.
Longhorn, J.H.	Pte	Ply16830	D		DD. Father J.Longhorn 8 Oct 1919.
Lough, R.D.H.	Captain		A	29 Jul 1920	Party 24 May 1919.
Lunn, H.	Cpl	Ply2355	A	15 Oct 1920	Party 3 Sep 1919.
Lyons, P.J.	Pte	Ply16651	D		Retd to R.Mint Mar 1934.
Macdonald, G.	Cpl	Ply10434	A	16 Jul 1920	RM Bks Plymouth 10 Mar 1919.
Mackey, G.W.	Sergt	Ply8261	OD	3 Dec 1921	RM Barracks Plymouth 10 Mar 1919.
Macklin, R.A.	Pte	Ply17644	D		*HMS Severn* 3 Apr 1919.
Magee, J.	Pte	Ply13107	O		Run. Retd to R.Mint Mar 1934.
Maher, J.J.	Pte	Ply16802	D		DD. Father J.Maher Esq 20 Oct 1919.
Mandry, W.H.	Pte	Ply11746	A	21 Jul 1920	*HMS Sandhurst* 3 Apr 1919.
Manktelow, F.	Pte	Ply11914	A	16 Jul 1920	RMB Plymouth 30 Jul 1919.
Manning, W.H.	Pte	Ply16643	D		RM Bks Plymouth 30 Jul 1919.
Mantell, J.T.	Sergt	Ply3328	A	22 Oct 1920	Party 11 Sep 1919.
Marshall, R.	Pte	Ply16806	D		HM Island Ascension Sth Atlantic 24 Mar 1919.
Martin, F.B.	Pte	Ply17648	D		Party 5 Sep 1919.
Martin, J.	Pte	Ply3011	A	21 Mar 1924	*HMS Powerful* 4 Aug 1919.
Martin, T.	Pte	Ply13232			Party 1 Sep 1919.
Martin, W.H.	Pte	Ply16711	D		*HMS Impregnable* 4 Aug 1919. Dup to RM Chatham 17 Aug 1925.
Mason, G.	Pte	Ply16716	D		Party 29 Jul 1920.
Masters, H.T.	Pte	Ply14083	O		*HMS Temeraire* 15 May 1919.
Mather, T.	Pte	Ply13629	D		Party 2 Sep 1919.
Matthews, G.E.	Lieut/Col		A		DD 12 Apr 1917. Widow Mrs M.Matthews 27 May 1919.
Matthews, J.	Pte	Ply16755	A	12 May 1921	*HMS Colleen* 6 Mar 1919.
Matzen, F.	Pte	Ply13226			Party 3 Sep 1919.
May, J.F.	Lieut		A		DD 13 Dec 1915. Widow Mrs M.May 5 Dec 1919.
McCardle, J.	Cpl	Ply11567	A	1 Jul 1920	Party 23 Jan 1919.
McCartney, J.M.	Pte	Ply16657	D		Run 6 Mar 1919. Entitlement restored, re-issued to RN Battle Sqdn. 26 Jun 1922.
McCaskill, M.	L/Sergt	Ply11177	A		DD. Mother Mrs McCaskill 10 May 1920.
McCluney, A.	Pte	Ply7899	A		Retd to R.Mint Mar 1934.
McCorry, P.	Pte	Ply15811	A	14 Jun 1921	RM Bks Plymouth 10 Mar 1919.
McCubbin, M.	Sergt	Ply5220	A	9 May 1921	Shetlands Section 7 Mar 1919.
McFarlane, J.	Pte	Ply16473	A	15 Aug 1924	RAF Records 15 Aug 1924. Dup Star, Clasp & Roses to Air Min. 10 Jan 1935.
McGowan, F.F.	Pte	Ply16750	D		Party 3 Sep 1919.
McGuigan, A.E.	Pte	Ply16493	D		Run. Retd to R.Mint Mar 1934.
McGuirk, J.	Pte	Ply7415	A		DD. Widow Mrs M.McGuirk 23 Apr 1920.
McIlroy, J.J.	Pte	Ply16290	O		Party 5 Sep 1919.

PLYMOUTH BATTALION R.M.L.I.

McIntyre, J.	Pte	Ply16781	D		3/RMB Mudros 4 Aug 1919.
McKay, W.	Pte	Ply10803	A	23 Oct 1920	Party 3 Sep 1919.
McKee, S.	Pte	Ply16702	D		RM Bks Chatham 5 Feb 1919.
McKinney, R.	Sergt	Ply10604	A	16 Jul 1920	RM Bks Plymouth 30 Jul 1919.
McLarney, T.F.	Pte	Ply7548	A	22 Oct 1920	Party 11 Sep 1919.
McLean, W.B.	Cpl	Ply6663	A	12 May 1921	RM Bks Plymouth 30 Jul 1919.
McMurray, L.	Pte	Ply15961	A	9 May 1921	*HMS Ramilles* 4 Aug 1919.
Mead, C.F.	T/Lieut		A	6 Jul 1920	RMO 2 Mar 1920.
Meakins, F.	Sergt	Ply4603	A	18 Oct 1920	Party 2 Sep 1919.
Meatyard, W.H.	L/Sergt	Ply13034	A	16 Jul 1920	RMLI Aldershot 29 Jan 1919.
Menzies, A.	Pte	Ply11422	A	9 May 1921	*HMS Colleen* 6 Mar 1919.
Middleton, J.	Pte	Ply16689	D		RM Bks Plymouth 30 Jul 1919.
Miles, L.	Pte	Ply17739	A		Run 27 Jan 1915. Retd to R.Mint Mar 1934.
Miller, C.B.	Pte	Ply4487	A	30 Jul 1920	Party 2 Sep 1919.
Miller, G.	Pte	Ply10730			Party 14 Nov 1919.
Millington, F.	Pte	Ply16800	D		Party 29 Aug 1919.
Mills, F.J.G.	Pte	Ply16454	A	14 Jul 1921	DD. Father Mr J.Mills 14 Jul 1921.
Mills, T.A.	Pte	Ply16717	D		DD. Father A.Mills 30 Jul 1919.
Milton, G.T.	Pte	Ply16355	A	12 May 1921	Father F.Milton Esq 5 Dec 1919.
Minns, A.W.	Sergt	Ply11711	A	22 Dec 1921	DD. Father Mr J.Minns 22 Dec 1921.
Molloy, J.	Pte	Ply16476	A	23 Oct 1920	Party 10 Sep 1919.
Monk, C.G.	Pte	Ply16134	A	18 May 1921	*HMS Indus* 4 Aug 1919.
Mooney, H.H.	Pte	Ply16697	D		DAMS Liverpool 12 Jun 1919.
Moore, E.	Pte	Ply8926	A	29 Oct 1920	Party 3 Sep 1919.
Moore, J.	Pte	Ply5765	A	15 Oct 1920	Party 2 Sep 1919.
Moores, H.A.	Pte	Ply6861	O		DD 31 May 1916. Mother Mrs J.A.Moores 11 Jul 1919.
Moran, W.	Pte	Ply16714	A	18 Aug 1920	RM Bks Plymouth 30 Jul 1919.
Moreland, H.L.	Pte	Ply16822	D		DD. Father Mr H.L.Moreland 9 Aug 1919.
Morgan, A.	Bugler	Ply16663	A	14 Jan 1921	RM Bks Plymouth 10 Mar 1919.
Morgan, J.C.	Pte	Ply9975	A	16 Jul 1920	RM Bks Plymouth 30 Jul 1919.
Morgans, D.J.	Pte	Ply16830	D		*HMS President III* 4 Aug 1919.
Morrisey, T.	Pte	Ply16338	A	29 Dec 1921	Party 29 Dec 1921.
Morrison, R.	Pte	Ply16832	D		*HMS Egmont* 4 Aug 1919.
Mosdale, J.	Pte	Ply16648	D		RM Bks Plymouth 30 Jul 1919.
Moss, A.	Pte	Ply16411	A		*HMS Apollo* 4 Aug 1919.
Moss, T.	Pte	Ply16889	D		Party 11 Aug 1921.
Moyse, E.	Pte	Ply14579	A	26 Jul 1928	RN Hosp.Malta 4 Oct 1919.
Munro, A.F.	L/Sergt	Ply11015	A	29 Jul 1920	RM Depot Deal 4 Aug 1919.
Munslow, E.	Pte	Ply11993			Party 3 Sep 1919.
Murphy, J.	Pte	Ply16738	D		Island Ascension 25 Jul 1919.
Murphy, P.	Pte	Ply16650	D		*HMS Cornwall* 4 Aug 1919.
Murray, P.	Sergt	Ply9585	A	18 Oct 1921	RM Bks Plymouth 30 Jul 1919.
Nash, W.E.	Pte	Ply16733	D		*HMS Collingwood* 4 Aug 1919.
Netting, J.G.B.	Col/Sergt	Ply3960	A	25 Jun 1920	Party 23 Jan 1919.
Nevett, F.T.	Pte	Ply14807	A	5 Oct 1920	RM Depot Deal 4 Aug 1919.
Newberry, S.J.	Pte	Ply16804	D		3/RMB Mudros 4 Aug 1919.
Newbold, G.S.T.	2/Lieut				Party 2 Aug 1919.
Nicholls, E.E.	Pte	Ply16356	A	23 Oct 1920	Party 1 Sep 1919.
Nolan, T.	Pte	Ply9574	A	9 May 1921	RMLI Aldershot 29 Jan 1919.
Norsworthy, G.	Pte	Ply16698	D		DD. Father J.Norsworthy Esq 11 Jul 1919.
North, A.J.	Pte	Ply17649	D	R	RMB Chatham 2 Oct 1919.
Nuttycombe, H.J.	Pte	Ply13320	A		DD 18 Feb 1917. Mrs C.A.Nuttycombe 11 Jul 1919.
O'Brien, M.	Pte	Ply3128	D		Party 3 Sep 1919.
Ogden, P.H.	Pte	Ply16218	O		*HMS Dauntless* 22 Aug 1919.
Oldham, F.	Pte	Ply17612	D		Party 10 Sep 1919.
Olliet, G.V.	L/Sergt	Ply11802			DD 28 Jun 1915. Widow Mrs J.W.Olliet 8 Jul 1919.
Osborne, G.A.	Pte	Ply16683	D		DD 23 Apr 1918. Father George Osborne Esq 4 Oct 1919.
Osborne, W.J.C.	L/Sergt	Ply10321	A	9 May 1921	3/RMB Mudros 4 Aug 1919.
Osmond, H.	Pte	Ply16449	A	9 May 1921	*HMS Constance* 4 Aug 1919.
Owen, H.	Pte	Ply9392			Party 5 Sep 1919.
Owens, E.	Pte	Ply12324	A	9 May 1921	*HMS Severn* 3 Apr 1919.
Owens, F.W.	Pte	Ply16366	A	21 Jul 1922	DD. Father Mr John E.Owens 10 Sep 1919.
Palmby, W.C.D.	Pte	Ply14631	A	16 Dec 1921	DD 22 Jun 1915. Father Mr W.Palmby 23 Jul 1919.
Palmer, C.	Pte	Ply7642	A	12 May 1921	RM Barracks Plymouth 10 Mar 1919.
Parker, G.	Pte	Ply16245	O		Run. Retd to R.Mint Mar 1934.
Parker, H.C.	Pte	Ply17596	D		RM Barracks Plymouth 10 Mar 1919.
Parker, M.L.	Pte	Ply13302	O		*HMS Empress of India* 13 Mar 1919.

PLYMOUTH BATTALION R.M.L.I.

Name	Rank	Number		Date	Notes
Parnham, W.A.J.	Pte	Ply16475	A	20 Sep 1920	*HMS Colleen* 4 Aug 1919.
Paul, F.S.	Pte	Ply16706	D		*HMS Concord* 5 Aug 1919.
Peach, J.J.	Sergt	Ply4793	A	18 May 1921	RM Barracks Plymouth 10 Mar 1919.
Pearce, E.H.	Pte	Ply14414	O		Run 13 Aug 1918. RM Barracks Plymouth 10 Mar 1919.
Peckham, E.G.	Pt	Ply10533	A	20 Jun 1920	Party 30 Jan 1920.
Pedrick, F.T.	Col/Sergt	Ply3880	A	12 May 1921	RM Barracks Plymouth 10 Mar 1919.
Pendrell, A.C.	Pte	Ply16778	D		DD. Mother Mrs N.Pendrell 8 Jul 1919.
Peploe, J.T.	Pte	Ply16742	D		*HMS Colleen* 4 Aug 1919.
Perriain, S.R.	Pte	Ply15322	A	3 Feb 1921	RM Depot Deal 4 Aug 1919.
Perrigo, A.	Pte	Ply16398	A	24 Jun 1921	*HMS Warspite* 5 Mar 1919.
Perris, A.	Sergt	Ply3934	A	18 Oct 1920	Party 5 Sep 1919.
Perry, A.J.	Pte	Ply15070	A	9 May 1921	RMB Plymouth 30 Jul 1919. New clasp issued 1 Sept 1922.
Pettigrew, D.	Pte	Ply16807	D		RM Barracks Plymouth 10 Mar 1919.
Phillips, F.	Sergt	Ply8707	A		DD 24 Feb 1915. Widow Mrs B.A.Phillips 7 Oct 1919.
Phillips, F.T.	Lieut/Col		A	31 Jul 1920	RMLI Chatham 6 Mar 1919.
Phillips, F.W.	Pte	Ply16674	D		RM Barracks Plymouth 30 Jul 1919.
Pickering, H.	Pte	Ply7072	A	20 May 1921	RMB Deal 2 Oct 1919.
Pidgeon, H.T.	Pte	Ply17624	D		Party 3 Sep 1919.
Pike, A.C.	Pte	Ply16828	D		*HMS Dartmouth* 4 Aug 1919.
Pill, C.	Pte	Ply16343	A		DD 4 Mar 1915. Father George W.Pill Esq 29 Sep 1919.
Pink, H.	Pte	Ply17601	D	R	Party 1 May 1919.
Pitten, C.J.	Pte	Ply16469	A		DD. Father Mr J.Pitten 29 Sep 1919.
Playfair, R.	Pte	Ply13960	O		*HMS Tiger* 16 May 1919.
Pole, A.	Pte	Ply5686	A	23 Oct 1920	Party 3 Sep 1919.
Poncia, P.	Pte	Ply7829	O		*HMS Impregnable* 3 Apr 1919.
Poolman, F.G.	Pte	Ply16316	O		*HMS Erin* 4 Aug 1919.
Potter, C.	Col/Sergt	Ply15069	A	20 Sep 1920	*HMS Impregnable* 10 Feb 1919.
Pratt, W.E.	Col/Sergt	Ply5871	O		Party 2 Jun 1919.
Price, C.E.	Pte	Ply16713	D		*HMS President III* 4 Aug 1919.
Price, E.	Pte	Ply16352	O		Run 30 Jun 1918. Retd to R.Mint Mar 1934.
Price, J.	Col/Sergt	Ply2683	D		Party 1 Sep 1919.
Price, L.	Pte	Ply16734	D		DD. Father J.Price Esq 9 Aug 1919.
Prior, G.	Pte	Ply6783	A	18 Oct 1920	Party 2 Sep 1919.
Prouse, W.	Pte	Ply11698	A		DD. Widow Mrs Elsie A.I.McCuam 13 Oct 1919.
Pughe, M.G.	Bugler	Ply16708	A	9 May 1921	RM Barracks Plymouth 10 Mar 1919.
Purdy, W.G.	Pte	Ply17634	D		*HMS Active* 4 Aug 1919.
Pyle, T.J.	Pte	Ply11599	A	9 May 1921	RMB Plymouth 30 Jul 1919.
Pyper, C.	Pte	Ply11036	O		RMB Plymouth 30 Jul 1919.
Queen, N.McD.	Pte	Ply14492	A	8 Jun 1921	*HMS Egmont* 4 Aug 1919.
Quick, H.C.	Pte	Ply10198	A	16 Jul 1920	RMB Plymouth 30 Jul 1919.
Quick, S.A.	Pte	Ply11804	A	3 Feb 1921	*HMS Berwick* 4 Jun 1919.
Quinn, J.	Cpl	Ply14226	A		DD 28 Apr 1917. Father D.Quinn Esq 25 Aug 1919.
Race, A.B.	Pte	Ply13155			Party 5 Sep 1919.
Radcliffe, W.	Sergt	Ply12963	A	9 Mar 1921	RM Barracks Plymouth 10 Mar 1919.
Radford, E.A.	Pte	Ply16209	O		*HMS Adventure* 5 May 1919.
Radford, F.	Pte	Ply14991	A	9 May 1921	*HMS Revenge* 29 Jan 1919. "Original clasp lost in transit, fresh clasp issued 29 Nov 1921".
Radford, R.	Col/Sergt	Ply2671	A	18 May 1921	RM Barracks Plymouth 10 Mar 1919.
Radmore, W.J.K.	Pte	Ply11068	A	15 Oct 1920	Party 1 Sep 1919.
Read, T.W.	Cpl	Ply12388	A	3 Feb 1921	*HMS Berwick* 4 Jun 1919.
Reavill, L.A.	Pte	Ply14196	A	12 May 1921	*HMS Lion* 4 Aug 1919.
Reeves, J.	Pte	Ply4860	O		*HMS Forth* 5 Feb 1919.
Remmos, A.	Pte	Ply12080			Party 1 Sep 1919.
Reynolds, R.P.	Pte	Ply17650	D		Retd to R.Mint Mar 1934.
Rhodes, F.T.J.	Pte	Ply16760	D	24 Feb 1921	RMB Plymouth 30 Jul 1919.
Rice, W.H.	Pte	Ply8090	A	29 Jun 1920	*HMS Imperieuse* 5 Feb 1919.
Richards, F.J.	Sergt	Ply3972	A		Party 3 Sep 1919.
Richards, J.	Sergt	Ply3753	A	23 Jun 1920	Party 17 May 1919.
Richards, J.F.	Lieut		A	7 Jul 1920	RMB Plymouth 30 Jul 1919.
Richardson, J.W.	Pte	Ply17660	D		DD 20 Jul 1915. Father J.Richardson Esq 4 Jul 1919.
Riddell, P.	Pte	Ply16735	A	9 May 1921	3/RMB Mudros 4 Aug 1919.
Rimes, G.	Pte	Ply3746	A	4 Nov 1920	Party 15 Mar 1920.
Riminer, W.	Cpl	Ply12302	A	15 Oct 1920	Party 27 Feb 1919.
Rippingale, B.	Pte	Ply17617	D		*HMS Berwick* 4 Jun 1919.
Roberts, A.S.	Sergt	Ply8649	A	26 Oct 1920	Party 5 Sep 1919.
Roberts, W.T.	Pte	Ply17607	D		RMB Chatham 2 Oct 1919.
Robertson, J.	Col/Sergt	Ply3439	A		DD 22 Feb 1921. Falmouth Naval Base 3 Sep 1919.

PLYMOUTH BATTALION R.M.L.I.

Name	Rank	Number		Date	Notes
Robinson, G.	Col/Sergt	Ply2876	A	29 Oct 1920	Party 4 Jul 1919.
Robinson, J.W.	Pte	Ply7161	A	18 May 1921	RMB Plymouth 30 Jul 1919.
Roffie, W.H.	Act/Cpl	Ply8221		12 Mar 1921	RMB Chatham 2 Oct 1919.
Rogers, G.	Pte	Ply4245	A	26 Oct 1920	Party 23 Jan 1919.
Rogers, H.S.C.	Pte	Ply16061	O		Party 31 Dec 1919.
Rogers, R.F.	Col/Sergt	Ply4548	A	1 Jul 1922	Shetlands Section RNR 7 Mar 1919.
Rolston, A.	Pte	Ply12106			Party 1 Sep 1919.
Rosling, P.S.	Pte	Ply16446	A	9 May 1921	HMS *President III* 4 Aug 1919.
Rounds, F.	Pte	Ply16404	A	3 Jan 1922	DD 4 Mar 1915. Brother W.H.Rounds 3 Jan 1922.
Rowbottom, B.	Pte	Ply9036	A	22 Oct 1920	Party 10 Sep 1919.
Rowland, F.	Pte	Ply9876	A	4 Apr 1924	RMB Plymouth 30 Jul 1919.
Roy, W.	Pte	Ply5815	A	15 Oct 1920	Party 12 Sep 1919.
Roynon, C.S.	Pte	Ply16276	A	15 Jul 1921	RMLI Barracks Plymouth 19 Mar 1919.
Ruddock, T.	Pte	Ply16833	D	R	Party 22 Sep 1919.
Russell, S.	Pte	Ply10890	A	27 Jan 1922	RM Barracks Plymouth 10 Mar 1919.
Russell, W.	Pte	Ply16774	O		DD Mother Mrs M.J.Russell 25 Jan 1919.
Sale, F.W.	Pte	Ply8190	A	18 Oct 1920	Party 19 May 1919.
Salley, C.J.	Bugler	Ply16659	A	4 Jun 1921	DD 20 Apr 1920. RM Barracks Plymouth 10 Mar 1919.
Salt, A.	Pte	Ply16215	O		HMS *Carnarvon* 4 Aug 1919.
Sandell, W.	Sergt	Ply6525	D		DD 3 May 1915. Widow Mrs B.Sandell 14 Aug 1919.
Sands, A.H.	Sergt	Ply9324	O	12 Feb 1921	RM Barracks Plymouth 10 Mar 1919.
Sanger, W.T.	Pte	Ply16234	A		DD 30 Oct 1918. Father C.G.Sanger Esq 10 Nov 1919.
Sartin, A.	Pte	Ply16803	D		Party 11 Sep 1919.
Saunders, H.	Jun RA	M9754			Party 10 Dec 1919.
Scongall, A.	Pte	Ply9031	A	9 May 1921	HMS *Leander* 29 Jan 1919.
Scott, J.	Pte	Ply16410	A		DD. Father Mr W.Scott 19 Feb 1919.
Scott, W.	Pte	Ply16743	D		DD. Sister Mrs Spain 24 Nov 1919.
Scotton, C.	Pte	Ply10165			Party 3 Sep 1919.
Seabrook, W.	Col/Sergt	Ply7782	O		Party 11 Aug 1919.
Seager, T.	Pte	Ply12459	O	R	Party 8 Jul 1919.
Sennet, W.H.	Pte	Ply16246			HMS *Cornwall* 4 Aug 1919.
Setherton, E.E.	Sergt	Ply2497	A	1 Jul 1920	Party 1 Sep 1919.
Seymour, J.	Pte	Ply16248	A	19 Jan 1921	RM Barracks Plymouth 10 Mar 1919.
Shapland, C.A.	Col/Sergt	Ply2657	D		RM Barracks Plymouth 10 Mar 1919.
Sharpe, W.	Pte	Ply8230	D		Party 19 Feb 1919.
Shaw, F.	Pte	Ply16138	A	9 May 1921	HMS *Eaglet* 5 Aug 1919.
Shepherd, E.E.	Pte	Ply13731	A		DD. Retd to R.Mint Mar 1934.
Shepherd, E.J.	Sergt	Ply8801	A	16 Jul 1920	RMB Plymouth 30 Jul 1919.
Sherwood, W.A.	Sergt	Ply9057	OD		Party 11 Sep 1919.
Short, H.	Pte	Ply14784	A		DD. Mother Mrs Short 19 Nov 1919.
Sims, C.A.	Pte	Ply15250	A	9 May 1921	RMB Plymouth 30 Jul 1919.
Singleton, W.J.	Pte	Ply17627	D		HMS *Constance* 4 Aug 1919.
Skipper, R.L.	Pte	Ply17614	D		3/RMB Mudros 4 Aug 1919.
Slack, J.A.	Pte	Ply16285	O		RMB Plymouth 30 Jul 1919.
Slattery, F.	Pte	Ply16365	A	29 Oct 1919	Party 20 Dec 1919.
Slee, P.	Sergt	Ply5389	A		DD. Widow Mrs C.Slee 8 Nov 1919.
Slocombe, E.	Pte	Ply16835	D		RM Barracks Plymouth 10 Mar 1919.
Slocombe, R.W.	Pte	Ply2352	A	7 Feb 1924	Party 7 Feb 1924.
Sloman, T.W.	L/Sergt	Ply13975	A	9 May 1921	RM Barracks Plymouth 10 Mar 1919.
Smith, E.	Pte	Ply12282	A	15 Oct 1920	Party 10 Sep 1919.
Smith, F.	Pte	Ply4983	A	15 Oct 1920	Party 6 Sep 1919.
Smith, G.	Pte	Ply16415	A	9 May 1921	RM Bks Plymouth 10 Mar 1919. Dup(3437) to RMLI Plymouth.
Smith, R.J.	Pte	Ply9363			Party 3 Sep 1919.
Smith, S.S.	Pte	Ply13603	A	9 May 1921	RMB Plymouth 30 Jul 1919.
Smith, W.	Pte	Ply7377	A	22 Oct 1920	Party 6 Sep 1919.
Smith, W.J.	Pte	Ply16679	D		HMS *Skirmisher* 4 Aug 1919.
Smith, W.R.	Pte	Ply13538	A	3 Feb 1921	RM Depot Deal 4 Aug 1919.
Snell, E.	Pte	Ply16694	D		RMLI Aldershot 29 Jan 1919.
Sollory, G.C.	Pte	Ply16375	A	7 Jun 1922	DD. Father 25 Feb 1919.
Sollory, W.J.	Pte	Ply16376	A	19 Apr 1921	HMS *Centaur* 4 Aug 1919.
Spencer, J.	Pte	Ply9815	A	18 May 1921	HMS *President III* 2 Oct 1919.
Spencer, J.W.	Pte	Ply9978	O		Party 6 May 1919.
Springle, A.F.	Pte	Ply17647	D		HMS *Grafton* 14 Apr 1919.
St.Clair-Morford MC, A.C.	2/Lieut				HMS *Egmont* 4 Oct 1919.
Stacey, H.G.	Pte	Ply16792	D		HMS *Lion* 4 Aug 1919.
Stanford, C.E.C.	St/Surgn RN				Party 15 May 1919.

PLYMOUTH BATTALION R.M.L.I.

Name	Rank	Number		Date	Notes
Stanford, J.A.	Sergt	Ply5683		1 Sep 1920	Party 9 Apr 1919.
Stannard, W.	Pte	Ply16737	D		*HMS Colleen* 6 Mar 1919. Dup Star to Party 2 Dec 1932.
Staples, S.G.	Pte	Ply16746	D		*HMS Ajax* 28 Jan 1919.
Staughton, A.W.	Sergt/Mjr	Ply8216	A	23 Jun 1920	DD. Widow Mrs A.J.Staughton 12 Jan 1920.
Stein, A.	Pte	Ply13171	A		DD. Retd to R.Mint Mar 1934.
Stelfox, J.	Pte	Ply10778			Party 22 Jan 1919.
Stennett, J.E.	Pte	Ply16431	A		Party 6 Aug 1919.
Stephenson, H.	Pte	Ply17636	D	R	*HMS Rodney* 3 Apr 1930.
Steptoe, G.	Pte	Ply16405	A	25 Aug 1920	RM Barracks Plymouth 10 Mar 1919.
Stevens, T.	Pte	Ply16740	D		Coldstream Guards Buckingham Gate 6 Dec 1920.
Stewart, F.T.	Pte	Ply16783	D		*HMS Valiant* 27 Mar 1919.
Stewart, S.	Pte	Ply13952	A	29 Jul 1920	RM Depot Deal 4 Aug 1919.
Stockham, G.E.	Jun RA	M9751			Widow Mrs Mary Stockham 13 May 1919.
Stoman, J.	Pte	Ply6832	A	11 Aug 1921	RM Barracks Plymouth 10 Mar 1919.
Stone, C.R.	Sergt	Ply4090	A	15 Oct 1920	Party 1 Sep 1919.
Street, W.	Sergt	Ply7903	A	12 Nov 1920	*HMS Colleen* 6 Mar 1919.
Strong, F.G.	Pte	Ply14939	O		RM Barracks Plymouth 10 Mar 1919.
Stuart, F.	Pte	Ply14591	A	29 Oct 1920	Party 25 Feb 1919.
Stuart, W.J.	Sergt/Mjr	Ply9406	A	16 Jul 1920	Aldershot 31 Jan 1919.
Style, J.W.	Pte	Ply17616	D		*HMS President VI* 20 Mar 1919.
Swain, C.W.	Pte	Ply16829	D		Missing. Party 20 Oct 1921.
Swanton, F.J.T.	Pte	Ply16677	D		DD. Father F.J.Swanton Esq 5 Dec 1919.
Swift, G.	Pte	Ply15201	A	5 Nov 1920	Party 11 Aug 1919.
Swindlehurst, J.	Pte	Ply2681	A	9 May 1921	RMB Plymouth 4 Aug 1919.
Swords, W.	Pte	Ply16761	D		*HMS Concord* 28 Jan 1919.
Synnuck, A.G.	Pte	Ply16289	O		RMB Plymouth 30 Jul 1919.
Tallon, R.E.	Pte	Ply16767	A	9 May 1921	RMB Plymouth 30 Jul 1919.
Taylor, A.H.	Pte	Ply16379	A		DD 3 May 1915. Father Alfred W.Taylor Esq 8 Oct 1919.
Taylor, J.R.	Pte	Ply14756	A		Run. Retd to R.Mint Mar 1934.
Teahem, H.	Pte	Ply17635	D		DD 1 Mar 1919. Brother Mr Teahem 14 Nov 1924.
Tebbutt, A.	Pte	Ply14503	O		RMB Plymouth 30 Jul 1919.
Tees, J.T.	Pte	Ply16447	A		DD 3 Oct 1915. Father H.Tees Esq 15 Jul 1919.
Thomas, G.	Pte	Ply3770	D		DD 17 Oct 1917. Retd to R.Mint Mar 1934.
Thomas, J.	Pte	Ply16840	D		Party 17 May 1919.
Thomas, T.E.	Pte	Ply12059			Party 31 Oct 1921.
Thomas, W.	Pte	Ply14630	O		RMB Plymouth 30 Jul 1919.
Thompson, A.	Pte	Ply16777	D		Party 1 Sep 1919.
Thompson, J.	Pte	Ply11837	A	9 May 1921	3/RMB/Mudros 4 Aug 1919.
Thompson, W.	Pte	Ply16762	A		RMB Plymouth 30 Jul 1919.
Thornton, T.	Pte	Ply16424	A		Party 11 Sep 1919.
Thorogood, T.W.	Pte	Ply9299	A		DD 29 Dec 1915. Widow Mrs P.L. Thorogood 16 Jul 1919.
Thorpe, G.C.	Pte	Ply17662	D		*HMS Marlborough* 4 Aug 1919.
Thorpe, S.	Sergt	Ply10295	O		*HMS Cumberland* 4 Aug 1919.
Threlfall, J.A.	Pte	Ply16260	A	23 Oct 1920	Party 11 Sep 1919.
Thurlow, F.	Pte	Ply16450	A	21 Jul 1922	DD 3 May 1915. Father W.Thurlow Esq 9 Oct 1919.
Titchmarsh, W.	Col/Sergt	Ply4775	D		Party 6 Jun 1919.
Tomlinson, G.	Pte	Ply6540	A	13 Aug 1920	Party 13 Jun 1919.
Townsend, A.E.	Pte	Ply15233	O		DD 8 Aug 1918. Mother Mrs E.Townsend 20 Oct 1919.
Tracey, M.	Pte	Ply16759	D		RM Barracks Plymouth 10 Mar 1919.
Trevett, G.C.	Pte	Ply7846	A	18 May 1921	RM Depot Deal 4 Aug 1919.
Trowbridge, V.G.	Pte	Ply16603	A		Run. Retd to R.Mint Mar 1934.
Tucker, F.	Pte	Ply6902	A	9 May 1921	RM Barracks Plymouth 10 Mar 1919.
Tucker, W.S.	Sergt	Ply8198	A	9 May 1921	RME Chatham 4 Oct 1919.
Tuckey, C.P.	Lieut		A		DD 23 Apr 1918. Father Mr C.A.Tuckey 20 May 1919.
Turner, G.B.	Sergt	Ply10892	A		DD 6 May 1915. Father B.J.Turner Esq 16 Jul 1919.
Turner, H.	Pte	Ply8437	A		DD 13 Nov 1916. Mother Mrs M.Turner 4 Jul 1919.
Turner, J.	Pte	Ply16831	D		DD 20 Apr 1915. Mother Mrs Jane Colman 17 Mar 1919.
Twitchell, C.	Pte	Ply17637	D		*HMS Berwick* 4 Jun 1919.
Tyrrell, N.	Pte	Ply6407	A	18 Oct 1920	Party 27 Feb 1919.
Tytler, A.	Pte	Ply15205	O		*HMS Lion* 4 Aug 1919.
Underhill, G.	Sergt	Ply8394	A	16 Jul 1920	RM Barracks Plymouth 10 Mar 1919.
Vallett, A.	Pte	Ply16808	A	12 May 1921	*HMS Revenge* 4 Aug 1919.
Veage, J.	Pte	Ply16699	D		RMB Portsmouth 2 Oct 1919.
Wagner, L.B.	Pte	Ply14151	A		DD 28 Apr 1917. Mother Mrs C.A.Wagner 29 Jul 1919.
Walker, E.	Pte	Ply17633	D	R	RMB Plymouth 30 Jul 1919.
Wallace, J.	Pte	Ply16723	A		Run. Retd to R.Mint Mar 1934.
Walsh, L.	Pte	Ply16442	A	9 May 1921	*HMS Warspite* 5 Mar 1919.

PLYMOUTH BATTALION R.M.L.I.

Name	Rank	Number		Date	Notes
Walsham, A.	Pte	Ply16213	O		RM Barracks Plymouth 10 Mar 1919.
Walton, E.P.	Col/Sergt	Ply3454	D		RM Barracks Plymouth 10 Mar 1919.
Ward, C.E.C.	Pte	Ply6730	O		Party 2 Sep 1919.
Ward, J.C.	Pte	Ply8448	A	18 Oct 1920	Party 5 Sep 1919.
Ware, C.E.	Pte	Ply4895	A	30 Jun 1920	Party 1 Sep 1919.
Warner, G.P.	Sergt	Ply10237	A	16 Jul 1920	RMB Plymouth 30 Jul 1919.
Warnock, R.	Pte	Ply16727	D		DD 6 Mar 1915. Father H.Warnock Esq 25 Jul 1919.
Watson, W.	L/Sergt	Ply5128	A	9 May 1921	SNO Thurso 6 Mar 1919.
Watson, W.	Pte	Ply16658	D		HMS Colossus 29 Jan 1919.
Webb, W.J.	Pte	Ply14185	A	10 Jun 1921	*HMS Blake* 4 Aug 1919.
Webber, H.C.	Pte	Ply6552	A		*HMS Pactolus* 20 May 1919.
Webster, E.L.	L/Sergt	Ply11064	A	26 Oct 1920	Party 17 Sep 1919.
Webster, W.	Sergt	Ply8036	A	8 Nov 1921	DD 11 Nov 1919. RM Barracks Plymouth 10 Mar 1919.
Webster, W.T.	Pte	Ply16417	O		Run. Retd to R.Mint Mar 1934.
Weir, J.	Pte	Ply16754	O		*HMS Grafton* 14 Apr 1919.
Weir, P.	Pte	Ply16288	A		Run 2 Jul 1918. Retd to R.Mint Mar 1934.
Welsh, J.	Pte	Ply2621	A	2 Dec 1920	*HMS Pomone* 7 Feb 1919.
Welsh, R.	Pte	Ply10420	A	23 Oct 1920	Party 2 Sep 1919.
Wheeler, C.	Pte	Ply16387	A	28 Jun 1921	*HMS Argus* 4 Aug 1919.
Wheeler, G.	Sergt/Mjr	Ply5047	A	9 Feb 1926	DD. Widow Mrs Wheeler 15 Mar 1920.
Wheeler, J.W.	Pte	Ply16641	A		DD 5 Oct 1915. Father Mr James S.Wheeler 19 Mar 1919.
Whenman, W.F.	Pte	Ply10368	A		Retd to R.Mint Mar 1934.
White, G.	Pte	Ply16652	D		*HMS Malabar* 12 May 1919.
White, J.P.	Pte	Ply8773	A	18 Oct 1920	Party 10 Sep 1919.
Whitehead, B.	Pte	Ply17608	D		RMB Plymouth 30 Jul 1919.
Whitman, B.	Pte	Ply17618	D		DD. Mother Mrs Oakley 22 Sep 1919.
Whittingham, J.	Pte	Ply17631	D		*HMS Marlborough* 4 Aug 1919.
Wignell, T.	Pte	Ply12066	A	15 Oct 1920	Party 6 Sep 1919.
Wilkshire, D.	Pte	Ply11651	A	9 May 1921	*HMS Marlborough* 1 Feb 1919.
Williams, A.	Pte	Ply16745	D	R	*HMS President III* 4 Aug 1919.
Williams, A.A.	Pte	Ply16389	A	9 May 1921	RMB Plymouth 30 Jul 1919.
Williams, A.H.	Pte	Ply17656	D		*HMS President III* 4 Aug 1919.
Williams, A.N.	Lieut		A	16 Sep 1920	RMLI Plymouth 2 Apr 1919.
Williams, E.J.	L/Sergt	Ply11943	A	9 May 1921	RM Depot Deal 4 Aug 1919.
Williams, H.	Pte	Ply11275			Party 16 Dec 1921.
Williamson, T.C.	Pte	Ply13864	A		DD. Retd to R.Mint Mar 1934.
Willoughby, J.	Pte	Ply17651	D		Run 27 Dec 1914. Retd to R.Mint Mar 1934.
Wills, G.E.	Sergt	Ply7270	A	31 Jul 1920	RMB Chatham 5 Feb 1919.
Willson, G.	Pte	Ply16333	A	20 Sep 1920	*HMS Colleen* 4 Aug 1919.
Wilson, E.	Pte	Ply13759	A	12 May 1921	Depot RM Deal 10 Mar 1919.
Wilson, G.	Pte	Ply16669	D		*HMS Warspite* 18 Oct 1921.
Wilson, H.H.	Pte	Ply17652	D	R	*HMS Tiger* 16 May 1919.
Wilson, S.G.	Pte	Ply16334	A	9 May 1921	RM Depot Deal 4 Aug 1919.
Wilson, W.H.	Pte	Ply16715	D		RM Depot Deal 4 Aug 1919.
Wiltshire, W.J.	Pte	Ply16452	O		*HMS Caesar* 4 Aug 1919.
Wolfe, W.G.	Pte	Ply16291	O		RMB Plymouth 30 Jul 1919.
Wood, A.	Pte	Ply16503	A		RMB Plymouth 30 Jul 1919.
Wood, A.T.	Sergt	Ply5515	A		DD. Widow Mrs E.Wood 9 Dec 1919.
Wood, W.T.	Pte	Ply2853	A	28 Oct 1921	Party 10 Sep 1919. Died 1 Sep 1920.
Woodall, J.	Pte	Ply10806	A	16 Jul 1920	RM Barracks Plymouth 10 Mar 1919.
Woodfield, H.	Pte	Ply11104	A	29 Jul 1920	*HMS President III* 4 Aug 1919.
Woodgates, W.	Col/Sergt	Ply5154	A	15 Oct 1920	Party 6 Sep 1919.
Woodhouse, J.	Pte	Ply16798	D		Party 21 Sep 1922.
Woolley, J.P.	Pte	Ply16340	A	15 Oct 1920	Party 25 Feb 1919.
Woolley, R.	Pte	Ply9140			Party 25 Feb 1919.
Woolmer, W.A.	Pte	Ply17646	D		Party 10 Sep 1919.
Worboys, W.	Pte	Ply4265	O		Party 12 Sep 1919.
Workman, S.	Pte	Ply16695	D		Run 20 Jun 1918. Retd to R.Mint Mar 1934.
Worthington, A.R.	Pte	Ply11664	OD		RM Depot Deal 22 Dec 1921.
Wotherspoon, W.	Pte	Ply14267	O		*HMS President III* 4 Aug 1919.
Wright, J.T.	Pte	Ply13777	O		HM Coast Guard Harwich 11 Nov 1919.
Yeo, W.W.	Pte	Ply16358	O		DD 30 Oct 1917. Brother L.Yeo Esq 16 Oct 1919.
Yoxon, A.M.	Pte	Ply16180	A		DD. Mother Mrs C.Yoxon 2 Sep 1919.

PORTSMOUTH BATTALION R.M.L.I.

Name	Rank or Rating	Official Number	Where Served	Clasp Issued	Medal Sent - Comments
Abbott, W.	Pte	Po5644	A	15 Jul 1920	Party 16 Jun 1919.
Abell, J.A.	Pte	Po10901	A	16 Jul 1920	Party 12 Aug 1919.
Aburrow, J.E.	Pte	Po7122	A	31 Aug 1921	Party 31 Aug 1921.
Adams, E.	L/Cpl	Po11598	A	1 Mar 1921	RMLI Portsmouth 26 Mar 1919.
Adams, J.	Col/Sergt	Po4149	A	28 Feb 1921	RMB Portsmouth 26 Mar 1919.
Aindew, A.	Pte	Po17367	A	21 Apr 1921	RMLI Portsmouth 26 Mar 1919.
Airs, G.F.	Pte	Po6821	O		Retd to R.Mint Mar 1934.
Aitchison, H.J.	Pte	Po13302	O		DD 13 Nov 1916. Mother Mrs H.Aitchison 20 Aug 1919.
Allen, C.R.	Col/Sergt	Po6631	O		RMLI Portsmouth 26 Mar 1919.
Allen, H.	Pte	Po17443	D		*HMS Vindictive* 15 Jul 1919.
Allen, H.J.	Pte	Ply14759	A	15 Jul 1920	Party 13 Aug 1919.
Allen, J.W.	Pte	Po17431	D		RM Bks Portsmouth 15 Jul 1919.
Allison, A.	Pte	Po16966	A	28 Feb 1921	RMB Portsmouth 26 Mar 1919.
Anderson, D.E.	Pte	Po17018	O		RMB Portsmouth 26 Mar 1919.
Andrews, J.	Pte	Po8861	A		RMLI Portsmouth 26 Mar 1919.
Angel, G.F.	Pte	Po599	O		DD. Widow Mrs Ann S.Angel 13 Oct 1919.
Appleton, H.	Pte	Po13391	A	15 Jul 1920	Party 13 Feb 1919.
Arbon, A.E.	Pte	Po17439	A	11 Mar 1921	RMLI Portsmouth 26 Mar 1919.
Archer, A.	Pte	Po16725	O		DD 11 Mar 1915. Father T.Archer Esq 20 May 1920.
Archer, G.	Pte	Po9153	O	R	Party 13 Mar 1919.
Arm, F.A.	Pte	Po17240	A	5 Jul 1920	Party 21 May 1919.
Arm, R.W.H.	Bugler	Po16643	A	3 Mar 1921	*HMS Glory* 17 Jul 1919.
Arter, F.	Pte	Po12928	A	1 Mar 1921	RMB Portsmouth 26 Mar 1919.
Ashman, C.E.	Cpl	Po15163	A		DD. Widow Mrs E.J.Ashman 31 Oct 1919.
Astle, R.H.	Pte	Po17556	D		DD. Father 29 Aug 1919.
Astrand, E.M.	Pte	Po13598	O	7 Jul 1920	Party 16 Jun 1919.
Attwell, W.H.	Cpl	Po7933	O		RMB Portsmouth 26 Mar 1919.
Aylieff, A.	Pte	Po8957	O		DD. Widow Mrs Aylieff 6 Sep 1919.
Babbage, J.W.	Pte	Po16967	O	19 Oct 1922	RMLI Portsmouth 26 Mar 1919.
Bailey, F.	Pte	Po14197	O		RMLI Gosport 1 Jul 1919.
Bailey, P.G.H.	Pte	Po16918	A	28 Feb 1921	RMB Portsmouth 15 Jul 1919.
Baldwin, E.J.	Pte	Po16992	A	21 Apr 1921	*HMS Enchantress* 15 Jul 1919.
Bale, G.	L/Sergt	Po4901	A	3 Mar 1921	*HMS Maidstone* 5 Feb 1919.
Balmer, A.E.	Pte	Po17387	A	9 Mar 1921	RMLI Portsmouth 26 Mar 1919.
Banyard, J.H.	Pte	Po10228	A	8 Nov 1920	Party 4 Feb 1919.
Bardwell, R.J.	Pte	Po14648	A	3 Mar 1921	RMLI Portsmouth 26 Mar 1919.
Barfield, G.L.	Cpl	Po14380	A	23 Jul 1920	RMLI Portsmouth 26 Mar 1919.
Barker, G.	Capt				DD 3 May 1915. Mrs Jessie Harland 5 Aug 1919.
Barker, R.A.	L/Cpl	Po11126	A	1 Jul 1920	Party 11 Sep 1919.
Barlow, T.	Pte	Po11013	A	23 Jul 1920	RMB Portsmouth 26 Mar 1919.
Barnard, F.J.	Pte	Po16226	A	28 Apr 1921	RMLI Portsmouth 26 Mar 1919.
Barnes, A.J.	Bugler	Po16642	A	21 Apr 1921	RMB Portsmouth 26 Mar 1919.
Barnes, L.J.	Pte	Po6060	A	11 Nov 1920	Party 12 Aug 1919. Dup clasp to Party 19 Apr 1923.
Barnett, C.G.	Pte	Po16849	A	25 Aug 1920	RMB Portsmouth 26 Mar 1919.
Barney, F.S.	Pte	Po17262	A	9 Mar 1921	RMLI Portsmouth 26 Mar 1919.
Barreyatt, C.B.	Pte	Ply8464	A	R	Party 15 Aug 1919.
Barrington, A.E.	Pte	Po17276	A	9 Mar 1921	RMLI Portsmouth 26 Mar 1919.
Bartlett, W.A.	Pte	Po17319	D		RMLI Portsmouth 26 Mar 1919.
Barwick, C.T.	Sergt	Po8202	A	28 Feb 1921	RMB Portsmouth 26 Mar 1919.
Barwick, G.W.	L/Sergt	Po14774	A	21 Apr 1921	RMLI Portsmouth 26 Mar 1919.
Batchelor, C.R.	Sergt	Po14155	O		RMB Portsmouth 31 Oct 1919.
Bates, W.H.	Pte	Po11402	A	3 Mar 1921	RMLI Portsmouth 26 Mar 1919.
Batham, C.	Pte	Po11980	A	14 Jun 1921	RMLI Portsmouth 26 Mar 1919.
Batley, H.	Pte	Po16957	O		RMLI Portsmouth 26 Mar 1919.
Batt, G.	Pte	Po7140	A	3 Mar 1921	RMLI Portsmouth 26 Mar 1919.
Batten, S.K.	Pte	Po16856	O		Run 28 Aug 1915. Retd to R.Mint Mar 1934.
Beach, J.J.	Pte	Po16942	A	23 Jul 1920	Party 26 Feb 1919.
Beale, A.G.	Pte	Po16809	A	6 Apr 1921	SNO Cambridge 26 Sep 1919.
Beaney, E/E.	Pte	Po15681	O		DD. Widow Mrs Maisie Beaney 13 Mar 1919.
Beauchamp, W.	L/Cpl	Po15611	O		DD. Father W.Beauchamp 8 Jan 1920.
Beckett, E.	L/Sergt	Po14100	A	24 Aug 1920	RMLI Portsmouth 26 Mar 1919.
Beckett, H.	Pte	Po12154	A	30 Jul 1920	Party 12 Aug 1919.
Beechey, A.J.	Pte	Po17329	D		DD 1 May 1915. Father Mr A.Beechey 27 Nov 1919.

PORTSMOUTH BATTALION R.M.L.I.

Name	Rank	Number		Date	Notes
Beere, H.E.	Lieut		D		RMB Portsmouth 26 Mar 1919.
Bell, C.R.	Pte	Ch8882	O		Party 13 Aug 1919.
Bell, H.	Pte	Po6112	A	25 Aug 1920	Party 19 Jun 1919.
Bell, S.	Cpl	Po8088	O		Party 26 Nov 1920.
Bell, W.	Pte	Po16726	O		*HMS Furious* 15 Jul 1919.
Benford, P.	Pte	Po1108	A		DD. Brother E.Watts 10 Nov 1919.
Benge, A.	Pte	Po1747	D		RMLI Portsmouth 26 Mar 1919.
Bennett, H.	Pte	Po9933	O		*HMS Pekin* 15 Jul 1919.
Birch, A.G.	Pte	Po4788	A	23 Jun 1922	DD. Widow Mrs J.E.Birch 23 Jun 1922.
Bisson, J.	Pte	Po17006	A	23 Jul 1920	DD 18 Dec 1918. Mother Mrs Armitstead 19 Nov 1919.
Black, C.J.	Pte	Po17226	D	22 Mar 1929	Self 22 Mar 1929.
Blackman, W.	Pte	Po7693	A	23 Jul 1920	Party 12 Aug 1919.
Blackmore, W.J.	Cpl	Po6999	A	5 Mar 1921	RMLI Portsmouth 26 Mar 1919.
Blagden, H.	Pte	Po6388	A		DD. Brother T.Blagden Esq 11 Nov 1919.
Blake, B.	Pte	Po11590	A	31 Jul 1920	Party 15 Aug 1919.
Blanchard, F.	Col/Sergt	Po6754	A	3 Aug 1920	DD 6 May 1915. Widow Mrs H.H.Blanchard 13 Aug 1919.
Blendell, J.	Pte	Po12777	A	3 Mar 1921	RMLI Portsmouth 26 Mar 1919.
Blows, A.	Pte	Po8219	D		Party 6 Jan 1923.
Boddy, H.	Pte	Po12060	A	23 Jul 1920	Party 4 Feb 1919.
Bolland, H.	Pte	Po16794	A	23 Jul 1920	DD 28 Apr 1917. Father J.Bolland Esq 29 Oct 1919.
Bolton, A.C.W.	Pte	Po14251			Run 29 Oct 1918. Retd to R.Mint Mar 1934.
Bolton, G.H.	Pte	Po16897	A	6 Aug 1920	Party 23 Jan 1919.
Bolwell, J.	Pte	Po14785	A	16 Jul 1920	DD. Mother Mrs A.Bolwell 16 Jul 1920.
Bones, J.T.	L/Cpl	Po6178	A	1 Mar 1921	*HMS Attentive II* (Naval Guns) 12 May 1919.
Boniface, F.	Pte	Po17294	A	11 Mar 1921	RMLI Portsmouth 26 Mar 1919. Alias A.Rubino.
Bostock, U.	Pte	Po12815	O		*HMS Cormorant* 15 Jul 1919.
Botham, W.	Pte	Po6584	O		RMLI Portsmouth 26 Mar 1919.
Bowman, H.J.T.	L/Cpl/Bugler	Po15410	A	28 Feb 1921	RMLI Portsmouth 26 Mar 1919.
Boyd, A.	Pte	Po2028	A	3 Mar 1921	RMLI Portsmouth 26 Mar 1919.
Boys, N.J.	L/Cpl	Po4654	A	4 Dec 1922	RMLI Portsmouth 26 Mar 1919.
Bradley, R.	Pte	Po17465	D		Party 6 May 1921.
Bradshaw, G.H.	Pte	Po16950	A	23 Jul 1920	Party 4 Feb 1919.
Brant, E.H.	Pte	Po10511	A	25 Aug 1920	DD 3 Dec 1914. Widow Mrs Florence Brant 5 Jun 1919.
Breeze, T.	Pte	Po16117	A	3 Mar 1921	RMLI Portsmouth 26 Mar 1919.
Brereton, G.W.	Pte	Po5904	A		Party 16 Dec 1919.
Breslin, E.J.P.	Pte	Po15359	A	26 Feb 1921	RMLI Portsmouth 26 Mar 1919.
Brewer, C.	Pte	Po16263	A	1 Mar 1921	RMLI Portsmouth 26 Mar 1919.
Brewer, W.	Pte	Po17471	D		DD 25 Apr 1917. Mother Mrs Brewer 14 Nov 1919.
Brewerton, F.T.	Pte	Po14446	A	3 Mar 1921	RMLI Portsmouth 26 Mar 1919.
Briar, H.	Pte	Po7013	A	11 Mar 1921	RMLI Portsmouth 26 Mar 1919.
Bright, F.G.	Pte	Po16995	A	23 Jul 1920	DD. Father Mr W.Bright 31 Oct 1919.
Brind, G.C.	Pte	Po7385	O		RMB Portsmouth 11 Aug 1919.
Brison, S.G.	Pte	Po14339	A	16 Aug 1920	*HMS Fearless* 11 Mar 1919.
Brooke-Short, C.	Act/Lieut		A		*HMS New Zealand* 16 Jul 1919.
Brooks, C.W.	Pte	Po6526	A	17 Jun 1920	Coastal M.B.Dover 15 Mar 1919.
Brooks, H.M.	Pte	Po12380	A	14 Jun 1921	RMLI Portsmouth 26 Mar 1919.
Broomfield, H.M.	Pte	Po13333	A	3 Aug 1920	RMLI Portsmouth 26 Mar 1919.
Broomham, D.J.	Pte	Po17450	D		*HMS Egmont* 18 Jul 1919.
Broomhead, H.	Pte	Po17407	A	21 May 1938	RMLI Portsmouth 26 Mar 1919.
Broster, J.	Col/Sergt	Po8804	A	23 Jul 1920	DD. Widow Mrs S.A.Broster 31 Oct 1919.
Brown, A.	Pte	Po16834	A	16 Sep 1920	*HMS Egmont* 18 Jul 1919. Dup clasp to Party 24 Jun 1932.
Brown, A.	Col/Sergt	Po2031	A		RMLI Portsmouth 26 Mar 1919.
Brown, A.C.	Pte	Po17369	D		Party 21 Aug 1919.
Brown, B.G.	Pte	Po5375	A	23 Jul 1920	Party 12 Aug 1919.
Brown, F.	Pte	Po13274	A	23 Jul 1920	Party 15 Aug 1919.
Brown, F.C.	Pte	Po17020	A	4 Aug 1920	DD 31 Aug 1919. Mother Mrs Searle 4 Aug 1920.
Brown, R.	Pte	Po16753	O		RMLI Portsmouth 26 Mar 1919.
Brownsell, H.	Pte	Po17376	A	28 Jul 1921	RMLI Portsmouth 26 Mar 1919.
Buckley, A.J.	Pte	Po12934	A	3 Mar 1921	RMLI Portsmouth 26 Mar 1919. Dup 3879.
Budd, O.C.	Sergt	Po14067	A	29 Jul 1920	RMLI Portsmouth 26 Mar 1919.
Budgen, J.P.	L/Sergt	Po12128	A	23 Jul 1920	RMB Portsmouth 26 Mar 1919.
Bugler, F.	Pte	Po17026	O		Party 15 Aug 1919.
Bunce, F.R.	Jun/RA	M9823	O		Widow Mrs Martha Bunce 15 Mar 1919.
Bundy, W.G.	Pte	Po17233	A		DD. Father A.H.Bundy Esq 7 Nov 1919.
Burchell, W.A.	Pte	Po13674	A	21 Apr 1921	RMLI Portsmouth 26 Mar 1919.
Burden, H.	Pte	Po14480	A	16 Aug 1920	DD 3 May 1915. RMLI Portsmouth 26 Mar 1919.
Burford, F.	Pte	Po9871	O	R	RMLI Portsmouth 26 Mar 1919.

PORTSMOUTH BATTALION R.M.L.I.

Name	Rank	Number			Notes
Burge, N.O.	Major		A		DD 13 Nov 1916. Widow Mrs L.K.Blatchford 17 May 1919.
Burgess, O.	Pte	Po10103	A	9 Mar 1921	RMLI Portsmouth 26 Mar 1919.
Burgess, P.R.	Pte	Po17091	A	23 Jul 1920	*HMS Egmont* 18 Jul 1919.
Burley, H.	Pte	Po12032	A	19 Feb 1921	RMLI Gosport 19 Feb 1921.
Burnett, A.F.	Pte	Po15309	A	3 Feb 1921	RMLI Portsmouth 26 Mar 1919.
Burns, R.	Pte	Po8167	O		RMLI Portsmouth 26 Mar 1919.
Burns, R.	Pte	Po8292	A	11 Nov 1920	Party 17 Mar 1919.
Burridge, H.V.L.	Bugler	Po16617	A	21 Apr 1921	RM Force Archangel 22 May 1919.
Burrows, T.	Pte	Po2073	A	30 Jul 1920	DD. Widow Mrs Burrows 7 Nov 1919.
Burt, C.A.	Pte	Po17249	D		Party 13 Aug 1919.
Burt, G.	Pte	Po9850	A		RMLI Portsmouth 26 Mar 1919.
Burton, E.E.	Sergt	Po10102	A	3 Mar 1921	RMLI Portsmouth 26 Mar 1919.
Burton, G.A.	Pte	Po17044	A	28 Feb 1921	RMLI Portsmouth 26 Mar 1919.
Burton, T.H.	Lieut		A	13 Sep 1921	HM Training Est., Shotley 13 Sep 1921.
Burton, W.J.	Col/Sergt	Po7038	A	22 Apr 1921	RMB Portsmouth 26 Mar 1919.
Burton, W.J.	Pte	Po12208	A	6 Jul 1921	DD. RMLI Portsmouth 26 Mar 1919.
Bush, J.	Cpl	Po5112	A		Widow Mrs Buck 2 Jan 1920.
Bushell, C.W.	Pte	Po10660	O		RMLI Portsmouth 26 Mar 1919.
Bussell, H.	Pte	Po4359	O		Retd to R.Mint Mar 1934.
Calloway, H.	Cpl	Po10693	O	R	Party 16 Aug 1919.
Calwell, A.	Pte	Po3421	A	19 Mar 1921	RMLI Gosport 21 Apr 1919.
Cannings, J.	Pte	Po17345	A	9 Mar 1921	RMLI Gosport 21 Apr 1919.
Capel, W.G.	Pte	Po8146	A	12 Mar 1921	RMLI Portsmouth 26 Mar 1919.
Caplehorn, A.	Pte	Po17250	A	22 Apr 1921	RMLI Gosport 21 Apr 1919.
Caplin, W.C.	Pte	Po17326	D		DD. Mother Mrs A.E.Caplin 27 Aug 1920.
Carey, E.	Pte	Po10595	A	11 Mar 1921	RMLI Gosport 21 Apr 1919.
Carter, A.J.	Bugler	Po13022	A	9 May 1921	RMLI Gosport 21 Apr 1919.
Carter, E.	Pte	Po13745	A	21 Apr 1921	HM Island Ascension, Sth Atlantic 24 Mar 1919.
Carter, F.	Pte	Po7957	O		Fort Blockhouse 6 Mar 1919.
Catchpole, E.H.	Pte	Po10379	A	29 Oct 1920	RMLI Gosport 21 Apr 1919.
Catchpole, G.V.	Pte	Po17394	A	22 Apr 1921	RMLI Gosport 21 Apr 1919.
Caton, C.H.	Pte	Po9641	A	11 Mar 1921	*HMS Imperieuse* 5 Feb 1919.
Cavell, A.R.	Pte	Po15672	O	21 Apr 1921	*HMS Victorious* 21 Jul 1919.
Chadwick, G.	Pte	Po17368	A	12 Dec 1924	DD 14 Oct 1914. Father T.Chadwick Esq 8 Jun 1920.
Chalk, F.D.	Pte	Po15693	A	18 Dec 1924	DD 11 May 1915. Father C.Chalk Esq 30 Jul 1919.
Challis, A.J.	Pte	Po17391	A	11 Mar 1921	RMLI Gosport 21 Apr 1919.
Chambers, G.W.	Pte	Po15052	A	11 Mar 1921	RMLI Gosport 21 Apr 1919.
Chandler, J.	Pte	Po1162	A	12 Mar 1921	RMLI Portsmouth 26 Mar 1919.
Chapman, J.	Pte	Po17390	A		RMLI Gosport 21 Apr 1919.
Chapman, J.H.	Pte	Po11569	A	9 Mar 1921	RMLI Gosport 21 Apr 1919.
Chappell, H.A.	Bugler	Po16788	A	11 Mar 1921	RMB Portsmouth 11 Aug 1919.
Chatfield, W.	Arm/Sergt	Po12463	A	14 Mar 1921	RMLI Gosport 21 Apr 1919.
Cherriman, A.G.	Pte	Po17336	D		HMS Caledon 21 Jul 1919.
Chidgzey, P.S.	Pte	Po17404	D		RMLI Gosport 21 Apr 1919.
Chinn, E.	Cpl	Po9027	A	24 Jun 1920	RMLI Portsmouth 26 Mar 1919.
Chinnery, B.W.	Pte	Po17373	A	22 Apr 1921	RMLI Gosport 21 Apr 1919.
Chivers, R.A.	Pte	Po16830	A	23 Jul 1920	RMLI Portsmouth 26 Mar 1919.
Chiverton, J.	Col/Sergt	Po10167	A	30 Jul 1920	RMLI Portsmouth 26 Mar 1919.
Choat, S.W.	Pte	Po17479	A	8 Nov 1920	Party 10 Sep 1919.
Christie, J.A.	Pte	Po14868	A		DD 21 Apr 1918. Retd to R.Mint Mar 1934.
Christopher, C.	Pte	Po9660	A	14 Mar 1921	RMLI Portsmouth 26 Mar 1919.
Church, J.M.	Pte	Po17039	A	11 Mar 1921	*HMS Woodnut* 21 Jul 1919.
Churchman, H.J.	Pte	Po15832	A	25 Jun 1921	*HMS St.Vincent* 21 Jul 1919.
Chyrstal, G.	Sergt	B8373			*HMS Queen Elizabeth* 27 Jan 1919.
Ciappessoni, F.A.	Pte	Po17077	A	25 Aug 1920	RMLI Gosport 21 Apr 1919.
Clark, C.F.	Pte	Po11121	A	13 Nov 1920	Party 19 Aug 1919.
Clark, G.A.P.	Pte	Po17397	D		*HMS Vindictive* 15 Jul 1919.
Clark, J.	Pte	Po9532	A		RN Hospital, Great Yarmouth 21 May 1919.
Clarke, E.G.	Pte	Po17053	A	29 Jul 1925	DD 6 May 1915. Son of Father (Mr W.B.Clarke) 29 Jul 1925.
Clarke, J.	Pte	Po14657	O	29 Jul 1920	RMLI Deal 21 Jul 1919.
Clarke, J.	Pte	Po7763	O		RMLI Gosport 21 Apr 1919.
Clarke, W.J.	Col/Sergt	Depot248	A	13 Nov 1920	Party 8 Feb 1919.
Clay, C.	Pte	Po12098	A	6 Jul 1920	*HMS President III* 21 Jul 1919.
Clifton, J.W.	Sergt	Po8045	A	8 Sep 1920	RMLI Portsmouth 26 Mar 1919.
Clint, G.H.	Pte	Po17406	A		RMLI Gosport 21 Apr 1919.
Clutterbuck, F.	Pte	Po17478	O		RMLI Gosport 21 Apr 1919.
Coates, J.J.	Pte	Po12965	A	17 Mar 1921	RMLI Gosport 21 Apr 1919.

PORTSMOUTH BATTALION R.M.L.I.

Cobb, T.	Sergt	Po10912	A	22 Sep 1924	RMLI Portsmouth 26 Mar 1919.
Coker, J.T.	Pte	Po15689	A	29 Jul 1920	RMLI Portsmouth 26 Mar 1919.
Cole, L.G.E.	Sergt	Po8812	D		DD 13 Jul 1915. Widow Mrs M.W.Cole 5 Aug 1919.
Coley, S.A.	Pte	Po17372	R		DD. Father Mr W.J.Coley 17 Sep 1919.
Collett, L.S.	Pte	Po17279	A	22 Apr 1921	RMLI Gosport 21 Apr 1919.
Collett, M.J.	Sergt	Po11609	A	9 Mar 1921	RMLI Portsmouth 26 Mar 1919.
Collis, G.E.	Pte	Po16975	A	21 Apr 1921	*HMS President III* 21 Jul 1919.
Collyer, H.	Pte	Po17288	A	31 Jul 1920	Party 28 May 1919.
Connell, M.	Pte	Po4178	A		DD 13 Jul 1915. Retd to R.Mint Mar 1934.
Connelly, F.J.	Pte	Po17435	D		Cromarty 18 Mar 1919.
Cook, G.W.	Pte	Po17031	A	22 Apr 1921	RMLI Portsmouth 26 Mar 1919.
Cooke, S.	Pte	Po17285	A	14 Jun 1921	Party 14 Jun 1921.
Coombs, S.J.	Pte	Po17030	A	23 Jul 1920	*HMS Maidstone* 14 Apr 1919.
Cooper, A.R.	Pte	Po14658	A	23 Dec 1920	DD. Father R.R.Cooper Esq 23 Dec 1920.
Cooper, J.D.	Pte	Po15401	A		DD 12 Jul 1915. Sister Mrs T.Winsor 8 Oct 1919.
Cooper, W.	Pte	Po13080	A		DD 2 Nov 1915. Widow Mrs H.Cooper 6 Oct 1919.
Cooper, W.B.	Pte	Po16968	A	9 Mar 1921	RMLI Portsmouth 26 Mar 1919.
Copeland, C.G.	Sergt	Po4014	A		RMLI Gosport 21 Apr 1919.
Cornforth, G.F.	Pte	Po18243	O		*HMS Queen Elizabeth* 27 Jan 1919.
Coubrough, R.D.	Pte	Po10940	A	21 Dec 1920	RMLI Gosport 21 Apr 1919.
Coughlan, D.	Pte	Po12797	A	13 Nov 1920	Party 19 Aug 1919.
Cowdry, F.H.	Pte	Po16998	A	9 Mar 1921	RMLI Portsmouth 26 Mar 1919.
Cowell, W.T.	Pte	Po15684	A	6 Apr 1921	RMLI Portsmouth 26 Mar 1919.
Cowley, B.	Pte	Po17318	A		RMLI Gosport 21 Apr 1919.
Coxon, J.S.	Pte	Po10903	A	11 Mar 1921	RMLI Gosport 21 Apr 1919.
Craddock, W.	Pte	Po17460	O		Party 17 Nov 1924.
Crafts, F.H.	Col/Sergt	Po6400	A	12 Dec 1924	DD 6 May 1915. Father W.Craft Esq 18 Oct 1919.
Cranwell, M.W.	Cpl	Po9490	A	20 Jun 1922	RMLI Gosport 21 Apr 1919.
Cray, P.H.	Pte	Po16993	O		*HMS Odin* 5 May 1919.
Crayston, G.	Pte	Po12242	A	11 Nov 1920	Party 15 Aug 1919.
Crouch, R.F.	Pte	Po6874	O	7 Jul 1920	Party 20 Aug 1919.
Cryer, H.	Pte	Po12715	A	29 Nov 1920	Party 19 Nov 1919.
Cuell, H.E.	Pte	Po8003	A	11 Nov 1920	Party 21 May 1919.
Cummins, W.E.	Pte	Po17253	A	13 Nov 1920	Party 13 Mar 1919.
Curling, W.J.	Pte	Po5736	A		DD 5 Jan 1916. "Brother Mr F.T.Curling 25 May 1920.
Currin, J.L.	Pte	Po16928	O		*HMS Renown* 29 Jan 1919.
Cursons, W.F.	Sergt	Po9901	A	15 Mar 1921	RMLI Portsmouth 26 Mar 1919.
Curtis, W.A.	Sergt	Po4442	O		RMLI Gosport 21 Apr 1919.
Daglish, H.	Pte	Po9778	A	9 Mar 1921	RMLI Gosport 21 Apr 1919.
Dallison, G.	Col/Sergt	Po7996	A	9 Mar 1921	RMLI Gosport 21 Apr 1919.
Dalton, M.S.	Pte	Po16885	A	23 Jun 1920	RMLI Gosport 21 Apr 1919.
Davey, G.J.	Pte	Po15717	O		*HMS Neptune* 21 Jul 1919.
Davis, A.	Pte	Po11438	A	11 Mar 1921	RMLI Gosport 21 Apr 1919.
Davis, A.E.	Pte	Po17010	A	25 Aug 1920	RMLI Gosport 21 Apr 1919.
Davis, J.F.	Col/Sergt	Po4690	O		RMLI Gosport 21 Apr 1919.
Davison, W.	Pte	Po16850	A	6 Apr 1921	RMLI Gosport 21 Apr 1919.
Dawson, T.	Sergt	Po5853	A		DD. Widow Mrs A.L.C.Dawson 5 Aug 1919.
Day, J.R.	Pte	Po8067	A	6 Nov 1920	Party 11 Sep 1919.
De La Cote, E.A.	Pte	Po10577	O		RMLI Gosport 21 Sep 1919.
Deacon, J.	Pte	Po17344	A		DD. Father A.J.Deacon Esq 16 Jul 1919.
Dean, J.A.	Pte	Po17486	D		*HMS Victory* 21 Jul 1919.
Dean, V.H.	Pte	Po17284	A	21 Apr 1921	RMLI Gosport 21 Apr 1919.
Dean, W.R.	Pte	Po17339	A	20 May 1921	RMLI Gosport 21 Apr 1919.
Deane, C.E.	Pte	Po10349	A		DD 4 Oct 1914. Widow Mrs Sarah Deane 12 Jul 1919.
Dear, A.J.	Pte	Po13577	OD	13 Jan 1922	Party 12 May 1919.
Denyer, D.G.	Pte	Po12125	A	13 Nov 1920	Party 26 Feb 1919.
Deventer, C.H.	Sergt	Po8571	A	14 Mar 1921	RMLI Gosport 21 Apr 1919.
Dickens, P.	Pte	Po9823	A	9 Mar 1921	RMLI Gosport 21 Apr 1919.
Dillaway, A.J.	Pte	Po17427	A	9 Mar 1921	RMLI Gosport 21 Apr 1919.
Dilley, W.	Cpl	Po5691	A	9 Mar 1921	RMLI Gosport 21 Apr 1919.
Dimond, B.G.	Pte	Po10904	A	11 Mar 1921	RMLI Gosport 21 Apr 1919.
Dix, J.	Sergt	Po4227	O		RMLI Gosport 21 Apr 1919.
Dodds, F.	Pte	Po17352	A	9 Mar 1921	RMLI Gosport 21 Apr 1919.
Dollery, W.H.	Pte	Po16973	A		Widow Mrs M.V.Dollery 13 Mar 1919.
Dougherty, N.	Pte	Po17405	A	11 Nov 1920	Party 29 Mar 1919.
Doughty, E.R.	Pte	Po2204	A	4 Aug 1920	RMLI Gosport 21 Apr 1919.
Douglas, T.	Pte	Po17419	D		Party 22 Sep 1919.

PORTSMOUTH BATTALION R.M.L.I.

Name	Rank	Number			Notes
Douglas, W.	Pte	Po3027	O		RMLI Gosport 21 Apr 1919.
Dovey, F.H.	Pte	Po12323	A	11 Mar 1921	RMLI Gosport 21 Apr 1919.
Drew, G.W.	Pte	Po17429	D		*HMS Renown* 21 Jul 1919.
Drover, F.H.W.	Pte	Po17275	A	11 Mar 1921	RMLI Gosport 21 Apr 1919.
Drury, J.	Pte	Po17493	D		RMLI Gosport 21 Apr 1919.
Duckling, G.H.W.	Pte	Po17488	D		RMLI Gosport 21 Apr 1919. Dup to Party 21 Apr 1933.
Dulley, R.W.	Pte	Po17357	A	12 May 1926	RMLI Gosport 21 Apr 1919.
Dunbar, R.	Col/Sergt	Po2210	O		DD 6 May 1915. Brother in Law T.W.Carter Esq 6 Aug 1920.
Duncan, J.	Pte	Po16940	A	25 Aug 1920	RMLI Gosport 21 Apr 1919.
Dunham, F.W.	Pte	Po9354	O		RMLI Gosport 21 Apr 1919.
Durham, C.J.	Cpl	Po10981	A		DD. Widow Mrs M.Durham 2 Aug 1919.
Durrant, S.F.	Pte	Po17307	A	24 Jun 1921	*HMS Agincourt* 28 Jan 1919.
Dwyer, P.A.	Pte	Po17004	A	27 Jan 1921	*HMS Barham* 6 Oct 1919.(Transferred to RMA). Dup clasp issued to *HMS Warspite* 11 Nov 1927.
Eagles, J.	Pte	Po10042	A	11 Mar 1921	RMLI Gosport 21 Apr 1919.
Eames, H.	Pte	Po17305	D		Party 17 Jun 1922.
Ebdon, A.H.	Pte	Po17462	D		Party 15 Mar 1919.
Edwards, S.	Pte	Po17377	A		RMLI Gosport 21 Apr 1919. Clasp issued 22 Apr 1921, but returned as man Ran 2 Mar 1921.
Edwards, W.	Cpl	Po15254	O		DD 14 May 1915. Father A.F.Edwards Esq 22 Sep 1919.
Elkington, J.W.	Pte	Po8639	O		*HMS Emperor of India* 13 Mar 1919. Original Star lost in transit, new Star issued to Party 6 Dec 1921.
Elliott, A.E.	Pte	Po17379	A	22 Apr 1921	RMLI Gosport 21 Apr 1919.
Ellis, S.	Sen/RA	M9851	A*	13 Nov 1920	Party 24 May 1919.
Emmett, W.M.	Pte	Po17338	A	14 May 1923	DD 9 Jul 1917. Father Mr Arthur Emmett 8 Apr 1919.
Empson, R.W.H.M.	Act/Lieut		A	8 Aug 1922	DD 1 May 1915. Father J.Empson MD 11 Mar 1920.
Ennis, A.E.	Pte	Po15899	O		DD 24 Jun 1915. Father Mr A.P.Ennis 5 May 1919.
Ettridge, E.P.	Pte	Po17428	A	8 Nov 1920	Party 5 May 1919.
Evans, C.	Pte	Po15097	A	21 Apr 1921	RMLI Gosport 21 Apr 1919.
Evans, C.T.	QMS	Po3328			Party 18 Aug 1920.
Evans, H.	Pte	Po17029	A	25 Aug 1920	*HMS Bristol*, Montevidio 20 Mar 1919.
Evans, L.	Pte	Po13909	O		Party 8 Oct 1919.
Evans, W.B.	Pte	Po8059	A	22 Sep 1920	Party 22 Sep 1919.
Everard, W.A.	Pte	Po4373	A	9 Mar 1921	RMLI Gosport 21 Apr 1919.
Exall, R.S.	Pte	Po14525	O		*HMS Caroline* 1 Feb 1919.
Farmer, C.	Pte	Po17048	O		DD 15 Jun 1915. Mother Mrs Sarah Farmer 25 Sep 1919.
Farrant, C.	Pte	Po8883	A		DD 6 May 1915. Mother Mrs M.L.Farrant 30 Jul 1919.
Fearn, F.	Pte	Po17452	D	R	RMLI Gosport 14 May 1919.
Featherstone, A.T.	Pte	Po17083	A	25 Aug 1920	RMLI Gosport 14 May 1919.
Ferrison, G.	Col/Sergt	Depot220	A	14 Mar 1921	RMLI Gosport 14 May 1919.
Field, F.W.	Sergt	Po5898	A	30 Aug 1920	RMLI Gosport 14 May 1919.
Fielder, B.J.	Cpl	Po15388	A		DD 29 Oct 1916. Widow Mrs H.C.Fielder 11 Jul 1919.
Fielder, J.W.W.	Pte	Po11194	A	9 Mar 1921	RMLI Gosport 14 May 1919.
Finch, N.	Pte	Po8836	O	26 May 1922	Party 5 May 1919.
Finlayson, W.J.	Pte	Po17228	A	30 Mar 1921	RMLI Gosport 14 May 1919.
Fitzgerald, W.	Pte	Po17409	A	6 Nov 1920	Party 22 Sep 1919.
Fleet, W.T.	Pte	Po12868	A	9 Mar 1921	RMLI Gosport 21 Apr 1919.
Floyd, W.	Col/Sergt	Po6350	A		DD 4 Jun 1915. Mother Mrs M.Floyd 17 Jul 1919.
Foden, W.	Sen/RA	M9799	A*	11 Nov 1920	Party 28 May 1920.
Ford, C.G.R.	Pte	Po16722	O	R	Party 22 Sep 1919.
Ford, G.	Pte	Po9596	A		RMLI Gosport 21 Apr 1919.
Ford, W.	Pte	Po7036	O		DD 28 Apr 1917. Mrs P.Dawes 19 Aug 1919.
Forster, F.W.	Pte	Po17480	D	R	Expd.Force Bks, Archangel 12 May 1919.
Foster, F.A.	L/Cpl	Po12564	A	6 Nov 1920	Party 8 Feb 1919.
Foster, F.W.	Pte	Po17414	D		Run 26 Mar 1917. Retd to R.Mint Mar 1934.
Foster, G.H.	Pte	Po17256	A	23 Jul 1920	RMLI Gosport 14 May 1919.
Fowler, F.	Pte	Po17251	A		RMLI Gosport 14 May 1919.
Fox, E.	Pte	Po11327	O		RMLI Gosport 14 May 1919.
Fox, T.A.	Pte	Po17350	A	13 Nov 1920	Party 23 Sep 1919.
Foxwell, W.T.	Pte	Po17424	A		Run 1 Jun 1919. Retd to R.Mint Mar 1934.
Frail, E.	Pte	Po9728	O		Party 25 Sep 1919.
Francis, W.	Sergt	Po2276	OD		Widow Mrs Francis 19 Nov 1919.
Franklin, G.	Pte	Po8406	A	12 Mar 1921	RMLI Gosport 21 Apr 1919.
Freestone, J.W.	Pte	Po17485	D		RMLI Gosport 14 May 1919.
French, A.H.	Major		A		RMLI Gosport 9 Jul 1919.
French, T.W.H.	Pte	Po17343	A	22 Apr 1921	RMLI Gosport 14 May 1919.
Fretton, H.	Col/Sergt	Po6145	A	9 Mar 1921	RMLI Gosport 21 Apr 1919.

PORTSMOUTH BATTALION R.M.L.I.

Name	Rank	Number		Date	Notes
Fry, C.J.	Pte	Po11189	A	9 Mar 1921	RMLI Gosport 14 May 1919.
Fry, N.J.T.	Pte	Po15661	A	22 Apr 1921	RMLI Gosport 21 Apr 1919.
Fulcher, T.	Sergt	Po4148	A	8 Nov 1920	Party 22 Sep 1919.
Fuller, R.	Col/Sergt	Po14855	A	16 Mar 1921	RMD Aldershot 29 Jan 1919.
Fullilove, H.H.	Sergt	Po3775	A	14 Mar 1921	RMLI Gosport 21 Apr 1919.
Gadd, J.W.	Pte	Po16915	A	11 Nov 1920	Party 20 Sep 1919.
Gallagher, F.	Col/Sergt	Po4220	A	11 Mar 1921	RMLI Gosport 14 May 1919.
Ganner, A.E.	Pte	Po12743	A	29 Apr 1921	*HMS Egmont* 18 Jul 1919.
Gardner, J.E.	Pte	Po17442	O		*HMS Glory* 17 Jul 1919.
Gardner, P.	L/Cpl	Po15623	A		DD 4 May 1917. Mother Mrs A.Gardner 6 Oct 1919.
Garner, B.C.	Pte	Po17358	A		Party 22 Sep 1919.
Geard, A.G.	Pte	Po10254	A		DD 8 Oct 1914. Widow Mrs A.Geard 4 Mar 1920.
George, J.	Pte	Po10472			DD. Widow Mrs A.George 17 Mar 1919.
Gerry, A.G.	Pte	Po15448	O		*HMS Victory* 21 Jul 1919.
Gething, A.W.	Pte	Po16763	O		RMLI Gosport 14 May 1919. "Run 15 Jan 1918, Star unrecoverable."
Gibbons, J.	Pte	Po9706	A	11 Mar 1921	RMLI Gosport 14 May 1919.
Gibbs, C.J.	QMSI	Po11992	O	R	RMLI Gosport 14 May 1919.
Gibbs, G.C.	Pte	Po16980	A		RMLI Gosport 14 May 1919.
Gibbs, R.	Pte	Po9054	A		MTD Div.Transport, St.Malo 4 Feb 1919.
Giles, E.	Pte	Po6297	O		RMLI Gosport 14 May 1919.
Giles, H.H.	Pte	Po15660	O		*HMS Cumberland* 21 Jul 1919.
Gill, W.	Pte	Po8226	A	21 Apr 1921	RMLI Gosport 14 May 1919.
Gillam, W.J.	Pte	Po17043	A	19 Jan 1921	RMLI Gosport 14 May 1919. Dup 2979.
Gillman, S.G.	Pte	Po13019	A		DD. Widow Mrs Emily Gilman 2 Oct 1919.
Gittens, A.	Pte	Po10467	O		RMLI Gosport 14 May 1919.
Goddard, H.T.	Pte	Po16982	A	9 Jul 1920	RMLI Gosport 14 May 1919.
Godfrey, H.	Pte	Po17487	D		DD. Mother Mrs S.A.Godfrey 4 Feb 1919.
Gooch, A.E.	Pte	Po15361	O		RMLI Gosport 14 May 1919.
Goodchild, J.	Pte	Po17451	D		Cromarty 18 Mar 1919.
Goodman, A.	Pte	Po15680	O		RMLI Gosport 14 May 1919.
Gore, E.H.	Pte	Po17393	D		*HMS Glory* 17 Jul 1919.
Gosling, H.C.	Cpl	Po6614	A	11 Mar 1921	RMLI Gosport 14 May 1919.
Gosling, J.H.	Pte	Po13094	O		RMLI Gosport 14 May 1919.
Goulding, F.G	Pte	Po17247	A	15 Jul 1921	*HMS Cardiff* 21 Jul 1919.
Gowney, D.J.	Lieut		A	23 Jul 1920	RM Barracks Portsmouth 26 Mar 1919.
Graham, B.J.	Pte	Po15391	O	R	*HMS Castor* 5 Feb 1919.
Grange, A.	Sergt	Po10792	A	29 Mar 1921	RMLI Gosport 14 May 1919.
Grant, A.A.	Sergt	Po5924	A	29 Jun 1920	RMLI Gosport 14 May 1919.
Gray, A.	Pte	Po8898	A	8 Nov 1920	Party 29 Sep 1919.
Gray, A.	Pte	Po12783	A	13 Nov 1920	Party 22 Sep 1919.
Green, J.W.	Pte	Ch9096	A	14 Mar 1921	RMLI Gosport 14 May 1919.
Greenfield, E.	Pte	Po6771	A	11 Nov 1920	Party 23 Sep 1919.
Greenwood, S.J.	Pte	Po17022	A	29 Mar 1921	RMLI Gosport 14 May 1919.
Greig, L.L.	St/Surgn			22 Jun 1920	Party 1 Feb 1919.
Grimmett, H.	Pte	Po9864	A		DD 6 Oct 1914. Widow Mrs A.W.Grimmett 9 Apr 1920.
Grindey, E.A.	Bugler	Po15585	A	17 Oct 1921	RMLI Gosport 14 May 1919.
Grout, E.C.	Pte	Po6249	A	12 Mar 1921	RMLI Gosport 14 May 1919.
Grover, F.G.	Pte	Ch6561		4 Sep 1920	*HMS Rameces*, Grangemouth 20 Jan 1919.
Grudgings, S.J.	Pte	Po13166	O		Party 25 Sep 1919.
Gutteridge, S.	Cpl/Bugler	Po13174	A	23 Jul 1920	RMLI Gosport 14 May 1919.
Guy, H.E.	Pte	Po17384	A	21 Apr 1921	RMB Portsmouth 12 Aug 1919.
Guymer, J.	Pte	Po9603	O		RMLI Gosport 14 May 1919.
Haddrell, P.J.	Pte	Po6798	A	25 Aug 1920	RMLI Gosport 14 May 1919.
Hale, A.D.	Pte	Po16833	O		RMB Portsmouth 12 Aug 1919.
Hall, C.T.	Pte	Po12201	A	29 Jul 1920	RMLI Gosport 14 May 1919.
Hall, E.	Pte	Po11745	A	11 Mar 1921	RMLI Gosport 14 May 1919.
Hall, G.B.	Pte	Po16907	A	9 Mar 1921	RMLI Portsmouth 2 Aug 1919.
Hall, J.	Pte	Po6490	A	11 Mar 1921	Coastal M.B. Dover 15 Mar 1919.
Hall, R.C.	Pt	Po16977	A	30 Jun 1920	DD 13 Nov 1916. Father Mr G.Hall 23 Sep 1919.
Hall, W.J.	Pte	Po13885	A	3 Aug 1920	RMLI Gosport 14 May 1919.
Hallworth, H.	Pte	Po12996	O		RMLI Gosport 14 May 1919.
Halton, A.E.	Pte	Po17303	D	R	RMB Portsmouth 15 Jul 1919.
Hamilton, A.	Pte	Po8570	O	8 Jul 1920	RMLI Gosport 14 May 1919.
Hammond, H.E.	Pte	Po9801	A	9 Mar 1921	RMLI Gosport 14 May 1919.
Hampson, F.	Pte	Po4856	A	11 Mar 1921	RMLI Gosport 14 May 1919.
Handsom, E.	Pte	Po11924	A	3 Oct 1923	RMLI Gosport 14 May 1919.
Hanks, J.P.	Pte	Po11002	O		*HMS Victory* 19 Sep 1919.

PORTSMOUTH BATTALION R.M.L.I.

Hann, F.	Pte	Po4539	O		RMLI Gosport 14 May 1919.
Hannah, W.	Pte	Po13034	A	26 May 1922	DD. Widow Mrs E.Hannah 11 Mar 1919.
Harding, A.E.	Pte	Po10761	A	11 Mar 1921	RMLI Gosport 14 May 1919.
Harding, E.G.	Pte	Po17229	D		DD 6 May 1915. Father Mr W.Harding 28 Jun 1919.
Harding, H.W.P.	Pte	Po16905	O		RMLI Gosport 14 May 1919.
Hardwick, B.	Pte	Po11118	A	25 Jun 1920	Party 13 Mar 1919.
Hardy, A.	Pte	Po17080	A	14 Mar 1921	Party 14 Mar 1921.
Hargood, G.E.	Pte	Po17273	A	14 Mar 1921	RMLI Gosport 14 May 1919.
Harker, F.	Pte	Po12891	A		DD 2 May 1915. Widow Mrs M.J.Harker 14 Aug 1919.
Harlow, H.R.	Bugler	Po15397	A		RMLI Gosport 14 May 1919.
Harrington, E.	Pte	Po8349	A	11 Nov 1920	Party 26 Mar 1919.
Harris, H.J.	Pte	Po16229	A	13 Nov 1920	Party 6 Oct 1919.
Harris, W.J.	Pte	Po17383	D		DD 31 May 1916. Widow Mrs F.Harris 25 Jul 1919.
Harrison, F.	Pte	Po17255	A	6 Apr 1921	Cromarty 18 Mar 1919.
Hartley, J.	Pte	Po9302	A	9 Mar 1921	RMLI Gosport 14 May 1919.
Harvey, G.T.	Pte	Po15108	O		*HM Monitor 25 (M23)* 21 Apr 1919.
Hastings, H.	Pte	Po7769	A	9 Mar 1921	RMLI Gosport 14 May 1919.
Hatford, C.	Pte	Po12166	O		RMLI Gosport 14 May 1919.
Haughey, J.	Pte	Po14532	O		*HMS Birkenhead* 5 Mar 1919.
Hayward, H.W.	Cpl	Po14695	A	23 Jul 1920	*HMS St.Vincent* 21 Jul 1919.
Hazelby, G.H.	Sergt	Po2382	O		RMLI Gosport 14 May 1919.
Head, A.W.	Pte	Po16728	O		RMB Portsmouth 15 Jul 1919.
Healey, F.	Pte	Po17087	A	9 Mar 1921	RMLI Gosport 14 May 1919.
Heathcote, F.C.	2/Lieut		O		*HMS Birkenhead* 5 Mar 1919.
Hedges, L.	Bugler	Po15449	A		DD 2 Jul 1915. Father S.Hedges Esq 1 Aug 1919.
Hellewell, J.R.B.	Pte	Po17296	A		Party 29 Sep 1919. Clasp retd, "Not Known".
Hemming, C.H.	Pte	Po17032	A	29 Mar 1921	*HMS Mersey* 7 Aug 1919.
Hemsley, F.J.	Pte	Po17244	A		DD 6 May 1915. Mother Mrs G. Hardaker 30 Jul 1919.
Henrys, C.N.	Pte	Po17430	D		*HMS Topaze* 21 Jul 1919.
Herbert, A.	Pte	Po12614	A	14 Jul 1921	DD. Father Mr William Herbert 4 Jul 1919.
Herring, C.	Pte	Po17446			*HMS Iron Duke* 30 Sep 1920.
Hester, R.H.	Pte	Po17330	D		RMLI Gosport 14 May 1919.
Hester, W.	Pte	Po4643	A	11 Mar 1921	RMLI Gosport 14 May 1919.
Hewitt, H.G.	Pte	Po5979	A	11 Mar 1921	RMLI Gosport 14 May 1919.
Hibberd, R.	Pte	Po17235	D	28 Sep 1920	River Exped Force Bks, Achangel 12 May 1919. Dup to *HMS Norfolk* 15 Feb 1935.
Hibbert, A.	Pte	Po14296	O		*HMS Emperor of India* 13 Mar 1919.
Hicks, G.J.	Pte	Po15695	O		SNTO Boulogne 26 Sep 1919.
Hicks, J.	Pte	Po17411	D		Run 13 Feb 1919. Retd to R.Mint Mar 1934.
Hicks, J.W.	Cpl	Po7410	A	12 Mar 1921	RMLI Gosport 14 May 1919.
Hill, A.	Pte	Po17448	D		*HMS Agincourt* 28 Jan 1919.
Hill, A.W.	Pte	Po17260	A	22 Apr 1921	RMLI Gosport 14 May 1919.
Hilton, F.	Pte	Po16945	O		RMLI Gosport 14 May 1919.
Hind, C.F.	Pte	Po14913	A	17 Mar 1921	RMLI Gosport 14 May 1919.
Hoad, F.	Pte	Po15322	O		RMLI Gosport 14 May 1919.
Hoar, J.	Pte	Po17085	A	16 Jul 1920	RMLI Gosport 14 May 1919.
Hoare, A.J.	Pte	Po10728	A	23 Jul 1920	RMLI Gosport 14 May 1919.
Hobbs, C.C.	Pte	Po6135	A	3 Oct 1922	Party 24 Mar 1919.
Hockley, A.	Pte	Po5512	OD		RMLI Gosport 14 May 1919.
Hoddinott, R.B.	Pte	Po11024	A		DD 26 May 1915. Widow Mrs Dorothy Hoddinott 28 Jun 1919.
Hodges, W.J.	Pte	Po9055	A	16 Mar 1921	RMLI Gosport 14 May 1919.
Hogg, J.	Pte	Po16933	O		*HMS Glory* 7 Aug 1919. Dup to *HMS Capetown* 4 Aug 1928.
Holland, G.L.	Pte	Po15566	O		RMLI Gosport 14 May 1919.
Holliman, A.J.R.	Pte	Po17484	D		DD 22 Sep 1915. Father Mr A.Holliman 26 Jun 1919.
Holloway, P.	Pte	Po14268	A	6 Nov 1920	Party 9 May 1919.
Holmes, F.	Pte	Po16871	A	21 Apr 1921	*HMS Lucia* 21 Jul 1919.
Holmes, F.	Pte	Po17326	A	28 May 1921	DD. Widow Mrs E.L.Holmes 28 May 1921.
Holroyd, J.	L/Sergt	Po13688	A		DD 6 May 1915. Retd to R.Mint Mar 1934.
Holt, J.	Pte	Po17290	A		Run. Retd to R.Mint Mar 1934.
Hook, C.E.	Cpl	Po8203	A	9 Mar 1921	*HMS Maidstone* 5 Feb 1919.
Hook, H.E.	Pte	Po11042	O		RMLI Gosport 14 May 1919.
Hook, J.	L/Cpl	Po15373	A	26 Jun 1920	A.G.RM 26 Jun 1920.
Hook, R.W.	L/Sergt	Po11862	A	31 Jul 1920	RMLI Gosport 14 May 1919.
Hooper, W.	Pte	Po17246	A	11 Mar 1921	RMLI Gosport 14 May 1919.
Hooton, H.	Pte	Po8933	O		RMLI Gosport 14 May 1919.
Hopgood, H.W.	Pte	Po17316	A		Party 26 Sep 1919.
Hopkins, J.	Pte	Po17056	O		RMB Portsmouth 15 Jul 1919.

PORTSMOUTH BATTALION R.M.L.I.

Hopkinson, G.	Pte	Po17015	A	21 Apr 1921	RMLI Gosport 14 May 1919. Run 14 Jan 1921, clasp returned to stock 1 Feb 1921.
Horrocks, J.	Pte	Po16858	A	22 Apr 1921	*HMS Caradox* 21 Jul 1919.
Horsburgh, J.	Pte	Po9691	A	13 Nov 1920	Party 22 Sep 1919.
Horton, C.	Pte	Po16983	A	18 Nov 1920	Party 23 Sep 1919.
Horton, W.G.	Pte	Po17304	D		Party 22 Sep 1919.
House, A.	Sergt	Po2415	O		Shetlands Section RNR 7 Mar 1919.
House, G.P.	Pte	Po14146	A	11 Mar 1921	RMLI Gosport 14 May 1919.
House, W.H.	Pte	Po6948	O		*HMS Empress of India* 13 Mar 1919. Original Star lost in transit new Star to Party 8 Jun 1922.
Howard, S.G.	Pte	Po17055	A	17 Mar 1921	RMLI Gosport 14 May 1919.
Howe, R.J.	Pte	Po16578	A	25 Apr 1921	RMB Portsmouth 15 Jul 1919.
Howell, J.	Pte	Po17402	D		DD 9 May 1915. Father F.S.Howell Esq 25 Sep 1919.
Hubbard, F.F.	Sergt	Po12012	O		DD 11 Mar 1915. Mother Mrs Fanny Hubbard 28 Jun 1919.
Hudson, J.	Pte	Po3252	A	9 Mar 1921	RMLI Gosport 14 May 1919.
Huff, R.	Pte	Po17415	A	13 Nov 1920	Party 29 Sep 1919.
Hughes, J.J.	L/Sergt	Po10366	A	25 Jun 1920	Party 13 Oct 1919.
Hughes, W.J.	Pte	Po17381	A	13 Nov 1920	Party 13 Jun 1919.
Humby, H.E.	Pte	Po15701	A	21 Apr 1921	RMLI Gosport 14 May 1919.
Humphry, A.	Col/Sergt	Po7741	A	11 Aug 1921	RMLI Gosport 14 May 1919.
Hunt, G.S.	Pte	Po16902	A	9 Mar 1921	RMLI Gosport 14 May 1919.
Hunting, A.H.	L/Cpl	Po16280	A	3 Feb 1921	RMLI Gosport 14 May 1919.
Hurley, R.E.	Pte	Po10044	A	9 Dec 1920	Party 17 Mar 1919.
Hurst, A.M.	Pte	Po16999	A	20 Oct 1926	Party 13 Mar 1919.
Hutchins, W.G.	Pte	Po8771	A	14 Mar 1921	RMLI Gosport 14 May 1919.
Hutton, A.C.	Pte	Po15450	O		*HMS Malaya* 5 Feb 1919.
Hutton, T.	Pte	Po16336	A		DD 10 May 1915. Father Mr J.Hutton 28 Jun 1919.
Hyett, E.M.	Pte	Po7307	O		RMLI Gosport 14 May 1919.
Iles, A.E.	Col/Sergt	Po9412	A		DD 6 May 1915. Widow Mrs Emily Iles 1 Jul 1919.
Ilson, T.	Pte	Po17374	D		DD 6 May 1915. Father Thomas Ilson Esq 7 Feb 1920.
Ilton, G.H.S.	Act/Sergt/Mjr	Po7431	D		RMLI Gosport 14 May 1919.
Jackson, H.	Pte	Po17263	A	4 Sep 1920	DD. Brother W.A.Jackson Esq 4 Sep 1920.
Jackson, P.E.	Pte	Po10717	A		RMLI Gosport 14 May 1919.
Jackson, S.	Pte	Po17447	D		RMLI Gosport 14 May 1919. Clasp sent 3 Apr 1936 but Retd.
Jackson, W.T.	Pte	Po12345	A	21 Apr 1921	RMLI Gosport 14 May 1919.
James, A.E.	Pte	Po17481	D		DD 25 May 1915. Mrs Mary James 11 Jul 1919.
James, R.J.	Sergt	Po5429	O		RMLI Gosport 14 May 1919.
Jameson, T.H.	2/Lieut		A	29 Jul 1920	RM Deal 29 Jul 1920.
Jeffries, F.C.	Pte	Po16230	A	7 Jul 1920	RMLI Gosport 14 May 1919.
Jelliffe, J.W.	Pte	Po12253	O		*HMS Queen Elizabeth* 27 Jan 1919.
Jenkins, A.	Pte	Po17382	A	9 Mar 1921	RMB Portsmouth 15 Jul 1919.
Jenkins, F.W.	Pte	Po12500	O		RMLI Gosport 14 May 1919.
Jenks, H.	Pte	Po17474	D		63/Div Train Res., Farnham 19 Feb 1919.
Jepson, T.	Pte	Po17494	D		DD 13 Nov 1916. Father W.Jepson Esq 2 Mar 1920.
Jewell, W.E.	Pte	Po16729		R	*HMS Galatia* 16 May 1919.
Johnson, F.	Pte	Po17092	A	9 Mar 1921	RMLI Gosport 14 May 1919.
Johnson, G.	Sergt	Po13199	A	13 Jul 1920	RMLI Gosport 14 May 1919.
Johnson, R.H.	Pte	Po17401	D		DD 25 Jul 1915. Mother Mrs A.Johnson 2 Mar 1920.
Jones, A.B.	Pte	Po17468	O		RMLI Gosport 14 May 1919.
Jones, F.J.C.	L/Cpl	Po15619	A	23 Mar 1921	RMLI Gosport 14 May 1919.
Joy, M.	Cpl	Po11706	A	8 Nov 1921	RMLI Gosport 14 May 1919.
Joyce, W.	Pte	Po16913	A	23 Mar 1921	RMLI Gosport 14 May 1919.
Kearns, D.R.	Bugler	Po17163	A	21 Apr 1921	RMLI Gosport 14 May 1919. Dup clasp issued to *HMS Warspite* 17 Oct 1927.
Keats, W.G.	Pte	Po17301		R	*HMS Amphitrite* 19 Sep 1919.
Keen, F.G.	Pte	Po7935	O		DD Jun 1915. Widow Mrs Keen 11 Sep 1919.
Kelsey, G.R.	Pte	Po17320	A	9 Mar 1921	RMLI Gosport 14 May 1919.
Kenning, E.W.	Pte	Po17438	D		DD. Father Mr Albert Kenning 24 Jun 1920.
Kent, A.	Pte	Po10738	A	26 Jan 1921	DD. Widow Mrs R.K.Singleton 26 Jan 1921.
Kent, J.W.	Pte	Po15096	O		RMB Portsmouth 15 Jul 1919.
Kenton, C.	Pte	Ch9080	A	16 Mar 1921	RMLI Gosport 14 May 1919.
Kerr, F.G.	Pte	Po10847	O		RMLI Gosport 14 May 1919.
Kilkenny, J.M.	Pte	Po17378	D		*HMS Furious* 15 Jul 1919.
Killen, W.J.	Pte	Po16994	A	6 Apr 1921	*HMS Lucia* 21 Jul 1919.
King, A.G.	Sergt	Po5237	A	24 Jun 1920	DD 11 Mar 1915. Widow Mrs E.G.King 24 Jun 1920.
King, C.	Sergt	Po9197	D	R	RMLI Gosport 14 May 1919.
King, E.C.	Pte	Po14850	A	29 Mar 1921	RMLI Gosport 14 May 1919.

PORTSMOUTH BATTALION R.M.L.I.

Name	Rank	Number			Notes
King, F.J.	Pte	Po8187	O		RMLI Gosport 14 May 1919.
King, J.	Pte	Po17271	D		DD 13 Nov 1916. Mother Mrs J.King 22 Jul 1920.
King, W.F.	Pte	Po16816	A	14 Mar 1921	RMLI Gosport 14 May 1919.
Kingham, W.	Pte	Po16764	O		*HMS Galatia* 16 May 1919.
Kirby, C.	Pte	Po8832	A	9 Jul 1920	RMLI Gosport 14 May 1919.
Kirk, J.	Pte	Po12642	O		RMLI Gosport 14 May 1919.
Kirk, J.W.	Pte	Po10446	A	12 Mar 1921	RMLI Gosport 14 May 1919.
Knell, J.E.	Pte	Po15479	A	17 Sep 1920	Party 4 Feb 1920.
Kramer, H.M.	Pte	Po17331	A	7 Mar 1925	Party 7 Mar 1925.
Lake, J.H.	Pte	Po17321	D		Party 20 Sep 1919.
Laker, T.	Pte	Po7732	A	11 Nov 1920	Party 19 May 1919.
Lamacroft, E.J.	L/Cpl	Po15425	O	17 Aug 1925	RMLI Gosport 14 May 1919.
Lamb, G.W.	Pte	Po16720	O		DD 29 Feb 1916. Father J.Lamb Esq 8 Oct 1919.
Lambert, A.J.	Pte	Po16770	O		RMB Portsmouth 15 Jul 1919.
Landale, J.S.	Pte	Po5710	O		RMLI Gosport 14 May 1919.
Lane, C.R.B.	Sergt	Po8099	A		DD. Mrs A.Lane 23 Sep 1919.
Lang, A.	Pte	Po17332	D		Run 27 Jan 1915. Retd to R.Mint Mar 1934.
Lang, W.H.	Pte	Po17482	O		RMB Portsmouth 15 Jul 1919.
Langley, A.W.	Pte	Po16751	O		RMB Portsmouth 15 Jul 1919.
Large, E.E.	Pte	Po7808	O		RMLI Gosport 14 May 1919.
Larkins, A.	Pte	Po17470	D	R	1/6 Surrey Regt, Coruna Bks., Aldershot 7 Feb 1920.
Lathbury, G.P.	Capt		*O		Party 15 Jul 1919.
Laurie, F.B.A.	Capt		A	23 Jul 1920	RMLI Gosport 17 Dec 1921.
Law, W.	Pte	Po10484	A	29 Nov 1920	Party 23 Sep 1919.
Law, W.	Pte	Po13196	A	11 Aug 1921	Widow Mrs B.A.Law 11 Aug 1921.
Lax, J.T.	Pte	Po11599	O		RMLI Gosport 14 May 1919.
Lea, T.	Sergt	Po7856	A	9 Mar 1921	RMLI Gosport 14 May 1919.
Lees, R.A.	Pte	Po10494	O		Father W.C.M.Lees Esq 7 Oct 1919.
Leonard, G.	Pte	Po10149	A	9 Mar 1921	RMLI Gosport 14 May 1919.
Lever, W.B.	Pte	Po16656	A		Cromarty 18 Mar 1919.
Levett, A.	Sergt	Po6938	A	9 Mar 1921	RM Force Archangel 22 May 1919.
Levett, P.E.	Pte	Po10347	A	30 Jul 1920	DD 19 Mar 1918. Widow Mrs F.S.Levett 30 Jul 1920.
Lewis, M.	Pte	Po17456	D		Party 6 Oct 1919.
Lidstone, H.W.	Pte	Po8761	A	13 Nov 1920	RMLI Gosport 14 May 1919.
Lilley, E.C.	Pte	Po17064	A	6 Apr 1921	RMLI Gosport 14 May 1919.
Lockyear, E.G.	Pte	Po17277	A	14 Feb 1921	RMLI Gosport 14 May 1919.
Logan, A.H.	Pte	Po16237	A	23 Jul 1920	DD 26 Oct 1917. Mother Mrs B.Logan 23 Jul 1920.
Lomas, W.J.	L/Cpl	Ch13425	A	23 Dec 1920	DD 27 Oct 1918. Widow Mrs G.G.Lomas 23 Dec 1920.
Long, T.O.	Pte	Po8731	A	16 Mar 1921	Fort Blockhouse 6 Mar 1919.
Lord, R.T.	Sergt	Po7602	A	6 Apr 1921	RMLI Gosport 14 May 1919.
Lord, W.A.	Pte	Po6995	A	14 Mar 1921	RMLI Gosport 14 May 1919.
Lovell, R.J.	L/Sergt	Po12270	O		Party 4 Feb 1919.
Loveridge, R.	Pte	Po16974	A	5 Nov 1920	*HMS Renown* 29 Jan 1919.
Lovick, A.E.	Cpl	Po10499	A	27 Jan 1921	Party 23 Sep 1919.
Low, P.E.	Col/Sergt	Po5876	A	30 Mar 1921	RMLI Gosport 14 May 1919.
Luard, F.W.	Lieut/Col		A		DD 17 Jul 1915. Widow Mrs Eloine Luard 24 Jun 1919.
Lucas, H.E.	Pte	Po15685	A		RMLI Gosport 14 May 1919.
Lukis, W.B.F.	2/Lieut		D		*HMS Devonshire* 26 Jun 1919.
Lumbkin, R.	Pte	Po17000	A	13 Nov 1920	Party 15 Mar 1919.
Lunn, W.	Cpl	Po12724	O		RMLI Gosport 14 May 1919.
Lyne, A.E.	Sergt	Ch8222	A	15 Mar 1921	RMLI Gosport 14 May 1919.
Lyon, W.T.	Pte	Po14336	O		RMLI Gosport 14 May 1919.
Lywood, E.G.	Lieut/Col		A	29 Nov 1921	Party 15 Jul 1920.
Macfarlane, J.	Pte	Po8120	O	7 Nov 1921	Fort Blockhouse 6 Mar 1919.
Mack, E.J.	Pte	Po17410	A	12 Apr 1921	RMLI Gosport 1 Jul 1919.
Major, E.G.	Pte	Po17467	O		*HMS Furious* 15 Jul 1919.
Mangham, G.	Bugler	Po15329	A	21 Apr 1921	RMLI Gosport 21 Apr 1921.
Mantell, H.E.	Pte	Po12388	A	21 Mar 1922	RMLI Gosport 14 May 1919.
Mardon, H.W.	Pte	Po17315	D		RMLI Gosport 1 Jul 1919.
Markwick, S.	Pte	Po15721	A	6 Apr 1921	RMLI Gosport 14 May 1919.
Marlow, J.W.	Pte	Po17248	A		DD 20 Jul 1915. Father A.Marlow Esq 16 Jul 1919.
Marr, J.G.	Pte	Po17453	O		Party 18 Nov 1924.
Marriott, W.	Pte	Po16719	O		DD 13 Jan 1915. Mother Mrs W.Marriott 17 Dec 1919.
Marshall, A.H.	Pte	Po16609	A	6 Apr 1921	RMLI Gosport 14 May 1919.
Marshall, C.	Pte	Po16800	OD		Party 15 Nov 1929.
Marshall, E.H.	Col/Sergt	Po5147	O		DD. Widow Mrs E.J.Vivian 13 Jan 1921.
Marshman, W.J.	Pte	Po17049	A	17 Jun 1920	RMLI Gosport 1 Jul 1919.

PORTSMOUTH BATTALION R.M.L.I.

Martin, H.	Pte	Po15694	O		HMS Barham 7 Aug 1919.
Martin, R.G.	Pte	Po15127	A	25 Apr 1921	RMLI Gosport 14 May 1919.
Mason, C.B.	Pte	Po17433	A	25 Mar 1927	RMLI Gosport 1 Jul 1919.
Masters, F.E.	Pte	Po16798	A	30 Mar 1921	RMLI Gosport 14 May 1919.
Matthews, C.G.	Pte	Po13686	A	23 Jul 1920	RMLI Gosport 14 May 1919.
Matthews, J.H.	Pte	Po17259	D		Run 10 Nov 1919. Star restored to Party 27 Apr 1923.
Matthews, J.H.	Pte	Po17308	D		DD 13 Nov 1916. Legatee Mr J.H.Laurence 23 Apr 1920.
May, F.C.	Pte	Po16801	A	30 Aug 1928	HMS Hannibal 25 Jul 1919.
May, G.	Pte	Po16805	A		RMLI Gosport 1 Jul 1919.
Mayes, J.	Pte	Po17473	D		RM Garrison Cromarty 16 Jul 1919.
McClelland, A.	Pte	Po11304	A		DD. Sister Mrs Hall 28 Jan 1920.
McConnell, J.	Pte	Po17386	D		Party 27 Sep 1919.
McCullam, D.	Pte	Po17366	D		RMLI Gosport 1 Jul 1919.
McDonald, F.E.	Pte	Po16243	O		DD 9 Nov 1918. Father A.McDonald Esq 9 Oct 1919.
McIlvenny, D.	Pte	Ply10879	A	13 Nov 1920	Party 27 Sep 1919.
McIntosh, J.	Pte	Po17464	D	R	Party 15 Apr 1919.
McKay, R.	Pte	Po17421	D		HMS Indomitable 8 Feb 1919.
McKee, J.	L/Cpl	Po16282	A	3 Feb 1921	RMLI Gosport 14 May 1919.
McKenzie, J.	Pte	Po17025	A	30 Dec 1925	RMLI Gosport 14 May 1919.
McKinnon, A.	Pte	Po8157	A		RMLI Gosport 1 Jul 1919.
McMillan, W.	Pte	Po9970	A	18 Dec 1924	DD 13 Jul 1915. Retd to R.Mint Mar 1934.
McNeill, H.	Pte	Po10353	O		DD 21 Jun 1918. Widow Mrs A.McNeill 1 Jul 1920.
Mead, D.	Pte	Po6791	O		DD. Mother Mrs Mead 26 Nov 1919.
Medhurst, W.T.	Cpl	Ch5131	O		Party 20 Sep 1919.
Meloy, W.H.	Cpl	Ch10038	A		Party 26 Sep 1919.
Mercer, G.	Pte	Ch10070	A	23 Mar 1921	RMLI Gosport 14 May 1919.
Meredith, J.C.	Pte	Po8837	A	18 May 1921	RMLI Gosport 1 Jul 1919.
Merritt, E.F.	Pte	Po7944	A	12 Apr 1921	RMLI Gosport 14 May 1919.
Merritt, F.V.	Pte	Po14871	A	16 Aug 1920	RMLI Gosport 14 May 1919.
Merritt, J.P.	Pte	Ply9024	O		Party 18 Oct 1919.
Middleton, C.	Pte	Po11337	A		DD 13 Jul 1915. Widow Mrs M.Middleton 9 Dec 1919.
Miles, H.	Pte	Po15073	O		RMLI Gosport 1 Jul 1919.
Miles, L.G.	Pte	Po17234	D		NTO Antwerp 20 Mar 1919.
Miles, S.	Pte	Po8969	O	29 Nov 1920	HMS Maidstone 5 Feb 1919.
Miller, W.G.	Pte	Po17021	A	25 Aug 1920	RMLI Gosport 14 May 1919.
Mills, E.G.	Sergt	Po4011	OD	R	Party 19 May 1919.
Mills, G.F.	Pte	Po11808	A	6 Apr 1921	RMLI Gosport 1 Jul 1919.
Millward, G.	Pte	Po10774	A	12 Apr 1921	RMLI Gosport 14 May 1919.
Milne, R.	Sergt	Po10828	O		DD. Mrs Florence Milne 17 May 1923.
Minshall, J.	Pte	Po11727	A	23 Mar 1921	RMLI Gosport 1 Jul 1919.
Monk, F.	Pte	Po16948	O		HMS Glory 17 Jul 1919.
Moore, A.E.	Pte	Po11747	O		RMLI Gosport 1 Jul 1919.
Moore, C.T.	Pte	Po14653	A	30 Mar 1921	RMLI Gosport 1 Jul 1919.
Moore, G.E.	Sh/Std	342533			HMS Galatea 17 May 1919.
Moore, H.	Pte	Po16929	O		HMS Neptune 21 Jul 1919.
Moore, J.A.	Pte	Po16953	A	25 Aug 1920	RMLI Gosport 14 May 1919.
Moore, R.W.	Pte	Po15018	O		HMS Caledon 21 Jul 1919.
Moore, T.	Pte	Po6979	A	22 Apr 1921	RMLI Gosport 1 Jul 1919.
Moore, W.J.	Cpl	Po13334	A	21 Apr 1921	RMLI Gosport 21 Apr 1921.
Moores, H.L.	Pte	Po17444	D		Party 25 Sep 1919.
Morby, L.M.	Pte	Po17252	D		Party 17 May 1919.
Morgan, F.W.L.	Pte	Po16256	O		RMLI Gosport 14 May 1919.
Morrell, J.M.	Sergt	Po10047	A	30 Mar 1921	RMLI Gosport 14 May 1919.
Morris, C.E.	Pte	Po15343	A	6 Apr 1921	RMLI Gosport 14 May 1919.
Morris, F.	Pte	Po16881	A	6 Apr 1921	RMLI Gosport 14 May 1919.
Morris, F.M.	Pte	Po14321	O	28 Aug 1920	RMLI Gosport 14 May 1919.
Morrison, J.	Sergt	Po9697	A	17 Sep 1920	RMLI Gosport 14 May 1919.
Morrow, J.N.	Pte	Po16762	O		HMS Galatea 16 May 1919.
Moulding, H.J.	Pte	Po16904	A	6 Apr 1921	RMLI Gosport 14 May 1919.
Moyler, G.W.	Pte	Po4374	O		Party 6 Jun 1919.
Mullens, W.H.	Pte	Po17437	D		DD. Father W.H.Mullens Esq 10 Dec 1919.
Muncaster, F.	Pte	Po17317	A	23 Jul 1920	RMLI Gosport 1 Jul 1919.
Munday, W.L.	Pte	Po17281	D		Party 5 Aug 1919.
Murphy, J.T.	Pte	Po16755	A	31 Mar 1921	RMLI Gosport 14 May 1919.
Murphy, T.P.	Pte	Po17239	A		DD 13 Jul 1915. Father Mr D.O.Murphy 26 Nov 1919.
Murrant, A.C.	L/Cpl	Po15654	A		DD. Widow Mrs V.W.Murrant 23 Jul 1919.
Mycroft, M.E.	Pte	Po17297	A	6 Apr 1921	RMLI Gosport 1 Jul 1919.

PORTSMOUTH BATTALION R.M.L.I.

Name	Rank	Number	Col	Date	Notes
Napper, F.W.H.	Cpl	Po4790	A		DD 11 Oct 1914. Widow Mrs Mary E.Napper 31 Mar 1919.
Nash, T.	Pte	Po11750	A		RMLI Gosport 14 May 1919.
Neal, F.H.	Pte	Po17300	D		*HMS Mars* 19 Apr 1919.
Neale, J.C.	L/Sergt	Po6859	O	18 Aug 1920	RMLI Gosport 1 Jul 1919.
Neate, A.E.W.	Pte	Po17423	A		RMLI Gosport 14 May 1919.
Neil, W.	L/Cpl	Po9499	A	6 Apr 1921	RMLI Gosport 14 May 1919.
Newbold, H.	Pte	Po17469	D		RMLI Gosport 14 May 1919.
Newbold, W.	Pte	Po12143	O		Navigation School, Portsmouth 24 Mar 1919.
Newman, E.J.	Pte	Po17461	D		DD. Retd to R. Mint Mar 1934.
Newman, J.	Pte	Po17425	D		Party 20 Sep 1919.
Newsam, B.	Pte	Po16730	O		*HMS Galatea* 16 Mar 1919.
Newton, F.I.	Pte	Po14050	A	6 Nov 1920	Party 17 Mar 1919.
Newton, J.	Pte	Po9119	A	5 Nov 1920	Party 18 Mar 1919.
Nicoll, K.C.	Sergt	Po11676	A		DD. Sister Mrs Smith 25 Nov 1919.
Nobbs, G.	Pte	Po4724	A	14 Apr 1921	RMLI Gosport 14 May 1919.
Norman, F.W.	Pte	Po17364	D		*HMS Attentive II* (Naval Guns) 12 May 1919.
Norris, R.A.	Pte	Po16898	A		RMLI Gosport 1 Jul 1919.
Nursall, J.	Pte	Po16247	A	17 Aug 1920	*HM Yacht Victoria & Albert* 17 Aug 1920.
Oakes, F.	Pte	Po13267	A	30 Jul 1920	RMLI Gosport 1 Jul 1919.
Oakley, J.	Pte	Po15295	A	6 Apr 1921	Party 6 Apr 1921.
Oakley, J.P.	Pte	Po16997	A		DD 15 Oct 1918. Mother Mrs Emily Oakley 9 Oct 1919.
Oliver, A.H.	Pte	Po10106	A	29 Mar 1921	RMLI Gosport 1 Jul 1919.
Oliver, H.	Pte	Po15548	O		RMLI Gosport 1 Jul 1919.
Oram, B.	Pte	Po17178	D		DD. Mother Mrs Sarah Oram 7 Oct 1919.
Orr, J.J.	Pte	Po11614	A		SNO Thurso 6 Mar 1919.
Osborne, W.G.	Pte	Po10439	A	29 Mar 1921	RMLI Gosport 1 Jul 1919.
Ottaway, H.	Cpl	Po4709	A	23 Mar 1921	RMLI Gosport 1 Jul 1919.
Ottaway, W.J.	Pte	Po15405	A		DD 31 May 1916. Widow Mrs E.Ottaway 22 Aug 1919.
Owen, W.	Col/Sergt	Po8738	O		RMLI Gosport 1 Jul 1919.
Owen, W.P.	Pte	Po10107	A	20 Jun 1922	DD. Mother Mrs M.A.Owen 31 Oct 1919.
Owens, A.	Pte	Po7334	A	8 Nov 1920	Party 20 Sep 1919.
Page, G.	Pte	Po14249	A		DD. Father G.Page Esq 7 Nov 1919.
Pain, W.N.	Sergt	Po5786	O		RMLI Gosport 1 Jul 1919.
Parker, J.	Pte	Po14351			RMLI Gosport 1 Jul 1919.
Parker, J.	Pte	Po11731	A		RMLI Gosport 1 Jul 1919.
Parker, J.	Pte	Po3146	O		RMLI Gosport 1 Jul 1919.
Parkes, C.H.	Pte	Po13148			*HMS Caroline* 1 Feb 1919.
Parrack, W.G.	Pte	Po16784	A	24 Aug 1920	RMLI Gosport 1 Jul 1919.
Parslow, H.E.	Col/Sergt	Po3379	A	23 Jul 1920	RMLI Gosport 1 Jul 1919.
Parsons, T.	Pte	Po10296	A		*HMS President III* 21 Jul 1919.
Pass, W.	Pte	Po17492	D		RMLI Gosport 1 Jul 1919.
Patchcott, W.	Sergt	Ch5637	A	13 Nov 1920	Party 12 Sep 1919.
Patrick, D.	Pte	Po14622	A		Run 16 Apr 1917. Retd to R.Mint Mar 1934.
Patterson, J.	Pte	Po11550	A		DD 20 Jul 1915. Widow Mrs M.L.Patterson 24 Jul 1919.
Payne, A.E.	L/Cpl	Po10921	A	6 Jun 1925	RMLI Gosport 1 Jul 1919.
Payne, C.S.	Pte	Po16754	O		DNTO Calais 7 Aug 1919.
Payne, W.	Pte	Po17270	D		*HMS St.Vincent* 21 Jul 1919.
Peach, L.	Pte	Po15282	A	29 Mar 1921	*HMS President III* 21 Jul 1919.
Pearse, W.R.J.	Bugler	Po16868	A	23 Jul 1920	RMLI Gosport 1 Jul 1919.
Pease, F.H.	Pte	Po17257	A	14 Dec 1920	RMLI Gosport 1 Jul 1919.
Peckham, C.S.	Pte	Po17302	A	9 Oct 1920	Party 17 May 1919.
Peet, F.A.	Pte	Po17351	D		DD. Father A.Peet Esq 17 Sep 1919.
Pembroke, J.St.S.	Pte	Po6450	A	25 Jun 1920	Party 28 Apr 1919.
Penfare, W.M.	Pte	Po15734	A	15 Dec 1924	Party 15 Dec 1924.
Penfold, F.J.	Pte	Po16739	A	20 Jul 1926	RMLI Gosport 1 Jul 1919. Dup issued to Party 20 Jul 1926.
Perch, H.J.	Pte	Po6807	A	31 Mar 1921	RMLI Gosport 1 Jul 1919.
Percival, W.T.	Pte	Po11046	O		Party 25 Sep 1919.
Perkins, T.	Pte	Po17380	A	27 Jan 1922	Party 27 Jan 1922.
Perry, F.E.H.	Pte	Po17017	A	11 Mar 1925	DD. Father W.Perry Esq 1 Aug 1919.
Peters, W.	Cpl	Po4550	A	6 Apr 1921	RMLI Gosport 1 Jul 1919.
Petherick, T.	Pte	Po5307	A	25 Jun 1920	Party 28 Feb 1919.
Phillips, S.J.	Pte	Po6932	O		DD. Widow Mrs Clara Phillips 19 Jun 1920.
Phillips, W.	Sergt	Po11835			RMLI Gosport 1 Jul 1919.
Poag, W.	Pte	Po17385	D		*HMS Hyderabad* 1 Aug 1919.
Pointer, A.W.	Pte	Po16922			*HMS Royal Sovereign* 30 Jul 1919.
Pope, C.	Pte	Po16926	O		*HM Monitor 23*, *HMS Glory II* 1 Aug 1919.
Pople, J.	Pte	Po9145	A	4 Apr 1921	RMLI Gosport 1 Jul 1919.

PORTSMOUTH BATTALION R.M.L.I.

Name	Rank	Number			Notes
Porter, C.	Pte	Po16901	O		DD 31 May 1916. Mother Mrs J.Porter 2 Jun 1922.
Porter, H.G.	Pte	Po17009	A	29 Mar 1921	RMLI Gosport 1 Jul 1919.
Porter, J.H.	Pte	Po12566	O		*HMS Queen Elizabeth* 27 Jan 1919.
Porton, E.	Pte	Po12371	A		DD. Father J.Porton Esq 19 Aug 1919.
Postin, J.	Pte	Po17449	D		RMLI Gosport 1 Jul 1919.
Pottinger, W.J.	Pte	Po17371	D		*HMS Egmont* 21 Jul 1919.
Poulson, H.	Pte	Po3918	A	4 Apr 1921	RMLI Gosport 1 Jul 1919.
Prator, C.	Pte	Po16870	A	29 Nov 1920	Party 18 Oct 1919.
Pratt, W.J.	Sergt	Po9199	A	6 Nov 1920	Party 4 Apr 1919.
Preece, G.	Pte	Po17370	D		*HMS Agincourt* 28 Jan 1919.
Presland, A.M.	Sergt	Po6204	A	22 Jun 1920	RMLI Gosport 1 Jul 1919.
Preston, A.	Cpl	Po5333	A	4 Apr 1921	RMLI Gosport 1 Jul 1919.
Price, A.	Pte	Po9574	A	13 Nov 1920	Party 6 Feb 1919.
Priscott, F.A.	Act/Sergt/Mjr	Po6378	D		*HMS Victory* 9 Jun 1919.
Purse, F.J.	Sergt	Po6696	O		*HMS Greenwich*, Invergordon 28 Feb 1919.
Pym, M.A.	Pte	Po11600	A	29 Mar 1921	RMLI Gosport 1 Jul 1919.
Quigley, J.A.	Pte	Po11951	O		Party 17 May 1919.
Radford, E.A.	Pte	Po11187	A		RMLI Gosport 1 Jul 1919.
Randell, H.	Pte	Po10263	A	25 Jun 1920	RMLI Gosport 1 Jul 1919.
Raw, J.O.	Pte	Po17463	D		RMLI Gosport 1 Jul 1919.
Ray, A.F.	Pte	Po14258	O		RMLI Gosport 1 Jul 1919.
Ray, F.	Pte	Po16825	A	13 Nov 1920	Party 22 Aug 1919.
Rayworth, A.H.	Col/Sergt	Po4627	A	11 Nov 1920	Party 25 Jan 1919.
Read, L.	Pte	Po17001	A	13 Nov 1920	Party 4 Feb 1919.
Redmond, J.	Pte	Po11825	A		RMLI Gosport 1 Jul 1919.
Reed, C.R.	Pte	Po17455	D		DD 13 Dec 1917. Mother Mrs E.Curtis 29 May 1919.
Reed, J.	Pte	Po5664	A	14 Apr 1921	RMLI Gosport 1 Jul 1919.
Rees, E.A.	Pte	Po17396	A		RMLI Gosport 1 Jul 1919.
Reeve, T.	Pte	Po10082	A	7 Apr 1921	RMLI Gosport 1 Jul 1919.
Reeves, W.T.	Col/Sergt	Po4890	A	7 Apr 1921	RMLI Gosport 1 Jul 1919.
Regan, M.	Pte	Po10995	A		RMLI Gosport 1 Jul 1919.
Reid, F.	L/Sergt	Po10710	A		DD. Widow Mrs C.E.A.Reid 20 Aug 1919.
Reiglenth, W.	Pte	Po20223	O		RMB Plymouth 20 Sep 1919.
Rendell, F.H.	Pte	Po17293	D		DD. Father Mr G.Rendell 9 Mar 1921.
Reynolds, F.F.	Pte	Po12366	A	13 Nov 1920	Party 2 Jun 1919.
Reynolds, G.H.	Pte	Po17434	D		DD. Father A.E.Reynolds Esq 31 Dec 1919.
Ribbans, A.W.	Pte	Po8914	A	31 Mar 1921	RMLI Gosport 1 Jul 1919.
Rice, F.A.	Pte	Po17261	A	23 Jul 1920	*HMS Bristol*, Montevideo 20 Mar 1919.
Rice, W.	Pte	Po12545	A	12 Apr 1921	RMLI Gosport 1 Jul 1919.
Richardson, A.	Pte	Po16793	A	11 Oct 1920	RMLI Gosport 1 Jul 1919.
Richardson, W.E.H.	Pte	Po9704	O		RMB Portsmouth 15 Jul 1919.
Riley, E.	Pte	Po9832	O		RMLI Gosport 1 Jul 1919.
Riley, H.	Col/Sergt	Po3707	A	19 Nov 1920	Party 25 Sep 1919.
Ring, J.	Pte	Po17041	A	24 Jun 1920	Party 23 Apr 1919. Dup to *HMS Diomedes* 22 Feb 1924.
Ripley, J.H.	Bugler	Po16861	A	21 Apr 1921	RMLI Gosport 1 Jul 1919.
Robb, H.J.	2/Lieut		O		DD. Father H.Robb Esq 2 Oct 1919.
Robbins, F.W.	Pte	Po15176	A	12 Aug 1920	Party 15 Jul 1921.
Roberts, H.A.	Pte	Po17347	A	13 Jun 1922	RMLI Gosport 1 Jul 1919.
Roberts, W.C.	Col/Sergt	Po6622	A	8 Apr 1921	RMLI Gosport 1 Jul 1919.
Robinson, A.G.	Pte	Po6107	A	6 Jul 1920	Navigation School, Portsmouth 24 Mar 1919.
Robinson, A.G.	Pte	Po17432	D		RMLI Gosport 1 Jul 1919.
Robinson, A.W.	Pte	Po16783	A	29 Mar 1921	RM Est., St.Helena 22 May 1919. Clasp retd.
Robinson, E.	Pte	Po11472	A	4 Apr 1921	Party 4 Apr 1921.
Robinson, F.J.	Pte	Po16485	A	22 Feb 1922	DD 26 Oct 1917. T.G.Robinson 22 Feb 1922.
Robinson, J.W.	Pte	Po12750	A	13 Nov 1920	Party 29 Mar 1920.
Robinson, M.	Pte	Po9002	A	31 Mar 1921	RMLI Gosport 1 Jul 1919.
Rolfe, P.	Pte	Po11887	A		DD 1915. Miss M. Herbert 14 Aug 1919.
Rooker, G.	Pte	Po16612	O		RMLI Gosport 1 Jul 1919.
Rowles, A.V.	Pte	Po13902	A	27 Jan 1922	RMLI Gosport 1 Jul 1919.
Roy, S.	Pte	Po6197	A		DD. Widow Mrs M.Roy 30 Jul 1919.
Rumble, J.	Pte	Po9008	A	29 Mar 1921	RMLI Gosport 1 Jul 1919.
Rushton, A.E.	Pte	Po15669	A		Party 13 May 1935.
Rushton, B.	L/Cpl	Po14423	A		DD. J.W.Draper Esq 13 Oct 1919.
Russell, A.W.	Pte	Po8291	A	12 Apr 1921	Navigation School, Portsmouth 24 Mar 1919.
Russell, J.	Sergt	Po10671	A	23 Mar 1921	RMLI Gosport 1 Jul 1919.
Russell, S.	Pte	Po15119	A	4 Apr 1921	RMLI Gosport 1 Jul 1919.
Ryan, E.St.V.	2/Lieut		O		DD 2 Feb 1917. Father Lieut/Col E.W.St.V. Ryan 25 Jul 1919.

PORTSMOUTH BATTALION R.M.L.I.

Ryder, G.J.	Col/Sergt	Po4238	A	21 Jul 1920	RMLI Aldershot 29 Jan 1919.
Samphire, C.H.	Pte	Po5928	O		DD 6 May 1915. Retd to R.Mint Mar 1934.
Sampson, J.G.	Col/Sergt	Po2796	O		RMB Portsmouth 15 Jul 1919.
Samuels, V.G.	Pte	Po17420	D		DD 11 May 1915. Daughter Mrs F.Lovick 7 Mar 1919.
Sandell, W.F.	Pte	Po5271	A	25 Jun 1920	Party 15 Sep 1919.
Santry, W.	Col/Sergt	Po4800	A	7 Apr 1921	RMLI Gosport 1 Jul 1919.
Sargison, F.W.	Pte	Po17050	A	21 Dec 1920	RMLI Gosport 1 Jul 1919.
Saunders, A.	Pte	Po17274	D		DD 28 Apr 1917. Mrs E.E.Saunders 13 Oct 1919.
Saunders, J.H.	Pte	Po9906	A	7 Apr 1921	RMLI Gosport 1 Jul 1919.
Sawford, T.G.	Bugler	Po16911	A	23 Jul 1920	RMLI Gosport 1 Jul 1919.
Scammels, J.	Sergt	Po8220	A	23 Jul 1920	RMLI Gosport 1 Jul 1919.
Scarlett, G.J.	Sergt	Po4601	A	12 Apr 1921	HMS Fisgard 28 Jan 1919.
Schemeld, C.	Pte	Po15906	OD	4 Nov 1920	HM Monitor 31, HMS Duke 1 Aug 1919.
Schofield, J.	Pte	Po9393	O		RMLI Gosport 1 Jul 1919.
Scotney, G.	Pte	Po11210	A		DD 6 Oct 1914. Widow Mrs E.H.Scotney 22 Oct 1919.
Scotney, W.E.	Pte	Po17232	A		RMLI Gosport 1 Jul 1919.
Scott, G.	Sergt	Po8797	A		DD 6 May 1915. Widow Mrs Scott 8 Nov 1919.
Scriven, J.	Pte	Po17292	O		RMLI Gosport 1 Jul 1919.
Scutt, W.	Pte	Po9909	A	12 Apr 1921	RMLI Gosport 1 Jul 1919.
Searle, C.W.	Pte	Po12924	A	23 Jul 1920	RMLI Gosport 1 Jul 1919.
Searle, S.	L/Cpl	Po15624	A	21 Apr 1921	RMLI Gosport 1 Jul 1919.
Searle, W.	Pte	Po15686	A	21 Apr 1921	HMS Hyacinth 13 Jun 1919.
Sedman, F.G.	Pte	Po8404	A	12 Apr 1921	RMLI Gosport 1 Jul 1919.
Seel, S.	Pte	Po15040	O		Party 19 May 1919.
Seely, R.G.	L/Cpl/Bugler	Po12780	A	28 Oct 1920	RMLI Gosport 1 Jul 1919.
Seldon, T.	Pte	Po12913	O		HMS Carlisle 8 Mar 1919.
Seymour, G.H.	Pte	Po9735	A	23 Jun 1920	Party 16 Jun 1919.
Sharp, W.H.	Pte	Po13699	A	8 Apr 1921	RMLI Gosport 1 Jul 1919.
Shaw, C.	Pte	Po16979	A		RSW(sic) Regt, Aldershot 19 May 1919.
Shaw, H.	Pte	Po17408	A		24 Feb RMLI Gosport 1 Jul 1919.
Shearing, S.	Pte	Po12703	A	3 Jul 1920	RMLI Gosport 1 Jul 1919.
Sheel, J.	Pte	Po9604	A	12 Apr 1921	RMLI Gosport 1 Jul 1919.
Shepherd, W.J.	Pte	Po17400	D		DD 6 May 1915. Mother Mrs C.Shepherd 3 Dec 1919.
Sheppard, F.W.	Pte	Po17282	D		DD 6 Jan 1916. Mother Mrs M.E.Sheppard 17 Dec 1919.
Sheppard, G.	Col/Sergt	Po5510	A	8 Apr 1921	RMLI Gosport 1 Jul 1919.
Shergold, E.F.	Pte	Po17008	A		DD. Father Mr Henry Shergold 15 Mar 1919.
Shergold, S.C.	Pte	Po17033	A	27 Jul 1937	RMLI Gosport 1 Jul 1919.
Shergold, W.E.	L/Cpl	Po15595	A		DD. Father S.Shergold Esq 8 Nov 1919.
Sheriff, A.J.	Pte	Po14839	A	8 Jul 1920	Party 7 Jul 1919.
Shillito, J.	Pte	Po17086	A	24 Apr 1922	HMS Furious 15 Jul 1919.
Shipstone, A.V.	Pte	Po17491	D		DD 1 May 1915. Mother Mrs E.Shipstone 13 Nov 1919.
Siequien, E.	L/Cpl	Po11150	A	24 Jun 1920	RMLI Gosport 1 Jul 1919.
Simmonds, E.A.S.	Pte	Po17395	D	R	HMS Southampton 27 Mar 1919.
Simmonds, H.J.B.	Pte	Po16941	OD		RMLI Gosport 1 Jul 1919.
Simmons, E.J.	Pte	Po13063	A	12 Apr 1921	RMLI Gosport 1 Jul 1919.
Sims, C.W.	Pte	Po10226	A		RMLI Gosport 1 Jul 1919.
Sinfield, S.H.	Pte	Po17403	D		DD. Father A.J.Sinfield Esq 20 Dec 1919.
Sizer, W.	Pte	Po3948	A	6 Jul 1920	RMLI Gosport 1 Jul 1919.
Sketchley, E.F.P.	Capt		A		DD 12 Oct 1916. Widow Mrs P.F.M.Sketchley 25 Aug 1919.
Smart, A.	Pte	Po17412	D		DD 2 May 1915. Mother Mrs F.Cuttage 27 Sep 1919.
Smart, G.R.P.	Pte	Po12670	A	25 Jun 1921	RMLI Gosport 1 Jul 1919.
Smeed, T.E.	Pte	Po8514	O	1 Jul 1920	HMS Research 6 Mar 1919.
Smith, F.G.	Pte	Po11988	A	7 Apr 1921	RMLI Gosport 1 Jul 1919.
Smith, F.G.	Pte	Po17231	D		Party 31 Dec 1919.
Smith, F.S.	Pte	Po15105	O		Party 23 May 1922.
Smith, G.	Pte	Po7756	A	23 Jun 1920	Party 23 Jan 1919.
Smith, H.J.	Pte	Po8968	A		DD. Widow Mrs A.L.Smith 28 Nov 1919.
Smith, J.	Pte	Po9969	O		Run 21 Dec 1914. DD 14 Mar 1918 2/Hants. Regt. Retd to R.Mint Mar 1934.
Smith, J.C.	Pte	Po9084	O		DD 6 May 1915. Widow Mrs C.Smith 7 Nov 1919.
Smith, J.F.	Pte	Po9016	O		HMS Galatea 16 May 1919.
Smith, J.G.	Pte	Po8319	A	19 Feb 1934	RMLI Gosport 1 Jul 1919.
Smith, L.A.	Pte	Po17002	A	12 Apr 1921	RMLI Gosport 1 Jul 1919.
Smith, R.C.	Bugler	Po17142	O		RMLI Gosport 1 Jul 1919.
Smith, S.A.	Pte	Po17458	D		HMS Emperor of India 13 Mar 1919.
Smith, W.	Pte	Po16900	A	8 Sep 1920	RMLI Gosport 1 Jul 1919.
Smith, W.C.	Cpl	Po14167	A	21 Apr 1921	RMLI Gosport 1 Jul 1919.

PORTSMOUTH BATTALION R.M.L.I.

Name	Rank	Number		Date	Notes
Smith, W.G.	Pte	Po16874	A	23 Jul 1920	RMLI Gosport 1 Jul 1919.
Smith, W.J.	Pte	Po16939	A	28 Aug 1920	RMLI Gosport 8 Jun 1922.
Snelgar, S.A.	Pte	Po8770	A		RMLI Gosport 1 Jul 1919.
Snelgrove, W.R.	Pte	Po17324	D		DD 31 Jul 1915. Father Hubert Snelgrove Esq 2 Oct 1919.
Snelling, F.C.	Pte	Po16873	A	7 Apr 1921	RMLI Gosport 1 Jul 1919.
Snow, C.W.	Pte	Po17342	A		DD 3 May 1915. Mother Mrs Hair 11 Nov 1919.
Snow, G.	Pte	Po16958	O		DD 20 Dec 1914. Father H.Snow Esq 10 Nov 1919.
Snow, H.H.	Pte	Po17337	A	22 Feb 1922	DD 6 Nov 1915. Mother Mrs Snow 10 Nov 1919.
Sobey, J.C.J.	Pte	Po17472	D		*HMS Cormorant* 15 Jul 1919.
Sonley, W.	Pte	Po10808	A	4 Aug 1920	RMLI Gosport 1 Jul 1919.
Soper, A.	Pte	Po17003	A	14 Apr 1921	RMLI Gosport 1 Jul 1919.
Spackman, H.	Pte	Po11905	A	12 Apr 1921	RMLI Gosport 1 Jul 1919.
Spearing, O.U.	Cpl	Po14088	A	19 May 1924	RMLI Gosport 1 Jul 1919.
Sperring, G.B.	Sergt	Po2849	A	7 Sep 1923	RMLI Gosport 1 Jul 1919.
Spicer, J.D.	Sergt	Po17257	A	29 Jul 1919	Depot RM Deal 10 Mar 1919.
Spindler, E.H.G.	Pte	Po15446	O		*HMS Caledon* 21 Jul 1919.
Stait, C.H.	Pte	Po12229	A	7 Apr 1921	RMLI Gosport 1 Jul 1919.
Staite, R.J.	L/Cpl	Po9303	A	12 Apr 1921	RMLI Gosport 1 Jul 1919.
Stalham, J.S.	Pte	Po10766	A	12 Apr 1921	RMLI Gosport 1 Jul 1919.
Stanbridge, A.	Col/Sergt	Po7043	A	14 Apr 1921	RMLI Gosport 1 Jul 1919.
Stanton, A.H.	Pte	Po17082	A	4 Sep 1920	RMLI Gosport 1 Jul 1919.
Stapleton, J.F.	Pte	Po16946	A	25 Aug 1920	RMLI Gosport 1 Jul 1919.
Steele, J.T.	Pte	Po8888	A		RMLI Gosport 1 Jul 1919.
Stephenson, S.	Pte	Po10455	A		RMLI Gosport 1 Jul 1919.
Stevens, A.C.	Pte	Po16807	A	25 Apr 1921	*HMS Egmont* 18 Jul 1919.
Stevens, C.R.F.	Pte	Po16916	A	25 Jun 1920	RMLI Gosport 1 Jul 1919.
Stevenson, H.	Pte	Po15219	O		Party 16 Jun 1919.
Steward, W.A.	Pte	Ch8658	O	15 Jul 1920	Party 23 Sep 1919.
Stewardson, E.	Pte	Po17322	D		RMLI Gosport 1 Jul 1919.
Stiff, W.L.	Pte	Po15079	O		RMLI Gosport 1 Jul 1919.
Stockley, H.H.F.	Capt		A	3 Jul 1920	Party 31 Jan 1919.
Stokes, A.	Pte	Po13331	A	29 Jul 1920	RMLI Gosport 1 Jul 1919.
Stone, T.	Jun/RA	M9804	O		DD 5 Apr 1918. Widow Mrs H.Stone 20 Apr 1925.
Stordy, H.H.	L/Cpl	Po11004	A	21 Apr 1921	RMLI Gosport 1 Jul 1919.
Strange, H.G.	Pte	Po16797	A		RMLI Gosport 1 Jul 1919.
Street, W.C.	Pte	Po16238	A		DD. Mother Mrs Taylor 7 Nov 1919.
Stringer, J.W.N.	Pte	Po15338	O		Party 25 Sep 1919.
Stuart, W.V.	Sergt	Po9366	A		RMLI Gosport 1 Jul 1919.
Sturrock, J.L.N.	Pte	Po17416	D		DD 6 May 1915. Father J.Sturrock Esq 5 Dec 1919.
Styles, J.	Pte	Po10523	A		RMLI Gosport 1 Jul 1919.
Sullivan, E.J.	Lieut & QM		A		Party 19 May 1919.
Summers, A.J.A.	Pte	Po17088	A	12 Apr 1921	RMLI Gosport 1 Jul 1919.
Summers, J.H.	Pte	Po16698	O		DD. Father J.J.Summers Esq 14 Nov 1919.
Sutcliffe, J.F.	Sergt/Mjr	Po8024	A	8 Oct 1925	DD 4 Jul 1915. Widow Mrs G.R.M.Sutcliffe 8 Oct 1925.
Swan, W.	Pte	Po17417	D		DD 6 May 1915. Father R.Swan Esq 14 Nov 1919.
Swithenbank, C.	Pte	Po17314	D		Party 20 Oct 1919.
Symington, G.K.	Pte	Po17422	A	26 Feb 1921	RMLI Gosport 1 Jul 1919.
Syson, A.E.	Capt		A		Party 15 Jul 1919.
Tagg, E.J.B.	Lieut		A	18 Aug 1920	Party 15 Jul 1919.
Tansley, L.C.	Pte	Po9149	A	12 Apr 1921	RNTO, GHQ France 17 Jan 1919.
Tatton, J.	Pte	Po17389	A		RMLI Gosport 1 Jul 1919.
Taylor, A.E.	Pte	Po17441	D		*HMS Victorious III* 21 Jul 1919.
Taylor, F.	Col/Sergt	Po3588	A	12 Apr 1921	Training Estab., Shotley 28 Mar 1919.
Taylor, H.B.	Pte	Po9804	A	23 Jul 1920	RMLI Gosport 1 Jul 1919.
Taylor, J.	Pte	Po13719	A		DD 6 May 1915. Mother Mrs E.Pastons 20 Oct 1919.
Taylor, R.J.	Pte	Po17440	D	R	*HMS Glory* 17 Jul 1919.
Teague, J.C.J.	Capt		A		DD. Mother Mrs Teague 22 Sep 1919.
Terry, H.	Pte	Po16721	O		RMLI Gosport 1 Jul 1919.
Tether, N.	Cpl	Po8357	A	22 Oct 1921	RMLI Gosport 1 Jul 1919.
Thomas, J.J.	Pte	Po5218	A	28 Jun 1920	Party 23 Sep 1919.
Thompson, H.	Pte	Po16819	A	7 Jun 1922	*HMS Agincourt* 28 Jan 1919. Dup to *HMS Queen Elizabeth* 26 Sep 1925.
Thompson, W.S.	Sergt	Po10907	O		DD 13 May 1915. Brother J.Thompson Esq 29 Oct 1919.
Thomson, J.	Pte	Po17354	D		DD 26 Mar 1917. Widow Mrs C.Thomson 22 Mar 1920.
Thorne, W.	Pte	Po16228	A	13 Aug 1920	*HMS Egmont* 18 Jul 1919.
Thorner, W.T.	Pte	Po17254	A		Party 6 Jul 1937.
Thornhill, W.T.	Pte	Po17459	D		*HMS Southampton* 19 Apr 1919.

PORTSMOUTH BATTALION R.M.L.I.

Name	Rank	Number		Date	Notes
Thundercliffe, J.L.	Pte	Po17489	AD	3 Sep 1937	Party 25 Sep 1919.
Tickner, F.J.	Sergt	Po6499	A	14 Apr 1921	RMLI Gosport 1 Jul 1919.
Tilley, H.J.	Pte	Po17005	A	19 Apr 1921	RMLI Gosport 1 Jul 1919.
Tipler, W.S.L.	Pte	Po17348	A		*HMS Topaze* 21 Jul 1919.
Tipton, S.C.	Pte	Po17341	A	12 Apr 1921	*HMS Attentive II* (Naval Guns) 12 May 1919.
Titt, J.	Pte	Po16937	O		*HMS Glory* 17 Jul 1919.
Tollett, W.H.	Pte	Po16251	O		RMLI Gosport 1 Jul 1919.
Tomkins, S.T.	Pte	Po16854	A		Party 18 Oct 1919.
Tooke, W.	Pte	Po6516	A	31 Dec 1920	RMLI Gosport 1 Jul 1919.
Topple, A.R.	Pte	Po10506	O		RMLI Gosport 1 Jul 1919.
Townsend, A.	Pte	Po17346	A	13 Nov 1920	Party 19 May 1919.
Treagus, G.	Pte	Po14656	A		DD 18 Oct 1916. Widow Mrs G.A.Treagus 19 Aug 1919.
Trow, E.	Pte	Po8897	O		DD 13 Jul 1915. Widow Mrs S.Trow 16 Jul 1919.
Trufitt, F.A.	Sergt	Po3865	A		DD. Miss A.Trufitt 15 Jul 1919.
Tucker, H.	Pte	Po11720	A		DD 13 Jun 1915. Mrs A.M.Tucker 20 Oct 1919.
Tucker, J.	Pte	Po8881	O		RMLI Gosport 1 Jul 1919.
Tulley, A.C.	Pte	Po14071	A		DD 20 Feb 1916. Father C.H.Tulley Esq 17 Jul 1919.
Turberfield, C.E.	Pte	Po8529	A	12 Apr 1921	RMLI Gosport 1 Jul 1919.
Turner, F.	Pte	Po12866	A	24 Jun 1921	RMLI Gosport 1 Jul 1919.
Tweedie, J.	Pte	Po16944	A	12 Apr 1921	RMLI Gosport 1 Jul 1919.
Tyler, F.	Col/Sergt	Po5127	A		DD 6 May 1915. Widow Mrs Millie Tyler 19 Mar 1919.
Uncle, W.I.	Pte	Po11080	A	25 Apr 1921	RMLI Gosport 1 Jul 1919.
Veal, R.G.	Pte	Po17323	A		RMLI Gosport 1 Jul 1919.
Venables, E.J.	Pte	Po17298	D		RMB Chatham 20 Aug 1919.
Vessey, B.	Pte	Po17490	D		RMLI Gosport 1 Jul 1919.
Vincent, F.	Pte	Po7956	A	12 Apr 1921	RMLI Gosport 1 Jul 1919.
Viney, A.E.	Cpl	Po9448	O		*HMS Galatea* 16 May 1919.
Waddingham, J.	Pte	Po12494	A	14 Apr 1921	DD 29 Feb 1916. Widow Mrs E.Williams 14 Apr 1921.
Wainwright, R.E.	Col/Sergt	Po6151	A		DD 20 Jun 1915. Widow Mrs E.Wainwright 25 Nov 1919.
Wakeman, J.	Pte	Po17398	D		Party 1 Apr 1919.
Waldram, W.	Pte	Po12362	A	29 Apr 1921	RMLI Gosport 1 Jul 1919.
Walker, F.	Pte	Po10519	O		RMLI Gosport 1 Jul 1919.
Walker, F.C.	L/Cpl	Po15663	A		RMLI Gosport 1 Jul 1919.
Walker, T.E.	Pte	Po17418	D		RMLI Gosport 1 Jul 1919.
Wallace, J.E.	Jun/RA	M9789	A*	23 Aug 1920	Party 10 Mar 1920.
Waller, J.H.	Pte	Po10843	A	21 Apr 1921	RMLI Gosport 1 Jul 1919.
Walsh, T.	QMS	Po1864	D		RND Aldershot 29 Jan 1919.
Walton, L.O.	Pte	Po11686	A	16 Feb 1923	DD 4 Jan 1918. Mother Mrs M.Walton 2 Jul 1919.
Ward, E.W.	Pte	Po13229	A	29 Apr 1921	RMLI Gosport 1 Jul 1919.
Ware, T.C.	Pte	Po16919	A		Retd to R.Mint Mar 1934.
Warner, F.W.	Pte	Po16917	A	1 Jun 1922	RMLI Gosport 1 Jul 1919.
Warner, J.J.	Lieut		*3		RM Bks Portsmouth 26 Mar 1919. Qualified for clasp with RNAS.
Warren, A.	Pte	Po17436	A		Run 22 Nov 1914. Retd to R.Mint Mar 1934.
Warren, B.W.	Pte	Po17269	A		RMLI Gosport 1 Jul 1919.
Warren, F.	Pte	Po10560	A	22 Apr 1921	RMLI Gosport 1 Jul 1919.
Warren, J.A.	Pte	Po8452	O	19 Jul 1920	Party 25 Jan 1919.
Warren, W.E.	Pte	Po17445	A	29 Apr 1921	Party 29 Apr 1921.
Waskett, G.H.A.	Cpl	Po13849	A		RMLI Gosport 1 Jul 1919.
Watkins, T.	Pte	Po5506	A	6 Jul 1920	DD 29 Feb 1916. Sister Mrs M.E.Harvey 6 Jul 1920.
Watling, A.E.	Pte	Po17359	D		*HMS Tamar* 1 Aug 1919.
Watson, E.P.	Pte	Po2042	A	28 Jun 1920	RMLI Gosport 1 Jul 1919.
Watts, A.E.	Pte	Po16893	A	17 Mar 1922	DD 16 May 1915. Father F.Watts Esq 29 Sep 1919.
Watts, W.	Pte	Po13698	A	10 Jun 1921	RMLI Gosport 1 Jul 1919.
Waugh, E.J.	Pte	Po17040	A	25 Aug 1920	RMLI Gosport 1 Jul 1919.
Way, J.G.	Pte	Po4356	A	25 Aug 1920	HM Island Ascension 4 Mar 1919.
Weakley, W.	Pte	Po7432			Training Estab., Shotley 28 Mar 1919.
Webb, C.	Pte	Po15655	OD	17 Aug 1923	RMLI Gosport 1 Jul 1919.
Webb, F.J.	Pte	Po17272	D		DD 18 Nov 1917. Brother W.H.Webb Esq 26 Nov 1919.
Webber, P.W.	Pte	Po17365	A		*HMS Agincourt* 28 Jan 1919.
Wells, C.A.	Pte	Ch7137	A	24 Jun 1920	Party 24 Jun 1920.
Wells, G.H.	Pte	Po16925	A	21 Sep 1920	*HMS Egmont* 18 Jul 1919.
Wells, J.	Pte	Po6715	A	4 Sep 1920	Party 4 Sep 1920.
Wellstead, A.	Pte	Po7391	A	13 Nov 1920	Party 20 May 1919.
West, R.J.	Pte	Po10819	A	23 Jul 1920	RMLI Gosport 1 Jul 1919.
West, T.	Pte	Po16869	A	14 Jul 1921	RMLI Gosport 1 Jul 1919.
West, W.	Pte	Po12003	O		RMLI Gosport 1 Jul 1919.
West, W.	Pte	Po9779	A		DD 6 May 1915. Widow Mrs A.E.West 31 Dec 1919.

PORTSMOUTH BATTALION R.M.L.I.

Westbrook, A.E.	Pte	Po9113	O		*HMS Satillite* 1 Aug 1919.
Westwood, J.W.	Pte	Po15795	O		RMB Portsmouth 15 Jul 1919.
Wharam, A.	Pte	Po17454	D		DD. Father Arthur Wharam Esq 20 Dec 1919.
Wheeler, G.G.	Pte	Po15325	O		RMLI Gosport 1 Jul 1919.
Wheelwright, C.	Pte	Ply14110	A	9 May 1921	RMB Plymouth 1 Aug 1919.
White, F.A.	Pte	Po17295	A		RMLI Gosport 1 Jul 1919.
White, G.W.	Pte	Po17090	A	22 Apr 1921	RMLI Gosport 1 Jul 1919.
Whitter, W.	Sergt	Po6934	A	25 Jul 1922	RMLI Gosport 1 Jul 1919.
Wicks, F.H.J.	Pte	Po17093	A		RMLI Gosport 1 Jul 1919.
Wilcox, F.E.V.	Pte	Po16936	A	10 Oct 1922	DD 13 Jul 1915. Father F.J.Wilcox Esq 22 Sep 1919.
Wilkes, R.	Pte	Po7951	O		Party 29 Sep 1919.
Wilkes, W.	Pte	Po17353	D		*HMS Barham* 1 Aug 1919.
Wilkie, W.J.	Pte	Po15709	A		RMLI Gosport 1 Jul 1919.
Wilkins, C.	Pte	Po3453	A	22 Apr 1921	RMLI Gosport 1 Jul 1919.
Willard, C.	Pte	Po9635	A	25 Jun 1920	RMLI Gosport 1 Jul 1919.
Willett, P.J.	Pte	Po17291	D		Party 12 May 1920.
Williams, M.	Col/Sergt	Po4358	A	11 Nov 1920	Party 26 Sep 1919.
Willis, J.T.	Pte	Po14783	O		RMLI Gosport 1 Jul 1919.
Willis, W.J.	Pte	Po17340	D		*HMS Renown* 27 Jan 1919.
Willoughby, F.A.	Pte	Po17327	D		DD 6 May 1915. Father Mr A.Willoughby 28 Feb 1919.
Willoughby, J.H.	2/Lieut		OD		*HMS Afrikander* 15 Jul 1919.
Wilson G.	Pte	Po13095	A	24 Jun 1920	Party 23 Jan 1919.
Wilson, J.	Pte	Po16847	A	9 May 1921	RMLI Gosport 1 Jul 1919.
Windle, W.J.	Sergt	Po10531	A	14 Apr 1921	RMLI Gosport 1 Jul 1919.
Winfield, A.E.	Pte	Po17399	A		DD. Father 20 Oct 1919.
Wingfield, J.F.	QMS	Depot238/P	A	8 Nov 1920	RMLI Gosport 1 Jul 1919.
Winsland, C.	Col/Sergt	Po3576	A	22 Apr 1921	RMLI Gosport 1 Jul 1919.
Winterbourne, F.H.	Pte	Po15229	A	12 Apr 1921	RMLI Gosport 1 Jul 1919.
Withers, A.L.	Pte	Po16935	O		RMLI Gosport 1 Jul 1919.
Witts, H.A.	Bugler	Po15633			DD 20 May 1917. Mother Mrs A.F.Witts 20 Aug 1919.
Wood, W.	Pte	Po16920	O		DD. Mother Mrs H.S.Wood 29 Aug 1919.
Woodberry, G.	Pte	Po14675	A	13 Nov 1920	Party 25 Sep 1919.
Woodland, J.	L/Cpl	Po15776	A	4 Sep 1920	RMLI Gosport 1 Jul 1919.
Wooldridge, S.	Col/Sergt	Po5254	A	13 Nov 1920	Party 4 Feb 1919.
Woolgar, A.E.	Pte	Po17413	D		Party 1 Sep 1922.
Wright, F.J.	Pte	Po17363	A	21 Apr 1921	*HMS Renown* 29 Jan 1919.
Wright, W.W.A.	Pte	Po7784	A	27 Oct 1924	Party c/o Union Jack Club 19 Jan 1920.
Yarrow, A.	Col/Sergt	Po8028	A	22 Apr 1921	RMLI Gosport 1 Jul 1919.
Yates, A.E.	Col/Sergt	Po5349	A	4 Jan 1924	Coastal Motor Boats, Dover 15 Mar 1919.
York, T.	Col/Sergt	Po4718	A		DD 6 Oct 1914. Widow Mrs J.York 13 Oct 1919.
Young, E.	Pte	Po15617	O		RMLI Gosport 1 Jul 1919.
Young, E.P.	Pte	Po17283	D		DD 6 May 1915. Father Samuel T.Young Esq 2 Oct 1919.
Young, F.J.	Pte	Po17007	A	22 Apr 1921	Party 22 Apr 1921.
Young, R.	Pte	Po12021	A	25 Jun 1920	Party 19 Apr 1919.
Young, S.H.	Pte	Po17225	A		*HMS Renown* 29 Jan 1919.

ROYAL MARINE ARTILLERY

Name	Rank or Rating	Official Number	Where Served	Clasp Issued	Medal Sent - Comments
Abbott, H.A.	Gunr	RMA10721	O	13 Apr 1922	Party 22 Apr 1919.
Ackland, F.J.	Gunr	RMA6174	OD		Retd to R.Mint Mar 1934.
Acton, F.E.	Gunr	RMA3816	OD		RMA Eastney 8 Mar 1919.
Adair, C.W.	2/Lieut		O		*HMS Erin* 27 Mar 1919.
Ager, F.J.	Dvr	RMA51(S)	D		Party 28 Mar 1919.
Alland, J.	Gunr	RMA4391	OD		Party 9 Jul 1919.
Allen, C.	Gunr	RMA7822	OD		Party 12 Jul 1919.
Allen, W.	Gunr	RMA8650	O		DD. Widow Mrs Daisy Allen 1 Apr 1919.
Allgood, A.	Gunr	RMA2725	OD		Party 8 Jul 1919.
Allison, G.H.	Gunr	RMA7075	OD	R	DD. Mother Mrs E.Allison 22 Jan 1920.
Ames, F.G.	Dvr	RMA48(S)	D		DD 17 Jan 1918. Widow Mrs E.A.Ames 12 May 1920.
Amson, H.J.	Gunr	RMA8803	OD		Party 8 Jul 1919.
Anderson, A.W.	Gunr	RMA9339	OD		Party 8 Jul 1919.
Anderson, F.	Dvr	RMA49(S)	D		Party 13 Mar 1919.
Anderson, R.	Pte	RMA14041	D		*HMS Agincourt* 28 Jan 1919.
Andrews, R.	Gunr2	RMA14002	D		Party 8 Jul 1919.
Andrews, S.	Gunr	RMA3361	OD		RMA Eastney 21 Apr 1919.
Applebee, J.	Gunr	RMA9089	OD		RMA Eastney 21 Apr 1919.
Archer, A.	Gunr	RMA4443	OD		Party 11 Jul 1919.
Archer, C.W.	Cpl	RMA3697	D		Retd to R.Mint Mar 1934.
Armitage, M.	Gunr2	RMA14015	D		Party 22 May 1919.
Arnold, F.W.	Gunr	RMA12850	OD		RMB Eastney 3 Jul 1919.
Ash, B.	Gunr	RMA5931	OD		Party 9 Jul 1919.
Ash, C.M.	Cpl	RMA4314	D		DD. Widow Mrs Ash 16 Oct 1919.
Ash, R.	Gunr	RMA3434	O		Party 18 Jul 1919.
Aston, G.G.	Col/Comdt		OD		Party 16 Jan 1919.
Aston, W.H.	Gunr	RMA5117	O		DD. Widow Mrs A.R.Howarth 26 Jan 1920.
Atkins, W.G.	Gunr	RMA7406	OD		Party 8 Jul 1919.
Attwood, A.A.	Cpl	RMA11422	D		RMB Eastney 3 Jul 1919.
Attwood, W.	Gunr	RMA7909	OD		Party 8 Jul 1919.
Avery, A.E.	Cpl	RMA8078	D		DD 6 Oct 1917. Widow Mrs A.B.Avery 19 Aug 1919.
Aylward, A.	Gunr	RMA3358	O		DD 8 Mar 1919. Widow Mrs S.J.Aylward 17 Mar 1920.
Baites, E.C.	Gunr	RMA9624	OD	R	Party 11 Jul 1919.
Baits, J.	Gunr	RMA2558	O		RMA Eastney 21 Apr 1919.
Baker, C.H.	Gunr	RMA6100	OD	R	Party 25 Jun 1919.
Baker, G.	Gunr	RMA4174	O		Party 8 Jul 1919.
Baker, G.H.	Gunr	RMA5681	OD		Party 2 Jan 1920.
Baker, S.W.	Gunr	RMA5935	OD		RMA Eastney 8 Mar 1919.
Baker, W.A.	Gunr	RMA8295	OD		RMA Eastney 8 Mar 1919.
Banbury, E.P.	Gunr	RMA4456	OD		Party 11 Sep 1919.
Banks, J.C.	Col/Sergt	RMA4048	OD		Party 8 Apr
Bareham, W.	Gunr	RMA4220	O		Party 7 Jul 1919.
Barr, E.H.	Captain		OD		Party 4 Jul
Barratt, W.	Gunr	RMA9543	OD		Party 12 Jul
Barry, E.	Gunr	RMA9613	OD		Party 14 Jul
Baskeyfield, J.T.	Gunr2	RMA14017	D		*HMS Temeraire* 15 May 1919.
Batchelor, W.D.	Gunr	RMA8010	OD		Party 11 Jul 1919.
Bath, E.	Gunr	RMA5509	D		Party 9 Jul 1919.
Baylis, H.E.	Gunr	RMA9539	OD		Great Yarmouth Hospital 19 Aug 1926.
Beagley, G.	Sergt	RMA3429	A		Party 9 Jul 1919.
Beaton, E.	Gun	RMA14285	D		RMA Eastney 8 Aug.
Beautyman, G.	Col/Sergt	RMA3557	A	26 Mar 1923	Party 19 Feb 1919.
Bell, H.	Gunr	RMA9104	OD		Party 11 Jul 1919.
Bell, J.	Gunr	RMA4853	D		Party 9 Jul 1919.
Bendell, A.	Gunr	RMA2479	O		Party 8 Jul 1919.
Bennett, R.H.	Gunr	RMA1299	OD		Party 10 Jul 1919.
Bennett, W.H.	Gunr	RMA8085	OD		RMA Eastney 3 Jul 1919.
Bentley, G.	Gunr	RMA8372	OD		DD 29 Nov 1916. Mother Mrs H.Bentley 30 Mar 1920.
Berington, J.J.	2/Lieut		D		RMA Eastney 8 Mar 1919.
Bernett, R.	Gunr	RMA7965	O		Party 11 Jul 1919.
Berry, G.H.	Gunr	RMA9690	OD		Party 11 Jul 1919.
Berry, J.W.	Cpl	RMA4081	OD	8 Jul 1938	Party 11 Jul 1919.
Berry, S.	Gunr	RMA5273	OD		Party 9 Jul 1919.

ROYAL MARINE ARTILLERY

Berry, T.J.	Gunr	RMA2153	O		Party 8 Jul 1919.
Betsworth, W.E.	Gunr	RMA4788	OD	R	RMA Eastney 8 Mar 1919.
Biggs, C.E.	Gunr	RMA9716	OD		Party 14 Jul 1919.
Birch, A.	Gunr	RMA10891	D		Party 23 Jul 1919.
Birch, B.	Gunr	RMA7256	O		Party 14 Jul 1919.
Birch, E.L.	L/Sergt	RMA6827	D		DD. Widow Mrs Birch 31 Oct 1919.
Birch, J.	Sergt	RMA2832	O		Party 30 May 1919.
Birrell, W.	Gunr	RMA6825	OD		Party 27 Feb 1919.
Birtles, H.	Gunr	RMA11420	OD		Party 22 Jan 1919.
Bishop, C.G.	Gunr	RMA5743	OD		Party 8 Jul 1919.
Bishop, G.A.	Gunr	RMA3856	OD		Party 5 Jun 1919.
Blackman, W.E.	Gunr	RMA1311	O		RMA Eastney 21 Apr 1919.
Blay, G.	Gunr	RMA1306	O		Party 22 Jan 1919.
Blond, J.M.	Gunr	RMA3070	O		Party 8 Jul 1919.
Blow, W.A.	Act/Bombd	RMA9401	OD		RMA Eastney 8 Mar 1919.
Blowes, W.B.	Gunr	RMA7060	OD		Party 9 Jul 1919.
Blowman, J.	Gunr	RMA7599	OD		RMA Eastney 21 Apr 1919.
Bodley, R.F.	Gunr	RMA9770	O		Party 9 Jul 1919.
Boffey, H.	Lieut		D		RMA Eastney 8 Mar 1919.
Bolton, A.H.	Gunr	RMA9601	OD		Party 12 Jul 1919.
Bond, F.W.A.	Gunr	RMA9072	OD	R	Party 22 Apr 1919.
Bond, W.	Gunr	RMA11072	D		RMA Eastney 8 Mar 1919.
Bone, F.C.	Gunr	RMA11903	D	R	Party 10 Jul 1919.
Borner, H.	Dvr	RMA43(S)	D	25 Sep 1920	Party 20 Mar 1919.
Borrough, H.J.	Dvr	RMA13(S)	D		Party 24 May 1919.
Boulter, R.J.T.	Pte	RMA13991	D		RMA Eastney 21 Apr 1919.
Bovingdon, L.	Gunr2	RMA14060	D		RMA Eastney 8 Mar 1919.
Bowerbank, H.L.	Bombdr	RMA5798	OD		RMA Eastney 8 Mar 1919.
Bowles, A.E.	Sergt	RMA2716	A		RMA Eastney 8 Mar 1919.
Bowley, C.	Cpl	RMA1313	O		Party 2 Dec 1924.
Boyce, A.C.	Gunr	RMA6062	OD		Party 3 Jul 1919.
Bray, T.R.	Gunr	RMA2686	O		RMA Eastney 21 Apr 1919.
Breach, A.J.	Gunr	RMA1337	O		Party 27 Feb 1919.
Brewer, F.	QM/Sergt	RMA3133	O		Party 17 Nov 1924.
Bridgewater, B.	Gunr	RMA3512	O		Party 11 Jul 1919.
Bridle, G.J.	Gunr	RMA7335	OD		Party 9 Jul 1919.
Bristow, A.H.	Gunr	RMA7737	OD		Party 11 Jul 1919.
Bristow, F.S.	Gunr	RMA4988	O		Party 24 Nov 1922.
Broadbent, A.E.	Gunr	RMA4663	O		DD 24 Dec 1915. Widow Mrs A.M.Broadbent 17 May 1920.
Brooks, H.	Dvr	RMA46(S)	D	13 Jul 1920	Party 13 Feb 1919.
Broome, J.	Gunr	RMA7422	OD		DD. Mother Mrs D.J.Broome 10 Dec 1919.
Brown, C.W.	Bombdr	RMA12564	O	23 Sep 1920	RMB Eastney 3 Jul 1919.
Brown, H.E.	Gunr	RMA4229	O		RMA Eastney 8 Mar 1919.
Brown, H.W.	Gunr	RMA3718	OD		RMA Eastney 8 Mar 1919.
Brown, J.	Gunr2	RMA13928	D		*HMS Barham* 5 Jul 1919.
Brown, P.W.	Gunr2	RMA14020	D		*HMS President III* DAMS 7 Jul 1919.
Brown, V.C.	2/Lieut		O		RMA Eastney 8 Mar 1919.
Brown, W.G.	Gunr	RMA7251	OD		RMA Eastney 8 Mar 1919.
Browne, G.	Gunr	RMA7567	O		Party 12 Jul 1919.
Bryan, W.R.	Col/Sergt	RMA2601	OD		Party 8 Jul 1919.
Bubb, J.	Gunr	RMA4819	O		Party 8 Jul 1919.
Buckle, W.	Gunr	RMA7971	OD		Party 15 Apr 1919.
Buckley, J.	Gunr	RMA4802	OD		RMA Eastney 8 Mar 1919.
Bulbeck, R.G.	Gunr	RMA3950	OD		Party 8 Jul 1919.
Bull, S.	Cpl	RMA9591	D		RMA Eastney 8 Mar 1919.
Burbridge, H.G.	Gunr	RMA10489	D		RMB Eastney 3 Jul 1919.
Burgess, G.J.	Gunr	RMA4576	OD		Party 23 Jul 1919.
Burgess, H.A.J.	Bugler	RMA14012	OD		RMA Eastney 21 Apr 1919.
Burkett, P.	Gunr	RMA14282	D		*HMS Attentive II* H.S.Train 5 Jul 1919.
Burmingham, T.	Gunr	RMA6017	OD		Party 27 Feb 1919.
Burnes, J.J.	Gunr	RMA1356	O		Party 7 May 1919.
Burr, A.J.	Gunr	RMA10274	OD		Party 12 Jul 1919.
Burrell, A.G.	Gunr	RMA5240	OD		Party 11 Jul 1919.
Burt, W.	Gunr	RMA1362	O		Party 12 Jul 1919.
Busley, S.	Gunr	RMA5260	O		RMA Eastney 8 Mar 1919.
Butcher, H.C.	Gunr	RMA7495	OD	R	Party 9 Jul 1919.
Butcher, T.	Gunr	RMA7888	OD		Party 25 Jul 1919.

ROYAL MARINE ARTILLERY

Butchers, A.S.	Gunr	RMA10785	D		Party 5 Jun 1919.
Butler, D.	Gunr	RMA1368	OD		Party 8 Jul 1919.
Butler, J.H.	Gunr	RMA5710	OD		Party 9 Jul 1919.
Butler, W.G.	Gunr2	RMA14007	D		HMS *Glory* 7 Jul 1919.
Butt, C.	Gunr	RMA9925	OD		Party 14 Jul 1919.
Buxton, J.H.	Gunr	RMA4714	OD		RMA Eastney 8 Mar 1919.
Cain, R.	Gunr	RMA4556	OD		Party 14 Jul 1919.
Callaway, H.C.B.	Gunr	RMA5705	O	21 Jul 1920	RMA Eastney 8 Mar
Cameron, J.H.	Gunr	RMA4810	OD		Party 11 Jul 1919.
Campbell, G.M.	Bvt/Col		OD		Party 8 Mar 1919.
Candy, E.	Sergt	RMA6537			RMA Eastney 21 Apr 1919.
Cann, A.F.	Gunr	RMA8619	O	12 Feb 1929	Party 10 Jul 1919.
Capel, P.A.	Dvr	RMA41(S)	D		Party 24 Mar 1919.
Capper, A.	Gunr2	RMA14037	D		HMS *Lion* 7 Jul 1919.
Carder, F.F.	Col/Sergt	RMA2857	OD		Party 27 Feb 1919.
Carew, S.E.	Pte	RMA13976	D		HMS *Royal Soverign* 7 Jul 1919.
Carey, C.J.	Gunr	RMA7181	OD		Party 10 Jul 1919.
Carnell, R.J.	Gunr	RMA6948	O		RMA Eastney 8 Mar 1919.
Carter, J.C.	Gunr	RMA2163	OD		RMA Eastney 8 Mar 1919.
Cartwright, V.H.	2/Lieut		D		Party 27 Feb 1919.
Castle, T.	Bugler	RMA1372	OD		RMA Eastney 21 Apr 1919.
Cates, G.R.	Dvr	RMA16(S)	D	22 Jul 1920	Party 7 Jun 1919.
Cattle, S.J.	Gunr	RMA3471	O		Party 11 Jul 1919.
Chalk, G.E.	Gunr	RMA3810	OD		Party 18 Jul 1919.
Chaln, F.G.	Gunr	RMA7983	OD		RMA Eastney 21 Apr 1919.
Chamberlain, E.G.	Gunr	RMA6606	O	15 Oct 1920	RMA Eastney 8 Mar 1919.
Chambers, A.T.	Gunr	RMA1387	O		Party 20 Aug 1919.
Chambers, D.A.	Gunr	RMA12223	D	25 May 1934	RMA Eastney 8 Mar 1919.
Chambers, T.W.	Sergt	RMA1388	O		Party 12 Aug 1919.
Chaplin, T.	Gunr	RMA9685	O		Party 14 Jul 1919.
Chapman, F.G.	Sergt	RMA7919		23 Sep 1920	RMB Eastney 3 Jul 1919. Roll notes, "Arm. Car".
Chapman, W.A.D.	L/Sergt	RMA9045	O		RMA Eastney 21 Apr 1919.
Chappell, R.W.	Bombdr	RMA12324	D	R	DD 25 Dec 1916. Father H.Chappell Esq 10 Feb 1920
Chatfield, A.	Sergt	RMA2622	O		Party 19 Jun 1919.
Chatfield, A.J.	QMSI	RMA3897	O		RMA Eastney 21 Apr 1919.
Chatfield, A.S.	Bombdr	RMA12314	D		RMA Eastney 21 Apr 1919.
Chave, W.H.	Cpl	RMA7466	OD		Party 15 Jul 1919.
Cheeseman, A.H.	Gunr	RMA5747	OD		HMS *Marlborough* 1 Feb 1919.
Cheney, F.H.	Gunr	RMA4751	OD		RMA Eastney 8 Mar 1919.
Cholerton, H.	Gunr	RMA5146	OD		Party 15 Jul 1919.
Churchward, H.	Gunr2	RMA13994	D		RMA Eastney 21 Apr 1919.
Clark, W.	Gunr	RMA4068	D		Party 10 Jul 1919.
Clark, W.J.	Gunr	RMA3295	O		Shetlands Section RNR 7 Mar 1919.
Clarke, T.	Gunr	RMA1397	O		Party 21 May 1919.
Clayton, J.O.	Gunr	RMA6367	OD		Party 28 May 1919.
Clements, W.D.	Gunr	RMA8016	OD	R	Party 10 Jul 1919.
Clifton, A.J.	Gunr	RMA4388	O	22 Jul 1920	RMA Eastney 8 Mar 1919.
Clutterbuck, E.	Dvr	RMA8(S)	D	20 Jul 1920	Party 26 Mar 1919.
Coates, E.T.	Gunr	RMA6177	O		Party 4 Apr 1919.
Cockerill, C.J.	Gunr	RMA7577	O		RMA Eastney 8 Mar 1919.
Coleman, F.	Gunr	RMA10585	D	R	Party 11 Jul 1919.
Coleman, J.	Gunr	RMA10778	D		DD. Widow Mrs E.Coleman 7 Oct 1919.
Collinson, I.	Gunr2	RMA13965	D		RMA Eastney 21 Apr 1919.
Connan, T.F.	Sergt	RMA7763	OD		RMA Eastney 21 Apr 1919.
Cooper, A.	Gunr	RMA3294	OD		Party 10 Jul 1919.
Cooper, F.J.F.	Gunr	RMA5924	OD		RMA Eastney 8 Mar 1919.
Cooper, J.	Gunr	RMA7842	OD		RMA Eastney 8 Mar 1919.
Cooper, W.G.	Col/Sergt	RMA4877	OD	19 Dec 1932	Party 11 Jul 1919.
Copestake, W.H.	Pte	RMA14003	D	R	HMS *Agincourt* 28 Jan 1919.
Corbishley, T.J.R.	Gunr	RMA6864	OD		Party 16 Jul 1919.
Cordy, E.S.	Gunr	RMA5140	OD		Party 12 Jul 1919.
Cottle, F.C.	Col/Sergt	RMA4659	O	14 Jun 1935	Party 10 Jul 1919.
Coulson, A.G.	Gunr	RMA13766	D	21 Feb 1936	Original medal Retd to Mint Mar 1934. Medal issued 21 Feb 1936.
Coupland, E.	Gunr	RMA4360	O		Party 12 Dec 1922.
Court, J.	Gunr	RMA7948	O		DD. Widow Mrs C.B.Court 26 May 1919.
Couzens, A.	Gunr	RMA10005	O		HMS *Cyclops II* 7 Jul 1919.
Cox, G.F.	Gunr	RMA12441	D		HMS *King George V* 14 Apr 1919.

ROYAL MARINE ARTILLERY

Craddock, W.P.	Gunr	RMA14216	D		Party 10 Jul 1919.
Crane, J.G.	Gunr	RMA11852	D		Party 11 Jul 1919.
Cripps, H.	Gunr	RMA2377	O		Party 10 Jul 1919.
Crocker, W.H.	Fitter	RMA147(S)			
Croft, T.	Gunr	RMA5619	OD		Party 25 Jul 1919.
Cross, H.G.	Gunr	RMA4580	O		Party 10 Jul 1919.
Cross, R.	Gunr	RMA1427	O		DD 25 Nov 1920. Mother Mrs E.S.Cross 2 Jan 1925.
Cross, T.V.	Gunr	RMA11310	D		DD. Widow Mrs B.L.C.Cross 19 Aug 1919.
Crouch, G.C.	Gunr	RMA7337	OD		RMA Eastney 8 Mar 1919.
Crowe, F.F	Gunr	RMA3453	O		Party 10 Jul 1919.
Crowfoot, S.E.	Gunr2	RMA14004	D		RMA Eastney 21 Apr 1919.
Croxon, F.	Gunr	RMA5803	OD		Party 11 Jul 1919.
Cruickshank, A.R.	Gunr	RMA7364	O		Widow Mrs S.L.Cruickshank 12 Feb 1921.
Curtis, T.R.E.	Gunr	RMA14268	D		Party 11 Jul 1919.
Curtis, W.	Gunr	RMA9090	OD		RMA Eastney 8 Mar 1919.
Dadd, C.	Col/Sergt	RMA4633	OD	R	Party 10 Jul 1919.
Dagnall, G.	Gunr	RMA1442	O		RMA Eastney 8 Mar 1919.
Daly, W.F.	Gunr	RMA10233	OD		Party 14 Jul 1919.
Dance, A.R.	Gunr	RMA8292	OD		Party 15 Jul 1919.
Darby, J.H.	Col/Sergt	RMA3672	O		RMA Eastney 21 Apr 1919.
Davey, A.G.	Gunr	RMA10314	OD		Party 20 Jun 1919.
Davidson, G.A.	Gunr	RMA14294	D		Party 15 Jul 1919.
Davidson, J.C.	Gunr	RMA6947	OD		RMA Eastney 8 Mar 1919.
Davidson, J.R.	Gunr	RMA14031	D		DD 18 Feb 1915. Father 2 Sep 1919.
Davie, T.F.	Gunr	RMA7369	OD		RMA Eastney 8 Mar 1919.
Davies, C.J.	Gunr	RMA14327	D	R	Party 2 Jul 1919.
Davies, R.S.	Gunr	RMA10886	OD		RMA Eastney 8 Mar 1919.
Davies, W.H.	Sergt	RMA3498	O		Party 9 Jul 1919.
Davis, W.	Gunr	RMA9996	OD		RMA Eastney 21 Apr 1919.
Day, E.	Gunr	RMA7617	OD		Party 18 Jul 1919.
Day, G.F.	Gunr	RMA6559	OD		RMA Eastney 8 Mar 1919.
Day, H.W.	Gunr	RMA10363	OD		RMA Eastney 8 Mar 1919.
Day, J.E.	Col/Sergt	RMA3045	O		Party 25 Sep 1919.
Day, T.	Gunr	RMA10294	D		Party 19 Jun 1919.
De Pledge, J.	Gunr2	RMA13995	D		Party 16 Jul 1919.
Deeham, J.P.	Gunr	RMA10001	O		DD 7 Mar 1916. Brother Mr John Deeham 14 Nov 1924.
Demery, J.	Gunr	RMA1460	O		Party 18 Nov 1924.
Dendle, G.W.	Gunr	RMA9381	OD		Party 17 Mar 1919.
Denman, S.H.	Bombdr	RMA5249	OD		Party 30 May 1919.
Dick, A.	Gunr	RMA8327	OD		Party 15 Jul 1919.
Dicketts, M.W.	Gunr	RMA4374	O		Party 17 Jul 1919.
Dickinson, F.	Gunr	RMA10925	OD		Party 15 Jul 1919.
Dicks, J.C.	Gunr	RMA5035	O		Party 15 Jul 1919.
Dillow, J.P.	Gunr	RMA10079	OD		RMA Eastney 8 Mar 1919.
Dorling, T.H.	Gunr	RMA9315	OD		RMA Eastney 21 Apr 1919.
Dossett, A.H.	Gunr	RMA6300	OD		RMA Eastney 8 Mar 1919.
Dougan, T.	Gunr	RMA7162	OD		RMA Eastney 8 Mar 1919.
Douglas, H.	Gunr	RMA6482	D		Party 15 Jul 1919.
Downton, F.	Gunr	RMA4338	O		DD 22 Mar 1919. Brother H.J.Downton 28 Apr 1920.
Doyle, J.E.	Gunr	RMA13135	D		Party 28 Nov 1927 (Issue No.13495).
Driscoll, W.E.	L/Sergt	RMA9689	OD		RMA Eastney 8 Mar 1919.
Duckworth, H.L.D'O	Temp/Surgn RN		D		*HMS Orion* 8 Feb 1919.
Duke, H.J.	Gunr	RMA14312	D		Party 16 Jul 1919.
Duly, W.K.	Gunr	RMA5769	OD		Party 15 Jul 1919.
Dumble, W.C.	Temp/Lieut/Col		A		Party 24 Nov 1919.
Dunbar, H.J.	Dvr	RMA26(S)	D	10 Jun 1921	Party 4 Apr 1919.
Dundas, E.	Gunr	RMA3632	O		Party 15 Apr 1919.
Dunham, J.	Cpl	RMA9820	O		3/RMB Mudross 25 Jul 1919.
Dunlop, E.L.	Gunr2	RMA13937	D		*HMS Erin* 27 Mar 1919.
Duplock, G.	Gunr	RMA4370	OD		Party 10 Jul 1919.
Durbin, H.C.	Pte	RMA14006	D		*HMS Orion* 28 Jan 1919.
Dutton, H.H.	Gunr	RMA8805	OD		Party 11 Jul 1919.
Earle, S.E.	Gunr	RMA6565	OD		DD 8 Jun 1918. Widow Mrs Earle 26 Sep 1919.
Eccles, G.	Gunr	RMA7033	O		DD 10 Aug 1918. Widow Mrs Eccles 22 Sep 1919.
Edwards, A.A.	Cpl	RMA9091	OD		RMB Eastney 3 Jul 1919.
Edwards, C.J.	Gunr2	RMA14039	D		*HMS Malaya* 5 Feb 1919.
Edwards, J.M.	Act/Bombdr	RMA5300	OD		RMA Eastney 8 Mar 1919.

ROYAL MARINE ARTILLERY

Ellmann, C.H.	Gunr	RMA8335	OD		Party 16 Apr 1919.
England, T.	Cpl	RMA2850	OD		RMA Eastney 8 Mar 1919.
Ennis, G.	Gunr	RMA9475	O		Party 16 Jul 1919.
Esau, W.D.	Gunr	RMA2365	O		Party 15 Jul 1919.
Evans, D.	Gunr	RMA8330	OD		DD 26 Mar 1918. Widow Mrs H.V.Nicholls 11 Sep 1919.
Evans, G.	2/Lieut		D		Party 2 Feb 1925.
Evans, W.	Dvr	RMA32(S)	O		Party 28 Nov 1919.
Everest, W.	Gunr	RMA2697	O		RMA Eastney 8 Mar 1919.
Eyles, H.C.	Gunr	RMA3786	O		Party 16 Jul 1919.
Faraday, A.	Gunr2	RMA14052	D		Party 27 May 1919.
Farley, W.R.	Gunr	RMA5019	OD		Party 12 Jul 1919.
Farrant, W.	Dvr	RMA45(S)	D		Retd to R.Mint Mar 1934.
Farris, E.G.	Gunr	RMA6847	OD		Party 31 May 1919.
Fawckner, W.F.S.	2/Lieut		D	R	HMS Ajax 5 Jul 1919.
Fenner, J.	Gunr	RMA4468	OD		Party 11 Jul 1919.
Fenton, A.	Gunr	RMA6904	OD		Party 12 Jul 1919.
Ferguson, J.S.	Gunr	RMA1508	O		DD 13 Nov 1918. Widow Mrs D.Day 29 Mar 1920.
Fetter, S.L.	Gunr	RMA1509	O		Party 10 Jun 1919.
Fewell, W.	Gunr2	RMA13973	D		RMB Eastney 3 Jul 1919.
Field, N.	Gunr2	RMA14045	D		Party 13 Aug 1919.
Filby, J.R.F.	Gunr	RMA7032	OD		Party 11 Jul 1919.
Finch, H.G.	Temp/Lieut		A		Retd to R.Mint Mar 1934.
Fitzgerald, H.E.	Sergt	RMA1517	OD		Party 27 Feb 1919.
Fitzgerald, J.	Gunr	RMA6252	D		Party 14 Jul 1919.
Fitzpatrick, J.	L/Sergt	RMA6099	O		RMA Eastney 21 Apr 1919.
Flack, O.	Gunr	RMA6850	OD		RMA Eastney 8 Mar 1919.
Flynn, J.W.	Sergt	RMA3442	OD		Recruiting Office Belfast 7 Jul 1919.
Foot, G.	Gunr	RMA4565	D		Party 16 Jul 1919.
Ford, A.A.	Gunr	RMA6194	D		Party 16 Jul 1919.
Ford, F.W.	Gunr	RMA5777	OD		RMA Eastney 8 Mar 1919.
Ford, H.W.	Gunr2	RMA14009	D		HMS Malaya 5 Feb 1919.
Ford, J.	Gunr	RMA2894	OD		Party 23 Jul 1919.
Foreman, F.	Gunr	RMA14227	D		Party 17 Jul 1919.
Forman, J.A.	Gunr	RMA6951	OD		DD. Widow Mrs Alice Forman 6 Oct 1919.
Forster, A.L.	Captain		OD		RMA Eastney 8 Mar 1919.
Forsyth, T.	Gunr	RMA5756	D		Party 18 Jul 1919.
Foster, C.W.	Temp/Captain		A	19 Feb 1923	Party 19 Feb 1923.
Foster, F.	Gunr	RMA4916	OD	R	Party 4 Jul 1919.
Fox, A.G.	Gunr	RMA1523	O		Party 21 Jul 1919.
Fox, E.	Dvr	RMA30(S)	D		Party 14 Jul 1919.
Fox, R.H.	2/Lieut		D		Party 25 Jun 1920.
France, W.H.	Cpl	RMA5510	D		RMA Eastney 8 Mar 1919.
Freeman, I.	Gunr	RMA11331	O		Party 12 Jul 1919.
French, J.H.	Gunr	RMA7575	OD		RMA Eastney 8 Mar 1919.
French, W.F.	Gunr	RMA9055	O	16 Dec 1921	Party 11 Jul 1919.
Friend, D.E.H.	Gunr	RMA5024	OD		Party 11 Jul 1919.
Friend, H.E.	Gunr	RMA10580	OD		Party 11 Jul 1919.
Frisbee, A.L.	Cpl	RMA6704	OD	R	RMA Eastney 8 Mar 1919.
Frost, E.J.	Gunr	RMA14217	D		Party 11 Jul 1919.
Frost, F.G.	Gunr2	RMA13993	D		RMA Eastney 8 Mar 1919.
Frost, J.	Gunr	RMA14208	D		Party 11 Jul 1919.
Furness, J.	Gunr	RMA8624	O	10 Aug 1920	Party 30 Jun 1919.
Furr, J.	Gunr	RMA5550	OD		Party 16 Jul 1919.
Gagg, A.	Gunr	RMA9300	OD		Party 14 Jul 1919.
Gale, W.A.G.	Gunr	RMA3556	OD		Party 11 Jul 1919.
Gane, T.	Gunr	RMA2189	O		Party 16 Jul 1919.
Gates, H.W.	Gunr	RMA3087	O		Party 14 Jul 1919.
Gauntlett, H.H.	Gunr	RMA12806	D		RMA Eastney 8 Mar 1919.
Geary, F.	Gunr	RMA6836	D		Party 12 Jul 1919.
Gent, E.H.	Gunr	RMA5813	D		RMA Eastney 8 Mar 1919.
George, W.	Gunr	RMA1543	O		RMA Eastney 8 Mar 1919.
Gibbens, W.S.	Gunr	RMA8488	D		Party 17 Jul 1919.
Gibson, A.	Lieut		OD		Party 3 Jan 1927.
Giff, T.	Gunr2	RMA13983	D		RMA Eastney 8 Mar 1919.
Giles, E.G.	Gunr2	RMA13972	D		HMS Temeraire 15 May 1919.
Gilham, J.	Sergt	RMA2873	OD		RMA Eastney 8 Mar 1919.
Gillett, W.W.	Dvr	RMA21(S)	D	23 Jul 1920	Party 5 Jun 1919.

ROYAL MARINE ARTILLERY

Name	Rank	Number			Notes
Gilmore, J.G.A.H.	Col/Sergt	RMA5020	OD		Party 15 Aug 1919.
Gittins, G.W.	Gunr	RMA3405	OD		RMA Eastney 8 Mar 1919.
Gladwell, T.B.	Dvr	RMA40(S)	D		Party 25 Jul 1919.
Gliddon, R.W.	Sergt	RMA6331	O		RMB Eastney 3 Jul 1919.
Goard, W.J.	Gunr	RMA9278	OD		RMA Eastney 21 Apr 1919.
Gobby, G.W.	Gunr	RMA4522	OD		Retd to R.Mint Mar 1934.
Goddard, W.	Gunr	RMA14206	D		Party 12 Jul 1919.
Godsall, W.J.	Cpl	RMA3813	OD		RMA Eastney 8 Mar 1919.
Goff, E.J.	Gunr	RMA14286	D		Party 29 Aug 1919.
Goldsmith, R.W.	Gunr	RMA2552	OD		Party 14 Jul 1919.
Gomme, A.H.	Gunr	RMA8175	OD		Party 14 Jul 1919.
Goodhew, G.H.J.	Gunr	RMA6082	OD		RMA Eastney 8 Mar 1919.
Goodrum, J.	Gunr	RMA3921	OD	R	Party 11 Jul 1919.
Goodwin, G.	Gunr	RMA4204	O		Party 5 Jun 1919.
Goose, W.	Gunr	RMA3904	O		Party 23 Jul 1919.
Gormley, M.	Gunr	RMA8827	OD		Retd to R.Mint Mar 1934.
Gosney, W.	Gunr	RMA10044	OD		RMA Eastney 8 Mar 1919.
Gould, J.R.	Gunr	RMA5644	OD		Party 25 Jul 1919.
Gowney, D.E.	Gunr	RMA12656	D		DD 26 Jun 1916. Father Major D.G.Gowney RMLI.
Graham, A.	Gunr	RMA7966	O		Party 6 Jun 1919.
Graham, A.F.W.	Gunr	RMA10598	OD		Party 16 Apr 1919.
Graham, J.	Gunr	RMA3245	O		Retd to R.Mint Mar 1934.
Grantham, D.	Gunr	RMA2520	O		RMA Eastney 8 Mar 1919.
Grantham, R.	Bombdr	RMA12568	OD		RMA Eastney 21 Apr 1919.
Gratton, T.	Gunr	RMA3450	O		Party 10 Apr 1922.
Green, H.W.	Col/Sergt	RMA3685	OD		Party 15 Jul 1919.
Green, W.	Gunr	RMA5515	OD	R	Party 16 Jul 1919.
Green, W.J.	Gunr	RMA5337	O		Party 14 Jul 1919.
Greenslade, W.H.	Gunr	RMA5823	OD		RMA Eastney 8 Mar 1919.
Gregg, H.E.	Col/Sergt	RMA1565	D		RMA Eastney 8 Mar 1919.
Gregory, C.J.	Dvr	RMA15(S)	D		Party 16 Jul 1919.
Gregory, J.B.	Gunr	RMA9280	OD		Party 14 Jul 1919.
Grieve, G.M.	Gunr	RMA7573	O		Party 16 Jul 1919.
Griffin, A.	Gunr	RMA6390	O		Party 13 Mar 1919.
Griffin, A.E.	Col/Sergt	RMA3841	O		Party 15 Jul 1919.
Griffiths, J.	Gunr	RMA9335	OD		Party 15 Jul 1919.
Grist, G.	Gunr	RMA9846	OD		RMA Eastney 21 Apr 1919.
Groom, H.J.	Gunr	RMA9444	OD		Party 23 May 1919.
Gwilfoyle, P.	Gunr2	RMA14057	D		*HMS Royal Soverign* 7 Jul 1919.
Haddow, W.E.	Gunr	RMA6720	O	17 Jun 1922	Party 23 Jun 1919.
Haines, G.A.	Gunr	RMA4246	OD		Party 16 Jul 1919.
Haldon, J.	Gunr	RMA10042	OD		Party 17 Mar 1922.
Hall, F.	Gunr	RMA11448	OD		RMA Eastney 8 Mar 1919.
Hall, G.	Gunr	RMA4690	OD		Party 16 Jul 1919.
Hall, H.E.	Gunr	RMA8339	OD		Party 16 Jul 1919.
Hall, P.T.	Gunr2	RMA14049	D		Party 10 Jul 1919.
Hall, T.	Gunr	RMA2203	OD		Party 16 Jul 1919.
Hall, W.J.	Gunr	RMA3233	OD		RMA Eastney 8 Mar 1919.
Hamilton, R.E.	Gunr	RMA6134	D	28 Oct 1943	Party 5 May 1919.
Hamlet, J.A.	Bombdr	RMA8712	OD		Party 18 Nov 1924.
Handford, J.	Gunr	RMA11901	O		Party 10 Apr 1922.
Harding, F.	Gunr	RMA10680	O	23 Sep 1920	Eastney Bks., Portsmouth 23 Sep 1920.
Hardwick, A.	Gunr	RMA5995	D		Party 17 Jul 1919.
Hargraves, F.	Gunr	RMA2439	O		RMA Eastney 8 Mar 1919.
Harris, A.	Dvr	RMA19(S)	D		Party 17 Jul 1919.
Harris, A.V.	Gunr	RMA5135	OD		Party 14 Jul 1919.
Harris, G.N.A.	Bvt/Lieut/Col		O		Party 4 Jul 1919.
Harris, H.S.	Gunr	RMA10104	OD		Party 8 Jul 1919.
Harris, J.	Col/Sergt	RMA3048	OD		Party 29 Jul 1919.
Harris, J.	Act/Bombdr	RMA4526	O		Party 16 Jul 1919.
Harris, T.	Gunr	RMA9021	OD		RMA Eastney 8 Mar 1919.
Harris, W.	Gunr	RMA5663	OD		Party 27 Feb 1919.
Harrison, J.	Col/Sergt	RMA1605	OD		Party 27 Feb 1919.
Hart, A.	Gunr	RMA8562	D		Party 19 May 1919.
Harvey, L.	Gunr	RMA5973	OD		DD 11 Mar 1919. Father W.Harvey Esq 16 Oct 1919.
Harvey, T.H.	Gunr	RMA2898	OD		Party 16 Jul 1919.
Haslett, T.	Gunr	RMA6939	O		Party 16 Jul 1919.

ROYAL MARINE ARTILLERY

Name	Rank	Number			Notes
Hastie, R.C.B.	Gunr	RMA8976		20 Feb 1925	Party 9 Jul 1919.
Hatherell, J.W.	Gunr	RMA7017	OD		Party 16 Jul 1919.
Havell, W.L.	Gunr	RMA9602	OD		DD 2 Oct 1918. Widow 29 Aug 1919.
Hawker, J.	Gunr	RMA2690	O	R	Party 14 Jul 1919.
Hawkins, A.G.	Dvr	RMA31(S)	D		Party 23 Jan 1919.
Hawkins, G.	Gunr	RMA8029	D		Party 16 Jul 1919.
Hawkins, W.T.	Col/Sergt	RMA4742	OD		3/RMB Mudross 7 Jul 1919.
Hawtin, W.S.	Gunr	RMA10656	OD		Party 9 Jul 1919.
Hayes, F.C.	Gunr	RMA7673	D		Party 16 Jul 1919.
Hayes, T.	Gunr	RMA2200	O		DD 25 Jul 1917. Widow Mrs M.Hayes.
Haynes, J.T.	Gunr2	RMA14061	D		RMB Eastney 3 Jul 1919.
Hayward, J.E.	L/Sergt	RMA10319	D		RMA Eastney 21 Apr 1919.
Haywood, R.	Gunr2	RMA14054	D		RMA Eastney 21 Apr 1919.
Hazell, B.	Gunr	RMA4739	OD	R	RMA Eastney 8 Mar 1919.
Hazell, C.H.	2/Lieut		D		Party 4 Jul 1919.
Hazelwood, G.W.	Gunr	RMA9169	OD		RMA Eastney 8 Mar 1919.
Hazelwood, L.	Gunr	RMA4113	OD		Party 16 Jul 1919. (Alias Simmonds, S.).
Head, P.L.	Gunr	RMA9064	OD		Party 9 Jul 1919.
Heald, A.	Gunr	RMA6352	OD		Party 14 Jul 1919.
Hearne, W.R.	Cpl	RMA5030	OD		DD 15 Nov 1918. Widow Mrs A.Hearne 23 Apr 1920.
Heasman, T.	Gunr	RMA4885	O		Shetlands Section RNR 7 Mar 1919.
Heath, C.J.	Gunr	RMA14367	D		Party 10 Jul 1919.
Hedges, S.	Gunr	RMA1609	O		RMA Eastney 8 Mar 1919.
Helyar, G.	Gunr	RMA2842	O		RMA Eastney 8 Mar 1919.
Henderson, R.	Gunr	RMA3147	O		Party 17 Jul 1919.
Hendley, F.	Gunr	RMA3261	O		RMA Eastney 21 Apr 1919.
Hendley, T.	Gunr	RMA7688	D		Party 4 Mar 1920.
Hessey, C.	Gunr	RMA10458	O		Party 23 Jun 1919.
Hester, T.	Dvr	RMA11(S)	D	28 Oct 1920	Party 27 Feb 1919.
Hewitt, H.	Gunr	RMA8148	O		DD 23 Jun 1917. Widow 18 Sep 1928 (No.13524).
Hewlett, A.	Gunr	RMA1615	O		RMA Eastney 8 Mar 1919.
Hewlett, G.H.	Gunr2	RMA13981	D	R	DD 18 May 1918. Father H.Howlett Esq 1 Sep 1919.
Hiam, C.	Gunr	RMA3091	O		Party 16 Jul 1919.
Hibberd, A.	Gunr2	RMA14267	D		Party 13 Mar 1919.
Hickling, J.S.	Gunr	RMA5293	OD		Party 12 Jul 1919.
Higgins, E.J.	Gunr	RMA3944	OD		RMA Eastney 8 Mar 1919.
Hill, T.	Cpl	RMA10544	D		RMA Eastney 3 Jul 1919.
Hill, W.A.	Gunr	RMA4329	OD		RMA Eastney 8 Mar 1919.
Hillier, A.E.	Gunr	RMA4441	O		Party 17 Jul 1919.
Hillier, A.E.	Dvr	RMA35(S)	D		Party 31 Mar 1919.
Hillyer, H.	Gunr	RMA5528	OD		Party 16 Jul 1919.
Hilton, W.	Col/Sergt	RMA2571	OD		Party 16 Jul 1919.
Hitching, F.G.	Gunr	RMA9645	OD		RMA Eastney 8 Mar 1919.
Hoad, A.G.	Cpl	RMA4931	D		Party 23 May 1919.
Hodges, A.J.	Gunr	RMA1631	O		DD. Widow Mrs R.Hodges 15 Jun 1920.
Hodgking, T.H.	Gunr	RMA6217	OD		DD 28 Apr 1917. Widow Mrs M.Hodgking 22 Sep 1919.
Hodson, W.	Gunr	RMA8655	OD		Party 16 Jul 1919.
Hogg, G.	Gunr	RMA10011	OD		Party 11 Jun 1934.
Holden, A.	Gunr	RMA2548	OD		Party 10 Apr 1919.
Holden, F.D.	Gunr2	RMA14026	D		RMB Eastney 3 Jul 1919.
Holleybone, G.	Gunr	RMA8380	OD		Party 28 May 1919.
Holliday, S.A.	Col/Sergt	RMA3722	A		RMA Eastney 21 Apr 1919.
Hooper, S.	Gunr	RMA7145	OD		Party 17 Jul 1919.
Hope, W.	Gunr	RMA4998	OD		Party 12 Jul 1919.
Hopkins, J.	Gunr	RMA9195	O		Party 25 Jul 1919.
Hopkins, J.H.	Gunr	RMA7030	D		RMA Eastney 21 Apr 1919.
Hosegood, W.H.	Gunr	RMA6162	OD	R	Party 22 Sep 1919.
Houston, J.	Pte	RMA14025	D		Party 9 Jul 1919.
Howe, H.T.	Dvr	RMA38(S)	D		Party 12 May 1919.
Howe, S.	Cpl	RMA9371	O		Party 9 Jul 1919.
Howes, R.	Gunr	RMA3884	OD		Party 16 Jul 1919.
Huggins, S.	Gunr	RMA2363	OD		Party 16 Jul 1919.
Hughes, O.	Gunr	RMA3769	O		Party 27 Feb 1919.
Hughes, T.	Dvr	RMA28(S)	D		Party 9 Jul 1919.
Humphreys, W.G.	Gunr	RMA5529	OD		RMA Eastney 21 Apr 1919.
Hunt, A.D.	Dvr	RMA33(S)	D		Party 2 Apr 1919.
Hunter, P.J.	Gunr2	RMA14008	D		RMA Eastney 8 Mar 1919.

ROYAL MARINE ARTILLERY

Name	Rank	Number	Code	Date	Notes
Hunter, W.	Gunr	RMA4727	OD		Party 16 Jul 1919.
Hurst, F.L.	Pte	RMA14010	D		*HMS Queen Elizabeth* 27 Jan 1919.
Hutchinson, E.	Gunr	RMA10691	O		DD 21 Oct 1918. Widow 29 Aug 1919.
Inman, C.	Gunr	RMA8444	OD		Party 10 Jul 1919.
Isaacson, S.	Gunr	RMA4738	OD		Party 10 Jul 1919.
Jackson, E.	Gunr	RMA3739	OD		Party 9 Jul 1919.
Jackson, F.W.	Gunr	RMA11364	OD		DD 31 Oct 1918. Widow Mrs E.M.Jackson 21 Oct 1924.
Jackson, H.G.	Gunr	RMA5058	O	1 Apr 1924	Eastney 8 Mar 1919.
Jackson, H.G.	Gunr	RMA13984	D		*HMS Queen Elizabeth* 27 Jan 1919.
Jakeman, J.H.	Gunr	RMA9439	OD	4 Aug 1920	Party 16 Jul 1919.
James, E.S.	Gunr	RMA3949	OD		Party 8 Jul 1919.
James, H.G.	Gunr	RMA11752	O	8 Jul 1920	Party 17 Jul 1919.
Jarman, F.	Gunr	RMA11585	O		Party 17 Jul 1919.
Jennings, F.A.	Gunr2	RMA13971	D		*HMS Marlborough* 1 Feb 1919.
Jenvey, F.	QMSI	RMA4477	OD		RMA Eastney 21 Apr 1919.
Jerome, S.	Gunr	RMA1657	O		Party 4 Jul 1919.
Johnson, A.	Gunr	RMA6628	OD		Party 18 Jul 1919.
Johnson, H.R.	Gunr	RMA5999	OD		Party 9 Jul 1919.
Johnson, O.	Gunr	RMA14213	D		DD 17 Nov 1914. Widow Mrs S.M.Johnson.
Johnston, A.	Gunr	RMA4029	OD		Party 10 Jul 1919.
Johnston, J.	Gunr	RMA7527	O		Insane 15 Sep 1918. DD 11 Dec 1918. Brother 24 Aug 1920.
Jolly, C.	Gunr	RMA3772	O		DD. Widow Mrs Florence Jolly 23 Jun 1919.
Jones, A.	Gunr	RMA3783	OD		Party 5 Feb 1919.
Jones, A.T.	Gunr	RMA12182	OD		DD 17 Nov 1917. Widow Mrs E.M.Jones 29 Oct 1919.
Jones, J.	Gunr	RMA2720	OD		Party 1 Jul 1919.
Jones, T.H.	Gunr	RMA1665	O		Party 8 Jul 1919.
Jordan, E.	Gunr	RMA9669	OD		Party 17 Jul 1919.
Joyce, A.B.S.	Gunr	RMA5828	D		DD 17 Oct 1917. Widow Mrs H.Joyce 12 Sep 1919.
Kelly, C.R.	Sergt	RMA2444	D		Party 16 Jul 1919.
Kemble, S.O.	Gunr	RMA10278	OD		Party 16 Jul 1919.
Kemp, F.	Gunr	RMA8472	O	1 Oct 1920	Party 23 Jul 1919.
Kemp, G.	Gunr	RMA4562	OD		Party 25 Jul 1919.
Kennedy, A.J.	Gunr	RMA4396	O		Party 16 Jul 1919.
Kennedy, H.	Gunr	RMA3886	OD		Party 14 Jul 1919.
Kenway, W.J.	Gunr	RMA7545			RMB Deal 29 Oct 1919.
Ketteringham, P.	Cpl	RMA11421	OD		DD 17 Nov 1917. Father H.Ketteringham 8 Oct 1919.
Keywood, B.	Gunr	RMA5714	OD		RMA Eastney 8 Mar 1919.
Kidd, J.	Gunr	RMA5852	OD		Party 17 Jul 1919.
Kiln, W.C.J.	Gunr	RMA4551	OD		Party 25 Jul 1919.
Kimber, H.R.	Cpl	RMA10107	D		RMA Eastney 21 Apr 1919.
King, F.W.	Gunr	RMA5032	OD		Party 16 Jul 1919.
King, L.A.	Gunr2	RMA13997	D		DD. Retd to R. Mint Mar 1934.
Kingshott, H.	Pte	RMA13982	D		*HMS Ramillies* 7 Jul 1919.
Kinleyside, H.	Gunr	RMA10608	OD		Party 16 Jul 1919.
Kliegh, E.W.	Dvr	RMA24(S)	D		Party 16 Jul 1919.
Knight, C.	Gunr	RMA3094	OD		Party 17 Jul 1919.
Knight, W.H.	Pte	RMA13985	D		RMA Eastney 21 Apr 1919.
Knott, W.T.	Gunr	RMA10213	OD		RMB Eastney 3 Jul 1919.
Knowles, C.E.W.	Gunr	RMA14228	D	R	Party 17 Jul 1919.
Knox, R.	Gunr	RMA5530	OD		Coastguard Leydn. Sport, Dover 15 Jul 1919.
Lambert, H.W.	Gunr	RMA6037	D		Party 16 Jul 1919.
Lambert, J.C.	Sergt/Mjr	RMA4242	D		O/C Troops, Kirkwall 7 Jul 1919.
Lambert. H.R.	2/Lieut		OD		RMA Eastney 8 Mar 1919. Dup 24 Jul 1924.
Laming, S.H.	Pte	RMA14055	D		RMA Eastney 8 Mar 1919.
Lane, C.	Gunr	RMA8525	OD		Party 17 Jul 1919.
Lane, E.L.	Gunr	RMA11453	O	R	*HMS Resolution* 7 Jul 1919.
Langford, C.W.	Col/Sergt	RMA3742	OD		RMA Eastney 8 Mar 1919.
Langley, G.	Sergt	RMA1704	O		Party 19 Mar 1921.
Laurence, H.A.	Gunr	RMA4186	OD		Party 9 Jun 1919.
Lawes, P.	Gunr	RMA7756	OD		Party 17 Jul 1919.
Layland, S.	Pte	RMA14046	D		RMB Eastney 3 Jul 1919.
Leach, W.	Gunr	RMA5759	OD		Party 18 Jun 1921.
Leaf, H.M.	T/Captain		O	28 Jun 1920	Party 4 Jul 1919.
Lear, F.	Gunr	RMA8617	O	7 Feb 1921	Party 16 Jul 1919.
Lee, T.J.	Gunr	RMA4851	OD		RMA Eastney 8 Mar 1919.
Lemmy, G.M.	Mec	RMA53(S)	D		Party 20 Mar 1919.
Lennard, J.	Gunr	RMA7108	OD	20 Apr 1934	Party 16 Jul 1919. "Defence Antwerp 7-18 Oct 1914".

ROYAL MARINE ARTILLERY

Leon, C.	Gunr	RMA6522	D		Retd to R.Mint Mar 1934.
Leslie, A.I.	Gunr	RMA3079	O		Party 16 Jul 1919.
Lester, H.	Gunr	RMA5959	OD		Party 17 Jul 1919.
Levitt, A.	Gunr	RMA8747	OD		Party 17 Jul 1919.
Lewin, J.S.	Gunr2	RMA13960	D		3/RMB Mudros 7 Jul 1919.
Lewis, E.G.	Gunr2	RMA14011	D		RMB Eastney 3 Jul 1919.
Lewis, E.S.	Cpl	RMA10428	OD		Party 8 Nov 1921.
Lewis, J.	Gunr	RMA4218	O		Retd to R.Mint Mar 1934.
Lewis, W.P.	Col/Sergt	RMA3515	OD		Party 4 Nov 1919.
Liddle, J.	Gunr	RMA11826	OD		Party 16 Jul 1919.
Lilley, A.	Gunr	RMA14059	D		RMA Eastney 21 Apr 1919.
Lloyd, J.	Gunr	RMA5071	OD		Party 2 Jul 1919.
Lockley, T.C.	Gunr	RMA7447	OD		RMB Eastney 3 Jul 1919.
Loker, J.S.	Gunr	RMA14209	D		Party 1 May 1919.
Long, J.	Gunr	RMA4425	O		Party 14 Apr 1921.
Loughman, J.H.	Gunr	RMA10945	OD		Party 17 Jul 1919.
Lowing, E.C.L.	Cpl	RMA8906	O	23 Sep 1920	RMA Eastney 21 Apr 1919.
Lucas, H.	Gunr	RMA3581	O	R	Party 16 Jul 1919.
Lumsden, F.W.	Major		D		DD 4 Jun 1918. Retd to Mint Mar 1934.
Lyne, J.	Gunr	RMA3184	O		Party 16 Jul 1919.
Macdonald, A.	Dvr	RMA14(S)	D		Party 7 Aug 1919.
Magee, R.	Gunr	RMA14226	D		Party 7 Aug 1919.
Maguire, J.	Gunr	RMA10825	OD		RMA Eastney 21 Apr 1919.
Main, H.C.	Gunr	RMA9429	OD		Party 8 Aug 1919.
Malcolm, A.E.	Gunr2	RMA13975	D		HMS Renown 29 Jan 1919.
Mallett, F.J.	Gunr	RMA7493	O		Party 29 Mar 1919.
Manning, W.J.	Dvr	RMA23(S)	D		Party 7 Aug 1919.
Mansell, H.	Gunr	RMA11565	OD		Retd to R.Mint Mar 1934.
Mansell, H.J.	Gunr	RMA7340	OD	R	Party 7 Aug 1919.
Marchant, J.	Gunr	RMA4325	OD		Party 9 Aug 1919.
Marlow, W.H.E.	Dvr	RMA34(S)	D		Party 13 Jun 1919.
Marsh, W.	Gunr	RMA7380	O	21 Apr 1923	Party 7 Aug 1919.
Marshall, A.	Gunr	RMA2613		R	Party 2 Jan 1920. Died 22 Nov 1920.
Marshall, W.F.	Gunr	RMA10194	OD		HMS Queen Elizabeth 8 Feb 1921.
Martin, L.A.	Gunr	RMA4302	O		RMA Eastney 8 Mar 1919.
Martin, T.	Pte	RMA14058	D		HMS Agamemnon 5 Jul 1919.
Mathieson, S.T.	Col/Sergt	RMA4642	OD		Party 9 Aug 1919.
Matthews, R.	Bombdr2	RMA12580	O		RMA Eastney 8 Mar 1919.
Matthews, V.L.	Surgn RN		O		DD 14 Jan 1915. Father T.Matthews J.P. 14 Aug 1919.
Maxall, C.	Gunr	RMA7330	OD		Party 7 Aug 1919.
Mayhew, G.W.	Gunr	RMA9438	OD		Party 7 Aug 1919.
Maynard, J.F.	Act/Sergt/Mjr	RMA5173	OD		Party 8 Aug 1919.
McCarthy, E.	Major		D		Party 29 Mar 1920.
McCarthy, F.	Gunr	RMA2835	OD		Party 5 Jun 1919.
McCormack, F.	Pte	RMA14063	D		Party 7 Aug 1919.
McCracken, A.	Gunr	RMA9505	OD	29 Nov 1935	Party 7 Aug 1919.
McCurrach, R.	Gunr	RMA12045	OD		RMA Eastney 21 Apr 1919.
McDonald, J.A.	Gunr	RMA6086	OD		Party 18 Jun 1923.
McGrath, J.	Pte	RMA14029	D		Party 9 Aug 1919.
McIlroy, C.	Gunr	RMA9857	D		Party 9 Aug 1919.
McIntyre, J.H.	Gunr	RMA6905	OD		Party 27 May 1919.
McKay, W.	Gunr	RMA8134	O		Party 7 Aug 1919.
McLeish, J.	Gunr	RMA8168	OD		RMA Eastney 8 Mar 1919.
McLeod, D.	Gunr	RMA3947	OD		Party 7 Oct 1919.
McLeod, E.	Gunr	RMA1775	OD		Party 29 Nov 1921.
McWhinney, M.	Gunr	RMA5910	D		DD. Brother Mr J.McWhinney 18 Oct 1919.
Meade, J.H.	Cpl	RMA9528	D		RMA Eastney 16 Jul 1919.
Merckel, F.	Col/Sergt	RMA3673	OD	R	RMA Eastney 21 Apr 1919.
Merritt, E.J.	Gunr	RMA8122	OD		Party 27 Dec 1922.
Messenbird, G.H.	QMS	RMA3487	OD		Party 9 Aug 1919.
Messom, W.	Gunr	RMA2607	O		Party 9 Aug 1919.
Messum, H.J.	Gunr	RMA9579	OD		RMA Eastney 8 Mar 1919.
Micklem, C.	T/Captain		A		Party 4 Jul 1919.
Miller, A.	Gunr	RMA3517	OD		Party 9 Aug 1919.
Miller, H.C.	Gunr	RMA9835	OD		Party 7 Aug 1919.
Miller, H.T.	Gunr	RMA12555	OD		RMA Eastney 8 Mar 1919.
Miller, J.S.	Col/Sergt	RMA3018	A		Retd to R.Mint Mar 1934.

ROYAL MARINE ARTILLERY

Miller, W.H.	Gunr	RMA9498	O		Party 28 Aug 1923.
Millett, G.	Bombdr	RMA9216	OD		RM Estab. St.Helena 22 May 1919.
Millett, H.	2/Lieut				Party 29 Oct 1919.
Millin, S.	Dvr	RMA9(S)	D		Party 27 Feb 1919.
Millis, J.H.	Cpl	RMA4183	O		Party 14 Apr 1919.
Millner, L.	Cpl	RMA2437	O		RMA Eastney 8 Mar 1919.
Millson, A.C.	Cpl	RMA10341	D		RMA Eastney 21 Apr 1919.
Minchin, H.J.	Gunr	RMA6038	OD	R	Party 12 May 1919.
Mitchell, D.J.	Gunr	RMA10072	O		DD 19 Mar 1918. Retd to R.Mint Mar 1934.
Moir, G.A.	Gunr	RMA11409	D		RMB Eastney 3 Jul 1919.
Molyneux, W.	Gunr	RMA9638	OD		Party 5 Jun 1919.
Montgomery, S.	Gunr	RMA1812	OD		RMA Eastney 21 Apr 1919.
Moore, M.	Gunr	RMA4276	OD		Party 7 Oct 1919.
Moores, J.B.	Dvr	RMA17(S)	D		Party 27 Feb 1919.
Morgan, G.	Gunr	RMA10191	OD		Party 9 Aug 1919.
Morgans, E.	Gunr	RMA7202	OD		Party 20 Aug 1919.
Morris, A.E.	Cpl	RMA10232	OD		RMA Eastney 21 Apr 1919.
Morris, C.L.	Bombdr	RMA6096	OD		RMA Eastney 8 Mar 1919.
Morris, F.T.	Dvr	RMA54(S)	D	16 Oct 1920	Party 17 May 1919.
Morris, T.	Gunr	RMA2802	O		RMA Eastney 21 Apr 1919.
Morris, W.J.H.	Gunr	RMA8435	OD		Party 9 Aug 1919.
Morse, W.G.	Gunr	RMA6438	OD		Party 23 Sep 1919.
Moss, G.H.	Col/Sergt	RMA3916	O		Party 9 Aug 1919.
Muir, A.	Gunr	RMA1834	O		Party 7 Aug 1919.
Muldowney, T.	Gunr	RMA3423	OD		Party 9 Aug 1919.
Mulkerrins, M.	Gunr	RMA8958	OD		Party 9 Aug 1919.
Mullet, H.E.	Gunr	RMA7576	O		Party 8 Aug 1919.
Mumford, A.J.C.	Gunr	RMA9081	OD		Retd to R.Mint Mar 1934.
Munro, D.	Gunr	RMA14255	D		Party 7 Aug 1919.
Murfitt, C.J.	Hon/Lieut		O		Party 16 Oct 1919.
Napper, G.	L/Sergt	RMA8217	OD		*HMS Queen Elizabeth* 3 Apr 1919.
Nash, H.	Gunr	RMA1836	O		Party 7 Aug 1919.
Neale, A.J.	Gunr2	RMA14001	D		Party 11 Jun 1919.
Nelder, H.	Gunr	RMA8809	O		Party 16 Jun 1919.
Netley, W.	Gunr	RMA4458	OD		RMA Eastney 8 Mar 1919.
Newbery, A.W.	Gunr	RMA10887	OD		Party 12 Mar 1919.
Newman, A.G.	Gunr	RMA14265	D		Party 7 Aug 1919.
Niblett, F.B.	Sergt	RMA3869	OD		Party 9 Aug 1919.
Nicholson, E.	Gunr	RMA4577	OD		Party 9 Aug 1919.
Noble, F.	Gunr	RMA1851	O		RMA Eastney 8 Mar 1919.
Nolan, P.F.	Gunr	RMA12876	OD		*HMS Royal Oak* 7 Jul 1919.
Noller, C.R.	Gunr	RMA4544	OD		Party 9 Aug 1919.
Noon, R.J.	Gunr2	RMA14018	D		*HMS Monarch* 5 Mar 1919.
Norgate, G.	Gunr	RMA1852	O		Party 7 Aug 1919.
Norman, E.R.	Gunr	RMA8399	OD		RMA Eastney 8 Mar 1919.
Norman, W.J.	Gunr	RMA4950	O		Party 20 May 1920.
Notley, J.L.	Gunr	RMA14201	D		DD. Widow Mrs C.E.Notley 3 Feb 1920.
O'Leary, P.	Gunr	RMA4381	O		Party 12 May 1919.
O'Neill, J.	Gunr	RMA7365	OD		Party 15 Aug 1919.
Oakley, J.	Gunr	RMA2836	O		Party 7 Aug 1919.
Ordoyne, P.T.	Bombdr2	RMA8357	OD		RMA Eastney 8 Mar 1919.
Orman, A.E.E.	Gunr	RMA6809	O	30 Jun 1920	Party 7 Aug 1919.
Orr, G.	Gunr	RMA14350	D		Party 8 Aug 1919.
Osborne, J.C.	Gunr	RMA9234	D		Party 8 Mar 1919.
Osborne, J.W.	Bombdr2	RMA4085	OD		Party 8 Aug 1919.
Osmaston, C.F.	Lieut/Col		OD		RMB Eastney 3 Jul 1919.
Othen, E.J.	Gunr	RMA6626	OD		Party 8 Aug 1919.
Ottignon, J.W.	Sergt	RMA7437	O		Party 11 Nov 1919.
Outen, H.	Gunr	RMA14185	D		RMB Eastney 3 Jul 1919.
Owen, G.A.	Gunr	RMA13970	D		*HMS New Zealand* 14 Aug 1919.
Pack, A.	Gunr	RMA5285	OD		Party 11 Aug 1919.
Paddle, J.	Gunr	RMA9162	OD		DD 5 Oct 1917. Widow Mrs M.E.A.Paddle 19 Aug 1919.
Paice, J.B.	Gunr	RMA10016	OD		RMA Eastney 8 Mar 1919.
Palfreyman, T.	Gunr	RMA8546	O		Party 12 Aug 1919.
Pallister, A.	Gunr	RMA6566	OD		Party 9 Aug 1919.
Palmer, T.E.	Gunr2	RMA13980	D		Party 12 Aug 1919.
Palmer, W.H.	Gunr	RMA8687	OD		Party 11 Aug 1919.

ROYAL MARINE ARTILLERY

Name	Rank	Number	Code	Date	Notes
Paris, A.	T/Major Gen				Party 4 Jul 1919.
Parish, E.	Bombdr	RMA8137	OD		Party 9 Sep 1919.
Parish, W.E.	Gunr	RMA6816	OD		Party 11 Sep 1919.
Parker, W.	Gunr	RMA2555	O		RMA Eastney 8 Mar 1919.
Parkin, A.A.	Gunr	RMA9620	OD		Party 12 Aug 1919.
Parkin, F.G.	Gunr	RMA7729	O		Party 9 Aug 1919.
Parry, E.L.	Gunr	RMA8232			*HMS Erin* 27 Mar 1919.
Parvin, G.	Gunr	RMA2668	O		Party 7 Aug 1919.
Pate, T.	Gunr	RMA7366			Retd to R.Mint Mar 1934.
Patmore, W.	Cpl	RMA3388	OD		Party 9 Apr 1919.
Pawlin, W.E.	Gunr	RMA9368	OD		Party 20 Nov 1924.
Payne, W.	Gunr	RMA1874	O		Party 7 Aug 1919.
Pearce, A.	Gunr2	RMA13996	D		DD 25 Mar 1915. Retd to R.Mint Mar 1934.
Pearce, F.O.O.	Gunr	RMA10564	OD		Party 12 Aug 1919.
Peck, G.L.	Gunr	RMA8015	OD		DD. Widow Mrs M.L.Peck 9 Aug 1919.
Peckham, A.T.	Gunr	RMA5238	OD		Party 9 Aug 1919.
Peddle, C.A.	Gunr	RMA11654	OD		Party 12 Aug 1919.
Penevill, W.T.	Gunr	RMA2428	O		DD 5 Jan 1919. Widow Mrs L.Penevill 19 Jun 1920.
Perkin, C.	Gunr	RMA2506	O		Party 8 Aug 1919.
Perkins, W.	Sergt	RMA4736	O		RMA Eastney 21 Apr 1919.
Perry, C.	Gunr	RMA9485	OD		Party 13 Aug 1919.
Perry, C.J.	Sergt	RMA2699	D		Party 9 Aug 1919.
Peters, J.F.	Gunr2	RMA13988	D		RMA Eastney 21 Apr 1919.
Peters, W.	Gunr	RMA10810	O		RMA Eastney 8 Mar 1919.
Phillips, B.C.	Gunr2	RMA14053	D	R	RMA Eastney 21 Apr 1919.
Phillips, C.J.	Gunr	RMA2939	O		DD. Widow Mrs E.E.Phillips 9 Aug 1919.
Pickett, E.J.	Gunr	RMA7215	OD	R	Party 21 Apr 1919.
Pike, W.	Gunr	RMA6490	OD		Party 7 Aug 1919.
Pilcher, W.J.	Cpl	RMA9768	D		RMB Eastney 3 Jul 1919.
Pimm, V.	Gunr	RMA8850	OD		Party 9 Aug 1919.
Pitcher, B.J.	Gunr	RMA11815	OD		Party 12 Aug 1919.
Pitchers, J.	Gunr	RMA4216	OD		Party 9 May 1919.
Pitchforth, J.T.	Bombdr	RMA12350	D		RMA Eastney 21 Apr 1919.
Pitt, H.J.	Gunr	RMA4200	O		DD 27 Dec 1919. Retd to R.Mint Mar 1934.
Plumb, N.T.	Bombdr	RMA10902	O		*HMS Lion* 7 Jul 1919.
Plummer, F.	Gunr	RMA6458	O		Party 30 May 1919.
Poake, G.E.	Gunr	RMA3320	OD		Party 27 Feb 1919.
Poffley, H.J.	Gunr	RMA14283	D		Party 27 Feb 1919.
Poole, G.R.	Bvt/Lieut/Col		OD		RMB Eastney 3 Jul 1919.
Pooley, J.W.S.	Gunr	RMA9393	OD		Party 25 Jan 1919.
Pope, F.	Gunr2	RMA13979	O	27 Sep 1920	Party 12 Aug 1919.
Pope, J.	Act/Bombdr	RMA4383	OD		Party 12 May 1919.
Pope, J.T.	Dvr	RMA18(S)	D		Party 13 Mar 1919.
Pope, S.	Gunr	RMA5060	O		RMA Eastney 8 Mar 1919.
Pope, S.E.	Gunr	RMA6471	OD		DD 29 Nov 1916. Widow Mrs E.Pope 31 Oct 1919.
Portch, H.	Gunr	RMA14195	D		Party 11 Sep 1919.
Porter, J.	Gunr	RMA3871	O		*HMS Cyclops* 21 Jan 1919.
Potter, R.E.	Gunr	RMA1910	O		Party 9 Aug 1919.
Poulson, G.	Gunr	RMA6351	OD		Retd to R.Mint Mar 1934.
Powell, A.F.	Gunr	RMA10706	OD		Party 12 Aug 1919.
Powell, E.D.	Gunr	RMA7898	OD		RMA Eastney 8 Mar 1919.
Powell, J.H.	Gunr	RMA6398	OD		Party 7 Aug 1919.
Pratt, A.J.	Gunr	RMA14247	D		Party 12 Aug 1919.
Pratt, H.	Col/Sergt	RMA4905	OD		Party 9 Aug 1919.
Preston, G.	Gunr2	RMA14040	D		Party 1 Sep 1919.
Preston, H.	Col/Sergt	RMA3370	O		RMA Eastney 8 Mar 1919.
Price, J.L.	Gunr	RMA2963	O		Party 7 Aug 1919.
Price, W.	Gunr	RMA10176	OD		Retd to R.Mint Mar 1934.
Priest, G.	Gunr	RMA5220	O		RMA Eastney 8 Mar 1919.
Priestley, W.B.	Gunr	RMA11970	D		RMB Eastney 3 Jul 1919.
Prime, F.	Gunr2	RMA14042	D		Run 5 Sep 1915. Retd to R.Mint Mar 1934.
Prince, H.A.	Cpl	RMA8007	OD		DD. Father Mr W.W.Prince 22 Feb 1924.
Prior, H.	Gunr	RMA1922	O		Party 7 Aug 1919.
Proctor, A.V.	Sergt	RMA5508	OD		Party 9 Aug 1919.
Puddy, A.J.	Gunr	RMA9950	OD		Party 12 Aug 1919.
Pullinger, E.	Pte	RMA14030	D		Party 31 Jul 1919.
Purser, H.R.	2/Lieut				DD. Mother Mrs E.Purser 12 Jan 1920.

ROYAL MARINE ARTILLERY

Name	Rank	Number	Code	Date	Notes
Quest, G.M.	Gunr	RMA14246	D		Party 19 May 1919.
Quill, M.D.	2/Lieut		D		DD 17 Jun 1918. Brother Capt. R.H.Quill 3 Jul 1920.
Raikes, G.L.	Major		D		Party 4 Jul 1919.
Rainbird, W.	Dvr	RMA40(S)	D	27 Oct 1920	Party 27 Feb 1919.
Ralf, R.	Gunr	RMA4708	D		RMA Eastney 21 Apr 1919.
Ralph, F.	Gunr	RMA8091	OD		RMA Eastney 8 Mar 1919.
Ramsay, J.	Gunr	RMA2761	OD		Party 16 Aug 1919.
Rann, A.E.	Lieut		D		Party 3 Oct 1919.
Rann, H.H.	Cpl	RMA10543	OD		RMA Eastney 21 Apr 1919.
Raynsford, T.	Gunr	RMA4702	OD		Party 15 Aug 1919.
Rayson, W.	Gunr	RMA1929	O		DD 7 Apr 1917. Widow Mrs A.Rayson 15 Jul 1919.
Redhouse, W.J.	Gunr	RMA9487	OD		Party 15 Aug 1919.
Redman, A.J.	Gunr	RMA11592	OD	31 Oct 1917	Widow Mrs Redman 31 Oct 1919.
Reed, G.	Gunr	RMA7873	O		RMA Eastney 8 Mar 1919.
Reid, W.	Gunr	RMA4661	OD		Party 17 Oct 1919.
Rendell, J.	Gunr	RMA3427	O		RMA Eastney 8 Mar 1919.
Renshaw, C.W.Y.	Gunr	RMA11434	OD		Party 2 Jul 1919.
Reynolds, C.W.	Sergt	RMA2896	D		RMA Eastney 8 Mar 1919.
Reynolds, J.E.	Col/Sergt	RMA2561	OD		Party 7 Feb 1922.
Reynolds, R.F.	Act/Sergt/Mjr	RMA5356	D		RMB Eastney 3 Jul 1919.
Reynolds, W.	Gunr	RMA4822	OD		Party 8 Apr 1919.
Richardson, F.J.	Gunr	RMA5375	OD		Party 13 Aug 1919.
Richardson, H.A.	Gunr	RMA9272	OD		DD 17 Nov 1918. Widow Mrs E.Richardson 16 Oct 1919.
Riddle, J.	Gunr	RMA4830	OD		Party 15 Aug 1919.
Riding, R.	Gunr	RMA10790	OD		Party 28 May 1919.
Ridout, H.F.	Gunr	RMA2828	OD		Party 15 Aug 1919.
Rigby, C.N.B.	2/Lieut		D		DD 23 Jun 1918. Mr John Rigby 10 Sep 1919.
Riley, J.R.	Gunr	RMA1075	O		Party 16 Aug 1919.
Riley, L.	Gunr	RMA1946	OD		Party 31 May 1919.
Rippey, A.	Gunr	RMA4118	OD		DD 3 Jun 1917. Sister Mrs Boyle 7 Nov 1919.
Roberts, C.	Col/Sergt	RMA3508	O		Party 12 Aug 1919.
Roberts, J.	Gunr	RMA1951	OD		Party 27 Feb 1919.
Roberts, R.E.	Gunr	RMA7297	D		RMA Eastney 21 Apr 1919.
Robin, F.J.S.	Dvr	RMA20(S)	D		Party 19 Aug 1919.
Robins, J.	Cpl	RMA4190	OD		DD 31 Jan 1915. Widow Mrs Eliza Robins 7 Oct 1919.
Robins, W.J.	Gunr	RMA5514	OD	R	Party 5 Feb 1919.
Robins, W.T.	Gunr	RMA10149	D	R	RMA Eastney 8 Mar 1919.
Robinson, F.L.	2/Lieut		D		Air Ministry 6 Jul 1920.
Robinson, G.	Gunr	RMA2243	OD		Party 25 Jan 1919.
Robinson, H.	Cpl	RMA3670	O		Party 18 Aug 1919.
Robinson, J.	Gunr	RMA6465	OD		Party 29 Jul 1919.
Robinson, J.E.	Gunr	RMA4525	OD		Party 15 Aug 1919.
Robinson, W.G.	Gunr	RMA3572	O	R	Party 9 Jul 1919.
Roe, L.J.	Dvr	RMA50(S)	D		Party 15 Apr 1919.
Rogers, C.H.	Gunr	RMA8054	O		DD. Mrs A.N.Rogers 13 Oct 1919.
Rogers, R.P.	Pte	RMA14064	O		RMB Eastney 3 Jul 1919.
Rogers, W.H.	Sergt	RMA8591	OD		3/RMB Mudros 7 Jul 1919.
Rolfe, J.	Gunr	RMA3748	OD		Party 16 Aug 1919.
Rolph, F.C.	Gunr	RMA10120	OD		DD 27 Jun 1916. Widow Mrs M.S.Rolph 22 Dec 1924.
Roost, S.A.T.	Gunr	RMA8952	OD		Party 24 Jun 1919.
Roper, G.A.	Gunr	RMA9616	OD		Party 27 May 1919.
Rose, W.	Gunr2	RMA14033	D		*HMS President III* DAMS 7 Jul 1919.
Rouse, H.H.	Sergt	RMA6868	OD		RMA Eastney 8 Mar 1919.
Rouse, L.	Act/Bombdr	RMA12675	OD		*HMS Birmingham* 7 Mar 1919. Dup to *Birmingham* 24 Nov 1919.
Rubick, A.	Gunr	RMA7378	O		DD. Widow Mrs E.K.Rubick 9 Mar 1921.
Rudling, G.W.	Gunr	RMA11490	OD	R	Party 27 Feb 1919.
Russell, F.	Lieut		D		RM Cromarty 22 Apr 1919.
Russell, W.	Bk/QMS	RMA3651	OD		3/RMB Mudros 7 Jul 1919.
Russell-Cargill, J.	T/Surgn RN		D	7 Jan 1936	Party 28 Jan 1919. Dup St. to S. 3 Jan 1936.
Sadgrove, J.	Dvr	RMA5(S)	D		Party 29 May 1919.
Sainsbury, W.	Gunr	RMA9621	O		RMA Eastney 8 Mar 1919.
Sames, W.E.	Gunr	RMA3854	O		RMA Eastney 8 Mar 1919.
Sanderson, J.	Gunr	RMA8207	O		Party 15 Aug 1919.
Sands, J.W.W.	Gunr	RMA6312	OD		Party 16 Aug 1919.
Saunt, G.	Gunr	RMA3932	OD		Retd to R.Mint Mar 1934.
Scott, T.J.	Pte	RMA14027	D	R	Party 23 Apr 1919.
Scott, W.E.	Gunr	RMA6902	OD		RMA Eastney 8 Mar 1919.

ROYAL MARINE ARTILLERY

Scutchey, C.A.	Bombdr	RMA9076	OD	R	Party 16 Jul 1919.
Sear, T.	Gunr	RMA6887	OD		Party 20 Aug 1919.
Sedgleir, H.	Gunr	RMA5002	O		RMA Eastney 8 Mar 1919.
Servent, W.F.	Gunr	RMA7438	O		Party 16 Apr 1919.
Shanley, J.	Gunr	RMA10308	OD		Party 23 Apr 1919.
Shelah, W.G.	Gunr	RMA10956	O		Party 15 Aug 1919.
Shelan, M.	Dvr	RMA27(S)	D	19 Jul 1920	Party 13 Mar 1919.
Short, J.	Gunr	RMA3543	O		Retd to R.Mint Mar 1934.
Simco, H.H.	Col/Sergt	RMA4531	OD		Party 15 Aug 1919. (Original entry Simes).
Simmonds, A.J.	Gunr	RMA8313	O		DD 31 May 1916. Widow Mrs Kate Simmonds 2 Oct 1919.
Simpson, P.	Col/Sergt	RMA1985	O		Widow Mrs B.H.Simpson 5 Jul 1919.
Sims, C.E.	Gunr	RMA9544	OD		DD 1 Dec 1918. Widow Mrs E.Sims 28 Apr 1920.
Sims, E.	Gunr	RMA7220	O		Party 16 Aug 1919.
Sims, E.J.	Gunr2	RMA14034	D		*HMS Indomitable* 8 Feb 1919. Dup to *Resolution* 22 Jun 1923.
Simson, A.F.	Captain		O		Party 12 May 1919.
Sissons, G.P.	Gunr	RMA9373	OD	4 Aug 1920	Party 13 Jun 1919.
Skerrett, F.S.R.	Gunr2	RMA14016	D		Party 27 Feb 1919.
Slade, J.	Gunr	RMA10734	O		Party 16 Aug 1919.
Slater, A.G.	Gunr	RMA10667	OD		Party 22 Jan 1919.
Smith, A.	Gunr	RMA4827	OD		Party 17 Jun 1919.
Smith, A.	Gunr	RMA13630	D		RMB Eastney 3 Jul 1919.
Smith, E.C.	Gunr	RMA9519	OD	R	Party 15 Aug 1919.
Smith, F.	Dvr	RMA47(S)	D	19 Nov 1921	Party 18 Mar 1919.
Smith, G.	Gunr	RMA4042	OD		Party 19 Aug 1919.
Smith, G.	Gunr	RMA6067	OD		Party 15 Aug 1919.
Smith, G.	Cpl	RMA8751	OD		RMA Eastney 8 Mar 1919.
Smith, G.E.	Gunr	RMA3771	D		DD 1 Mar 1920. Mother Mrs E.Smith 24 Mar 1922.
Smith, H.J.	Gunr	RMA5843	OD		Party 15 Aug 1919.
Smith, H.S.	Gunr	RMA10471	OD		Party 20 Aug 1919.
Smith, R.G.	Gunr	RMA9655	O		Party 15 Aug 1919.
Smith, R.J.	Gunr	RMA2539	O		Party 21 Aug 1919.
Smith, S.	Sergt	RMA3625	OD		RMA Eastney 8 Mar 1919.
Smith, S.G.	Gunr	RMA10750	O		RMA Eastney 8 Mar 1919.
Smith, T.	Gunr2	RMA14295	D		Party 27 Feb 1919.
Smith, W.	Gunr	RMA1998	O		RMA Eastney 8 Mar 1919.
Smith, W.	Act/Bombdr	RMA5835	OD		RMA Eastney 21 Apr 1919.
Smith, W.	Gunr	RMA6745	O		*HMS Malaya* 5 Feb 1919.
Sneddon, A.	Gunr	RMA13688	D		Run. Retd to R.Mint Mar 1934.
Snell, F.H.	Gunr	RMA2884	OD		Party 15 Aug 1919.
Snell, W.	Gunr	RMA6979	OD		Party 16 Aug 1919.
South, A.K.	Dvr	RMA25(S)	D		Party 16 Aug 1919.
Spain, T.	Sergt	RMA3006	OD		Party 15 Aug 1919.
Spanton, R.S.	Gunr	RMA2010	O		Party 4 Oct 1919.
Speed, H.	Gunr	RMA10004	OD		DD 9 Feb 1919. Widow Mrs M.Speed 25 Sep 1919.
Spenaley, F.	Gunr	RMA3569	O		Party 15 Aug 1919.
Spenceley, J.H.	Sergt	RMA4563	OD		Party 29 Jul 1919.
Spittles, S.L.	Col/Sergt	RMA4016	O		Party 15 Aug 1919.
Spoar, A.	Gunr	RMA3428	O		Party 15 Aug 1919.
Spong, R.S.	Gunr	RMA9038	O	28 Jan 1921	Party 26 May 1919.
Spruce, J.	Cpl	RMA4460	O	R	Party 8 Mar 1919.
St.Clair, G.P.	Dvr	RMA3(S)	D	10 Sep 1920	Party 29 Mar 1919.
Stafford, C.E.	Col/Sergt	RMA4188	OD		Party 15 Aug 1919.
Stainforth, G.	Gunr	RMA3934	OD		Shetlands Section RNR 7 Mar 1919.
Stanley, F.	Gunr	RMA7315	O		Party 15 Sep 1919.
Stanley, J.	Gunr	RMA7068	OD		DD. Mrs E.Stanley 11 Nov 1919.
Stanley, P.	Dvr	RMA37(S)	D		Party 13 May 1919.
Stanton, J.S.	QMSI	RMA3787	O		RMA Eastney 8 Mar 1919.
Statham, A.	Sergt	RMA2724	OD		Party 16 Aug 1919.
Statham, G.	Gunr	RMA3597	O		Party 22 Sep 1919.
Staunton, L.P.	Gunr2	RMA14023	D		*HMS Erin* 27 Mar 1919.
Steel, C.F.	Gunr	RMA7140	O		Party 27 Feb 1919.
Steel, J.	Gunr	RMA2909	O		Retd to R.Mint Mar 1934.
Steele, J.	Gunr2	RMA10751	A	6 Jul 1920	Party 16 Aug 1919.
Steers, J.E.	Dvr	RMA6(S)	D	30 Nov 1921	Party 23 Jun 1919.
Stephenson, R.	Gunr	RMA13903	D		*HMS Resolution* 7 Jul 1919.
Stevens, A.E.	Cpl	RMA3250	O		Party 15 Aug 1919.
Stevens, C.F.	Cpl	RMA4834	D		Party 10 Apr 1919.

ROYAL MARINE ARTILLERY

Stevens, E.	Gunr	RMA2658	OD		Party 15 Aug 1919.
Stevens, J.C.	Gunr	RMA5156	OD		Party 20 Aug 1919.
Stevens, T.C.	Col/Sergt	RMA3165	D		Party 15 Aug 1919.
Steward, W.F.V.	Gunr2	RMA13977	D		HMS Crescent 5 Jul 1919.
Stilwell, G.	Col/Sergt	RMA3219	O		Party 27 May 1919.
Stockwell, G.	Gunr2	RMA13998	D		HMS Thunderer 7 Jul 1919.
Stone, C.S.	Gunr	RMA8592	O	12 Dec 1924	Party 20 May 1919.
Stone, J.	Gunr	RMA2662	OD	R	Party 15 Aug 1919.
Storer, F.	Gunr2	RMA14051	D		RMA Eastney 8 Mar 1919.
Streek, C.V.	Gunr	RMA6241	OD		Party 16 Aug 1919.
Strowger, M.P.	Gunr	RMA9790	OD		Party 15 Aug 1919.
Strudwick, A.E.	Dvr	RMA42(S)	D		Party 15 Aug 1919.
Sullivan, D.J.	Pte	RMA14036	D		HMS Atlon II, Siege Guns 5 Jul 1919.
Summers, F.	T/Lieut		O	28 Oct 1920	Party 7 Feb 1919.
Sutherland, J.R.	Gunr	RMA5172	OD		Party 12 May 1919.
Sutton, F.	Gunr	RMA3611	O		Party 17 Mar 1919.
Sutton, G.	Gunr	RMA7441	O		Party 16 Aug 1919.
Symonds, J.	Gunr	RMA8864	OD		Party 16 Aug 1919.
Tanner, G.	Gunr	RMA10261	OD		Party 16 Aug 1919.
Tanner, H.J.	Gunr	RMA2651	O		Party 20 Aug 1919.
Tarbolton, H	Bombdr	RMA12667	D		RMA Eastney 8 Mar 1919.
Targett, A.A.	Gunr	RMA3404	D		Party 2 Sep 1919.
Taylor, F.	Gunr	RMA8283	O	18 Jun 1921	Party 21 Aug 1919.
Taylor, G.	Gunr	RMA13847	O		Party 25 Aug 1919.
Taylor, G.W.	Gunr2	RMA13999	D		RMB Eastney 3 Jul 1919. Run 14 May 1917. Star not returned.
Taylor, J.	Gunr	RMA4273	OD		RMA Eastney 8 Mar 1919.
Taylor, J.W.	Gunr	RMA6619	OD		Party 2 Jun 1919.
Taylor, W.J.	Gunr	RMA6817	O		Party 22 Aug 1919.
Tennent, E.	Gunr	RMA3615	O		Party 30 May 1919.
Thomas, G.	Sergt	RMA2260	D		RMA Eastney 21 Apr 1919.
Thomas, G.	Gunr	RMA5026	OD		Widow Mrs P.J.Thomas 2 Dec 1919.
Thomas, J.	Gunr	RMA3538	OD		Party 19 Jun 1919.
Thompson, J.	Gunr	RMA6311	OD		Party 11 Sep 1919.
Thompson, J.H.	Act/Bombdr	RMA9043	OD		RM Force Archangel 22 May 1919.
Thompson, R.	Gunr	RMA3659	O		Party 10 Apr 1919.
Thompson, R.	Gunr	RMA8671	OD		RMA Eastney 21 Apr 1919.
Thompson, T.H.F.	Gunr	RMA6437	O		Party 16 Aug 1919.
Thompson, W.	Sergt	RMA2057	OD		Party 27 May 1919.
Thompson, W.	Cpl	RMA4984	O		RMA Eastney 21 Apr 1919.
Thompstone, W.G.	Dvr	RMA29(S)	D		Retd to R.Mint Mar 1934.
Thomson, T.	Gunr	RMA9260	OD	R	Party 8 Nov 1919.
Thorburn, A.J.E.	Cpl	RMA9907	OD		RMA Eastney 21 Apr 1919.
Thvissell, J.T.	Dvr	RMA44(S)	D		Party 17 May 1919.
Tidy, G.	Sergt	RMA3851	O		Party 16 Aug 1919.
Tigg, M.G.	Gunr2	RMA14261	D		RMB Eastney 3 Jul 1919.
Tilley, F.E.	Gunr2	RMA14005	D		RMB Eastney 3 Jul 1919.
Tindale, H.	Gunr	RMA4040	O		RMA Eastney 8 Mar 1919.
Todd, J.	Gunr	RMA2770	O		RMA Eastney 8 Mar 1919.
Toogood, C.	Gunr	RMA2375	O		Party 27 Feb 1919.
Tootell, A.	Gunr	RMA9237	OD		Party 16 Aug 1919.
Topham, C.H.	Gunr	RMA6589	OD		Party 20 Aug 1919.
Topp, J.	Cpl	RMA5023	D		RMA Eastney 8 Mar 1919.
Towers, R.	Col/Sergt	RMA4617	O		Party 16 Aug 1919.
Travers, R.	Gunr	RMA5338	O		Party 29 Aug 1919.
Treacher, W.E.	Gunr	RMA6368	OD		RMA Eastney 8 Mar 1919.
Tremaine, W.A.	Gunr	RMA3983	OD		Party 23 Sep 1919.
Trigg, J.W.	Gunr	RMA8331	OD	R	Party 10 Sep 1919.
Trim, T.P.	Gunr	RMA4154	OD	R	HMS President III DAMS 7 Jul 1919.
Tucker, S.	Dvr	RMA36(S)	D		DD 11 Sep 1918. Brother F.Tucker 28 Apr 1920.
Tullett, A.	Gunr	RMA2072	O		RMA Eastney 8 Mar 1919.
Tunnicliff, T.	Col/Sergt	RMA3735	O		RMA Eastney 8 Mar 1919.
Turner, G.H.	Bugler	RMA13992	OD		HMS Indomitable 8 Feb 1919.
Tyers, H.	Gunr	RMA13909	D		Run 7 Sep 1917. Party 23 May 1922.
Tyson, E.	Dvr	RMA10(S)	D	26 Nov 1921	Party 17 Mar 1919.
Victory, J.	Gunr	RMA5283	OD	R	Party 20 Mar 1919.
Vince, T.	Gunr	RMA3374	O		Party 1 Aug 1919.
Vinnell, E.A.	Gunr	RMA11783	OD		Party 20 Aug 1919.

ROYAL MARINE ARTILLERY

Waite, W.	Gunr	RMA5611	OD	25 Mar 1930	RMA Eastney 8 Mar 1919.
Waldron, A.J.	Gunr2	RMA14047	D		*HMS King George V* 14 Apr 1919.
Wales, A.	Gunr	RMA5752	OD		Party 20 Aug 1919.
Wales, E.	Gunr	RMA3656	OD		Party 22 Aug 1919.
Wall, T.	Gunr	RMA11404	OD		Party 20 Aug 1919.
Wallace, R.	Col/Sergt	RMA4639	OD		Party 21 Aug 1919.
Wallis, A.R.	Gunr	RMA9978	OD		RMA Eastney 8 Mar 1919.
Walters, E.D.O.	2/Lieut		D		*HMS Princess Royal* 26 Jun 1919.
Walters, W.F.	Gunr	RMA9968	D		Party 26 Aug 1919.
Wane, W.	Gunr	RMA8373	OD		Party 3 Jul 1919.
Warham, C.	Col/Sergt	RMA2569	O	21 Apr 1923	RMA Eastney 8 Mar 1919.
Warner, E.	Gunr	RMA6266	OD		Party 20 Aug 1919.
Warner, G.	Gunr2	RMA14062	D		RMA Eastney 8 Mar 1919.
Warren, G.	Gunr	RMA9148	OD		Party 20 Aug 1919.
Watmore, W.	Gunr	RMA14229	D		Party 19 Aug 1919.
Webb, G.	Gunr	RMA2099	O	R	RMA Eastney 8 Mar 1919.
Webb, H.	Gunr	RMA4231	OD		Party 20 Aug 1919.
Webb, J.	Gunr	RMA4521	OD		Party 26 Jun 1919.
Webster, F.W.	Gunr	RMA4971	OD		Party 4 Jun 1919.
Webster, J.	Gunr	RMA6180	OD		Party 25 Aug 1919.
Welby, G.	Gunr	RMA3942	OD		Party 21 Aug 1919.
Weller, W.H.	Gunr	RMA8861	D		Party 29 Aug 1919.
Wellington, W.C.	Lieut		D		RM Cromarty 22 Apr 1919.
Wenham, W.	Cpl	RMA8622	D		RM Cromarty 18 Mar 1919.
Wheatcroft, F.	Gunr	RMA2505	O		DD 3 Feb 1916. Widow Mrs E.Wheatcroft 25 Apr 1919.
Wheaton, I.A.	Sergt	RMA2102	O		Party 16 Aug 1919.
Wheeler, J.	Gunr	RMA2103	O		DD 23 Oct 1918. Brother W.Wheeler Esq 19 Jan 1920.
White, A.	Gunr	RMA14284	D		RMA Eastney 8 Mar 1919.
White, C.	Gunr	RMA2929	O		RMA Eastney 8 Mar 1919.
White, G.E.	Mech	RMA52(S)	D		Party 14 Jan 1919.
White, H.A.	Gunr	RMA9488	OD		Party 19 Aug 1919.
White, H.B.	Gunr	RMA6532	OD		Party 16 Jan 1919.
White, J.A.	Gunr	RMA7605	OD		Party 20 Aug 1919.
White, N.	Gunr	RMA5901	D		Party 29 Aug 1919.
White, S.	Gunr	RMA3553	OD		Party 20 Aug 1919.
Whitfield, J.A.	Gunr	RMA9417	OD		Party 23 Jan 1919.
Whiting, E.	Gunr	RMA8989	OD		Party 25 Aug 1919.
Whitney, E.C.	Gunr	RMA5649	O		Party 3 Sep 1919.
Whitney, G.A.	Gunr	RMA6085	OD		Party 2 Sep 1919.
Whittle, W.	Gunr	RMA11514	OD		RMA Eastney 8 Mar 1919.
Whitworth, W.	Col/Sergt	RMA4179	OD		RMA Eastney 21 Apr 1919.
Wickens, D.	Gunr	RMA3198	OD		RMA Eastney 8 Mar 1919.
Wigley, A.	Gunr	RMA11518	OD		Party 22 Aug 1919.
Wigmore, F.J.	Gunr2	RMA14022	D		*HMS Emperor of India* 13 Mar 1919.
Wilcox, C.A.	Gunr	RMA10279	O	30 Nov 1923	Party 21 Aug 1919.
Wilcox, H.	Gunr2	RMA14050	D		*HMS Queen Elizabeth* 27 Jan 1919.
Wilcox, O.H.	Bombdr	RMA4267	OD		Party 27 Feb 1919.
Wildes, C.	Gunr	RMA2114	O		Party 16 Aug 1919.
Wiles, G.	Gunr	RMA4051	OD		RMA Eastney 8 Mar 1919.
Wilkins, R.W.	Gunr	RMA3223	OD		Party 20 Aug 1919.
Wilkins, W.	Gunr	RMA5678	OD		Party 20 Aug 1919.
Wilks, G.L.	T/Captain		A	30 Sep 1925	Party 4 Jul 1919.
Williams, A.	Gunr	RMA7920	OD		DD. Widow Mrs L.Williams 24 Feb 1920.
Williams, E.C.	Gunr	RMA9044	OD		RMA Eastney 21 Apr 1919.
Williams, G.F.	Dvr	RMA7(S)	D		Party 11 Nov 1919.
Williams, M.	Captain		A*	6 Apr 1921	DD 23 Aug 1916. Widow Mrs E.Williams 11 Mar 1919.
Willis, J.G.W.	Gunr	RMA1211	D		Party 3 May 1920.
Willows, A.	Gunr	RMA3318	O		RMA Eastney 8 Mar 1919.
Willson, W.G.T.	Gunr	RMA9058	OD		Party 20 Aug 1919.
Wilmott, R.	Gunr	RMA5282	O		RMA Eastney 8 Mar 1919.
Wilson, H.F.	Gunr	RMA2314	O		RMA Eastney 8 Mar 1919.
Wilson, W.N.	Sergt	RMA7868	OD	R	RMA Eastney 21 Apr 1919.
Winch, G.E.	Gunr2	RMA14000	D		RMB Eastney 3 Jul 1919.
Winslade, A.	Gunr	RMA9899	OD		Party 21 Aug 1919.
Winton, F.H.	Gunr	RMA5861	OD		Party 21 Apr 1919.
Winwood, H.A.	Cpl	RMA4870	OD		RMA Eastney 8 Mar 1919.
Wiseman, T.L.	Gunr	RMA2122	O		Party 23 Jul 1919.

ROYAL MARINE ARTILLERY

Witty, J.A.	Gunr	RMA8514	D		RMA Eastney 8 Mar 1919.
Wolfe, F.	Gunr	RMA6321	OD		Party 22 Aug 1919.
Wood, W.	Gunr	RMA4685	OD		RMA Eastney 21 Apr 1919.
Wood, W.T.	Gunr	RMA7325	OD		RMA Eastney 8 Mar 1919.
Woodgate, G.F.	Gunr	RMA2134	O		Party 29 Nov 1921.
Woodhouse, A.C.W.	Cpl	RMA11074	D		RMA Eastney 8 Mar 1919.
Woodley, H.	Dvr	RMA4(S)	D		Party 20 Aug 1919.
Woodley, H.	Dvr	RMA22(S)	D		Party 19 Mar 1919.
Woodman, W.	Gunr	RMA10402	OD		Party 20 Aug 1919
Woodrow, T.H.	Gunr	RMA14248	D		Party 20 Aug 1919
Woodward, R.H.	Cpl	RMA6042	OD		Party 22 Aug 1919.
Woodward, W.R.	Gunr	RMA5598	D		Party 20 Aug 1919.
Woolacott, J.C.	Gunr	RMA5051	OD		Party 20 Aug 1919.
Wrenn, T.E.	Gunr	RMA2700	OD	21 Dec 1934	Party 21 Aug 1919.
Wright, J.	Gunr	RMA8001	O		Party 20 Aug 1919.
Wright, J.A.	Gunr	RMA5838	OD		Party 20 Aug 1919.
Wright, W.H.	Gunr	RMA7341	O		*HMS President III* DAMS 7 Jul 1919.
Wyeth, C.E.	Gunr	RMA7653	O	R	Party 21 Aug 1919.
Wylie, S.	Gunr	RMA6433	O		Party 20 Aug 1919.
Yabsley, E.J.	Gunr	RMA4249	OD		Party 23 Jan 1919.
Yates, J.W.	Gunr	RMA9092	O	29 Jul 1920	Party 31 May 1919.
Young, C.A.	Dvr	RMA12(S)	D	3 Nov 1921	Party 20 Mar 1919.
Young, C.H.	Gunr	RMA8310	OD		RMA Eastney 8 Mar 1919.
Young, G.	Gunr	RMA9212	O		Party 20 Aug 1919.
Young, J.A.	Gunr	RMA10002	OD	R	Party 20 Aug 1919.

AMBULANCE 65 HOSPITAL BURNYEAR - Belgian Red Cross

Name	Rank	Where Served	Clasp Issued	Medal Sent - Comments
Hardcastle, Miss E.	Sister		R	Party 13 May 1919.

ARMOURED CAR SECTION (Attached R.N.A.S.)

Name	Rank or Rating	Official Number	Where Served	Clasp Issued	Medal Sent - Comments
Armstrong, H.G.B.	Major		*	29 Nov 1921	DD. Mother Mrs A.Armstrong 9 Aug 1919.
Baker, C.	Pte	Ply5694	*		RM Bks Plymouth 10 Mar 1919.
Baker, S.	Pte	Ply10315	*		HMS President III 4 Aug 1919.
Barber, J.	Pte	Ply7479	*		Run 18 Apr 1917. Retd to R.Mint Mar 1934.
Berry, W.F.	Pte	Ply15316	*		HMS Canada 4 Aug 1919.
Brame, J.A.	Pte	Ply9010	*	7 Feb 1921	Party 11 Sep 1919.
Briggs, W.	Flt/Comdr RN				Party 27 May 1919. Roll notes, "Not entitled to clasp - see list from Comdr Sampson".
Brown, A.R.	Pte	Ply13978	*	29 Nov 1922	HMS Impregnable 17 May 1919.
Chedgey, H.C.	Pte	Ply10045	*		DD. Widow Mrs E.Chedgey 7 Oct 1919.
Clayton, A.C.	Pte	Ply9898	*	19 Feb 1921	Party 10 Sep 1919.
Clements, G.	Pte	Ply10000	*		RMLI Plymouth 22 May 1919.
Coode, C.H.	Captain		*	29 Jul 1920	RMLI Aldershot 28 Jan 1919.
Cook, J.W.	Cpl	Ply7259	*	5 Feb 1921	Party 11 Sep 1919.
Cousins, F.W.	Pte	Ply15065	*		HMS Defiance 5 Aug 1919.
Davies, W.	Pte	Ply5593	*	5 Feb 1921	Party 10 Sep 1919.
Dickenson, G.	Pte	Ply8968	*	29 Oct 1920	Party 10 Sep 1919.
Doocey, J.	Pte	Ply8022	*		Party 11 Sep 1919.
Dormer, A.F.	Pte	Ply13385	*	7 Jan 1925	DD 9 Sep 1915. Widow Mrs Hill 9 Dec 1919.
Dunn, A.E.	Pte	Ply13938	*		RM Bks Plymouth 1 Aug 1919.
Durward, J.G.	Pte	Ply13842	*	6 Jul 1920	Party 31 Mar 1919. Dup Clasp & Roses issued 28 May 1932.
Fisher, A.G.	AM1	F430	*	12 Nov 1920	Party 12 Nov 1920.
Forkin, F.	Pte	Ply4873	*	7 Feb 1921	Party 10 Sep 1919.
Fulford, A.C.	Pte	Ply13544	*	7 Feb 1921	Party 10 Sep 1919.
Golding, F.S.	Pte	Ply146712	*		RM Depot Deal 4 Aug 1919.
Green, F.H.	Sergt	Ply10610	*	21 Sep 1920	RM Bks Plymouth 10 Mar 1919.
Hunt, J.	Pte	Ply7979	*	7 Jul 1920	Party 9 May 1919.
Keilty, T.	Pte	Ply10934	*		RM Depot Deal 4 Aug 1919.
Kemp, E.J.	Pte	Ply16818	*		Run 11 Oct 1919. Retd to R.Mint Mar 1934.
Lovern, J.	Pte	Ply2117	*	7 Feb 1921	Party 22 Sep 1919.
Mackintosh, R.S.	Pte	Ply8514	*	7 Feb 1921	Party 23 Sep 1919.
Martin, J.	Pte	Ply9135	*	9 Feb 1921	Party 23 Sep 1919.
McEwan, G.	Pte	Ply7665	*		DD 25 May 1915. Brother J.McEwan Esq 6 Feb 1920.
McMillan, J.	L/Cpl	Ply9061	*		DD 13 Aug 1917. Legatee Miss K.McMillan 18 May 1920.
Mee, R.	Pte	Ply13648	*	12 Feb 1921	Party 26 Sep 1919.
Miller, J.	Pte	Ply8942	*	27 Dec 1922	Party 27 Dec 1922.
Narramare, J.H.	Pte	Ply3222	*	9 Feb 1921	Party 22 Sep 1919.
Norman, G.	Col/Sergt	Ply13386	*	7 Feb 1922	RM Bks Plymouth 10 Mar 1919.
Oatley, P.	Pte	Ply14197	*	6 Mar 1925	DD 18 Oct 1916. Widow Mrs Oatley 7 Nov 1919.
Parminter, J.	Col/Sergt	Ply3801	*	9 Feb 1921	Party 22 Sep 1919.
Partridge, F.	Pte	Ply8164	*	16 Jul 1920	RM Bks Plymouth 23 Jan 1922.
Pender, J.	Pte	Ply6795	*	12 Jun 1924	Party 25 Sep 1919.
Quick, H.H.	Pte	Ply9856	*	16 Jul 1920	RM Bks Plymouth 10 Mar 1919.
Redmore, S.	Pte	Ply11214	*	16 Jul 1920	RM Plymouth 24 May 1919.
Reigleuth, W.	Pte	Ply11155	*		RM Bks Plymouth 10 Mar 1919.
Roberts, W.	Sergt	Ply7016	*	6 Aug 1920	Party 6 Aug 1920.
Shattock, H.G.	Pte	Ply8498	*		DD 6 May 1915. Retd to R.Mint Mar 1934.
Smith, J.	Pte	Ply8547	*	3 Feb 1921	Party 23 Sep 1919.
Smith, S.W.H.	Pte	Ply10595	*		HMS Egmont 4 Aug 1919.
Snell, J.J.H.	Sergt	Ply9254	*		DD 3 May 1915. Widow Mrs A.L.Stockford 6 Oct 1919.
Stewart, W.B.	Pte	Ply8951	*	21 Sep 1920	Party 23 Sep 1919.
Vance, G.	Pte	Ply6079	*		Party 4 Oct 1919. Deceased 31 Jan 1921.
Wakeham, R.	Pte	Ply7915	*	16 Jan 1929	Sister 16 Jan 1929.
Walters, H.	Pte	Ply2082	*	7 Feb 1921	Party 8 Feb 1919.

ARMOURED TRAINS

Name	Rank or Rating	Official Number	Where Served	Clasp Issued	Medal Sent - Comments
Bacon, W.E.	AB	222019	*Ch	15 Jul 1920	Party 8 Feb
Baker, J.	PO	169842	*Ch	17 Jun 1920	*HMS Poppy* 29 Jan 1919.
Ball, E.	Act/CPO	179100	*Deg		Balloon Base Hythe 7 Feb 1919.
Baxter, G.	PO	206500	*Ch	23 Jun 1920	Party 20 Mar 1919.
Betts, R.G.	AB	J5958	*Ch	27 Apr 1922	Run 6 Jun 1915. Run removed, issued to *HMS Erin* 27 Apr 1922.
Blakiston, E.W.	AB	J7727	*Ch	4 Aug 1920	Commodore Dunkirk 5 Feb 1919.
Blondell, T.E.	PO	195913	*Jel	25 Aug 1920	*HMS Topaze* 24 May 1919.
Bloomfield, A.E.	AB	191321	*Ch		*HMS Pembroke* 17 Mar 1919.
Bonallo, H.M.	AB	J18579	*Ch	25 Jul 1920	Party 13 Mar 1919.
Breckenridge, T.B.	AB	197531	*Jel	7 Oct 1920	Party 7 Oct 1920.
Brodie, J.	AB	215566	*Jel	15 May 1923	*HMS Sorceress* 27 Jan 1919.
Brown, A.	AB	233641	*Jel	21 Jul 1920	Party 5 May 1919.
Carmichael, A.	AB	J6796	*Ch	29 Jul 1920	HM Island Ascension 20 Mar 1919.
Church, T.J.	AB	SS3940	*Jel		Run 13 Dec 1918. Retd to R.Mint Mar 1934.
Clarke *DSM*, A.A.	AB	201278	*Jel	30 Jun 1920	Party 2 Dec 1919.
Clayton, C.	L/S	200728	*Jel	20 Sep 1920	*HMS Endeavour* 10 Sep 1919.
Collard, J.W.	PO	166866	*Jel	15 Jul 1920	Party 16 Jun 1919.
Cook, C.S.	AB	J14144	*Ch	12 Nov 1920	*HMS Stormcloud* 12 Nov 1920.
Covell, J.	L/S	223921	*Ch	19 Jul 1920	Party 28 May 1919.
Cox, C.H.	AB	J10456	*Jel	29 Jul 1920	*HMS Pembroke* 8 Sep 1920.
Dick, G.	PO	216592	*Jel	13 Aug 1920	*HMS Diligence* 21 Jan 1919.
Dixon, R.F.J.	AB	J14989	*Deg	15 Feb 1921	*HMS Blake* 4 Feb 1920.
Dobb, C.H.	AB	178685	*Ch	30 Jun 1920	*HMS Vernon* 28 Mar 1919.
Ellis, C.	AB	J3334	*Ch	30 May 1924	Forfeited. Restored to Party 1924.
Estaugh, J.S.	AB	J25109	*Jel	23 Jul 1920	Party 24 Apr 1920.
Etheridge, A.	PO	166340	*Jel	24 Jun 1920	*HMS Myosotis* 20 Jan 1919.
Evans, W.W.	AB	128695	*Ch	29 Oct 1920	Party 6 Mar 1919.
Fothergill, R.T.	AB	J13361	*Jel		*HMS Courageous* 5 Mar 1919.
Gallon, R.W.	AB	228396	*Jel	30 Jun 1920	Party 22 Jan 1919.
Gandy, J.	AB	223320	*Ch		DD 9 Jul 1917. Retd to R.Mint Mar 1934.
Grainger, R.	L/S	206451	*Ch	29 Jul 1920	*HMS Hecla (Orpheus)* 25 Jun 1919.
Gussin, G.	AB	J14260	*Ch	5 Oct 1920	*HMS Royal Oak* 7 Feb 1919.
Harris, A.	AB	206312	*Jel	24 Mar 1922	DD 7 Mar 1917. Widow Mrs E Harris 9 Jun 1919.
Hood, C.	AB	J1031	*Jel	29 Jul 1920	*HMS Bonaventure* 13 Feb 1919.
Hunt, R.W.	L/S	212472	*Ch	21 Jul 1920	Party 29 Oct 1919. Dup to *HMS Hecla* 7 May 1923.
Isaacs, A.D.	2/Lieut RM		*	16 Aug 1920	Party 7 May 1919.
Jones, L.	AB	233459	*Ch	16 Jul 1920	Party 24 Apr 1919.
Lavers, W.A.	Act/CPO	192765	*Jel	7 Feb 1922	DAMS Liverpool 28 May 1919.
Lewis *DSM*, C.J.	PO	225059	*Jel	26 Jul 1920	Party 29 Oct 1919.
Littlejohns, A.S.	Act/Comdr RN		*	22 Jun 1920	Party 29 Jan 1919. "In Command".
Lloyd, D.	AB	225151	*Ch	11 Feb 1924	Run 8 Sep 1915. Star restored, issued to Party 11 Feb 1924.
Martin, R.C.	AB	J18266	*Jel	29 Jul 1920	*HMS Greenwich* 20 Aug 1919.
Mewell, H.	CPO	172044	*Deg	16 Jul 1920	*HMS Excellent* 28 Jan 1919.
Mitchell, D.	AB	J18400	*Ch	5 Nov 1924	DD 23 Jan 1917. Sent to Father Mr R.Mitchell. Retd with Star 12 Nov 1924. Retd to R.Mint Mar 1934.
Mitchell, J.C.	W/Tel RN		Ch	R	Party 2 May 1919.
Mockett, E.	AB	181462	*Jel	25 Aug 1920	*HMS Vigorous* 5 Feb 1919.
Nash, G.	AB	J10758	*Ch	23 Jul 1920	*HMS Tirade* 5 Feb 1919.
O'Neill, J.	AB	230574	*Ch	14 Jul 1920	Party 29 Sep 1919.
Oram, F.	Act/CPO	193219	*Deg	1 Jul 1920	*HMS Excellent* 28 Jan 1919.
Orford, W.	AB	J471	*Ch	4 Aug 1920	*HMS Hunter* 1 Apr 1919.
Pakes, E.	AB	239069	*Jel	4 Aug 1920	*HMS Pembroke* 28 Mar 1919.
Pay, E.N.	L/S	305277	*Jel	15 Jul 1920	Party 1 Apr 1919.
Payne, C.C.	AB	238159	*Jel	23 Jul 1920	*HMS Hecla (Teazer)* 3 Apr 1919.
Pearson, S.	Ch/Arm	340166	*	23 Jul 1920	Party 16 Jul 1920.
Peek, W.	AB	201863	*Jel		*HMS Indomitable* 8 Feb 1919.
Perry, T.G.	AB	J8188	*Ch		Run 7 Feb 1919. Retd to R.Mint Mar 1934.
Plumb, H.G.	AB	235193	*Ch	23 Jun 1920	*HMS Indomitable* 8 Feb 1919.
Potter, T.F.	Act/Gunr RN	201400	*Deg		Party 17 Mar 1919.
Prentice, H.	AB	211915	*Jel		DD. Widow Mrs A.C.Prentice 15 Apr 1919.
Prisgrove, W.J.	AB	134708	*Ch	14 Jun 1920	*HMS Badminton* 28 Feb 1919.
Read, C.W.	AB	J11602	*Jel		Party 12 Feb 1919.
Richey, F.A.	PO	199317	*Ch	17 Mar 1921	DD 15 Aug 1916. Sister Mrs A.Smith.

ARMOURED TRAINS

Ridler, P.H.	Lieut/Comdr RN		*Ch	6 Jul 1920	*HMS Orion* 28 Jan 1919.
Robertson, E.E.	AB	J2307	*Ch	25 Aug 1920	*HMS Pembroke* 8 Nov 1919. Dup Clasp & Star to *HMS Dragon* 27 May 1927.
Robinson, L.F.	Lieut RN		*Jel	7 Jun 1921	*HMS Neptune* 4 Feb 1919.
Roper, P.	L/S	238528	*Jel	25 Nov 1924	Party 25 Nov 1924.
Rose, A.H.	AB	215110	*Deg	16 Jul 1920	Party 5 Aug 1919.
Royan, H.W.	AB	234576	*	7 Jul 1920	*HMS Diamond* 21 Apr 1919.
Sawkins, R.W.	AB	J10340	*Jel		Run 11 Jul 1918. Retd to R.Mint Mar 1934.
Scott, J.H.	AB	215639	*Ch	5 Jul 1920	Party 20 May 1919.
Smart, G.C.	AB	121450	*Ch	23 Jun 1920	Party 2 Jun 1919.
Smith, G.W.	AB	210707	*	18 Aug 1920	Party 21 May 1920.
Smith, W.E.	PO	217726	*Ch	29 Nov 1920	*HMS Cornflower* 2 Mar 1920.
Southey, E.J.S.	AB	J17821	*Jel		*HMS Diligence (Waterhen)* 5 Feb 1919. Run 8 Oct 1919.
Staines, G.R.		J6665	*Ch	4 Sep 1920	Port Edgar 28 Mar 1919. Dup to *HMS Clio* 15 Apr 1920.
Stevens, H.A.	Act/CPO	201399	*Deg	16 Jul 1920	Party 4 Dec 1919.
Street *DSM*, T.R.	AB	187021	*Ch	16 Jul 1920	Party 23 Apr 1919.
Surtees, T.W.	AB	228371	*Ch	19 Jul 1920	Party 23 May 1919.
Thompson, J.W.	AB	189958	*Ch	28 Sep 1921	DD 1 Jun 1916. Brother H.Thompson 28 Sep 1921.
Tooke, T.C.	AB	J14293	*Ch	25 Aug 1920	HM Training Establishment Shottley 25 Aug 1920.
Wilkes, F.	AB	218666	*Ch	28 Jul 1920	Party 28 Jul 1920.
Williams, G.	L/S	J3249	*Ch	4 Aug 1920	*HMS Sandhurst (Valentine)* 26 Sep 1919.

Abbreviations: Ch = HMAT Churchill
   Deg = HMAT Deguise
   Jel = HMAT Jellicoe

Note: HMATs denoted in **bold** are derived from the P.R.O. medal roll; those not in bold are derived from other sources.

"From The London Gazette 17 October 1919 p.12780:-

The following D.S.M. awards have been approved

AB Albert Clarke, ON 201278 (Ch.)
PO Charles Jubilee Lewis, ON 225059 (Ch.)
Ldg Sea Thomas Robert Street, ON 187021 (Ch.)"

Note: The Distinguished Service Medals are named "Armoured Trains, France 1915".

BRIGADE & DIVISIONAL STAFF

Name	Rank or Rating	Official Number	Where Served	Clasp Issued	Medal Sent - Comments
1st Brigade Staff					
Bangor, Viscount	Major RM				Party 14 Apr 1920.
Chichester, S.R.	Dvr			13 Jan 1921	Party 15 Mar 1919.
Cordingley, J.W.	CPO				Party 18 Jan 1919.
Cunningham, C.C.	Major			15 Mar 1926	India Office 15 Mar 1926.
Failes, B.J.	Chaplain			26 Jul 1920	Party 26 Jul 1920.
Festing, M.C.	Captain RM				Party 2 Sep 1919.
Fuller, G.O.	Ord RNVR	L8/3547			Party 15 Mar 1920.
Gordon, A.A.	Major		A	10 Jun 1920	RO RND 11 Nov 1919. Dup Star retd to R.Mint 9 Mar 1922.
Harding, W.H.	CPO	143766		27 Jul 1920	Party 7 May 1919.
Henderson, W.	Commodore RNVR		AI	13 Apr 1923	Party 29 Jan 1919. Original wrongly engraved. Scrapped and returned to R.Mint.
Kedge, S.W.	Ch/Wrtr RNVR	L2/1762	A*	12 Jul 1920	Party 12 Mar 1919.
Lacey, S.J.	Lieut/Comdr RN			14 Jun 1920	Party 20 Jan 1919.
Parker, F.A.	1/Wrtr	L2/2586	AI	21 Dec 1920	Party 26 Jul 1919.
Tisley, F.W.	Sig/Bosn RN			17 Jun 1920	Party 31 Jul 1919.
Hospital Staff					
Halliham, P.	Jun/RA	M13498			Party 31 Oct 1919.
Pope, G.L.	Messenger	B1/1123			Not engraved.
Yeames, W.	AB RNVR	L1/3495		27 Mar 1923	Party 31 Jul 1919.
Marine Band					
Allay, W.	Musn				Not engraved.
Allen, J.	Cpl	RMB789		13 Oct 1920	HMS Temeraire 15 May 1919.
Alley, V.H.	Musn	RMB1903		30 Nov 1920	HMS Iron Duke 17 Mar 1920.
Allingham C.J.	Musn	RMB1978			HMS Victory 9 Jun 1919.
Billings, S.J.	Musn	RMB1924			DD 27 Jun 1915. Mother Mrs E.Billings 16 Jun 1919.
Bristow, W.	L/Sergt			14 Jul 1920	RN School of Music Eastney 10 Mar 1919.
Coles, J.	Cpl	RMB948			RN School of Music Eastney 26 Jul 1919.
Coltman, H.G.	Musn	RMB1885			HMS Victory 23 Jun 1919.
Faithfull, W.E.	Bandmstr			14 Jul 1920	RNB Devonport 15 May 1919.
Greatwood, L.W.	Musn	RMB49			HMS Iron Duke 13 Mar 1919.
Harper, J.A.	Musn	RMB2030			Natural Sister Mrs E.Brereton 14 Jun 1924.
Hartwright, H.A.	Cpl	RMB1135		14 Jul 1920	HMS Renown 29 Jan 1919.
Holland, W.E.	Musn	RMB1917		25 Aug 1920	RN School of Music Eastney 31 Jul 1919.
Jamieson, W.C.	Musn	RMB2197		24 Aug 1920	HMS Royal Sovereign 24 Aug 1920. Dup issued 9 Jul 1926.
Kew, W.	Musn	RMB2440			
Kinsey, B.L.	Musn	RMB1083			DD 20 Jul 1915. Mother Mrs Connolly 28 Jun 1921.
Knowles, W.J.	Cpl	RMB1144	A*	14 Jul 1920	RN School of Music Eastney 10 Mar 1919.
Moulder, C.W.T.	Musn	RMB1958		14 Jul 1920	RN School of Music Eastney 15 Mar 1920.
Roper, D.R.	Musn	RMB1877			Party 24 May 1919.
Saunders, J.W.	Musn	RMB992	A*		HMS Vindictive 28 Mar 1919.
Tipp, E.H.	Musn	RMB1862		14 Jul 1920	RN School of Music Eastney 10 Mar 1919.
Turner, A.J.	Musn	RMB1938	A*	8 Aug 1922	RMB Devonport 22 Aug 1919.
Williams, G.	Musn	RMB776		9 Jul 1920	RN School of Music 16 Mar 1919.
Young, G.T.	Musn	RMB1969	A*	20 May 1921	HMS Crescent Rosyth 9 May 1921.
2nd Brigade Staff					
Backhouse, O.	Commodore			18 Aug 1920	HMS Resolution 15 May 1919.
Bartlett, F.	Butcher			18 Oct 1924	Party 7 May 1919.
Biles, H.	Ch/Wrtr				DD 13 Jul 1915. Widow Mrs E.M.Biles 31 May 1919.
Bryan-Kenny, C.	St/Surgn RN		A*	9 Jul 1920	Party 9 Jul 1920.
Maxwell, W.L.	Lieut/Col RM			7 Apr 1925	DD 12 May 1915. Father D.A.Maxwell 17 May 1919.
Muntz, E.D.C.	Lieut/Comdr RNVR			9 Oct 1920	Party 6 May 1919.
Rice, W.N.	Chef			25 Jun 1920	Party 7 May 1919.
Saunders, M.	Major RM			11 Feb 1920	Party 11 Feb 1920.
Taylor, O.J.	Captain RM				Party 25 Jul 1919.
Williams, C.	Temp/Lieut RNVR			28 Jun 1920	Party 28 Jun 1921.

BRIGADE & DIVISIONAL STAFF

RN Division Staff Headquarters

Baker, L.G.H.	Lieut/Col Indian Army			Party 19 Apr 1920.
Barrett, D.L.	Lieut/Col			AG RM Whitehall 27 May 1919.
Casement, F.	Captain RAMC	A	1 Jun 1922	Party 1 Jun 1922.
Corrigan, A.A.	Major		1 Mar 1923	Party 1 Sep 1919.
Farquharson, H.D.	Lieut/Col DAA QMG		23 Jul 1920	RM Bks Portsmouth 13 May 1919.
Finch, E.G.	Fl/Surgn RN		24 Jun 1921	Party 15 May 1919.
Foot, G.E.	Fl/Payr RNVR			Party 15 May 1919.
Gibson, C.J.L.	Lieut RNVR	A	19 Jan 1923	Party 19 Jan 1923.
Micklem *DSO*, H.A.	Major DA QMG R.Engrs			Party 15 Mar 1920.
Montague, The Hon.L.	Lieut RM		7 Mar 1940	Party 29 Aug 1919.
Morriss, E.A.	Sub Lieut RNVR			Party 28 Mar 1919.
Richardson, G.S.	Lieut/Col AA QMG		29 Mar 1921	AG RM 19 Feb 1919.
Smith, F.H.	Temp/Captain RM	A		Retd to R.Mint Mar 1934.

RM Brigade Staff

Chaytor, D'Arcy.	Lieut/Col	23 Dec 1920	Party 23 Dec 1920.
Moore, Rev.C.W.G.	Chaplain RN	28 Jun 1920	Party 15 May 1919.

FIRST BRITISH FIELD HOSPITAL IN BELGIUM

Name	Rank	Where Served	Clasp Issued	Medal Sent - Comments
Airey, Mr W.S.	Lay Staff			"To be considered if application received."
Ashley-Smith, Miss G.	Nursing Sister			Party 1 May 1919. Now Mrs G.McDougal.
Baillie-Hamilton, Mr.	Lay Staff			Party 30 Oct 1919.
Baker, Miss E.M.D.N.	Surgeon			Retd to R.Mint Mar 1934.
Benham, Miss A.M.	Surgeon			Party 28 Feb 1921.
Black, Miss	Nursing Sister			
Brown, Mr.	Lay Staff			"To be considered if application received."
Bryan, Miss M.T.	Nursing Sister			"Not entitled."
Buchanan, E.	Nursing Sister			Party 1 Jan 1920.
Burton, Miss K.	Nursing Sister			Party 1 Jan 1920.
Chapman, Mrs M.	Nursing Sister		R	Party 26 Aug 1919.
Clark, Miss M.E.	Nursing Sister			Party 15 Apr 1919.
Congreve, Lady C.	Nursing Sister			Party 10 Feb 1920.
Cooper, Mr C.M.	Dresser			Party 21 Apr 1919.
Dalton, Mrs.	Nursing Sister			"Not to be inscribed."
Dickinson, Miss E.K.	Lay Staff			Party 18 Jan 1919.
Dickinson, Miss H.M.	Lay Staff		R	Party 28 May 1920.
Findley, Mr G.M.	Dresser			Party 23 Apr 1919.
Forster, Miss L.	Surgeon			Retd to R.Mint Mar 1934.
Grayson, Miss D.C.	Nursing Sister			Party 25 Jan 1919. "War Office informed no objection to issue of duplicate by them 3 Dec 1930."
Hancock, Mrs G.	Nursing Sister			Party 19 Mar 1919.
Hartnell-Beavis, Dr J.	Commandant			Party 10 Jul 1920.
Holland, Miss D.	Lay Staff			Party 18 Jan 1919.
Hoyle, Dr E.P.	Surgeon			Retd to R.Mint Mar 1934.
Long, Miss E.M.	Nursing Sister			Party 5 Jul 1920. Roll notes, "Now Mrs Beavis."
Maude, Miss D.M.	Surgeon			Party 1 May 1919.
Mitchell	Nursing Sister			
O'Gorman, Mme F.	Lay Staff			Party 31 Mar 1919.
Onslow, Miss A.M.	Lay Staff			Party 17 Feb 1919.
Page-Roberts, Miss C.	Nursing Staff			Party 9 Jan 1919.
Parminter, Miss K.	Nursing Sister in Charge			Party 1 May 1919.
Pedley, Dr C.F.	Surgeon			Party 30 Jan 1919.
Sarra, Mr W.H.	Dresser			Party 19 Nov 1923.
Scott, Miss P.	Lay Staff			Party 1 May 1919.
Secker, Mr J.H.	Dresser		29 Sep 1922	Party 29 Sep 1922.
Sharp, Mr E.W.L.	Dresser			Retd to R.Mint Mar 1934.
Shepperd, Miss J.	Nursing Sister			Party 2 Jul 1919.
Sindici, Mme M.	Lay Staff			Belgian subject. Retd to R.Mint Mar 1934.
Souttar FRCS, H.S.	Surgeon in Chief			Party 29 Aug 1919.
Stack, Miss M.	Nursing Sister			Party 30 Mar 1920.
Summers, Mr J.	Lay Staff			Retd to R.Mint Mar 1934.
Tanner, Miss A.	Nursing Sister			Party 31 May 1919.
Taylor, Mr H.W.	Dresser			Retd to R.Mint Mar 1934.
Wells, Miss H.M.	Nursing Sister			Party 5 May 1919.
Wiborg, Miss R.	Nursing Sister			Party 6 Jul 1920. Roll notes, "Now Mrs R.Hinks."
Williamson, Miss C.J.	Nursing Sister			Retd to R.Mint Mar 1934.
Winterbottom, Mrs G.H.	Lay Staff			Retd to R.Mint Mar 1934.

MACHINE GUN PARTIES

Name	Rank or Rating	Offical Number	Where Served	Clasp Issued	Medal Sent - Comments
Bate, A.J.	Pte RMLI	Po15135	AM	6 Apr 1921	Party 6 Apr 1921.
Bourne, T.	Pte RMLI	Ch16140	AH	13 Aug 1920	RM Chatham 13 Aug 1920.
Brooks, W.C.	Pte RMLI	Ch12959	AH	9 Nov 1923	RM Chatham 24 Mar 1919.
Bullock, W.	Pte RMLI	Po9067	AM	22 Nov 1921	Party 22 Nov 1921.
Callow, T.J.	Pte RMLI	Po4673	AH	22 Jun 1920	RM Chatham 24 Mar 1919.
Clark, C.N.	Pte RMLI	Ply16707	AS		Party 6 Feb 1920.
Coombes, L.J.	SB/Attn	M3883	AS	3 Aug 1920	*HMS Vivid* 5 Mar 1919.
Deaves, D.	Pte RMLI	Po10015	AM	19 Jul 1922	Party 19 Jul 1922.
Dickens, T.W.	Pte RMLI	Ch12314	AH	22 Apr 1921	DD 22 Nov 1915. Mother Mrs Susan Gray 22 Apr 1921.
Emmett, F.	Pte RMLI	Po12168	AM	8 Apr 1922	Party 20 Jan 1919.
Ford, J.E.	Sergt RMLI	Ch11737	AH	16 Aug 1920	RMLI Chatham 24 Mar 1919.
Fox, G.	Pte RMLI	Po8326	AM	15 Jun 1920	Party 20 Jan 1919.
Gray, R.	Pte RMLI	Ply12773	AS		DD 8 Dec 1914. Mother Mrs W.Gray 2 Mar 1920.
Gritton, J.H.	Arm/Mte	128254	AM	11 Apr 1923	Party 11 Apr 1923.
Hadley, J.	Cpl RMLI	Po12853	AS		Run 25 Nov 1917. RMB Portsmouth 15 Jul 1919.
Handley, W.	Pte RMLI	Po15822	AM	28 Sep 1921	*HMS President III* 21 Jul 1919.
Harris, E.	Pte RMLI	Ply11423	AS	31 Jan 1938	*HMS London* 23 Jan 1919.
Johns, W.G.	Cpl RMLI	Po13578	AM	28 Jun 1920	Party 29 Sep 1919.
Marcer, W.	Pte RMLI	Ch10250	AH	16 Mar 1921	*HMS Prince Rupert* 15 Mar 1919.
Martin, J.	Pte RMLI	Ch15582	AH	17 Jun 1920	Party 27 Feb 1919.
McKnown, A.W.	Pte RMLI	Po5823	AM		Party 6 Oct 1919.
McNamara, P.F.	Pte RMLI	Ply10851	AS	16 Jul 1920	RM Barracks Plymouth 10 Mar 1919.
Meehan, J.	Pte RMLI	Ply11373	AS		Party 6 Mar 1919.
Page, F.R.	Pte RMLI	Po14595	AM	23 Jan 1922	*HMS Egmont* 18 Jul 1919.
Price, W.J.	L/Sig	212311	AS	3 Aug 1920	*HMS Orion* 28 Jan 1919.
Smith, A.	Pte RMLI	Po6480	AM	29 Nov 1921	DD 20 Oct 1914. Widow Mrs Paston 10 Nov 1919.
Stewart, R.	Pte RMLI	Ply8580	AS		Party 1 Mar 1919.
Stickland, W.J.	Pte RMLI	Po15575	AM		Party 3 Oct 1919.
Taylor, J.	Sergt RMLI	Ply7267	AS	17 Mar 1921	Party 17 Mar 1921.
Wallington, C.	Pte RMLI	Ch10434	AH		RM Chatham 24 Mar 1919.
West, F.G.	Pte RMLI	Po12985	AM		RMLI Gosport 15 Mar 1920.
Wise, E.S.	Lieut RN		S		DD 20 Oct 1914. Father C.T.Wise Esq 7 Nov 1919.

Noted on Roll: "Landed at Neiuport from *HMS Severn, Humber and Mersey.*"

MISCELLANEOUS

Name	Rank or Rating	Official Number	Where Served	Clasp Issued	Medal Sent - Comments

Hospital Belle Vue, Nolo-les-Bains, Dunkirk

Name	Rank or Rating	Official Number	Where Served	Clasp Issued	Medal Sent - Comments
Colledge, W.	Jun/RA	M10252			Party 22 Jan 1919.
Cooper, J.F.	Jun/RA	M10253			Party 23 Nov 1920.
Francis, J.W.	Jun/RA	M10244			Party 7 Jan 1924.
Frisby, A.F.	Jun/RA	M10245			Party 12 Mar 1919.
Goddard, W.W.	Jun/RA	M10239			*HMS Pembroke* 13 Mar 1919.
Herbert, G.H.	Jun/RA	M10236			Party 8 Oct 1919.
Howe, A.G.D.	Jun/RA	M10237		R	*HMS Pembroke* 28 Mar 1919.
Keeble, H.	Ch/SBStd	135654			*HMS Pembroke* 14 Mar 1919.
Roberts, A.	3/Wrtr	M8581		24 Oct 1922	Party 19 Jul 1922. Dup issued.
Rogers, E.M.	Jun/RA	M10225		R	Party 1 May 1919.
Sankey, J.	Jun/RA	M10223			Party 22 May 1919.
Williams, T.	L/Ck/Mte	M1781			RNB Portsmouth 29 Nov 1921.
Yates, T.	Ck/Mte	M3996		R	*HMS Victory* 21 Dec 1920.

Staff of General Officers Commanding (R.M.Bgde)

Name	Rank or Rating	Official Number	Where Served	Clasp Issued	Medal Sent - Comments
Batchelor, T.A.	Asst/Payr RN	Compensation Officer			Retd to R.Mint Mar 1934.
Clark-Hall, R.H.	Lieut/Col RM	Acting Brigade Major			Retd to R.Mint Mar 1934.
Jones, Rev F.H.	Chaplain RN				Party 28 Jan 1919.
Whiteway, G.	Yeo/Sig				*HMS Gibraltar* 19 Feb 1919.

Belgian Military Mission HQ Staff

Name	Rank or Rating	Official Number	Where Served	Clasp Issued	Medal Sent - Comments
Muirhead, S.	L/Sig	219591		25 Sep 1920	*HMS Sherbourne* 21 Mar 1919.
Shoppee *DSC*, D.C.G.	Lieut RN			25 Sep 1920	*HMS Tiger* 29 Jan 1919. Dup clasp issued 27 Jan 1921. (Old issue.)
Williamson, E.J.	L/Tel	311598			Party 27 Feb 1919.

Special Service Dunkirk (from 31 Oct 1914).

Name	Rank or Rating	Official Number	Where Served	Clasp Issued	Medal Sent - Comments
Allen, J.T.	AB	216626			Run 5 Jan 1915. Forfeiture remitted, Star issued to Party 14 Jul 1936.
Brown, J.A.	AB	220677			Party 28 Apr 1920.
Crabtree, F.	PO	184180			*HMS Sapphire* 30 Jan 1919.
Dance, W.	AB	J3958			*HMS Tyne* 28 Feb 1919.
Lloyd, A.J.	AB	217363			Retd to R.Mint Mar 1934.
Lowe, A.	AB	213634			Party 30 Aug 1921.
Whitehouse, A.	CPO	165165			Party 3 Feb 1919.

Naval Ordnance Depot Dunkirk

Name	Rank or Rating	Official Number	Where Served	Clasp Issued	Medal Sent - Comments
Smith, A.E.W.	Asst/Naval/Ordnance Officer				RN Mining Department, Manningtree 22 Jan 1919.

Special Service Nieuport

Name	Rank or Rating	Official Number	Where Served	Clasp Issued	Medal Sent - Comments
Abraham, N.J.	L/Boatman	157432			HM Coastguard Southern Dist Prudential Bldgs Southampton 30 Jan 1920.
Butler, G.J.M.	PO/Tel	176310			HM Coastguard Southern Dist Prudential Bldgs Southampton 30 Jan 1920.
Cheal, T.	Yeo/Sig	179357			HM Coastguard Southern Dist Prudential Bldgs Southampton 30 Jan 1920.
China, J.S.	PO/Tel	168006		R	Party 15 Mar 1920.
Davies, N.	Yeo/Sig	182185		R	Coast Guard Humber Area 15 Mar 1920.
Harding, A.	PO/Tel	161128			DD 2 Aug 1919. Party 26 Jul 1919. Attached RNAS.

Special Service Army

Name	Rank or Rating	Official Number	Where Served	Clasp Issued	Medal Sent - Comments
Cuffe, J.A.F.	Capt RMLI Attd Royal Muns Fus.				War Office 23 Dec 1919.

Special Service at GHQ France

Name	Rank or Rating	Official Number	Where Served	Clasp Issued	Medal Sent - Comments
Smith-Cumming, M.G.	Comdr RN				Party 10 Apr 1922.

MOTOR OWNER DRIVERS

Name	Rank or Rating	Official Number	Where Served	Clasp Issued	Medal Sent - Comments
Balls, C.	T/Lieut RM			18 Feb 1921	Party 18 Feb 1921.
Bellew, E.H.	T/Lieut RM				
Bennison, G.	T/Lieut RM				Party 12 Dec 1924.
Benson, C.T.	T/Lieut RM			7 Jul 1921	Party 28 Jun 1920.
Booth, C.M.	T/Lieut RM			20 Jul 1920	Party 20 Jul 1920.
Bridgland, C.	T/Lieut RM				DD 11 Dec 1915. Father R.J.Bridgland Esq 1 Jun 1922.
Clayton, G.E.C.	T/Lieut RM				DD 2 Sep 1915. Widow Mrs I.Clayton 17 May 1919.
Cook, W.E.	T/Lieut RM			29 Apr 1921	Party 29 Apr 1921.
Cox, E.H.M.	T/Lieut RM			14 Feb 1936	Party 25 Jun 1920.
Crawford, P.	PO/Mech	F336			See RNAS List.
Currin, S.A.	T/Lieut RM			18 Oct 1921	Party 12 Mar 1919.
D'Ambrumenil, L.	T/Sub Lieut RNVR				Party 9 Mar 1921.
D'Ambrumenil, P.	T/Sub Lieut RNVR				Retd to R.Mint Mar 1934.
Duveen, G.S.	T/Lieut RM				C/o M.M.W. Admiralty 13 Mar 1919.
Ferguson-Davie, H.G.	T/Lieut RM				DD. AG 14 9 Sep 1919.
Field, H.	T/Lieut RM				Retd to R.Mint Mar 1934.
Fox, E.J.	T/Lieut RM				Retd to R.Mint Mar 1934.
Glass, D.J.C.	T/Sub Lieut RNVR				Scrapped. Star to be issued by Army.
Glass, T.F.					Retd to R.Mint Mar 1934.
Goring, J.	T/Lieut RM			10 Sep 1920	Party 10 Sep 1920.
Griffin, A.H.					Retd to R.Mint Mar 1934.
Hay Bt, Sir Duncan				6 Jul 1920	Party 11 Feb 1919.
Hayward, C.H.	T/Lieut RM				Air Ministry 6 Jul 1921.
Hills, J.					Retd to R.Mint Mar 1934.
Hodge, D.S.	T/Sub Lieut RNVR				Retd to R.Mint Mar 1934.
Horn, K.K.	T/Lieut RM			12 Jun 1939	Party 12 Jun 1939.
Howard, Hon. Geoffery					Original wrongly inscribed, scrapped, returned to Mint 9 Mar 1922.
Hutton, C.E.	Captain (Att.RN Div)				Party 16 Apr 1919.
Hyman, G.					Party 23 Apr 1919.
Isaac, B.A.	T/Sub Lieut RNVR				Party 22 Mar 1919. See RNAS List.
Jervis Parker, V.	T/Lieut RM				Party 14 Nov 1919.
Jones, W.B.L.	T/Lieut RM				Sister Miss G.M.Jones 27 May 1919.
Lawrence, H.	T/Lieut RM				Party 13 Feb 1919.
Laws, H.W.	Hon/2/Lieut				Party 15 May 1919.
Le Cron, D.R.N.	T/Sub Lieut RNVR				Party 12 Mar 1919.
Leyeune, Baron H.	T/Lieut RM			22 Jul 1920	Party 22 Jul 1920.
Lowry, A.E.	T/Sub Lieut RNVR				Retd to R.Mint Mar 1934.
Macdonald, I.	T/Lieut RM				Wormwood Scrubs 29 Jan 1919.
Mathew, W.C.	T/2/Lieut RM			8 Nov 1923	Party 20 May 1919.
Molloy, M.	T/2/Lieut RM				Party 12 Mar 1919.
Mossop, P.G.	PO/Mech	F156			See RNAS List.
Mullolland, H.	T/2/Lieut RM			19 Mar 1921	Party 19 Mar 1921. Original wrongly engraved. Scrapped and retd to Mint 9 Mar 1922.
Murdock, L.M.	T/2/Lieut RM			29 Apr 1921	Party 29 Apr 1921.
Newman, G.					Not entitled vide own letter. Star scrapped returned to Mint 3 Sep 1924.
Nicholson, B.H.	T/Lieut RM				AG RM Admiralty 30 Jun 1919.
Orde, L.F.	T/Lieut RM		A	16 Apr 1920	Party 20 May 1920.
Protheroe, A.	T/Lieut RM				Party 3 Jul 1922.
Reid, R.A.	T/2/Lieut RM				Party 1 Mar 1919.
Rosenbaum, H.L.					Retd to R.Mint Mar 1934.
Sampson, Noel.					Retd to R.Mint Mar 1934.
Shave, J.	PO/Mech	F335			Party 7 May 1919.
Smith DSO, C.A.	T/Lieut RM				DD 9 Jun 1916. Widow Mrs M.Smith 7 Oct 1919.
Stafford, H.G.	T/Lieut RM			26 Oct 1920	Party 28 Jan 1919.
Stafford, Widdrington	T/Lieut RM			21 Dec 1920	Party 11 Nov 1919.
Tinker, H.A.	T/Lieut RM				Retd to R.Mint Mar 1934.
Truscott, C.	T/Lieut RM				DD. Roy F.Truscott 29 Nov 1922.
Underwood, G.F.	Hon/2/Lieut RM				Party 12 Apr 1921.
Weightman, J.	T/Lieut RM				DD 3 Jun 1915. Mother Mrs I.Weightman 22 Apr 1919.
Westenia, The Hon.W.	T/Lieut RM				AG RM Admiralty 30 Jun 1919.

MOTOR TRANSPORT SECTION

Name	Rank or Rating	Official Number	Where Served	Clasp Issued	Medal Sent - Comments
Adams, C.E.	Dvr	179(S)			Party 27 Feb 1919.
Anthony, E.A.	Dvr	195(S)			Party 30 Apr 1919.
Austin, R.W.	Mech	55(S)			Party 1 Aug 1919.
Barber, H.	Dvr	161(S)		20 Sep 1920	Party 9 Apr 1919.
Barfoot, T.H.	Mech	56(S)			Party 14 Feb 1919.
Barker, R.H.	Dvr	81(S)			Party 21 Mar 1919.
Bartholomew, H.	Dvr	91(S)		6 Oct 1933	Party 2 Apr 1919.
Beavis, A.A.	Dvr	92(S)			Retd to R.Mint Mar 1934.
Benson, E.F.	Dvr	93(S)		20 Sep 1920	Party 8 Apr 1919.
Bishop, F.	Dvr	94(S)			Party 28 Feb 1919.
Bray, H.	Dvr	95(S)		26 Jun 1920	Party 17 Mar 1919.
Brighty, F.J.	Dvr	162(S)			Party 1 Aug 1919.
Brown, F.L.	Mech	57(S)		6 Jul 1920	Party 6 Jul 1920.
Browne, A.E.	Dvr	96(S)			Party 17 Mar 1919.
Buchan, J.	Dvr	58(S)			Party 8 Aug 1924.
Burke, C.	Dvr	59(S)		30 Nov 1920	Party 11 Jul 1919.
Bush, F.	Dvr	60(S)			Retd to R.Mint Mar 1934.
Bushnell, W.C.	Dvr	208(S)		24 Jun 1924	Party 25 Apr 1919.
Butcher, A.	Dvr	180(S)		16 Nov 1921	Party 9 Apr 1919.
Capel, F.J.	Dvr	61(S)			Party 28 Jun 1919.
Chapping, H.J.	Dvr	98(S)			Party 17 Jul 1919.
Charles, J.	Dvr	97(S)		8 Apr 1921	Party 27 Mar 1919.
Chouffot *DSM*, A.	Sergt/Mech	99(S)		30 Jun 1920	Party 13 Feb 1919.
Clapson, R.E.	Dvr	100(S)		24 Oct 1938	Party 21 Jul 1919.
Clark, W.	Dvr	196(S)		5 Mar 1930	Party 17 May 1919.
Clarke, F.G.	Dvr	181(S)			Party 12 Jul 1919.
Cloud, T.	Dvr	82(S)			Party 6 Aug 1919.
Cole, A.	Mech	197(S)			Party 17 Mar 1919.
Collier, H.E.	Dvr	198(S)			HMS Hermione 13 Feb 1919.
Cooke, H.L.	Dvr	101(S)			DD Dec 1918. Mother Mrs S.Cooke 4 Jun 1920.
Cribb, W.	Dvr	202(S)			Party 26 Oct 1920.
Crocker, W.H.	Mech	147(S)		7 Jul 1920	Party 27 Feb 1919.
Curtis, W.F.	Dvr	62(S)			Party 17 Mar 1919.
Cutting, B.E.	Mech	148(S)			Party 10 Apr 1919.
Davis, G.C.	Mech	160(S)			Party 12 Jul 1919.
Davis, H.A.	Dvr	102(S)			Party 27 Feb 1919.
Day, G.W.	Dvr	182(S)			DD 1 Dec 1918. Father Mr G.Day 30 Oct 1919.
Deal, C.S.	Dvr	216(S)			Retd to R.Mint Mar 1934.
Dell, M.R.	3/Wrtr	LZ136			Party 15 May 1919.
Dell, W.	Dvr	163(S)			Secretary RAC 13 Feb 1919.
Dixey, J.	Dvr	63(S)			Party 20 Mar 1919.
Dockree, W.	Dvr	82(S)			Party 13 Aug 1919.
Doughty, A.	Dvr	211(S)			RAF Cattewater 12 Feb 1919.
Douglas, R.	Dvr	103(S)			Party 8 Apr 1919.
Doward, J.	Dvr	164(S)		22 Feb 1922	Party 14 Jul 1919.
Drake, W.	Dvr	104(S)		11 Oct 1921	Party 16 Jul 1919.
Drew, J.F.	1/Wrtr	LZ35			Party 26 Aug 1919.
Eastwood, W.H.	Mech	64(S)			Party 11 Sep 1923.
Edwards, E.J.	Dvr	165(S)			Party 20 Feb 1919.
Estop, F.C.	Dvr	65(S)		13 Nov 1920	Party 19 Feb 1919.
Farrow, S.	Dvr	105(S)			Party 15 Jul 1919.
Fenton, C.	MS Keeper	183(S)			Party 20 Mar 1919.
Ferguson, J.	Dvr	106(S)			Party 13 Aug 1919.
Fever, A.	Mech	66(S)		23 Sep 1920	Party 21 Jul 1919.
Foy, J.	Dvr	107(S)			Party 22 Jan 1919.
Franklin, A.	Dvr	108(S)			Party 27 Feb 1919.
French, S.E.	Dvr	109(S)		1 Jun 1922	Party 28 Mar 1919.
Gander, R.	Dvr	110(S)		7 Jul 1920	Party 25 Apr 1919.
Gibbs, P.G.	Dvr	218(S)			Party 18 Jul 1919.
Gibson, A.C.H.	Dvr	166(S)			DD 21 Apr 1916. Son Mr A.R.G.Gibson 3 May 1920.
Gilmore, A.E.	Dvr	111(S)		22 Sep 1921	Party 6 Mar 1919.
Goulding, A.	Dvr	112(S)		12 Sep 1922	Party 17 Jul 1919.
Gowen, F.	Dvr	67(S)	A*	29 Sep 1933	Party 12 Mar 1919.

MOTOR TRANSPORT SECTION

Name	Rank	Number		Date	Notes
Greenshield, W.	Dvr	209(S)			Party 25 Jul 1919.
Hamilton, E.	Dvr	167(S)			Party 15 Sep 1919.
Heath, G.R.	Dvr	68(S)		18 Oct 1920	Party 12 Jul 1919.
Hedges, F.	Dvr	168(S)		7 Jul 1920	Party 29 Mar 1919.
Herd, C.W.	Dvr	113(S)			Party 12 Jul 1919.
Hobbs, W.	Dvr	184(S)			Party 15 Apr 1919.
Hollyer, S.C.	Mech	149(S)		28 Jun 1920	Party 9 Jun 1919.
Hunt, J.W.	Dvr	114(S)		29 Jun 1920	Party 23 Apr 1919.
Hurst, G.	Dvr	115(S)		8 May 1933	Party 18 Jul 1919.
Hutchins, G.	Dvr	116(S)		12 Nov 1920	Party 27 Feb 1919.
Jacquet, L.	Dvr	69(S)			Party 27 May 1919.
James, L.C.	Dvr	210(S)			Party 23 Jul 1919.
James, W.N.	Dvr	70(S)		26 Oct 1920	Party 15 Jul 1919.
Jessup, G.W.	Dvr	71(S)			Party 11 Jun 1919.
Jordon, R.D.	Dvr	117(S)		8 Jul 1920	Party 13 Mar 1919.
Ketteringham, V.R.	Dvr	72(S)			Party 14 Apr 1919.
Kimpton, W.W.	Dvr	169(S)			Party 19 May 1919.
Kinch, R.E.	Dvr	73(S)			Party 8 Jan 1920.
King, F.S.J.	Dvr	118(S)			Party 19 May 1919.
Kliegl, W.	Dvr	119(S)		23 Mar 1921	Party 23 Mar 1921.
Knight, J.	Dvr	120(S)			Party 28 Mar 1919.
Lamb, R.H.	Mech	150(S)			Party 23 May 1919.
Lardner, J.	Dvr	207(S)			Party 17 Jul 1919.
Lea, C.J.	Dvr	185(S)		6 Apr 1921	Party 17 Mar 1919.
Mason, J.H.B.	Dvr	85(S)		30 Jul 1920	Party 27 Feb 1919.
McCabe, B.	Dvr	121(S)		11 Aug 1920	Party 3 Jun 1919.
McDonald, A.	Dvr	74(S)			Party 17 Jan 1921.
McIlroy, T.	Dvr	204(S)			Party 1 Apr 1919.
McKaig, J.A.	Dvr	122(S)			Party 12 Feb 1919.
McKenzie, V.M.	Dvr	123(S)			Retd to R.Mint Mar 1934.
McKinley, D.	Dvr	84(S)			Party 23 May 1919.
McMillan, A.G.	Dvr	75(S)		13 Nov 1920	Party 2 Jul 1919.
Meale, W.	Dvr	76(S)			Party 23 Jul 1919.
Moores, W.	Dvr	186(S)			Party 13 Feb 1919.
Morgan, H.L.	Dvr	212(S)			Party 5 Mar 1920.
Morris, E.H.	Dvr	124(S)			Party 22 May 1919.
Mortimore, H.W.	3/Wrtr	LZ44			Party 15 Mar 1920.
Morton, J.R.	Dvr	187(S)		20 Jun 1922	Party 21 Mar 1919.
Murray, J.P.	Dvr	188(S)		1 Jun 1922	Party 2 Apr 1919.
Nasmyth, H.D.	Dvr	215(S)			Party 25 Mar 1919.
Naunton, J.	Dvr	86(S)		3 Mar 1921	Party 17 Mar 1919.
Neale, O.	Dvr	87(S)			Party 29 Mar 1919.
Neville, B.W.	Dvr	125(S)		17 Jun 1920	Party 27 Mar 1919.
Norgett, H.E.	Dvr	77(S)			Party 15 Jul 1919.
Palmer, G.	Dvr	126(S)		16 Sep 1920	Party 22 Jan 1919.
Perkins, R.G.	Dvr	189(S)		23 Jul 1920	Party 15 Jul 1919.
Phillips, J.	Dvr	170(S)			DD 21 May 1916. Widow Mrs Phillips 2 Jan 1920.
Pinn, A.W.	Dvr	203(S)			Party 9 Jul 1919.
Pound, F.R.	MS Keeper	190(S)			Party 8 Apr 1919.
Powell, A.J.	Dvr	127(S)			Party 1 May 1919.
Prior, S.	Dvr	199(S)			Party 28 Mar 1919.
Rayfield, J.	Dvr	157(S)			Party 23 Apr 1919.
Redmond, J.	Dvr	128(S)		13 Sep 1920	Party 27 Feb 1919.
Reynolds, P.	Dvr	171(S)			Party 14 Mar 1919.
Ritchie, G.	Mech	151(S)			Retd to R.Mint Mar 1934.
Roberts, G.	Dvr	194(S)			Party 17 Jul 1919.
Robinson, W.J.	Dvr	129(S)		1 Sep 1921	Party 24 Mar 1919.
Rodrigues, C.A.	Dvr	191(S)			Party 19 May 1919.
Roscoe, J.W.	Dvr	130(S)			Party 22 Apr 1919.
Rose, H.H.	Mech	153(S)			Party 27 Feb 1919.
Rushton, J.	Dvr	131(S)			Party 20 Mar 1919.
Sandford, L.	Dvr	192(S)			Party 8 Apr 1919.
Sawyer, J.	Dvr	172(S)		26 Oct 1920	Party 15 Jul 1919.
Sayers, C.F.	Dvr	132(S)	A*	15 Oct 1920	RMA Eastney 8 Mar 1919.
Scarlett, R.	Mech	154(S)			Party 21 Apr 1919.
Scrivens, W.R.	Dvr	88(S)			Party 27 Feb 1919.
Searle, E.J.	Dvr	133(S)			Party 15 Jul 1919.

MOTOR TRANSPORT SECTION

Name	Rank	Number			
Seymour, B.	Dvr	134(S)			Party 17 Apr 1919.
Seymour, F.	Dvr	135(S)		25 Nov 1938	Party 26 Mar 1919.
Shanly, D.	Dvr	173(S)			Party 26 Aug 1919.
Sharman, H.	Dvr	78(S)	A*		Party 29 Jul 1919.
Shurmer, M.W	Mech	155(S)			Party 15 Jul 1919.
Simmons, W.	Elect	205(S)			Party 23 Jul 1919.
Simpson, J.T.	Mech	213(S)			Party 29 Jul 1919.
Simpson, W.C.	Dvr	136(S)			Party 17 Jul 1919.
Sinclair, C.	Dvr	193(S)		19 Jul 1920	Party 29 May 1919.
Smith, A.J.	Dvr	174(S)		22 Feb 1922	Party 15 Jul 1919.
Snelson, W.G.	Dvr	89(S)		2 Sep 1921	Party 27 Feb 1919.
Spanswick, B.G.	Foreman Mech	79(S)			Party 18 Mar 1919.
Stanley, C.A.	Dvr	137(S)		11 Mar 1921	Party 8 Mar 1919.
Strickland, W.H.C.	Dvr	138(S)		5 Feb 1923	War Office 5 Feb 1923.
Taylor, H.R.	Dvr	139(S)			Party 18 Jul 1919.
Taylor, W.J.	Dvr	206(S)			Party 17 May 1919.
Thompson, E.M.	Dvr	200(S)			Party 9 Aug 1919.
Trevell, G.	Dvr	140(S)		30 Nov 1927	Party 17 Jul 1919.
Tucker, F.W.	Dvr	141(S)			Party 30 Jun 1919.
Tungate, G.	Dvr	142(S)			Party 17 Jul 1919.
Unsworth, J.	Dvr	214(S)	R		Party 8 May 1919.
Vivian, .	Dvr	156(S)			Party 15 Jul 1919.
Walsh, C.R.	Dvr	143(S)		6 Oct 1921	Party 19 Mar 1919.
Walters, W.H.H.	Dvr	175(S)			Party 24 Feb 1922.
Ward, J.E.	Mech	157(S)			Party 27 Feb 1919.
Ware, F.	Dvr	144(S)			Party 8 Apr 1919.
Warren, A.C.	Dvr	90(S)		11 Aug 1921	RAF Stores Steventon 12 Feb 1919.
Watts, E.	Dvr	176(S)			Widow 20 Mar 1923.
Waymont, W.	Mech	158(S)			Party 27 May 1919.
Wearing, G.	Dvr	145(S)		11 Dec 1920	Party 11 Dec 1920.
Willett, R.C.	Dvr	217(S)			Party 8 Apr 1919.
Williams, C.	Dvr	177(S)			Party 13 Mar 1919.
Woodger, A.G.	Dvr	146(S)		14 Feb 1921	Party 22 Apr 1919.
Wright, A.E.	Dvr	178(S)			Party 9 Jun 1919.
Wright, A.W.	Mech	159(S)			Party 21 Jul 1919.
Wright, G.H.W.	Mech	80(S)			Party 29 Jul 1919.
Wright, W.J.	Dvr	201(S)			Party 21 Jul 1919.

MRS STOBART'S HOSPITAL UNIT

Name	Rank	Where Served	Clasp Issued	Medal Sent - Comments
Bailey, Miss M.E.	Sister			Party 1 May 1919.
Benjamin, Miss E.	Orderley			Party 12 May 1919.
Clifton, Miss F.	Nurse			Party 6 Aug 1919.
Cunliffe, Miss E.	Orderly			Party 27 Oct 1922.
Dick, Miss A.	Sanitary Inspector			Party 12 May 1919.
Donnisthorpe, Miss F.	Sanitary Inspector		R	Party 1 May 1919.
Finch, Miss M.	Nurse			Party 23 Sep 1919.
Greenhalgh Esq, J.H.	Hon/Treasurer			Party 25 May 1921.
Gregson, Miss C.	Nurse			Retd to R.Mint Mar 1934.
Hanson, Dr H.	Medical Staff			Party 1 May 1919.
Kennedy, Miss J.	Nurse			Party, Serbian Relief Fund Hospital 15 Apr 1921.
McNaughton, Miss S.	Orderly			DD. Retd to R.Mint Mar 1934.
McGlade, Miss A.	Secretary			Party 12 May 1919.
Perry, Miss E.	Orderley			Party 9 Sep 1919.
Ramsay, Dr M.	Medical Staff			Party 10 May 1919.
Randle, Miss G.	Interpreter			Party 15 May 1921.
Stobart, Mrs St.Clair	Administrator & Organiser			Party 1 May 1921.
Stoney, Dr F.	Medical Staff			Party 12 Mar 1919.
Stanley, Miss M.	Cook			Party 1 May 1919.
Trestrail, Miss C.	Nurse		R	Party 6 Jun 1919.
Thompson, Miss I.	Nurse			Party 20 Oct 1919.
Tully, Miss C.	Nurse		R	Party 26 Aug 1919.
Turner, Dr Rose	Medical Staff			Party 29 Apr 1921.
Watts, Dr J.	Medical Staff			Party 1 May 1919.
Wilson, Miss C.	Nurse			Party 16 Jun 1919.
Willis, Miss C.	Nurse			Party 16 Oct 1919.

Roll notes: "No Auxiliary Hospital Unit Personnel are entitled to 1914 Clasp (NP[II] 1820/20)

ROYAL NAVAL AIR SERVICE

Name	Rank or Rating	Official Number	Where Served	Clasp Issued	Medal Sent - Comments
Albert, W.	L/Mec	F388	*3	11 Dec 1920	Party 11 Dec 1920.
Albregt, E.A.	AM1	F207	*3		Party 16 Jan 1919.
Alexander, G.	AM1	J5370			RAF Records Manston 3 Apr 1919.
Allaway, W.	PO/Mec	F101	*31		Retd to R.Mint Mar 1934.
Allen, G.T.	AM1	RMA6759	*D3	28 Sep 1921	Party 28 Sep 1921.
Ames, E.B.	AM1	J7913	D♦		DD 9 Jun 1916. Widow Mrs Ames 11 Feb 1920.
Anderson, H.G.	Temp/Surgn RN		*3	13 Apr 1922	Party 30 Apr 1919.
Anderson, J.A.	CPO2	F415	3		Party 1 Nov 1922.
Andrews, C.J.	L/Mec	F25	*	22 Sep 1920	Party 24 Feb 1920.
Andrews, J.C.	PO/Mech	220815	*D	25 Oct 1920	RAF Friston, Lancs. 13 Feb 1919.
Annesley, Rt.Hon.Lord	Sub/Lieut RNVR		*3		DD. Widow 5 Dec 1919.
Ashdown, W.G.	AM1	F698	*B		HM Airship Station Pulham 30 Jul 1920.
Aspinall, C.L.R.	Sub Lieut RNVR		*3		HQ 14th TR Bgde, Shoreham 3 Apr 1919.
Athey, F.	AM1	F58	3		Party 24 Feb 1920.
Auger, J.M.	L/Mec	F147	D		Party 28 Jun 1926.
Aunger, W.R.	Sh/Std/Asst	M8448	*3		M.A. RAF Lemington Spa 24 Mar 1919.
Aves, H.	L/Mec	F422	*B1	9 Oct 1924	No.1 Stores Dept, RAF Kidbrooke 3 Apr 1919.
Ayshford, G.J.	AM2	F106			Party 27 Feb 1920.
Babington, J.T.	Flt/Comdr RNAS		F		Party 16 Jul 1920.
Bacchus, T.	CPO/Mec	M608			RAF Records Blandford 20 Feb 1920.
Bagnall, B.A.	AM1	F345	*BK	7 Jul 1924	Widow Mrs Eva Bagnall 7 Jul 1924.
Baldwin, R.D.	AM1	F96	*BD	1 Oct 1920	Party 27 Feb 1920.
Bantten, L.W.	AM1	F530	*3	1 Oct 1920	Party 10 Feb 1919.
Barnby, A.C.	Squad/Comdr RNAS		O		Party 1 Feb 1919.
Barrett, G.E.	PO/Mec	F656	*3	15 Feb 1921	Party 24 Feb 1920.
Bartlett, P.G.	AM1	F688	*BD		12 Balloon Base Shotley 29 Jul 1919.
Barton, A.	AM1	RMA7553	♦D		Party 23 May 1922.
Bateman, P.E.	PO/Mec	231321	*31	14 Jun 1924	RAF Records 14 Jun 1924.
Bates, A.F.	L/Mec	229466	*B	17 Mar 1922	Party 17 Mar 1922.
Bayne, H.R.	AM1	F690	*B	20 Sep 1920	Party 24 Feb 1920.
Beaton, W.R.	AM1	F327	*3	25 Sep 1920	Party 13 Feb 1919.
Beaumont, A.C.H.	2/SB/Std	351660	*3	23 Jul 1920	*HMS Venerable* 24 Mar 1919.
Beaumont, R.	AM1	F136			Party 24 Feb 1920.
Beeton, A.G.	L/Mec	F309	3	19 Feb 1921	Party 22 Apr 1919.
Beevor, C.F.	Flt/Sub Lieut RNAS		*31	4 Jun 1920	DD 2 Dec 1916. Father Lieut/Col W.Beevor 4 Jun 1920.
Benfield, F.A.	AM	M1722	1		471 Flight RAF 1 Feb 1919.
Bennett, R.	AM1	F32	31		Party 23 May 1919.
Benning, B.S.	Temp/2/Lieut RM		B*		Party 7 Jul 1920.
Bensley, F.H.	AM1	Ch13734	♦K		DD. Widow Mrs A J Bensley 13 Jun 1922.
Berenstein, H.E.	AM1	F526	*3	22 Sep 1920	Party 17 Feb 1919.
Berry, A.H.	CPO/Mec	271962	*31	29 Oct 1920	Flying Training School RAF Netheravon 29 Oct 1920.
Berry, L.	AM1	F480	*3	14 Aug 1928	Party 14 Aug 1928.
Biddle, G.W.H.	L/Mec	F20	*B		Retd to R.Mint Mar 1934.
Bigsworth, A.W.	Lieut RN		*3	12 Jan 1921	Party 19 Feb 1919.
Bishop, F.E.	PO/Mec	RMA8659	3		RAF Training Establishment 24 Jan 1919.
Blaney, T.	PO	233848			RAF Records Ruislip 9 May 1921.
Boggis, F.W.	AM1	K5886	3		RAF Newhaven 12 Feb 1919.
Booth, C.W.	CPO/Mec 3	271908	D		Air Ministry 18 Oct 1923.
Bradford, H.	CPO/Mec	M204	*3	26 May 1924	RAF Halton Camp, Bucks. 22 May 1919.
Brewe, C.	L/Mec	Po13987	*31		14 Star & clasp issued to Widow 13 May 1927.
Briggs DSO, E.F.	Squad/Comdr RNAS		F3*		Party 3 Apr 1919.
Brock, A.R.	AM1	F668	*BD	29 Jul 1921	Party 27 Feb 1920.
Brock, F.G.	PO/Mec	F494	3D		Party 23 Apr 1920.
Brock, T.A.	Temp/Sub Lieut RNVR		F		DD 22 Apr 1918. Widow Mrs Gladys Brock 29 Nov 1921.
Brodribb, F.G.	Flt/Lieut RNAS		O		Party 7 Jul 1920.
Brooks, H.	AM1	F449	3D		Party 23 Sep 1920.
Brown, R.	AM1	Ch13048	*BD	6 Mar 1925	Widow Mrs K Brown 28 Oct 1920.
Brownridge, J.J.	WO RN		*3	12 Jan 1921	RAF South Shields 13 May 1919.
Bryan, M.J.M.	L/Mec	F475	D		Retd to R.Mint Mar 1934.
Bryant, S.R.	AM1	F68	D		Party 30 May 1919.
Buckett, H.F.	Act/AM	236240	*BD	10 Jul 1924	RAF Records Ruislip 10 Jul 1924.
Buckingham, A.W.	AM1	F215	*3	11 Feb 1924	Party 11 Feb 1924.

ROYAL NAVAL AIR SERVICE

Name	Rank	Number	Clasps	Date	Notes
Buckland, J.E.	L/Mec	238030	*BD	16 Sep 1920	Party 13 Mar 1919.
Burgess, A.C.	AM1	Po15021	*B	31 May 1921	Airship C.Station Kingsnorth 6 Mar 1919.
Burn, L.	CPO/Mec	F240	3		Party 1 Feb 1919.
Burnett, W.J.	PO/Mec	F13	D		Brother Mr T.D.Burnett 30 Apr 1919.
Buss, H,A.	Flt/Lieut RNAS		3		Party 5 Jul 1920.
Butcher, C.K.	AM1	J7946	D		RAF Blandford 6 Jul 1920.
Butcher, L.A.G.	AM1		*BD	30 Nov 1920	DD 25 Dec 1918. Widow Mrs S.E.Butcher 30 Nov 1920.
Caddy, J.W.	PO/Mec	345566	*3	12 Apr 1922	No.1(Southern) Marine Acceptance Dept. Hamble 7 Nov 1919.
Caine, E.H.	Act/AM	237043	*B	24 Feb 1921	Party 24 Feb 1921.
Caldicott, A.R.	CPO3	342202	OD		RAF Redcar 13 Feb 1919.
Cannon, R.P.	Sub Lieut RNAS		F		Party 1 Feb 1919.
Capon, W.	PO/Mec	F1184			Retd to R.Mint Mar 1934.
Carbery, Lord	Flt/Sub Lieut RNAS		3*		Retd to R.Mint Mar 1934.
Carlyle, W.F.	AM1	F515	*D		Retd to R.Mint Mar 1934.
Carter, S.V.	L/Cook/Mte	M1060	3		Party 19 Feb 1923.
Case, T.H.	AM1	F532	3D		Party 24 Feb 1920.
Cashnella, J.E.	AM1	F529	3	6 Oct 1920	Party 1 Jul 1920.
Cavrois O'Caffrey, Rev.P.M.	Lieut RNVR		*	9 Jun 1936	Party 9 Jun 1936.
Chambers, E.T.R.	Flt/Lieut RNAS		*31O	21 Oct 1920	RAF Great Yarmouth 1 Feb 1919.
Chandler, A.C.	L/Mec	F694	*BD	3 Jun 1920	RAF Records Blandford 20 Feb 1920.
Charlton, J.	L/Mec	F418	*3	14 Sep 1920	Party 30 May 1919.
Cheeseman, B.	PO/Mec	346288	*3	8 Feb 1924	Air Ministry 8 Feb 1924.
Clarke, W.J.	Act/AM1	234460	D		No.20 Balloon Base, Caldale 10 Sep 1919.
Clayton, W.	L/Mec	F673	*BD		Airship Construction Kingsnorth 13 Feb 1919.
Cloherty, A.P.	AM1	F196	*3D	13 Jun 1922	Party 14 Jan 1919.
Close, A.E.	L/Mec	234743	*3	10 Sep 1920	Party 18 Mar 1920.
Coadwell, W.J.	AM1	Po15413	*BD		RAF Roehampton 8 Apr 1919.
Cocquerel, A.	L/Mec1	F146	D		Party 26 Mar 1920.
Coleman, A.W.	L/Mec	J3879	D		RNAS East Lothian 2 Jul 1919.
Collet, C.H.	Flt/Lieut RNAS		*31		DD. Father J.T.H.Collet Esq 7 Nov 1919.
Collins, R.F.	L/Mec	F186	3		Brother Captain A.G.Collins 19 Feb 1919.
Cook, W.J.	CPO	F604			RAF Records Blandford 20 Feb 1920.
Coombs, J.	PO/Mec	F97	D		Party 2 Dec 1919.
Cooper, G.W.	AM1	F333	*3D	10 Feb 1921	Party 11 Apr 1919.
Cooper, H.	Staff Surgn RN			25 Jan 1921	Party 30 Jan 1919.
Courtney, I.T.	Squad/Comdr RNAS		31	17 Jun 1920	Party 2 Feb 1920.
Coward, G.W.	AM1	J1046			Party 17 Nov 1922.
Cowdery, G.H.	AM1	F693	*BD	12 Feb 1921	Party 27 Feb 1920.
Coyle, P.	L/Mec	218288	5		R to Dunkirk 1 Mar 1918.
Crabbe, A.M.	AM1	F571	3		Party 27 Feb 1919.
Craig, H.N.	AM1	F425	3		Party 14 Feb 1922.
Crawford, P.	PO/Mec	F336	*3	20 Sep 1920	Party 24 Feb 1919.
Crawford, W.J.H.	AM1	F478	3D		Party 11 Feb 1919.
Cripps, J.M.R.	Flt/Sub Lieut RNAS		3		Party 9 Jul 1920.
Crocker, W.R.	Flt/Comdr RNAS				DD 6 Mar 1916. Mother Mrs E.J.B.Crocker 16 Jul 1920.
Crook, G.	AM1	Po15255			Party 24 Nov 1922. "Served at Ostend only".
Cross, F.H.	AM1	F428	*3	12 Feb 1921	Party 24 Feb 1920.
Crouch, E.W.T.	PO/Mec	346233	*31	7 Nov 1925	Air Ministry 7 Nov 1925.
Crouch, R.W.	PO	J5237	O		Party 13 Dec 1922.
Cull, J.T.	Flt/Lieut RNAS		O		Party 5 Jul 1920.
Cutting, C.C.	AB	J5404	O		Retd to R.Mint Mar 1934.
Dalrymple-Clark, I.H.W.S.D.	Squad/Comdr				DD 8 Sep 1916. Widow Mrs C.M.Wright 27 May 1919.
Davies, J.B.	L/Mec	311669	*BD	5 Nov 1920	*HMS Canning* 6 Mar 1919.
Davis VC DSO, R.B.	Squad/Comdr RNAS		*31	15 Jul 1920	*HMS Furious* 28 Jan 1919.
Davison, G.A.L.C.	AM2	F173	*3		Retd to R.Mint Mar 1934.
Dawson, J.E.	AM1	F457	*3		Retd to R.Mint Mar 1934.
Day, F.	L/Mec	F190	*13	24 Jun 1920	Father C.Day Esq. 28 Jan 1919.
De Forest, Baron	Lieut/Comdr RNVR		3		Party 24 Apr 1922.
De la Garde, L.A.	AM1	F260	35		Party 17 Mar 1920.
Dean, W.H.	PO/Mec	F157	*3		Party 17 Jan 1919.
Deane, G.T.	AM1	F433	*3D	21 Apr 1921	Party 3 May 1920.
Deane, W.S.P.	AM1	F419	*3D	12 Feb 1921	Party 24 Feb 1920.
Deason, C.	AM	F506	*3	12 Feb 1921	Party 04 Oct 1919.
Dennett, J.R.	CPO2	J824	D		No.1 Flying Training School RAF 2 Sep 1920.
Depper, G.	L/Mec	M4617	*3D	20 May 1925	DD 16 Feb 1917. Widow Mrs G.Depper 13 Feb 1920.

ROYAL NAVAL AIR SERVICE

Name	Rank	Number		Date	Notes
Dessaussois, E.	PO/Mec	F1663	*3D	8 Oct 1937	RAF Blandford 31 Mar 1919.
Devlin, J.	Gnr	RMA9888	*3	6 Mar 1923	Party 6 Mar 1923.
Dodd, F.C.	AM1	F208	*35		Retd to R.Mint Mar 1934.
Dollery, C.	AM	237169	♦D	16 Nov 1921	RAF Shepherds Bush 13 Feb 1919.
Duckett, J.H.	AM1	J12414	*13		RAF Records Blandford 20 Feb 1920.
Durston, H.S.	AM1	F439	*BD		RAF Records Blandford 20 Feb 1920.
Dyott, G.M.	Flt/Sub Lieut RNAS		3		Party 24 Feb 1919.
Easterbrook, A.E.	AM1	J4471	5		RAF Stn. Pulham 2 Mar 1920.
Eckford, F.G.	CPO/Mec3	F217	*13	28 Jun 1920	No.2 Marine Acceptance Dept. Brough 11 Jul 1919.
Ede, G.	AM1	F426	*3	10 Feb 1921	Party 7 May 1919.
Edgington, F.G.	PO/Mec	210950	*B		Retd to R.Mint Mar 1934.
Edmonds, J.	L/Mec	Ch11616	*3	8 Nov 1921	38 TS Tadcaster 24 Jul 1919.
Edwards, C.C.R.	AM1	F189	*3	20 Dec 1920	Party 20 Dec 1920.
Edwards, H.	AM1	Ch15451		31 Aug 1932	Party 8 Jul 1932 "Col. Maitland's Batman".
Elms, R.	AM1	F236	3		Party 24 Feb 1920.
Elms, W.R.	PO/Mec	346117	315		RAF Records Ruislip 12 Jun 1924.
Elsdon, C.J.	AM	239752	*3		Airship Construction Kingsnorth 13 Feb 1919.
Emmons, G.	AM2	F195	*3	25 Jun 1920	Party 20 Aug 1919.
Evans, F.W.	PO/Mec	F465	*3		Aircraft Production Kingsway 8 Apr 1919.
Evison, E.S.	PO/Mec	F159			Party 19 Jun 1920.
Eyre, A.J.	AB	235246	O		DD 6 Nov 1918 RAF. Widow Mrs P.A.Eyres 17 Mar 1922.
Farmborough, H.	AM1	F431	*3		Retd to R.Mint Mar 1934.
Farmer, J.	Ord	J29374	*BD		RAF Records Blandford 20 Feb 1920.
Ferguson, H.J.	AM1	F505	*3	31 Mar 1921	Party 21 Sep 1919.
Field, A.W.	Lieut RNVR		*3	11 Jun 1920	DD 9 Jan 1918. Father Mr Edward Field 12 Jun 1919.
Fisher, H.M.	AM1	F273	3		RAF Records Blandford 20 Feb 1920.
Ford, F.F.H.	AM1	Ch15880	D		RAF Brooklands 10 Sep 1919.
Ford, H.G.	AM1	F567	35		Party 4 Mar 1925.
Ford, T.P.W.	AM1	F696	K		Party 27 Feb 1920.
Foulkes, R.	AM1	F453	*31	23 Jul 1920	Party 28 Mar 1919.
Fox, P.W.	AM1	F536	*3D	16 Jul 1920	Party 30 Oct 1919.
Foxlee, R.H.	L/Mec	237809	♦D		
Franklin, G.E.	AM1	239138	*BD	16 Mar 1921	Airship Construction Kingsnorth 13 Feb 1919.
Franklin, T.L.	AM1	F295			Party 11 Sep 1919.
Fyfield, A.J.	AM1	F111	*35	15 Jan 1925	Father Mr J.E.Fyfield 15 Jan 1925.
Garner, P.	AM1	F535	*3D		Retd to R.Mint Mar 1934.
Garwood, W.	Off/Std1	363438	*3	3 Mar 1925	DD 28 Sep 1915. Sister(Legatee) Mrs F.Collins 29 Apr 1920.
Gerrard, E.L.	Squad/Comdr RNAS		*31		Party 31 Mar 1919.
Gibson, S.W.	AM1	F237	3D		Party 27 May 1919.
Gilman, G.E.C.R.	AM	F46	*31	11 Nov 1920	Party 11 Nov 1920.
Gliddon, A.E.	PO/Mec	345713	F		A.M. Air Station Cattewater 8 May 1919. "2/Lieut RAF".
Goodall, W.	AM1	F219	31		Party 27 Feb 1920.
Goodwillie, C.J.	AM1	F80	*3D	12 Feb 1921	Party 31 Oct 1919.
Goodwin, H.F.	WTO RMR	WTS148			Party 28 Jan 1924.
Gordon, R.	Gnr	RMA11875	K		Retd to R.Mint Mar 1934.
Gore, R.G.	AM1	Ch11799	5		202 Sq. RAF Duffield 19 Aug 1919.
Govett, S.F.	AM1	F193	*3	4 Jun 1921	Party 27 Mar 1919.
Grady, J.F.	PO/Mec	187748	*3D	12 Jul 1923	DD 19 Jul 1918. Widow 12 Jul 1923.
Grant, G.S.	L/Mec	F282	*31	29 Jul 1921	Party 29 Jul 1921.
Green, J.D.	3/Wrtr	M8444	*3	30 Jun 1920	Party 30 Jul 1919.
Greenslade, W.J.	AM1	Ply14851	♦D		RAF Ruislip 5 Dec 1923.
Greenwood, G.	Act/AM1	227264	D		RAF Blandford 13 Feb 1919.
Grey *DSO*, S.D.A.	Squad/Comdr RNAS		*31	9 Jul 1920	Party 9 Jul 1920.
Groom, A.E.	PO/Mec	235656	F	R	12 Squad.RAF, Cologne 24 Jun 1921.
Grosvenor, Rt.Hon. Lord C.A.	Flt/Lieut RN		3		Party 25 Sep 1924.
Guthrie, B.A.	PO/Mec	F151	3D		RAF Detachment Fettwell 5 Dec 1919.
Halliwell,		F525	35		Party 27 Feb 1920.
Hann, C.C.	AM1	F188	D		Party 14 Nov 1919.
Hargraves, L.	L/Mec	234556	D		Party 27 Feb 1920.
Hargreaves, D.	Jun/RA	M9843	*3		DD 24 Dec 1918. Widow Mrs E.Hargreaves 5 Mar 1920.
Harper, R.	CPO/Mec	344641	*3D	21 Jun 1922	RAF Felixstowe 23 Jun 1919.
Harris, A.E.	3/Wrtr	M8268	3		Party 28 Sep 1920.
Hartford, I.H.B.	Flt/2/Lieut RNAS				Party 17 Mar 1920.
Hartley, R.L.	L/Mec	239133	O		DD. Brother L.D.Hartley Esq 18 Mar 1924.
Hawkes, F.A.	AM1	310495	*3	29 Jun 1920	Party 13 Oct 1919.
Haynes, R.J.E.	CPO/Mec3	271244	*3D	24 Apr 1923	54 T.O.S. RAF Fairlop 3 Apr 1919.

ROYAL NAVAL AIR SERVICE

Name	Rank	Number	Code	Date	Notes
Henstock, S.C.	PO/Mec	F1206	3D		Retd to R.Mint Mar 1934.
Hetherington, H.A.	Lieut RNVR				Retd to R.Mint Mar 1934.
Hetherington, T.G.	Squad/Comdr RNAS				Party 23 Apr 1919.
Heywood, W.R.	L/Mec	207429	D		RAF Yarmouth 20 May
Hibbard, S.R.	Lieut RNVR		*O	8 Mar 1922	Party 8 Mar 1922.
Hicks, W.C.	Flt/Lieut RNAS		♦	6 Jul 1920	A.S.Bedford 8 Apr 1919.
Hill, J.C.	PO/Mec	F143	5		Party 7 Jul 1919.
Hill, J.T.	AM1	K7233	D		RAF Records Blandford 20 Feb 1920.
Hinde, H.B.	AM	M2833	*BK	24 Mar 1925	12 Balloon Base, Shotley 1 Aug 1919.
Hodgson, F.	AM1	F235	31		Party 19 Apr 1919.
Holmes, H.A.	L/Mec	F194	*3		RAF Records, Blandford 20 Feb 1920.
Holt, S.	AM1	F492	*3		Party 27 Feb 1920.
Homer, E.A.	AM1	Ch17014	*3		Party 28 Jan 1919.
Hooper, F.J.	CPO/Mec3	197432	3D	14 Feb 1921	Party 13 Mar 1919.
Howell, O.	AM1	F680	*BD		RAF Records Blandford 20 Feb 1920.
Howes, H.	AM1	F247	*BK		Party 12 Mar 1919.
Howorth, A.C.	WTO RNR	WTS130	*BD	15 Feb 1921	Party 9 Oct 1919.
Hubbard, W.	AM1	F552	3D		Party 17 Mar 1919.
Huggins, C.R.	Sub Lieut RNVR		31		Retd to R.Mint Mar 1934.
Hughes, A.J.	Arm	343617	*3	27 Aug 1923	Party 27 Jul 1923.
Hughes, E.H.	CPO	F565	D		Party 22 Sep 1919.
Hunt, G.W.	AM1	235044	D		RAF Barlow 1 Feb 1919.
Hunt, J.	AM1	F5	3		Party 1 Feb 1919.
Hunter, P.H.	PO/Tel	213556	♦	12 May 1921	Party 13 Mar 1919.
Hutchings, M.	AM1	F450	3D		Party 12 May 1919.
Ireland, De C.W.P.	Flt/Comdr RNAS		3		DD 21 Feb 1916.
Isaac, B.A.	Sub Lieut RNVR		*31	7 Feb 1922	Party 22 Mar 1919 "See Motor Owner Drivers Roll".
Jack, A.	AM1	F677	*BK		RAF Pulham 16 Jun 1919.
Jackson, F.H.	AM	F98	*31D	12 Feb 1921	Party 29 Jul 1919.
Jackson, J.E.	AB	J7458	R		RAF Records Blandford 20 Feb 1920.
Jago, W.J.	Temp/Surgn RN		3		HMS Royal Arthur 03 Apr 1919.
James, W.E.	CPO/Mec	F96	*♦3D	29 Jun 1920	RAF Barlow 1 Feb 1919. (Off.No M2249 also noted on roll).
Janaway, A.J.K.	Ord	J20922	*B		RAF Seaplane Station Dundee 30 Jul 1919.
Jefferies, W.	L/Mec	F149	3		Party 2 Mar 1920.
Jenkins, F.G.	AM2	J5187	D		RAF Records Blandford 20 Feb 1920.
Jinman, W.H.	CPO/Mec2	271237	F		
Johnston, C.H.	AM2	F422	*3D	18 May 1921	Party 28 Mar 1919.
Jones, P.	AM1	K857	*31		28 T.D.S. Bicester 10 Apr 1919.
Jones, W.E.	AM1	F687			Party 1 Jul 1924.
Kemble, A.E.	L/Mec	F406	*3D	28 Jun 1920	Party 23 Jan 1919. Clasp returned DD.
Keogh, M.S.	L/Mec	M1784	*D		RAF Halton 5 Aug 1919.
Kerry, H.G.	AM1	F199	3		Retd to R.Mint Mar 1934.
Kershaw, C.	AM1	J21307	*31		RAF Records Blandford 20 Feb 1920.
Kilner, C.T.	Flt/Lieut RNAS		O		HMS Argus 28 Mar 1923.
King, P.W	PO/Mec	F421	*3		Training Depot Litchworth 13 Feb 1919.
King, R.W.	AM1	F553	3D		Retd to R.Mint Mar 1934.
Lacey, G.	CPO/Mec	272252	*3	20 Dec 1926	Air Ministry 20 Dec 1926.
Lacey, G.	L/S	123100			Retd to R.Mint Mar 1934.
Lade, G.H.	AM1	K12282	D		RAF Records Ruislip 17 Oct 1928.
Lambourne, G.	L/Mec	351591	♦D		Retd to R.Mint Mar 1934.
Lancaster, A.C.	L/Mec	F269	*BD	10 Feb 1921	Party 11 Feb 1920.
Lanman, A.	CPO/Mec2	F660	*B	16 Oct 1920	Party 13 Mar 1919.
Lawn, H.A.	AM1	F399	*B	15 Feb 1921	Party 27 Feb 1920.
Lawrence, B.M.	AM1	Po15480	*3D		RAF Felixstowe Feb 191
Lawrence, F.C.	AM1	F224	*3	31 Dec 1920	Party 31 Dec 1920.
Lea, H.P.	WO2 RN				Retd to R.Mint Mar 1934.
Leigh, H.P.	CPO/Mec	M947	*3	31 May 1921	No.4 Group RAF 25 Jan 1919.
Lewis, A.E.	AM1	F70	FD		Retd to R.Mint Mar 1934.
Linnell, F.J.	Temp/WT RNR		*B	23 Jul 1920	Party Major F.J.Linnell 8 Apr 1919.
Little, H.	CPO/Mec2	272011	*31D	29 Jan 1921	RAF Calshot 25 Aug 1919.
Littleton, H.A.	Flt/Lieut RNAS		3		M.L.Dover 31 Mar 1919.
Long, G.E.	AM1	J5952	D		RAF Records Blandford 20 Feb 1920.
Long, J.W.	AM	K2075	*13		RAF Longside, Aberdeen 13 Feb 1919.
Longmore, A.M.	Squad/Comdr RNAS		*3	22 Mar 1922	Air Ministry 22 Mar 1922.
Lowe, A.	AM1	K6086	31D	30 Jun 1920	Party 23 Oct 1919.
Lucas, H.	Jun/RA	M9805		3 Dec 1921	Party 1 Jul 1919.
Lucas, R.	SB/Std	M9206	*3		Retd to R.Mint Mar 1934.

ROYAL NAVAL AIR SERVICE

Name	Rank	Number	Clasp	Date	Notes
Mackie, T.D.	Flt/Lieut RNAS		*B	24 Jun 1920	Party 3 Feb 1919.
Mackworth, J.D.	Flt/Comdr RNAS		*B	13 Aug 1920	Party 11 Aug 1919.
Macro, H.L.	PO/Mec	F445	3D	30 Nov 1920	Stenness, Orkney 19 Mar 1919.
Maitland, E.M.	Wing Comdr RNAS		*B		Party 2 May 1919.
Mansell, H.	Yeo/Sig	170315	*3	10 Feb 1921	Party 5 May 1919.
Maqueen E.J.	L/Mec	F264	3		Party 17 Dec 1919.
Marix *DSO*, R.L.G.	Flt/Lieut RNAS		*31	15 Jul 1920	Party 15 Jul 1920.
Marshall, S.C.	AM1	F257	*3D	15 Apr 1921	Party 5 Mar 1920.
Martin, A.T.	AM1	F658	*BD		RAF Records Blandford 20 Feb 1920.
Martin, W.	CPO	WT169			*HMS President V* 29 Jan 1919.
Maskew, H.E.	PO/Mec	F88	D		Airship Construction Kingsnorth 13 Feb 1919.
Mason, G.	AM1	F496	*BD	10 Feb 1921	Party 31 Mar 1919.
Masterman, E.A.D.	Wing Comdr RNAS		♦		Party 2 May 1919.
Matchem, H.R.	AM1	J717	*3		RAF Records Blandford 20 Feb 1920.
Matthawson, T.F.	CPO/Mec	270912	♦D	6 Jul 1920	A.S.Bedford 8 Apr 1919.
Matthews, A.	L/Mec	236749	♦D		RAF Training Estb. Cranwell 24 Jan 1919.
Matthews, A.W.	AM	K5917	*BD	10 Jun 1921	Party 23 Jan 1919.
Mayes, W.R.	L/Mec	F695	*BD		Airship Works Inchinnan 21 Mar 1919.
Mayne, J.F.	AM1	F539	*3		Party 22 Oct 1919.
McAllister, F.G.	AM1	F697	*BD	18 Feb 1921	Party 23 May 1919.
McCullock, A.	AM1	F669	*BD	7 Apr 1921	RAF Records Blandford 20 Feb 1920.
McDonald, H.	Act/AM	J3922	D		Air Ministry 17 Jun 1924.
Miller, F.	AM1	223410	*BD		RAF Barlow 1 Feb 1919.
Mitchell, N.	Sub Lieut RNVR		*	Aug 1920	*HMS Victory* 5 Feb 1919. Dup clasp to Party 18 Nov 1922.
Moore, W.	AM1	F198	*3		Party 28 Jan 1919.
Moorey, J.	AM1	F691	*BD	22 Apr 1921	RAF Records Blandford 20 Feb 1920.
Morris, T.	PO/Mec	F429	3		RAF Records Blandford 20 Feb 1920.
Morrison, R.B.	AM1	F589	*3D	10 Feb 1921	DD 12 Jul 1917. Father Mr J.Morrison 9 Apr 1919.
Morter, B.	AM1	F685	*BD	19 Mar 1921	Party 15 Mar 1920.
Moseley, W.G.	AM1	F464	3D		Party 5 Mar 1920.
Mossop, P.G.	PO/Mec	F156	3D		Party 11 Mar 1920.
Mottrom, D.W.	AM1	F699	*BK		Party 17 Mar 1920.
Nalder, A.F.	Sub Lieut RNVR		*3	26 May 1922	Party 1 Feb 1919.
Nanson, E.R.G.	Flt/Lieut RNAS		O	Sep 1920	Stenness, Orkney 19 Mar 1919.
Neighbour, J.R.	Act/AM	K2994	D		6 TDS RAF Amesbury 19 Apr 1919.
Nelson, H.	CPO/Mec	272016	3	13 Nov 1920	27 Group RAF 3 Apr 1919.
Neuville, R.A.	AM1	F274	*13D	28 Sep 1920	Party 27 Jun 1919.
Newton-Clare *DSO*, E.T.	Squad/Comdr RNAS		*31		Party 24 May 1919.
Newville, C.O.	AM1	F275	*13	10 Feb 1921	Party 12 Jan 1920. Dup 4839.
Nichols, H.	PO/Mec	F60	*3	26 May 1925	Sister (at man's request) 26 May 1925.
Nicholson, R.	L/Mec	J211	D		Air Station Plymouth 3 Apr 1919.
Nickerson, A.	Flt/Lieut RNAS		*3	14 Nov 1921	Party 28 Jan 1919.
Nicolson, L.G.	AM1	F63	*3		Air Ministry 3 Apr 1919.
Norton, P.	Act/AM	225467	*♦BD		RNAS Longside 13 Feb 1919.
Novis, H.J.	L/Mec	F85	*13	5 Feb 1921	RAF Records Blandford 5 Feb 1921.
Noyes, C.R.F.	Flt/Lieut RNAS				Party 24 Aug 1925.
Oakes, T.O.	L/Mec	238732	♦5		Air Ministry 9 Apr 1924.
Odart, W.H.	AM1	F361	*5B		RAF Barlow 1 Feb 1919.
Oldfield, G.T.	Act/AM	Ch16221	D5		RAF Records Ruislip 29 Apr 1921.
Osborne, R.F.	Temp/WT RNVR		*B	20 Apr 1921	Party 17 Jan 1919.
Osmond, E.	Flt/Lieut RNAS		*31	16 Oct 1920	Air Ministry 16 Oct 1920.
Owen, D.E.	L/Mec	F417	*3		RAF Records Blandford 20 Feb 1920.
Page, A.	PO/Mec	232261	♦D		Air Ministry 9 Apr 1924.
Palmer, G.S.	PO/Mec	310410	*3D	23 Mar 1923	Party 23 Mar 1923.
Paney, H.	Sh/Wrtr				"Not inscribed."
Parkin, R.F.	AM1	F246	*3		Retd to R.Mint Mar 1934.
Parry, T.	L/Mec	225726	*BD		RAF Records Blandford 20 Feb 1920.
Parsons, F.K.	AM1	F234	3		Party 27 Feb 1920.
Parsons, W.H.	AM1	F566	3		Party 16 May 1919.
Peirse *DSO*, R.E.C.	Flt/Lieut RN		*31	30 Sep 1920	Party 16 May 1919.
Pemberton-Billing, N.	Lieut RNVR		F		Party 23 Oct 1919.
Penfold, A.W.	AM1	Po13774	♦D		Party 19 Jul 1922.
Pentecost, H.	AM1	238390			RAF Sandbanks, Dorset 25 Aug 1919.
Pepperell, A.V.	CPO/Mec2	M1021	5		27 Group RAF Bircham, Norfolk 15 Apr 1919.
Peters, W.F.	AM	Po14493	♦D		Party 16 Jan 1920.

ROYAL NAVAL AIR SERVICE

Phillips, E.A.	AM1	F559	3D	21 Jul 1920	Party 27 Feb 1920.
Phillips, H.J.	CPO	F392	3		Party 8 Apr 1919.
Phipps, C.W.	AM1	F230	*3		Retd to R.Mint Mar 1934.
Picken, G.S.	AM1	F242	*3	25 Jun 1920	Party 1 Jul 1919.
Pidcock, C.W.	CPO/Mec2	F334	3D		Party 8 Apr 1919.
Pithers, A.W.	L/Mec	F484	*3	29 Dec 1920	Party 29 Dec 1920.
Plaister, H.E.	AM1	F202	3		Party 12 Mar 1919.
Platford, A.E.	AM1	RMA11363	*3	24 Jun 1920	27 Group RAF 3 Apr 1919.
Pond, J.	L/Mec	F342	*BD		Retd to R.Mint Mar 1934.
Posgate, C.	PO/Mec	F481	3	29 May 1923	Party 8 Mar 1920.
Poynton, T.	AM1	F637	*3		Party 16 Jul 1919.
Pratt, P.R.	PO/Mec	344680	3		Party 15 Oct 1920.
Prickett, G.	L/Mec	222569	D		Party (Issue No.13461) 21 Jul 1926.
Protheroe, E.J.	PO/Mec	F676	*BK		Party 28 Nov 1919.
Prunier, M.L.	PO/Mec	F294	*3		RAF Records Blandford 20 Feb 1920.
Pullin, C.G.	L/Mec	F383	3D		Retd to R.Mint Mar 1934.
Punter, V.E.	AM1	F701	*BK		RAF Records Blandford 20 Feb 1920.
Purcell, A.W.	ERA	271299			Devonport 6 Dec 1920.
Rainey, T.A.	Flt/Comdr RNAS		*3		Retd to R.Mint Mar 1934.
Randall, H.	AM1	F504	3		Party 28 Apr 1919.
Rathborne, C.E.H.	Flt/Comdr RNAS		3O	23 Sep 1920	Party 5 Jul 1920.
Redmond, G.	AM1	F43	*3	12 Feb 1921	Party 24 Nov 1919.
Reed, F.	PO/Mec	F420	*3D	10 Feb 1921	Party 2 Mar 1920.
Reed, H.T.A.	AM1	F34			Party 2 Mar 1920.
Rees, D.M.	WO2 RNAS				Party 5 Jul 1920.
Rees, D.M.	PO/Mec	344437	*31D		Retd to R.Mint Mar 1934.
Reynolds, C.	CPO/Mec	271651	♦		Airship Works Inchinnan 13 Feb 1919.
Reynolds, F.	Act/AM1	229884	K		RAF Records Ruislip 12 Jan 1923.
Reynolds, S.H.	CPO/Mec	232489	D		No.1 Stores Depot RAF Kidbrook 3 Apr 1919.
Risk, C.E.	Squad/Comdr RN		*3	25 Jun 1920	Party, 64th(Naval)Wing, RAF Alexandria 24 Mar 1919.
Roberts, D.	CPO	238293	O		No.26 TDS Edgell 19 Apr 1919.
Robinson, C.E.	Flt/Lieut RNAS		O		DD. Mother Mrs Arthur 24 Mar 1920.
Robson, G.M.V.	AM2	J4902	D		RAF Records Blandford 20 Feb 1920.
Robson, H.C.	AM1	RMA10807			Retd to R.Mint Mar 1934.
Roper, S.	AM1	227313	*13	23 Jun 1920	Party 25 Jul 1919.
Rose, T.	Act/AM1	J10905	O		RAF Records Ruislip 22 Apr 1924.
Roughton, E.	AM1	Po14562			RAF Records Ruislip 1 Feb 1922.
Rowe, A.G.	Sh/Std	343133	*13	3 Nov 1921	RAF Corehithe, Suffolk 8 Feb 1919.
Rowlands, T.L.	AM1	F270	*B		Party 20 May 1919.
Ryall, J.	AM1	F124	*3		Party 29 Jul 1919.
Ryan, H.	AM	M3950	*3D	12 Feb 1921	Party 3 Dec 1919.
Ryan, S.	PO/Mec	F362	*31	20 May 1921	Party 5 Mar 1920. Dup 3026 to Party 2 Sep 1921.
Ryan, W.	PO/Mec	F702	*3D	16 Mar 1921	Party 27 Mar 1919.
Salmon, J.W.	AM1	F507	*3	10 Feb 1921	Party 12 Sep 1919.
Samson DSO, C.R.	Wing Comdr RNAS		*3	23 Jul 1920	No.4 Group RAF 25 Jan 1919.
Samson, T.R.	Lieut RNVR		*3	20 Jul 1920	Party 20 Jul 1920.
Samson, W.L.	Lieut RNVR		*3	13 Sep 1921	No.4 Group RAF 25 Jan 1919.
Sandwell, G.H.	AM1	F84	*3	31 Jul 1926	Party 31 Jul 1926.
Saunders, W.R.	CPO	M9805	3		Party 28 Mar 1919.
Savage, A.J.	AM1	F448	*BD		Airship Training Wing Cranwell 29 Apr 1919.
Scott, A.	Temp/Surgn RN		*3		Party 28 Jan 1919.
Scott, G.G.B.	Temp/Surgn RNAS				Retd to R.Mint Mar 1934.
Scrutton, W.C.	L/Mec	F255	*31	10 Feb 1921	Party 7 Nov 1919.
Seddon, J.W.	Squad/Comdr		3	25 Sep 1920	HMS Vindex 13 May 1919.
Sharp, E.W.	Temp/WT RN		*B	26 Apr 1927	No.1 Stores Depot, RAF Kidbrook 3 Apr 1919.
Sharpe, A.	CPO/Mec	268385			DD 20 Jan 1917. Widow Mrs A.E.Sharpe 10 Feb 1920.
Sharpe, F.	WTO RNR	WTS103	1		Retd to R.Mint Mar 1934.
Shatford, F.	AM1	F233	3D		Party 25 Mar 1920.
Shaw, D.E.	CPO/Mec3	343272	*31		Retd to R.Mint Mar 1934.
Shaw, F.B.	AM2	J9354	D		RAF Records Blandford 12 Jan 1921.
Sheffield, E.F.	AM1	F78	*BD		Retd to R.Mint Mar 1934.
Shepherd, P.A.	Squad/Comdr		F		Party, Cattewater Air Station 13 Feb 1919.
Shipperbottom, J.	CPO/Mec3	M3427	3D		RAF Records Ruislip (Issue No.13500) 11 Jan 1928.
Simpson, F.	CPO/Mec	M1162	*31	23 Sep 1924	Air Ministry 23 Sep 1924.
Sims, W.J.	AM1	F277	*3	10 Feb 1921	Party 5 Mar 1920.
Sinclair, F.	Lieut RNVR			22 Jun 1920	Party 18 Jan 1919.
Sippe DSO, S.V.	Flt/Lieut RNAS		*531F	14 Jul 1920	Party 14 Jul 1920.

ROYAL NAVAL AIR SERVICE

Name	Rank	Number	Code	Date	Notes
Size, A.	AM1	M2117	*1	13 Jan 1921	No.3 Sec. RAF Halton Camp 13 Jan 1921.
Skone, G.A.	AM1	F634	D		Wife Mrs D.Skone 28 Aug 1920.
Smewin, A.J.J.	AM1	F90	D		Party 13 Feb 1919.
Smith, A.A.	AM1	F513	*BD	10 Feb 1921	Party 3 Apr 1919.
Smith, A.H.	AM1	F510	3		Party 17 Apr 1919.
Smith, F.	AM1	F470	D	16 Aug 1920	Party 5 Mar 1920.
Smith, L.	L/Mec	F434	3		Party 22 May 1919.
Smith, L.H.	SB/Attn	M9773	*3	12 Feb 1921	Party 12 Mar 1919.
Smith, R.	MAA	112968	*3	12 Feb 1921	Party 15 Mar 1919.
Smith, S.A.	PO/Mec2	F572	3D		Retd to R.Mint Mar 1934.
Smith, S.J.	L/Mec	F330	*3	10 Feb 1921	Party 12 Sep 1919.
Snow, C.	CPO/Mec	347686	*3		Retd to B.R. Flying School 15 Feb 1918. "See Officer's Roll".
Sparling, C.H.	Flt/Lieut RNAS		♦		RNAS Station Howden, E.Yorks 5 Mar 1919.
Spearing, E.J.	AM1	F663	*BD		A.M. 2 Jan 1929.
Spencer, A.	L/Mec	F177	*31	19 Feb 1921	Party 2 Jun 1919.
Squires, G.J.	CPO/Mec1	F661	*BD	13 Aug 1920	Party 18 Nov 1919.
Staddon, L.R.	WO2 RN				No.2 Marine Acceptance Dept. Brough 11 Jul 1919.
Stanbrook, R.T.	AM1	F682	*BD	12 Feb 1921	Party 8 Mar 1920.
Statham, C.E.	AM1	219512	O		DD 21 Aug 1914. Eldest Sister 6 Dec 1928.
Stevens, H.A.	AM1	F268	*3	10 Feb 1921	Party 10 Feb 1919.
Stevens, J.F.H.	Sig	238268	3D		Party 11 Oct 1919.
Stewart, S.	PO/Mec	F337	(D?)		"Not inscribed."
Stilwell, S.	AM1	F210	3		Party 11 Mar 1920.
Stone, A.	Ord	J26967	*BD	5 Mar 1921	Party 12 Jun 1919. Dup 3400.
Storrar, S.E.	AM1	F681	*BD	20 Apr 1923	Air Ministry 20 Apr 1923.
Strong, H.P.	PO/Mec	345744	D		HM Air Station Cattewater 8 May 1919.
Sutherland, J.	CPO/Mec3	272328	*3	30 Sep 1925	Air Ministry 30 Sep 1925.
Sutton, V.	Pte RM	F15465	1		*HMS Furious* 13 Feb 1919. (Off.No Ch10177 noted on roll).
Symes, K.	Lieut RNVR				Party 12 Feb 1919.
Tait, J.	SBR	M9515	3		Lowestoft 8 Apr 1919.
Tambling, W.C.	AM1	F479	*BD	14 Feb 1923	DD. Mrs D.A.Tambling (Widow) 14 Feb 1923.
Taylor, W.H.	PO/Mec	F495	3D	14 Feb 1922	Party 22 Mar 1920.
Terry, F.	Pte	Ch13923	R		Orkney Wing RAF 22 Nov 1919.
Terry, H.	AM1	F546	*3		DD. Widow Mrs Terry 13 Nov 1919.
Thorpe, E.F.	CPO/Mec	271985	3		Party 5 Aug 1919.
Thurgood, R.	AM1	F62	*35	19 May 1939	RAF Records Blandford 20 Feb 1920.
Tilley, H.S.	Off/Std2	363849	3D		RAF Records Blandford 20 Feb 1920.
Tomlin, A.C.	AM1	F684	*3BK	15 Aug 1922	Party 15 Aug 1922.
Tomlinson, N.B.	Flt/Lieut RNAS		*B	14 Jan 1921	Party 22 Jul 1919.
Tuck, R.	CPO/Mec2	271357	3		RAF Blandford 31 Mar 1919.
Tuff, S.G.	L/Mec	F166	*31	8 Mar 1922	Party 8 Mar 1922.
Tuffnell, E.	AM1	Po14995	D		RAF Records Ruislip 11 Mar 1921.
Turner, F.G.	AM1	F284	*3		Airship Station Barlow 8 Apr 1919.
Turner, J.	CPO/Mec	M4512			RAF Bembridge 13 Feb 1919.
Upton, S.	CPO/Mec	M3933	F		Party 4 Jun 1920.
Usborne, N.F.	Squad/Comdr RNAS		♦		DD. Widow Mrs H.M.Godley 30 Jul 1920.
Verner, C.G.	Flt/Sub Lieut RN		*B	19 Jan 1923	Party 19 Jan 1923.
Wady, E.W.	Ord	J26800	*BD		RAF Records Blandford 20 Feb 1920.
Wall, W.H.	AM1	F508	*31	10 Feb 1921	Party 23 Oct 1919.
Waller, H.	Ord	J26882	*BD	16 Feb 1921	Party 11 Mar 1920.
Walsh, L.W.	AM1	216213	*3D		RAF Felixstowe 23 Jun 1919.
Walter, R.G.	AM1	J7330	*31	10 Jun 1924	RAF Records 10 Jun 1924.
Warburton, W.J.	AM1	F144	D		Air Council Inspection Sqd RAF Croydon 18 Aug 1919.
Ward, A.	AM1	F548	*3	29 Nov 1920	Party 10 Feb 1919.
Waterlow, C.M.	Squad/Comdr RN		*B		DD. Widow Mrs W.J.Waterlow 24 Feb 1920.
Waters, A.J.	PO/Mec	192227	D		Party 16 May 1927 (No.13478).
Watling, W.G.P.	Act/AM1	J6478	D		RAF Records 18 Jun 1924.
Watson, H.M.	AM1	J3349	*BD	24 Jul 1934	Airship Works Inchinnan 21 Mar 1919.
Weavers, G.	AM1	311336	*3	24 Dec 1920	Party 24 Dec 1920.
Webb, H.T.L.	AM1	F167	3D		RAF Records Gloucester 21 Jan 1942.
Webb, J.	AM1	Po14883	D		*HMS Malaya* 5 Feb 1919.
Webber, A.E.	AM1	F443	*BD		Party 24 May 1919.
Wedgwood MA, J.C.	Lieut/Comdr RNVR			5 Jul 1920	Party 5 Jul 1920.
Wells, H.V.	Staff Surgn RN		*3		Party 3 Jun 1919.
Wells-Hood, W.	Sub Lieut RNVR		3		Party 1 Jul 1919.
Wheatley, W.	CPO/Mec2	307154	O		FAD Inverkeithing 29 Mar 1919.
White, J.W.	CPO/Mec3	M4149	*3D		

ROYAL NAVAL AIR SERVICE

Name	Rank	Number	Clasp	Date	Notes
Whitehead, J.A.		F185	3 D		Retd to R.Mint Mar 1934.
Whittaker, H.	AM1	233980	*3	8 Sep 1920	*HMS Imperieuse* 19 Apr 1919.
Whittle, A.V.	AM1	F678	*BD		Retd to R.Mint Mar 1934.
Wiggins, G.	AM1	F223	3		Party 23 Sep 1919. "Entitled to clasp (ref R/M13435).
Wilding, A.F.	Lieut RMLI		*3	4 Nov 1924	DD 9 May 1915. Father Mr F.Wilding 4 Nov 1924.
Wilkinson, A.F.	AM1	F665	*BD	31 May 1921	RAF Records Blandford 20 Feb 1920.
Williams, A.G.	AM1	J9480	*3D	8 Sep 1920	RAF Records Blandford 8 Sep 1920.
Williams, H.E.	AM1	219806	D	19 Feb 1921	Party 19 Feb 1921.
Williams, N.V.	Temp/Surgn RN		*3	12 Oct 1923	*HMS Indus* 24 Jan 1919.
Wilmshurst, F.	Ord	J29563	*B	6 Jun 1923	RAF Armaments School Uxbridge 3 Apr 1919.
Wilson, J.V.	AM1	F192	*3	12 Apr 1921	Party 1 Sep 1919.
Wilson, W.H.	Flt/Lieut RNAS		3		Party 16 Jul 1919.
Winfield, F.	AM1	F35	*BD		Retd to R.Mint Mar 1934.
Winterbottom, M.W.	AM1	F689	*BD		DD. Retd to R.Mint Mar 1934.
Witten, W.T.	PO/Mec	239169	♦D		DD. Retd to R.Mint Mar 1934.
Wolsey, W.R.	AM1	F123	*BD	22 Mar 1922	Party 10 Mar 1920.
Wood, J.S.	AM1	F225	3		Party 5 Dec 1925.
Wraight, P.J.N.	Pte	Ch14010	*31	19 Oct 1922	RMB Chatham 19 Oct 1922.
Wright, A.	AM1	K5324	*31		DD 4 Sep 1918. R.Wright Esq 11 Jul 1919.
Wyer, J.M.	L/Mec	RMA12263	*3	12 Apr 1923	Air Ministry 12 Apr 1923.
Young, D.G.	Flt/Lieut RNAS				Retd to R.Mint Mar 1934.
Youngman, R.T.	AM1	F394	*BD	21 Feb 1921	Party 10 Mar 1920.

R.N. SICK BERTH RESERVE - *H.M.S. PEMBROKE*

Name	Rank or Rating	Official Number	Where Served	Clasp Issued	Medal Sent - Comments
Arnold, F.	Sen/RA	M9494			Party 11 Apr 1919.
Berwick, S.E.	Sen/RA	M9489			Party 8 Dec 1920.
Bevan, W.	Jun/RA	M9820			Party 22 Nov 1919.
Billingley, E.	Jun/RA	M10259			Party 29 Jul 1921.
Boddy, V.	Jun/RA	M9486		18 Nov 1927	RN Bks Chatham 10 Feb 1920.
Bray, B.	Jun/RA	M9822			SMO Thurso 6 Mar 1919.
Brown, H.	Sen/RA	M9510			*HMS Pembroke* 13 Mar 1919.
Browner, T.	Sen/RA	M9509			Retd to R.Mint Mar 1934.
Burton, W.	Jun/RA	M9817		14 Aug 1922	PMO Larbert 11 Mar 1922.
Butterworth, H.	Jun/RA	M9818			Party 16 Apr 1919.
Cain, C.	Jun/RA	M9798		1 Sep 1920	*HMS Castor* 5 Feb 1919.
Collinge, W.	Jun/RA	M9830		30 Aug 1939	Party 1 Apr 1924.
Corrin, J.	Sen/RA	M9506		22 Sep 1922	*HMS Ambitious*, Lerwick 20 Mar 1919.
Coulton, F.	Sen/RA	M10255			*HMS Garth Castle* 11 Mar 1919.
Curran, C.	Sen/RA	M9503			Party 31 Oct 1919.
Dakin, W.	Jun/RA	M9848		9 Jul 1921	Party 4 Jul 1919.
Danson, W.T.	Sen/RA	M9501			Party 21 May 1919.
Drewery, H.	Sen/RA	M9543			RNB Chatham 28 Mar 1919.
Duffy, T.	Sen/RA	M9464			*HMS Garth Castle* 11 Mar 1919.
Dutton, W.	Jun/RA	M9847		1 Sep 1920	*HMS Gunner* 3 Apr 1919.
Everson, T.	Jun/RA	M9797			RN Ambulance Train No.4 15 Mar 1919.
Fardo, A.	Jun/RA	M9798			*HMS Wallington* 10 Mar 1919.
Farley, E.G.	Jun/RA	M9919		28 Aug 1920	Party 6 Oct 1919.
Fitzgibbons, J.E.	Sen/RA	M9467		30 Jun 1920	*HMS City of Perth* 13 Feb 1919.
France, D.	Jun/RA	M9800			*HMS Pembroke* 13 Mar 1919.
Garrett, L.	Jun/RA	M9921		9 May 1923	Party 2 May 1923.
Glazier, R.	Sen/RA	M9479		3 Dec 1921	*HMS Garth Castle* 11 Mar 1919.
Goodier, F.	Jun/RA	M9809		20 Jan 1928	Party 17 May 1919.
Grant, D.C.	Jun/RA	M9811		22 Feb 1922	Party 28 Apr 1920.
Greenhalgh, D.	Jun/RA	M9812			RN Ambulance Train No.4 15 Mar 1919.
Grindle, R.	Jun/RA	M9810		29 Nov 1921	*HMS Garth Castle* 11 Mar 1919.
Hall, W.	Jun/RA	M9814			Retd to R.Mint Mar 1934.
Heap, W.	R/Ward Mstr	M9461		3 Jul 1920	Party 22 Jan 1919.
Holmes, R.H.	Jun/RA	M9846			*HMS Victory* 28 Feb 1919.
Howarth, B.	Sen/RA	M9458			*HMS Victory* 31 Mar 1919.
Hughes, A.	Jun/RA	M9850			*HMS Acteon* 21 Apr 1919.
Illingworth, C.	Jun/RA	M9845		2 Apr 1925	*RNHS Classic* 5 Feb 1919.
Johnson, R.J.	Jun/RA	M9746		30 Jun 1920	Party 5 Feb 1919.
Jones, J.H.P.	Jun/RA	M9745		25 Aug 1922	Party 25 Aug 1922.
Kay, H.	Sen/RA	M9550			Party 21 May 1919.
Lamb, G.E.	Jun/RA	M9749		7 Nov 1921	Party 25 Sep 1919.
Laycock, W.	Sen/RA	M9750			*HMS Garth Castle* 11 Mar 1919.
Lightowler, H.	Jun/RA	M9751			RN Ambulance Train No.4 15 Mar 1919.
Lockett, P.	Sen/RA	M9553			Party 31 Jul 1919.
Lord, J.E.	Jun/RA	M9747		29 Sep 1922	Party 8 May 1920.
Lowe, J.B.	Sen/RA	M9558		22 Sep 1920	Party 21 Apr 1919.
Markey, G.	Sen/RA	M9561		4 Sep 1920	*HMS St.George* 17 Mar 1919.
McCormack, M.	Sen/RA	M9563		22 Dec 1921	Party 14 Aug 1919.
McLean, A.	Jun/RA	M9739			Retd to R.Mint Mar 1934.
Milnes, F.	Jun/RA	M9756			Party 13 Mar 1919.
Murray, W.	Sen/RA	M9538			*RNHS Classic* 5 Feb 1919.
Nelson, W.J.	Jun/RA	M9758			Party 19 Apr 1920.
O'Brien, J.	Sen/RA	M9546		15 Dec 1921	Party 29 Apr 1919.
Ogden, S.	Jun/RA	M9761		8 Mar 1922	Party 10 Apr 1919.
Oldham, H.	Jun/RA	M9762			Party 17 May 1919.
Oscroft, W.	Jun/RA	M9545		28 Jun 1923	Party 9 Feb 1923.
Page, T.	Jun/RA	M9792		30 Oct 1923	Party 30 Oct 1923.
Pickles, H.	Jun/RA	M9791			Party 20 Aug 1919.
Press, C.B.	Jun/RA	M9547			*HMS Wallington* 10 Mar 1919.
Rankin, A.	Jun/RA	M9825		9 Jul 1920	Party 21 Apr 1919.
Roberts, N.	Sen/RA	M9527			Party 2 Jan 1920.
Robinson, J.W.	Sen/RA	M9442		28 May 1921	Party 29 Apr 1919.
Rushton, R.	Jun/RA	M9912		1 Dec 1921	*HS Soudan* 13 Mar 1919.

R.N. SICK BERTH RESERVE - *H.M.S. PEMBROKE*

Name	Rank	Number		Date	Notes
Schofield, A.	Sen/RA	M9535			Party 25 Apr 1919.
Schofield, E.	Jun/RA	M9770			Party 20 Dec 1937.
Senior, C.	Jun/RA	M9475			Sister A.Senior 2 Sep 1920.
Simpson, E.R.	Jun/RA	M9771		29 Nov 1922	Airship Station Capel 28 Mar 1919.
Smith, A.G.	Sen/RA	M9536			Party 15 Nov 1923.
Smith, J.	Sen/RA	M9534			Party 16 Apr 1919.
Spencer, W.	Sen/RA	M9530			Airship Construction Kingsnorth 13 Feb 1919.
Stafford, T.R.	Jun/RA	M9806			*HMS Gunner* 7 Apr 1919.
Starkie, A.	Sen/RA	M9542		23 May 1922	Party 4 May 1920.
Stephens, W.G.S.	Jun/RA	M9528		28 Sep 1920	Party 23 May 1919.
Sylvester, A.W.	Jun/RA	M9541		9 Jul 1920	Party 15 Apr 1919.
Taylor, W.	Sen/RA	M9516			RND Crystal Palace 8 Mar 1919.
Thompson, E.	Sen/RA	M9513			RND Crystal Palace 8 Mar 1919.
Thornton, J.	R/Ward Mstr	M9517		23 Jan 1922	Party 20 Aug 1919.
Tyson, J.	Jun/RA	M9782		3 Dec 1921	Party 28 Apr 1920.
Wade, J.	Sen/RA	M9520		14 Mar 1921	Party 12 Mar 1919.
Walch *DSM*, E.	Sen/RA	M9522	A	22 Oct 1921	Party 22 Apr 1919.
Walker, F.H.	Jun/RA	M9788		16 Aug 1920	Party 16 Dec 1919.
Whalley, W.	Sen/RA	M9498		13 Nov 1920	Party 27 May 1919.
Whittaker, F.	Sen/RA	M9629		28 Mar 1938	*HMS Crescent* 28 Mar 1919.
Williams, W.J.	Jun/RA	M9477	A		Party 14 Apr 1920.
Wood, J.	Jun/RA	M9787			Party 23 Apr 1919.

TRANSPORT STAFF

Name	Rank or Rating	Official Number	Where Served	Clasp Issued	Medal Sent - Comments
Acheson, A.E.	Comdr RN		Marseilles		DNTO Manchester 1 Feb 1919.
Alexander, G.B.	Lieut/Comdr RN		Harve		PNTO Cardiff 17 Jan 1919.
Allen, A.	Pte	Po10730	Havre		Party 27 Sep 1919.
Alton *CB*, F.C.	Payr RN		Abbeville		Party 29 Apr 1919.
Andrews, S.	Pte	Po1953	Marseilles		Party 12 May 1920.
Armstrong, T.	Pte	Po1959	Harve		HMS Maidstone 5 Feb 1919.
Arnold, T.J.	Pte	Po16618	Boulogne		*HMS President VI* DNTO Boulogne 20 Mar 1919.
Bacon, F.E.	Pte	Po12132	Rouen		Party 14 Nov 1919.
Baker, M.B.	Asst/Payr RNR		Rouen		DNTO Rouen 20 Jan 1919.
Balsom, A.W.	Pte	Ch6854	Marseilles		PNTO Marseilles 11 Mar 1919.
Bark, G.H.	Lieut RNVR		Dunkerque		Party 6 Jul 1920.
Barker, R.G.	Pte	Po1977	Marseilles		Party 22 Aug 1919.
Bates, A.	Pte	Ch7941	Marseilles	R	Party 30 Oct 1919. Informed not entitled to clasp 3 Oct 1921.
Bergne, H.A.C.	Lieut RNVR		Boulogne		PNTO Cardiff 17 Jan 1919.
Berryman, J.W.	Pte	Ch5992	Marseilles		Party 13 Oct 1919.
Bickford, W.G.	Comdr RN		Boulogne		Retd to R.Mint Mar 1934.
Bickley, R.C.	Lieut/Comdr RN		Marseilles		PNTO Marseilles 11 Mar 1919.
Bird *DSC*, J.C.	Lieut RN		Marseilles		Party 31 Jan 1919.
Bishop, S.T.G.	Pte	Ch9280	Marseilles		Party 24 Jul 1919.
Bowles, F.	3/Wrtr	M8868	Boulogne		NTO Calais 27 Jan 1919.
Bradbrook, H.S.	Asst/Payr RNR		Boulogne		DNTO Dunkerque 16 Jan 1919.
Brady, H.	Pte	Po2055	Rouen		DNTO Rouen 20 Jan 1919.
Braine, W.H.	Asst/Payr RNR		Marseilles		DNTO Taranto, Italy 5 Feb 1919.
Brandon, C.G.R.	Captain RN		Marseilles		Party 16 Mar 1920.
Brewer, W.	Pte	Po4684	Marseilles		Party 3 Oct 1919.
Bridger, E.H.	Pte	Ch11821	Marseilles		Party 9 Oct 1919.
Broughton, W.	L/Cpl	Po10773	Harve		Party 27 Sep 1919.
Brown, W.C.	Ch/Wrtr	340172	Rouen		DNTO Rouen 20 Jan 1919.
Buckle, C.P.	Comdr RN		Harve		Party 29 Apr 1921.
Bullen, H.	Pte	Po12830	Boulogne		*HMS President VI* 20 Mar 1919.
Burns, W.	Pte	Po5533	Marseilles		Party 27 Sep 1919.
Butcher, J.	Pte	Po10411	Harve		Party 22 Feb 1922.
Calderon, J.J.W.	Lieut RN		Marseilles		Original medal scrapped. New star issued to Party 28 Nov 1921.
Carew, R.C.	Lieut/Comdr RN		Dunkerque		Coast Guard Queenstown 24 Jan 1919.
Carey, C.J.P.	Lieut/Comdr RN		Dunkerque		Party 12 Mar 1919.
Carey, J.	Pte	Po5525	Harve		Harve 27 Sep 1919.
Charles, J.J.	Ch/Wrtr	131904	Harve		*HMS President VI* 8 Feb 1919.
Chivers, B.S.	Pte	Po4244	Nantes		DD 2 May 1915. Sister Mrs A.Deavin 10 Jun 1920.
Clampitt, A.J.	Col/Sergt	Ply5188	Marseilles		Party 10 Sep 1919.
Cleall, A.	Pte	Po8599	Marseilles		Party 11 Nov 1921.
Colbeck, C.E.B.	Comdr RN		Rouen		Party 9 Jul 1919.
Coleman, D.	Pte	Po1208	Marseilles		Party 9 Oct 1919.
Cookson, G.	Comdr RN		Harve		DNTO Devonport 13 Feb 1919.
Cooper, R.	Lieut RN		Marseilles		Party 30 May 1934.
Cowper, C.V.De.M.	Captain RN		Rouen		DD 28 Jun 1918. Widow Mrs E.F.Cowper 30 Nov 1920.
Cox, C.	L/Cpl	Po3363	Boulogne		*HMS President VI* 20 Mar 1919.
Crace, F.	Pte	Ch6265	Boulogne		Party 8 Oct 1919.
Crawford, C.W.G.	Captain RN		Boulogne		Party 4 Jun 1920.
Crean, F.	Comdr RN		Calais		TNO Killybegs 27 Jan 1919.
Dance, H.	Pte	Po4820	Harve		Party 29 Sep 1919.
Dancey, W.J.	Pte	Po3530	Harve		Party 31 Dec 1919.
Davis, F.	Pte	Ch11100	Boulogne		RM Chatham 24 Mar 1919.
De Montmorency, J.P.	Captain RN		Marseilles		PNTO Cardiff 17 Jan 1919.
De Wet, T.O.	Comdr RN		Rouen		Party 21 Apr 1919.
Dear, J.	Pte	Po3485	Harve		Party 22 Sep 1921.
Devine, J.	3/Wrtr	M7680	Dunkerque		HMS Malaya 5 Feb 1919.
Dixon, T.G.	Pte	Po9999	Boulogne		*HMS President VI* 20 Mar 1919.
Dobbin, H.C.C.	Temp/Lieut/Comdr RN		Marseilles		Party 19 May 1919.
Durrant, C.	Pte	Po6212	Boulogne		NTO Antwerp 20 Mar 1919.
Elderton, T.H.	Comdr RN		Marseilles		DNTO Dover 20 Jan 1919.
Forster, S.E.	Captain RN		Calais		Pembroke Dock 28 Mar 1919.
Foster, J.	Pte	Po4641	Harve		DD 3 Aug 1917. Mother Mrs E.Foster 3 Feb 1920.
Gaffee, W.	Pte	Po10969	Harve		Party 29 Sep 1919.

TRANSPORT STAFF

Name	Rank	Number	Port	Notes
Garvey, T.	AB	191405	Dunkerque	HMS Diamond 13 May 1919.
Gaussen, P.H.L.	Lieut RNVR		Marseilles	Transport Staff Southampton 8 Feb 1919.
Gay, J.H.D.	Pte	Ch7336	Zeebrugge	Party 1 Jan 1920.
Gear, M.A.	3/Wrtr	M7678	Rouen	HMS Terror 6 Mar 1919.
Gerty, F.H.	Ft/Payr RN		Rouen	Party 12 Mar 1919.
Glarzebrook, T.	Pte	Ch5401	Marseilles	Party 22 Oct 1919.
Glover, G.	Pte	Ch11049	Marseilles	Party 3 Jul 1919.
Gorringe, H.D.	Pte	Ch10030	Dunkerque	DNTO Dunkerque 16 Jan 1919.
Grenfell, F.H.	Lieut RN		Marseilles	Party 28 Jan 1919.
Grills, T.	Ch/Wrtr	133073	Harve	PNTO GHQ France 17 Jan 1919.
Gush, A.W.	Comdr RN		Harve	NTO Calais 27 Jan 1919.
Hale, C.M.	Comdr RN		Harve	Party 17 Jul 1919.
Hamilton, A.H.J.	Lieut RN		Marseilles	ATO Southampton 17 Jan 1919.
Hamilton, D.M.	Captain RN		Boulogne	DNTO Dunkerque 16 Jan 1919.
Hamilton, W.	Comdr RN		Harve	DNTO Harve 28 May 1919.
Harknett, T.J.	Pte	Po3936	Rouen	DNTO Rouen 20 Jan 1919.
Harris, A.C.	Comdr RN		Harve	DNTO Bordeaux 8 Mar 1919.
Harris, A.C.	Ch/Wrtr	120245	Harve	DNTO Harve 28 May 1919.
Harvey, H.	Pte	Po3992	Marseilles	Party 16 Oct 1919.
Hayward, G.	Pte	Po2375	Harve	Party 29 Sep 1919.
Heath, G.F.T.	Pte	Po3704	Harve(St.Nazaire)	Party 22 Jan 1919.
Herbage, H.J.	Pte	Ply8755	Marseilles	Party 11 Sep 1919.
Hooper, J.H.	Pte	Ch4948	Marseilles	PNTO Marseilles 11 Mar 1919.
Hopkinson, H.F.	Comdr RN		Marseilles	Original star lost in post. New star issued to Party 22 Feb 1922.
Hurdle, W.J.E.	Pte	Po6465	Rouen	DNTO Bordeaux 8 Mar 1919.
Jenkins, W.H.	L/Cpl	Po9389	Rouen	DD 9 Mar 1916. Retd to R.Mint Mar 1934.
Jervis, F.W.	Ch/Wrtr	155758	Dunkerque	DNTO Bordeaux 8 Mar 1919.
Johnson, B.	L/Cpl RMR	Ch13512	Marseilles	PNTO Marseilles 11 Mar 1919.
Johnson, C.	Pte RMR	Ch1490	Marseilles	Party 18 Oct 1919.
Jones, A.G.	Pte	Po2466	Marseilles	Party 29 Sep 1919.
Jones, J.H.	Comdr RN		Rouen	DNT Dover 20 Jan 1919.
Kelsey, D.R.	Payr in Chief RN		Harve	Party 12 Apr 1919.
Knight, G.	Pte	Po2500	Marseilles	DD 23 Aug 1918. Sister Mrs Sampson 22 Jul 1920.
Knox, J.F.	Lieut RN		Marseilles	HMS Crescent 8 Feb 1919.
Konter, A.E.	Pte	Po5313	Boulogne	Party 24 Jun 1919.
Landon, E.E.T.	Asst/Payr RN		Dunkerque	Party 17 May 1919.
Last, W.	Pte RMR	Ch7249	Marseilles	Party 16 Apr 1919.
Lay, J.R.	Comdr RN		Boulogne	PNTO Cardiff 17 Jan 1919.
Lea, J.F.	Comdr RN		Marseilles	PNTO Marseilles 11 Mar 1919.
Lee, W.A.	Pte	Ch13611	Marseilles	DD 21 Feb 1918. Widow Mrs E.M.Lee 22 Jul 1920.
Lord, F.	3/Wrtr	M8532	Dunkerque	PNTO Cardiff 17 Jan 1919. "Later Asst/Payr RNVR".
Lower, C.	Pte	Po3312	Harve	Party 8 Apr 1919. " Orderly to Rear Admiral Shortland".
Luck, C.M.	Comdr RN		Marseilles	Per A.G. 22 Jan 1919.
Lywood, S.	Pte	Po4663	Harve	RMB Portsmouth 11 Aug 1919.
MacGregor, Sir M.M.	Captain RN		Abbeville	PNTO GHQ France 17 Jan 1919.
Man, J.	Comdr RN		Harve	PNTO Antwerp 8 Mar 1918.
Maresiaux, A.E.H.	Captain RN		Harve	PNTO GHQ France 17 Jan 1919.
Martin, W.E.R.	Ft/Payr RN		Abbeville	Party 16 Jan 1919.
McConnell, J.	Pte	Po4321	St.Nazaire	HMS President VI 20 Mar 1919.
Morris, A.T.	Pte RMR	Ch13959	Marseilles	Retd to R.Mint Mar 1934.
Mullinger, A.G.	Pte	Po4596	Marseilles	Party 27 Sep 1919.
Mure, C.	Comdr RN		Nantes	Party 1 Feb 1919.
Neale, T.	Pte	Po4716	Rouen	Party 6 Oct 1919.
Neat, C.N.	Ft/Payr RN		Boulogne	DNTO Boulogne 20 Mar 1919.
Nelson, A.N.	Comdr RN		Harve	Party 1 Apr 1919.
Nesbitt, T.	Lieut RNR		Harve	Party 16 Jul 1924.
O'Connell, A.	Pte	Po3834	Harve	Party 29 Sep 1919.
Oake, A.J.R.	Pte RMR	Ch13100	Dunkerque	RNTO Nantes 24 Mar 1919.
Oakley, J.	Pte RMR	Ch7611	Marseilles	Party 13 Oct 1919.
Page, D.H.	Pte	Po6661	Marseilles	NTS Dieppe 5 Feb 1919.
Page, G.H.	L/Cpl	Po6537	Harve	Party 29 Sep 1919.
Paine, J.G.	Pte	Po7253	Rouen	DNTO Bordeaux 8 Mar 1919.
Palmer, J.W.	Pte RMR	Ch11818	Marseilles	HMS Ganges 1 Aug 1919.
Parvin, G.C.	Pte	Po6824	Boulogne	HMS President VI 20 Mar 1919.
Payne, W.	Pte	Po6656	Harve	Party 29 Sep 1919. "Orderly to Rear Admiral Shortland).
Pearce, W.H.A.	Pte	Ply4454	Marseilles	HMS Impregnable 10 Mar 1919.
Peile, F.G.S.	Comdr RN		Harve	Party 17 Sep 1920.

TRANSPORT STAFF

Name	Rank	Number	Location	Notes
Pelly, W.J.	Pte	Po12963	St.Nazaire	Party 4 Feb 1919.
Petrie, A.	Lieut RNR		Dunkerque	DNTO Dunkerque 16 Jan 1919.
Phelips, H.	Lieut RN		Marseilles	ATO Southampton 17 Jan 1919.
Philbrick, A.A.	Comdr RN		Rouen	Party 24 Jan 1919.
Phillips, J.W.	Pte	Ply7349	Marseilles	Party 8 Nov 1921.
Pierce, F.	Comdr RN		Harve	Party 24 Aug 1925, Retd 27 Aug 1925. Retd to R.Mint Mar 1934.
Potts, J.T.	Col/Sergt	Ply3613	Marseilles	Party 19 May 1919.
Rabey, J.J.E.	Pte RMR	Ch12488	Marseilles	Party 27 Jun 1919.
Rainey, A.J.A.	Pte RMR	Ch9652	Dunkerque	RM Chatham 24 Mar 1919.
Ricketts, H.	Pte	Po4559	Boulogne	*HMS President VI* 20 Mar 1919.
Rooke, G.A.	Comdr RN		Boulogne	Party 5 Jul 1920.
Rowand *DSC*, A.	Comdr RN		Marseilles	NTO Southampton 5 Feb 1919.
Rowsell, C.R.	Comdr RN		Marseilles	DNTO Marseilles 11 Apr 1919.
Rugan, W.A.J.H.	Pte RMR	Ch5805	Marseilles	Party 23 Sep 1924.
Ryan, P.	3/Wrtr	M7677	Harve	DD April 1919. Star to Next of Kin 18 May 1919.
Savill, A.P.	Comdr RN		Boulogne	Dockyard Devonport 31 Jan 1919.
Scott, W.	Pte	Po6700	Harve	Party 7 Oct 1919.
Settle, R.H.	Pte	Po1732	Harve	DD 16 Feb 1919. Widow Mrs S.Settle 10 Mar 1920.
Shortland, C.G.	Rear Admiral		Harve	Party 23 Jan 1919.
Sloane, D.	Pte	Po5507	Rouen	DNTO Rouen 20 Jan 1919.
Smith, E.J.	Pte RMR	Ch15204	Marseilles	Party 13 Oct 1919.
Spencer, C.	Pte	Po6547	Boulogne	*HMS President VI* 20 Mar 1919.
Stanley, C.	Pte	Po10752	Marseilles	Party 29 Sep 1919.
Steptoe, C.W.J.	3/Wrtr	M7683	Boulogne	*HMS Columbine* 11 Apr 1919.
Strange, C.S.	Asst/Payr RN		Harve	DD 22 Apr 1916. Brother Comdr A.L.Strange 19 Mar 1921.
Thorne, G.W.	Pte	Po3049	Marseilles	Fort Blockhouse 6 Mar 1919.
Thorne, H.H.	Pte	Po4656	Rouen	DNTO Rouen 31 Jan 1919.
Timmermans, J.L.	Pte	Po4542	Marseilles	DD 1 Aug 1916. Widow Mrs R.E.Timmermans 8 Jan 1920.
Travers, F.	Comdr RN		Zeebrugge	PNTO Marseilles 11 Mar 1919.
Trory, C.R.	Pte	Po5840	Boulogne	DD 12 Sep 1915. Brother Mr J.H.Trory 23 Apr 1920.
Wakeling, G.	Pte	Po3179	Harve	Party 29 Sep 1919.
Wakeman, E.	Pte RMR	Ch11415	Marseilles	Party 31 Oct 1919.
Walker, G.L.	Pte	Po6259	Harve	Party 6 Oct 1919.
Walters, J.	Pte	Po4546	Rouen	PNTO GHQ France 17 Jan 1919.
Warden, A.R.	Lieut/Comdr RN		Boulogne	Party 19 Dec 1921.
Warn, S.R.	Payr in Chief RN		Boulogne	Party 19 May 1919.
Waterson, H.	Pte	Po4997	St.Nazaire	DNTO Rouen 20 Jan 1919.
Watts, H.	Pte	Po3509	Harve	Great Yarmouth Hospital 19 Aug 1926.
Weekes, V.H.	Ft/Payr RN		Marseilles	Party 12 Mar 1919.
West, J.	Pte	Po5149	Harve	PNTO GHQ France 17 Jan 1919.
Whitaker, F.F.	Pte	Po1884	Harve	Party 4 Jul 1919.
Williams, T.	Pte	Po14202	Rouen	DNTO 20 Jan 1919.
Wilson, H.B.	Comdr RN		Marseilles	DNTO Dunkerque 16 Jan 1919.
Windham, W.G.	Lieut RN		Marseilles	Party 22 Feb 1923.
Worthy, F.T.	Pte	Po6665	Harve	PNTO GHQ France 17 Jan 1919.
Wyatt, H.M.	Comdr RN		Boulogne	Party 16 Jan 1919.
Young, E.G.	Pte	Po3774	Boulogne	NTO Antwerp 20 Mar 1919.

Note: None Entitled to Clasp.

PRISONERS OF WAR

In the despatch from Major-General A.Paris C.B., Commanding Royal Naval Division, dated 31st October 1914, he reported on the operations around Antwerp from 3rd to 9th October 1914.

The full text of his despatch was published in the 'London Gazette' of 1st January 1915 and gives an account of the battle for Antwerp and the subsequent retreat. During this phase of the conflict there was considerable confusion and a large number of men were either captured by the advancing Germans or escaped over the border into neutral Holland where they were interned. General Paris's despatch stated:-

"The casualties are approximately:-

1st Naval Brigade and 2nd Naval Brigade, 5 killed, 64 wounded, 2,040 missing.

Royal Marine Brigade, 23 killed, 103 wounded, 388 missing."

Studying the medal rolls, one will be able to ascertain the unfortunate men who were killed during the defence of Antwerp by the "DD" (Discharged Dead) in the Comments column.

Similarly, for the Naval Brigades, the "Where Served - Clasp Issued" column will indicate with a "I" or "P" whether the man was interned (eg at Groningen) or made prisoner-of-war.

Unfortunately, this notation has not been noted for the Royal Marine Brigade. However, 'The Times' of 21st December 1914 carried a list of men who had been confirmed as prisoners-of-war by the Germans. The listing includes both Royal Naval and Royal Marine prisoners-of-war and is a useful check for the latter. However, as with all newspaper reports, there are inevitable innacuracies. So, care should be taken when identifying a Royal Marine as a prisoner-of-war, confirmation should be gained from his record of service if possible.

THE TIMES

December 21st 1914

Royal Naval Division Men Captured - The Operations at Antwerp.

The Secretary of the Admiralty announces that the undermentioned ratings and ranks belonging to the Royal Naval Division reported as "missing" on November 20 as a result of the operations at Antwerp, are now officially notified as prisoners of war at Gefangenenlager, Doeberitz, Germany. The list given below contains 888 names, as compared with 954 returned as missing in the list published on November 21:-

2nd Battalion (Benbow)

Agnew, J.C.	Ord Smn RNVR	Newcombe, C.R.	Sto 1cl RFR
Allen, J.	Sto 1cl RFR	Newland, W.	Ldg Smn RFR
Bain, J.G.	Smn RNR	Parker, A.H.	AB
Banks, W.J.	Smn RNVR	Picot, J.	Sto 2cl
Beaumont, R.	Recruit	Redding, J.E.	Ldg Smn RNVR
Bloom, S.G.	Sto 1cl RFR	Riddle, J.E.	Smn RNR
Bonney, E.H.	PO 1cl RNVR	Rudge, R.	Sto 1cl
Bowhill, F.J.	Ldg Smn RNVR	Sampson, W.	Recruit
Clark, G.	Ord Smn RNVR	Seeds, L.J.	Ord Smn RNVR
Conway, A.P.	Sto 1cl RFR	Shea, L.W.	AB RNVR
Craigie, D.	Smn RNR	Smedley, M.	Sto 1cl RFR
Curtin, T.	Sto 1cl RFR	Smith, A.	Sto 1cl RFR
Davies, A.E.	Recruit	Smith, C.	Smn RNR
Deary, J.	Sto 1cl RFR	Smith, J.	Smn RNR
Downie, F.	Ord Smn RNVR	Stokoe, J.	AB RNVR
Drewery, W.	Recruit	Swain, A.E.A.	Ord Smn RNVR
Fawcett, E.	AB RNVR	Symonds, E.G.	Ord Smn RNVR
Felton, T.	Sto 1cl RFR	Underwood, P.B.	AB RNVR
Fry, H.J.	Ord Smn RNVR	Vass, S.W.	PO 1cl
Garner, I.	Ord Smn RNVR	Ward, B.C.	Smn RNR
Gallagher, W.	Recruit	Wish, E.J.	AB RNVR
Giddings, C.G.	Sto 1cl RFR	Young, L.H.G.	Ord Smn RNVR
Green, A.	Sto 1cl RFR		
Gwyer, A.J.H.	PO 1cl	**3rd Battalion (Hawke)**	
Harper, A.	Ord Smn RNVR		
Head, E.G.	Sto 1cl RFR	Adshead, H.	AB RNVR
Hedges, C.H.	Sto 1cl	Allen, G.	Recruit
Hendle, G.H.	Sto 1cl	Austin, A.J.R.	Act Ldg Smn RNVR
Hickling, G.W.	Sto 1cl RFR	Bayley, H.F.	AB RNVR
Hodson, W.	Sto 1cl RFR	Babbage, F.J.	Ldg Smn RNVR
Hunter, J.T.	CPO RFR	Bailey, W.A.	AB RNVR
Jones, E.C.	Sto 1cl	Bastin, A.G.	Bugler RNVR
Knowles, A.	Smn RNR	Beavon, H.	AB RNVR
Levoi, D.	Ord Smn RNVR	Benn, F.	AB RNVR
MacLeod, A.	Smn RNR	Benfield, F.V.	AB RNVR
Macleod, W.	Smn RNR	Bentley, E.	AB
McDonald, M.	Smn RNR	Belsten, H.	AB RNVR
McKinnon, M.	Smn RNR	Bishop, H.	AB RNVR
Miles, F.C.	Ord Smn RNVR	Blair, C.N.	Smn RNVR
Millar, G.H.	Sig RNVR	Booth, J.W.	Recruit
Miller, S.J.	Col Sergt RMA #	Boret, F.A.	AB RNVR
Moon, F.J.	Smn RNR	Bourke, M.S.	AB RNVR
Morton, H.	Recruit	Bowley, D.	Recruit
Nash, H.V.	Ord Smn RNVR		

Brash, R.W.	AB RNVR	Hetherington, E.R.	Recruit
Brown, J.C.	Recruit	Hobbs, E.A.	AB RNVR
Buchanan, J.	Smn RNR	Holtom, W.W.	AB RNVR
Bucknell, H.	Recruit	Holden, W.	Recruit
Budd, P.F.	AB RNVR	Hope, J.	Recruit
Bull, J.	Sto 1cl RFR	Howard, J.	Sto 1cl RFR
Campbell, J.	AB RNR	Humphrey, H.C.	Act Ldg Smn RNVR
Campbell, M.	AB RNR	Hurley, W.J.	AB RNVR
Carless, G.M.	Sto 1cl RFR	Hyde, G.J.	AB RNVR
Carpenter, F.	AB RNVR	Ireland, C.S.	AB RNVR
Chambers, F.	AB RNVR	Jacobs, G.A.	AB RNVR
Chisholm, N.	Smn RNR	Jameson, J.H.	AB RNVR
Churchill, W.	AB RNVR	Jappy, J.	Smn RNR
Clarke, R.M.	Act Ldg Smn RNVR	Jaques, R.E.	AB RNVR
Cole, S.	AB RNVR	Jones, E.G.	AB RNVR
Cook, A.	AB RNVR	Jones, J.	Sto 1cl RFR
Cooper, W.	Sto 1cl RFR	Jones, S.J.	Smn RNR
Cotton, A.	Sto 1cl RFR	Jordan, W.J.	AB RNVR
Cunningham, J.	Sto 1cl	Joy, G.E.	AB RNVR
Daniels, F.	Sto 1cl RFR	Kane, B.	Smn RNR
Davis, H.	AB RNVR	Kelly, T.	Sto 1cl RFR
Daubney, C.	AB RNVR	Kent, L.J.	Smn RNR
Depledge, C.	Recruit	King, C.H.	AB RNVR
Derbyshire, G.H.	Sto 1cl RFR	Kirkcaldy, T.J.W.	Act Ldg Smn RNVR
Dickson, N.E.	AB RNVR	Knox, C.R.	PO RNVR
Dixon, W.	AB RNVR	Laird, D.	Smn RNR
Douthwaite, L.G.	PO RNVR	Langley, J.	AB RNVR
Dreyer, J.W.	Smn RNR	Leask, G.	Smn RNR
East, C.R.	PO RNVR	Light, A.G.	Sto 2cl
Endacott, G.J.	PO 1cl RFR	Llewellyn, W.P.	AB RNVR
Eveleigh, C.J.	AB RNVR	Long, L.C.	AB RNVR
Eveleigh, W.	AB	Lovely, P.T.	AB RNVR
Ewen, W.	Smn RNR	Lumsden, T.	AB RNVR
Exon, W.A.	AB RNVR	Lynn, G.	Recruit
Farrant, J.C.	AB RNVR	MacAskill, G.	Smn RNR
Fitzgerald, M.	Smn RNR	MacIver, M.	Smn RNR
Forbes, A.	Sto 1cl RFR	Macintyre, D.	Sto 1cl
Franklin, F.A.	Sto 1cl RFR	MacKenzie, J.	Smn RNR
Gard, F.J.	AB RNVR	Maddison, J.T.	Recruit
Gibbens, H.	Sto 1cl RFR	Manning, M.W.	Recruit
Gill, H.	AB RNVR	Manning, J.	AB RNVR
Goodacre, A.W.	Sto 1cl RFR	Maunder, I.J.	Sto 2cl
Gray, G.	AB RNVR	McCarthy, G.J.	AB RNVR
Gravatt, F.J.	AB RNVR	McCormack, J.	AB RNVR
Green, W.J.	Recruit	McDonald, N.	Smn RNR
Grimmer, L.	Recruit	McIver, A.	Smn RNR
Grimwood, F.	AB RNVR	McIver, J.	Smn RNR
Grover, C.	AB	McKay, D.	Smn RNR
Gunn, D.	Smn RNR	McKinlay, W.	Smn RNR
Gwynn, E.	AB RNVR	McKinney, W.	Smn RNR
Hancock, J.T.	Sto 2cl	McLean, J.	Smn RNR
Hanson, G.T.	AB RNVR	Mead, W.	AB
Harding, P.T.	AB RNVR	Mearns, W.	Smn RNR
Hardy, H.J.A.	AB RNVR	Meech, A.R.	Sto 2cl
Harris, H.	AB RNVR	Metcalfe, L.F.	AB RNVR
Hay, J.	Recruit	Miller, H.W.	Sto 1cl
Hayman, E.	PO	Miranda, T.	AB RNVR
Hayward, J.	PO 1cl RFR	Moore, A.	Recruit
Henderson, H.	Smn RNR	Morrison, J.	Smn RNR

Muir, J.	Smn RNR	Tuff, F.H.	AB RNVR
Munday, G.R.	CPO RNVR	Turvill, R.E.	Sto 1cl RFR
Murfit, G.W.	Recruit	Vos, M.J.	AB RNVR
Murray, E.	Smn RNR	Wainwright, G.F.	Ldg Smn RNVR
Mylrea, G.H.	Act Ldg Smn RNVR	Walton, E.	Recruit
Naylor, T.	Ch Sto 1cl RFR	Warren, S.T.J.	AB RNVR
Nichols, S.H.	AB RNVR	Webber, G.W.	Recruit
Nicholson, M.	Smn RNR	West, D.	AB RNVR
Norris, R.	AB RNVR	Whiley, R.S.	Recruit
Oag, W.	Smn RNR	White, J.	Recruit
Oppe, E.F.	AB RNVR	White, W.	Smn RNR
Oxley, T.	Recruit	Wildin, T.	Sto 1cl RFR
Page, R.D.	AB RNVR	Wilkins, A.E.	Sto 1cl RFR
Palmer, A.G.	AB RNVR	Wilkins, G.W.	AB RNVR
Palmer, B.G.	Act Ldg Smn RNVR	Williams, T.	Act Ldg Smn RNVR
Parker, H.A.	AB RNVR	Williams, T.H.	AB RNVR
Penny, A.	AB RNVR	Wood, A.	Smn RNR
Poole, G.E.	AB RNVR	Woodward, F.	Recruit
Power, J.	Act Ldg Smn RNVR		
Prytherach, H.D.	AB RNVR		
Pugh, N.S.	AB RNVR	**4th Battalion (Collingwood)**	
Pumford, P.E.	AB RNVR		
Raby, W.	Recruit	Abel, H.	Recruit
Raby, E.	Recruit	Allison, C.E.	Sto 1cl RFR
Rea, T.	Sto 1cl RFR	Appleyard, G.C.	Recruit
Reid, W.	AB RNVR	Atkins, C.G.W.	Act AB RNVR
Reynolds, W.C.	AB RNVR	Babbage, C.	Sto 1cl RFR
Robinson, W.R.	AB RNVR	Bacon, A.H.	Act AB RNVR
Ross, A.	Smn RNR	Bacon, D.W.	PO
Ross, E.McM.	Smn RNR	Bain, D.E.	Sto 2cl
Rowbotham, J.G.	AB RNVR	Baird, J.F.	Sto 2cl
Rowe, H.L.	AB RNVR	Baker, A.E.	Act AB RNVR
Rye, S.G.	AB RNVR	Barber, C.J.	Act AB RNVR
Schafer, A.	AB	Barnes, R.W.	Sto 1cl RFR
Scott, W.	Sto 1cl RFR	Barter, A.E.	Act AB RNVR
Sharp, A.	Ldg Smn RNVR	Bates, W.	Recruit
Sharp, A.L.	AB RNVR	Beagley, G.	Sergt RMLI #
Sharpe, C.H.	AB RNVR	Beale, G.	Recruit
Sharpe, F.R.G.	Act Ldg Smn RNVR	Beard, W.G.	AB RNVR
Simmonds, R.H.	PO 1cl RFR	Beaton, G.	Smn RNR
Smeeth, J.W.	AB RNVR	Beaumont, O.	Recruit
Smith, G.	Recruit	Beautyman, G.	Col Sergt
Spencer, H.	AB RNVR	Beckett, J.W.	Ldg Smn RFR
Spencer, J.	Recruit	Bennett, R.	Act AB RNVR
Spinney, L.L.	AB RNVR	Berry, F.J.	AB RNVR
Squires, S.E.	AB RNVR	Biggs, J.	AB
Stables, J.	Sto 2cl	Bird, W.W.	Act AB RNVR
Stanley, L.G.	AB RNVR	Birkett, W.	Sto 2cl
Stevens, W.	PO 2cl RFR	Bittle, F.S.	Act Ldg Smn RNVR
Stevenson, A.	Sto 1cl RFR	Bostock, J.P.	Sto 1cl RFR
Stone, B.	Recruit	Bowles, A.E.	Sergt RMA #
Sutherland, A.	AB RNR	Bowles, R.F.	Act AB RNVR
Tait, G.	Recruit	Brammer, J.	Recruit
Tawton, E.	PO 1cl RFR	Bremner, D.	Smn RNR
Taylor, A.	Recruit	Bridle, F.T.	Sto 1cl RFR
Taylor, O.S.	AB RNVR	Brigden, H.W.	AB RNVR
Thompson, M.	Sto 1cl RFR	Broughton, S.H.	AB RNVR
Thomas, W.S.	Act Ldg Smn RNVR	Browne, E.	Recruit
Tooke, C.A.	AB RNVR	Brown, P.	Act AB RNVR

Buckley, J.	AB	Ferguson, J.	AB RNVR
Buckley, R.	AB RNVR	Field, W.	Sto 1cl
Burns, T.	AB RNVR	Fish, P.	Sto 1cl
Bygrave, W.	Ldg Smn RNVR	Fleming, W.	Sto 1cl RFR
Cannon, W.T.	Act AB RNVR	Forster, C.	Act AB RNVR
Catt, H.	Act AB RNVR	Fox, J.	AB RNVR
Cavanagh, D.	Smn RNR	Fulford, J.T.	Recruit
Cavanagh, J.	Smn RNR	Garden, J.	AB RNR
Chambers, F.	AB RNVR	Geldart, T.F.	Act AB RNVR
Chambers, G.	Recruit	George, W.T.	PO RNVR
Champ, F.	Act AB RNVR	Green, G.W.	Recruit
Champion, P.Y.G.	Act AB RNVR	Green, H.D.	Act AB RNVR
Clark, S.C.	Act AB RNVR	Green, W.	Sto 1cl RFR
Clark, E.C.	PO RNVR	Griffiths, G.H.	AB RNVR
Clarke, G.	Sto 1cl RFR	Griffiths, J.	Sto 1cl RFR
Claxton, F.W.	Ord Smn RNVR	Griffiths, R.D.	Act AB RNVR
Clay, A.	AB RNVR	Groom, C.C.	Act AB RNVR
Cluer, H.L.	Act AB RNVR	Gwinnell, A.	Act AB RNVR
Clyne, H.	Smn RNR	Hall, E.G.P.	Ldg Smn RNVR
Cogzell, J.	Sto 1cl RFR	Hall, E.D.	AB RNVR
Coldman, E.	Sto 1cl RFR	Halliley, W.	Recruit
Cole, G.E.	Act AB RNVR	Hand, J.	Recruit
Cole, M.A.	Recruit	Hanson, T.H.	Recruit
Collins, W.A.	Sto 1cl RNR	Hardcastle, H.	AB
Collins, J.	Smn RNR	Harrison, B.	Recruit
Conway, H.E.	Act AB RNVR	Hartley, J.	Recruit
Cook, R.W.	Sto 1cl RFR	Harwood, H.	Ord Smn RNVR
Crook, E.F.	Act AB RNVR	Hawley, G.S.	Act AB RNVR
Cooke, E.L.	Act AB RNVR	Haynes, F.	Act AB RNVR
Coombs, E.W.	Ord Smn RNVR	Heard, H.C.	Act AB RNVR
Coull, J.	Smn RNR	Heath, F.	Recruit
Cotton, P.J.	Smn RNR	Hedger, H.V.	Act AB RNVR
Cormack, H.	Smn RNR	Herman, H.	Act AB RNVR
Cornman, H.W.	Act AB RNVR	Hill, C.	Sto 1cl RFR
Couch, E.	Act AB RNVR	Hill, R.J.	Sto 1cl
Criggie, D.	Smn RNR	Hill, W.	Sto 1cl RFR
Crocker, R.J.	Recruit	Holden, E.J.	AB
Cubbage, H.	Ord Smn RNVR	Hookham, R.	Act AB RNVR
Cutting, A.R.	Act AB RNVR	Hull, W.E.	Act AB RNVR
Dane, E.S.	AB RNVR	Humberstone, S.	Sto 1cl
Davis, S.E.	AB RNVR	Humphreys, A.E.	Act AB RNVR
Dawson, E.	Recruit	Hunter, R.	Sto 1cl RFR
Day, M.E.	AB RNVR	Huntingdon, F.	Sto 1cl RFR
Dean, F.	Ord Smn RNVR	Huxtable, H.	Act AB RNVR
Dickens, K.F.R.	Act AB RNVR	Jackson, J.	AB RNVR
Dodson, S.	Smn RNR	Jay, B.D.	AB RNVR
Done, A.J.	Sto 1cl RFR	Jay, H.	Act AB RNVR
Douglas, R.A.	AB RNVR	Johnson, C.O.	Act AB RNVR
Dowden, H.G.	Act AB RNVR	Johnson, E.	Recruit
Ealand, H.	Sto 1cl	Johnson, G.H.	Sto 1cl RFR
Edwards, C.	Recruit	Jones, C.G.	Act AB RNVR
Edwards, J.A.	AB RNVR	Jones, G.	Recruit
Elkins, L.A.	Act AB RNVR	Jones, T.	Sto 1cl RFR
Elliott, W.D.	Ord Smn RNVR	Keeble, P.	Recruit
Ellis, J.	Recruit	Kilkenny, T.	Recruit
English, D.R.B.	Act AB RNVR	Kinnaird, A.	Smn RNR
Everson, B.R.	Act AB RNVR	Knight, H.W.	Ord Smn RNVR
Farren, J.	Smn RNR	Lampard, W.A.	Sto 1cl
Ferguson, J.G.	Smn RNR	Liebnitz, J.S.	AB RNR

Lightfoot, R.B.	AB RNVR	Oliver, J.A.	Sto 1cl
Longbottom, H.	Recruit	Paramor, H.G.	Act AB RNVR
Loveless, E.F.	AB RNVR	Parker, W.J.	AB RNVR
Lucke, H.A.	Act AB RNVR	Parkes, T.	Recruit
Ludeman, A.	AB RNVR	Parramint, H.J.	Smn RNR
Ludeman, G.A.	AB RNVR	Patterson, W.S.	Ord Smn RNVR
Macaulay, D.	Smn RNR	Pattisson, W.	Act AB RNVR
McDonald, J.	Smn RNR	Payne, W.E.	AB RNVR
McDonald, J.	Smn RNR	Peake, A.	Act AB RNVR
MacDonald, J.	Smn RNR	Pearce, L.	AB RNVR
McInnes, A.	Smn RNR	Pegram, W.	AB RNVR
McInnes, D.	Smn RNR	Picton-Warlow, A.J.	PO RNVR
McIver, D.	Smn RNR	Pocock, H.H.	Act AB RNVR
McKay, J.	Smn RNR	Powell, A.E.	AB RNVR
MacLeod, T.	Smn RNR	Powell, E.K.	Act AB RNVR
Malcolm, W.	Smn RNR	Phillips, F.J.	AB RNVR
Marshall, G.B.	Sto 1cl RFR	Plant, E.	Recruit
Martin, A.J.	Act AB RNVR	Pratt, C.J.	AB RNVR
Martin, C.E.	AB RNVR	Quinn, F.	Smn RNR
Martin, H.J.	AB RNVR	Ralph, G.	Smn RNR
Mason, J.	Recruit	Randerson, G.	Recruit
Matteson, M.J.	Smn RNR	Rusell, E.O.	Sto 2cl
Matthews, A.J.	Sto 1cl RFR	Reid, J.	Smn RNR
Maycock, H.	Recruit	Ridge, R.E.T.	Act AB RNVR
McBeath, J.	Smn RNR	Riggs, J.	Sto 1cl RFR
McCarthy, M.	AB RNVR	Rispin, G.	Recruit
McReady, J.	Smn RNR	Roberts, S.L.	Act AB RNVR
McIver, M.	Smn RNR	Roberts, W.F.J.	Act AB RNVR
McKenzie, D.	AB RNR	Rogers, H.	Recruit
McLean, G.	Smn RNR	Rogers, J.A.W.	Act AB RNVR
McLeod, M.	Smn RNR	Rose, W.H.	Act AB RNVR
Meldrum, A.K.	Act AB RNVR	Ross, A.F.	Recruit
Middle, E.A.	AB RNVR	Rosser, W.G.	AB RNVR
Miles, A.G.	Sto 2cl	Rootham, P.	Act AB RNVR
Millgrove, H.	AB RNVR	Royston, J.W.	Recruit
Mitchell, C.J.F.	Act AB RNVR	Rudram, J.	Smn RNR
Mitchell, J.A.	Ldg Smn RNR	Rundle, L.R.	Act AB RNVR
Mitchell, H.J.	Act AB RNVR	Salisbury, H.W.	Sto 1cl
Morgan, A.	AB RNVR	Sandford, B.	AB RNVR
Morgan, J.	Sto 1cl RFR	Sawyer, A.	AB RNVR
Morbey, A.	Act AB RNVR	Schofield, J.W.	Sto 1cl RFR
Morley, J.R.	Act AB RNVR	Scott, A.	Sto 1cl RFR
Moore, G.	Sto 1cl RFR	Scott, J.	Smn RNR
Moore, W.M.	Recruit	Sealey, G.H.	Sto 1cl RFR
Morrell, W.	Recruit	Shandley, T.	Sto 1cl RFR
Morrin, J.J.	Sto 1cl RFR	Sharman, G.A.	Sto 1cl RFR
Morris, C.A.	Act AB RNVR	Shaw, J.W.	Act AB RNVR
Morris, S.H.	Act AB RNVR	Simpson, A.A.	Act AB RNVR
Morrison, M.	Smn RNR	Sinclair, A.W.	Act AB RNVR
Moss, P.J.	Act AB RNVR	Smith, F.S.G.	AB RNVR
Moxey, W.N.	Act AB RNVR	Smith, I.S.J.	Act AB RNVR
Munhall, W.	Sto 1cl RFR	Smith, T.	Recruit
Mussett, W.	Smn RNR	Smout, G.	Recruit
Nash, E.W.	Ord Smn RNVR	Snelgrove, F.A.	AB RNVR
Nash, W.	Recruit	Snook, J.E.	Act AB RNVR
Neale, R.	Recruit	Southall, N.W.	Ldg Smn RNVR
Nickerson, R.H.	AB RNVR	Spencer, F.	Sto 1cl RFR
O'Gorman, J.	AB RNR	Sponge, H.	Sto 1cl
Old, J.S.J.	AB RNVR	Sporne, A.H.	Act AB RNVR

Stewart, A.	Smn RNR
Stewart, W.	Smn RNR
Stoneham, A.A.	Act AB RNVR
Sullivan, A.R.	AB RNVR
Sullivan, J.	Sto 1cl RFR
Summerfield, W.F.R.	AB RNVR
Taffender, F.	Recruit
Thompson, G.H.M.	Ord Smn RNVR
Tite, J.C.C.	PO RNVR
Tomkins, F.P.	AB RNVR
Tribe, A.S.	Act AB RNVR
Tuplin, T.W.	Ldg Smn RNVR
Turner, W.E.	Recruit
Tweedle, A.	Sto 1cl RFR
Tyler, J.	Ord Smn RNVR
Tyte, A.	Act AB RNVR
Vincent, J.L.	Act AB RNVR
Walker, E.	Recruit
Walkington, E.	Smn RNR
Watterson, W.E.	Smn RNR
Watt, J.	Smn RNR
Watts, L.C.	AB RNVR
Webb, E.F.	AB RNVR
Webster, J.	AB RNR
Webster, D.	Smn RNR
Webster, W.	Recruit
Welch, W.H.	Ord Smn RNVR
Welch, F.E.	Ord Smn RNVR
Westcott, G.	AB RNR
White, E.B.	AB RNVR
Whitwell, J.G.	Sto 1cl RFR
Wilkins, C.J.	AB RNVR
Wilkinson, D.A.	Recruit
Wilcox, P.G.	AB RNVR
Williams, A.E.	Sto 1cl
Williams, E.	Sto 1cl RFR
Willoughby, E.J.T.	AB RNVR
Wilson, C.	Recruit
Wilson, G.	Smn RNR
Woodbridge, G.	AB RNVR
Woodruffe, C.	PO 1cl
Worth, J.	Recruit
Worth, L.	Recruit
Wyatt, E.	Act AB RNVR
Yarnell, A.C.	AB RNVR
Young, H.C.	Act Ldg Smn RNVR
Young, H.G.R.	Sto 1cl

ROYAL NAVAL DIVISION - SECOND BRIGADE

Bissett, D.R.	Ord Smn RNVR
Chant, F.	AB RNVR
Gall, G.	AB RNVR
Johnston, R.	Ord RNVR
McAskill, J.	Smn RNR

ROYAL MARINES

Abell, J.A.	Pte
Aburrow, J.E.	Pte
Aindew, A.	Pte
Allen, H.J.	Pte
Allison, A.	Pte
Andrews, J.	Pte
Arbon, A.E.	Pte
Bailey, P.	Pte
Balmer, A.E.	Pte
Banyard, J.H.	Pte
Barlow, G.	Pte
Barnard, F.J.	Pte
Barnes, A.J.	Bugler
Barnett, C.G.	Pte
Barreyatt, W.	Pte
Batham, C.	Pte
Batts, G.	Pte
Beckett, E.	L/Sergt #
Blendell, J.	Pte
Boniface, F.	Pte
Breslin, E.J.	Pte
Brewer, C.	Pte
Brooks, H.M.	Pte
Broomfield, H.H.	Pte
Broomhead, H.	Pte
Brown, A.	Col/Sergt #
Brown, F.C.	Pte
Brownsell, H.	Pte
Buckley, A.J.	Pte
Burchall, W.A.	Pte
Burgess, O.	Pte
Burnett, A.F.	Pte
Burt, G.	Pte
Burton, W.J.	Pte
Burton, Ernest E.	Sergt #
Bush, J.	Cpl
Calwell, A.	Pte
Canning, J.	Pte
Capel, W.G.	Pte
Caplehorn, A.	Pte
Catchpole, E.H.	Pte
Catchpole, G.W.	Pte
Chambers, G.W.	Pte
Chandler, J.	Pte
Chapman, J.	Pte
Chapman, J.H.	Pte
Chappell, A.	Bugler
Chinn, E.	Cpl
Chinnery, B.W.	Pte
Chiverton, J.	Col/Sergt #
Christie, J.A.	Pte
Ciappesoni, F.A.	Pte
Clark, J.	Pte
Clarke, W.J.	Col/Sergt #
Clint, G.H.	Pte
Coates, S.S.	Pte
Cobb, T.	Sergt #

Coker, J.T.	Pte	Hampson, F.	Pte
Collett, L.S.	Pte	Handsom, E.	Pte
Cooke, G.W.	Pte	Harding, A.E.	Pte
Cooper, W.	Pte	Hardwick, B.	Pte
Cooper, W.	Pte	Harlow, H.	Bugler
Coughlin, D.	Pte	Hastings, H.	Pte
Cowell, W.	Pte	Healey, F.	Pte
Cowley, B.	Pte	Hewitt, H.G.	Pte
Coxon, J.T.	Pte	Hicks, J.W.	Cpl
Cranwell, H.W.	Cpl	Hill, A.	Pte
Cummins, W.E.	Pte	Hind, C.F.	Pte
Cursons, W.F.	Sergt #	Hobbs, C.C.	Pens
Dalton, N.S.	Pte	Hodges, W.J.	Pte
Davis, H.E.	Pte	Holloway, P.	Pte
Davidson, W.	Pte	Hooper, W.P.	Pte
Dean, W.R.	Pte	Hopkinson, G.	Pte
Deane, V.H.	Pte	Horsburgh, J.	Pte
Devanter, C.H.	Sergt #	Howard, S.G.	Pte
Dickins, P.	Pte	Hudson, J.	Pte
Dillaway, A.	Pte	Humby, H.E.	Pte
Dilley, W.	Cpl	Humphry, A.	Act/WO #
Dimond, B.G.	Pte	Hunt, G.S.	Pte
Dodds, F.	Pte	Hutchings, W.G.	Pte
Dougherty, N.	Pte	Jackson, P.E.	Pte
Doughty, E.R.	Pte	Jackson, W.T.	Pte
Dovey, F.H.	Pte	Johnson, F.	Pte
Drover, F.H.W.	Pte	Johnson, G.	Sergt #
Dulley, R.W.	Pte	Jones, F.C.	Pte
Duncan, J.	Pte	Joy, M.	Cpl
Eagles, J.	Pte	Joyce, W.	Pte
Edwards, S.	Pte	Kearns, D.	Bugler
Elliott, A.	Pte	Kenton, C.	Pte
Evans, C.	Pte	Kirk, J.W.	Pte
Evans, C.F.	Pte	Lilley, E.C.	Pte
Featherstone, A.F.	Pte	Lockyer, F.	Pte
Ferrison, G.	Col/Sergt #	Low, P.E.	Col/Sergt #
Field, F.W.	Sergt Pens #	Lyne, A.E.	Sergt
Fielder, J.W.W.	Pte	Mack, E.	Pte
Finlayson, W.J.	Pte	Mantell, H.E.	Pte
Fleet, W.S.	Pte	Marshman, W.	Pte
Ford, G.	Pte	Marshall, A.H.	Pte
Foster, G.H.	Pte	Mason, C.B.	Pte
Fowler, F.	Pte	Masters, F.E.	Pte
Franklin, G.	Pte	McKee, J.	Pte
French, T.W.H.	Pte	McKenzie, John.	Pte
Fretton, H.	Col/Sergt #	McKinnon, A.	Pte
Fry, R.J.	Pte	McIlvenny, D.	Pte
Fullilove, H.H.	Sergt #	Meloy, W.H.	Cpl
Gibbs, G.C.	Pte	Meredith, J.C.	Pte
Gillam, W.J.	Pte	Merritt, E.F.	Pte
Goddard, H.J.	Pte	Merritt, F.	Pte
Grange, A.	Sergt #	Milward-Millward, G.	Pte
Grant, A.A.	Sergt #	Minshall, J.	Pte
Greenwood, S.J.	Pte	Moore, C.T.	Pte
Grout, E.C.	Pte	Moore, J.A.	Pte
Guttridge, S.A.	Cpl	Moore, T.	Pte
Haddrell, P.J.	Pte	Morrell, J.M.	Sergt #
Hall, E.	Pte	Morrison, J.	Sergt #
Hall, W.J.	Pte	Moulding, H.J.	Pte

Muncaster, F.	Pte	Snelling, F.C.	Pte
Murphy, T.J.	Pte	Sonley, W.	Pte
Nash, T.	Pte	Spackman, H.	Pte
Neates, A.E.W.	Pte	Spearing, O.U.	Cpl
Newbon, J.	Pte	Sperring, G.R.	Sergt #
Newton, F.J.	Pte	Stanton, A.H.	Pte
Nicoll, K.C.	Sergt #	Steele, J.T.	Pte
Norris, R.A.	Pte	Stokes, A.	Pte
Oakes, F.	Pte	Stordy, H.H.	Pte
Oliver, A.H.	Pte	Summers, A.J.	Pte
Osborne, W.	Pte	Tatton, J.	Pte
Parker, J.	Pte	Tether, Ned.	Cpl
Parrack, W.G.	Pte	Thomas, J.J.	Pte
Parslow, H.E.	Col/Sergt	Thorne, W.	Pte
Pearse, W.	Bugler	Tilley, H.J.	Pte
Penfare, W.M.	Pte	Tulley, A.	Pte
Penfold, T.P.J.	Pte	Turberfield, C.H.	Pte
Pople, J.	Pte	Turner, Fred.	Pte
Porter, H.G.	Pte	Tweedie, J.	Pte
Porton, E.	Pte	Waldram, W.	Pte
Poulson, H.	Pte	Walker, F.C.	Pte
Pratt, W.J.	Sergt #	Waller, J.	Pte
Preston, A.	Cpl	Walton, L.O.	Pte
Pym, M.A.	Pte	Ward, E.W.	Pte
Radford, E.A.	Pte	Warner, F.	Pte
Randall, H.	Pte	Warren, B.W.	Pte
Redmond, J.	Pte	Warren, F.	Pte
Reed, J.	Pte	Waskett, G.H.A.	Cpl
Regan, M.	Pte	Watson, E.P.	Pte
Reynolds, F.F.	Pte	Watts, W.	Pte
Ribbans, A.W.	Pte	Waugh, E.J.	Pte
Richardson, A.	Pte	West, R.J.	Pte
Robbins, F.W.	Pte	West, T.	Pte
Roberts, H.A.	Pte	Wheelwright, Chas.	Pte
Robinson, M.	Pte	White, F.A.	Pte
Rowles, A.V.	Pte	White, G.	Pte
Rumble, J.	Pte	Wicks, F.	Pte
Sandall, W.F.	Pte	Wilkie, W.J.	Pte
Sargison, F.W.	Pte	Wilkins, C.	Pte
Sawford, T.G.	Bugler	Wilson, J.	Pte
Scotney, W.E.	Pte	Winterbourne, F.	Pte
Sedman, F.G.	Pte	Woodberry, G.	Pens
Shell, J.	Pte	Woodland, J.	Pte
Shepherd, G.	Col/Sergt #	Young, R.	Pte
Shergold, S.	Pte		
Simmons, E.J.	Pte		
Sims, C.W.	Pte		
Sizer, W.	Pens		
Smith, F.G.	Pte		
Smith, L.	Pte		
Smith, W.	Pte		
Smith, W.G.	Pte		

ROYAL NAVAL AUXILIARY - SICK BERTH RESERVE

Ellis, S.	Jun/RA
Foden, W.A.	Jun/RA
Martindale, J.F.H.	Sen/RA
Wallace, J.E.	Jun/RA

Note: - Those non-commissioned officers which are noted with an "#" next to their rank in these lists can be found in a photograph in The Globe and Laurel 1918 p.154 & 155 entitled "Prisoners of War Interned in Holland. With the photograph is an extract of a letter from one of the internees, Sergeant C.H.Devanter RMLI.

* * * * *

ADM 1/8506/269

CREATION OF A STAR

This Section contains selected extracts from the Admiralty Case File which 'tells the story' of how the 1914 Star was created for the Royal Navy or more precisely, the Royal Naval Division.

As the policy became clear for who was to be eligible and who was not, a considerable amount of lobbying was undertaken on behalf of various 'worthy' potential applicants. In some cases, the applications were successful, in others, despite repeated submissions to Their Lordships, the rules were not to be changed. Examples of the correspondence relating to both successful and unsuccessful applications are also included.

We are fortunate, indeed, that the correspondence for this fascinating episode in Naval history has survived.

To: Secretary Fourth Sea Lord
Secretary First Lord

From: Accountant General

Date: 19th September 1917

Subj: Decoration for those employed in France and Belgium up to and including the First Battle of Ypres.

In connection with the issue of a decoration to the Officers and men referred to in the accompanying extract from the Press Communique on the subject, Major Frith of the War Office (Medal Branch) called on the 15th instant.

It was ascertained from him that designs for the proposed Bronze Star have been obtained from the Mint for submission to the King and that the Mint was prepared to undertake the supply, employing contract work as necessary.

In these circumstances Major Frith wished to know whether the War Office should include in their Order a supply for the Admiralty, and, if so, the approximate numbers.

Compared with those required for the Army the numbers for the Naval units will be very small, and it is proposed that the War Office should be asked to arrange for the necessary supply.

The terms of the award do not bring within its scope the crews of the vessels which operated off the Belgian Coast during the period, understood to be from 5th August to 23rd November 1914, and steps are being taken to give approximately the number of Officers and men belonging to the Naval Service who landed.

***

War Office (A.G.10),
201, Great Portland Street,
London, W.1.

2nd October 1917

Sir,

With reference to the grant of the decoration which His Majesty the King has been pleased to approve for issue to the Naval and Military Forces which took part in the operations in France and Belgium during the earlier period of the War in 1914, I am commanded by the Army Council to forward the accompanying copy of a draft Army Order under which it is proposed to issue the decoration to the Military Forces, and to enquire whether the Lords Commissioners of the Admiralty have any observations to make thereon.

I am to state that in the event of the Army Order being approved, the Council assume that their Lordships will give instructions for the necessary steps to be taken with regard to the issue of the decoration to the Marine Gun Crews and Armoured Car Squadrons referred to by Sir Oswyn Murray in his letter of the 8th ultimo.

I am to request that you will be so good as to treat this matter as very urgent.

I am, Sir, Your obedient Servant,

R. Brade

Secretary,
The Admiralty
S.W.1

***

Draft Army Order

BRITISH EXPEDITIONARY FORCES 1914

GRANT OF BRONZE DECORATION.

I.   His Majesty the King has been graciously pleased to signify His Pleasure to recognise by the grant of a distinctive decoration, the services rendered by His Majesty's Forces under the Command of Field Marshal Sir J.D.P. French, G.C.B., G.C.V.O., K.C.M.G., in France and Belgium during the earlier phase of the War in 1914, up to midnight 22/23rd November, 1914.

II.   The decoration will be in Bronze.

III.   No clasp will be issued with the decoration.

IV.   The ribbon will be Red, White and Blue, shaded and watered.

V.   Provided the claims are approved by the Army Council, the decoration will be granted to all officers, warrant officers, non-commissioned officers and men of the British and Indian Forces, including civilian medical practitioners, nursing sisters, nurses and others employed with Military Hospitals, who actually served in France or Belgium, on the establishment of a Unit of the British Expeditionary Forces, between the 5th August, 1914, and midnight of the 22/23rd November, 1914.

VI.   Officers in Charge of Records will prepare (on printed forms to be obtained from The Secretary, War Office, (A.G.10.) Nominal Rolls, in duplicate, of the individuals entitled to the decoration, and forward them, as soon as practicable, to the War Office (A.G.10.).

VII.   Officers, Chaplains and acting Chaplains if not now serving, will submit their claims direct to the Secretary, War Office (A.G.10.). If now serving, through their Commanding Officers.

VIII.   The names of officers and warrant officers will be entered in order of rank, and those of non-commissioned officers and men in alphabetical order. The Rank and Regimental Number entered on the medal rolls will be that held by an individual on the date of disembarkation.

IX.   The names of individuals who have forfeited the decoration under the conditions laid down in the Pay Warrant are to be included in the rolls, their names being entered in red ink and the cause of the forfeiture stated in the column for "remarks". The names of individuals who have become non effective by death, transfer, discharge, &c., should also be entered in red ink, and the cause stated in the column for "remarks".

***

Minute Sheet No.1   8th October 1917

The War Office now send a draft Army Order for Admiralty observations, and suggest that their Lordships will give instructions with regard to the issue of the decoration to the Machine Gun Crews and Armoured Car Squadrons referred to by the Secretary in his letter of the 8th ultimo.

This letter has not been seen here and under the terms in the press communique previously issued by the War Office, the Naval and Marine units engaged, so far as is at present known, comprise those enumerated on the accompanying list, for the whole of which it is presumed that provision will have to be made by the Admiralty, unless the original notice overstated the scope of the award, in which case an authoritative correction should apparently be issued.

If no correction is required, it might perhaps be suggested to the War Office that a paragraph should be added to the Order, indicating that the issue for the Royal Naval Division and all Royal Marine ranks and ratings will be made by the Admiralty.

As no official intimation has been given to the Fleet of the grant of this decoration, it is submitted that a Fleet Order in general terms, should now be issued.

It is laid down in Paragraph V of the draft Army Order that individuals must have served on the establishment of a unit of the Expeditionary Force, and it is therefore assumed that Officers on special missions, conferences etc., are not eligible.

For Naval purposes it is suggested that the award should be to the Officers and men of the Naval and Marine Forces, drafted from H.M. Ships and Naval & Marine Establishments, who were actually landed for Active Service on shore in France or Belgium between the 5th August 1914, and midnight of the 22nd-23rd November 1914.

Rolls of the Royal Naval Division and Royal Marine Brigade have been called for and action has been taken to ascertain whether there were any parties interested in addition to those already tabulated, with the number of individuals concerned. It is understood that Rear Admiral Hood and his Staff from the Dover Patrol were landed in October 1914 in connection with the bombardment of the Belgian Coast. It is for consideration whether they should be included in the award.

> "The Naval Secretary is dealing with this question on other papers - the army draft order which he will wish to see is tabled K".
>
> H.H.D.T. 11/10/17

> "See Naval Secretary's note attached. I have spoken to Sir R. Brade about this, and there appears to be just a doubt whether the wording of the draft army order does exclude the R.N. Division which went to Antwerp, he suggests that our letter should make it clear that the Admiralty concur in their exclusion, and should put it to the W.O. to see whether the draft order carried out the intention. The attached letter has been drafted accordingly and Naval Secretary has concurred in it".
>
> O.M. 12/10/17

Letter Sent 13/10/17

***

13th October 1917.

Sir,

With reference to your letter of the 2nd instant (No.68/121/326. (AG.10.) relative to the grant of the decoration which His Majesty the King has been pleased to approve for issue to the Naval and Military Forces which took part in the operations in France and Belgium during the earlier part of the War in 1914, I am commanded by my Lords Commissioners of the Admiralty to request that you will inform the Army Council that they understand that it is now considered that the Royal Naval Division which endeavoured to relieve the pressure on Antwerp should not receive the decoration and they concur in this view.

Their Lordships also concur in the draft Army Order on the assumption that the conditions laid down for the award of the decoration carry out this intention.

I am to add that when the Army Order is approved the necessary steps will be taken by their Lordships with regard to the issue of the decoration to the Naval and Marine units entitled to it under the terms of the Order.

I am, Sir, Your obedient Servant,

Secretary

The Secretary,
War Office
S.W.1

***

War Office (A.G.10),
201, Great Portland Street,
London, W.1.

16th October 1917

Sir,

I am commanded by the Army Council to acknowledge the receipt of your letter dated the 13th instant replying to the War Office letter, of the 2nd October, on the subject of the grant of the decoration which His Majesty the King has been pleased to approve for issue to the Naval and Military Forces which took part in the operations in France and Belgium during the earlier period of the War in 1914.

I am to inform you that the Council presume that the Lords Commissioners of the Admiralty will cause an instruction to be issued regarding the grant of the decoration to the Naval and Marine Units to which they propose the decoration shall be awarded.

I am, Sir, Your obedient Servant,

N.N.Curtis

Secretary,
The Admiralty
Whitehall S.W.1.

***

War Office,
Whitehall,
S.W.

7th September 1917

Dear Geddes,

I send you a copy of a letter I have written to Lord Stamfordham and of a draft communique on the subject of special recognition for services given by the troops in France and Belgium in 1914.

Yours sincerely,

R. Brade

Rt. Hon.Sir E. Geddes, K.O.B., G.B.E., M.P.

***

7th September 1917

Dear Lord Stamfordham,

Just before he left for Italy Lord Derby instructed me to prepare a statement to be sent to the Press regarding the award of special recognition for services given by the troops in 1914 in France and Belgium. Neither Friday nor Saturday is altogether a suitable day for the publication of such an announcement, and I propose, therefore, to keep it for Monday morning papers. This will give me time to send you a copy of what I propose to say, and perhaps you could have a telephone message sent to me as to whether His Majesty approves? You will notice that the wording differs in some respects from that of the Army Council decision which you have seen, but the latter did not seem to us entirely appropriate for the purpose.

I ought to explain that the phrase "British Expeditionary Forces" is intended to include that part of the Indian Expeditionary Force which served in France and also the Royal Naval Division both of which I take it the King wishes to include. I am sending a copy of this letter and of the draft to the Secretary of State for India and the First Lord of the Admiralty.

Yours very truly,

***

DRAFT COMMUNIQUE

The King having expressed a wish to accord some special recognition of the services given, in the earlier part of the war in 1914, by troops in France and Belgium, the Army Council - after consultation with Field Marshal Viscount French - have advised His Majesty that the object could best be met by the award of a distinctive decoration, with riband, but without clasp, to all Officers, Warrant Officers, Non-commissioned Officers and men on the establishment of a unit of the British Expeditionary Forces, including Indian Expeditionary Force "A" and the Royal Naval Division, who landed for service in France or Belgium during the earliest and most critical phase of the War up to and including the First Battle of Ypres.

Arrangements are being made accordingly to give effect to His Majesty's wishes and a further announcement on the subject will be made as soon as possible.

***

Secretary

Sir R. Brade has telephoned this morning asking for an early reply as the King does not return until tomorrow morning. Perhaps you will deal with it direct with Sir R. Brade.

J. Masterton-Smith							8 September

***

8th September, 1917

My Dear Brade,

The First Lord is away until to-morrow morning, and in his absence Masterton Smith has handed to me your letter of the 7th instant enclosing the draft Communique on the subject of special recognition of the services given by the troops in France and Belgium in 1914.

We should like to suggest that after the words "including Indian Expeditionary Force 'A' and the Royal Naval Division" you should add the words "and other Naval and Marine Units", as in addition to the R.N.D. several such Units, e.g. Marine Guns Crews and Armoured Car Squadrons were assisting the Army in France and Belgium during the period mentioned, and I think that there is no doubt that the King would wish them to be included in the award and that they ought to be so included.

I shall be glad if you will let me know whether you concur in this addition, in order that I may tell the First Lord on his return.

Believe me,
Yours sincerely,

O.A.R.M.

Private Office

Sir R. Brade did not reply to this in writing, but the notice was issued today with the additional words desired by Admiralty.

O.M. 10/9

***

To:
Secretary
4th S.L.
3rd S.L.
Deputy 1st S.L.
1st S.L.
1st Lord

Lord Cromer visited the Naval Secretary on Monday the 17th September, and informed him that The King had read a letter in the "Times" (copy attached) which urged that the Navy should receive equal recognition by the award of a distinctive decoration for their services in 1914, as is proposed for the original Expeditionary Force of the Army. His Majesty wished to be furnished with the propositions of the Board of Admiralty on the general question of the award of Medals to the Navy for the present war, together with their views on the subject matter of the letter in the "Times". *

A.F.Everett
Naval Secretary 20/9/17

* This was discussed at Board yesterday and it was the unanimous opinion that the circumstances did not justify a special 1914 Naval medal as with the case with the Army.

***

ADMIRALTY MEMORANDUM
WAR MEDALS FOR THE ROYAL NAVY

In considering the question of the grant of a War Medal for the present war, the Admiralty have proceeded on the assumption that the system followed since the Napoleonic Wars would be adopted. Under this system a medal was awarded to the naval and military forces which took part in the wars or warlike operations of importance, a clasp being awarded for all actions of conspicuous merit.

For instance, for the Napoleonic Wars from 1793-1815 clasps were awarded for 196 Fleet or single ship actions, and for 55 boat actions. For the Crimean War the Navy shared the Army medal, with bars for Balaclava, Sebastopol, Inkerman and Azoff; the Baltic Medal had no clasps. For the South African War, the Navy again shared with the Army both the Queen's and King's Medal, the former having 26 clasps and the latter two clasps.

Generally speaking no clasp has been awarded for an unsuccessful action, but it has not been considered that this is a hard and fast rule, and the question is in each case regarded as one for consideration on its merits.

The Admiralty have acted on the assumption that there would be two war medals, one British and one inter-ally, and that the latter would be the fighting medal to which the clasps would be attached. In order, therefore, that the fighting medal should be fairly distributed, it is proposed that clasps should also be awarded for service in certain defined war areas to be decided on later.

It is also proposed that clasps should be awarded for certain selected:

- (a) Fleet Actions
- (b) Single Ship Actions
- (c) Destroyer Actions
- (d) Joint Naval and Military Actions
- (e) Boat Services
- (f) Special Services, such as Sub-marine; Minesweeping; Decoy Work; etc. etc. etc.

The foregoing outline propositions are not intended to be complete or final, but are merely put forward as illustrative of the lines on which the Admiralty propose to work.

At a meeting of the Imperial War Conference held on 26th March 1917, the question of a War Medal for the military forces was discussed on the basis of a minute of the Army Council, which had been circulated to the Conference, and which is shown below:

The Army Council agreed that the following principles should govern the award of War Medals at the end of the war, viz:-

(1) That an international medal should be given to all Officers and soldiers who entered a Theatre of Operations in pursuance of military duty.

(2) That this medal should be of a special design with a ribbon common to all the Allies.

(3) That each allied Government should award this medal according to its own rules on the subject.

(4) That in addition, there should be a purely British medal and ribbon, different in design and colour from the International medal and its ribbon, for all Officers and soldiers of His Majesty's Military Forces who have not entered a Theatre of Operations.

(5) That those who receive the International medal should also be eligible to receive the British medal.

(6) That clasps differing in design should be issued with each medal.

(7) That the clasps should not record actions or localities, but only the calendar years of the duration of the War, and one clasp should be given for each year or part of a year.

(8) That a holder of both medals should have one clasp only of each year. Any period of a year, however short, in a Theatre of War to entitle a soldier to a clasp on his International medal.

(9) That members of the Royal Navy taking part in combined Naval and Military operations should receive the International medal within the conditions of paragraph (1) above.

(10) That the clasp "1914" of the International medal will be of itself a sufficient indication of the services rendered by the original Expeditionary Force, and it will, therefore, not be necessary to make a special distinction in favour of that force. Nor would it be advisable so to limit such a distinction, as some troops other than those of the six divisions and one cavalry division forming technically the Expeditionary Force, shared these services. (68/Gen.No./2928).

The above minute set forth recommendations for the award of two medals, one for general service wherever performed, and the other for service in the theatres of war operations. The minute proposed that a clasp should be awarded for each year of the war, but that no clasp should be assigned to any particular theatre of operations or any particular battle, the reason being that the records available would make it impossible for any accurate account to be given of the services of men, even if it were found possible to decide where participation in a modern battle began and ended.

The representatives of the Dominions were very reluctant to agree that no indication should be given on the clasp as to the particular theatre of operations in which a man had been engaged; in particular they claimed that Gallipoli and the early battles in France in 1914 were of such transcendent importance that the fact should be distinguished in the engraving on the clasp.

At the end of the discussion, reference was made to the scheme which the Admiralty had in contemplation. Mr Massey, in particular, said that if the Navy were going to be treated so differently from the Army, inasmuch as seamen who assisted in the landing at the Dardanelles might have their services rewarded by a distinctive clasp, while the troops who took part in the landing would not receive any distinction on the clasp, he must press the Army Council to reconsider their decision.

The discussion was ultimately adjourned in order that the Army Council might reconsider the position.

At a Board Meeting at the Admiralty held on the 28th March 1917, the policy of the Admiralty as regards the award of War Medals was discussed, and while it was agreed that the principle of award of clasps as previously practised in the Navy during the old wars should be retained, it was decided to await developments of the further consideration of the Army Council.

On the 24th August the Secretary of State for War presented a Memorandum to the War Cabinet on the subject of award of medals for the present war, and the following extracts are its salient features:-

The question of the award of medals for the present war has not only engaged the attention of the Army Council but was the subject of discussion at the Imperial Conference. The general opinion would seem to be that two medals should be issued, one being an International medal for all troops engaged in theatres of war and the other a British medal for all troops serving at home and in garrisons. Troops serving in theatres of war would also be entitled to the British medal.

With regard to clasps, the Army Council were first of the opinion that these should not record actions or localities but only the calendar years of the duration of the war. This view, however, was challenged by the New Zealand representatives at the Imperial Conference and there is also a considerable body of feeling against it in the Army itself. In these circumstances the Army Council recommend that the question of the description and allotment of clasps should be referred to a Committee of representatives from all theatres of war to be held at the close hostilities.

Without touching on questions of detail, I must point out that something like twelve to fifteen million medals will have to be prepared and that on the cessation of hostilities there will be a very strong and general desire on the part of the public for an early distribution of medals. It would appear that 25 machines can engrave the names on about 3,500,000 medals in a year, and it might be possible to get the medals out in about a year after the cessation of hostilities.

While the Navy desire to adopt the same general procedure as the Army, they wish to retain the principle of awarding clasps for all actions of conspicuous merit, and for certain special services considered deserving of special recognition; also, as the major portion of naval contact with enemy craft is in home waters, whereas the contact with the military forces are overseas, the International war medal would have to be issued accordingly.

On September 9th the Secretary of the War Office announced:-

> "The King, having expressed a wish to recognise specially the services given in the earlier part of the war in 1914 by troops in France and Belgium, the Army Council - after consultation with Field-Marshal Viscount French - have advised His Majesty that the object could best be met by the award of a distinctive decoration, with riband, but without clasp, to all officers, warrant officers, non-commissioned officers, and men on the establishment of a unit of the British Expeditionary Forces, including the Indian Contingent, the Royal Naval Division, and other Naval and Marine units, who landed for service in France or Belgium during the earliest and most critical phase of the war up to and including the First Battle of Ypres. Arrangements are being made accordingly to give effect to His Majesty's wishes, and a further announcement on this subject will be made as soon as possible."

The above appeared in the press the following day, and on September 11th the "Times" published a letter headed "And The Navy" a copy of which is given below:-

> "Sir: That it is the gracious intention of The King to make special recognition of the services of those of His land forces who were engaged with the enemy in the earlier part of the war will give pleasure and be gratifying to our countrymen at home and overseas. There must, however, be many who on hearing the news will ask the question, 'what did the Navy leave undone in those first months of the war that it should not be accorded similar treatment to the Army?' In the announcement of the proposed award of a distinctive decoration, it is stated that the Royal Naval Division, and other Naval and Marine units, who landed for service in France or Belgium during the earliest and most critical phase of the war up to and including the First Battle of Ypres, are to participate in this Honour. We are reminded, however, by your Special Correspondent in his dispatch today from the flooded country between Nieuport and Dixmude, 'it was here that in the last week of October 1914, with the assistance of British guns from the sea, the Belgians made their final stand and for ever barred to the advancing German hordes the route to Calais'. Not only, Sir, was it the material help of the naval guns which kept back the German advance along the coast, but there would have been no British soldiers at the battles of the Marne and Yser, no unit of the British Expeditionary Force could have been landed in Europe at all, had the British Navy failed in the performance of any one of its duties during those first months of the war. This is a matter of national importance, for not to recognise the services of the seamen equally with those of the soldiers is to make an invidious distinction which in after times may lead to misunderstanding. It may suggest to our descendents, first, that the exacting, perilous, and nerve-racking work of the Grand Fleet during the winter of 1914-15 had not been assessed at its proper value by the country; and secondly, that the achievements of the Army in France and Flanders did in some way transcend those of the Navy in zeal, valour and endurance. Yet this is not true in either case. Again, why limit the date of operations for the award of this medal to October 1914, or at least carry it on to the end of the year? In December 1914, the most decisive action of the war was fought by Admiral Sir Doveton Sturdee's squadron against a German force under Admiral von Spee. As the Marne and the Yser saved Paris and Calais, so the Falklands Battle swept the German flag from the oceans, and by securing the control of the sea communications enabled the prompt reinforcement of the Allied forces, which if any single action can be said to have done so, has given us the power to win the war. I am, etc. MONITOR".

Generally speaking, it may be said there is no real analogy between the heroic efforts of the original Expeditionary Force and the Royal Navy during the time between the declaration of war and the critical military phase in France up to 23rd November 1914.

It will be observed that the special distinctive decoration is to include the Royal Naval Division, and other Naval and Marine Units, who landed for service in France or Belgium during that critical time. The Admiralty also contemplate issuing a clasp to the Naval units who participated (under the late Admiral Hood) in the bombardment of the Belgian Coast between the dates of 17th October - 9th November 1914. These two clasps will probably cover all operations of the Navy which can be said to be directly associated with the work of the old Expeditionary Force up to the date given (23rd November 1914).

As regards the work of the Grand Fleet during 1914, or Admiral Sturdee's victory off the Falkland Islands (which the writer of the letter calls special attention to as deserving some decorative recognition) the Admiralty proposition of special Naval clasps will embrace these operations.

It is therefore considered, if the Admiralty scheme matures, that there cannot be any possible opening for discontent in the Navy over the distribution of a special decoration to the original Expeditionary Force.

It should be noted, however, that although the Admiralty general policy as regards clasps has been set forth in this memorandum, no definite decision has yet been come to. The whole question has by order of the War Cabinet been referred to a sub-committee, and until all questions have been settled, it is not at this stage possible to state what the final result will be.

20.9.1917

***

23/9/17

Dear Sir Reginald Brade

Since Sir Graham Greene left the Admiralty a certain amount of the work with which he used to personally concern himself in the matter of medals and honours has devolved on me as Naval Secretary. I observe from past correspondence that he was apparently in the habit of communicating with you when any questions arose which might mutually affect the War Office and Admiralty.

I therefore hope I am not out of order in addressing you on a question which has recently cropped up. I allude to the War Office announcement which appeared in the press on September 9th relating to the distinctive decoration which, at the request of The King, is to be awarded to the original Expeditionary Force, and which is to include:-

> "the Royal Naval Division and other Naval and Marine units who landed for service in France or Belgium, etc"

The First Lord is anxious to know if the above is intended to include all Officers of the R.N. R.M. R.N.R. and R.N.V.R. who landed in France or Belgium during the period from the commencement of hostilities until the 23rd November 1914. For instance, is it intended that the Royal Naval Division sent as a forlorn hope to relieve the situation at Antwerp are to share the same medal distinction as those of the old Army; also is it intended that those who took part in no fighting, but remained say at a French sea-base during those critical times are to be similarly honoured? I know that the problem is full of difficulties, of which the greatest is to know where to draw the line, and because it is not possible to define the limits, it may be better, in order to prevent discontent and jealously, to be safely inclusive rather than critically exclusive. On the other hand, I presume that it is for the honour of the old Army which bore England's sacrifice of those early days that this medal is struck, and the inclusion of those amateurs who disguised as sailors, did their best during a few days to retrieve an impossible situation, may easily detract from the dignity of the decoration in the eyes of the old Army's posterity.

A.F. Everett C.B.

***

War Office,
Whitehall,
S.W.

24th September 1917

Dear Admiral Everett,

In reply to your letter of the 23rd September regarding the decoration (it is a Star) which is to be given for service in France up till November 23rd, 1914, the phrase "Royal Naval Division and other Naval and Marine Units" was inserted in the communique at the suggestion of Sir Oswyn Murray, to whom I submitted the draft for his remarks. I felt some doubt at the time as to what exactly would be covered by this expression, and this doubt was expressed over the telephone by my Private Secretary to Mr Gleadowe. Since then, however, I have heard no more on the subject from the Admiralty until I received your letter this morning. Perhaps you could ascertain what was in Sir Oswyn Murray's mind when he wrote to me?

Yours very truly,

R. Brade

***

BUCKINGHAM PALACE

24th September, 1917

Dear Admiral

I write to thank you for your letter of September 22nd about the Memorandum being prepared at the Admiralty with regard to the proposed War Medals for the Royal Navy in general, and as to how far the Navy will be affected in regard to the special Decoration which it has been decided to award to the original Expeditionary Force sent to France.

I have this morning explained to His Majesty the circumstances mentioned in your letter, and the King quite understands that the question must be thoroughly gone into before the Admiralty Memorandum can be completed.

                                                      Yours sincerely

                                                                                           Cromer

Vice-Admiral A.F. Everett, C.B.

                                                         ***

To: First Sea Lord

From: Fourth Sea Lord

Date: 25.9.17

Subj: Decoration for Service in France or Belgium up to the First Battle of Ypres

With reference to the enclosed extract from a Press Communique, Major Frith of the War Office (Medal Branch) called at the Admiralty and it was ascertained from him that designs for the proposed bronze star have been obtained from the Mint for submission to the King, and that the Mint was prepared to undertake the supply and contract work as necessary. In these circumstances, Major Frith wished to know whether the War Office should include in their order a supply for the Admiralty and, if so, the approximate numbers.

Before replying, I have - on other papers, directed the Accountant General to let me know the numbers of Naval ranks and ratings that will be affected, naming special individual cases, such as Transport Officers, who would appear to come within the terms of the award according to the attached Communique.

I was not aware, before I received this Press Communique, that it was intended that the Navy should be included in this award, and I understand at the last Board Meeting that the members of the Board were unanimous against this inclusion.

To include the members of the Naval Division who went on the Antwerp Expedition would, in my opinion, bring ridicule on an award intended to commemorate the glorious exploits of the original Expeditionary Force of the old Army. Further, I think that, if this award is extended to the Navy, countless jealousies and difficulties will arise, and I am strongly of the opinion that, if possible, this decoration should be reserved for the Army alone.

                                                                                           H.H.D.T.
                                                                                           25.9.17

"I entirely concur with 4th S.L. - and further I consider that it is possible to avoid any jealousies and difficulties if it is made quite clear that the Decoration in question is solely to commemorate the glorious death of the original Army and therefore that it should be given only to the members of that force".

                                                                                            25.9.17

"I fully concur with 3rd S.L."   L.H. 27.9

Decoration for Service in France or Belgium
up to the First Battle of Ypres

Extract from Press Communique

<u>Scope of Award</u>

.... all Officers, Warrant Officers, Non-Commissioned Officers and men on the establishment of a unit of the British Expeditionary Force, including the Indian Contingent, the Royal Naval Division and other Naval and Marine Units who <u>landed</u> for service in France or Belgium during the earliest and most critical phase of the War, up to and including the First Battle of Ypres.

***

26th September 1917

Dear Sir Reginald Brade,

I thank you for your letter of yesterday's date. I wrote my letter in ignorance that any former communications on the subject had passed between the War Office and Admiralty. I find you had written to the First Lord on the 7th of September, enclosing a copy of a letter you had sent to Lord Stamfordham on the subject under discussion, in which, inter alia, you explain that the phrase "British Expeditionary Forces" is intended to include that part of the Indian Expeditionary Force which served in France, <u>and also the Royal Naval Division</u>, both of which you suppose the King wished to include.

Sir Eric Geddes was visiting the Commander-in-Chief of the Grand Fleet at the time, and it appears that you telephoned to Masterton Smith on the following day, asking for an early reply. Masterton Smith thereupon consulted Sir Oswyn Murray, who, in a letter to you dated the 8th September, suggested the inclusion of the words "and other Naval and Marine units".

Sir Oswyn Murray informs me that, assuming The King wished to include the Royal Naval Division, it seemed equitable to include "other Naval and Marine units", but he did not suggest that the Royal Naval Division should be included, since it appeared in your draft.

Yours very truly,

Admiral A.F. Everett C.B.

Sir Reginald H. Brade, K.C.B.
War Office
Whitehall, S.W.1

***

Privy Purse Office
Buckingham Palace S.W.

September 27th, 1917

My Dear Everett,

The King has spoken to Lord Derby with regard to the officers and men of the Navy being excluded from the distribution of the 1914 Decoration. His Majesty has asked Lord Derby to talk the matter over with Admiral Jellicoe, and see whether the announcement cannot be so worded as to exclude the Navy.

Yours sincerely

Ponsonby

Rear-Admiral A.F. Everett, C.B.
Admiralty, S.W.1

***

28th September, 1917.

Dear Sir Frederick Ponsonby.

Following some conversation which Lord Derby had with Sir John Jellicoe yesterday, I was sent to see the former and to explain the Admiralty views as to the proposed distribution of a special Star to certain forces which landed in France and Belgium up to November 23rd 1914.

I saw Lord Derby in the presence of Sir Reginald Brade and the A.G., and said that, generally speaking, the Admiralty views were:-

(a) If this Star was confined to the Original Expeditionary Force, the Navy had no right, and therefore no desire to share in it.

(b) They were averse to the Naval Division being included, as it would belittle its value to the Old Army; but

(c) If it is decided to rope in all forces who set foot in France and Belgium up to the 23rd of November 1914, the Admiralty would like to know what numbers over and above the Original Expeditionary Force (say 120,000) would be included. If this number became very largely in excess of those who bore the brunt of the German advance, or, in other words, more nearly approached the best part of our standing Army, whether they saw much fighting or otherwise, the Admiralty would like to review the situation, as any large comprehensive scheme of decoration applied to the Army of 1914 might affect a much larger portion of the Navy of 1914 than was anticipated.

As a result of this interview, I understood that it was now proposed to confine the distribution of the Decoration to those forces (including any Naval or Marine units) who were under the order of General Sir John French up to the 23rd November 1914. The effect of this would be that the Naval Division landed for the defence of Antwerp would not be eligible, since they were not under Sir John French's orders.

As you know, the Admiralty propose to make use of clasps for various battles, operations, etc., and it is contemplated that Hood's bombardment of the coast of Belgium should be awarded such a clasp. If this is done, the Navy's share in the direct fighting associated with the Old Army will receive special recognition.

Would you please show this letter to Lord Cromer.

Yours sincerely.

A.F. Everett, C.B.

***

Privy Purse Office
Buckingham Palace, S.W.
Sept. 29th, 1917.

My Dear Everett,

I have shown your letter of the 28th inst., to the King. His Majesty is anxious that before any announcement is made of the regulations governing the award of the 1914 Decoration, that the Admiralty and the War Office should agree.

The King thinks it is most important that after the announcement has once been made it should not be altered in any way. I have, therefore, asked the Adjutant-General to send you the proposed announcement, so that you may see whether it makes the exclusion of the Naval Brigades which were at Antwerp, sufficiently clear.

Yours sincerely

F. Ponsonby

Rear-Admiral A.F. Everett, C.B.
Admiralty, S.W.

Privy Purse Office
Buckingham Palace, S.W.
18th October 1917.

My Dear Everett,

The King desires me to enquire from you privately what has been decided with regard to the Marines who were landed in Belgium in 1914. As you know, these did not form part of the Naval Divisions, and came in for a great deal of fighting in the first weeks of the War. I presume, however, that, as the decision now is to restrict the 1914 decoration to those troops who served under Sir John French, the Marines will therefore not be eligible.

Yours sincerely

F. Ponsonby

Rear-Admiral A.F. Everett, C.B.
Admiralty,
WHITEHALL, S.W.1.

***

22nd October, 1917.

Dear Sir Frederick Ponsonby,

The question as to what Naval and Marine forces who landed in France and Belgium should be eligible for the special decoration is now under discussion between the Admiralty and War Office.

As you know, the Admiralty is very averse to the Royal Naval Division being included, and it was thought that this difficulty might be adjusted by only roping in those who were under the orders of Sir John French. I understand there is now some suspicion that the Royal Naval Division were actually placed under his orders for about 48 hours antecedent to their return to these shores.

The Marine Brigade (one battalion of R.M.A. and three of R.M.L.I.) landed at Ostend 25/26th August, and returned to England 31st August. Some 200 Marines, together with some R.N.A.S. (Armoured Cars) proceeded to Dunkirk on the 10th September.

On the 19th September the R.M. Brigade proceeded to Dunkirk, and entered Antwerp on the 3rd October.

The Royal Naval Division embarked for Ostend on the 4th October, and entered Antwerp on the 6th October. During the 8/9th October the Royal Naval Division withdrew from Antwerp, and the remnants returned to England on the 12th.

Since the Marine Brigade consisted of old soldiers, and saw some very hard fighting, it would be unjust to exclude them from the special decoration, even supposing they were not actually under Sir John French's orders, which I don't think was the case, since they were working in conjunction with the 7th Division. This detail is being cleared up, and when I have collected all the facts, I will give you further information, but the matter - especially as regards the Royal Naval Division and their Antwerp adventure - seems strangely complicated.

The great difficulty appears to be the impracticability of hitting off a formula which will be sufficiently inclusive as regards the old Army, who did and mostly died on the one hand, and definitely exclusive as regards the parvenus who hardly, if at all, saw any real fighting, on the other hand.

Yours sincerely

A.F. Everett

The Right Hon. Sir Frederick E.G. Ponsonby,
K.C.V.O., C.B.
Buckingham Palace, S.W.1.

***

Privy Purse Office,
Buckingham Palace, S.W.
23rd October 1917.

My Dear Everett,

The King read, with much interest, your letter of yesterday, and quite understands the difficulties which have arisen in deciding whether the Royal Naval Division and the Marine Brigade should be eligible for the 1914 Decoration.

Yours sincerely

F. Ponsonby

Rear-Admiral A.F. Everett, C.B.,
Admiralty, S.W.

***

To: First Lord of the Admiralty

From: Naval Secretary

Date: November 1919

Subj: Star for Expeditionary Force question of inclusion of certain Naval and Marine units.

Adjutant-General, Royal Marines

With reference to certain questions arising out of a recent decision to grant a Star to certain units of the Army which landed in Belgium and France up to midnight 23rd November 1914 since the declaration of war, I would be glad if you will furnish me, for information of the First Lord, with the following particulars:-

The nature and strength of the forces, Royal Marine and Royal Naval Division, which landed, giving their ports of disembarkation and return to England, with dates.

Also the number of:

        (a) casualties,

        (b) prisoners,

        (c) interned,

which occurred to those forces.

In particular, it is desired to know under whose orders they were acting, and if at any time, and when, they came under the orders of the Military Commander-in-Chief in France of the time, or under the orders of any other Military Officer during the time in question. Any doubt as to this can presumably be cleared up by direct reference to General Paris and others.

A.F. Everett
Naval Secretary
9.11.1917

***

To: Naval Secretary.

Particulars herewith as requested.

With regard to the question as to whose orders the R.N. Division were acting under at the time of the operations for the relief of Antwerp, it is clear from the papers that in the first instance the orders were issued by the then First Lord of the Admiralty.

He personally placed Major General Paris in command of the Division and that Officer sent his reports direct to the First Lord.

After the arrival of General Rawlinson, he as Senior Officer on the spot would necessarily be in general control of the operations. This is also shewn by the fact that several of his Staff Officers were attached to the R.N.D., one of whom Colonel Bridges, was reporting direct to Sir John French by Aeroplane (see General Rawlinson's despatch 18/10/14).

As General Rawlinson was undoubtedly under the orders of the Commander-in-Chief, British Expeditionary Force, it would therefore seem to follow that the R.N.D. were also operating under his command and the wording of the Army Order does not appear to exclude them from the award of the decoration.

I have telegraphed to General Paris for definite information on this point. He is at present in Mentone and no answer has been received. Perhaps Lord French could also be approached as to this.

> David Mercer
> Adjutant General, R.M.
> 10/11/17

***

BELGIUM AND FRANCE

Royal Marines and Royal Naval Division landed and served in Belgium and France between the outbreak of Hostilities and the 23rd November 1914.

OSTEND

Landed at Ostend 26th August 1914.
Returned to England 1st September 1914.

ROYAL MARINES

	Officers	Other Ranks	Total
One Battalion, R.M. Artillery	14	734	748
Three Battalions, R.M.L.I.	41	1654	1695

DUNKIRK

Landed at Dunkirk 19th September 1914.

ROYAL MARINES

	Officers	Other Ranks	Total
R.M.A. Batteries	28	728	756
Four Battalions, R.M.L.I.	56	2672	2728
(10/9/14) Armoured Car Section, RMA & RMLI*	7	177	184

* Returned to England 17 Oct, but a portion remained in Flanders attached to Army units and was present at Ypres and did not return until the early part of Nov.

PROCEEDED TO ANTWERP 3RD OCTOBER 1914

	Officers	Other Ranks	Total
R.M. Artillery (Armoured Car)	1	6	7
Four Battalions, R.M.L.I.	51	2118	2169

RETURNED TO ENGLAND VIA OSTEND 11th October 1914
(A few details remained at DUNKIRK until 18.10.14)

ROYAL NAVAL BRIGADES (2)

PROCEEDED TO DUNKIRK 4TH OCTOBER 1914.

PROCEEDED TO ANTWERP 5TH OCTOBER 1914.

RETURNED TO ENGLAND VIA OSTEND 11TH OCTOBER 1914.

	Officers	Other Ranks	Total
Eight Battalions	200	6800	7000
Motor Transport Company	9	159	168
Royal Marine Band	-	22	22

CASUALTIES

MARINE BRIGADE	Killed & Died	Wounded	Interned	POW	Total
OFFICERS	2	2	1	2	7
OTHER RANKS	62	112	-	319	493
NAVAL BRIGADE					
OFFICERS	2	-	40	5	47
OTHER RANKS	3	34	1404	629	2070
TOTAL CASUALTIES	69	148	1445	955	2617

November 1917

David Mercer
Adjutant General, R.M.

***

BOARD MEETING,

Thursday, 22nd November, 1917.

3.30 p.m.

AGENDA

Confirmation of Minutes.

Decoration for certain Units who landed in France and Belgium prior to November 24th 1914. (Memorandum of Naval Secretary attached).

Etc.

Etc.

Author's Note: The Admiralty Board Meeting of the 22nd November 1917 reviewed a twelve page Memorandum which described the events to date concerning the award of a decoration to the Navy. This was essentially a précis of the events up to the 22nd November 1917. From this, the following comments were made:-

(1) It has been publically stated in the Press that certain units specifically including the Royal Naval Division are to receive this special decoration.

(2) It has been definitely stated in the House by the Financial Secretary to the Admiralty that the Naval Forces under General Paris are to receive this decoration.

For these two reasons alone, it does not appear that any useful purpose is to be served by labouring the question further as to whether the R.N.D. was technically under Sir John French or not.

It is submitted, therefore, that the Admiralty should officially inform the War Office that this is now their considered opinion.

If this action is approved, the further question presents itself whether the Admiralty wish to review their former opinion that the Navy (other than the R.N.D. or other Naval and Marine units who landed) should not share in this decoration.

Admiral Hood's bombardment of the Belgian Coast to cover the flank of our Army appears to entitle those participating in this operation to this special decoration. It was originally contemplated to issue a clasp for this operation, but naturally an extra ribbon is prized more highly than a clasp, and it will be difficult to reasonably exclude them merely because they did not land.

If Admiral Hood's forces are included, will not those who fought in the Heligoland Bight consider themselves also entitled to be included ?

And if they are to be included, is it possible to stop there without causing jealousies afloat elsewhere ?

A.F. Everett
Naval Secretary

18.11.17"

***

MINUTES

24th November 1917.

Dear Sir Frederick Ponsonby,

I send you herewith copy of a memorandum I was directed to prepare for the information of the Board of the Admiralty as to the state of affairs regarding the Navy's participation in a special medal (star) to be granted to certain Naval and Military forces who landed in France and Belgium up to midnight 22/23rd November 1914.

I also attach copy of the Board Minutes arising out of a discussion on the subject.

If I may express an opinion on the matter, it seems to me that the Royal Naval Division is now bound to be included. However, as you will see, the First Lord proposes to confer with Lord Derby on the question.

Yours sincerely

A.F.Everett

Right Hon. Sir Frederick Ponsonby,
K.C.V.O., C.B.
Buckingham Palace, S.W.1.

***

MINUTES

Head of N. Branch

Extract From BOARD MINUTES
22nd November 1917.

Decoration for certain units who landed in France and Belgium prior to November 24th, 1914.

117. The decision to grant a special decoration to certain units who landed in France and Belgium from the declaration until midnight of 23rd November 1914, was considered in reference to its proposed extension to naval and marine units, including the Royal Naval Division, which had already been announced. It was pointed out that this decoration was originally intended as a special recognition of the troops which formed the original Expeditionary Force, and it was felt that it was to be regretted that any extension of the scope of this decoration, so as to embrace any other military or naval unit, should have been assented to.

It was agreed that efforts should be made to revert to the original intention in regard to the scope of the decoration, but if such efforts are not successful, endeavours should be made to limit the granting of the decoration, so far as naval and marine units are concerned to those who landed in France or Belgium during the period prescribed, special services afloat during that period being met by the award of clasps to the ordinary war medal for such actions or operations as the Admiralty may determine.

The First Lord stated that he would take an opportunity of conferring with the Secretary of State for War with the object of securing, if possible, that the views of the Board are given effect to.

O.M.

***

Head of N. Branch

Privy Purse Office
Buckingham Palace, S.W.
30th November, 1917.

My Dear Everett,

The King has instructed me to write to the War Office and impress upon them the necessity of keeping the Admiralty informed upon all questions relating to rewards, decorations and medals. His Majesty fully realises the importance of every question being thoroughly considered before any announcement is made in the Press.

I have received a letter from the Adjutant-General from which it appears that the War Office quite concur in the general principles laid down by the King, and that, in future, they will be prepared to keep other Government Offices informed whenever they intend to put forward proposals with reference to awards or medals, whether such Departments are immediately concerned or not.

Yours sincerely
F. Ponsonby

Rear-Admiral A.F. Everett, C.B.
Admiralty, S.W.1.

***

War Office (A.G.10.),
201 Great Portland Street,
London, W.1.

24th November, 1917.

The Secretary of the War Office presents his compliments to the Secretary, The Admiralty, and begs to forward for his information the accompanying copy of a special Army Order published this day notifying the conditions governing the award of the "1914 Star" to the Military Forces which served in France and Belgium between the 5th August 1914 and midnight of the 22/23rd November, 1914.

ARMY ORDER

War Office,
24th November, 1917.

II. - British Expeditionary Forces, 1914 - Grant of "1914 Star" -

1. His Majesty the King has been graciously pleased to signify His Pleasure to recognise, by the grant of a distinctinve decoration, the services rendered by His Majesty's military forces under the command of Field-Marshal Sir J.D.P. French, G.C.B., G.C.V.O., K.C.M.G., in France and Belgium during the earlier phase of the war in 1914, up to midnight 22/23rd November, 1914.

2. The decoration will be a Star in bronze.

3. No clasp will be issued with the Star.

4. The riband will be red, white and blue, shaded and watered.

5. Provided the claims are approved by the Army Council, the Star will be granted to all officers, warrant officers, non-commissioned officers and men of the British and Indian Forces, including civilian medical practitioners, nursing sisters, nurses and others employed with military hospitals, who actually served in France or Belgium, on the establishment of a unit of the British Expeditionary Forces, between the 5th August, 1914, and midnight of the 22/23rd November, 1914.

6. Officers i/c records will prepare (on printed forms to be obtained from the Secretary, War Office (A.G. 10), nominal rolls, in duplicate, of soldiers entitled to the Star, and forward them as soon as practicable to the Secretary, War Office (A.G.10).

7. Officers (including chaplains, and acting chaplains) and nursing staffs (excluding the rank and file of the Royal Army Medical Corps), if not now serving, will submit their claims direct to the Secretary, War Office; if now serving through their present commanding officers of heads or departments, stating their rank and situation on original date of disembarkation which must be specified.

In the case of deceased officers and other ranks, applications from their legatees or next-of-kin should in the former case, be addressed to the Secretary, War Office (A.G.10), and, in the latter case, to the officers i/c records concerned.

8. The names of officers and warrant officers will be entered on the rolls in order of rank, and those of non-commissioned officers and men in alphabetical order. The rank and regimental number entered on the rolls will be that held by an individual on the date of disembarkation.

9. The names of individuals who have forfeited the Star under the conditions laid down in the Pay Warrant are to be included in the rolls, their names being entered in red ink and the cause of the forfeiture stated in the column for "remarks". The names of individuals who have become non-effective by death, transfer, discharge, &c., should also be entered in red ink, and the cause stated in the column for "remarks.

By Command of the Army Council, R. Brade

***

Register No. M.C.19427/17
Minute Sheet No.1
30th November 1917

The effect of the issue of this Army Order is to permit the immediate wearing of the Ribbon of the Star by Soldiers entitled to it.

At present this Department is unable to take any action with respect to the supply of the Star and Ribbon as no decision as to the scope of the award to the Naval Forces has been notified.

A War Office letter forwarding the draft of the Order was referred with papers M.C.15984/17 on the 8th ultimo, but the nature of the reply is not known.

In view of the publication of this Order it is a matter of urgency that the preparations for the issue of the Star to the Naval and Marine Units concerned should be proceeded with, and it is submitted that if practicable the scope of the award to the Naval Forces may be communicated at an early date.

Alfred Eyles

"Naval Secretary Referred   O.M. 5/12"

***

In view of the correspondence that has passed on this subject - which was recently discussed at a Board Meeting - the First Lord is of the opinion that all Naval and Marine units who landed in France or Belgium (and this necessarily includes the Royal Naval Division) must be included as eligible for this 1914 star. It is therefore proposed that (a) the War Office should be so informed, and (b) the A.G. to make up a list of all those concerned, i.e., Royal Naval Division, Marine Brigade, and other units who landed in France or Belgium up to midnight 22/23rd November 1914.

The Army Order states that the forces eligible should have been under the orders of Field Marshal Sir J.D.P. French. There may be an element of doubt as to whether the Royal Naval Division and other units were technically under his orders, but since Sir John French endorsed the despatches of General Paris, the First Lord considers it would be useless to quibble over this point, especially as it has been specifically and officially announced in the press and in the House of Commons that the Royal Naval Division are to be included.

The First Lord would be glad of your concurrence.

A.F. Everett   Naval Secretary   3:12:1917.

"Concur. This will include all transport units landed in France and Belgium between these date."

H.H.D.T. 4/12/17

A draft Fleet Order and a letter to the War Office are attached. It would seem desirable that the King should be informed of the effect of this Order before it is issued with a view to his covering approval being obtained.

The units which served in France or Belgium during the period in question are as follows:- the R.N. Division, R.N. Air Service, Royal Marine Brigades and Battalions, Naval Transport Service, Armoured Cars, Armoured Trains and a few officers and men landed from the Dover Forces.

Charles Walker   5th December, 1917.

"Concur. Let me have the letter when it is ready for signature please, and I will send it under cover to Sir R. Brade with a note to say that if the W.O. have any remarks to make, we should like them immediately, as it is desired to lay the proposal before the King as early as possible."

O.M. 5/12

"Secretary,
I enclose correspondence with Sir Frederick Ponsonby from which you will perceive that the King has given his approval.

A.F. Everett   Naval Secretary   18/12/17

A.G.,
The draft of the Fleet Order to be sent out is attached for concurrence or any addition as regards the applications.

R. Skinner 18/12

***

A.A.G. (M.C.)
Mr Drake   22nd December 1917.

It is presumed that the pencilled words "landed for service on shore" in regulation 4 are to be incorporated in the Order, and that no individuals on special staff or personal missions on the Continent will be eligible (e.g. Admiral Hood's Staff landed for consultation as to Belgian Coast Operations).

The rolls of those entitled are in course of preparation and as the War Office have announced that owing to the manufacturing difficulties it will be some time before the Star can be issued, and call for applications at present is undesirable.

It is assumed that men who have deserted or been discharged with disgrace will be regarded as having forfeited their claim, but as there is a diversity of opinion as to whether Section 19 of the Naval Discipline Act can be held to cover medals granted subsequent to the desertion etc. It will be necessary when inviting applications to define exactly under what conditions claims are forfeited, and it may be thought desirable that discharge for misconduct generally should entail forfeiture as in the Army.

The War Office is preparing to issue ribbon for immediate wear as soon as it becomes available (it is expected shortly) and it is presumed that as far as possible a similar course should be pursued as regards the naval award.

Concur with the Order as amended in pencil.

If for issue as a press notice, it is suggested that the words "to the Naval and Marine units engaged" might be inserted after "decoration" in line 5, and that the regulations might be reduced to 4 by amalgamating 1, 2 and 3 in 1, as follows. "The decoration will be the Star - Bronze as for the Army", and renumbering the rest.

C.J.Naef

"Press notice issued as amended".

"Fleet Order referred for issue.
R. Skinner" 27/12

***

4th February, 1918.

The question at X of the report by this Department of the 22nd December is submitted for decision. A copy of Section 1236 of Army Pay Warrant is attached, showing the conditions under which the medals of soldiers are forfeited.

Naval medals are automatically forfeited only through desertion or dismissal with disgrace, but the wording of the Naval Discipline Act (Sec.19) as regards desertion, is not satisfactory in practice as the forfeiture only follows conviction of desertion, and it has also been argued that it does not effect medals earned but not at the time awarded. The former point makes it difficult to deal with cases where recovered deserters are not tried or claimed for further service, while the latter also arises with respect to dismissals with disgrace (Sec.53 (6)). Sec.52 (10) provides for forfeiture as a punishment, but this could only be inflicted as part of the sentence for a particular offence.

In order that the position may be clear as regards the present decoration, it is proposed that the conditions of award to be set forth when inviting applications shall provide that no man who has since the date of the service, deserted or been dismissed with disgrace, shall be eligible.

It is further submitted whether any other limitation shall be made, to bring the Navy in to line with the Army practice of forfeiture generally for the more serious forms of misconduct as provided in the Army Pay Warrant.

C.J.Naef

***

Conviction of desertion and dismissal with disgrace involve the forfeiture of a Medal already granted, but would not appear to affect a Medal earned but not yet granted at the date of conviction.

There is nothing in the Naval Discipline Act for making regulations specifying the conditions under which Medals should or should not be granted or deprived.

If it is desired to place the granting and deprivation of this Medal on the same basis as in the Army, a question of principle is involved which is hardly a matter for this Branch.

C.Richardson
for Head of N.L. 11/2/18

"This is a matter for Board decision, but it seems desirable that the rules for forfeiture of this medal should be parallel with those in the case of soldiers.

K. Skinner 11/2"

"I do not consider that any sufficient case has been made out for establishing new rules for forfeiture which should be different from those governing the forfeiture of every other medal awarded to the Navy.

H.H.D.T. 20/2/18"

Royal Warrant for Pay of the Army
Forfeiture and Restoration of
Medals, Annuities, and Gratuities

Every soldier who:-

a) is found guilty by a court martial of desertion, fradulent enlistment, or any offence under Section 17 or 18 of the Army Act;

b) is liable to trial on confession of desertion, or fradulent enlistment, but whose trial has been dispensed with;

c) is discharged with ignominy or expressly on account of misconduct, or on conviction by the civil power, or on being sentenced to penal servitude, or for giving a false answer on attestation;

d) is found guilty by a civil court for an offence which, if tried by court martial, would be cognizable under Section 17 or 18 of the Army Act; or is sentenced by a civil court to a punishment exceeding 6 months imprisonment;

will forfeit all medals and decorations (other than the Victoria Cross, which is dealt with under special regulations) of which he will be possession, or to which he may be entitled, together with the annuity or gratuity, if any, thereto appertaining. No such forfeiture shall extend to any sum of money which has already been paid.

A soldier who is charged with such an offence as is referred to in (d) and is dealt with under the Probation of Offenders' Act, 1907, shall be liable to a like forfeiture at the discretion of Our Army Council. Any medal, decoration, annuity, or gratuity, forfeited by a soldier under the provisions of Articles 1236 to 1239 may be restored to such soldier under regulations approved by Our Army Council.

Any medal, decoration, annuity, or gratuity, forfeited by a soldier under the provisions of Articles 1236 to 1239 may be restored to such soldier under regulations approved by our Army Council.

***

The Daily Telegraph, Friday December 28th, 1917

Sailors and the 1914 Star

The Secretary of the Admiralty makes the following announcement.

His Majesty the King having been pleased to approve of the grant of a distinctive decoration to the forces which took part in the operations in France and Belgium during the earlier part of the war in 1914, the following regulations for the award of the decoration to the Naval and Marine units engaged are issued for information:

1. The decoration will be the Star - bronze as for the Army.

2. Provided the claims are approved by the Admiralty, the Star will be granted to all officers and men of the Royal Navy, Royal Marines, Royal Naval Reserve, and Royal Naval Volunteer Reserve, who actually served in France or Belgium on the establishment of a unit landed for service on shore between Aug. 5, 1914, and midnight Nov. 22-23, 1914.

3. The decorations earned by deceased officers and men will be issued to their legatees or next-of-kin entitled to receive them.

4. Notification will be given when the decorations are ready for issue, and no applications should be made for them pending such notice.

***

To: The Secretary   6th December, 1917
      WAR OFFICE

Sir,

With reference to your letter of the 24th ultimo, No.68/121/326 (A.G.10), and in continuation of Admiralty Letter of the 13th October N.73624, on the subject of the decoration approved by the King for issue to the Naval and Military Forces which took part in the operations in France and Belgium during the earlier part of the war in 1914. I am commanded by My Lord Commissioners of the Admiralty to inform you that on reconsideration they feel that they cannot withhold the decoration from any officer or Man of the Naval Service who actually served in France or Belgium on the establishment of a unit between the dates specified in the Army Order.

I am accordingly to enclose, for the information of the Army Council, a copy of the Fleet Order which it is proposed to issue.

I am, Sir, Your obedient Servant,

***

FLEET ORDER & NOTICE TO THE PRESS

His Majesty The King having been pleased to approve of the grant of a distinctive decoration to the Forces which took part in the operations in France and Belgium during the earlier part of the war in 1914, the following regulations for the award of the decoration are issued for information:-

1. The decoration will be a Star in bronze.

2. No clasp will be issued with the Star.

3. The riband will be red, white and blue, shaded and watered.

4. Provided the claims are approved by the Admiralty the Star will be granted to all officers and men of the Royal Navy, Royal Marines, Royal Naval Reserve and Royal Naval Volunteer Reserve who actually served in France or Belgium on the establishment of a unit between the 5th August, 1914 and midnight 22nd-23rd November, 1914.

   The names of the officers and men now serving who are eligible for the Star, should be forwarded to the Accountant General of the Navy.

5. In the case of deceased officers and men applications from their legatees or next of kin should also be addressed to the Accountant General of the Navy.

***

War Office (A.G.10),
201, Great Portland Street,
London, W.1.

8th December, 1917.

Sir,

I am commanded by the Army Council to acknowledge the receipt of your letter N. of the 6th instant, enclosing copy of a proposed Fleet Order on the subject of the award of the "1914 Star" to the Naval Forces which served in France or Belgium between the 5th August, 1914, and midnight of the 22/23rd November, 1914.

I am to state that the Council note that the Lords Commissioners of the Admiralty propose to award the Star to any Officer or man of the Naval Service who actually served in France or Belgium on the establishment of a unit between the dates specified above.

I am, Sir, Your obedient Servant,

N.N. White

The Secretary,
Admiralty, Whitehall, S.W.1.

***

16th December, 1917.

Dear Sir Frederick Ponsonby,

For reasons which have already been explained, the Admiralty did not see their way to the exclusion of the Royal Naval Division and other Naval and Marine units in question, after (a) the public announcement in the Press, and (b) certain answers to questions in the House of Commons.

Perhaps you would be good enough to inform the King and, since he has been made acquainted with this complicated business as it has progressed, would he please advise me whether, under the circumstances, it is desirable to formally submit the proposals contained in Admiralty letter "N", dated 6th December, to His Majesty for approval.

Yours sincerely,
A.F. Everett.

The Right Hon.
Sir Frederick E.G. Ponsonby
K.C.V.O., C.B.

***

Privy Purse Office,
Buckingham Palace, S.W.
17th December, 1917.

Dear Everett,

I have submitted to the King your letter of the 16th inst., and His Majesty desires me to tell you that, in accordance with the views expressed by the Lords of the Admiralty, he has approved of the Royal Naval Division, and other Naval and Marine Units being included in the distribution of the 1914 Star. There will be no necessity to have this formally submitted for His Majesty's approval.

Yours sincerely,
F. Ponsonby

P.S. There is a small slip in the copy of the Fleet Order and notice to the press. In paragraph 4 of course it should be the 5th August <u>1914</u>, and not <u>1915</u> as stated.

Rear-Admiral A.F. Everett, C.B.,
Admiralty

***

ROYAL NAVAL AIR SERVICE & ARMOURED CARS

**Submission for the award of the 1914 Star to
the Officers and men under the command of
Commander C.R. Samson R.N.**

"SUCCESSFUL"

Naval Air Station,
Gt. Yarmouth,
25th November 1917.

Sir,

I have the honour to request that I may be informed if the Officers and men who served under my command in Aeroplanes and Armoured Motor Cars in Flanders and France from August 27th 1914 until February 28th 1915 are entitled to receive the Bronze Decoration that is being awarded to the Army. My Command was attached to and under the orders of General Sir H. Rawlinson on the days of the retreat from Ostend to Ypres, and was attached to the Fourth Army Corps, and present at Ypres during the whole of the First Battle of Ypres.

I was afterwards attached to Field Marshal Sir Douglas Haig at Ypres and we went through all the fighting there until we returned to Dunkirk in December 1914.

Before we joined the Fourth Army Corps, I was with General Aston at Ostend, and was afterwards attached to the French Army at Dunkirk and Douai; after that with the Marines at Antwerp until Antwerp fell.

I have the honour to be, Sir,
Your obedient Servant
C.R. Samson
Commander, R.N.

Commodore in Charge,
Naval Base,
Lowestoft.

*****

H.M.S. ORION

**Submission for the award of the 1914 Star to members
of the crews of the Belgian Coast Flotilla.**

"SUCCESSFUL - Machine Gun Parties Only"

From: Commanding Officer, *H.M.S. Orion*

To: Vice-Admiral Commanding Second Battle Squadron

Date: 7th February 1918

With reference to AWO 5/1918 and my letter No.36/963 of 30th November 1917, it is submitted, even if the granting of the Bronze Star to the Officers and men of the ships employed on the Belgian Coast between the 18th October and the 22nd November 1914 is not approved, that in any case the claims of the Officers and men who were in action off the coast between the 18th October and the 2nd November 1914, may be reconsidered by Their Lordships.

During this period the guns of the ships took the place of the artillery of the Allied Army, the artillery of which in this section of the Front, was then non existant. The ships to all intents and purposes were a corporate part of the Army during these most critical days.

Orders regarding positions to be bombarded, places of assembly of German troops to be shelled etc., were issued to the ships by the General Officer commanding the Allied Forces, and frequent conferences were held on shore with the Military authorities.

All historical accounts of the war published up to date, dealing with this period of the war, mention and lay stress on the decisive results of the ships' fire in stemming the advance of the German Armies, and in a very large measure saving Dunkirk and the other Channel ports.

As the senior surviving Officer of the Flotilla engaged, I have received numerous letters from Officers who were present requesting that their claims to the Bronze Star may be put forward.

If, as is understood to be the case, Officers and men of both Navy and Army, employed at Boulogne, Havre, Dunkirk etc. who did not come under fire, and took no active offensive part in either the battle of the Yser of the first battle of Ypres, are granted the Star, the work of the Coast Flotillas in connection with these battles and the active offensive initiated and kept up by them, may also be worthy of consideration.

It would also seem rather hard to consider them ineligible solely because the guns they served happened to be afloat instead of ashore, and their claims are respectfully submitted for Their Lordships approval.

Captain Fullerton

* * * * *

Minute Sheet No.1.

23 February 1918

In accordance with the decisions already given, it is submitted to inform the Vice-Admiral Commanding that the services of the Bombarding Squadron have been considered, and that Their Lordships do not propose to recommend the extension of the award of the Star beyond the limits of the present grant, i.e. to those serving in France and Belgium on the establishment of a unit landed for shore service.

C.J.Naeff

"Approved" H.H.D.T. 25/2/18

* * * * *

Vice Admiral Commanding,
    Second Battle Squadron,

With reference to your submissions of the 8th ultimo, and the 2nd December last, forwarding representations on behalf of the ships operating off the Belgian Coast as to their claim to share in the award of the 1914 Bronze Star, I am to inform you that the services of the bombarding squadron have been considered and that it is not proposed to recommend the extension of the award beyond the limits of the grant already announced, i.e. to those serving in France or Belgium on the establishment of a unit landed for shore service.

By Command of Their Lordships
Charles Walker

"To: A.A.G/M.C. Mr Drake   26 March 18
The Board having, on other papers, approved the inclusion in the award of the Machine Gun parties landed from the Bombarding Squadron, inform Vice Admiral Commanding Second Battle Squadron and ask that Captain Fullerton may be called upon to state what ships landed these parties.
                                                                                                 1 March, 1918."

* * *

27 March, 1918.

Vice-Admiral Commanding,
Second Battle Squadron,

Adverting to Admiralty letter of the 1st instant, in reply to your submission of the 8th ultimo, I am to inform you that it has now been decided that the Machine Gun parties landed from the ships which bombarded the Belgian Coast are eligible for the 1914 Star, as having been units on shore service, and to request that Captain Fullerton, *H.M.S. Orion*, may be called upon to state from what vessels these parties were landed, and to furnish any nominal lists which may be available.

By Command of Their Lordships
Charles Walker

* * * * *

From: Captain E.J.A. Fullerton, D.S.O., R.N.,
H.M.S. *Orion*

To: Vice-Admiral Commanding Second Battle Squadron

Date: 27th May 1918

1914 Bronze Star

With reference to my previous applications on the subject of the award of the 1914 Star for the Belgian Coast Flotilla, I have the honour to bring forward the following facts which were omitted in my former letters and which point out very clearly that it was recognised at the time that Admiral Hood's Flotilla did take an actual part in the operations for which the Star was awarded, of which the culminating point was the first battle of Ypres.

Signal from Admiralty to Admiral Hood:-
"Give your ships the Admiralty message - The in-shore Flotilla and Squadron have played an appreciable part in the great battle now proceeding. You have shewn the Germans that there is, on this occasion, a flank they cannot turn".

Extract from letter from Colonel G.M.T. Bridges, General Staff to the Chief of the General Staff, General Headquarters, British Expeditionary Force.

"9th November, 1914".

"As I have received repeated acknowledgements from H.M. the King of the Belgians, and the Belgian General Staff of the good work done by our Fleet in supporting the left flank of the defence of the Yser, you will perhaps see fit to communicate this fact to the Admiralty.

The critical period of this operation may be said to have ceased with the final repulse of the Germans on the 29th. and 30th. October, and the inundation of the country.

From the 17th. to the 30th. October, the Fleet was in continued action by day and often by night, although threatened by submarines and bombarded by the 12-inch guns from the shore. Its action undoubtedly saved the Belgian left flank, and in my opinion, had a decisive effect on the final success of the defenders".

I also desire to point out that I understand it is the view of the Military Authorities that the Star is to be given to all who were actually under the orders of Lord French during the period commencing with the first landing of the Expeditionary Force, and ending on 22nd. November 1914. In this connection, the three Monitors, *SEVERN, MERSEY* and *HUMBER*, then under my command, did actually fulfil the above conditions, in that they proceeded to Ostend and covered the evacuation of that place between Saturday, 20th. October 1914 and Tuesday, 13th. October 1914. I was directed to place myself and the ships, at the disposal of General Sir Henry Rawlinson who was in direct subordination to Lord French, and in company with the Commanding Officers of *MERSEY & HUMBER*, a conference was held with him at Ostend on the 10th October 1914.

Further, I am informed by Commander Adams, D.S.O., R.N.R., who was serving as Flag Lieutenant to Rear-Admiral The Hon. Horace Hood, that twice between the dates of the 17th October and end of November, he accompanied Admiral Hood to G.H.Q., B.E.F., to discuss and receive operation orders from the Chief of Staff, Sir Archibald Murray.

In view of the foregoing, I would venture to hope Their Lordships will reconsider their decision, and award the Star to the Force attached to the Dover Patrol who participated in the operations off the Belgian Coast between the dates in question.

Failing approval of the award to the whole Force, I would submit the special claims of the three monitors for consideration, in view of the services rendered at Ostend, and the fact that the ships were definitely ordered to place themselves under the direction of the Military Authorities.

E.J.A. Fullerton
Captain

* * * * *

From: Vice-Admiral Commanding Second Battle Squadron

To: Accountant-General

Date: 8th June 1918

Subj: *H.M.S. Orion* - re Award of the 1914 Star to members of the Crews of the Belgian Coast Flotilla.

The request of the Commanding Officer, H.M.S. Orion, for the reconsideration of the decision not to grant the 1914 Star to the ships operating on the Belgian Coast is submitted.

The papers upon which the original exclusion of the bombarding squadron was confirmed and the Star only granted to Machine Gun Parties landed therefrom as complete units are attached.

C.J.Naef
D.A.G.

"The award is restricted to those actually landed and therefore this further application must be refused".

H.H.D.T. 10.6.18

* * *

Vice Admiral Commanding
Second Battle Squadron

18 June, 1918

With reference to your submission of the 1st instant, on the further application of the Commanding Officer, *H.M.S. Orion* for the grant of the 1914 Star to the ships operating on the Belgian Coast, I am to inform you, that after reconsideration Their Lordships are unable to depart from their previous decision, the award being restricted to those actually landed for shore operations.

By Command of Their Lordships
Charles Walker

* * * * *

FLEET ORDERS

The following are the various Fleet Orders which were published in relation to the 1914 Star for the Royal Navy.

331. - 1914 STAR - PRELIMINARY ISSUE OF RIBAND
(M.C. 19427/17 - 31.1.1918.)

A preliminary issue of four inches of riband will be made to each individual now serving in the Naval Forces who is entitled to the 1914 Star. The riband will be worn with the red edge to the right, i.e., furthest from the left shoulder.

Applications should in all cases show the unit and capacity in which the individual was serving at the time the decoration was earned, and should be made as follows:-

(a) For service in the Marine Units to the Adjutant General, Royal Marines.
(b) For service with the R.N. Division (other than Marine Units) to the Record Office, R.N. Division, 47 Victoria Street, London SW1.
(c) For service with Transport Staffs, armoured trains and other naval detachments, R.N. Air Service, Army and miscellaneous units, to the Accountant General of the Navy (Medal Branch) Admiralty.

No issue of riband will be made from official sources to those who are now out of the Service.

Further notification will be given when the Star is ready for distribution, and pending confirmation of the rolls the preliminary issue of the riband is not to be considered as establishing any absolute title to the Star.

*****

6. - 1914 STAR - ISSUE.
(M.C. 17433/18 - 2.1.1919.)

The 1914 Star is now ready for issue, and applications on behalf of Officers and men entitled should be made to the Accountant General (Medal Branch) on Form S.540, stating for what service the claim is made.

The award is to the Officers and men of the R.N., R.M., R.N.A.S., R.N.R. and R.N.V.R., who actually served in France or Belgium on the establishment of a Unit landed for service on shore between the 5th August and midnight 22nd-23rd November 1914. The Star is not granted to any Officer or man employed on special or temporary shore service but not definitely appointed to a shore Unit.

Provided their claims are approved by the Admiralty, Officers and men of the following Naval Units are entitled to the Star:-

    Naval Transport Staffs on shore
    Armoured Trains
    Naval Mission with Belgian Army
    Machine Gun Parties landed from H.M. Ships *Severn, Mersey* and *Humber*
    R.N. Hospital, Dunkirk
    R.N.A.S., Dunkirk
    R.N.A.S., No.1 and No.3 Wings
    R.N.A.S., Armoured Cars
    R.M. Brigade, Ostend
    R.N. Division, Antwerp

Those who have deserted or been dismissed with disgrace since the date of qualifying service will not be granted the Star.

Application on behalf of those entitled to the Star for service with the Army will be made to the Secretary, War Office (Medal Branch), 27 Pilgrim Street, London EC4. Stars are at present ready for issue for the Household Cavalry, Foot Guards and Highland Regiments only.

*****

4036 - CLASP TO THE "1914 STAR" - AWARD.
(C.W. 30434/19 - 17.12.1919.)

His Majesty the King having been pleased to approve of the grant of a clasp to the Officers and men who have been awarded the "1914 Star" and who actually served under the fire of the enemy in France and Belgium between the 5th August 1914 and midnight, 22nd-23rd November 1914, the following regulations for the award of the clasp are issued for information:-

The clasp will be in bronze and will bear the inscription "5th August - 22nd November 1914".

In undressed uniform when ribands are worn, the grant of the clasp will be denoted by the wearing of a small silver rose in the centre of the riband. Two roses will be issued with each clasp.

Provided the claims are approved by the Admiralty, the clasp will be issued to all Officers and men of the Royal Navy, Royal Marines, Royal Naval Reserve and Royal Naval Volunteer Reserve who were actually present on duty within range of the enemies mobile artillery between the dates specified above.

The clasps earned by deceased Officers and men will be issued to their legatees or next of kin entitled to receive them.

Notification will be given when the roses and clasp are ready for issue, and no application should be made for them pending such notice.

The following units do not qualify for the clasp:-

- (a) Transport Staffs
- (b) R.N. Hospital, Dunkirk
- (c) R.M. Brigade, Ostend
- (d) R.N.A.S., Dunkirk
- (e) R.N. Division, Detachments at Dunkirk
  R.N. Division, Divisional Engineers
  R.N. Division, Divisional Train

*****

1888 - CLASP TO THE 1914 STAR - ISSUE
(N.P. (II) 1577/20. - 23.6.1920.)

Clasps and roses for wear with the 1914 Star and riband respectively, are now ready for issue and applications on behalf of Officers and men entitled should be made to the Accountant General of the Navy, Medal Branch, on Form S.540, stating for each applicant the place and period under fire, and in the case of men the name and rank of an Officer who would be able, if necessary, to confirm the service.

The award is to Officers and men of the R.N., R.M., R.N.R. and R.N.V.R., who have been awarded the 1914 Star and who were actually present on duty on shore within range of the enemies mobile artillery in France or Belgium between the 5th August 1914, and midnight 22nd-23rd November 1914.

The following units do not qualify for the clasp:-

- (a) Transport Staffs
- (b) R.N. Hospital, Dunkirk
- (c) R.M. Brigade, Ostend
- (d) R.N.A.S., Dunkirk
- (e) R.N. Division, Detachments at Dunkirk
  R.N. Division, Divisional Engineers
  R.N. Division, Divisional Train

*****

Lightning Source UK Ltd.
Milton Keynes UK
UKOW020211221212

204046UK00004B/24/A

9 781897 632345